NOVO
MINIDICIONÁRIO
PRÁTICO

ESPANHOL

ESPANHOL/PORTUGUÊS | PORTUGUÊS/ESPANHOL

Copyright © 2017 – DCL – Difusão Cultural do Livro

Direção: **Raul Maia**
Rogério Rosa
Supervisão Editorial: **Ana Claudia Vargas**
Produção Editorial: **Departamento Editorial DCL**
Revisão: **Equipe DCL**
Capa: **Sérgio Frega**
Composição: **Casa Editorial Maluhy & Co.**

Texto em conformidade com as regras do
Novo Acordo Ortográfico da Língua Portuguesa.

Dados Internacionais de Catalogação na Publicação (CIP)
(Câmara Brasileira do Livro, SP, Brasil)

Minidicionário prático: espanhol-português,
português-espanhol. – São Paulo: DCL, 2017.

ISBN 978-85-368-2320-1

1. Espanhol – Dicionários – Português.
2. Português – Dicionários – Espanhol

CDD-463.69

06-6864   -469.36

Índice para catálogo sistemático
1. Espanhol : Dicionários : Português   463.69
2. Espanhol-português : Dicionários   463.69
3. Português : Dicionários : Espanhol   469.36
4. Português-Espanhol : Dicionários   469.36

Todos os direitos desta publicação reservados à

Editora DCL – Difusão Cultural do Livro Ltda.
Av. Marquês de São Vicente, 446 – 18º andar – Conj. 1808
Barra Funda - São Paulo - SP – 01139-000
Tel.: (0xx11) 3932-5222
www.editoradcl.com.br

Abreviaturas Usadas Neste Dicionário

abreviatura	português	español
adj	adjetivo	adjetivo
adv	advérbio	adverbio
art	artigo	artículo
contr	contração	contracción
conj	conjunção	conjunción
def	definido	definido
FIG	linguagem figurada	lenguaje figurado
interj	interjeição	interjección
loc adv	locução adverbial	locución adverbial
MAT	matemática	matemática
num	numeral	numeral
prep	preposição	preposición
pron dem	pronome demosntrativo	pronombre demostrativo
pron neutro	pronome neutro	pronombre neutro
pron pess	pronome pessoal	pronombre personal
s	substantivo	sustantivo
v	verbo	verbo

Espanhol
Português

A

ABCDEFGHIJKLMNOPQRSTUVWXYZ

A primeira letra do alfabeto *prep* indica direção, tempo modo.
Ábaco *s* ábaco, tabuleiro.
Abad *s* abade, cura, pároco.
Abadesa *s* abadessa, prelada.
Abadía *s* abadia, mosteiro.
Abajo *adv* embaixo, abaixo.
Abalanzar *v* abalançar, balancear.
Abalorio *s* avelórios, contas de vidro para enfeite.
Abanderado *s* porta-bandeira.
Abandonado *adj* abandonado, descuidado.
Abandonar *v* abandonar, desamparar, renunciar.
Abandono *s* abandono, negligência.
Abanicar *v* abanicar, abanar com leque.
Abanico *s* ventarola, leque.
Abaratar *v* baratear, baixar o preço.
Abarca *s* tamanco, calçado rústico.
Abarcar *v* abarcar, abranger, alcançar, cingir.
Abarrancar *v* embarrancar, encalhar.
Abarrotado *adj* abarrotado, cheio.
Abarrotar *v* abarrotar, encher completamente.
Abastecedor *adj* abastecedor, que abastece.
Abastecer *v* abastecer, fornecer, prover.
Abastecimiento *s* abastecimento, aprovisionamento.
Abasto *s* abasto, provisão de comestíveis.
Abate *s* eclesiástico de ordens menores, minorista.
Abatimiento *s* abatimento, prostração, fraqueza, desalento.
Abatir *v* abater, derrubar, baixar; FIG desanimar.
Abdicar *v* abdicar, renunciar.
Abdomen *s* abdômen.
Abdominal *adj* abdominal.
Abecedario *s* alfabeto, cartilha, lista em ordem alfabética.
Abedul *s* bétula, álamo branco.
Abeja *s* abelha; FIG trabalhador, esperto.
Abejorro *s* besouro.
Aberración *s* aberração, desvio.
Abertura *s* abertura, fenda, orifício; FIG franqueza.
Abeto *s* abeto.
Abiertamente *adv* abertamente, francamente.
Abierto *adj* aberto, franco, sincero, dilatado.
Abigarrado *adj* matizado, em diversas cores.
Abismar *v* abismar, guardar, ocultar.
Abismo *s* abismo, precipício, despenhadeiro.
Abjurar *v* abjurar, renunciar.
Ablación *s* ablação, extirpação.
Ablandar *v* abrandar, amolecer, suavizar, moderar.
Ablución *s* ablução, lavagem.
Abnegación *s* abnegação, renúncia.
Abnegado *adj* abnegado.
Abocado *adj* delicado, agradável.
Abocar *v* apanhar com a boca, embocar, aproximar.
Abochornar *v* abafar, causar calor.
Abofetear *v* esbofetear, esmurrar, dar bofetadas.
Abogacía *s* advocacia.
Abogado *s* advogado, magistrado.
Abogar *v* advogar, defender em juízo.
Abolengo *s* avoengo, ascendência de avós, linhagem.
Abolición *s* abolição, anulação, extinção.
Abolir *v* abolir, revogar, suprimir, anular, cessar.
Abolladura *s* amolgadura.
Abollar *v* amolgar, amassar.
Abominable *adj* abominável, detestável.
Abominación *s* abominação.
Abominar *v* abominar, condenar, maldizer.
Abonar *v* abonar, afiançar, garantir, creditar.
Abono *s* abono, subscrição, assinatura.
Abordaje *s* abordagem, abalroamento.
Abordar *v* abordar, aproximar.
Aborigen *adj* aborígene, nativo.
Aborrecer *v* aborrecer, detestar, odiar, desagradar.
Aborrecimiento *s* aborrecimento, ódio, antipatia.
Abortar *v* abortar, falhar, fracassar.
Aborto *s* aborto; FIG frustração.
Abotonar *v* abotoar.
Abovedar *v* abobadar, dar forma de abóbada.
Abrasador *adj* abrasador, ardente, candente.
Abrasar *v* abrasar, queimar, incendiar, arder.
Abrasivo *adj* abrasivo.
Abrazadera *s* braçadeira, argola, colchete.

abrazar — aceitoso

abrazar v abraçar, cingir, cercar.
Abrazo s abraço.
Abrelatas s abridor de latas.
Abrevadero s bebedouro ou bebedoiro.
Abrevar v abrevar, regar.
Abreviar v abreviar, encurtar, resumir, apressar.
Abreviatura s abreviatura.
Abrigar v abrigar, resguardar, proteger, amparar, recolher, defender.
Abrigo s abrigo, agasalho, amparo, asilo, acolhida.
Abril s abril.
Abrillantar v abrilhantar, dar brilho, lustrar.
Abrir v abrir, destampar, desdobrar, desenrolar, separar, inaugurar.
Abrochar v abrochar.
Abrogar v ab-rogar, revogar, abolir, anular.
Abrojo s abrolho; FIG dificuldades.
Abrumar v abrumar, afligir, oprimir, aborrecer.
Abrupto adj abrupto, escarpado, íngreme, inacessível.
Absceso s abscesso.
Ábside s lugar do altar mor.
Absolución s absolvição.
Absolutamente adv absolutamente.
Absoluto adj absoluto, independente, incondicional; FIG autoritário.
Absolver v absolver, perdoar, indultar, anistiar.
Absorber v absorver, aspirar, sorver, tragar, engolir.
Absorción s absorção.
Absorto adj absorto, distraído, contemplativo.
Abstemio adj abstêmio.
Abstención s abstenção, abstinência, privação.
Abstenerse v abster-se, privar-se.
Abstinencia s abstinência, privação.
Abstraer v abstrair, separar, prescindir.
Abstrato s, adj abstrato, alheio, irreal.
Absuelto adj absolto, indultado.
Absurdo adj absurdo, disparatado, fantástico, incrível.
Abuchear v assobiar, apitar, silvar.
Abucheo s troça.
Abuelo s avô, ancião, velho.
Abulia s abulia, falta de vontade.
Abúlico adj abúlico, apático.
Abultar v avultar, aumentar, engrossar.
Abundancia s abundância, fartura, abastança, opulência.
Abundante adj abundante, farto, copioso, opulento.
Aburrido adj aborrecido, enfadonho, chato, tedioso.
Aburrimiento s aborrecimento, tédio, chateação, fastio.
Aburrir v aborrecer, cansar, molestar.

Abusar v abusar, estuprar, violentar sexualmente, faltar à confiança.
Abuso s abuso, violência, desordem, excesso.
Abusón adj abusador.
Abyecto adj abjeto, vil, desprezível, indigno.
Acá adv aqui, cá.
Acabado adj acabado, concluído, terminado, arruinado, perfeito.
Acabar v acabar, concluir, terminar, destruir, gastar.
Acacia s acácia.
Academia s academia.
Académico adj académico, referente ao ensino universitário.
Acaecer v acontecer, suceder, ocorrer.
Acallar v aplacar, sossegar, fazer calar.
Acalorado adj acalorado, ardente, vivo, fogoso.
Acalorar v acalorar, aquecer, animar, excitar, inflamar, entusiasmar.
Acampar v acampar.
Acantilado adj alcantilado, escarpado.
Acanto s acanto.
Acaparador adj açambarcador.
Acaparar v açambarcar, monopolizar.
Acaramelado adj doce, açucarado.
Acaramelar v caramelar, caramelizar.
Acariciar v acariciar, afagar, mimar.
Acarrear v conduzir, transportar; FIG causar.
Acarreo s acarreio, transporte em carro.
Acartonarse v acartonar-se.
Acaso s acaso, casualidade, talvez.
Acatar v acatar, respeitar, aguardar.
Acatarrarse v resfriar-se.
Acaudalado adj rico, abastado.
Acaudillar v acaudilhar, comandar, guiar.
Acceder v aceder, consentir, anuir, assentir, concordar.
Accesible adj acessível; FIG comunicativo.
Acceso s acesso, entrada, ingresso.
Accessorio adj acessório, secundário.
Accidental adj acidental, casual, imprevisto, eventual.
Accidente s acidente, incidente, casualidade, peripécia, desastre.
Acción s ação, ato, feito, atitude.
Accionar v acionar, ligar.
Accionista s acionista.
Acebo s azevinho.
Acechar v espreitar, observar, espiar.
Acecho s espreita.
Acedera s azedeira.
Acéfalo adj acéfalo, que não tem cabeça.
Aceite s azeite, óleo.
Aceitera s azeiteira.
Aceitoso adj azeitado, gorduroso, oleoso.

ACE

aceituna — acta

Aceituna s azeitona, fruto de oliveira.
Aceitunado adj azeitonado, verde-oliva.
Aceleración s aceleração, aquecimento.
Acelerador adj acelerador.
Acelerar v acelerar, apressar, antecipar, ativar, instigar.
Acelga s acelga.
Acémila s azêmola, cavalgadura.
Acento s acento, tom de voz, entonação, timbre, sotaque.
Acentuar v acentuar, realçar, salientar.
Acepción s acepção, sentido.
Aceptable adj aceitável, admissível.
Aceptación s aceitação, acolhida, aprovação.
Aceptar v aceitar, receber, admitir, aprovar.
Acequia s acéquia, aqueduto.
Acera s passeio, calçada para pedestres.
Acerado adj de aço; FIG forte.
Acerbo adj azedo, amargo.
Acerca adv acerca, perto.
Acercar v acercar, aproximar, chegar perto.
Acería s aciaria, fábrica de aço.
Acero s aço.
Acérrimo adj acérrimo, forte.
Acertado adj acertado, avisado.
Acertar v acertar, igualar, coincidir.
Acertijo s adivinhação, enigma.
Acervo s acervo, cúmulo.
Acetileno s acetileno.
Achacar v achacar, atribuir, imputar, inculpar.
Achacoso adj achacoso, que tem achaques.
Achantarse v ter medo, ocultar-se.
Achaque s achaque, indisposição, doença.
Achatar v achatar, amassar.
Achicar v diminuir, encurtar, reduzir.
Achicharrar v torrar, crestar, tostar.
Achicoria s chicória.
Achispado adj embriagado.
Achisparse v embriagar-se.
Achuchar v apertar, esmagar, incitar.
Achuchón s empurrão.
Achuras s intestinos.
Aciago adj aziago, infausto, de mau agouro.
Acicalar v acicalar, polir.
Acicate s acicate, incentivo.
Acidez s acidez.
Ácido adj ácido, azedo.
Acierto s acerto, ajuste.
Aclamación s aclamação, aplauso, glorificação.
Aclamar v aclamar, aplaudir, glorificar.
Aclaración s aclaração, esclarecimento.
Aclarar v aclarar, esclarecer, explicar.
Aclimatar v aclimatar, climatizar.
Acobardar v acovardar, amedrontar, assustar, atemorizar.

Acodar v apoiar os cotovelos sobre alguma coisa para sustentar a cabeça.
Acogedor adj acolhedor, hospitaleiro, receptivo.
Acoger v acolher, receber.
Acogida s acolhida, recepção.
Acogotar v matar com uma pancada na nuca.
Acólito s acólito.
Acometer v acometer, atacar, invadir.
Acometida v acometida, acometimento.
Acomodado adj acomodado, apto, oportuno, rico.
Acomodador adj acomodador.
Acomodar v acomodar, adaptar, ajustar, adequar, dispor.
Acomodo s emprego, cargo.
Acompañamiento s acompanhamento, cortejo, séquito.
Acompañante adj acompanhante, companhia.
Acompañar v acompanhar, seguir, escoltar.
Acompasar v compassar.
Acondicionar v acondicionar, condicionar, embalar.
Acongojar v angustiar, afligir, inquietar, oprimir, entristecer.
Aconsejable adj aconselhável, recomendável.
Aconsejar v aconselhar, guiar, recomendar.
Acontecer v acontecer, suceder, ocorrer.
Acontecimiento s acontecimento, fato.
Acopiar v aprovisionar, ajuntar.
Acopio s grande quantidade, cópia.
Acoplar v acoplar, juntar, unir.
Acoquinar v acovardar, intimidar.
Acorazado adj couraçado, blindado.
Acordar v acordar, concordar, conciliar.
Acorde adj acorde, conforme.
Acordeón s acordeão, harmônica.
Acordonar v acordoar.
Acorralar v encurralar.
Acortar v encurtar, reduzir.
Acosar v acossar, apertar.
Acoso s acossamento.
Acostar v deitar, encostar, atracar.
Acostumbrar v acostumar, habituar.
Acotar v cotar, demarcar, delimitar.
Acre s acre, medida agrária; adj azedo, picante.
Acrecentar v acrescentar, aumentar, adicionar, juntar.
Acreditar v acreditar, creditar, abonar.
Acreedor adj credor, merecedor.
Acribillar v furar, crivar.
Acrisolar v acrisolar, purificar no crisol, apurar.
Acritud s acritude.
Acrobacia s acrobacia.
Acróbata s acrobata.
Acrópolis s acrópole.
Acta s ata, registro, resumo escrito.

actitud — adormecer

Actitud s atitude, postura, pose.
Activar v ativar, impulsionar, despertar, excitar.
Actividad s atividade, pressa, dinamismo, vivacidade.
Activo adj ativo, ágil, diligente, animado.
Acto s ato, feito, ação.
Actor s ator, artista.
Actriz s atriz, artista.
Actuación s atuação, funcionamento.
Actual adj atual, efetivo, real, corrente, presente.
Actualidad s atualidade, oportunidade.
Actualizar v atualizar, modernizar, realizar.
Actualmente adv atualmente.
Actuar v atuar, influir.
Acuarela s aquarela.
Acuario s aquário.
Acuartelar v aquartelar, alojar.
Acuático adj aquático.
Acuchillar v esfaquear.
Acuciar v estimular, aguçar, induzir, incentivar.
Acudir s acudir, socorrer, atender, acorrer.
Acueducto s aqueduto.
Acuerdo s acordo, contrato, ajuste, convênio.
Acumulador adj acumulador.
Acumular v acumular, reunir, juntar.
Acunar v embalar, balançar uma criança no berço.
Acuñar v cunhar, meter cunhas.
Acuoso adj aquoso.
Acurrucarse v acocorar-se, encolher-se.
Acusación s acusação, incriminação.
Acusado adj acusado.
Acusador adj acusador, que acusa.
Acusar v acusar, culpar, incriminar.
Acústica s acústica.
Adagio s adágio, ditado, sentença, aforismo.
Adalid s chefe, caudilho.
Adán s homem sujo, apático, negligente.
Adaptable adj adaptável.
Adaptación s adaptação, ajustamento.
Adaptar v adaptar, ajustar, moldar.
Adecentar v arrumar, assear.
Adecuado adj adequado, conveniente, apropriado.
Adecuar v adequar, ajustar, igualar, convir.
Adefesio s extravagância.
Adelantado adj adiantado, antecipado.
Adelantar v adiantar, acelerar.
Adelante adv diante.
Adelanto s adiantamento, melhoria.
Adelgazar v emagrecer, adelgaçar.
Ademán s gesto, trejeito.
Además adv ademais, demais, além disso.
Adentro adv adentro, dentro, interiormente.
Adepto adj adepto, partidário.
Aderezar v adereçar, enfeitar, compor.

Aderezo s adereço, enfeite, aparelho, tempero, condimento.
Adeudar v endividar, dever.
Adherir v aderir, anuir, vincular, ligar.
Adhesión s adesão, acordo, união, ligação.
Adhesivo adj adesivo, aderente.
Adición s adição, acréscimo, aditamento, aumento.
Adicto adj adepto, apegado, dedicado, propenso.
Adiestramiento s adestramento, treino, exercício.
Adiestrar v adestrar, treinar, exercitar.
Adinerado adj endinheirado, rico.
Adiós s adeus, despedida.
Adiposo adj adiposo, gorduroso.
Adivinanza s adivinhação, enigma.
Adivinar v adivinhar, predizer, profetizar.
Adivino s adivinho, profeta.
Adjetivo s adjetivo.
Adjudicación s adjudicação.
Adjudicar v adjudicar, declarar judicialmente.
Adjuntar v juntar, unir, agregar, associar.
Adjunto adj adjunto, unido, junto, anexo.
Administración s administração, gerência, direção.
Administrador s administrador, gerente, diretor.
Administrar v administrar, gerenciar, conduzir, conferir.
Admirable adj admirável, digno de admiração.
Admirablemente adv admiravelmente.
Admiración s admiração, entusiasmo, arroubo, espanto, assombro.
Admirar v admirar, contemplar, apreciar.
Admisión s admissão, ingresso, iniciação, entrada.
Admitir v admitir, receber, consentir, concordar, permitir, aceitar.
Adobar v temperar, condimentar, adubar.
Adobe s tijolo cru, seco ao sol.
Adobo s adobo, tempero, adubo, reparo.
Adocenado adj vulgar, comum.
Adoctrinar v doutrinar, educar.
Adolecer v adoecer, sofrer.
Adolescencia s adolescência.
Adolescente adj adolescente.
Adonde adv aonde, para onde.
Adopción s adoção, aceitação, perfilhação.
Adoptar v adotar, aceitar, abraçar, perfilhar.
Adoptivo adj adotivo, adotado.
Adoquín s paralelepípedo, pedra, macadame.
Adoquinar v empedrar, calçar.
Adorable adj adorável, encantador, estimável.
Adoración s adoração, veneração, estima.
Adorar v adorar, prestar culto, amar apaixonadamente, reverenciar.
Adormecer v adormecer, acalentar, entorpecer.

Adornar v adornar, enfeitar, decorar, ornamentar, embelezar.
Adorno s adorno, enfeite, ornamento.
Adosar v encostar, apoiar.
Adquirir v adquirir, comprar, obter, conseguir.
Adquisición s aquisição, obtenção, compra.
Adrede adv adrede, de propósito.
Aduana s aduana, alfândega.
Aduanero s aduaneiro, alfandegário.
Aducir v aduzir, alegar, apresentar, juntar, acrescentar.
Adueñarse v apossar-se, apoderar-se, apropriar-se.
Adulación s adulação lisonja.
Adulador adj adulador.
Adular v adular, lisonjear, bajular.
Adulterar v adulterar, falsificar.
Adulterio s adultério.
Adulto adj adulto, crescido.
Adunia adv em abundância.
Advenimiento s advento, vinda, chegada.
Advenir v advir, chegar.
Adverbio s advérbio.
Adversario s adversário, oponente, antagonista.
Adversidad s adversidade, desventura, infelicidade.
Adverso adj adverso, desfavorável, infeliz, oposto.
Advertencia s advertência, conselho.
Advertir v advertir, chamar a atenção, notar, reparar.
Adyacente adj adjacente, vizinho, contíguo.
Aéreo adj aéreo.
Aeródromo s aeródromo.
Aerolito s aerólito.
Aeronauta s aeronauta, aeronáutica.
Aeronave s aeronave.
Aeroplano s aeroplano, avião.
Aeropuerto s aeroporto.
Aerosol s aerossol.
Aerostática s aerostática.
Aerovía s aerovia.
Afable adj afável, benevolente, cortês, meigo, delicado.
Afamado adj afamado, famoso, notável, célebre.
Afán s afã, esforço, trabalho, empenho.
Afear v tornar-se feio.
Afección s afeição.
Afectación s afetação, vaidade, fingimento, presunção.
Afectado adj afetado, fingido, falso.
Afectar v afetar, fingir, simular, dissimular.
Afectividad s afetividade, emotividade.
Afectivo adj afetivo, sensível, afetuoso.
Afecto s afeto, afeição, amor, carinho, dedicação.
Afectuoso adj afetuoso, carinhoso, afável, cordial, meigo.

Afeitado adj barbeado.
Afeitar v barbear, fazer a barba.
Afeite s enfeite, cosmético.
Afeminado adj afeminado.
Aferrar v aferrar, agarrar com força, segurar, prender.
Afgano adj afegã.
Afianzar v afiançar, garantir, afirmar.
Afición s afeição, afeto, predileção.
Aficionado adj aficionado, amador.
Aficionarse v afeiçoar-se.
Afijo s afixo.
Afilador adj afiador, amolador.
Afilar v afiar, amolar, aguçar, dar fio.
Afiliado adj afiliado.
Afiliar v afiliar, adotar, ingressar.
Afín adj afim, com afinidades, próximo.
Afinar v afinar, aperfeiçoar.
Afinidad s afinidade, analogia, parentesco.
Afirmación s afirmação, confirmação, afirmativa, declaração.
Afirmado adj afirmado, consolidado, assegurado.
Afirmar v afirmar, garantir, certificar, assegurar.
Afirmativo adj afirmativo.
Aflicción s aflição, sentimento, amargura, angústia, ansiedade.
Aflictivo adj aflitivo, perturbador, angustiante.
Afligir v afligir, inquietar, assolar, devastar.
Aflojar v afrouxar, alargar.
Aflorar v aflorar, nivelar, emergir.
Afluencia s afluência, abundância.
Afluente adj afluente.
Afluir v afluir, convergir, correr, concorrer.
Afonía s afonia.
Afónico adj afônico.
Aforar v aforar, avaliar.
Aforismo s aforismo, máxima, sentença.
Afortunado adj afortunado, feliz, ditoso, favorecido.
Afrancesado adj afrancesado.
Afrenta s afronta, injúria, insulto, ofensa, agravo.
Afrentar v afrontar, insultar, ofender, injuriar.
Africano adj africano.
Afrodisíaco adj afrodisíaco.
Afrontar v enfrentar, encarar, confrontar.
Afuera adv fora, por fora.
Agachar v agachar, esconder, encobrir, ocultar.
Agalla s guelra.
Ágape s ágape, banquete, festim, jantar.
Agarrado adj agarrado, avarento, avaro, mesquinho, sovina.
Agarrar v agarrar, pegar, segurar, apreender, colher.
Agasajar v tratar com atenção; obsequiar.
Agasajo s hospedagem, acolhida.
Ágata s ágata.

agazapar — ahuyentar

Agazapar v agarrar, esconder.
Agencia s agência, filial.
Agenciar v agenciar, negociar, solicitar.
Agenda s agenda, apontamento.
Agente s agente, corretor.
Agigantar v agigantar.
Ágil adj ágil, rápido, ligeiro, destro, vivo, desembaraçado.
Agilidad s agilidade, rapidez, vivacidade, desembaraço.
Agio s ágio, usura, especulação.
Agitación s agitação, perturbação.
Agitar v agitar, sacudir.
Aglomeración s aglomeração, agrupamento, ajuntamento.
Aglomerado adj aglomerado.
Aglomerar v aglomerar, juntar, reunir, amontoar.
Aglutinar v aglutinar, unir, reunir.
Agnóstico adj agnóstico.
Agobiado adj preocupado.
Agobiar v curvar, dobrar o corpo para o chão, incômodo.
Agobio s angústia, sufocação; FIG abatido.
Agolpar v amontoar, empilhar.
Agonía s agonia, angústia, aflição.
Agonizante adj agonizante, moribundo.
Agonizar v agonizar, agonia.
Agorero adj agoureiro.
Agosto s agosto, mês de colheita; FIG lucro.
Agotamiento s esgotamento, exaustão.
Agotar v esgotar, consumir, fatigar, extenuar.
Agraciado adj agraciado, felizardo.
Agraciar v agraciar, favorecer.
Agradable adj aprazível, ameno, suave, amável.
Agradar v agradar, amenizar, suavizar.
Agradecer v agradecer.
Agradecido adj agradecido.
Agradecimiento s agradecimento, gratidão.
Agrado s agrado, gosto, deleite, prazer.
Agrandar v engrandecer, tornar grande.
Agrario adj agrário, agrícola, rural.
Agravar v agravar, exagerar.
Agravio s agravo, ofensa, dano.
Agraz s agraço; FIG amargura.
Agredir v agredir, atacar, ir contra.
Agregado adj agregado, adido, anexo.
Agregar v agregar, associar, anexar, juntar, reunir.
Agresión s agressão, ataque, assalto, embate.
Agresividad s agressividade, combatividade, violência.
Agresivo adj agressivo.
Agresor s agressor, provocador, atacante.
Agreste adj agreste, rústico, silvestre.
Agriar v azedar; FIG irritar.
Agrícola adj agrícola, agrário.

Agricultor s agricultor, lavrador.
Agricultura s agricultura, lavoura.
Agrio adj acre, ácido, azedo.
Agronomía s agronomia.
Agropecuario adj agropecuário.
Agrupación s agrupação.
Agrupamiento s agrupamento, ajuntamento.
Agrupar v agrupar, ajuntar, reunir.
Agua s água, líquido.
Aguacate s abacate.
Aguacero s aguaceiro, chuva forte.
Aguada s aguada.
Aguador s aguadeiro.
Aguafiestas s desmancha-prazeres.
Aguafuerte s água-forte.
Aguantar v aguentar, suportar, tolerar.
Aguante s tolerância, paciência.
Aguar v aguar, regar, borrifar, frustrar.
Aguardar v aguardar, prorrogar.
Aguardiente s aguardente, cachaça.
Aguarrás s aguarrás.
Agudeza s agudeza, astúcia, perspicácia; FIG sutileza.
Agudizar v aguçar.
Agudo adj agudo, penetrante, aguçado.
Agüero s agouro, pressário, vaticínio.
Aguerrido adj aguerrido, valente, belicoso.
Aguijón s aguilhão, ferrão.
Aguijonear v aguilhoar, apressar.
Aguileño adj aquilino.
Águila s águia; FIG presa esperta.
Aguja s agulha, bússola, ponteiro de relógio.
Agujerear v furar, esburacar, perfurar.
Agujero s agulheiro, buraco, furo, perfuração.
Agujeta s agulhada, pontada, dores musculares.
Aguzar v aguçar, estimular, avivar, incitar.
Aherrojar v aferrolhar, algemar.
Ahí adv aí, nesse lugar.
Ahijado adj afilhado, protegido.
Ahijar v adotar, perfilhar, proteger.
Ahínco s afinco, persistência, apego.
Ahíto adj farto, fatigado, abarrotado.
Ahogado adj afogado, sufocado.
Ahogar v afogar, sufocar, asfixiar.
Ahogo s sufoco, aflição, pressão, aperto.
Ahondar v afundar, penetrar, aprofundar.
Ahora adv agora, neste instante.
Ahorcado adj enforcado.
Ahorcar v enforcar, estrangular.
Ahorrar v economizar, poupar.
Ahorro s economia, poupança.
Ahuecar v cavar, escavar, tornar oco, afofar.
Ahulado adj oleado, tecido impermeável.
Ahumado adj defumado.
Ahuyentar v afugentar, espantar.

AIR

12

airado — alegar

Airado adj colérico, irritado.
Airar v irar, irritar, encolerizar.
Aire s ar, vento, atmosfera, clima.
Aireación s ventilação, arejamento.
Airear v arejar, desabafar, ventilar.
Airoso adj arejado, airoso, garboso.
Aislacionismo s isolacionismo.
Aislado adj isolado, avulso, desacompanhado, solitário.
Aislador adj isolador.
Aislante s isolante.
Aislar v isolar, separar.
Ajar v estragar, maltratar, amarfanhar.
Ajedrecista s enxadrista.
Ajedrez s xadrez.
Ajenjo s absinto.
Ajetreo s cansaço, fadiga.
Ají s pimentão.
Ajo s alho.
Ajorca s pulseira, bracelete.
Ajuar s enxoval.
Ajustado adj ajustado, aparelhado.
Ajustador adj ajustador, montador.
Ajustar v ajustar, estipular, reconciliar, combinar.
Ajuste s ajuste, trato, pacto, acordo, ajustamento.
Ajusticiado adj justiçado, executado.
Ajusticiar v justiçar, executar.
Al contração da prep. a com o art. el (ao).
Ala s ala, aba, asa.
Alabanza s elogio, louvor, louvação, aplauso.
Alabar v louvar, elogiar.
Alabastro s alabastro.
Alacena s armário embutido.
Alaco s farrapo, andrajo.
Alacrán s escorpião, lacrau.
Alado adj alado, com asas, ligeiro.
Alajú s massa de amêndoas e nozes.
Alambique s alambique, destilador.
Alambrar v alambrar, cercar com arame.
Alambre s arame, fio de metal.
Alambrera s rede de arame, tela.
Alameda s alameda, rua com árvores, avenida.
Álamo s álamo.
Alarde s alarde, ostentação, orgulho, vaidade.
Alardear v alardear, propalar, divulgar.
Alargar v alongar, encompridar, estender, dilatar, prolongar.
Alarido adj alarido, clamor, gritaria.
Alarma s alarme, rebate, susto, clamor.
Alarmar v alarmar, assustar, clamar.
Alarmista adj alarmista, assustador.
Alazán adj alazão.
Alba s alba, alvorada, aurora, amanhecer.
Albacea s testamenteiro.
Albanés adj albanês, albano.

Albañil s pedreiro.
Albañilería s alvenaria, construção civil.
Albarán s tabuleta, rótulo.
Albardar v lardear; FIG molestar.
Albaricoque s abricó, damasco.
Albear v alvejar, branquear.
Albedrío s arbítrio.
Albergar v albergar, hospedar, acolher, alojar.
Albergue s albergue, estalagem, hospedaria, pensão, pousada.
Albino adj albino.
Albóndiga s almôndega.
Albor s alvor, brancura.
Alborada s alvorada, madrugada.
Alborear v alvorecer, romper o dia.
Albornoz s albornoz, espécie de capa.
Alborotar v alvoroçar.
Alboroto s alvoroço, balbúrdia, motim.
Alborozo s alvoroço, alegria, animação.
Albricias s alvíssaras.
Albufera s lagoa, restinga.
Álbum s álbum, livro.
Albumen s albume, albúmen.
Albúmina s albumina.
Albur s boga, mugem.
Alcachofa s alcachofra.
Alcahuete s alcoviteiro, fofoqueiro, mexeriqueiro.
Alcaldada s abuso de autoridade.
Alcalde s alcaide, prefeito.
Alcaldía s alcaidia, prefeitura.
Alcalino adj alcalino.
Alcaloide s alcaloide.
Alcance s alcance, seguimento.
Alcancía s alcanzia.
Alcanfor s cânfora.
Alcantarilla s pontezinha, esgoto.
Alcanzar v alcançar, atingir, chegar a.
Alcaparra s alcaparra.
Alcatifa s almofada, tapeçaria.
Alcázar s fortaleza, castelo.
Alce s alce.
Alcoba s alcova, quarto de dormir.
Alcohol s álcool.
Alcohólico adj alcoólico, alcoólatra.
Alcornoque s sobreiro.
Alcurnia s família, linhagem, estirpe.
Aldaba s aldrava.
Aldea s aldeia, vila, vilarejo, povoado.
Aldeano adj aldeão, rústico.
Aleación s liga de metal.
Aleatorio adj aleatório, eventual.
Aleccionar s lecionar, adestrar, educar.
Aledaño adj divisório, limítrofe.
Alegación s alegação, defesa.
Alegar v alegar, citar, afirmar.

alegato — almibarar
ALM

Alegato s alegação por escrito.
Alegoría s alegoria, fábula, metáfora.
Alegórico adj alegórico, simbólico, metafórico.
Alegrar v alegrar, divertir, brincar.
Alegre adj alegre, contente, animado.
Alegría s alegria, contentamento, animação, brincadeira.
Alegro s alegro.
Alejar v afastar, distanciar, aposentar.
Aleluia s aleluia.
Alemán adj alemão, germânico.
Alentada s respiração contínua.
Alentar v alentar, animar, encorajar.
Alergia s alergia.
Alérgico adj alérgico.
Alerta s alerta.
Alertar v alertar, vigiar.
Aleta s aleta, pequena asa.
Aletargar v aletargar.
Aletear v bater as asas, esvoaçar.
Alevosía s aleivosia, traição, falsidade, infidelidade.
Alevoso adj aleivoso, traidor.
Alfa s alfa, primeira letra do alfabeto grego.
Alfabético adj alfabético.
Alfabetización s alfabetização.
Alfabetizar v alfabetizar.
Alfajor s alfajor, doce seco.
Alfalfa s alfafa, erva para pasto.
Alfanje v alfange, sabre oriental.
Alfarería s olaria, cerâmica.
Alfarero s oleiro, ceramista.
Alféizar s batente, vão da porta ou janela.
Alfeñique s alfenim, pessoa delicada.
Alférez s alferes.
Alfiler s alfinete, adorno, broche.
Alfiletero s agulheiro.
Alfombra s tapete.
Alfombrar v atapetar.
Alforja s alforje, provisão.
Alga s alga, sargaço.
Algarabía s algaravia, eufrásia.
Algarada s algarada, algazarra.
Algarroba s alfarroba.
Algazara s algazarra.
Álgebra s álgebra.
Álgido adj álgido, muito frio.
Algo pron algo.
Algodón s algodão.
Algodonero s algodoeiro.
Alguacil s aguazil.
Alguien pron alguém, alguma pessoa.
Algún pron algum; adv um tanto.
Alguno pron algum, qualquer.
Alhaja s joia, adorno.

Alhajera s porta-joias.
Aliado adj aliado, coligado.
Alianza s aliança, liga, anel de casamento, coligação.
Aliar s aliar, unir, harmonizar.
Alias adv por outro nome.
Alicaído adj abatido, triste, desanimado, desalentado.
Alicates s alicate.
Aliciente adj aliciante, sedutor, atraente.
Alícuota s alíquota.
Alienación s alienação, demência.
Alienar v alienar, alhear, afastar.
Aliento s alento, vigor.
Aligerar v aligeirar, aliviar.
Alijo s muamba, contrabando.
Alimaña s alimária, embustes.
Alimentación s alimentação, nutrição, sustento.
Alimentar v alimentar, nutrir, sustentar.
Alimenticio adj alimentício, nutritivo, substancial.
Alimento s alimento, comida, sustento.
Alinear v alinhar, enfileirar.
Aliñar v alinhar, enfeitar, compor, preparar, condimentar, temperar.
Aliño s alinho, asseio, gosto, condimento, tempero.
Alisar v alisar, amaciar, desgastar, polir.
Alisios adj alísios, vento.
Alistamiento s alistamento, recrutamento, arrolamento.
Alistar v alistar, catalogar, dispor, preparar.
Aliviar v aliviar, moderar, suavizar, consolar.
Alivio s alívio, descanso, consolação.
Aljibe s algibe, cisterna.
Allá adv lá, além.
Allanamiento s aplainamento.
Allanar v aplainar, igualar, pacificar.
Allegado adj chegado, próximo, parente.
Allegar v aproximar, ajuntar, acrescentar.
Allende adj além de, além disso.
Allí adv ali.
Alma s alma, espírito.
Almacén s armazén, almoxarifado, depósito.
Almacenaje s armazenagem, armazenamento.
Almacenar v armazenar, conservar, depositar, reunir.
Almacenista s atacadista.
Almanaque s almanaque.
Almazara s lagar de azeite.
Almeja s amêijoa, molusco.
Almendra s amêndoa.
Almendrado adj amendoado.
Almendro s amendoeira.
Almíbar s calda de açúcar.
Almibarado adj açucarado, em calda.
Almibarar v adoçar, açucarar.

ALM

almidón — amareje

Almidón s amido, fécula.
Almidonar v engomar.
Alminar s minarete, almenara.
Almirante s almirante.
Almirez s almofariz, gral.
Almizcle s almíscar.
Almohada s almofada, travesseiro.
Almohadón s almofadão.
Almoneda s leilão.
Almorrana s hemorroidas.
Almorzar v almoçar, comer.
Almuerzo s almoço, refeição.
Alocado adj amalucado, doido.
Alocución s alocução, conferência, discurso breve.
Alojamiento s alojamento, aposento.
Alojar s alojar, hospedar, acomodar, recolher.
Alón s asa sem penas.
Alondra s cotovia.
Alpaca s alpaca, lã.
Alpargata s alpercata, alpargata.
Alpinismo s alpinismo.
Alpinista s alpinista.
Alpino adj alpino.
Alpiste s alpiste.
Alquería s casa de campo, granja.
Alquilar v alugar, arrendar, ceder temporalmente.
Alquiler s aluguel, arrendamento.
Alquimia s alquimia.
Alquimista s alquimista.
Alquitrán s alcatrão.
Alrededor adv ao redor, em torno, em volta.
Alta s alta, licença para sair do hospital.
Altanería s altivez, orgulho.
Altanero adj altaneiro, altivo, orgulhoso.
Altar s altar, ara.
Altavoz s alto-falante, megafone.
Alteración s alteração, inquietação, desordem.
Alterar v alterar, mudar, transformar.
Altercar v altercar, disputar, discutir.
Alternador s alternador.
Alternar v alternar, revezar, variar.
Alternativa s alternativa, opção, escolha.
Alterno adj alternativo, alterno, revezado.
Alteza s alteza.
Altibajo s desigual, irregular.
Altilocuencia s grandiloquência.
Altímetro s altímetro.
Altiplanicie s altiplano, planalto, chapada.
Altitud s altitude, altura, elevação, estatura.
Altivez s altivez, arrogância.
Altivo adj altivo, orgulhoso, arrogante.
Alto adj alto, eminente.
Altoparlante s altofalante, amplificador.
Altramuz s tremoço.
Altruismo s altruísmo, generosidade.

Altruista adj altruísta, generoso.
Altura s altura, elevação.
Alubia s feijão.
Alucinación s alucinação, visão, delírio.
Alucinante adj alucinante, delirante.
Alucinar v alucinar, delirar, fascinar, ofuscar, deslumbrar.
Alucinógeno s alucinógeno.
Alud s avalanche.
Aludir v aludir, citar, mencionar.
Alumbrado s iluminação; adj iluminado.
Alumbramiento s iluminação, parto.
Alumbrar v iluminar, aluminar, parir.
Alumbre s alúmen, pedra-ume.
Alúmina s alumina.
Aluminio s alumínio.
Alumnado s alunado, corpo discente.
Alumno s aluno, discípulo, estudante, colegial.
Alunizaje s alunissagem.
Alunizar v alunissar.
Alusión s alusão, menção, citação.
Alusivo adj alusivo, indireto.
Aluvión s aluvião, inundação.
Alveolar adj alveolar.
Alvéolo s alvéolo, casulo, pequena cavidade.
Alza s alça.
Alzado adj alçado.
Alzamiento s alçamento, revolta.
Alzar v alçar, levantar, elevar.
Ama s ama, dona-de-casa, senhora, governanta.
Amabilidad s amabilidade, cortesia, delicadeza, atenção.
Amable adj amável, cortês, delicado, atencioso.
Amaestrado adj amestrado, treinado.
Amaestrar v amestrar, ensinar, treinar.
Amagar v ameaçar.
Amago s ameaça, sintoma, sinal, indício.
Amainar v amainar, acalmar.
Amalgama s amálgama.
Amalgamar v amalgamar, mesclar, misturar.
Amamantar v amamentar.
Amancebarse v amancebar-se, amasiar-se, amigar-se.
Amanecer s amanhecer.
Amanerado adj amaneirado, afetado.
Amansar v amansar, domesticar.
Amante adj amante, companheiro, amigo, namorado, fã.
Amanuense s amanuense, tipógrafo.
Amañar v amanhar, lavrar, ajeitar, preparar.
Amaño s amanho, jeito, preparo.
Amapola s papoula.
Amar v amar, estimar, apreciar, querer, gostar.
Amareje s amerissagem.

amargado — ampolleta   15   **AMP**

Amargado *adj* amargurado, angustiado, desgostoso, aflito.
Amargar *v* amargar, amargurar, desgostar, afligir.
Amargo *adj* amargo, acre.
Amargura *s* amargura, desgosto, angústia.
Amariconado *adj* afeminado, maricas, bichoso, boneca.
Amarillear *v* amarelar.
Amarillento *adj* amarelento, amarelado.
Amarillo *adj* amarelo, cor-de-ouro.
Amarra *s* amarra, corda de navio.
Amarrado *adj* amarrado.
Amarrar *v* amarrar, prender, atracar.
Amartelar *v* enciumar, atormentar com ciúmes.
Amartillar *v* martelar.
Amasar *v* amassar, misturar.
Amasijo *s* massa, confusão.
Amatista *s* ametista.
Amazona *s* amazona.
Amazónico *adj* amazônico.
Ambages *s* rodeios, evasias, circunlóquios.
Ámbar *s* âmbar.
Ambición *s* ambição, cobiça, ganância.
Ambicionar *v* ambicionar, cobiçar, desejar.
Ambicioso *adj* ambicioso, cobiçoso.
Ambidextro *adj* ambidestro.
Ambiental *adj* ambiental.
Ambiente *s* ambiente, meio, atmosfera.
Ambigüedad *s* ambiguidade, equívoco, dúvida, incerteza.
Ambiguo *adj* ambíguo, equívoco, duvidoso, incerto.
Ámbito *s* âmbito, esfera, contorno, circuito.
Ambivalencia *s* ambivalência, duplicidade.
Ambivalente *adj* ambivalente.
Ambos *adj* ambos, os dois.
Ambrosia *s* ambrosia.
Ambucia *s* voracidade, gulodice.
Ambulancia *s* ambulância.
Ambulante *adj* ambulante, errante, nômade.
Ambulatorio *adj* ambulatório.
Ameba *s* ameba.
Amedrentar *v* amedrontar, atemorizar, assustar.
Amén *s* amém.
Amenaza *s* ameaça, intimidação.
Amenazador *adj* ameaçador.
Amenazar *v* ameaçar, intimidar, coagir.
Amenidad *s* amenidade, suavidade, delicado.
Americana *s* jaqueta, jaquetão, casaco.
Americanismo *s* americanismo.
Americanista *s* americanista.
Americanizar *v* americanizar.
Americano *adj* americano, norte-americano.
Ametralladora *s* metralhadora.
Ametrallar *v* metralhar, fuzilar.

Amianto *s* amianto.
Amiga *s* amiga, concubina, amante.
Amigable *adj* amigável.
Amigdala *s* amídala.
Amigo *adj* amigo, companheiro, camarada, colega, namorada.
Amilanar *v* assustar, intimidar.
Aminoración *s* diminuição, minoração, redução.
Aminorar *v* minorar, diminuir, reduzir.
Amistad *s* amizade, dedicação.
Amistosamente *adv* amistosamente.
Amistoso *adj* amistoso, amigável, dedicado, gentil, amável.
Amnesia *s* amnésia, perda de memória.
Amniótico *adj* amniótico.
Amnistía *s* anistia, indulto, perdão.
Amnistiar *v* anistiar, indultar, perdoar.
Amo *s* amo, dono de casa, proprietário.
Amodorrarse *v* amodorrar-se.
Amohinar *v* aborrecer.
Amojonar *v* demarcar, delimitar.
Amolar *v* amolar, afiar, aguçar.
Amoldar *v* amoldar, moldar, modelar.
Amonestar *v* amoestar, repreender.
Amoníaco *s* amoníaco.
Amontonar *v* amontoar.
Amor *s* amor, afeto, afeição, carinho, paixão.
Amoral *adj* amoral, imoral.
Amoralidad *s* amoralidade.
Amoratar *v* arroxear.
Amordazar *v* amordaçar.
Amorfo *adj* amorfo, disforme.
Amorío *s* namorar.
Amoroso *adj* amoroso, carinhoso, afetuoso, meigo.
Amortiguador *adj* amortecedor.
Amortiguar *v* amortecer.
Amortizable *adj* amortizável.
Amortización *s* amortização.
Amortizar *v* amortizar, pagar aos poucos, resgatar.
Amotinar *v* amotinar, sublevar, alvoroçar.
Amovible *adj* removível, transferível.
Amparar *v* amparar, proteger.
Amparo *s* amparo, proteção, auxílio, socorro, defesa, abrigo.
Amperímetro *s* amperímetro.
Ampliación *s* ampliação, amplificação, aumento.
Ampliar *v* ampliar, amplificar, aumentar.
Amplificación *s* amplificação, aumento, acréscimo.
Amplificador *s* amplificador.
Amplio *adj* amplo, espaçoso, extenso, vasto.
Amplitud *s* amplitude, extensão vastidão.
Ampolla *s* ampola, bolha, bexiga.
Ampolleta *s* ampulheta.

Amputación s amputação, mutilação.
Amputar v amputar, mutilar, extirpar.
Amuchar v aumentar.
Amueblar v mobiliar.
Amular v esterilizar.
Amuleto s amuleto, talismã.
Anacoreta s anacrônico.
Anacronismo s anacronismo.
Anaerobio adj anaeróbio.
Anáfora s anáfora, repetição.
Anagrama s anagrama.
Anal adj anal.
Analar v canalar, abrir canais.
Anales s anais, narração de eventos organizada por ano.
Analfabetismo s analfabetismo.
Analfabeto adj analfabeto, iletrado, ignorante.
Analgésico adj analgésico.
Análisis s análise, estudo, exame.
Analista s analista, pesquisador.
Analítico adj analítico.
Analizar v analisar, decompor, estudar, examinar.
Analogía s analogia, semelhança, similaridade.
Análogo adj semelhante, similar.
Ananás s ananás, abacaxi.
Anaquel s prateleira, armação.
Anaranjado adj alaranjado.
Anarquía s anarquia, desgoverno.
Anárquico adj anárquico.
Anarquismo s anarquismo.
Anarquista adj anarquista.
Anatema s anátema, excomunhão.
Anatomía s anatomia.
Anatómico adj anatômico.
Anca s anca, quadril.
Ancestral adj ancestral, antigo.
Ancho adj largo, amplo, extenso, espaçoso.
Anchoa s anchova.
Anchura s largura, extensão.
Ancianidad s ancianidade, velhice.
Anciano adj ancião, velho.
Ancla s âncora.
Ancladero s ancoradouro.
Anclar v ancorar, fundear.
Andaluz adj andaluz, natural da Andaluzia.
Andamio s andaime.
Andante adj andante.
Andanza s andança.
Andar v andar, caminhar, ir.
Andariego adj andarilho, errante, andejo.
Andas s padiola, liteira.
Andén s cais, embarcadouro, plataforma de estação.
Andino adj andino.
Andrajo s andrajo, farrapo, trapo.
Andrajoso adj andrajoso, esfarrapado.
Androceo s androceu.
Andrógino adj andrógino, hermafrodita.
Androide s androide, robô.
Anécdota s anedota, episódio.
Anecdótico adj anedótico, episódico.
Anegadizo adj alagadiço.
Anegar v alagar, inundar, encher.
Anejo adj anexo, incorporado.
Anemia s anemia, fraqueza, enfraquecimento.
Anémico adj anêmico, fraco, débil.
Anémona s anêmona.
Anestesia s anestesia.
Anestesiar v anestesiar.
Anestesista s anestesista.
Anexión s anexação, incorporação.
Anexionar v anexar, juntar, incorporar.
Anexo adj anexo, ligado, incorporado.
Anfibio adj anfíbio, ambíguo.
Anfibiología s anfibiologia.
Anfiteatro s anfiteatro.
Anfitrión s anfitrião.
Ánfora s ânfora, vaso.
Angarillas s padiola, cangalhas.
Ángel s angelical; adj angelical, angélico.
Angina s angina.
Anglicanismo s anglicanismo.
Anglicismo s anglicismo.
Anglófilo adj anglófilo.
Anglosajón adj anglo-saxão.
Angora s angorá.
Angosto adj estreito, apertado, reduzido.
Anguila s enguia.
Angular adj angular.
Ángulo s ângulo, aresta, esquina, canto.
Anguloso adj anguloso.
Angustia s angústia, aflição, opressão, ansiedade, agonia.
Angustiado adj angustiado, amargurado, oprimido, ansioso.
Angustiar v angustiar, afligir, amargurar, entristecer.
Anhelante adj anelante, desejoso.
Anhelar v anelar, desejar, aspirar.
Anhelo s anelo, desejo, aspiração, anseio.
Anidar v aninhar.
Anilina s anilina.
Anilla s argola, aro de metal, anel.
Anillo s anel.
Ánima s alma.
Animación s animação, entusiasmo, alegria, vivacidade.
Animado adj animado, alegre, entusiasmado.
Animador adj animador.
Animal s animal, besta, fera.

animar — antracita 17 ANT

Animar v animar, entusiasmar.
Anímico adj anímico.
Animismo s animismo.
Ánimo s ânimo, espírito, coragem.
Animosidad s animosidade, antipatia, aversão, inimizade.
Animoso adj animoso, corajoso.
Aniñado adj pueril, infantil.
Aniquilar v aniquilar, exterminar, destruir, acabar.
Anís s anis.
Aniversario s aniversário.
Ano s ânus.
Anoche adv ontem à noite.
Anochecer s crepúsculo, anoitecer.
Anodino adj anódino, inofensivo.
Anomalía s anomalia, anormalidade.
Anómalo adj anômalo, anormal.
Anonadar v reduzir a nada, aniquilar.
Anonimato s anonimato.
Anónimo adj anônimo, incógnito.
Anorak s agasalho impermeável.
Anormal adj anormal, extraordinário.
Anormalidade s anormalidade, anomalia.
Anotación s anotação, advertência, minuta, comentário.
Anotar v anotar, tomar notas, explicar.
Ánsar s ganso.
Ansia s ânsia, angústia, desejo, tormento, agonia, anseio.
Ansiar v ansiar, desejar, ambicionar.
Ansiedad s ansiedade, angústia, incerteza.
Ansioso adj ansioso, ávido, desejoso, aflito, agoniado.
Anta s anta, tapir.
Antagónico adj antagônico, oposto.
Antagonismo s antagonismo, oposição.
Antaño adv antanho, outrora.
Antártico adj antártico.
Ante s alce; adv antes.
Anteanoche adv anteontem à noite.
Anteayer adv anteontem.
Antebrazo s antebraço.
Antecámara s antecâmara.
Antecedente s antecedente, fato anterior.
Anteceder v anteceder, preceder.
Antecesor s antecessor, antepassado.
Antedicho adj expresso, dito anteriormente.
Antediluviano adj antediluviano.
Antelación s antelação, antecipação.
Antemano adv antemão, antecipadamente.
Antena s antena.
Anteojo s óculos, lente, luneta.
Antepasado adj antepassado, ancestral.
Antepecho s parapeito, peitoril.
Antepenúltimo adj antepenúltimo.

Anteponer v antepor, preferir.
Anteproyecto s anteprojeto.
Anterior adj anterior, precedente.
Antes adv antes.
Antesala s antessala.
Antiaéreo adj antiaéreo.
Antialcoholismo s antialcoolismo.
Antiatómico adj antiatômico.
Antibiótico adj antibiótico.
Anticipar v antecipar, avançar, prevenir.
Anticipo s antecipação, adiantamento.
Anticlericalismo s anticlericalismo.
Anticoagulante adj anticoagulante.
Anticomunista adj anticomunista.
Anticonceptivo adj contraceptivo, anticoncepcional.
Anticongelante adj anticongelante.
Anticuado adj antiquado, velho, obsoleto, ultrapassado.
Anticuario s antiquário, colecionador, vendedor de antiguidades.
Anticuerpo s anticorpo.
Antídoto s antídoto, contraveneno.
Antiestético adj antiestético.
Antifaz s máscara, carapuça.
Antigüedad s antiguidade, velhice.
Antiguo adj antigo, antiquado, obsoleto, velho, desusado.
Antillano adj antilhano.
Antílope s antílope.
Antimonio s antimônio.
Antinomia s antinomia, contradição.
Antipara s anteparo, biombo.
Antipatía s antipatia, aversão, repulsa, birra.
Antipático adj antipático, desagradável, detestável.
Antipirético adj antipirético.
Antípoda s antípoda.
Antiquísimo adj antiquíssimo.
Antirrábico adj antirrábico.
Antirrobo s antirroubo, pega-ladrão.
Antisemita adj antissemita.
Antisepsia s antissepsia.
Antiséptico adj antisséptico.
Antisocial adj antissocial.
Antítesis s antítese, oposição, contraste.
Antitoxina s antitoxina.
Antojarse v apetecer, desejar, muito.
Antojo s desejo, capricho, fantasia.
Antología s antologia, coletânea, seleta, seleção de texto.
Antológico adj antológico.
Antónimo s antônimo.
Antonomasia s antonomásia.
Antorcha s tocha, facho, farol.
Antracita s antracite.

ÁNT

ántrax — apisonar

Ántrax *s* antraz, tumor.
Antro *s* antro, cova, covil.
Antropofagia *s* antropofagia, canibalismo.
Antropófago *adj* antropófago, canibal.
Antropoide *adj* antropoide.
Antropología *s* antropologia.
Antropólogo *s* antropólogo.
Antropomorfo *adj* antropomorfo.
Anual *adj* anual; *s* anualidade, anuidade.
Anuario *s* anuário.
Anubarrado *adj* nublado, anuviado, enevoado.
Anudar *v* atar, juntar, dar nós.
Anuencia *s* anuência, consentimento.
Anulación *s* anulação, revogação.
Anular *v* anular, invalidar, cancelar.
Anunciación *s* anunciação, manifestação, notícia.
Anunciar *v* anunciar, noticiar, publicar.
Anuncio *s* anúncio, aviso, convocação, sinal.
Anverso *s* anverso, frente, face.
Añadir *v* agregar, acrescentar, adicionar.
Añejo *adj* antigo, velho, ancestral, antiquado.
Añicos *s* pedaços fragmentos.
Añil *s* anil.
Año *s* ano.
Añoranza *s* nostalgia, saudade.
Añorar *v* ter saudades, desejar.
Anzuelo *s* anzol.
Aojar *v* encantar, fascinar, enfeitiçar.
Aojo *s* encanto, fascinação, feitiço, quebranto.
Aorta *s* aorta.
Aovado *adj* oval, ovalado.
Aovar *v* desovar.
Apabullar *v* esmagar, achatar.
Apacentar *v* apascentar, pastorear.
Apacible *adj* aprazível, agradável, ameno.
Apaciguar *v* apaziguar, desarmar, sossegar, pacificar.
Apadrinar *v* apadrinhar.
Apagado *adj* tímido, acanhado, extinto.
Apagar *v* apagar, extinguir, aplacar, abafar.
Apagón *s* blecaute, apagamento.
Apalabrar *v* apalavrar, ajustar.
Apalancar *v* alavancar.
Apalear *v* espancar, bater.
Apandillar *v* formar partidos.
Apañado *adj* apanhado, colhido.
Apañar *v* apanhar, colher, furtar.
Aparador *s* aparador.
Aparar *v* aparar, cortar.
Aparato *s* aparato, ostentação, pompa, grandeza.
Aparatoso *adj* aparatoso, grandioso, suntuoso.
Aparcamiento *s* estacionamento.
Aparcar *v* estacionar, parar.
Aparear *v* emparelhar, igualar, juntar.
Aparecer *v* aparecer, comparecer, surgir.

Aparecimiento *s* aparição, aparecimento, surgimento.
Aparejador *s* aparelhador, construtor.
Aparejar *v* aparelhar, preparar.
Aparentar *v* aparentar, fingir, enganar.
Aparente *adj* aparente, falso, enganoso.
Aparición *s* aparição, visão, aparecimento.
Apariencia *s* aparência, aspecto.
Apartado *adj* afastado, distante.
Apartamento *s* apartamento, compartimento, aposento.
Apartamiento *s* afastamento, lugar retirado.
Apartar *v* apartar, separar, afastar.
Aparte *adv* à parte, separadamente.
Apasionado *adj* apaixonado, enamorado.
Apasionar *v* apaixonar, exaltar.
Apatia *s* apatia, indiferença, indolência.
Apático *adj* apático, indiferente, impassível, insensível.
Apátrida *s* apátrida.
Apear *v* apear, delimitar, demarcar.
Apedreamiento *s* apedrejamento.
Apedrear *v* apedrejar, lapidar.
Apegarse *v* apegar-se, agarrar-se.
Apego *s* apego, afeição, afeto.
Apelación *s* apelação.
Apelar *v* apelar, recorrer, invocar, chamar.
Apelativo *adj* apelativo.
Apellidar *v* apelidar, cognominar, nomear.
Apellido *s* sobrenome.
Apelmazar *v* condensar, comprimir.
Apenar *v* causar pena, desgostar.
Apenas *adv* apenas, unicamente, somente.
Apéndice *s* apêndice.
Apendicitis *s* apendicite.
Apercibir *v* aperceber, dispor, avisar, perceber.
Aperitivo *s* aperitivo, antepasto.
Apertura *s* abertura, entrada, inauguração.
Apesadumbrar *v* afligir, entristecer.
Apestar *v* empestar, infectar.
Apestillar *v* agarrar, pegar.
Apestoso *adj* pestilento, fétido.
Apetecer *v* apetecer, desejar, pretender.
Apetencia *s* apetência, apetite.
Apetito *s* apetite, estímulo, desejo.
Apetitoso *adj* apetitoso, saboroso, gostoso, tentador.
Apiadarse *v* apiedar-se.
Ápice *s* ápice, auge, cume, vértice.
Apicultor *s* apicultor.
Apicultura *s* apicultura.
Apilar *v* empilhar, amontoar.
Apiñar *v* apinhar, ajuntar, agregar.
Apio *s* aipo.
Apisonar *v* calcar.

aplacar—ara   19   **ARA**

Aplacar v aplacar, acalmar, tranquilizar.
Aplanar v aplanar, nivelar, igualar.
Aplastar v achatar, esmagar.
Aplaudir v aplaudir, louvar.
Aplauso s aplauso, aclamação, louvor.
Aplazamiento s aprazamento, convocação.
Aplazar v aprazar, prorrogar, adiar, retardar.
Aplicable adj aplicável.
Aplicación s aplicação, adaptação.
Aplicado adj aplicado, estudioso, atento, assíduo, dedicado.
Aplicar v aplicar, adaptar, adequar.
Aplomo s gravidade, serenidade, circunspecção.
Apocalipsis s apocalipse.
Apocalíptico adj apocalíptico.
Apocar v apoucar, diminuir, minguar, reduzir.
Apócope s apócope.
Apócrifo adj apócrifo, falso, suposto.
Apoderado adj apoderado; s procurador, agente.
Apoderar v apoderar, dar procuração, autorizar, encarregar.
Apodo s apodo, alcunha.
Apófisis s apófise.
Apogeo s apogeu, auge, culminância.
Apolillar v roer, traçar.
Apolítico adj apolítico.
Apologético adj apologético.
Apología s apologia, defesa, elogio.
Apologista adj apologista.
Apoltronarse v tornar-se preguiçoso.
Apoplejía s apoplexia.
Aporrear v espancar, bater.
Aportación s contribuição.
Aportar v contribuir, ocasionar.
Aposentar v hospedar, alojar.
Aposento s aposento, casa, moradia, quarto.
Apósito s apósito, compressa.
Apostar v apostar, competir, arriscar.
Apóstata s apóstata.
Apostilla s apostila, comentário, anotação.
Apostillar v apostilar, comentar.
Apóstol s apóstolo, missionário.
Apostolado adj apostolado, missão.
Apostólico adj apostólico.
Apóstrofe s apóstrofe.
Apóstrofo s apóstrofo.
Apostura s atitude, garbo, gentileza, linha.
Apoteósico adj apoteótico, consagrador.
Apoteosis s apoteose, consagração.
Apoyar v apoiar, sustentar, colaborar, amparar.
Apoyo s apoio, arrimo, amparo, favor, base, descanso.
Apreciable adj apreciável, digno, admirável.
Apreciación s apreciação, admiração, estima.
Apreciar v apreciar, avaliar, julgar.

Aprecio s apreço, consideração, estima.
Aprehender v apreender, prender.
Aprehensión s apreensão, percepção.
Apremiar v apressar, acelerar.
Aprender v aprender, estudar, instruir-se.
Aprendiz s aprendiz, estagiário; adj principiante, novato, calouro.
Aprendizaje s aprendizagem.
Aprensión s apreensão, receio, temor.
Aprensivo adj apreensivo, receoso, preocupado.
Apresamiento s captura, detenção, prisão.
Apresar v capturar, deter, prender, agarrar.
Aprestar v preparar, equipar, dispor.
Apresurar v apressar, acelerar, ativar.
Apretado adj apertado.
Apretar v apertar, amarrar, estreitar.
Apretón s apertão.
Aprieto s aperto, perigo.
Aprisa adv às pressas, velozmente.
Aprisionar v aprisionar, capturar, prender.
Aprobación s aprovação, permissão, adesão.
Aprobado adj aprovado, habilitado.
Aprobar v aprovar, admitir, autorizar, habilitar.
Apropiación s apropriação.
Apropiado adj apropriado, próprio.
Apropiar v apropriar, acomodar, atribuir.
Aprovechable adj aproveitável, útil.
Aprovechado adj aproveitado, utilizado.
Aprovechar v aproveitar, ganhar.
Aprovisionamiento s aprovisionamento, abastecimento.
Aprovisionar v aprovisionar, prover, abastecer.
Aproximación s aproximação, proximidade, aconchego.
Aproximado adj aproximado, próximo, chegado.
Aproximar v aproximar, encostar.
Aproximativo adj aproximativo.
Aptitud s aptidão, habilidade, jeito, queda.
Apto adj apto, hábil, conveniente.
Apuesta s aposta.
Apuesto adj enfeitado, aplicado.
Apuntalar v escorar, assegurar.
Apuntamiento s apontamento, anotação.
Apuntar v apontar, anotar, aguçar, fazer pontaria.
Apunte s apontamento, nota, anotação.
Apuñalar v apunhalar, esfaquear.
Apurado adj apurado, exato, esmerado.
Apurar v apurar, purificar, escolher, selecionar.
Apuro s apuro, aperto, aflição.
Aquejar v afligir, magoar.
Aquel pron aquele.
Aquello pron aquilo.
Aquí adv aqui, neste lugar.
Aquietar v aquietar, sossegar, acomodar.
Ara s ara, altar, lugar sagrado.

Árabe adj árabe.
Arabesco s arabesco.
Arábico adj arábico, árabe, mouro.
Arado s charrua, terra lavrada.
Arancel s tarifa.
Arancelario adj tarifário.
Arandela s arandela, candelabro de parede.
Araña s aranha, lustre, candelabro.
Arañar v arranhar, riscar.
Arañazo s arranhão.
Arar v lavrar a terra.
Arbitraje s arbitragem, arbitramento, julgamento.
Arbitrar v arbitrar, julgar, dirigir jogos.
Arbitrariedad s arbitrariedade, injustiça.
Arbitrario adj arbitrário, despótico.
Árbitro s árbitro, juiz.
Árbol s árvore.
Arbolado adj arborizado, arvoredo, bosque.
Arbusto s arbusto.
Arca s arca, baú, cofre.
Arcada s arcada, série de arcos, náusea.
Arcaico adj arcaico, antiquado, antigo.
Arcaísmo s arcaísmo.
Arcángel s arcanjo.
Arcano s arcano, segredo profundo.
Archidiócesis s arquidiocese.
Archipiélago s arquipélago.
Archivador s arquivista, classificador.
Archivo s arquivo, depósito, cartório.
Arcilla s argila, barro.
Arcilloso adj argiloso, barrento.
Arco s arco, curva.
Arder v arder, abrasar, queimar.
Ardid s ardil, armadilha, emboscada.
Ardiente adj ardente, tórrido, abrasador.
Ardilla s esquilo.
Ardor s calor, afã, paixão.
Ardoroso adj ardoroso, ardente, intenso, fogoso.
Arduo adj árduo, difícil, penoso, trabalhoso.
Área s área, espaço, superfície, zona, campo.
Arena s areia, pó.
Arenal s areal.
Arenga s arenga, palavreado.
Arenoso adj arenoso, areento.
Arenque s arenque.
Argamasa s argamassa.
Argelino adj argelino.
Argénteo adj argênteo, prateado.
Argentino adj argentino.
Argolla s argola, aro, elo.
Argucia s argúcia, perspicácia, sutileza.
Argüir v arguir, deduzir, provar.
Argumentación s argumentação, alegação.
Argumentar v argumentar, discutir, alegar.
Argumento s argumento, assunto.
Aria s ária.
Aridez s aridez, secura, esterilidade.
Árido adj árido, seco, estéril.
Aries s áries.
Ario s ariano.
Arisco s arisco, esquivo, áspero.
Arista s aresta.
Aristocracia s aristocracia, nobreza.
Aristócrata s aristocrata, nobre, fidalgo.
Aristocrático adj aristocrático, nobre, fino, distinto.
Aristotélico adj aristotélico.
Aritmética s aritmética.
Aritmético adj aritmético.
Arma s arma.
Armada s armada, esquadra, marinha.
Armadía s jangada.
Armadillo s tatu.
Armador s armador.
Armadura s armadura, armação.
Armamento s armamento, arsenal.
Armar v armar, munir, equipar, aparelhar.
Armario s armário, móvel.
Armazón s armação, esqueleto.
Armería s armaria, depósito de armas.
Armero s armeiro.
Armiño s arminho.
Armisticio s armistício, trégua.
Armonía s harmonia, acordo, fraternidade.
Armónica s harmônica.
Armónico adj harmônico, harmonioso, melodioso.
Armonioso adj harmonioso, sonoro, agradável.
Armonizar v harmonizar, acordar, assentar.
Árnica s arnica.
Aro s aro, argola.
Aroma s aroma, perfume, cheiro, odor, fragrância.
Aromático adj aromático, pefumado, fragrante.
Aromatizar v aromatizar, perfumar.
Arpa s harpa.
Arpegio s arpejo.
Arpía s hárpia.
Arpón s arpão.
Arquear v arquear, curvar, encurvar.
Arqueología s arqueologia.
Arqueológico adj arqueológico.
Arqueólogo s arqueólogo.
Arquero s arqueiro.
Arquetipo s arquétipo, modelo, padrão.
Arquitecto s arquiteto.
Arquitectónico adj arquitetônico.
Arquitectura s arquitetura.
Arrabal s arrabalde, subúrbio, cercanias.
Arrabalero s suburbano; adj vulgar, grosseiro.
Arrabañar v arrebanhar, recolher.

arrabio — asadura 21 ASA

Arrabio s ferro fundido.
Arraigar v arraigar, enraizar.
Arrancar v arrancar, extorquir, separar, extirpar.
Arranque s arranque, arrancada.
Arras s penhor, sinal, doação.
Arrasar v arrasar, aplanar, nivelar, demolir, derrubar.
Arrastrar v arrastar, impelir, atrelar.
Arrastre s arrasto.
Arrayán s murta.
Arrear v arrear, apressar, estimular.
Arrebatado adj arrebatado, precipitado, fogoso, impetuoso.
Arrebatar v arrebatar, precipitar, irritar, arrancar.
Arrebato s arrebato, arrebatamento.
Arrebol s arrebol, cor vermelha.
Arrebujar v amarrotar, agasalhar-se.
Arreciar v arrecife; s recife, banco de areia.
Arredrar v arredar, afastar, apartar.
Arreglado adj regulado, regrado, arranjado.
Arreglar v regular, ajustar, arrumar, compor.
Arreglo s regra, ordem, arranjo, conserto.
Arremangar v arregaçar.
Arremeter v arremeter, investir, agredir, embater, atacar.
Arremetida s arremetida.
Arremolinar v remoinhar; FIG amontoar-se, apinhar-se.
Arrendador s arrendador.
Arrendamiento s arrendamento.
Arrendar v arrendar, alugar.
Arrendatario s arrendatário.
Arreo s arreio, rédea.
Arrepentido adj arrependido, contrito.
Arrepentimiento s arrependimento, contrição, pesar, remorso.
Arrepentirse v arrepender-se.
Arrestado adj detido, preso, apreendido, embargado.
Arrestar v prender, deter, arrestar, embargar.
Arresto s arresto, detenção, provisória.
Arriar v arriar, afrouxar.
Arriba adv em cima, para cima.
Arribada s arribação.
Arribar v arribar, atracar, ancorar, chegar.
Arribista adj arrivista, oportunista.
Arriero s arrieiro.
Arriesgado adj arriscado, perigoso.
Arriesgar v arriscar, aventurar, expor.
Arrimar v arrimar, aproximar, encostar, apoiar.
Arrimo s arrimo, apoio, encosto, amparo.
Arrinconar v encurralar, acuar.
Arritmia s arritmia.
Arrítmico adj arrítmico.
Arroba s arroba.

Arrobamiento s arroubamento, êxtase.
Arrobar v enlevar, entusiasmar, extasiar.
Arrodillar v ajoelhar.
Arrogancia s arrogância.
Arrogante adj arrogante, pretensioso, insolente, altivo.
Arrogarse v arrogar-se, atribuir-se.
Arrojado adj arrojado, empreendedor, audacioso, decidido.
Arrojar v arrojar, arremessar, lançar.
Arrojo s arrojo, ímpeto, ousadia, atrevimento.
Arrollador adj enrolador.
Arrollar v enrolar, rolar, envolver.
Arropar v agasalhar, abafar.
Arrostrar v encarar, afrontar, enfrentar.
Arroyo s arroio, riacho, regato, ribeiro, córrego.
Arroz s arroz.
Arrozal s arrozal.
Arruga s ruga, dobra, prega, franzimento.
Arrugar v enrugar, franzir, encrespar, amarrotar.
Arruinar v arruinar, empobrecer, destruir, estragar.
Arrullar v arrulhar, sussurrar.
Arrullo s arrulho, sussurro.
Arsenal s arsenal, depósito.
Arsénico s arsênico.
Arte s arte, cautela, astúcia, método, habilidade, destreza.
Artefacto s artefato.
Artejo s falange.
Arteria s artéria.
Arterial adj arterial.
Arteriosclerosis s arteriosclerose.
Artesanal adj artesanal, manual.
Artesanía s artesanato.
Artesano s artesão, artífice.
Ártico adj ártico, boreal.
Articulación s articulação, junção.
Articulado adj articulado.
Articular v articular, unir, ligar, juntar.
Artículo adj artigo.
Artífice s artífice, artesão, artista, autor.
Artificial adj artificial, falso, fingido.
Artificiero s artífice, fogueteiro.
Artificio s artifício, produto de arte, astúcia, ardil.
Artillería s artilharia.
Artillero s artilheiro, atacante.
Artimaña s artimanha, ardil, astúcia.
Artista s artista, artífice; adj engenhoso, artístico.
Artritis s artrite.
Arzobispado s arcebispado.
Arzobispo s arcebispo.
Asa s asa.
Asado adj assado, espeto, assadeira, tabuleiro para assar.
Asadura s entranhas, vísceras, fígado.

ASA

asalariado — asténico

Asalariado *adj* assalariado; *s* trabalhador.
Asalariar *v* assalariar, pagar salário.
Asaltante *s* assaltante, atacante.
Asaltar *v* assaltar, atacar, acometer, avançar.
Asalto *s* assalto, investida, avanço.
Asamblea *s* assembleia, junta, reunião, congresso.
Asar *v* assar, abrasar.
Ascendencia *s* ascendência, família, linhagem, influência.
Ascender *v* ascender, subir, elevar-se.
Ascendiente *s* ascendente, antecedente.
Ascensión *s* ascensão, subida, elevação, promoção.
Ascenso *s* ascensão, subida.
Ascensor *s* elevador.
Ascensorista *v* ascensorista.
Asco *s* asco, nojo, náusea, repugnância.
Ascua *s* brasa, carvão ardente.
Aseado *adj* asseado, limpo.
Asear *v* assear, limpar.
Asechanza *s* armadilha, cilada.
Asediar *v* assediar, sitiar, bloquear.
Asedio *s* assédio, cerco.
Asegurar *v* assegurar, garantir.
Asemejar *v* assemelhar, semelhar, parecer.
Asenso *s* assenso, assentimento.
Asentado *adj* aposentado, situado.
Asentamiento *s* assentamento, juízo.
Asentar *v* assentar, afirmar, pressupor, consolidar.
Asentimiento *s* assentimento, anuência, aprovação.
Asentir *v* assentir, consentir, concordar, afirmar.
Aseo *s* asseio, limpeza, esmero.
Asepsia *s* assepsia, esterilização.
Aséptico *adj* asséptico, esterilizado.
Asequible *adj* acessível, exequível, fácil.
Aserción *s* asserção, afirmativa, enunciado, proposição.
Aserradero *s* serraria.
Aserrador *s* serrador.
Aserrar *v* serrar, cortar com serra.
Asesinar *v* assassinar, matar, eliminar, trucidar.
Asesinato *s* assassinato, homicídio.
Asesino *s* assassino, homicida.
Asesor *s* assessor, auxiliar; *adj* adjunto, conselheiro.
Asesoramiento *s* assessoramento, assessoria.
Asesorar *v* assessorar, aconselhar.
Aseveración *s* asseveração, afirmação.
Aseverar *v* asseverar, afirmar, certificar.
Asexuado *adj* assexuado.
Asfaltado *adj* asfaltado, recapeado.
Asfaltar *v* asfaltar, recapear, pavimentar.
Asfalto *s* asfalto.
Asfixia *s* asfixia, sufoco.
Asfixiar *v* asfixiar, sufocar, estrangular.

Así *adv* assim, do mesmo modo, desta maneira.
Asiático *adj* asiático.
Asiduidad *s* assiduidade, frequência, empenho.
Asiduo *adj* assíduo, frequente, pontual.
Asiento *s* assento, cadeira, banco.
Asignación *s* vencimento, consignação, destinação.
Asignar *v* destinar, nomear, atribuir, assinalar.
Asignatura *s* cadeira, disciplina, programa universitário.
Asilado *adj* asilado, albergado, recolhido em asilo.
Asilar *v* asilar, abrigar, albergar.
Asilo *s* asilo, albergue, abrigo.
Asimetría *s* assimetria.
Asimétrico *adj* assimétrico.
Asimilable *adj* assimilável.
Asimilación *s* assimilação, semelhança.
Asimilar *v* assimilar, acomodar, assemelhar.
Asimismo *adv* deste modo, do mesmo modo, ainda assim.
Asir *v* agarrar, pegar, segurar, prender.
Asirio *adj* assírio.
Asistenta *s* criada, empregada doméstica.
Asistente *adj* assistente, auxiliar, ajudante.
Asistir *v* assistir, estar presente.
Asma *s* asma.
Asmático *adj* asmático.
Asno *s* asno, burro.
Asociación *s* associação, sociedade.
Asociado *adj* associado, sócio, parceiro.
Asociar *v* associar, agregar, aliar.
Asolar *v* assolar, arrasar, exterminar, destruir totalmente.
Asomar *v* assomar, despontar, aparecer, indicar, apontar.
Asombrar *v* assombrar, maravilhar, espantar, admirar.
Asombro *s* assombro, admiração, espanto, estranheza.
Asomo *s* assomo, indício, suspeita.
Aspecto *s* aspecto, aparência.
Aspereza *s* aspereza, rudeza, severidade.
Asperjar *v* aspergir.
Áspero *adj* áspero, rugoso, duro, rigoroso, austero.
Aspersión *s* aspersão.
Aspiración *s* aspiração, desejo, anelo, ambição.
Aspirador *adj* aspirador.
Aspirante *s* aspirante.
Aspirar *v* aspirar, desejar, sorver, inalar, pretender.
Aspirina *s* aspirina.
Asqueroso *adj* asqueroso, repugnante, repelente, sórdido.
Asta *s* haste, lança, chifre.
Astenia *s* astenia, fraqueza.
Asténico *adj* asténico.

asterisco — atrancar   23   **ATR**

Asterisco s asterisco.
Asteroide s asteroide, pequeno astro.
Astigmatismo s astigmatismo.
Astilla s lasca, estilhaço, fragmento.
Astillar v estilhaçar, despedaçar, fragmentar.
Astillazo s estilhaço, fragmento.
Astillero s estaleiro, depósito de madeira.
Astral adj astral, sideral.
Astringencia s adstringência.
Astringir v adstringir, contrair, apertar, estreitar.
Astro s astro, corpo celeste.
Astrofísica s astrofísica.
Astrología s astrologia.
Astrólogo s astrólogo.
Astronauta s astronauta.
Astronomía s astronomia.
Astronómico adj astronômico.
Astrónomo s astrônomo.
Astroso adj desastrado, desgraçado.
Astucia s astúcia, sagacidade, esperteza.
Astuto adj astuto, hábil, esperto, sagaz.
Asumir v assumir, atribuir-se, encarregar-se.
Asunto s assunto, tema, motivo, argumento.
Asustado adj assustado, inquieto, intimidado, amedrontado.
Asustar v assustar, intimidar, inquietar, amedrontar.
Atacante adj atacante, agressor.
Atacar v atacar, acometer, agredir.
Atado adj atado, amarrado.
Atadura s atadura.
Atajar v atalhar, interceptar, deter, separar.
Atajo s atalho, vereda.
Atalaya s atalaia, sentinela.
Atañer v corresponder, tocar, pertencer.
Ataque s ataque, assalto, investida, agressão, arremesso.
Atar v atar, ligar, unir, amarrar, cingir.
Atarantar v atarantar, atordoar, perturbar, atrapalhar.
Atardecer v entardecer, a tardinha.
Atareado adj atarefado, ocupado.
Atarear v atarefar, dar tarefa.
Atascar v atolar, calafetar, entupir.
Ataúd s ataúde, féretro, esquife.
Ataviar v ataviar, adornar, embelezar, enfeitar, ornar.
Atavío adj adorno, enfeite, ornamento.
Atavismo s atavismo.
Ateísmo s ateísmo.
Atemorizar v atemorizar, assustar, espantar.
Atemperar v temperar, suavizar, conciliar, restabelecer.
Atención s atenção, cortesia, consideração, deferência.

Atender v atender, considerar, observar, notar.
Atenerse v ater-se, aderir.
Atentado s atentado.
Atentar v atentar, cometer um atentado, tentar.
Atento adj atento, cortês, atencioso, educado.
Atenuación s atenuação, suavização.
Atenuante adj atenuante.
Atenuar v atenuar, desvanecer, enfraquecer.
Ateo adj ateu, impío.
Aterciopelado adj aveludado.
Aterirse v endurecer-se, entumescer-se.
Aterrar v espantar, apavorar, aterrorizar.
Aterrizaje s aterrissagem, pouso.
Aterrizar v aterrissar, pousar.
Aterrorizar v aterrorizar, aterrar, apavorar, assustar.
Atesorar v entesourar, acumular.
Atestado s atestado, declaração.
Atestar v atestar, certificar.
Atestiguar v testemunhar, atestar.
Atiborrar v estofar.
Ático s ático.
Atildar v reparar, notar.
Atinar v atinar, conseguir, encontrar.
Atisbar v observar, espreitar.
Atizar v atiçar, avivar.
Atlántico adj atlântico.
Atlas s atlas, mapas.
Atleta s atleta, desportista.
Atlético adj atlético.
Atmósfera s atmosfera.
Atmosférico adj atmosférico.
Atolladero s atoleiro, lodaçal, pântano.
Atollar v atolar, encalhar.
Atolondrar v estontear, aturdir, atordoar, desorientar.
Atómico adj atômico.
Átomo s átomo.
Atonía s atonia.
Atónito adj atônito, espantado, aturdido.
Átono adj átono.
Atontamiento s atordoamento, espanto.
Atontar v atordoar, estontear, espantar.
Atormentar v atormentar, torturar, afligir, importunar.
Atornillar adj atarraxar, parafusar.
Atosigar v intoxicar, envenenar.
Atracadero s atracadouro.
Atracar v atracar, aproximar, assaltar, abordar.
Atracción s atração.
Atraco s assalto, roubo.
Atractivo adj atrativo, atraente, encantador.
Atraer v atrair.
Atragantar v engasgar, afogar.
Atrancar v trancar, atravancar, empacar.

ATR 24 | atrapar — autoritario

Atrapar v apanhar, pegar.
Atrás adv atrás, detrás, anteriormente.
Atrasado adj atrasado.
Atrasar v atrasar, retardar, demorar.
Atraso s atraso, decadência, demora, retardo.
Atravesar v atravessar, cruzar, trespassar.
Atrayente adj atraente, magnético.
Atreverse v atrever-se, ousar, arriscar-se.
Atrevido adj atrevido, audacioso, ousado.
Atrevimiento s atrevimento, ousadia, audácia.
Atribución s atribuição, direito, autoridade, competência.
Atribuir s atribuir, conceder, conferir, dar.
Atribular s atribular, afligir, angustiar, maltratar.
Atributo s atributo, qualidade, condição.
Atrio s átrio, vestíbulo.
Atrocidad s atrocidade, crueldade, ferocidade.
Atrofia s atrofia, enfraquecimento.
Atrofiar v atrofiar, enfraquecer, tolher.
Atronar v atordoar, abalar, troar, retumbar.
Atropellar v atropelar, derrubar.
Atropello s atropelo, transgressão.
Atroz adj atroz, cruel, desumano.
Atún s atum.
Aturar v aturar, suportar, tolerar.
Aturdido adj aturdido, atordoado, perturbado.
Aturdir v aturdir, atordoar, perturbar, espantar.
Atusar v aparar, podar.
Audacia s audácia, ousadia, atrevimento, arrojo.
Audaz adj audaz, atrevido, arrojado.
Audible adj audível.
Audición s audição.
Audiencia s audiência, sessão de um tribunal, auditório.
Auditor s auditor, ouvinte, magistrado.
Auditoría s auditoria.
Auge s auge, apogeu, ápice.
Augurar v augurar, prognosticar, pressagiar, vaticinar.
Augurio s augúrio, presságio, vaticínio.
Augusto adj augusto, majestoso, imponente.
Aula s sala de aula, sala de estudo, classe.
Aullar v uivar, ulular.
Aullido s uivo, guincho.
Aumentar v aumentar, ampliar, alargar, estender, crescer.
Aumentativo adj aumentativo.
Aumento s aumento, acréscimo, extensão, alongamento.
Aun adv até, inclusive, também.
Aún adv ainda, todavia.
Aunar v unir, unificar.
Aunque adv ainda que, mesmo que, se bem que.
Aura s aura, halo.
Áureo adj áureo, dourado, brilhante.

Aureola s auréola.
Aurícula s aurícula.
Auricular adj auricular.
Aurora s aurora, amanhecer, madrugada.
Auscultación s auscultação.
Auscultar v auscultar, examinar, explorar.
Ausencia s ausência, inexistência, retiro, afastamento, falta.
Ausentar v ausentar, afastar, retirar.
Ausente adj ausente, afastado, distante, retirado.
Auspicio s auspício, presságio, agouro, prognóstico.
Austeridad s austeridade, integridade, severidade.
Austero adj austero, íntegro, severo, sério.
Austral adj austral, meridional.
Australiano adj australiano.
Austríaco adj austríaco.
Autarquía s autarquia, autossuficiência.
Autenticar v autenticar, legalizar, autorizar.
Autenticidad s autenticidade, veracidade, legitimidade.
Auténtico adj autêntico, verdadeiro, legítimo.
Auto s auto, decreto, depacho, sentença; composição dramática, automóvel.
Autoadhesivo adj autoadesivo.
Autobiografía s autobiografia.
Autobús s ônibus, lotação.
Autocar s ônibus.
Autocracia s autocracia, poder absoluto.
Autócrata adj autocrata, tirano.
Autocrítica s autocrítica.
Autóctono adj autóctone.
Autodefensa s autodefesa.
Autodeterminación s autodeterminação.
Autodidacta adj autodidata.
Autoescuela s autoescola.
Autógeno adj autógeno.
Autogestión s autogestão.
Autógrafo s autógrafo.
Autómata s autômato, robô.
Automático adj automático, mecânico.
Automatizar v automatizar.
Automóvil s automóvel.
Automovilismo s automobilismo.
Automovilista adj automobilista.
Autonomía s autonomia, independência, soberania.
Autopista s estrada, rodovia.
Autopsia s autópsia.
Autor s autor, criador, produtor, escritor, literato, fundador.
Autoría s autoria.
Autoridad s autoridade, domínio, mando, influência.
Autoritario adj autoritário, dominador, influente.

autorización — azuzar   AZU

Autorización s autorização, ordem, permissão, licença.
Autorizar v autorizar, permitir, validar, apoiar.
Autorretrato s autorretrato.
Autoservicio s autosserviço.
Autostop s carona.
Autostopista s caronista.
Autovía s rodovia, estrada.
Auxiliar v auxiliar, ajudar, socorrer; *adj* ajudante, subalterno.
Auxilio s auxílio, ajuda, esmola.
Aval s aval, garantia, caução.
Avalancha s avalancha, avalanche, alude.
Avalar v avalizar, garantir, assegurar.
Avalista *adj* avalista.
Avance s ataque, avanço.
Avanzado *adj* avançado, atrevido, saliente, liberal.
Avanzar v avançar, ir adiante; investir, andar, progredir.
Avaricia s avareza, avidez, mesquinhez, mesquinharia.
Avaricioso *adj* avaro, mesquinho.
Avaro *adj* avaro, avarento.
Avasallar v avassalar, dominar, subjugar.
Ave s ave, pássaro.
Avecinar v avizinhar, aproximar.
Avellana s avelã.
Avena s aveia.
Avenencia s avença, acordo, ajuste, conciliação.
Avenida s avenida, alameda, enchente, inundação.
Avenir v advir, concordar, acontecer, suceder.
Aventajar v avantajar, adiantar, progredir, exceder.
Aventar v aventar, ventilar, arejar, abanar.
Aventura s aventura, proeza, acontecimento.
Aventurero *adj* aventureiro.
Avergonzado *adj* envergonhado, encabulado.
Avergonzar v envergonhar, encabular, acanhar.
Avería s avaria, dano, prejuízo.
Averiar v avariar, estragar, danificar.
Averiguación s averiguação, investigação, exploração.
Averiguar v averiguar, investigar, explorar.
Aversión s aversão, antipatia, oposição, repulsa.
Avestruz s avestruz.
Aviación s aviação, aeronáutica.
Aviador s aviador, piloto.
Aviar v aviar, despachar, dispor.
Avícola s avícola.
Avicultura s avicultura.
Avidez s avidez, cobiça, avareza, ganância.

Ávido *adj* ávido, cobiçoso, ganancioso, voraz.
Aviejar v envelhecer.
Avieso *adj* avesso, contrário, oposto.
Avinagrar v avinagrar, azedar.
Avío s aviamento, preparo.
Avión s avião, aeronave.
Avisado *adj* avisado, prudente, experiente.
Avisar v avisar, prevenir, notificar, advertir, delatar, denunciar.
Aviso s aviso, advertência, anúncio, informe, conselho.
Avispa s vespa.
Avispado *adj* esperto.
Avispero s vespeiro.
Avistar v avistar, ver, encontrar.
Avituallar v abastecer, prover, fornecer.
Avivar v avivar, animar, despertar, entusiasmar.
Axial *adj* axial, do eixo.
Axila s axila, sovaco.
Axioma s axioma, máxima.
Ayer *adv* ontem.
Ayuda s ajuda, auxílio, socorro, favor.
Ayudante s ajudante, auxiliar, assistente.
Ayudar v ajudar, auxiliar, socorrer.
Ayunar v jejuar, abster-se de comer ou beber.
Ayuntamiento s ajuntamento, prefeitura, câmara municipal.
Ayuntar v ajuntar, juntar, reunir.
Azabache s azeviche.
Azada s enxada.
Azafata s aeromoça.
Azafrán s açafrão.
Azahar s flor de laranjeira, de cidreira, de limoeiro.
Azar s azar, acaso, casualidade, desgraça.
Azogue s azougue, mercúrio.
Azorar v sobressaltar, irritar.
Azotar v açoitar, chicotear, fustigar.
Azote s açoite, chicote.
Azotea s açoteia.
Azteca *adj* asteca.
Azúcar s açúcar.
Azucarado *adj* açucarado, doce.
Azucarar v açucarar, adoçar.
Azucarero *adj* açucareiro.
Azucena s açucena.
Azufre s enxofre.
Azufroso *adj* sulfuroso.
Azul s azul.
Azulejo s azulejo, ladrilho.
Azuzar v açular, atiçar, instigar.

B

ABCDEFGHIJKLMNOPQRSTUVWXYZ

B segunda letra do alfabeto espanhol.
Baba s baba, saliva espessa.
Babear v babar.
Babel s babel.
Babero s babador.
Babor s bombordo.
Babosa s lesma; FIG adulador.
Baboso adj baboso.
Babucha s chinela, chinelo.
Bacalao s bacalhau.
Bacanal s bacanal, orgia.
Bache s cova, buraco.
Bachear v consertar, tapar.
Bachiller s estudante de 2º grau; FIG tagarela.
Bachillerato s 2º grau.
Bacía s bacia, vasilha.
Bacilo s bacilo.
Bacín s urinol, penico.
Bacteria s bactéria.
Bactericida adj bactericida.
Bacteriología s bacteriologia.
Bacteriólogo s bacteriologista.
Báculo s bastão, cajado.
Badajo s badalo.
Badana s pele curtida de animal.
Bagaje s bagagem, equipamento militar.
Bagatela s bagatela, ninharia.
Bahía s baía, enseada, angra.
Bailable adj dançante.
Bailar v bailar, dançar.
Bailarín s bailarino, dançarino.
Baile s baile, dança.
Baja s baixa, diminuição de preço.
Bajada s baixada, declive, ladeira.
Bajamar s baixamar, maré baixa.
Bajar v baixar, diminuir.
Bajeza s baixeza, vileza.
Bajo adj baixo, inferior, humilde, desprezível.
Bajorrelieve s baixo-relevo.
Bala s bala, projétil de arma de fogo, fardo.
Balacera s tiroteio.
Balada s balada.
Baladí adj fútil, superficial.
Balance s balanço; FIG oscilação.
Balancear v balançar, agitar-se.
Balandro s barco pequeno, barco pesqueiro.
Balanza s balança; FIG equilíbrio.
Balar v balir.
Balaustre s balaústre.
Balbucear v balbuciar, gaguejar.
Balcón s balcão, sacada, varanda.
Baldar v baldar, frustrar.
Balde adv debalde, sem motivo, gratuitamente; s balde.
Baldear v baldear, fazer baldeação, molhar plantas.
Baldío adj baldio, inútil, vadio, vagabundo.
Baldón s ofensa, afronta.
Baldosa s ladrilho.
Balear v balear, fuzilar.
Balido s balido.
Balístico adj balístico.
Baliza s baliza, boia, meta.
Balizar v balizar, limitar, demarcar.
Ballena s baleia.
Ballenero adj baleeiro.
Ballet s balé.
Balneario s balneário.
Balompié s futebol.
Balón s balão, bola para jogar.
Baloncesto s basquete.
Balonmano s handebol.
Balonvolea s vôlei.
Balsa s balsa, jangada, charco, pântano.
Bálsamo s bálsamo.
Baluarte s baluarte, bastião.
Bambolear v bambolear, vacilar.
Bambú s bambu.
Banal adj banal, trivial.
Banalidad s banalidade.
Banana s banana.
Banano s bananeira.
Banca s banco, cadeira sem costas.
Bancario adj bancário, relativo a banco.

banco — bautizar

BAU

Banco s estabelecimento de crédito, banco, assento.
Banda s banda, grupo de pessoas armadas, conjunto de instrumentos musicais.
Bandada s bandada, aves voando.
Bandeja s bandeja, travessa de louça.
Bandera s bandeira.
Banderín s bandeirola, flâmula.
Bandido s bandido, ladrão.
Bando s bando, partido, édito, proclamação pública.
Bandolero s bandoleiro, salteador, bandido, ladrão.
Banquero s banqueiro, cambista.
Banqueta s banqueta, banquinho.
Banquete s banquete.
Banquillo s banquinho, banco dos réus.
Bañador s maiô.
Bañar v banhar, molhar.
Bañera s banheira, tina.
Bañista s banhista.
Baño s banho, banheiro, balneário.
Baptisterio s batistério.
Baqueta s baqueta.
Bar s bar, cantina, botequim.
Barahúnda s barafunda, confusão.
Baraja s baralho.
Barajar v baralhar, embaralhar, confundir.
Baranda s corrimão, varanda.
Barandilla s varanda, galeria.
Barata s troca, câmbio.
Baratija s bagatela, ninharia.
Barato adj barato, baixo preço.
Barba s barba.
Barbacoa s grelha.
Barbaridad s barbaridade, crueldade, atrocidade.
Barbarie s barbárie, ignorância.
Bárbaro adj bárbaro, rude, grosseiro.
Barbería s barbearia.
Barbero s barbeiro.
Barbilla s queixo, barbicha.
Barbitúrico s barbitúrico.
Barbotar v resmungar.
Barca s barca, jangada.
Barcaza s barcaça.
Barco s barco, navio, embarcação.
Bario s bário.
Barítono s barítono.
Barniz s verniz, polimento.
Barnizar v envernizar, lustrar.
Barómetro s barômetro.
Barón s barão.
Barquero s barqueiro.
Barquillo s barquete.
Barra s barra, alavanca.

Barraca s barraco, choupana.
Barracón s barracão, alpendre.
Barranco s barranco, obstáculo.
Barrena s verruma.
Barrenar v verrumar, furar com verruma.
Barrendero s varredor, gari.
Barreño s terrina.
Barrer v varrer.
Barrera s barreira, tapume, cancela.
Barriada s bairro, arrabalde.
Barrica s barrica, tonel.
Barricada s barricada, trincheira.
Barriga s barriga, abdômen, ventre.
Barril s barril.
Barrio s bairro, arrabalde.
Barrizal s lamaçal, lodaçal.
Barro s barro, lama, lodo, argila.
Barroco adj barroco.
Barrote s barrote, travessa, tranca.
Bártulos s objetos de uso.
Barullo s barulho, desordem.
Basalto s basalto.
Basamento s embasamento.
Basar v embasar, fundamentar, basear.
Báscula s balança.
Base s base, apoio, alicerce.
Básico adj básico, essencial.
Basílica s basílica.
Bastante adj bastante, suficiente.
Bastar v bastar, ser suficiente.
Bastardilla s letra cursiva, grifo, itálico.
Bastardo s bastardo.
Bastidor s bastidor, caixilho.
Bastión s bastão, fortificação.
Basto adj basto, denso, bruto.
Bastón s bastão, bengala.
Basura s lixo, sujeira, imundície.
Basurero s lixeiro, varredor.
Bata s bata, roupão.
Batalla s batalha, combate.
Batallar v batalhar, guerrear, combater.
Batata s batata-doce.
Batel s batel, bote, canoa.
Batería s bateria.
Batiborrillo s confusão.
Batidera s batedeira.
Batiente s batente, ombreira.
Batir v bater, explorar, abater, sacudir, mexer.
Batiscafo s batiscafo, equipamento para mergulho.
Batracio s batráquio.
Baturro adj rústico.
Batuta s batuta.
Baúl s baú, cofre, arca.
Bautismo s batismo.
Bautizar v batizar.

BAU

28

bauxita — bigote

Bauxita s bauxita.
Baya s baga, bago.
Bayoneta s baioneta.
Bazar s bazar, loja.
Bazo adj baço, embaçado; s baço.
Bazofia s bazófia.
Beatificar v beatificar.
Beatitud s beatitude, placidez.
Beato s beato, devota, religiosa.
Bebé s bebê, nenê.
Bebedero s bebedouro.
Beber v beber, ingerir, engolir, absorver.
Bebida s bebida, beberagem.
Bebido adj embriagado, bêbado.
Beca s beca, bolsa de estudos.
Becario adj bolsista.
Becerro s bezerro.
Bedel s bedel.
Beduino s beduíno.
Begonia s begônia.
Beige adj bege.
Béisbol s beisebol.
Beldad s beldade, formosura.
Belén s presépio; FIG confusão.
Belga adj belga.
Belicismo s belicismo.
Bélico adj bélico.
Belicoso adj belicoso, guerreiro, agressivo.
Beligerancia s beligerância.
Bellaco adj velhaco, astuto.
Belladona s beladona.
Bellaquería s velhacaria, baixeza.
Belleza s beleza, formosura, beldade.
Bello adj belo, formoso, lindo, distinto, agradável.
Bellota s bolota.
Bencina s benzina.
Bendecir v benzer, abençoar, bendizer, louvar.
Bendición s bênção.
Bendito adj bendito, bento.
Benefactor adj benfeitor.
Beneficencia s beneficência, caridade.
Beneficiar v beneficiar, favorecer, melhorar.
Beneficiario adj beneficiário.
Beneficio s benefício, proveito, privilégio.
Benéfico adj benéfico.
Benemérito adj benemérito.
Beneplácito s beneplácito, aprovação, licença.
Benevolencia s benevolência, bondade, boa vontade.
Benévolo adj benévolo, afetuoso, bondoso, benevolente.
Bengala s bengala, bastão.
Benignidad s benignidade, bondade, doçura, clemência.
Benigno adj benigno, ameno, agradável.

Beodo adj bêbado, ébrio, embriagado.
Berbiquí s berbequim, furador.
Berenjena s beringela.
Bermejo adj vermelho, encarnado.
Bermellón adj zarcão, mínio, vermelhão.
Berrido s berro, mugido, grito.
Berrinche s rabugem, cólera, berreiro das crianças.
Berro s agrião.
Berza s couve, couve-galega.
Besamel s bechamel, tipo de molho.
Besar v beijar.
Beso s beijo.
Bestia s besta, animal.
Bestial adj bestial, brutal.
Bestialidad s bestialidade, brutalidade.
Besucón adj beijoqueiro.
Besugo s besugo.
Besuquear v beijocar, dar beijocas.
Betún s betume.
Bezo s beiço, lábio grosso.
Biberón s mamadeira.
Biblia s bíblia.
Bíblico adj bíblico.
Bibliografia s bibliografia.
Biblioteca s biblioteca, livraria.
Bibliotecario s bibliotecário.
Bicarbonato s bicarbonato.
Bicentenario s bicentenário.
Biceps s bíceps.
Bicho s bicho, animal.
Bicicleta s bicicleta.
Bicoca s ninharia.
Bicolor adj bicolor.
Bidé s bidê.
Bidón s vasilha.
Biela s biela.
Bien s bem, benefício, virtude.
Bien adv bem, corretamente, com saúde.
Bienal adj bienal.
Bienaventurado adj bem-aventurado.
Bienaventuranza s bem-aventurança, felicidade.
Bienestar s bem-estar, conforto.
Bienhechor adj benfeitor.
Bienintencionado adj bem-intencionado.
Bienio s biênio.
Bienquerer v bem-querer, estimar.
Bienvenida s boas-vindas.
Bienvenido adj bem-vindo.
Biés s viés.
Bifásico adj bifásico.
Bifurcación s bifurcação, vértice.
Bifurcarse v bifurcar-se, dividir-se.
Bigamia s bigamia.
Bígamo adj bígamo.
Bigote s bigode.

bigotudo — boletín

Bigotudo *adj* bigodudo.
Bilabial *adj* bilabial.
Bilateral *adj* bilateral.
Biliar *adj* biliar.
Bilingüe *adj* bilíngue.
Bilis *s* bilis, bile.
Billar *s* bilhar.
Billete *s* bilhete, escrito breve.
Billetero *s* bilheteiro.
Billón *s* trilhão, um milhão de milhões.
Bimotor *adj* bimotor.
Binario *adj* binário.
Bingo *s* bingo.
Binóculo *s* binóculo.
Binomio *s* binômio.
Biodegradable *adj* biodegradável.
Biofísica *s* biofísica.
Biografía *s* biografia.
Biología *s* biologia.
Biológico *adj* biológico.
Biólogo *s* biólogo.
Biomasa *s* biomassa.
Biombo *s* biombo, anteparo.
Biopsia *s* biópsia.
Biosfera *s* biosfera.
Bióxido *s* bióxido.
Bípede *adj* bípede.
Bipolar *adj* bipolar.
Birlar *v* derrubar, tirar, tomar algo.
Birrete *s* barrete, boné.
Birria *s* ridículo, grotesco.
Bis *adv* duas vezes.
Bisabuelo *s* bisavô.
Bisagra *s* dobradiça, gonzo.
Bisbiseo *s* murmuração, murmúrio, cochicho.
Bisección *s* bissecção, bipartição.
Bisector *s* bissectriz.
Bisel *s* corte oblíquo, chanfradura.
Biselar *v* chanfrar.
Bisexual *adj* bissexual.
Bisiesto *adj* bissexto.
Bisílabo *adj* bissílabo.
Bismuto *s* bismuto.
Bisonte *s* bisão, bisonte.
Bisoñé *s* peruca.
Bisoño *adj* acanhado, inexperiente.
Bistec *s* bife.
Bisturí *s* bisturi.
Bisutería *s* bijuteria, quinquilharia.
Biter *s* bíter (bebida).
Bituminoso *adj* betuminoso.
Bizantino *adj* bizantino.
Bizco *adj* vesgo, estrábico.
Bizcocho *s* biscoito, bolacha.
Biznieto *s* bisneto.

Blanco *adj* branco.
Blancor *s* alvura.
Blancura *s* brancura.
Blandengue *adj* brando, suave.
Blandir *v* brandir, agitar uma arma.
Blando *adj* brando, suave, macio, fraco, vagaroso.
Blandura *s* brandura, doçura.
Blanquear *v* branquear, caiar, alvejar, desencardir.
Blanquecino *adj* alvacento, esbranquiçado.
Blasfemar *v* blasfemar, ultrajar.
Blasfemia *s* blasfêmia.
Blasfemo *adj* blasfemo, ímpio.
Blasón *s* brasão, escudo de armas.
Blenorragia *s* blenorragia, gonorreia.
Blindado *adj* blindado, couraçado.
Blindaje *s* blindagem.
Blindar *v* blindar, couraçar, fortificar.
Bloc *s* bloco de papel.
Bloquear *v* bloquear, sitiar.
Bloqueo *s* bloqueio, cerco.
Blusa *s* blusa.
Boa *s* boa, jiboia.
Boato *s* ostentação, pompa, luxo.
Bobada *s* bobeira, bobice.
Bobina *s* bobina, carretel.
Bobinadora *s* bobinador.
Bobinar *v* bobinar.
Bobo *adj* bobo, tonto, tolo, bobalhão.
Boca *s* foz de um rio, boca, lábios.
Bocacalle *s* embocadura, entrada de rua, cruzamento.
Bocadillo *s* sanduíche.
Bocado *s* bocado, pedaço.
Bocal *s* jarro.
Bocanada *s* gole, bochechada, baforada.
Boceto *s* esboço.
Bochorno *s* ar quente.
Bocina *s* buzina, trombeta, megafone.
Bocio *s* bócio, papeira.
Bodas *s* bodas, casamento.
Bode *s* bode.
Bodega *s* bodega, armazém, adega, taverna.
Bodegón *s* taverna, tasca.
Bodoque *s* bodoque.
Bofetada *s* bofetada, sopapo.
Boga *s* voga, ato de remar.
Bogar *v* vogar, remar.
Bohemio *s* boêmio, cigano.
Boicot *s* boicote.
Boina *s* boina.
Bola *s* bola.
Bolchevique *adj* bolchevique.
Bolear *v* jogar bola.
Bolero *s* bolero.
Boletín *s* boletim, publicação periódica.

BOL
boleto — branquicéfalo

Boleto s bilhete de entrada.
Bolívar s bolívar (moeda venezuela).
Boliviano adj boliviano.
Bollería s confeitaria.
Bollo s bolo.
Bolo s bola, jogo de bola, pílula grande.
Bolsa s bolsa, saco.
Bolsillo s bolso, saco.
Bolso s bolso.
Bomba s bomba.
Bombardear v bombardear.
Bombardero s bombardeiro.
Bombear v bombear, extrair água, bombardear.
Bombero s bombeiro.
Bombilla s lâmpada elétrica.
Bombo s bombo, zabumba.
Bombón s bombom, confeito.
Bombona s vasilha de vidro de muita capacidade, garrafão.
Bombonería s confeitaria.
Bonachón adj bonachão, bondoso, crédulo.
Bonanza s bonança, calma, sossego.
Bondad s bondade, benevolência.
Bondadoso adj bondoso, bom, clemente.
Bonete s boné, barrete.
Boniato s batata-doce.
Bonificación s bonificação.
Bonificar v bonificar.
Bonito adj bonito, lindo, formoso, engraçado.
Bono s bônus, título de crédito.
Bonzo s bonzo, sacerdote budista.
Boñiga s bosta, esterco.
Boomerang s bumerangue.
Boquear v boquear, bocejar.
Boquerón s boqueirão, anchova.
Boquete s garganta, desfiladeiro, brecha.
Boquiabierto adj boquiaberto.
Boquilla s boquinha, boca pequena.
Borbollar v borbulhar.
Borbotar v borbotar, ferver.
Borbotón s borbotão, jato forte.
Borda s borda, cabana.
Bordado s bordado.
Bordar v bordar, orlar, enfeitar.
Borde s borda, margem, orla.
Bordear v bordear, beirar, costear.
Bordo s bordo, costado, lado do navio.
Boreal adj boreal, setentrional.
Boricado adj boricado.
Bórico adj bórico.
Borla s borla, barrete de doutor.
Borne s borne, extremidade.
Bornearse v curvar, revolver, dobrar.
Boro s boro.
Borona s pão de milho, broa.

Borra s borra, felpa, fezes.
Borrachera s bebedeira, embriaguez.
Borracho adj bêbado, embriagado, beberrão.
Borrador s rascunho, borrão.
Borrar v borrar, rabiscar, apagar, rasurar.
Borrasca s borrasca, tempestade.
Borrego s boato.
Borrico s burrico, burro, jumento.
Borrón s borrão, nódoa de tinta.
Borroso adj impreciso, confuso.
Bosque s bosque, mata, selva.
Bosquejo s bosquejo, esboço.
Bosta s bosta, excremento.
Bostezar v bocejar.
Bostezo s bocejo.
Bota s bota, botina, calçado.
Botadura s bota-fora, lançamento de um barco à água.
Botánica s botânica.
Botar v botar, lançar, atirar, arremessar.
Bote s bote, golpe, salto de cavalo, pulo.
Botella s botelha, garrafa.
Botica s botica, farmácia.
Boticario s boticário, farmacêutico.
Botija s botija, jarra.
Botijo s moringa, vasilha de barro.
Botín s botim, bota de cano curto.
Botiquín s farmácia ou caixa de primeiros socorros.
Botón s botão, rebento, botão de roupa.
Botonadura s abotoadura.
Botones s rapaz, moço de recado.
Botulismo s botulismo.
Bouquet s buquê, ramalhete, aroma dos vinhos.
Bóveda s abóbada.
Bovino adj bovino.
Boxeador s boxeador, pugilista.
Boxear v boxear.
Boxeo s boxe, pugilismo.
Boya s boia, baliza.
Boyante adj flutuante.
Boyar v boiar, flutuar.
Boyero s boiadeiro.
Bozo s buço, bigode incipiente, bigodinho.
Bracear v bracejar, nadar.
Bragado adj pessoa enérgica.
Bragas s calcinha, braga.
Braguero s bragueiro, faixa ou funda.
Bragueta s braguilha.
Brahmán s brâmane.
Brahmanismo s bramanismo.
Bramante s barbante, fio, cordel; adj bramador.
Bramido s bramido, rugido.
Branquia s brânquia.
Branquicéfalo adj branquicéfalo.

brasa — burlar 31 BUR

Brasa s brasa, carvão incandescente.
Brasero s braseiro, fogareiro.
Brasileño adj brasileiro.
Bravata s bravata, fanfarronice.
Bravio adj bravio, silvestre, selvagem.
Bravo adj bravo, valente, destemido.
Bravucón adj fanfarrão, valentão.
Bravura s bravura, coragem.
Braza s braça, medida de comprimento.
Brazada s braçada.
Brazalete s bracelete, pulseira.
Brazo s braço de rio, braço, ramo de árvore.
Brea s breu.
Brebaje s beberagem, poção.
Brecha s brecha, abertura, fenda.
Brega s briga, luta.
Bregar v brigar, lutar, trabalhar muito.
Breña s brenha, matagal.
Brete s grilhão.
Bretón adj bretão.
Breve adj breve, curto.
Brevedad s brevidade, efemeridade.
Breviario s breviário.
Brezo s urze, brejo.
Bribón adj preguiçoso, velhaco.
Brigada s brigada.
Brigadier s brigadeiro.
Brillante adj brilhante, fulgurante, reluzente.
Brillantina s brilhantina.
Brillar v brilhar, reluzir, cintilar.
Brillo s brilho, esplendor, claridade.
Brindar v brindar, oferecer, presentear.
Brindis s brinde, saudação.
Brío s brio, valor, coragem.
Brisa s brisa, aragem.
Brisca s bisca.
Británico adj britânico.
Brizna s fibra, fio delgado, fiapo.
Broca s broca.
Brocado s brocado, tecido de seda.
Brocha s broxa, pincel.
Broche s broche, fecho de metal.
Broma s brincadeira, diversão.
Bromear v caçoar, gracejar.
Bromista s brincalhão.
Bromo s bromo.
Bronca s bronca, briga, rixa.
Bronce s bronze.
Bronceado adj bronzeado.
Bronceador s bronzeador.
Broncear v bronzear.
Bronco adj bronco, rude, estúpido.
Bronconeumonía s broncopneumonia.
Bronquio s brônquio.
Bronquitis s bronquite.

Brotar v brotar, aparecer, nascer, aflorar.
Brote s broto, pimpolho.
Bruces adv bruços, de bruços.
Brujería s bruxaria, magia, feitiçaria, feitiço.
Brujo s bruxo, mago, feiticeiro.
Brújula s bússola.
Bruma s bruma, nevoeiro.
Bruñir v brunir, polir, lustrar.
Brusco adj brusco, desagradável.
Brutal adj brutal, violento.
Brutalidad adj brutalidade, violência, estupidez.
Bruto adj bruto, estúpido.
Bu s papão, bicho-papão.
Bucal adj bucal.
Bucear v mergulhar, ficar debaixo d'água.
Buche s bucho, ventre.
Bucle s anel, caracol feito de cabelo.
Bucólico adj bucólico, campestre.
Budismo s budismo.
Buenaventura s boa sorte.
Bueno adj bom, útil, agradável, divertido.
Buey s boi.
Búfalo s búfalo.
Bufanda s cachecol.
Bufar v bufar, resfolegar.
Bufete s escrivaninha, banca de advogado.
Bufón s bufão, bobo da corte.
Buganvilla s buganvílea.
Buhardilla s águas-furtadas, trapeira, desvão.
Búho s mocho, bubo, bufo.
Buhonero s vendedor ambulante de quinquilharia.
Buitre s abutre.
Bujía s vela de cera, castiçal, vela de motor.
Bula s bula.
Bulbo s bulbo.
Bulevar s bulevar, alameda.
Búlgaro adj búlgaro.
Bulla s bulha, confusão, desordem.
Bullicio s bulício, confusão, motim.
Bullir v bulir, ferver, mexer, agitar.
Bulo s boato, mentira.
Bulto s vulto, volume, fardo, pacote, inchação, maleta.
Bungalow s bangalô.
Búnker s búnquer.
Buñuelo s filhó, massa de farinha com ovos.
Buque s espaço, capacidade, casco de navio.
Burbuja s borbulha, bolha.
Burbujear v borbulhar.
Burdel s bordel.
Burgués adj burguês.
Burguesía s burguesia.
Buril s buril, cinzel.
Burla s burla, engano, trapaça, gozação, zombaria.
Burlar v burlar, enganar, zombar.

BUR 32   burlesco — buzonero

Burlesco *adj* burlesco, festivo, caricato, jocoso.
Burlón *adj* zombador, gozador.
Burocracia *s* burocracia.
Burócrata *s* burocrata.
Burocrático *adj* burocrático.
Burrada *s* burrada, asneira.
Burro *s* burro, asno, jumento; *adj* ignorante, teimoso, tonto.
Bus *s* ônibus.
Busca *s* busca, pesquisa.

Buscapiés *s* buscapé.
Buscar *v* buscar, procurar, pesquisar, averiguar.
Búsqueda *s* busca.
Busto *s* busto, efígie.
Butaca *s* poltrona, cadeira com braços.
Butano *s* butano.
Butifarra *s* espécie de chouriço.
Buzo *s* mergulhador.
Buzón *s* tampa, rolha, caixa de correio.
Buzonero *s* carteiro.

ABCDEFGHIJKLMNOPQRSTUVWXYZ

C terceira letra do alfabeto espanhol, C 100 em algarismos romanos.
Cabal *adj* cabal, completo, perfeito.
Cábala *s* cabala, ciência oculta.
Cabalgada *s* cavalgada.
Cabalgar *v* cavalgar, montar.
Caballa *s* cavala (peixe).
Caballeresco *adj* cavalheiresco, nobre.
Caballería *s* cavalaria, cavalgadura.
Caballero *adj* cavaleiro, cavalheiro, gentil, nobre.
Caballerosidad *s* cavalheirismo.
Caballete *s* cavalete, cavalinho, potro.
Caballo *s* cavalo, peça de jogo de xadrez.
Cabaña *s* cabana, choupana.
Cabaret *s* cabaré.
Cabe *prep* junto a, cerca de.
Cabecear *v* cabecear, pender.
Cabecera *s* cabeceira (de mesa, de cama), origem de um rio.
Cabecilla *s* cabeça pequena, cabecinha, cabecilha; FIG cabeça de vento.
Cabellera *s* cabeleira, peruca.
Cabello *s* cabelo, pelo.
Cabelludo *adj* cabeludo, fibroso.
Caber *v* caber, pertencer, conter, ter capacidade.
Cabestro *s* cabresto.
Cabeza *s* cabeça.
Cabezada *s* cabeçada.
Cabida *s* cabimento, capacidade.
Cabildo *s* cabido, Conselho Municipal.
Cabina *s* cabina, camarote.
Cabizbajo *adj* cabisbaixo, abatido.
Cable *s* cabo, corda grossa.
Cablegrama *s* cabograma.
Cabo *s* cabo, extremidade, fim.
Cabotaje *s* cabotagem.
Cabra *s* cabra.
Cabrear *v* saltar; FIG irritar-se.
Cabria *s* guindaste.
Cabriola *s* cabriola, salto, pulo, pinote.
Cabritilla *s* pelica.
Cabrito *s* cabrito.

Cabrón *s* bode; FIG marido traído, corno.
Caca *s* caca, cocô, excremento humano.
Cacahuete *s* amendoim.
Cacao *s* cacau.
Cacarear *v* cacarejar, gaguejar.
Cacerola *s* caçarola.
Cacha *s* folha do cabo da navalha.
Cachafaz *s* velhaco, pulha.
Cachalote *s* cachalote.
Cacharro *s* vasilha ordinária, louça quebrada, cacos.
Cachaza *s* lentidão, despreocupação, sossego, cachaça, aguardente.
Cachear *v* revistar.
Cachete *s* soco, murro, bochecha.
Cachimbo *s* cachimbo.
Cachiporra *s* clava, maça.
Cacho *s* pedaço, porção, talhada, cacho de banana.
Cachondo *adj* cachondo, brincalhão.
Cachorro *s* cachorro, cão, filhote de cachorro ou outros mamíferos.
Cachupín *s* espanhol estabelecido na América.
Cacique *s* cacique.
Cacofonía *s* cacofonia.
Cacto *s* cacto.
Cada *pron* cada, *pron uno=* cada um, a= cada passo, =cual cada qual.
Cadalso *s* cadafalso, palanque.
Cadáver *s* cadáver, defunto.
Cadavérico *adj* cadavérico.
Cadena *s* cadeia, corrente, prisão, sucessão, série.
Cadencia *s* cadência, ritmo.
Cadera *s* cadeira, quadril, anca.
Cadete *s* cadete.
Cadmio *s* cádmio.
Caducar *v* caducar, declinar, envelhecer.
Caduco *adj* caduco, decrépito.
Caer *v* cair, desabar, tombar, diminuir, morrer, sucumbir.
Café *s* café.
Cafeína *s* cafeína.
Cafetera *s* cafeteira.

CAF 34   cafetería — canela

Cafetería s cafeteria, bar.
Cagada s cagada, dejeeção.
Cagado adj cagado.
Cagalera s caganeira, diarreia.
Cagar v cagar, defecar.
Cagón adj cagão, medroso.
Caída s queda, ruína, declive.
Caimán s caimão, jacaré.
Caja s caixa, arca, cofre.
Cajero s caixeiro, caixa, pessoa que recebe pagamento.
Cajetilla s maço de cigarros.
Cajón s gaveta, caixa grande, caixão, esquife.
Cajonera s gaveteiro.
Cal s cal.
Cala s enseada pequena, pedaço de fruta, perfuração em um terreno; FIG peseta.
Calabaza s abóbora, cabaça.
Calabozo s calabouço, cárcere, prisão.
Calado s bordado, entalhe, calado (do navio).
Calafatear v calafetar.
Calamar s calamar, lula.
Calambre s cãibra.
Calamidad s calamidade, desgraça.
Calamitoso adj calamitoso.
Calaña s amostra, modelo, padrão, índole, qualidade.
Calar v calar, impregnar, trespassar, atravessar.
Calavera s caveira.
Calcañar s calcanhar.
Calcar v calcar, comprimir, pisar.
Calcetín s meia três-quartos, meia soquete.
Calcificación s calcificação.
Calcificar v calcificar.
Calcinar v calcinar, carbonizar.
Calcio s cálcio.
Calco s calco de um desenho, decalque.
Calculable adj calculável.
Calculador adj calculador.
Calcular v calcular, computar, contar.
Calculista s calculista, projetista.
Cálculo s cálculo, avaliação.
Caldear v escaldar, temperar.
Caldera s caldeira, reservatório.
Caldereta s caldeirada, ensopado.
Calderilla s caldeirinha, moedinhas.
Caldero s caldeirão.
Caldo s caldo, molho, tempero, caldo de cana.
Calefacción s calefação.
Camioneta s caminhonete, furgão, perua.
Camisa s camisa.
Camiseta s camiseta.
Camisón s camisão, camisola.
Camomila s camomila.
Camorra s briga, rixa.

Camote s batata-doce.
Campamento s acampamento.
Campana s sino; FIG igreja.
Campanario s campanário.
Campanilla s campainha, sineta.
Campante adj alegre, tranquilo.
Campaña s campanha, batalha.
Campar v ostentar, brilhar.
Campechano adj afável, franco.
Campeón s campeão, herói.
Campeonato s campeonato.
Campesino s camponês.
Campestre adj campestre.
Camping s acampamento.
Campiña s campina.
Campo s campo, planície, extensão.
Camposanto s cemitério.
Camuflaje s camuflagem, disfarce.
Camuflar v camuflar, disfarçar.
Can s cão, gatilho de arma.
Cana s cã, cabelos brancos.
Canadiense adj canadense.
Canal s canal, cano, faixa de frequência para sintonizar a televisão.
Canalización s canalização.
Canalizar v canalizar.
Canalla adj canalha, safado, sem-vergonha.
Canalón s calha, pia de cozinha.
Canapé s canapé, espécie de divã.
Canario s canário.
Canasta s canastra.
Cancel s biombo, persiana.
Cancela s cancela, portão de ferro.
Cancelación s cancelamento.
Cancelar v cancelar, anular, apagar.
Cancer s câncer, cancro, tumor maligno, constelação zodiacal.
Cancerígeno adj cancerígeno.
Canceroso adj canceroso.
Cancha s canal, campo destinado a jogos, terreno espaçoso.
Canciller s chanceler.
Cancillería s chancelaria.
Canción s canção, cantiga.
Candado adj cadeado; s brincos das orelhas.
Candela s candeia, vela de sebo ou cera.
Candelabro s candelabro, castiçal, lustre.
Candelero s castiçal.
Candente adj candente, incandescente.
Candidato s candidato.
Candidatura s candidatura.
Cándido adj cândido, simples, sincero.
Candil s candil, candeia, lamparina.
Candor s candura, alvura.
Canela s canela.

cangrejo — carbonizar

Cangrejo s caranguejo.
Canguro s canguru.
Caníbal s canibal.
Canibalismo s canibalismo.
Canica s bola de gude.
Canijo adj débil, fraco.
Canilla s tíbia, canela, bobina.
Canino adj canino.
Canje s troca, permuta.
Canjear v trocar, permutar.
Cano adj encanecido, que tem cabelos brancos.
Canoa s canoa.
Canon s cânon, cânone, regra.
Canónico adj canônico.
Canónigo s cônego.
Canonizar v canonizar.
Canoro adj canoro, canto melodioso.
Cansado adj cansado, fatigado, enfraquecido.
Cansancio s cansaço, fadiga, canseira.
Cansar v cansar, fatigar, importunar, aborrecer.
Cantante adj cantante, cantor profissional.
Cantar s canto, canção; v cantar.
Cántaro s cântaro, bilha.
Cantata s cantata, serenata.
Cantera s cantaria, pedreira.
Cantero s canteiro, pessoa que trabalha em cantaria.
Cántico s cântico, hino, canto.
Cantidad s quantidade, quantia, porção.
Cantiga s cantiga.
Cantina s cantina, adega.
Canto s canto, cantoria, hino.
Cantón s cantão, distrito, esquina.
Cantor s cantor.
Canuto s canudo, tubo.
Caña s cana, talo, pé (de milho, pé de cana), junco, vara de pescar, tíbia, canela.
Cañada s canhada, planície, vale, estreito.
Cáñamo s cânhamo, corda.
Cañaveral s canavial.
Cañería s encanamento, aqueduto.
Cañero s encanador.
Cañizo s caniço.
Caño s cano, canudo, tubo, esgoto.
Cañón s canhão, tubo, cilindro, tronco de árvore.
Caoba s caoba, acaju.
Caos s caos, desordem, confusão.
Caótico adj caótico.
Capa s capa, cobertura.
Capacidad s capacidade, extensão, espaço.
Capacitación s capacitação, qualificação.
Capacitado adj capacitado, qualificado, habilitado.
Capacitar v capacitar, qualificar, habilitar.
Capar v capar, castrar.

Caparazón s caparazão, carcaça.
Capataz s capataz, feitor, caseiro.
Capaz adj capaz, apto, digno, inteligente.
Capcioso adj capcioso, enganoso.
Capellán s capelão.
Caperuza s carapuça, capuz.
Capilar s capilar; adj capilar.
Capital adj capital, principal, metrópole; s dinheiro, patrimônio.
Capitalismo s capitalismo.
Capitalista s capitalista.
Capitalización s capitalização.
Capitalizar v capitalizar.
Capitán s capitão.
Capitanía s capitania.
Capitel s capitel.
Capitulación s capitulação.
Capitular v capitular, render-se.
Capítulo s capítulo.
Capó s capô de automóvel.
Capón s capão, castrado.
Capotar v capotar.
Capote s capote, capa grande.
Capricho s capricho, fantasia.
Capricornio s capricórnio.
Cápsula s cápsula.
Captación s captação, conquista.
Captar v captar, atrair, interceptar.
Capturar v capturar, prender.
Capucha s capuz.
Capuchino s capuchinho, religioso.
Capullo s casulo, botão de flor, prepúcio, glande.
Caqui adj cáqui.
Cara s cara, rosto.
Carabela s caravela.
Carabina s carabina, espingarda.
Caracol s caracol.
Caracola s búzio.
Carácter s caráter, marca, dignidade, firmeza.
Característico adj característico.
Caracterizar v caracterizar.
Caradura s cara-de-pau, sem-vergonha.
Caramba interj caramba!, puxa!
Carambola s carambola, jogo de bilhar, carambola, fruta da caramboleira.
Caramelo s caramelo, bala, confeito.
Caramujo s caramujo.
Caravana s caravana.
Caray interj caramba!, puxa!
Carbón s carvão, brasa apagada.
Carbonero adj carbonífero.
Carbonero s carvoeiro.
Carbonífero adj carbonífero.
Carbonización s carbonização.
Carbonizar v carbonizar.

CAR

carbono — casa

Carbono s carbono.
Carbúnculo s carbúnculo.
Carburación s carburação.
Carburador s carburador.
Carburante s carburante.
Carburar v carburar.
Carburo s carboneto.
Carcajada s gargalhada, risada.
Cárcel s cárcere, prisão, cadeia.
Carcelero s carcereiro.
Carcinoma s carcinoma.
Carcoma s carcoma, caruncho.
Carcomer v carcomer, roer.
Cardar v cardar, pentear a lã.
Cardenal s cardeal.
Cárdeno adj azul-violáceo.
Cardíaco adj cardíaco.
Cardinal adj cardinal, cardeal.
Cardiología s cardiologia.
Cardiólogo s cardiologista.
Cardo s cardo.
Carear v acarear, confrontar.
Carecer v carecer, falhar.
Carencia s carência, necessidade.
Carente adj carente, necessitado.
Careo s acareação, confronto.
Carestía s carestia, escassez, falta.
Careta s máscara.
Carey s tartaruga marinha.
Carga s carga, carregamento, peso, imposto.
Cargador s carregador.
Cargamento s carregamento, carga.
Cargar v carregar, embarcar mercadorias.
Cargo s carga, carregamento, cargo, emprego, responsabilidade.
Carguero s cargueiro.
Cariar v cariar, criar cárie.
Caricatura s caricatura.
Caricia s carícia, carinho, afago.
Caridad s caridade, benevolência, benefício, socorro, auxílio.
Caries s cárie.
Cariño s carinho, amor, ternura.
Cariñoso adj carinhoso, afetuoso.
Carisma s carisma.
Carismático adj carismático.
Cariz s aparência, semblante.
Carmesí adj carmesim, vermelho.
Carmín s carmim.
Carnada s isca de carne para pescar ou caçar.
Carnal adj carnal.
Carnaval s carnaval.
Carnavalesco adj carnavalesco.
Carnaza s sebo.
Carne s carne, tecido muscular, polpa dos frutos.

Carnero s carneiro, ossário, jazigo familiar.
Carnicería s açougue, matadouro.
Carnicero s açougueiro.
Carnívoro adj carnívoro.
Carnoso adj carnudo, cheio.
Caro adj caro, de preço elevado, querido, estimado; adv por preço alto.
Carótida s carótida.
Carozo s caroço de azeitona, caroço de fruta.
Carpa s carpa, toldo de feira.
Carpeta s pasta para guardar papéis.
Carpintería s carpintaria.
Carpintero s carpinteiro.
Carpir v carpir, chorar, lamentar.
Carraca s matraca.
Carraspear v pigarrear.
Carraspera s rouquidão, pigarro.
Carrera s carreira, corrida, carreira profissional, risca do cabelo.
Carreta s carreta.
Carrete s carretel.
Carretilla s carretilha, carrinho de mão.
Carril s sulco, pista, trilho.
Carrillo s bochecha.
Carro s carro, automóvel.
Carrocería s carroceria, oficina mecânica.
Carroña s carniça.
Carroza s carroça.
Carruaje s carruagem.
Carta s carta, missiva, carta do baralho, cardápio, mapa.
Cartabón s esquadro.
Cartapacio s pasta escolar, caderno de apontamentos.
Cartel s cartaz, anúncio.
Cártel s cartel, consórcio de empresas.
Cartelera s armação para cartazes; FIG anúncios de cinema e teatro no jornal.
Cartera s carteira.
Cartería s repartição dos correios.
Carterista s ladrão de carteiras, batedor de carteira.
Cartero s carteiro.
Cartilaginoso adj cartilaginoso.
Cartílago s cartilagem.
Cartilla s cartilha, breviário.
Cartografía s cartografia.
Cartógrafo s cartógrafo.
Cartomancia s cartomancia.
Cartón s cartão, papelão.
Cartucho s cartucho.
Cartujo s cartuxo, ordem religiosa.
Cartulina s cartolina.
Casa s casa, moradia, habitação, edifício.

casaca — cazo 37 CAZ

Casaca s casaca.
Casación s cassação.
Casado adj casado.
Casal s parelha (de animais).
Casamiento s casamento, enlace, matrimônio, união.
Casar v casar, contrair matrimônio, unir.
Casca s casca.
Cascabel s cascavel, guizo.
Cascada s cascata, cachoeira.
Cascajo s cascalho, fragmento.
Cascanueces s quebra-nozes.
Cascar v quebrar, partir, rachar.
Cáscara s casca, revestimento externo.
Cascarón s casca de ovo.
Casco s casco, vasilha, capacete.
Cascote s cascalho, entulho.
Caserío s casaria, casario.
Casero adj caseiro, familiar.
Caserón s casarão.
Casi adv quase, por pouco.
Casilla s casinha, bilheteria, compartimento, latrina, caixa postal.
Casino s cassino, clube.
Caso s caso, acontecimento, acaso, circunstância.
Casorio s casório, casamento sem consideração.
Caspa s caspa.
Casta s casta, linhagem, qualidade.
Castaña s castanha.
Castañar s castanhedo.
Castaño adj castanho.
Castañuela s castanholas.
Castellano adj castelhano.
Castidad s castidade, pureza.
Castigar v castigar, punir, fazer sofrer.
Castigo s castigo, punição.
Castillo s castelo, fortaleza.
Castizo adj castiço, de boa raça.
Casto adj casto, puro.
Castor s castor.
Castración s castração.
Castrar v castrar, capar.
Casual adj casual, eventual, fortuito.
Casualidad s casualidade, eventualidade, acaso.
Cata s prova, degustação.
Cataclismo s cataclismo, desastre.
Catacumba s catacumba.
Catadura s catadura, aspecto, aparência, semblante.
Catalán adj catalão.
Catalejo s binóculo.
Catalepsia s catalepsia.
Catálisis s catálise.
Catalizador adj catalisador.
Catalogación s catalogação, indexação.

Catalogar v catalogar, apontar, registrar, inscrever.
Catálogo s catálogo, minuta, inventário.
Cataplasma s cataplasma.
Catapulta s catapulta.
Catar v catar, provar, ensaiar, ver, examinar, buscar, pesquisar.
Catarata s catarata.
Catarro s catarro.
Catástrofe s catástrofe, grande desgraça.
Catecismo s catecismo.
Cátedra s cátedra, cadeira, classe.
Catedral s catedral.
Catedrático adj catedrático, professor universitário.
Categoría s categoria, classe, ordem.
Categórico adj categórico, taxativo.
Catequizar v catequizar.
Caterva s caterva, multidão.
Catéter s cateter.
Cateterismo s cateterismo.
Cateto s cateto.
Catinga s catinga, cheiro desagradável.
Catolicismo s catolicismo.
Católico adj católico.
Cauce s leito (de rio ou riacho).
Caucho s caucho, borracha.
Caución s caução, precaução, cautela.
Caudal adj caudaloso, torrencial; s caudal, torrente.
Caudaloso adj caudaloso.
Caudillo s caudilho, chefe militar.
Causa s causa, origem, razão.
Causal adj causal.
Causalidad s causalidade, origem.
Causar v causar, acarretar, originar, produzir.
Cáustico adj cáustico.
Cautela s cautela, precaução, prevenção.
Cauteloso adj cauteloso.
Cauterio s cautério.
Cauterización s cauterização.
Cautivar v cativar, seduzir, enamorar, encantar.
Cautiverio s cativeiro, prisão, cárcere.
Cautivo adj cativo, prisioneiro.
Cava s cava, fosso.
Cavar v cavar, escavar, aprofundar.
Caverna s caverna, gruta, antro.
Cavernoso adj cavernoso, cavo, profundo.
Caviar s caviar.
Cavidad s cavidade, depressão, cova.
Cavilar v matutar, pensar, cismar.
Cayado s cajado, bordão, bastão de apoio.
Caza s caça, caçada, animais caçados.
Cazador s caçador.
Cazar v caçar, procurar, perseguir.
Cazo s caçarola, frigideira, concha.

CAZ
38
cazuela — cerilla

Cazuela s caçarola, guisado.
Cazurro adj casmurro, carrancudo.
Cebada s cevada.
Cebar v cevar, fazer engordar, nutrir.
Cebo s ceva, isca, engodo.
Cebolla s cebola.
Cebolleta s cebolinha.
Cebra s zebra.
Cebú s zebu.
Cecina s carne defumada, seca e salgada.
Cedazo s peneira, crivo.
Ceder v ceder, transferir, renunciar, deixar.
Cedilla s cedilha.
Cedro s cedro.
Cédula s cédula.
Cefálico adj cefálico.
Cegar v cegar, tirar a visão.
Ceguera s cegueira.
Ceja s sobrancelha, supercílio.
Cejar v retroceder, recuar.
Celador s zelador, vigilante.
Celar v zelar, cuidar, vigiar.
Celda s cela, célula, cavidade pequena, cubículo.
Celdilla s célula, nicho.
Celebrar v celebrar, louvar, festejar, comemorar.
Célebre adj célebre, famoso.
Celebridad s celebridade, fama.
Celeridad s celeridade, rapidez.
Celeste adj celeste, azul-celeste.
Celestial adj celestial.
Celibato s celibato.
Célibe adj celibatário, solteiro.
Celo s zelo, cuidado, cio, anseio, ciúmes.
Celofán s celofane.
Celosía s gelosia.
Celoso adj zeloso, ciumento.
Celta adj celta.
Célula s célula.
Celular adj celular.
Celulitis s celulite.
Celuloide s celuloide.
Celulosa s celulose.
Cementerio s cemitério.
Cemento s cimento.
Cena s ceia, jantar.
Cenagal s atoleiro, lamaçal.
Cenagoso adj lamacento.
Cenar v cear, jantar.
Cencerro s chocalho.
Cenefa s sanefa, grinalda.
Cenicero s cinzeiro.
Ceniza s cinza, pó.
Cenizo adj cinzento.
Censar v recensear.
Censo s censo, recenseamento.

Censor s censor, crítico.
Censura s censura, crítica.
Censurar v censurar, examinar, repreender.
Centauro s centauro.
Centella s centelha, faísca, raio.
Centelleante adj cintilante.
Centena s centena.
Centenario s centenário, século; adj centenário.
Centeno s centeio.
Centigrado s centígrado.
Centímetro s centímetro.
Céntimo s cêntimo; adj centésimo.
Centinela s sentinela, vigia.
Centolla s santola.
Centrado adj centrado.
Central adj central, médio; s repartição pública.
Centralismo s centralismo.
Centralita s posto telefônico.
Centralización s centralização.
Centralizar v centralizar, centrar.
Centrar v centrar, determinar o centro, concentrar-se.
Centrifugar v centrifugar.
Centrifugo adj centrífugo.
Centrípeto adj centrípeto.
Centro s centro, meio.
Centuplicar v centuplicar.
Ceñir v cingir, rodear, abraçar-se.
Ceño s cenho, semblante severo, enfado.
Cepa s cepa, tronco.
Cepillar v alisar, polir.
Cepillo s escova de cabelo, escova de dente.
Cepo s cepo, tronco cortado.
Cera s cera, secreção das abelhas.
Cerámica s cerâmica.
Cerca s cerca, muro; adv quase, perto, próximo, em torno.
Cercanía s cercania, proximidade.
Cercano adj próximo, vizinho.
Cercar v cercar, sitiar, rodear.
Cercenar v cercear, cortar rente.
Cerciorar v certificar, afirmar, afiançar, assegurar.
Cerco s cerco, sítio, circuito, recinto.
Cerda s cerda, pelo.
Cerdo s porco, suíno.
Cereal s cereal.
Cerealista s cerealista.
Cerebelo s cerebelo.
Cerebral adj cerebral.
Cerebro s cérebro.
Ceremonia s cerimônia, formalidade, etiqueta, ritual.
Ceremonial s cerimonial; adj cerimonioso.
Cereza s cereja.
Cerilla s fósforo, pavio, cerúmen.

cerner — chiquillo 39 **CHI**

Cerner v peneirar, crivar, examinar.
Cero s zero, nulidade.
Cerrado adj fechado, oculto.
Cerradura s fechadura.
Cerrajero s serralheiro.
Cerrar v cerrar, fechar, encerrar, saldar, vedar.
Cerrazón s cerração, nevoeiro.
Cerro s cerro, colina, outeiro.
Cerrojo s ferrolho.
Certamen s desafio, duelo, competição.
Certero adj certeiro, seguro.
Certeza s certeza, segurança, convicção.
Certificado s certificado, atestado.
Certificar v certificar, assegurar, afirmar.
Cerumen s cerume, cera de ouvido.
Cervecería s cervejaria.
Cerveza s cerveja.
Cervical adj cervical.
Cerviz s cerviz, nuca.
Cesante adj cessante, parado.
Cesar v cessar, parar, acabar, suspender, deixar.
Cesárea s cesárea, operação cesariana.
Cese s cessação, suspensão.
Cesión s cessão, transferência, abandono.
Césped s gramado, relva.
Cesta s cesta.
Cesto s cesto.
Cetáceo adj cetáceo.
Cetro s cetro, bastão.
Ch quarta letra do alfabeto espanhol.
Chabacanería s grosseria, indecência.
Chabacano adj grosseiro, tosco, sem arte, de mau gosto.
Chabola s favela.
Chacal s chacal.
Chacarero s caseiro de chácara, camponês, colono.
Chacota s bulha, zombaria, caçoada.
Chacra s chácara, granja.
Chal s xale.
Chalado adj tonto, bobo, enamorado.
Chalar v endoidecer, enamorar, apaixonar-se.
Chaleco s jaleco, colete.
Chalet s chalé.
Chamaco s menino, rapaz, moço.
Champán s champanhe.
Champiñón s cogumelo.
Champú s xampu.
Chamuscar v chamuscar, crestar.
Chanchullo s negócio ilícito, sujo, tramoia, trapaça.
Chancla s chinela, sapato velho.
Chanclo s galocha, tamanco.
Chancro s cancro, úlcera de origem venérea.
Chantaje s chantagem.
Chantajear v chantagear.

Chanza s gracejo, brincadeira.
Chapa s chapa, folha, lâmina.
Chapado adj chapado.
Chapar v chapar.
Chaparrón s chuva forte de pouca duração, aguaceiro.
Chapotear v umedecer, molhar.
Chapucería s obra, serviço mal feito, mentira.
Chapucero adj incompetente, grosseiro.
Chapuzar v mergulhar.
Chaqué s fraque.
Chaqueta s jaqueta, casaco curto para homem, blusão.
Chaquetón s jaquetão.
Charada s charada, enigma.
Charanga s charanga.
Charca s açude.
Charco s charco, lodaçal, atoleiro.
Charla s conversa à toa, falatório.
Charlatán s charlatão, tagarela.
Charol s verniz.
Chascarrillo s anedota ligeira, picante, jocoso.
Chasco s decepção, engano, contratempo, zombaria.
Chasis s chassis.
Chasquido s estalo.
Chatarra s sucata.
Chatarrero s sucateiro.
Chauvinismo s chauvinismo.
Chaval s garoto, rapaz, jovem.
Checoslovaco adj checoslovaco.
Chepa s corcova, corcunda.
Cheque s cheque.
Chequear v checar, examinar.
Chic adj chique, elegância.
Chicharra s cigarra.
Chicharrón s torresmo.
Chico adj pequeno; s menino.
Chifla s silvo, apito, assobio.
Chiflado adj louco, demente.
Chileno adj chileno.
Chillar v chiar, guinchar.
Chillido s chiado, guincho, berro.
Chimenea s chaminé.
Chimpancé s chimpanzé.
China s pedra pequena, seixo, porcelana.
Chinchar v importunar, molestar, incomodar.
Chinche s percevejo.
Chinchilla s chinchila.
Chinela s chinela, chinelo.
Chino adj chinês.
Chipirón s lula.
Chipriota s cipriota.
Chiquillería s criançada.
Chiquillo s criança, menino, garoto.

CHI

40

chirriar — circunspecto

Chirriar v chiar, guinchar.
Chisme s intriga, mexerico, boato, fofoca.
Chispa s chispa, faísca.
Chispear v chispar, faiscar, reluzir.
Chisporrotear v chispar, crepitar.
Chistar v assobiar.
Chiste s piada, gracejo, brincadeira.
Chivar v denunciar, delatar.
Chivato s delator.
Chivo s cabrito.
Chocante adj chocante, surpreendente.
Chocar v chocar, bater, ofender.
Chochear v caducar, envelhecer.
Choclo s tamanco, milho verde.
Chocolate s chocolate.
Chocolatera s chocolateira.
Chófer s chofer, motorista.
Chopo s choupo.
Choque s choque, embate, briga.
Chorizo s chouriço.
Chorrear v jorrar, gotejar, pingar.
Chorro s jorro, esguicho, jato.
Choza s choça, palhoça.
Chubasco s aguaceiro, chuvarada.
Chubasquero s impermeável, capa de chuva.
Chuchería s coisa sem importância.
Chulear v zombar.
Chuleta s chuleta, costela assada.
Chulo adj chulo, grosseiro; s rufião.
Chunga s algazarra, barulho.
Chupado adj chupado, extenuado.
Chupar v chupar, sugar, absorver.
Chupatintas s empregado de escritório.
Chupeta s chupeta.
Chupetear v chupar aos poucos.
Chupinazo s disparo de morteiro, fogos de artifício.
Chupón adj chupão, chupim, parasita, explorador.
Churrasco s churrasco.
Churro s churro.
Chusma s plebe.
Chutar v chutar, dar pontapés.
Cianuro s cianureto.
Ciática s ciática, dor no nervo ciático.
Cibernética s cibernética.
Cicatería s mesquinharia, avareza.
Cicatero adj avaro, sovina, mesquinho.
Cicatriz s cicatriz.
Cicatrizar v cicatrizar.
Cicerone s cicerone.
Cíclico adj cíclico.
Ciclismo s ciclismo.
Ciclista s ciclista.
Ciclo s ciclo, período cronológico.
Ciclón s ciclone.

Cicuta s cicuta, veneno.
Ciego adj cego.
Cielo s céu, firmamento, atmosfera, paraíso.
Ciempiés s centopeia.
Cien num cem.
Ciencia s ciência, conhecimento, sabedoria.
Cieno s lodo, lama, barro.
Científico adj científico.
Cierne s imaturo.
Cierre s fecho, fechamento.
Cierto adj certo, verdadeiro.
Ciervo s cervo, veado.
Cifra s cifra, zero, algarismo sem valor.
Cifrar v cifrar, escrever em cifra.
Cigarra s cigarra.
Cigarrería s charutaria, tabacaria.
Cigarrillo s cigarro, cigarrilha.
Cigarro s charuto.
Cigüeña s cegonha.
Cilindrada s cilindrada.
Cilíndrico adj cilíndrico.
Cilla s celeiro.
Cima s cimo, cume, topo.
Cimentar v cimentar, alicerçar.
Cimiento s cimento, alicerce.
Cinc s zinco.
Cincel s cinzel.
Cincha s tento, tira de couro.
Cincuentenario s cinquentenário.
Cine s cine, cinema.
Cineasta s cineasta.
Cineclub s cineclube.
Cíngaro adj zíngaro, cigano.
Cínico adj cínico, falacioso.
Cinismo s cinismo.
Cinta s cinta, faixa, tira, cinto.
Cinto s cinto, cinturão.
Cintura s cintura.
Cinturón s cinturão, cinto largo.
Ciprés s cipreste.
Circo s circo, anfiteatro.
Circuito s circuito, contorno.
Circulación s circulação, giro, trânsito.
Circular adj circular, redondo; v circular.
Círculo s círculo, circuito, distrito, clube, grêmio.
Circuncidar v circuncidar.
Circuncisión s circuncisão.
Circunciso adj circuncidado.
Circunferencia s circunferência.
Circunflejo s circunflexo.
Circunloquio s circunlóquio, perífrase.
Circunscribir v circunscrever, marcar limites.
Circunspección s circunspecção, atenção.
Circunspecto adj circunspecto, prudente.

circunstancia — cocción   41   **COC**

Circunstancia s circunstância, qualidade, requisito, valor.
Circunstante adj circunstante, que está perto.
Cirio s círio, vela grande de cera.
Cirro s cirro, nuvem branca e muito alta.
Cirrosis s cirrose.
Ciruela s ameixa.
Cirugía s cirurgia.
Cirujano s cirurgião.
Cisco s cisco, pó de carvão.
Cisma s cisma, discórdia, desavença.
Cisne s cisne.
Cisterna s cisterna, poço.
Cisura s fissura, fenda.
Cita s entrevista, encontro, citação, epígrafe.
Citación s citação.
Citar v citar, apontar, avisar, referir, mencionar.
Cítara s cítara.
Citología s citologia.
Citoplasma s citoplasma.
Cítrico adj cítrico.
Citrón s limão.
Ciudad s cidade, povoação urbana.
Ciudadanía s cidadania.
Ciudadano s cidadão.
Cívico adj cívico.
Civil adj civil, sociável, delicado, urbano.
Civilización s civilização, progresso, cultura.
Civilizar v civilizar, ilustrar.
Civismo s civismo, patriotismo.
Cizalla s tesoura mecânica.
Cizaña s joio; FIG cizânia, discórdia.
Clamar v clamar, vociferar, bradar.
Clamor s clamor, brado.
Clan s clã, tribo, família.
Clandestinidad s clandestinidade.
Clandestino adj clandestino.
Clara s clara (de ovo).
Claraboya s claraboia.
Clarear v clarear, aclarar, abrir clareiras, amanhecer.
Claridad s claridade, luz, transparência.
Clarificar v clarificar, esclarecer, iluminar.
Clarín s clarim.
Clarinete s clarinete.
Clarividencia s clarividência, perspicácia.
Claro adj claro, luminoso.
Clase s classe, ordem, categoria, sala de aula, grupo.
Clasicismo s classicismo.
Clásico adj clássico.
Clasificar v classificar, ordenar.
Claudicar v claudicar, mancar.
Claustro s claustro.
Claustrofobia s claustrofobia.

Cláusula s cláusula.
Clausura s clausura.
Clavar v cravar, pregar, firmar, fixar, encravar-se.
Clave s clave, chave, explicação.
Clavel s cravo.
Clavícula s clavícula.
Clavija s cavilha, cravelha.
Clavo s cravo, prego, cravo-da-índia.
Claxon s buzina.
Clemencia s clemência, bondade, indulgência.
Cleptomanía s cleptomania.
Clérigo s presbítero, sacerdote.
Clero s clero.
Cliché s clichê, matriz.
Cliente s cliente, freguês.
Clientela s clientela, freguesia.
Clima s clima, temperatura.
Climaterio s climatério.
Climático adj climático.
Climatizado adj climatizado, refrigerado.
Climatología s climatologia.
Clímax s clímax, auge.
Clínica s clínica.
Clínico adj clínico.
Clip s clipe, grampo.
Clítoris s clitóris.
Cloaca s fossa.
Cloro s cloro.
Clorofila s clorofila.
Cloroformo s clorofórmio.
Club s clube, grêmio, associação.
Coacción s coação, imposição.
Coaccionar v coagir, obrigar.
Coadyuvar v coadjuvar, ajudar, auxiliar, colaborar.
Coagulación s coagulação.
Coagulante adj coagulante.
Coagular v coagular, coalhar, solidificar.
Coágulo s coágulo.
Coalición s coalizão, liga.
Coartar v restringir, limitar, reduzir.
Coba s adulação, fingida, engodo, molestar, incomodar.
Cobalto s cobalto.
Cobarde adj covarde, medroso, fraco.
Cobardía s covardia, medo, indignidade, fraqueza.
Cobayo s cobaia, porquinho-da-índia, preá.
Cobertura s cobertura.
Cobijar v cobrir, tapar, ocultar.
Cobra s cobra, serpente venenosa.
Cobrador s cobrador.
Cobrar v cobrar, receber.
Cobre s cobre, dinheiro miúdo.
Coca s coca, planta narcótica.
Cocaína s cocaína.
Cocción s cocção, cozimento.

Cóccix s cóccix.
Cocer v cozer, cozinhar, ferver um líquido.
Cochambre s sujeira, porcaria, imundície.
Cochambroso adj sujo, porco, imundo.
Coche s coche, carro, vagão de trem.
Cochinería s porcaria, sujeira.
Cochinillo s leitão novo.
Cochino s porco.
Cocido adj cozido.
Cociente s quociente.
Cocina s cozinha.
Cocinar v cozinhar, condimentar, temperar.
Cocinero s cozinheiro, mestre-cuca.
Coco s coco.
Cocodrilo s crocodilo.
Cóctel s coquetel.
Codear v acotovelar.
Codicia s cobiça, avidez.
Codiciar v cobiçar, desejar.
Codicioso adj ambicioso, ávido.
Codificar v codificar.
Código s código, conjunto de leis, regras.
Codo s cotovelo.
Codorniz s codorniz, perdiz.
Coeficiente s coeficiente.
Coercitivo adj coercitivo.
Coexistir v coexistir.
Cofia s coifa, touca para cabelo.
Cofradía s confraria.
Cofre s cofre, baú, arca.
Coger v colher, agarrar, pegar, recolher.
Cognoscitivo adj cognitivo, cognoscitivo.
Cohabitar v coabitar, viver em comum.
Cohecho s suborno.
Coherencia s coerência, lógica.
Cohesión s coesão, aderência.
Cohete s foguete.
Cohibir v coibir, reprimir, privar-se.
Coincidencia s coincidência.
Coincidir v coincidir, concordar.
Coito s coito, cópula, relação sexual.
Cojear v coxear, mancar.
Cojín s coxim, almofadão.
Cojinete s almofada.
Cojo adj coxo, manco.
Cojonudo adj excelente, incrível.
Col s couve.
Cola s cauda, rabo, fila, cola, grude.
Colaboración s colaboração, cooperação, ajuda.
Colaborador s colaborador, ajudante.
Colaborar v colaborar, cooperar, ajudar.
Colación s colação, nomeação, cotejo, refeição leve.
Colada s filtragem, ação de coar, colagem, desfiladeiro.
Coladero s corredor, passagem estreita, filtro.
Colador s coador, filtro.
Coladora s lavadeira.
Colapso s colapso, queda, paralisação repentina.
Colar v colar, coar, filtrar.
Colateral adj colateral.
Colcha s colcha.
Colchón s colchão.
Colección s coleção, conjunto, série.
Coleccionar v colecionar, juntar, compilar.
Coleccionista s colecionador.
Colecta s coleta, contribuição.
Colectividad s coletividade, sociedade, conjunto.
Colectivo adj coletivo; s micro ônibus.
Colector adj coletor.
Colega s colega, companheiro.
Colegiado s colegiado.
Colegial adj colegial, estudante, escolar.
Colegiarse v agremiar-se, reunir-se em colégio.
Colegio s colégio, escola, corporação, associação.
Colegir v coligir, juntar, compilar.
Cólera s cólera, ira, zanga.
Colérico adj colérico, irado, encolerizado.
Colesterol s colesterol.
Coleta s coleta, rabo-de-cavalo.
Coletazo s rabanada, pancada com a cauda.
Colgador s varal.
Colgadura s tapeçaria pendurada em paredes ou janelas.
Colgar v pendurar, dependurar, suspender.
Colibrí s colibri, beija-flor.
Cólica s cólica, dor abdominal.
Coliflor s couve-flor.
Coligar v coligar, unir-se.
Colilla s toco de cigarro, bagana, bituca.
Colina s colina, morro.
Colindar v limitar, ser vizinho.
Colirio s colírio.
Coliseo s coliseu, anfiteatro.
Colisión s colisão, choque.
Colisionar v colidir, chocar.
Colitis s colite.
Collar s colar, gola, coleira.
Collarín s colarinho, gola estreita.
Colmar v cumular, abarrotar.
Colmena s colmeia.
Colmillo s presa, dente canino.
Colmo s cúmulo, demasia, excesso; adj cheio, abarrotado.
Colocación s colocação, situação, emprego.
Colocar v colocar, acomodar, situar, arranjar.
Colofón s anotação final.
Colombiano adj colombiano.
Colon s cólon (do intestino).

colonia — comparecer

COM

Colonia *s* colônia, povoação, água-de-colônia, perfume.
Colonial *adj* colonial.
Colonialismo *s* colonialismo.
Colonialista *adj* colonialista.
Colonización *s* colonização.
Colonizar *v* colonizar.
Colono *s* colono, colonizador.
Coloquial *adj* coloquial, próximo.
Coloquio *s* colóquio, palestra.
Color *s* cor, coloração.
Coloración *s* coloração.
Colorado *adj* colorido, corado, vermelho.
Colorante *adj* corante.
Colorear *v* colorir.
Colorete *s* ruge.
Colorido *adj* colorido, corado.
Colosal *adj* colossal, enorme.
Coloso *s* colosso, estátua enorme.
Columbrar *v* vislumbrar, descobrir, divisar.
Columna *s* coluna, pilar, apoio, coluna vertebral.
Columnista *s* colunista (de jornal).
Columpiar *v* balançar.
Columpio *s* balanço.
Coma *s* vírgula, sinal gráfico, coma, sono profundo.
Comadre *s* comadre, madrinha de batismo, parteira.
Comadreja *s* doninha.
Comandante *s* comandante, chefe.
Comandar *v* comandar, chefiar, dirigir.
Comando *s* comando, chefia.
Comarca *s* comarca, região.
Comatoso *adj* comatoso, em estado de coma.
Comba *s* curva, pular-corda.
Combar *v* curvar, empenar.
Combate *s* combate, luta, batalha, ação de guerra.
Combatible *adj* combatível.
Combatiente *adj* combatente.
Combatir *v* combater, lutar, batalhar, arremeter, atacar.
Combatividad *s* combatividade.
Combativo *adj* combativo, belicoso.
Combinable *adj* combinável.
Combinación *s* combinação, ajuste, pacto.
Combinación *s* combinação, peça do vestuário feminino, composto.
Combinar *v* combinar, agrupar, unir, dispor.
Combustibilidad *s* combustibilidade.
Combustible *adj* combustível; *s* combustível, lenha, gás, álcool.
Combustión *s* combustão.
Comedero *adj* comestível, comível.
Comedia *s* comédia, farsa.
Comediante *s* comediante, ator.

Comedido *adj* comedido, discreto, modesto.
Comedimiento *s* comedimento, modéstia, sobriedade.
Comedir *v* comedir, moderar, conter-se.
Comedor *adj* comilão; *s* sala de jantar.
Comendador *s* comendador.
Comensal *s* comensal.
Comentar *v* comentar, explicar, esclarecer.
Comentario *s* comentário, análise, crítica.
Comenzar *v* começar, iniciar, principiar, abrir, estrear.
Comer *v* comer, alimentar-se, almoçar, jantar.
Comercial *adj* comercial, mercantil.
Comercialización *s* comercialização.
Comercializar *v* comercializar.
Comerciante *s* comerciante, negociante.
Comerciar *v* comerciar, negociar.
Comercio *s* comércio, mercado, conjunto de estabelecimentos comerciais.
Comestible *adj* comestível.
Cometa *s* cometa, astro, papagaio, pipa.
Cometer *v* cometer, praticar.
Cometido *s* encargo, incumbência.
Comezón *s* comichão, coceira.
Cómic *s* história em quadrinhos, gibi.
Comicios *s* comícios, eleições.
Cómico *adj* cômico, ridículo.
Comida *s* comida, alimento, refeição.
Comidilla *s* fofoca, assunto para comentários.
Comienzo *s* começo, início, princípio, origem.
Comilla *s* aspa.
Comilona *s* refeição abundante, regabofe.
Comisaría *s* comissariado.
Comisario *s* comissário.
Comisión *s* comissão, incumbência, encargo.
Comisionar *v* comissionar, encarregar, delegar.
Comité *s* comitê, junta.
Comitiva *s* comitiva, acompanhamento, séquito.
Como *adv* como, assim, de que maneira, já que.
Cómoda *s* cômoda, gaveteiro para roupas.
Comodidad *s* comodidade, bem-estar, conforto.
Cómodo *adj* cômodo, conveniente, oportuno.
Compacto *adj* compacto, denso, espesso.
Compadecer *v* compadecer, tolerar.
Compadre *s* compadre, padrinho de batismo.
Compaginar *v* compor, ligar intimamente.
Compañerismo *s* companheirismo.
Compañero *s* companheiro, camarada, parceiro, colega.
Compañía *s* companhia, acompanhante, sociedade, associação, grupo teatral.
Comparación *s* comparação, paralelo.
Comparar *v* comparar, cotejar, confrontar.
Comparecencia *s* comparecimento.
Comparecer *v* comparecer, apresentar-se.

COM compartimento — concéntrico

Compartimento s compartimento, quarto, aposento, departamento.
Compartir v partilhar, dividir, participar.
Compás s compasso, regra, princípio, ritmo.
Compasión s compaixão, piedade, dó.
Compasivo adj compassivo, bondoso.
Compatibilidad s compatibilidade.
Compatible adj compatível.
Compatriota s compatriota.
Compendio s compêndio, resumo, sumário, síntese.
Compenetración s compenetração.
Compenetrarse v compenetrar-se.
Compensación s compensação.
Compensar v compensar, contrabalançar, remunerar, equilibrar.
Competencia s competência, disputa, incumbência.
Competente adj competente, adequado, apto, devido.
Competer v competir, pertencer.
Competición s competição, rivalidade, concorrência.
Competidor adj competidor, adversário.
Competir v competir, concorrer, rivalizar.
Compilación s compilação, coleção.
Compilador s compilador.
Compilar v compilar, coligir.
Complacencia s complacência, benevolência.
Complacer v comprazer, contentar, agradar.
Complaciente adj complacente.
Complejidad s complexidade.
Complejo s complexo; adj complexo, complicado.
Complementar v complementar.
Complemento s complemento, acréscimo.
Completar v completar, integrar, concluir, acabar, preencher.
Completo adj completo, total, perfeito, inteiro.
Complexión s compleição, constituição fisiológica.
Complicación s complicação, concorrência, dificuldade.
Complicado adj complicado, difícil, confuso.
Complicar v complicar, confundir, embaraçar, agravar.
Cómplice s cúmplice, conivente.
Complicidad s cumplicidade, conivência.
Complot s complô, conspiração, intriga.
Componente adj componente, elemento.
Componer v compor, constituir, formar, restaurar, consertar, enfeitar.
Comportamiento s comportamento.
Comportar v comportar, suportar, permitir.
Composición s composição, arranjo, acordo.
Compositor s compositor, autor.

Compostura s compostura, arranjo.
Compota s compota.
Compra s compra, aquisição.
Comprar v comprar, adquirir.
Compraventa s compra e venda, contrato.
Comprender v compreender, abranger, incluir, entender.
Comprensión s compreensão, percepção.
Comprensivo adj compreensivo.
Compresa s compressa.
Compresor s compressor.
Comprimido adj comprimido, apertado.
Comprimir v comprimir, apertar, reduzir.
Comprobación s comprovação, prova.
Comprobante adj comprovante.
Comprobar v comprovar, confirmar, verificar, constatar.
Comprometer v comprometer, arriscar, assumir compromisso ou responsabilidade.
Compromiso s compromisso, obrigação, acordo.
Compuerta s comporta, eclusa.
Compuesto s composto.
Compulsar v compulsar, constatar, apurar.
Compulsión s compulsão.
Compunción s compunção.
Compungir v compungir, afligir.
Computable adj computável, calculável.
Computador s computador, ordenador.
Computar v computar, contar, calcular.
Cómputo s cômputo, cálculo, conta.
Comulgar v comungar.
Común adj comum, geral, vulgar, usual, trivial, habitual.
Comunicación s comunicação, informação, aviso.
Comunicado s comunicado, aviso, informação.
Comunicar v comunicar, informar, participar, ligar.
Comunicativo adj comunicativo, contagioso.
Comunidad s comunidade.
Comunión s comunhão, harmonia.
Comunismo s comunismo.
Comunista adj comunista.
Comunitario adj comunitário.
Con prep com, em, sobre, de.
Conato s esforço, empenho.
Concatenar v concatenar, encadear, ligar.
Cóncavo s concavidade; adj côncavo.
Concebir v conceber, gerar, inventar, elaborar.
Conceder v conceder, dar, ceder, permitir, deferir.
Concejo s conselho, Distrito Municipal.
Concentración s concentração, meditação, reunião.
Concentrado adj concentrado.
Concentrar v concentrar, centralizar.
Concéntrico adj concêntrico.

concepción — confitar CON

Concepción s concepção, geração.
Concepto s conceito, opinião, pensamento.
Conceptuar v conceituar, pensar, avaliar.
Concernir v concernir.
Concertar v consertar, ajustar, combinar, concordar.
Concertista s concertista, solista.
Concesión s concessão, permissão, licença.
Concha s concha.
Conchabar v conchavar, unir, ajuntar, ligar.
Conciencia s consciência, convicção, justiça.
Concierto s concerto, acordo.
Conciliábulo s conciliábulo.
Conciliación s conciliação, acordo, acomodação.
Conciliar v conciliar, harmonizar, combinar.
Concilio s concílio.
Concisión s concisão, brevidade, síntese.
Conciso adj conciso, compacto, resumido.
Cónclave s conclave, junta, reunião.
Concluir v concluir, terminar, acabar, arrematar.
Conclusión s conclusão, consequência, fim, dedução.
Concomitancia s concomitância, simultaneidade.
Concordancia s concordância, conformidade, consonância.
Concordar v concordar, conciliar, acertar, condizer.
Concordia s concórdia, paz, harmonia.
Concretar v concretizar, combinar, determinar.
Concreto adj concreto, determinado.
Concubina s concubina.
Concupiscencia s concupiscência, sensualidade.
Concurrencia s concorrência, afluência.
Concurrente adj concorrente, rival.
Concurrido adj concorrido.
Concurrir v concorrer, cooperar, ajudar.
Concursar v concursar, participar de concurso.
Concurso s concurso, assistência, afluência.
Conde s conde.
Condecoración s condecoração.
Condecorar v condecorar, agraciar.
Condenación s condenação, sentença, censura, reprovação.
Condenado adj condenado.
Condenar v condenar, castigar, reprovar.
Condensación s condensação, resumo.
Condensador adj condensador.
Condensar v condensar, reduzir.
Condesa s condessa.
Condescendencia s condescendência, consentimento.
Condescender v condescender, consentir.
Condescendiente adj condescendente.
Condición s condição, categoria, índole, caráter.
Condicional adj condicional.

Condicionamiento s condicionamento.
Condicionar v condicionar, regular, acondicionar.
Condigno adj condigno, adequado.
Condimentación s condimentação, tempero.
Condimentar v condimentar, temperar.
Condimento s condimento, tempero.
Condiscípulo s condiscípulo.
Condolencia s condolência, pêsames.
Condolerse v condoer-se, compadecer-se.
Condominio s condomínio.
Cóndor s condor.
Conducción s condução, transporte, transmissão, guia.
Conducir v conduzir, dirigir, levar, transportar, orientar.
Conducta s conduta, procedimento.
Conductividad s condutividade.
Conductivo adj condutor.
Conducto s conduto, cano, tubo, via, canal.
Conductor adj condutor, chefe, guia, motorista.
Conectar v acionar, ligar aparelho.
Conejillo s coelhinho, cobaia, porquinho-da-índia.
Conejo s coelho.
Conexión s conexão, nexo, ligação.
Conexo adj conexo, ligado.
Confabulación s confabulação, trama.
Confabular v confabular, tramar.
Confección s confecção, acabamento.
Confeccionar v confeccionar, fabricar, produzir roupas.
Confederación s confederação, liga, coligação, pacto.
Confederar v confederar, coligar.
Conferencia s conferência, palestra, discurso, entrevista.
Conferenciar v conferenciar, discursar.
Conferir v conferir, administrar, examinar, conceder.
Confesar v confessar, revelar.
Confesión s confissão, declaração, revelação.
Confesor s confessor.
Confeti s confete.
Confianza s confiança, segurança, firmeza, crédito.
Confiar v confiar, crer, revelar, depositar.
Confidencia s confidência.
Configurar v configurar.
Confín s confim.
Confinado adj confinado, desterrado.
Confinar v confinar, limitar, desterrar.
Confirmación s confirmação, certeza, aprovação.
Confirmar v confirmar, certificar, aprovar.
Confiscación s confisco.
Confiscar v confiscar, expropriar.
Confitado adj confeitado.
Confitar v confeitar.

CON 46   confite — consolar

Confite s confeite.
Confitería s confeitaria.
Conflagración s conflagração.
Conflagrar v conflagrar, guerrear.
Conflicto s conflito, luta, embate, desordem.
Confluencia s confluência, concorrência, convergência.
Confluir v concluir, convergir.
Conformación s conformação, configuração.
Conformar v conformar, ajustar, convir, resignar-se.
Conformidad s conformidade, semelhança.
Conformismo s conformismo.
Confort s conforto, comodidade.
Confortable adj confortável, cômodo.
Confortador adj confortador, reconfortante.
Confraternizar v confraternizar.
Confrontación s confrontação.
Confrontar v confrontar, enfrentar.
Confundir v confundir, enganar, equivocar, atrapalhar, errar.
Confusión s confusão, alteração, transtorno.
Confuso adj confuso, desordenado, misturado.
Congelación s congelamento.
Congelador s congelador, frigorífico.
Congelar v congelar, gelar.
Congénere adj congênere.
Congeniar v simpatizar, harmonizar.
Congénito adj congênito, inato.
Congestión s congestão.
Congestionar v congestionar.
Conglomerado s conglomerado.
Conglomerar v conglomerar, juntar-se, reunir.
Congoja s desmaio, fadiga, angústia.
Congraciar v congraciar, reconciliar, adular.
Congratulación s congratulação.
Congratular v congratular, felicitar.
Congregación s congregação, assembleia.
Congregar v congregar, reunir, unir, juntar.
Congresista s congressista.
Congreso s congresso, assembleia.
Congruencia s congruência.
Congruente adj congruente, harmonioso.
Conjetura s conjetura, hipótese.
Conjeturar v conjeturar.
Conjugación s conjugação.
Conjugar v conjugar.
Conjunción s conjunção.
Conjuntivitis s conjuntivite.
Conjuntivo adj conjuntivo.
Conjunto s conjunto, equipe, coleção; adj conjunto, unido, ligado, próximo.
Conjura s conjuração, conspiração.
Conjurar v conjurar, conspirar.
Conllevar v ajudar, tolerar.

Conmemoración s comemoração, recordação.
Conmemorar v comemorar, festejar, lembrar.
Conmigo pron comigo.
Conminar v ameaçar, exigir.
Conmiseración s comiseração, dó, pena, compaixão.
Conmoción s comoção, abalo.
Conmover v comover, perturbar, emocionar-se.
Conmutación s comutação.
Conmutar v comutar, trocar, permutar.
Connivencia s conivência, cumplicidade.
Connivente adj conivente, cúmplice.
Connotación s conotação.
Cono s cone; FIG cone de luz.
Conocedor adj conhecedor.
Conocer v conhecer, saber, perceber, entender.
Conocido adj conhecido.
Conocimiento s conhecimento.
Con que conj com que, de modo que.
Conquista s conquista.
Conquistador adj conquistador.
Conquistar v conquistar, dominar, subjugar.
Consagración s consagração, devoção.
Consagrar v consagrar, sagrar, devotar, dedicar-se.
Consanguíneo adj consangüíneo.
Consciente adj consciente.
Consecución s consecução, obtenção.
Consecuencia s consequência, resultado.
Consecuente adj consequente, coerente.
Consecutivo adj consecutivo, imediato.
Conseguir v conseguir, obter, alcançar, adquirir.
Consejo s conselho, advertência.
Consenso s consenso.
Consentido adj consentido, mimado.
Consentimiento s consentimento, permissão.
Consentir v consentir, permitir, condescender.
Conserje s zelador.
Conserva s conserva.
Conservador adj conservador.
Conservar v conservar, guardar.
Conservatorio s conservatório.
Considerable adj considerável, estimável.
Consideración s consideração, estima.
Considerar v considerar, apreciar, estimar.
Consignación s consignação.
Consignar v consignar, confiar, depositar.
Consigo pron consigo.
Consiguiente adj conseguinte.
Consistencia s consistência.
Consistente adj consistente, estável, duradouro.
Consistir v consistir, fundar-se, basear-se.
Consola s console, móvel de sala.
Consolación s consolação, consolo, alívio, conforto.
Consolar v consolar, aliviar, reanimar.

consolidar — contrariedad   47   CON

Consolidar v consolidar, fortalecer, estabilizar.
Consonancia s consonância, concordância.
Consonante adj consoante.
Consonar v consoar, concordar, rimar.
Consorcio s consórcio, associação.
Consorte s consorte, cônjuge.
Conspicuo adj conspícuo, ilustre, notável.
Conspiración s conspiração, conjuração, trama.
Conspirador adj conspirador, conjurado.
Conspirar v conspirar, tramar, conjurar.
Constancia s constância, firmeza, empenho.
Constante adj constante, firme, assíduo.
Constar v constar, consistir.
Constatación s constatação.
Constatar v constatar, comprovar.
Constelación s constelação.
Consternación s consternação, tristeza, desolação.
Consternar v consternar, desolar, entristecer.
Constipado adj constipado, resfriado.
Constitución s constituição, composição.
Constitucional adj constitucional.
Constituir v constituir, estabelecer, organizar, compor.
Constituyente adj constituinte.
Constreñimiento s constrangimento.
Constreñir v constranger.
Construcción s construção, edificação.
Constructor adj construtor.
Construir v construir, erigir.
Consuelo s consolo, alívio.
Cónsul s cônsul.
Consulado s consulado.
Consulta s consulta.
Consultar v consultar, deliberar.
Consultor s consultor.
Consultorio s consultório.
Consumación s consumação, conclusão, fim.
Consumar v consumar, completar, terminar, acabar.
Consumidor s consumidor.
Consumir v consumir, acabar, desgastar.
Consumo s consumo, gasto.
Contabilidad s contabilidade, cálculos, contas comerciais.
Contable adj contável; s contador.
Contacto s contato.
Contado adj contado, escasso, narrado.
Contagiar v contagiar, propagar, transmitir doença.
Contaminación s contaminação, contágio, infecção.
Contaminar v contaminar, contagiar, infeccionar.
Contar v contar, calcular, computar, narrar, dizer.
Contemplación s contemplação.

Contemplar v contemplar, admirar, examinar.
Contemplativo adj contemplativo.
Contemporáneo adj contemporâneo.
Contemporizar v contemporizar, transigir.
Contención s contenção, litígio.
Contender v contender, disputar.
Contener v conter, encerrar, incluir, abranger, coagir.
Contenido adj contido, moderado; s conteúdo, assunto.
Contentar v contentar, satisfazer, agradar.
Contento adj contente, satisfeito, alegre; s contentamento, alegria.
Contestar v contestar, responder, convir.
Contexto s contexto.
Contienda s debate, luta, disputa.
Contigo pron contigo.
Contiguo adj contíguo, vizinho, próximo.
Continente s continente; adj moderado.
Contingencia s contingência.
Continuar v continuar, prosseguir, prolongar, durar.
Continuidad s continuidade.
Contorcerse v contorcer-se, dobrar-se.
Contornar v contornar.
Contorno s contorno, perímetro, redor, circuito.
Contorsión s contorsão.
Contra prep contra, diante de, em oposição a.
Contrabajo s contrabaixo.
Contrabandista s contrabandista.
Contrabando s contrabando, fraude.
Contracción s contração.
Contráctil adj contrátil.
Contradecir v contradizer, desmentir, contrariar.
Contradicción s contradição, objeção.
Contradictorio adj contraditório.
Contraer v contrair, apertar, encolher, restringir.
Contraespionaje s contraespionagem.
Contrahecho adj contrafeito, contrariado, aleijado.
Contraindicar v contraindicar.
Contramaestre s contramestre.
Contramarcha s contramarcha, retrocesso, marcha-à-ré.
Contraofensiva s contraofensiva.
Contraorden s contraordem.
Contrapartida s contrapartida.
Contrapeso s contrapeso, compensação.
Contraponer v contrapor, confrontar, opor.
Contraposición s contraposição, confronto.
Contraproducente adj contraproducente.
Contrapunto s contraponto.
Contrariar v contrariar, contradizer.
Contrariedad s contrariedade, desgosto, adversidade.

CON 48 — contrario — correa

Contrario *adj* contrário, oposto, adverso.
Contrarrevolución *s* contrarrevolução.
Contrasentido *s* contrassenso, absurdo.
Contraseña *s* contrassenha.
Contrastar *v* contrastar, afrontar, opor.
Contraste *s* contraste, oposição.
Contrata *s* contrato, ajuste.
Contratar *v* contratar, negociar, estipular.
Contratiempo *s* contratempo, acidente, contrariedade.
Contrato *s* contrato, ajuste, convenção.
Contravenir *v* contravir.
Contribución *s* contribuição, tributo, imposto.
Contribuir *v* contribuir, cooperar, ajudar.
Contribuyente *adj* contribuinte.
Contrición *s* contrição, arrependimento.
Control *s* controle.
Controlar *v* controlar, fiscalizar.
Controvertir *v* controverter, rebater, contestar.
Contubernio *s* convivência.
Contumaz *adj* contumaz, rebelde.
Contundente *adj* contundente.
Contundir *v* contundir, bater, moer.
Conturbar *v* conturbar, perturbar.
Contusión *s* contusão.
Convalecer *v* convalescer, restabelecer-se.
Convalidar *v* convalidar, revalidar.
Convencer *v* convencer, persuadir.
Convencimiento *s* convencimento, convicção.
Convención *s* convenção, acordo, ajuste, congresso.
Convencional *adj* convencional.
Conveniente *adj* conveniente.
Convenio *s* convênio, ajuste, arranjo.
Convenir *v* convir, concordar, condizer.
Conventillo *s* cortiço.
Convento *s* convento, mosteiro.
Converger *v* convergir, convir, concordar.
Conversar *v* conversar, falar.
Convertir *v* converter, mudar, transformar.
Convexo *adj* convexo, abaulado.
Convicción *s* convicção, certeza.
Convicto *adj* convicto, convencido.
Convidado *adj* convidado.
Convidar *v* convidar, oferecer.
Convincente *adj* convincente, eloquente.
Convite *s* convite.
Convivencia *s* convivência, convívio.
Convivir *v* conviver.
Convocar *v* convocar, citar.
Convulsión *s* convulsão.
Conyugal *adj* conjugal.
Cónyuge *s* cônjuge.
Coñac *s* conhaque.
Cooperar *v* cooperar, colaborar.

Cooperativa *s* cooperativa.
Coordinación *s* coordenação.
Coordinar *v* coordenar, ajustar, classificar.
Copa *s* copa, taça, cálice, troféu.
Copetín *s* drinque, aperitivo.
Copia *s* cópia, reprodução, imitação, plágio, fraude.
Copiar *v* copiar, reproduzir, imitar, transcrever.
Copioso *adj* copioso, abundante, farto.
Copla *s* copla, estrofe, quadra.
Copo *s* floco de neve, porção de fio (lã, algodão).
Coproducción *s* coprodução.
Cópula *s* cópula, coito, união sexual.
Coqueluche *s* coqueluche.
Coquetería *s* galanteria.
Coraje *s* coragem, ânimo.
Coral *s* coral, cobra coral.
Coraza *s* couraça.
Corazón *s* coração; FIG sensibilidade.
Corbata *s* gravata.
Corbeta *s* corveta.
Corchete *s* colchete (gancho de metal), sinal ortográfico.
Corcho *s* casca, cortiça de árvore, rolha.
Corcova *s* corcova, corcunda.
Cordel *s* cordel, barbante.
Cordero *s* cordeiro; FIG pessoa bondosa.
Cordial *adj* cordial, afetuoso, sincero.
Cordialidad *s* cordialidade.
Cordillera *s* cordilheira.
Cordón *s* cordão, cabo.
Cordura *s* juízo, prudência.
Coreano *adj* coreano.
Coreografía *s* coreografia.
Coreógrafo *s* coreógrafo.
Córnea *s* córnea.
Corneta *s* corneta.
Coro *s* coro, canto de muitas vozes.
Corola *s* corola.
Corona *s* coroa, auréola, grinalda.
Coronación *s* coroação.
Coronar *v* coroar, premiar.
Coronario *adj* coronário.
Coronel *s* coronel.
Corpiño *s* corpinho, sutiã, espartilho.
Corporación *s* corporação, comunidade, associação.
Corporal *adj* corporal, material físico.
Corporativo *adj* corporativo.
Corpóreo *adj* corpóreo, material.
Corpulencia *s* corpulência.
Corpulento *adj* corpulento, encorpado.
Corpúsculo *s* corpúsculo.
Corral *s* curral.
Correa *s* correia.

corrección — cretino CRE

Corrección s correção, retificação, emenda, revisão.
Corretivo adj corretivo.
Correcto adj correto, alinhado, fino.
Corredor s corredor, pessoa que corre.
Corregir v corrigir, emendar, melhorar.
Correlación s correlação.
Correo s correio, carteiro.
Correr v correr, passar.
Correspondencia s correspondência.
Corresponder v corresponder, retribuir, equivaler.
Corretear v vadiar.
Corrida s corrida, tourada.
Corriente s corrente, correnteza; adj corrente, habitual, usual.
Corroborar v corroborar, fortalecer, fortificar.
Corroer v corroer, roer, desgastar.
Corromper v corromper, subornar, depravar, apodrecer.
Corrosión s corrosão.
Corrosivo adj corrosivo.
Corrupción s corrupção, putrefação, degeneração.
Corrupto adj corrupto, corrompido.
Corruptor s corruptor.
Corsario s corsário, pirata.
Corsé s espartilho, corpete.
Cortacircuitos s corta-circuitos, fusível.
Cortadera s talhadeira.
Cortado adj cortado, talhado, interrompido.
Cortadura s corte, incisão, retalhos.
Cortafrío s cinzel.
Cortante adj cortante, afiado.
Cortapapeles s corta-papel.
Cortar v cortar, talhar.
Corte s corte, talho.
Cortejar v cortejar.
Cortejo s cortejo, acompanhamento.
Cortés adj cortês, atencioso, educado.
Cortesano adj cortesão.
Cortesía s cortesia, educação, polidez.
Corteza s cortiça, casca.
Cortijo s granja, construção rústica.
Cortina s cortina.
Corto adj curto, breve, escasso, deficitário.
Cortocircuito s curto-circuito.
Cortometraje s curtametragem.
Corva s curva, a dobra do joelho.
Corvo adj curvo, curvado, arqueado.
Corzo s veado, corça.
Cosa s coisa, objeto, elemento.
Cosecha s colheita, safra.
Cosechadora s colheitadeira.
Cosechar v colher.
Coseno s cosseno, cosseno.
Coser v coser, costurar, juntar, prender.

Cosmético adj cosmético.
Cósmico adj cósmico.
Cosmonauta s cosmonauta.
Cosmonave s cosmonave.
Cosmopolita s cosmopolita.
Cosmos s cosmos, universo.
Cosquillas s cócegas.
Costa s custo, preço, despesa, margem, litoral.
Costado s costado, flanco.
Costanera s ladeira, encosta.
Costar v custar, valer.
Costarriqueño adj costa-riquenho.
Coste s custo, preço.
Costear v custear, costear.
Costilla s costela, costeleta.
Costo s custo.
Costoso adj custoso, caro, trabalhoso.
Costumbre s costume, hábito.
Costura s costura.
Costurero s costureiro.
Cotidiano adj cotidiano.
Cotizar v cotar, taxar, cotizar.
Coto s limite, cerrado.
Cotorra s periquito.
Coxis s cóccix.
Coyote s coiote.
Coyuntura s conjuntura, junta, articulação.
Coz s coice; FIG grosseria.
Cráneo s crânio.
Crápula s crápula.
Cráter s cratera, boca.
Creación s criação, invenção.
Creador s criador, inventor.
Crear v criar, gerar, produzir, compor.
Crecer v crescer, prosperar, subir, aumentar.
Crecida s enchente (de rio).
Crecimiento s crescimento, aumento, desenvolvimento.
Credencial adj credencial, alvará.
Crédito s crédito, consideração.
Credo s credo.
Crédulo adj crédulo, ingênuo.
Creencia s crença, fé.
Creer v crer, acreditar.
Crema s creme, nata.
Cremación s cremação, incineração.
Cremallera s cremalheira, zíper, fecho ecler.
Crematorio s crematório.
Cremoso adj cremoso.
Crepitar v crepitar.
Crepúsculo s crepúsculo, ocaso.
Crespo adj crespo, franzido.
Cresta s crista (de aves), cume (de montanhas), crista (de onda).
Cretino adj cretino, idiota, estúpido.

CRE · cretona — cuerda

Cretona s cretone.
Creyente adj crente.
Cría s cria, criação, criança pequena, ninhada.
Criada s criada, empregada doméstica.
Criado adj educado.
Crianza s criação, educação.
Criar v criar, produzir, gerar.
Criatura s criatura, ser, indivíduo.
Criba s crivo, peneira grande.
Crimen s crime, delito grave.
Criminoso adj criminoso, réu.
Crin s crina.
Crío s criança pequena.
Criollo adj crioulo, mestiço.
Cripta s cripta, gruta, caverna.
Crisálida s crisálida.
Crisantemo s crisântemo.
Crisis s crise.
Crisma s crisma.
Crispar v crispar, enrugar, franzir.
Cristal s cristal, vidro.
Cristiandad s cristandade.
Cristianizar v cristianizar.
Cristiano adj cristão.
Criterio s critério.
Critica s crítica, apreciação.
Criticar v criticar, apreciar, julgar.
Cromar v cromear.
Cromosoma s cromossoma.
Crónica s crônica, narração.
Crónico adj crônico, permanente.
Cronista s cronista.
Cronología s cronologia.
Cronometrar v cronometrar.
Cronómetro s cronômetro.
Croqueta s croquete, almôndega, bolinho de carne.
Croquis s esboço, croqui.
Cruce s cruzamento, encruzilhada.
Crucial adj crucial, decisivo.
Crucificar v crucificar, torturar.
Crucifijo s crucifixo.
Crudeza s crueza, crueldade.
Crujido s rangido, estalo.
Crujir v ranger.
Crustáceo s crustáceo.
Cruz s cruz.
Cruzar v cruzar, atravessar.
Cuaderno s caderno, caderneta.
Cuadra s quadra, quarteirão.
Cuadrado adj quadrado.
Cuadrante s quadrante.
Cuadrar v quadrar, quadricular.
Cuadrilátero adj quadrilátero.
Cuadrilla s quadrilha.

Cuadro s quadro, painel.
Cuadrúpedo adj quadrúpede.
Cuadruplicar v quadruplicar.
Cuajada s coalhada.
Cuajado adj coalhado.
Cuajar v coalhar, coagular.
Cuajo s coalho, coágulo.
Cual pron qual.
Cualesquier pron quaisquer.
Cualidad s qualidade, índole, natureza.
Cualquier pron qualquer.
Cuán adv quão, quanto.
Cuando adv quando, no tempo em que, depois que.
Cuantía s quantia, quantidade.
Cuantitativo adj quantitativo.
Cuanto adv quanto.
Cuarentena s quarentena.
Cuaresma s quaresma.
Cuartear v esquartejar, dividir.
Cuartel s quartel, quarta parte.
Cuarteto s quarteto.
Cuarto adj quarto.
Cuarzo s quartzo.
Cuaternario adj quaternário.
Cuatrimestre s quadrimestre.
Cuatro num quatro.
Cuba s cuba, tina, tonel.
Cubano adj cubano.
Cubículo s cubículo.
Cubierta s coberta, cobertor, colcha, tampa, telhado.
Cubierto adj coberto; s talheres, serviço de mesa.
Cubil s covil, antro.
Cubismo s cubismo.
Cúbito s cúbito.
Cubo s cubo, balde.
Cubrir v cobrir, tapar, ocultar, encobrir, abrigar, fecundar.
Cucaracha s barata.
Cuchara s colher.
Cucharada s colherada.
Cucharilla s colherzinha, colherinha.
Cuchichear v cochichar.
Cuchilla s cutelo, machadinha.
Cuchillo s faca.
Cuchitril s pocilga.
Cuclillas adv cócoras.
Cuello s pescoço, colo, gargalo.
Cuenca s concha, órbita (dos olhos), vale (entre montanhas), bacia (de rio).
Cuenco s tigela.
Cuenta s conta, cálculo.
Cuentagotas s conta-gotas.
Cuento s conto, narração, fábula.
Cuerda s corda.

cuerno — czar 51 CZA

Cuerno s corno, chifre.
Cuero s couro.
Cuerpo s corpo, tronco.
Cuervo s corvo.
Cuesta s costa, ladeira, declive.
Cuestión s questão, pergunta.
Cuestionario s questionário.
Cueva s cova, gruta, antro.
Cuidado s cuidado.
Cuidadoso adj cuidadoso, solícito, atencioso.
Cuidar v cuidar, conservar, guardar.
Culata s culatra, anca, traseiro.
Culebra s cobra.
Culinario adj culinário.
Culminante adj culminante.
Culminar v culminar.
Culpa s culpa, falta, delito.
Culpado adj culpado.
Culpar v culpar, recriminar.
Cultivar v cultivar, lavrar (a terra), aperfeiçoar.
Cultivo s cultivo.
Culto adj culto, cultivado; s culto, cerimônia religiosa.
Cultura s cultura, cultivo.
Cultural adj cultural.
Cumbre s cúmulo, auge.
Cumpleaños s aniversário.
Cumplido adj completo, longo, abundante, polido.
Cumplimentar v cumprimentar.
Cumplir v cumprir, observar, completar.
Cúmulo s cúmulo, multidão.

Cuna s berço; FIG Pátria.
Cundir v estender, ocupar, propagar-se.
Cuña s cunha.
Cuñado s cunhado.
Cuño s cunho, marca.
Cuota s quota.
Cupo s quota.
Cupón s cupom.
Cúpula s cúpula, abóbada.
Cura s cura, sacerdote, pároco, padre.
Curandero s curandeiro.
Curar v curar, sanar, sarar.
Curia s cúria.
Curiosear v xeretar, bisbilhotar.
Curiosidad s curiosidade.
Curioso adj curioso, indiscreto.
Cursar v cursar, frequentar, estudar.
Cursi adj ridículo.
Curso s curso, direção, carreira.
Curtir v curtir, preparar as peles, bronzear.
Curva s curva.
Curvar v curvar.
Curvatura s curvatura, arqueamento.
Cúspide s cúspide.
Custodia s custódia, guarda.
Custodiar v custodiar, guardar, vigilar.
Cutáneo adj cutâneo.
Cutis s cútis.
Cuyo pron cujo, do qual.
Czar s czar.

D

ABCDEFGHIJKLMNOPQRSTUVWXYZ

D quinta letra do alfabeto espanhol; D 500 em algarismos romanos.
Dable *adj* possível, praticável.
Dactilografía *s* datilografia.
Dactilógrafo *s* datilógrafo.
Dádiva *s* dádiva, donativo, presente.
Dado *s* dado, cubo.
Daga *s* adaga, punhal.
Dalia *s* dália.
Dálmata *adj* dálmata.
Daltonismo *s* daltonismo.
Dama *s* dama, senhora.
Damasco *s* damasco.
Damnificado *adj* danificado.
Damnificar *v* danificar, avariar.
Danés *adj* dinamarquês.
Dantesco *adj* dantesco.
Danza *s* dança.
Danzar *v* dançar, bailar.
Danzarín *adj* dançarino, bailarino.
Dañar *v* danificar, estragar, avariar.
Dañino *adj* daninho, prejudicial.
Daño *s* dano, prejuízo.
Dañoso *adj* danoso, pernicioso, nocivo.
Dar *v* dar, confiar, entregar, conferir, outorgar.
Dardo *s* dardo.
Dársena *s* doca, dique.
Data *s* data.
Datar *v* datar, debitar.
Dátil *s* tâmara.
Dato *s* dado, indicação, antecedente, base, documento.
De *s* nome da letra d, *prep* indica procedência.
Deán *s* deão.
Debacle *s* desastre, caos.
Debajo *adv* debaixo, embaixo, sob.
Debate *s* debate, discussão.
Debatir *v* debater, discutir, altercar, contestar.
Debelar *v* debelar, vencer, conter.
Deber *s* dever, obrigação, incumbência.
Debido *adj* devido, merecido.
Débil *adj* débil, fraco.

Debilidad *s* debilidade, fraqueza.
Debilitar *v* debilitar, enfraquecer.
Débito *s* débito, dívida.
Debut *s* estreia.
Debutante *adj* debutante, principiante.
Debutar *v* debutar, estrear.
Década *s* década.
Decadencia *s* decadência, declínio, atraso.
Decadente *adj* decadente.
Decaer *v* decair, diminuir, declinar, abater-se.
Decálogo *s* decálogo.
Decanato *s* decanato.
Decano *s* decano.
Decantación *s* decantação.
Decapitar *v* decapitar.
Decasílabo *s* decassílabo.
Decena *s* dezena.
Decencia *s* decência, honestidade, decoro, modéstia.
Decenio *s* decênio.
Decente *adj* decente, honesto, conveniente.
Decepción *s* decepção, desilusão.
Decepcionar *v* decepcionar, desiludir.
Decibelio *s* decibel.
Decidido *adj* decidido, resoluto.
Decidir *v* decidir, resolver, determinar.
Decimal *adj* decimal.
Décimo *num* décimo.
Decir *v* dizer, enunciar, falar, assegurar, narrar.
Decisión *s* decisão, sentença, resolução, coragem.
Declamación *s* declamação, discurso.
Declamar *v* declamar, recitar.
Declaración *s* declaração, manifestação, confissão.
Declarar *v* declarar, manifestar.
Declinación *s* declinação, inclinação, declive.
Declinar *v* declinar, decair, pender.
Declive *s* declive, descida.
Decolorante *adj* descolorante.
Decolorar *v* descorar, desbotar.
Decomisar *v* confiscar.
Decorado *adj* decorado, ornamentado.

decorador — democrático   53   **DEM**

Decorador s decorador.
Decorar v decorar, enfeitar, condecorar.
Decorativo adj decorativo.
Decoro s decoro, dignidade, decência.
Decrecer v decrescer, diminuir, baixar.
Decrépito adj decrépito, senil.
Decretar v decretar, deliberar, resolver, ordenar.
Decreto s decreto, decisão, resolução.
Decurso s decurso, duração.
Dedicación s dedicação, devoção, consagração.
Dedicar v dedicar, consagrar, oferecer, aplicar-se.
Dedicatoria s dedicatória.
Dedillo s dedinho.
Dedo s dedo.
Deducción s dedução, conclusão, abatimento, diminuição.
Deducir v deduzir, concluir, diminuir, abater.
Defecación s defecação, dejeção.
Defecar v defecar, evacuar.
Defectivo adj defectivo, defeituoso, imperfeito.
Defecto s defeito, imperfeição, erro, vício, mancha.
Defectuoso adj defeituoso, imperfeito.
Defender v defender, proteger, socorrer, amparar.
Defensa s defesa, amparo, abrigo, auxílio.
Defensiva s defensiva.
Defensor adj defensor, protetor.
Deferencia s deferência, atenção.
Deferente adj deferente, respeitoso.
Deferir v deferir, conceder, acatar.
Deficiencia s deficiência, falta.
Deficiente adj deficiente.
Déficit s déficit.
Deficitario adj deficitário.
Definición s definição, decisão.
Definir v definir, determinar, enunciar, decidir.
Definitivo adj definitivo.
Deflación s deflação.
Deflagar v deflagar, desencadear.
Deforestación s deflorestamento, desmatamento.
Deforestar v deflorestar, desmatar.
Deformación s deformação.
Deformar v deformar, alterar.
Deformidad s deformidade.
Defraudar v defraudar, furtar, despojar.
Defunción s falecimento, morte.
Degeneración s degeneração, decadência, aviltamento.
Degenerar v degenerar, decair, declinar.
Deglución s deglutição, ingestão.
Deglutir v deglutir, ingerir, engolir.
Degollación s degolação.
Degollar v degolar, decapitar.
Degradable adj degradável.
Degradante adj degradante, humilhante.

Degradar v degradar, humilhar, aviltar.
Degustación s degustação.
Dehesa s devesa, pastagem.
Deidad s deidade, divindade.
Dejadez s preguiça, negligência, desleixo.
Dejar v deixar, abandonar, omitir, tolerar.
Delación s delação, denúncia, acusação.
Delantal s avental.
Delante adv diante, em frente, defronte, frente a.
Delantera s dianteira, fachada.
Delantero adj dianteiro.
Delatar v delatar, enunciar, acusar.
Delator s delator, denunciante, acusador.
Delegación s delegação, missão.
Delegado adj delegado, enviado, encarregado.
Delegar v delegar, incumbir.
Deleitar v deleitar, deleitar-se.
Deleite s deleite, encanto, prazer sensual.
Deletrear v soletrar.
Delfín s delfim.
Delgadez s magreza.
Delgado adj delgado, magro, fino, tênue, delicado.
Deliberación s deliberação, decisão.
Deliberar v deliberar, decidir.
Delicadeza s delicadeza, suavidade, cortesia, fragilidade.
Delicado adj delicado, suave, meigo, amável.
Delicia s delícia, deleite, encanto.
Delicioso adj delicioso, excelente.
Delimitar v delimitar, demarcar.
Delincuencia s delinquência.
Delincuente adj delinquente.
Delineante s delineador, projetista.
Delinear v delinear, delimitar, esboçar.
Delinquir v delinquir.
Delirar v delirar, devanear.
Delirio s delírio, devaneio, desordem.
Delito s delito, crime.
Delta s delta.
Demacrarse v consumir-se, extenuar-se.
Demagogia s demagogia.
Demagógico adj demagógico.
Demagogo adj demagogo.
Demanda s demanda, petição, requerimento.
Demandar v demandar, pedir, rogar, exigir.
Demarcar v demarcar, delimitar, assinalar.
Demás adj demais, outro; adv além disso.
Demasía s demasia, excesso.
Demasiado adj demasiado, excessivo.
Demencia s demência, loucura.
Demente adj demente, louco, imbecil.
Demiurgo s demiurgo.
Democracia s democracia.
Demócrata adj democrata.
Democrático adj democrático.

DEM
54   democratizar — desagradecido

Democratizar v democratizar.
Demografía s demografia.
Demoler v demolir, derrubar, desmantelar, destruir.
Demoníaco adj demoníaco.
Demonio s demônio, diabo.
Demora s demora, atraso.
Demorar v demorar, retardar.
Demostrar v demonstrar, manifestar.
Denegación s denegação, recusa.
Denegar v denegar, negar, recusar.
Denigrar v denegrir.
Denodado adj impetuoso, ousado.
Denominar v denominar, nomear, chamar, distinguir.
Denotar v denotar, anunciar, indicar.
Densidad s densidade, espessura.
Denso adj denso, espesso, compacto.
Dentado adj dentado.
Dentadura s dentadura, dentadura postiça.
Dentar v dentar, dentear.
Dentición s dentição.
Dentífrico s dentifrício.
Dentista s dentista.
Dentro adv dentro.
Denuesto s afronta, insulto.
Denuncia s denúncia, delação, acusação.
Denunciar v denunciar, acusar, noticiar, declarar.
Deparar v deparar, proporcionar, conceder.
Departamento s departamento, apartamento.
Depauperar v depauperar, debilitar.
Dependencia s dependência, subordinação.
Depender v depender, subordinar-se.
Dependiente adj dependente, empregado, subordinado.
Depilación s depilação.
Depilar v depilar.
Depilatorio adj depilatório.
Deplorable adj deplorável, lamentável.
Deplorar v deplorar, lamentar, lastimar.
Deponer v depor, destituir, separar, evacuar, defecar.
Deportación s deportação, exílio.
Deportar v deportar, exilar, banir.
Deporte s esporte, recreação.
Deportista adj esportista.
Deportivo adj esportivo.
Deposición s deposição, destituição, exoneração, evacuação.
Depositar v depositar, entregar, confiar, colocar.
Depósito s depósito.
Depravación s depravação, perversão.
Depravado adj depravado, viciado, corrompido.
Depreciar v depreciar, desvalorizar.
Depredación s depredação.

Depredar v depredar, saquear.
Depresión s depressão.
Depresivo adj depressivo, deprimente.
Deprimir v deprimir, humilhar, rebaixar.
Deprisa adv depressa, rapidamente.
Depurar v depurar, limpar, purificar.
Derecha s direita, destra, mão direita.
Derecho adj reto, igual, justo, legítimo.
Deriva s deriva.
Derivar v derivar.
Dermatitis s dermatite.
Dermatología s dermatologia.
Dermatólogo s dermatologista.
Dérmico adj dérmico.
Dermis s derme.
Derogar v derrogar, anular, destruir.
Derramar v derramar, verter, entornar, transbordar.
Derrame s derramamento.
Derredor s derredor, contorno.
Derretir v derreter, descongelar.
Derribar v derrubar, desmantelar.
Derrochar v esbanjar, desperdiçar, dissipar.
Derroche s esbanjamento, desperdício.
Derrotar v derrotar, arruinar, destruir.
Derrotero s roteiro, caminho, via, rumo.
Derrotismo s derrotismo, pessimismo.
Derruir v derruir, destruir, desmoronar, arruinar.
Derrumbar v derrubar, despencar.
Derrumbe s despenhadeiro, precipício, derrubada.
Desabastecer v desabastecer, desprover.
Desabotonar v desabotoar, desabrochar.
Desabrido adj desabrido, tempestuoso, áspero, severo.
Desabrir v desaminar, temperar mal.
Desabrochar v desabrochar, abrir.
Desacatar v desacatar, desobedecer, afrontar.
Desacato s desacato, desobediência, escândalo.
Desacelerar v desacelerar.
Desaconsejar v desaconselhar, dissuadir.
Desacoplar v separar, desajustar.
Desacordar v desacordar, desafinar, destoar.
Desacostumbrar v desacostumar.
Desacreditar v desacostumar.
Desacuerdo s desacordo, discórdia, desarranjo.
Desafiar v desafiar, provocar.
Desafinar v desafinar, destoar.
Desafío s desafio, provocação.
Desafortunado adj desafortunado, desventurado, infeliz.
Desafuero s desaforo, atrevimento.
Desagradar v desagradar, desgostar.
Desagradecer v não agradecer.
Desagradecido adj ingrato, mal-agradecido.

desagrado — desconsideración 55 **DES**

Desagrado s desagrado, desgosto, descontentamento.
Desagraviar v desagravar, vingar.
Desagravio s desagravo, reparação.
Desaguar v desaguar.
Desagüe s desaguamento.
Desahogar v desafogar, aliviar, desabafar.
Desahogo s desafogo, alívio.
Desahuciar v desesperançar.
Desahucio s despejo (de inquilino).
Desairar v desprezar, humilhar.
Desajustar v desajustar, desnivelar, desconcertar.
Desalentar v desalentar, desanimar, desconsolar.
Desaliñar v desalinhar, desarranjar.
Desalmado adj desalmado, malvado, cruel.
Desalojar v desalojar, expulsar.
Desamarrar v desamarrar, soltar.
Desamparar v desamparar, abandonar.
Desangrar v tirar o sangue.
Desanimar v desanimar, desencorajar.
Desánimo s desânimo, desalento, abatimento.
Desapacible adj desagradável.
Desaparecer v desaparecer, sumir.
Desapegar v desapegar.
Desaprobar v desaprovar.
Desaprovechar v desperdiçar.
Desarmar v desarmar, desmantelar.
Desarraigar v desarraigar, desenraizar.
Desarreglar v desregrar, desordenar.
Desarrollar v desenvolver, estender.
Desarrollo s desenvolvimento, progresso.
Desarticular v desarticular, deslocar.
Desasear v encardir, sujar.
Desasir v soltar, largar, desprender.
Desasosegar v desassossegar, inquietar.
Desastre s desastre, fatalidade.
Desatar v desatar, soltar, desamarrar.
Desatascar v desentupir, desatolar.
Desatender v desatender, desconsiderar.
Desatinar v desatinar.
Desatino s desatino, loucura.
Desautorizar v desautorizar.
Desavenir v discordar, indispor.
Desayunar v desjejum, tomar o café da manhã.
Desbancar v desbancar, depejar.
Desbandar v debandar.
Desbarajuste s desordem, desarranjo.
Desbaratar v desbaratar, arruinar.
Desbarrar v esbarrar, descarrilar.
Desbastar v desbastar, diminuir.
Desbloquear v desbloquear.
Desbordar v transbordar.
Desbravar v desbravar.
Descabellar v descabelar, despentear.
Descabezar v decapitar.

Descalabro s descalabro, dano.
Descalificar v desqualificar, desclassificar.
Descalzar v descalçar.
Descaminar v desencaminhar, extraviar.
Descampado adj descampado, despovoado.
Descansar v descansar, tranquilizar, repousar, sossegar.
Descanso s descanso, repouso, quietude, sossego, alívio.
Descarado adj descarado, atrevido, insolente.
Descargar v descarregar, esvaziar.
Descarnar v descarnar.
Descaro s descaramento, insolência, atrevimento.
Descarriar v descarrilar, desencaminhar.
Descarrilar v descarrilar, sair do trilho.
Descartar v descartar, excluir.
Descasar v descasar, separar-se.
Descascarar v descascar.
Descendencia s descendência, linhagem.
Descender v descender, descer.
Descendiente adj descendente, sucessor.
Descenso s descenso, descensão.
Descentralización s descentralização.
Descentralizar v descentralizar, descentrar.
Descentrar v descentrar, descentralizar.
Descerrar v descerrar, abrir.
Descifrar v decifrar, interpretar.
Desclavar v desencravar, despregar.
Descocado adj descarado, atrevido, ousado.
Descoco s descaramento, atrevimento, desplante.
Descodificar v decodificar.
Descolgar v desprender, arriar.
Descollar v sobressair.
Descolonizar v descolonizar.
Descolorido adj descolorido, desbotado.
Descombrar v desentulhar, desobstruir.
Descomedido adj descomedido, desproporcional.
Descompasado adj descompassado.
Descomponer v decompor, desordenar, apodrecer.
Descomposición s decomposição, putrefação.
Descompostura s descompostura, desalinho.
Descompuesto adj descomposto, desarranjado.
Descomunal adj descomunal, enorme, colossal.
Desconcertar v desconcertar, perturbar, embaraçar.
Desconcierto s desconcerto, desarranjo.
Desconectar v desligar, desvincular.
Desconfiado adj desconfiado, receoso.
Desconfianza s desconfiança, suspeita.
Desconfiar v desconfiar, suspeitar, recear.
Descongelar v descongelar.
Descongestionar v descongestionar.
Desconocer v desconhecer, ignorar.
Desconsideración s desconsideração.

DES
desconsolar — desgobernar

Desconsolar v desconsolar, desolar.
Desconsuelo s desconsolo.
Descontaminar v descontaminar.
Descontar v descontar, abater, deduzir.
Descontento adj descontente, descontentamento.
Descorazonar v desacorçoar, desalentar, desencorajar.
Descorchar v tirar a rolha, abrir (garrafa).
Descorrer v retroceder, retornar.
Descortés adj descortês, grosseiro.
Descortesía s descortesia, grosseria.
Descoser v descosturar.
Descote s decote.
Descoyuntar v desconjuntar.
Descrédito s descrédito, desonra.
Descreído adj descrente, incrédulo.
Describir v descrever, narrar, explicar.
Descuartizar v esquartejar, despedaçar.
Descubierta s descoberta, descobrimento, revelação.
Descubierto adj descoberto, destampado.
Descubrir v descobrir, achar.
Descuento s desconto, abatimento.
Descuidar v descuidar.
Descuido s descuido, negligência.
Desde prep desde, a partir de.
Desdecir v desdizer, negar.
Desdén s desdém, indiferença.
Desdeñar v desdenhar, descuidar, desprezar.
Desdicha s desdita, infortúnio.
Desdichado adj desventurado, infeliz.
Desdoblar v desdobrar.
Deseable adj desejável.
Desear v desejar, querer, aspirar.
Desechar v desprezar, excluir.
Desembarazar v desembaraçar, desocupar, livrar.
Desembarazo s desembaraço, desenvoltura, agilidade.
Desembarcar v desembarcar.
Desembocar v desembocar, entrar, desaguar.
Desembolsar v desembolsar.
Desembrollar v desembrulhar.
Desempacar v desempacotar.
Desempaquetar v desembrulhar.
Desempatar v desempatar.
Desempeñar v desempenhar, executar, exercitar.
Desempeño s desempenho, interpretação.
Desempleado adj desempregado.
Desempleo s desemprego.
Desempolvar s desempoeirar.
Desencadenar v desencadear, desprender.
Desencajar v desencaixar.
Desencajonar v desencaixotar, desembalar.
Desencaminar v desencaminhar.

Desencantar v desencantar, desiludir.
Desencanto s desencanto, desilusão.
Desenchufar v desligar, desconectar.
Desencuadernar v desencadernar.
Desenfadar v desenfadar, distrair, alegrar.
Desenfado s desenfado, distração.
Desenfrenar v desenfrear.
Desenganchar v desenganchar, desprender, soltar.
Desengañar v desenganar, desiludir.
Desengaño s desengano, desilusão.
Desenlace s desenlace.
Desenlazar v desenlaçar.
Desenredar v desenredar, desembaraçar.
Desenrollar v desenrolar.
Desenroscar v desenroscar.
Desentenderse v desentender-se, desinteressar-se.
Desenterrar v desenterrar.
Desentonar v desentoar, desafinar.
Desentrañar v desentranhar.
Desentumecer v desentorpecer.
Desenvoltura s desenvoltura, desembaraço.
Desenvolver v desembrulhar, esclarecer.
Desenvolvimiento s desenvolvimento, desenvolver.
Desenvuelto adj desenvolto, desembaraçado.
Deseo s desejo, vontade, apetite.
Desequilibrar v desequilibrar.
Desequilibrio s desequilíbrio.
Desertar v desertar, abandonar.
Desertor adj desertor.
Desesperar v desesperar.
Desestimar v desprezar, menosprezar, desconsiderar.
Desfachatez s desfaçatez, descaramento.
Desfalcar v desfalcar, reduzir.
Desfallecer v desfalecer, desmaiar.
Desfasar v desfasar.
Desfavorable adj desfavorável.
Desfigurar v desfigurar.
Desfiladero s desfiladeiro.
Desfilar v desfilar.
Desfile s desfile.
Desfloración s defloramento.
Desflorar v deflorar; FIG desonrar.
Desgajar v escachar, desgalhar, despedaçar.
Desgana s inapetência; FIG tédio.
Desganar v aborrecer, perder o apetite.
Desgarrar v rasgar, dilacerar, esfarrapar.
Desgarro s rompimento, ruptura, dilaceração.
Desgastar v desgastar.
Desglosar v separar, suprimir folhas de um impresso.
Desgobernar v desgovernar.

desgracia — despeinar DES

Desgracia s desgraça, infelicidade, desventura, azar.
Desgraciado adj desgraçado, infeliz, desventurado.
Desgraciar v desgraçar, desagradar, estragar.
Desgranar v debulhar, descaroçar.
Desgrasar v desengordurar, desensebar, desengraxar.
Desgreñar v desgrenhar, despentear, descabelar-se.
Desguace s desmantelamento.
Desguarnecer v desguarnecer.
Deshabitar v desabitar, despovoar.
Deshacer v desfazer, desmanchar.
Desharrapado adj esfarrapado.
Deshecho adj desfeito.
Deshelar v degelar, descongelar.
Desheredar v deserdar.
Deshidratar v desidratar.
Deshielo s degelo, descongelamento.
Deshilachar v desfiar.
Deshilar v desfiar, desfibrar.
Deshinchar v arrancar.
Deshojar v desfolhar.
Deshonestidad adj desonestidade.
Deshonra s desonra.
Deshuesar v desossar, descaroçar.
Deshumanizar v desumanizar.
Desidia s indolência.
Desierto adj deserto, desabitado, despovoado.
Designar v designar, apontar.
Desigual adj desigual, diferente, variável.
Desigualar v desigualar. ·
Desigualdad s desigualdade, diferença.
Desilusión s desilusão, desengano, desencanto.
Desilusionar v desiludir, desenganar, desencantar.
Desinencia s desinência.
Desinfectar v desinfetar, sanear.
Desinflar v desinflar.
Desintegrar v desintegrar, decompor.
Desinterés s desinteresse, indiferença.
Desinteresarse v desinteressar-se.
Desistir v desistir, ceder, abandonar, deixar.
Desleal adj desleal, infiel, traidor.
Deslenguado adj desbocado.
Desligar v desligar, desamarrar.
Deslindar v deslindar.
Desliz s deslize, escorregão; FIG erro.
Deslizar v deslizar, escorregar.
Deslucido adj opaco, fosco, sem brilho.
Deslumbrar v deslumbrar, ofuscar, estontear.
Desmán s desmando, abuso.
Desmantelamiento s desmantelamento.
Desmantelar v desmantelar, desbaratar.

Desmayar v desmaiar, desfalecer.
Desmayo s desmaio.
Desmedido adj desmedido, desmesurado.
Desmejorar v piorar.
Desmembrar v desmembrar.
Desmentir v desmentir; FIG dividir.
Desmenuzar v esmiuçar, esmigalhar.
Desmerecer v desmerecer.
Desmesurado adj desmesurado, excessivo.
Desmilitarizar v desmilitarizar.
Desmontar v desmontar, desbravar, apear.
Desmoralizar v desmoralizar.
Desmoronar v desmoronar, derrubar, demolir.
Desnatar v desnatar.
Desnaturalizar v desnaturalizar.
Desnivel s desnível, desigualdade.
Desnuclearizar v desnuclearizar.
Desnudar v desnudar, despir, despojar.
Desnudez s nudez.
Desnudo adj nu, desnudo, despido.
Desnutrición s desnutrição.
Desnutrir v desnutrir.
Desobedecer v desobedecer, desrespeitar.
Desobediencia s desobediência, indisciplina.
Desocupar v desocupar, deixar, abandonar.
Desodorante adj desodorante.
Desoír v não ouvir, não entender.
Desolación s desolação.
Desollar v esfolar.
Desorbitar v exorbitar, exagerar.
Desorden s desordem, confusão.
Desordenar v desordenar, desarranjar, desarrumar.
Desorganizar v desorganizar, perturbar, desordenar.
Desorientar v desorientar, desnortear.
Desovar v desovar.
Despabilar v espevitar, avivar.
Despachar v despachar, expedir.
Despacho s despacho, decisão, escritório.
Despachurrar v esmagar.
Despacio adv devagar, lentamente, silenciosamente.
Despacito adv devagarinho.
Despampanante adj espantoso, deslumbrante.
Desparejo s desigual, díspar.
Desparramar v esparramar, espalhar, desperdiçar.
Despavorido adj apavorado.
Despechado adj despeitado.
Despecho s despeito, irritação.
Despedazar v despedaçar, partir.
Despedida s despedida.
Despedir v despedir, lançar, expulsar.
Despegar v separar, descolar.
Despeinar v despentear.

DES
despejar — detonar

Despejar v despejar, esvaziar, desocupar; FIG esclarecer.
Despellejar v esfolar, pelar.
Despensa s despensa.
Despeñadero s despenhadeiro, precipício.
Despeñar v despenhar, precipitar, atirar.
Desperdiciar v desperdiçar, esbanjar.
Desperdicio s desperdício, esbanjamento.
Desperdigar v separar, esparramar.
Desperezarse v espreguiçar-se.
Desperfecto s defeito leve, imperfeição.
Despersonalizar v despersonalizar.
Despertador s despertador.
Despertar v despertar, acordar.
Despiadado adj desumano, despiedado, despiedoso.
Despilfarrar v esbanjar, desperdiçar.
Despilfarro s esbanjamento, dissipação, desordem.
Despistar v despistar, desorientar, desinformar.
Desplante s desplante, descaramento.
Desplazar v descolar, mudar.
Desplegar v despregar, desenrolar, estender.
Desplomar v desaprumar, desabar.
Despoblar v despovoar.
Despojar v despojar, espoliar, expropriar.
Despojo s despojo, espólio.
Desportillar v lascar, fender.
Desposar v desposar, casar.
Desposeer v desempossar, expropriar.
Desposorio s esponsais.
Déspota s déspota, tirano.
Despotismo s despotismo, tirania.
Despreciable adj desprezível, vergonhoso.
Despreciar v desprezar, menosprezar.
Despreciativo adj depreciativo, ofensivo.
Desprecio s desprezo, menosprezo, desdém.
Desprender v desprender, desengatar.
Despreocuparse v despreocupar-se.
Desprestigiar v desprestigiar, desacreditar.
Desprevenido s desprevenido, descuidado.
Desproporción s desproporção.
Despropósito s despropósito, disparate.
Desproveer v desprover, despojar.
Después adv depois, após, atrás.
Despuntar v despontar, aparecer, sobressair.
Desquiciar v desengonçar, alterar, desordenar.
Desquitar v desforrar, vingar-se.
Desquite s desforra, vingança.
Destacar v destacar, separar.
Destajo s empreitada.
Destapar v destapar, descobrir.
Destartalado adj desarranjado, descomposto, desproporcionado.
Destellar v cintilar, faiscar.

Destemplar v destemperar, perturbar.
Desteñir v desbotar.
Desterrar v desterrar, degredar, exilar.
Destetar v desmamar.
Destiempo adv fora de tempo.
Destierro s desterro, exílio.
Destilar v destilar, filtrar, gotejar.
Destilería s destilaria.
Destinar v destinar, designar, dedicar.
Destino s destino, fatalidade.
Destituir v destituir.
Destornillador s chave de fenda.
Destornillar v desaparafusar.
Destreza s destreza, habilidade, jeito.
Destripar v estripar.
Destronar v destronar, depor.
Destrozar v destroçar, despedaçar, destruir.
Destructor adj destruidor.
Destruir v destruir, arruinar, desfazer.
Desunión s desunião.
Desunir v desunir, separar, desatar.
Desuso adj desuso.
Desvaído adj desbotado.
Desvalido adj desvalido, desamparado.
Desvalijar v roubar.
Desvalorizar v desvalorizar.
Desván s desvão.
Desvanecer v desvanecer, apagar, desmaiar.
Desvariar v desvairar, delirar.
Desvelar v desvelar, tirar o sono.
Desvelo s desvelo, cuidado, zelo.
Desvencijar v desvencilhar, separar.
Desventaja s desvantagem.
Desventura s desventura, infelicidade.
Desvergüenza s sem vergonhice.
Desvestir v despir.
Desviar v desviar, afastar, apartar.
Desvincular v desvincular.
Desvirtuar v desvirtuar, deturpar.
Detall loc adv a varejo.
Detallar v detalhar, esmiuçar.
Detalle s detalhe, minúcia, pormenor.
Detectar v detectar, descobrir.
Detective s detetive.
Detener v deter, prender, impedir, reter.
Detenido adj detido, preso.
Detergente s detergente.
Deteriorar v deteriorar, apodrecer, estragar.
Deterioro s deterioração, estrago.
Determinación s determinação.
Determinar v determinar, estabelecer, assentar, decidir.
Detestable adj detestável, abominável.
Detestar v detestar, condenar, repelir.
Detonar v detonar, estourar, explodir.

detractor — diploma

DIP

Detractor *v* detrator.
Detrás *adv* detrás, atrás.
Detrimento *s* detrimento, prejuízo, dano.
Detrito *s* detrito, resíduo.
Deuda *s* dívida, débito.
Deudo *s* parente, parentesco.
Deudor *s* devedor.
Devaluar *v* desvalorizar, depreciar.
Devaneo *s* devaneio, sonho.
Devastar *v* devastar, arruinar, assolar, destruir.
Devenir *v* suceder, acontecer.
Devoción *s* devoção, dedicação, zelo.
Devolver *v* devolver, restituir.
Devorar *v* devorar, consumir, comer.
Devoto *adj* devoto, afeiçoado.
Deyección *s* dejeção, defecação.
Día *s* dia.
Diabetes *s* diabete.
Diablo *s* diabo, demônio.
Diabólico *adj* diabólico.
Diácono *s* diácono.
Diadema *s* diadema, tiara.
Diáfano *adj* diáfano, transparente.
Diafragma *s* diafragma.
Diagnosticar *v* diagnosticar.
Diagrama *s* diagrama, esquema.
Dialecto *s* dialeto.
Dialéctico *adj* dialético.
Dialogar *v* dialogar, conversar.
Diálogo *s* diálogo, conversa, colóquio.
Diamante *s* diamante.
Diámetro *s* diâmetro.
Diapositiva *s* diapositivo, *slide*.
Diario *adj* diário; *s* jornal, periódico.
Diarrea *s* diarreia.
Diáspora *s* diáspora, dispersão.
Diástole *s* diástole.
Dibujante *adj* desenhista.
Dibujar *v* desenhar.
Dibujo *s* desenho.
Dicción *s* dicção.
Diccionario *s* dicionário.
Dicha *s* fortuna, felicidade, sorte.
Dicho *s* dito, sentença.
Dichoso *adj* ditoso, feliz, bem-aventurado.
Diciembre *s* dezembro.
Dictado *s* ditado.
Dictador *s* ditador, déspota.
Dictadura *s* ditadura.
Dictamen *s* ditame.
Dictar *v* ditar, ordenar, mandar.
Didáctica *s* didática.
Diente *s* dente.
Diéresis *s* diérese.
Diésel *s* diesel.

Diestro *adj* destro, direito, hábil.
Dieta *s* dieta, regime alimentar.
Dietario *s* agenda.
Dietético *adj* dietético.
Diez *num* dez.
Diezmar *v* pagar dízimo.
Difamar *v* difamar, caluniar.
Diferencia *s* diferença, diversidade.
Diferencial *adj* diferencial.
Diferenciar *v* diferenciar, distinguir, discordar.
Diferente *adj* diferente, desigual, diverso.
Diferir *v* diferir, demorar, adiar.
Difícil *adj* difícil, custoso, trabalhoso, arriscado.
Dificultad *s* dificuldade, embaraço, transtorno.
Dificultar *v* dificultar.
Difteria *s* difteria.
Difundir *v* difundir, espalhar, propagar.
Difunto *adj* defunto, falecido, morto.
Difusión *s* difusão, divulgação.
Digerir *v* digerir, engolir.
Digestión *s* digestão.
Digital *adj* digital.
Dígito *s* dígito.
Dignarse *v* dignar-se, condescender.
Dignidad *s* dignidade.
Dignificar *v* dignificar, honrar, enobrecer.
Digno *adj* digno, merecedor, honesto.
Digresión *s* digressão.
Dilación *s* demora, atraso.
Dilapidar *v* dilapidar, esbanjar, desperdiçar.
Dilatación *s* dilatação, ampliação.
Dilatar *v* dilatar, estender, alongar, demorar, retardar.
Dilema *s* dilema.
Diletante *s* diletante.
Diligencia *s* diligência, prontidão, agilidade, pressa, carruagem.
Dilucidar *v* elucidar, esclarecer.
Diluir *v* diluir, dissolver.
Diluvio *s* dilúvio.
Dimensión *s* dimensão, medida, tamanho.
Diminutivo *adj* diminutivo.
Diminuto *adj* diminuto, pequeno, minúsculo.
Dimisión *s* demissão, renúncia, exoneração.
Dimitir *v* demitir, exonerar.
Dinamarqués *adj* dinamarquês.
Dinámica *s* dinâmica.
Dinamita *s* dinamite.
Dínamo *s* dínamo.
Dinastía *s* dinastia.
Dinero *s* dinheiro.
Dinosaurio *s* dinossauro.
Dios *s* Deus.
Diosa *s* deusa.
Diploma *s* diploma.

DIP
diplomacia — divulgar

Diplomacia s diplomacia.
Diptongo s ditongo.
Diputado s deputado.
Dique s dique, açude, doca.
Dirección s direção, rumo.
Directo adj direto, reto.
Director adj diretor.
Directriz s diretriz.
Dirigir v dirigir, guiar, conduzir, governar.
Discente adj discente.
Discernimiento s discernimento.
Disciplina s disciplina, obediência.
Discípulo s discípulo, aluno.
Disco s disco.
Díscolo adj rebelde, indócil.
Disconforme adj desconforme, inconformado.
Discontinuo adj descontínuo, interrompido.
Discordancia s discordância, divergência.
Discoteca s discoteca.
Discreción s discrição, reserva.
Discrepar v discrepar, divergir.
Discreto adj discreto, reservado.
Discriminar v discriminar, distinguir, separar.
Disculpa s desculpa.
Disculpar v desculpar, perdoar.
Discurrir v discorrer.
Discurso s discurso.
Discusión s discussão, debate, polêmica.
Discutir v discutir, debater.
Disecar v dissecar.
Diseminar v disseminar, semear, espalhar.
Disensión s dissensão, oposição, contradição.
Disentería s disenteria, diarreia.
Disentir v dissentir, discrepar, discordar.
Diseñar v desenhar.
Diseño s desenho.
Disertar v dissertar, discorrer.
Disfraz s disfarce, fantasia.
Disfrazar v disfarçar, encobrir, mentir, fantasiar.
Disfrutar v desfrutar, aproveitar.
Disgregar v desagregar, dispersar.
Disgustar v desgostar, aborrecer, magoar.
Disgusto s desgosto, aborrecimento.
Disidencia s dissidência.
Disimular v dissimular, esconder, encobrir, ocultar.
Disimulo s dissimulação, encobrimento.
Disipar v dissipar, consumir, devorar, esbanjar.
Dislate s dislate, disparate.
Dislexia s dislexia.
Dislocar v deslocar, mexer.
Disminuir v diminuir, reduzir, abater, minguar.
Disociar v dissociar, separar, desagregar.
Disolución s dissolução, desagregação.
Disolvente adj solvente.

Disolver v dissolver, diluir.
Disonancia s dissonância, desarmonia.
Disonar v destoar, discrepar.
Dispar adj díspar, desigual.
Disparada s disparada, correria, fuga precipitada.
Disparar v disparar, atirar (com arma de fogo).
Disparatar v destinar, desvairar.
Disparate s disparate, despropósito, desatino, absurdo.
Disparidad s disparidade, desigualdade.
Disparo s disparo, tiro.
Dispendio s dispêndio, consumo, despesa.
Dispensar v dispensar, dar, desculpar.
Dispensario s dispensário.
Dispepsia s dispepsia.
Dispersar v dispersar, separar, espalhar.
Displicencia s displicência.
Disponer v dispor, arrumar, coordenar, preparar.
Dispuesto adj disposto, hábil, apto, animado.
Disputa s disputa, luta, debate, controvérsia.
Disputar v disputar, lutar, debater.
Distancia s distância.
Distanciar v distanciar, afastar.
Distender v distender, afastar.
Distinguir v distinguir, honrar, avistar.
Distinto adj distinto, diferente.
Distorsión s distorsão.
Distorsionar v distorcer.
Distracción s distração, recreação.
Distraer v distrair, divertir.
Distribuir v distribuir, dividir.
Distrito s distrito, circunscrição.
Disturbio s distúrbio, desordem, tumulto.
Disuadir v dissuadir, desviar.
Disyuntor s disjuntor, interruptor.
Diurético adj diurético.
Diurno adj diurno.
Divagar v divagar.
Diván s divã, sofá.
Divergencia s divergência, discórdia.
Divergir v divergir, discordar.
Diversidad s diversidade, diferença, variedade.
Diversificar v diversificar, variar.
Diversión s diversão, distração, passatempo.
Diverso adj diverso, diferente.
Divertir v divertir, recrear, alegrar, entreter.
Dividir v dividir, partir, cortar.
Divinidad s divindade.
Divino adj divino, maravilhoso.
Divisa s divisa, lema.
Divisar v divisar, perceber, entrever.
División s divisão.
Divisor s divisor.
Divorciar v divorciar.
Divulgar v divulgar, expandir.

do — duro

DUR

Do s dó, primeira nota da escala.
Dobladillo s prega, bainha, franzido (em roupa).
Doblado adj dobrado, duplicado, amarrotado.
Doblaje s dublagem.
Doblar v dobrar, duplicar, dublar, mudar de direção, inclinar.
Doble adj dobro, duplo, falso, fingido.
Doblegar v dobrar, torcer, amolecer.
Doblez s dobra, vinco; FIG falsidade.
Docena s dúzia.
Docente s docente.
Dócil adj dócil, suave, submisso.
Docto s douto, sábio, ilustrado.
Doctor s doutor, médico.
Doctrina s doutrina, norma, disciplina.
Documentación s documentação.
Documental adj documental; s documentário.
Documentar v documentar, fundamentar, comprovar.
Documento s documento, prova, confirmação.
Dogma s dogma.
Dólar s dólar.
Dolencia s doença, indisposição, mal, achaque.
Doler v doer, padecer.
Dolo s dolo, fraude, engano.
Dolor s dor, mágoa, pesar.
Doloroso adj doloroso, lamentável.
Doloso adj doloso, fraudulento.
Domador s domador.
Domar v domar, domesticar.
Domeñar v dominar, submeter, reprimir.
Domesticar v domesticar, amansar.
Doméstico adj doméstico.
Domiciliar v domiciliar.
Domicilio s domicílio, residência.
Dominar v dominar, sujeitar, subjugar, conquistar.
Domingo s domingo.
Dominguero adj domingueiro.
Dominicano adj dominicano.
Dominio s domínio, posse, propriedade.
Dominó s dominó.
Don s dom, dádiva, qualidade.
Donación s doação.
Donaire s elegância, graça, gentileza.
Donar v doar, presentear.
Donativo s donativo, doação, oferta, esmola.
Doncella s donzela.
Donde adv onde.
Dondequiera adv onde quer que seja.
Doña s dona, senhora, proprietária.

Dorado adj dourado.
Dorar v dourar.
Dormilón adj dorminhoco, preguiçoso.
Dormir v dormir, repousar, pernoitar.
Dormitar v cochilar.
Dorso s dorso, costas.
Dos num dois.
Dosificar v dosar.
Dosis s dose, dosagem.
Dotación s dotação.
Dotar v dotar, prover.
Dote s dote.
Draga s draga.
Dragar v dragar.
Dragón s dragão.
Drama s drama.
Dramático adj dramático.
Dramaturgia s dramaturgia.
Drástico adj drástico, violento.
Drenaje s drenagem.
Droga s droga.
Drogadicto adj drogado, viciado.
Droguería s drogaria.
Dromedario s dromedário.
Dualidad s dualidade.
Ducha s ducha, chuveiro.
Dúctil adj dúctil, flexível.
Duda s dúvida, incerteza, suspeita.
Dudar v duvidar, desconfiar, suspeitar.
Dudoso adj duvidoso, incerto.
Duelo s duelo, dó, lástima, pena.
Duende s duende.
Dueño s dono, proprietário.
Dulce adj doce, brando, grato; s doce.
Dulcificar v adoçar.
Dulzón adj adocicado, enjoativo.
Dulzura s doçura.
Duna s duna.
Dúo s duo.
Duodeno s duodeno.
Duplicar v duplicar, copiar, dobrar.
Duplo adj duplo, dobro.
Duque s duque.
Durabilidad s durabilidade.
Duradero adj duradouro, resistente.
Durante adj durante; conj enquanto.
Durar v durar, persistir, viver.
Durazno s pêssego.
Dureza s dureza, solidez.
Duro adj duro, sólido, consistente, forte.

ABCDEFGHIJKLMNOPQRSTUVWXYZ

E sexta letra do alfabeto espanhol; *conj* e (usada diante de palavras iniciadas com i ou hi).
Ebanista *s* ebanista, marceneiro, entalhador.
Ébano *s* ébano.
Ebrio *adj* ébrio, embriagado, bêbado.
Ebullición *s* ebulição, efervescência.
Eccema *s* eczema.
Echar *v* jogar, lançar, atirar, arremessar, jogar fora, exalar, expulsar, projetar (filme), seguir (carreira), calcular, entregar, repartir.
Ecléctico *adj* eclético, versátil.
Eclesiástico *adj* eclesiástico.
Eclipsar *v* eclipsar.
Eclipse *s* eclipse.
Eclosión *s* eclosão, explosão.
Eco *s* eco.
Ecografía *s* ecografia.
Ecología *s* ecologia.
Ecológico *adj* ecológico.
Economato *s* cooperativa de consumo, varejão.
Economía *s* economia, moderação, conjunto de bens.
Economizar *v* economizar, poupar, acumular, juntar, guardar.
Ecosistema *s* ecossistema.
Ecuación *s* equação.
Ecuador *s* equador.
Ecuánime *adj* equânime, imparcial.
Ecuatorial *adj* equatorial.
Ecuatoriano *adj* equatoriano.
Ecuestre *adj* equestre.
Ecuménico *adj* ecumênico.
Edad *s* idade, período, era.
Edema *s* edema, inchaço.
Edén *s* éden, paraíso.
Edición *s* edição, impressão, publicação.
Edicto *s* édito, edital, ordem, decreto.
Edificación *s* edificação, construção.
Edificante *adj* edificante, instrutivo.
Edificar *v* edificar, construir.
Edificio *s* edifício, prédio, construção.
Editar *v* editar, publicar, divulgar.
Editor *s* editor.
Editorial *adj* editorial, artigo em jornal; *s* editora.
Edredón *s* edredom, acolchoado.
Educación *s* educação, instrução, ensino, delicadeza, polidez.
Educar *v* educar, instruir, dirigir, ensinar.
Edulcorante *adj* adoçante.
Efectivamente *adv* efetivamente.
Efectivo *adj* efetivo, real, verdadeiro; *s* dinheiro.
Efecto *s* efeito, resultado.
Efectuar *v* efetuar, realizar, concretizar.
Efemérides *s* efeméride, almanaque.
Efervescencia *s* efervescência, ebulição.
Eficacia *s* eficácia, energia, eficiência.
Efigie *s* efígie, imagem, figura.
Efímero *adj* efêmero, passageiro.
Efluvio *s* eflúvio, emanação, fragrância.
Efusión *s* efusão, desafogo.
Egipcio *adj* egípcio.
Egocéntrico *adj* egocêntrico.
Egoísta *s* egoísta, individualista.
Eje *s* eixo.
Ejecución *s* execução, realização, aplicação.
Ejecutar *v* executar, empreender, realizar, cumprir pena de morte.
Ejemplar *adj* exemplar.
Ejemplo *s* exemplo, modelo, demonstração.
Ejercer *v* exercer, praticar, exercitar.
Ejercitar *v* exercitar, treinar, exercer.
Ejército *s* exército.
Ejido *s* exido, baldio.
El *art* o, artigo definido do gênero masculino e singular.
Él *pron* ele, pronome pessoal da terceira pessoa, masculino singular.
Elaborar *v* elaborar, preparar, criar.
Elasticidad *s* elasticidade, maleabilidade, flexibilidade.
Elección *s* eleição, votação, escolha.
Elector *adj* eleitor.
Electoral *adj* eleitoral.
Electricidad *s* eletricidade.

electrificar — eminente
EMI

Electrificar v eletrificar.
Electrizante adj eletrizante.
Electrocardiograma s eletrocardiograma.
Electrochoque s eletrochoque.
Electrocutar v eletrocutar.
Electrodo s eletrodo.
Electrodoméstico adj eletrodoméstico.
Electrógeno adj eletrógeno.
Electrólisis s eletrólise.
Electrón s elétron.
Electrostática s eletrostática.
Elefante s elefante.
Elefantíasis s elefantíase.
Elegancia s elegância, distinção, nobreza.
Elegante adj elegante, distinto, nobre.
Elegía s elegia.
Elegido adj eleito, escolhido.
Elegir v eleger, escolher, nomear.
Elemental adj elementar, necessário, principal,
óbvio.
Elemento s elemento, essência, fundamento,
matéria.
Elenco s elenco.
Elevador adj elevador.
Elevar v elevar, exaltar, aumentar, erguer.
Eliminar v eliminar, suprimir, tirar, separar,
excluir.
Elipse s elipse, curva.
Elite s elite.
Elixir s elixir.
Ella pron ela, feminino de ele.
Ello pron neutro isso, isto.
Ellos, ellas pron eles, elas.
Elocución s elocução.
Elocuencia s eloquência.
Elocuente adj eloquente, expressivo.
Elogiar v elogiar, louvar, aclamar.
Elogio s elogio, louvor, aplauso.
Eludir v iludir, enganar.
Emanar v emanar, gerar, proceder.
Emancipar v emancipar, libertar, livrar.
Embadurnar v lambuzar, besuntar, untar, sujar.
Embajada s embaixada.
Embajador s embaixador.
Embalaje s embalagem, empacotamento,
encaixotamento.
Embalar v embalar, empacotar, embrulhar.
Embaldosar v ladrilhar, pavimentar.
Embalsamar v embalsamar, mumificar.
Embalse s estagnação, represa, açude.
Embarazar v embaraçar, impedir, atrapalhar,
entravar, engravidar.
Embarcación s embarcação, embarque.
Embarcar v embarcar.
Embargar v embargar, impedir, reter.

Embarque s embarque.
Embarrancar v atolar, encalhar.
Embarrar v embarreirar, barrar.
Embarullar v embaralhar, atrapalhar, confundir,
desordenar.
Embate s embate, choque, golpe.
Embaucar v embromar, enganar, iludir.
Embeber v embeber, empapar, encharcar.
Embelesar v embelezar, encantar.
Embellecer v embelezar, ornamentar, enfeitar.
Embestir v investir, avançar.
Embetunar v betumar.
Emblema s emblema, símbolo, insígnia.
Embobar v embevecer, distrair, enlevar.
Embocadura s embocadura, foz (de rio), bocal (de
instrumento).
Embocar v embocar.
Embolia s embolia, coagulação (do sangue).
Émbolo s êmbolo.
Embolsar v embolsar, guardar.
Emborrachar v embriagar, embebedar.
Emborronar v borrar, rabiscar.
Emboscada s emboscada, cilada, armadilha.
Emboscar v emboscar, esconder.
Embotamiento s embotamento, entorpecimento.
Embotar v embotar, entorpecer.
Embotellado adj engarrafado.
Embotellar v engarrafar, encurralar,
congestionar o trânsito.
Embozar v embuçar.
Embozo s embuço.
Embragar v engrenar, embrear, atar.
Embrague s embreagem.
Embravecer v enfurecer, irritar.
Embriagador adj embriagador, inebriante.
Embriagar v embriagar, embebedar.
Embriaguez s embriaguez, bebedeira.
Embrión s embrião.
Embrionario adj embrionário.
Embrollar v embrulhar, confudir, emaranhar,
desnortear.
Embrollo s embrulho, confusão, rolo.
Embromar v embromar, enganar, gracejar,
zombar, caçoar, troçar.
Embrujar v encantar, enfeitiçar.
Embrutecer v embrutecer, entorpecer.
Embuchado s embutido, chouriço.
Embudo s funil.
Embuste s embuste, engano, mentira.
Embutido s embutido, chouriço; adj encaixado,
incrustado.
Emerger v emergir, subir.
Emigrar v emigrar.
Eminencia s eminência, superioridade, excelência.
Eminente adj eminente, elevado, excelente.

EMI 64 — emisario — encantador

Emisario s emissário, mensageiro.
Emisión s emissão, emanação, ejaculação.
Emisor adj emissor.
Emisora s emissora, estação de rádio.
Emitir v emitir, lançar.
Emocional adj emocional.
Emocionante adj emocionante, impressionante, comovente.
Emocionar v emocionar, comover, abalar, impressionar.
Emotividad s emotividade, emoção.
Emotivo adj emotivo, comovente, emocionante.
Empachar v fartar.
Empacho s embaraço, vergonha.
Empadronamiento s recenseamento, alistamento.
Empajar v empalhar.
Empalagar v enjoar, cansar.
Empalagoso adj enjoativo, fastidioso.
Empalizar v estacar.
Empanada s empanada, empada, pastel.
Empanar v empanar.
Empantanar v alagar.
Empañar v enfaixar (criança), trocar fraldas, empanar.
Empapar v empapar, embeber, encharcar.
Empapelar v empapelar, embrulhar, forrar, revestir (com papel).
Empaque s empacotamento.
Empaquetador s empacotador.
Empaquetar v empacotar.
Emparedado adj preso; s sanduíche de presunto.
Emparedar v emparedar, enclausurar, prender, isolar.
Emparejar v emparelhar, nivelar, igualar.
Emparentar v aparentar, contrair parentesco.
Empastar v empastar, encadernar, obturar (dentes).
Empatar v empatar, igualar.
Empate s empate, igualdade, equilíbrio.
Empecinarse v obstinar-se, teimar.
Empedernido adj empedernido, insensível.
Empedrado s pavimento de pedras, piso; adj empedrado, empelotado.
Empedrar v calçar, pavimentar.
Empeine s baixo-ventre, púbis, peito do pé.
Empellón s empurrão.
Empeñar v empenhar, endividar.
Empeño s empenho, constância, tenacidade.
Empeorar v piorar, agravar.
Empequeñecer v diminuir, reduzir, minguar, encolher.
Emperador s imperador, monarca.
Empero conj mas, porém, todavia.
Emperrarse v obstinar-se, teimar.

Empezar v começar, principiar, iniciar.
Empinar v empinar, empertigar.
Empírico adj empírico, prático.
Empirismo s empirismo.
Emplastar v emplastar, lambuzar.
Emplasto s emplastro, unguento.
Emplazar v marcar prazo, marcar um lugar.
Empleado s empregado, funcionário.
Emplear v empregar, ocupar, destinar.
Empleo s emprego, cargo, colocação.
Emplomar v chumbar, soldar.
Emplumar v emplumar.
Empobrecer v empobrecer.
Empollar v empolhar, chocar (ovos), incubar.
Emponzañador adj envenenador, daninho.
Emponzoñar v envenenar.
Emporio s empório, entreposto, centro comercial.
Empotrar v embutir, encravar.
Emprendedor adj empreendedor.
Emprender v empreender.
Empresa s empresa, empreendimento.
Empresarial adj empresarial.
Empréstito s empréstimo.
Empujar v empurrar, impelir, pressionar.
Empujón s empurrão, embate.
Empuñar v empunhar, obter, conseguir.
Emular v emular, rivalizar, competir.
Émulo s êmulo, rival, competidor.
Emulsión s emulsão.
En prep em, indica lugar, tempo, modo.
Enagua s anágua, combinação.
Enajenar v alienar, alhear, enlouquecer, transferir.
Enaltecer v enaltecer, exaltar.
Enamorado adj enamorado, apaixonado.
Enamorar v enamorar, apaixonar, encantar, cortejar.
Enanismo s nanismo.
Enano s anão.
Enarbolar v arvorar, içar, hastear.
Enardecer v avivar, excitar, inflamar.
Encabezar v encabeçar, liderar.
Encadenar v encadear, acorrentar, prender.
Encajar v encaixar, ajustar.
Encaje s encaixe, junta.
Encajonar v encaixotar.
Encalar v caiar, branquear.
Encallar v encalhar, encruar.
Encalmarse v acalmar-se, amainar.
Encamar v acamar, deitar, estender.
Encaminar v encaminhar, dirigir, endereçar, enveredar.
Encandilar v deslumbrar, ofuscar, alucinar.
Encanecer v encanecer.
Encanijar v definhar, enfraquecer.
Encantador adj encantador, amável, aprazível.

encantar — enfermería 65 ENF

Encantar v encantar, seduzir, cativar.
Encanto s encanto, atrativo, agrado, encantamento.
Encapotarse v encapotar-se, ocultar.
Encapricharse v obstinar-se, teimar.
Encaramar v encarapitar.
Encarar v encarar, enfrentar.
Encarcelar v encarcerar, prender, aprisionar.
Encarecer v encarecer, exagerar.
Encargado adj encarregado, gerente.
Encargar v encarregar, pedir, recomendar.
Encargo s encargo, obrigação.
Encariñarse v afeiçoar-se.
Encarnado adj encarnado, vermelho.
Encarnar v encarnar.
Encarnizar v encarniçar, enfurecer.
Encarrilar v encarrilhar, pôr nos trilhos.
Encartar v proscrever, banir.
Encasillar v enquadrar, classificar.
Encasquetar v encasquetar, obstinar, teimar.
Encastillar v encastelar, fortificar com castelos.
Encausar v processar.
Encefálico adj encefálico.
Encefalitis s encefalite.
Encéfalo s encéfalo.
Encelar v enciumar.
Encendedor s acendedor.
Encender v acender, incendiar.
Encendido adj aceso, inflamado, afogueado, ruborizado.
Encerado s encerado, oleado, quadro-negro.
Enceradora s enceradeira.
Encerar v encerar.
Encerrar v encerrar, fechar, prender, incluir.
Encerrona s retiro, armadilha.
Enchapado adj chapeado, revestido com chapas.
Encharcar v encharcar, empapar.
Enchufado adj ligado, conectado.
Enchufar v conectar, ligar na eletricidade.
Enchufe s tomada elétrica, ligação, conexão.
Encía s gengiva.
Encíclica s encíclica, carta papal.
Enciclopedia s enciclopédia.
Encierro s clausura, prisão.
Encima adv em cima, demais, além disso.
Encina s azinheiro.
Encinta adj grávida.
Enclaustrar v enclausurar, prender.
Enclavar v cravar, pregar, encravar.
Enclenque adj adoentado, doentio.
Encoger v encolher, contrair, diminuir, reduzir.
Encolar v colar, grudar.
Encolerizar v encolerizar, irritar, enfurecer, indignar.
Encomendar v encomendar, incumbir, confiar.

Encomiar v louvar, elogiar, gabar.
Encomienda s encomenda, encargo.
Encomio s encômio, louvor, grande elogio.
Enconar v inflamar, irritar, exasperar.
Encono s aversão, ódio, rancor.
Encontrar v encontrar, achar.
Encontronazo s encontrão, choque, empurrão.
Encopetado adj presunçoso, esnobe.
Encorchar v arrolhar, tapar com rolha.
Encorvar v encurvar, curvar.
Encrespar v encrespar, arrepiar (cabelos e penas).
Encrucijada s encruzilhada.
Encrudecer v encruar, encruecer.
Encuadernación s encadernação.
Encuadernar v encadenar.
Encuadrar v enquadrar, limitar, emoldurar.
Encuartelar v aquartelar.
Encubrir v encobrir, ocultar, dissimular.
Encuentro s encontro, choque, embate, rixa, oposição.
Encuesta s enquete, pesquisa, averiguação.
Encuestador s pesquisador.
Encumbrar v elevar, louvar, enaltecer.
Endeble adj débil, fraco, frágil.
Endemia s endemia.
Endémico adj endêmico, frequente.
Endemoniado adj endiabrado, infernal.
Enderezar v endereçar, dirigir, endireitar.
Endeudarse v endividar-se.
Endibia s escarola.
Endiosar v endeusar, divinizar.
Endocardio s endocárdio.
Endocrino adj endócrino.
Endocrinólogo s endocrinologista.
Endosar v endossar.
Endulzar v adoçar, suavizar.
Endurecer v endurecer.
Enebro s zimbro.
Enemigo adj inimigo, contrário, adversário.
Enemistad s inimizade.
Enemistar v indispor, brigar.
Energético adj energético, revigorante.
Energía s energia, vigor.
Enérgico adj enérgico, forte.
Energúmeno s energúmeno, imbecil.
Enero s janeiro.
Enervar v enervar, debilitar, enfraquecer.
Enfadar v enfadar, incomodar, aborrecer, irritar.
Enfado s enfado, aborrecimento.
Enfangar v enlamear, sujar de lama.
Énfasis s ênfase.
Enfático adj enfático.
Enfermar v adoecer.
Enfermedad s enfermidade, doença.
Enfermería s enfermaria.

ENF
enfermero — ensombrecer

Enfermero s enfermeiro.
Enfermo adj enfermo, doente.
Enfilar v enfiar, enfileirar.
Enflaquecer v enfraquecer, debilitar, minguar.
Enfocar v enfocar, focalizar.
Enfrascar v enfrascar, engarrafar.
Enfrentar v enfrentar, defrontar.
Enfrente adv em frente, diante, defronte.
Enfriar v esfriar, arrefecer.
Enfurecer v enfurecer, irritar.
Engalanar v ornamentar, enfeitar.
Enganchar v enganchar, engatar.
Enganche s engate.
Engañar v enganar, iludir, distrair, ludibriar, mentir.
Engaño s engano, fraude, farsa, mentira.
Engarce s engrenagem.
Engarzar v engastar, encadear, eriçar.
Engastar v engastar, encravar.
Engatusar v bajular, adular, seduzir.
Engendrar v engendrar, gerar, produzir.
Engendro s feto, aborto, embrião.
Englobar v englobar.
Engomar v engomar.
Engordar v engordar, encorpar, cevar.
Engorde s engorda.
Engorro s embaraço, impedimento.
Engranaje s engrenagem.
Engranar v engrenar, entrosar, encadear.
Engrandecer v engrandecer, elevar, exagerar.
Engrasar v engordurar, engraxar, lubrificar.
Engreír v envaidecer, elevar-se, afeiçoar, inflar-se.
Engrescar v incitar, atiçar.
Engrillar v algemar, agrilhoar.
Engrosar v engrossar, engordar.
Engrudo s grude, cola.
Engullir v engolir, deglutir, devorar.
Enhebrar v enfiar a linha na agulha.
Enhorabuena s felicitação, parabéns.
Enigma s enigma, charada.
Enjabonar v ensaboar.
Enjalbegar v caiar, branquear.
Enjambre s enxame.
Enjaular v enjaular, engaiolar.
Enjuagar v enxaguar, bochechar.
Enjugar v enxugar, secar.
Enjuiciar v julgar, ajuizar.
Enjuto adj enxuto, seco, magro, delgado.
Enlace s enlace, união, ligação, conexão.
Enladrillar v ladrilhar, pavimentar.
Enlatar v enlatar.
Enlazar v enlaçar, laçar (animais).
Enloquecer v enlouquecer, endoidar.
Enlosar v lajear.
Enlucir v revestir com gesso, estucar.

Enlutar v enlutar.
Enmaderar v emadeirar, madeirar.
Enmarañar v emaranhar, enredar.
Enmarcar v emoldurar.
Enmascarado adj mascarado.
Enmascarar v mascarar, disfarçar, encobrir.
Enmendar v emendar, corrigir.
Enmienda s emenda, correção.
Enmohecer v embolorar, mofar.
Enmudecer v emudecer, calar.
Ennegrecer v enegrecer, denegrir.
Ennoblecer v enobrecer, elevar, realçar, dignificar.
Enojar v enojar, desgostar, indignar, incomodar, aborrecer.
Enojo s nojo, ofensa, injúria, cólera.
Enología s enologia.
Enorgullecer v orgulhar.
Enormidad s enormidade, grandeza.
Enrabiar v irritar, enfurecer, encolerizar.
Enraizar v enraizar, arraigar.
Enramada s ramada.
Enrarecer v rarear, escassear.
Enrasar v nivelar, igualar.
Enredadera s trepadeira.
Enredar v enredar, entrelaçar, emaranhar.
Enredo s enredo, entrelaçamento.
Enrejado s grade, gradeado.
Enrejar v gradear.
Enrevesado adj arrevesado.
Enriquecer v enriquecer, prosperar.
Enrojecer v incandescer, avermelhar.
Enrolar v arrolar, alistar.
Enrollar v enrolar, envolver.
Enroscar v enroscar, torcer.
Ensalada s salada.
Ensalivar v salivar.
Ensalzar v elogiar, louvar.
Ensamblar v encaixar, embutir, entalhar.
Ensanchar v alargar, dilatar, ampliar, inchar.
Ensanche s alargamento, dilatação.
Ensangrentar v ensanguentar.
Ensartar v espetar, enfiar (numa agulha), trespassar.
Ensayar v ensaiar, treinar, experimentar, exercitar, preparar.
Ensayo s ensaio, exame, dissertação, treinamento.
Enseguida adv em seguida, logo depois.
Ensenada s enseada, angra.
Enseña s insígnia, divisa.
Enseñanza s ensino, doutrina.
Enseñar v ensinar, educar, instruir, adestrar.
Enseres s móveis, utensílios.
Ensimismarse v ensimesmar-se, abstrair-se, concentrar-se.
Ensombrecer v escurecer, sombrear.

ensopar — episcopal

EPI

Ensopar v ensopar, embeber, encharcar.
Ensordecer v ensurdecer.
Ensortijado adj cacheado, encaracolado, crespo.
Ensortijar v encrespar, frisar.
Ensuciar v sujar, emporcalhar, manchar.
Ensueño s sonho, fantasia, ilusão.
Entablar v entabular, dispor, preparar.
Entallar v entalhar, esculpir, gravar.
Entarimado s soalho de tábua.
Entarimar v assoalhar.
Ente s ente, ser.
Entender v entender, compreender.
Entendido s entendido, perito.
Enterado adj inteirado, informado.
Enterar v inteirar, informar.
Enteritis s enterite.
Enternecer v enternecer, comover.
Entero adj inteiro.
Enterrar v enterrar, sepultar.
Entibar v escorar.
Entibiar v enfraquecer, amornar.
Entierro s enterro, sepulcro, túmulo.
Entoldar v toldar.
Entonación s entonação, tom.
Entonar v entoar, cantar, harmonizar.
Entonces adv então.
Entontecer v estontear, desvairar.
Entornar v entornar, inclinar.
Entorpecer v entorpecer, paralisar.
Entrada s entrada, ingresso, introdução.
Entrambos adj ambos, os dois.
Entrante adj entrante.
Entraña s entranha, víscera.
Entrañable adj profundo, íntimo, afetuoso.
Entrañar v entranhar, penetrar, dedicar-se, unir-se.
Entrar v entrar, introduzir, ingressar, invadir, ocupar.
Entre prep entre, no meio.
Entreabrir v entreabrir.
Entreacto s entreato, intervalo.
Entrecano adj grisalho.
Entrecomillar v aspar, aspear.
Entrecortado adj entrecortado.
Entrecruzar v entrecruzar, cruzar.
Entredicho s interdição, proibição, dificuldade.
Entrega s entrega, restituição, dedicação.
Entregar v entregar, restituir, dar, depositar.
Entrelazar v entrelaçar, entrançar.
Entrelínea s entrelinha.
Entremedias adv entrementes, entretanto.
Entremés s aperitivo, peça teatral em um ato.
Entremeter v intrometer.
Entremezclar v misturar, mesclar.
Entrenador s treinador, preparador.

Entrenar v treinar, preparar, ensaiar.
Entreoír v entreouvir, ouvir de relance.
Entrepaño s entrepano, prateleira.
Entresacar v escolher, desbastar, podar.
Entresuelo s sobreloja.
Entretanto adv entretanto.
Entretener v entreter, divertir.
Entrevista s entrevista.
Entristecer v entristecer, causar tristeza.
Entrometer v intrometer-se.
Entrometido adj intrometido.
Entroncar v entroncar.
Entronizar v entronizar, colocar no trono.
Entubar v entubar.
Entuerto s torto, agravo, injúria, ofensa.
Entumecer v impedir, entorpecer, embaraçar.
Entupir v entupir, tapar, obstruir.
Enturbiar v tornar turvo, turvar.
Entusiasmar v entusiasmar.
Entusiasmo s entusiasmo, arrebatamento.
Enumeración s enumeração, cômputo, descrição, exposição.
Enumerar v enumerar, contar.
Enunciación s enunciação.
Enunciado adj enunciado, definição.
Enunciar v enunciar, declarar, expressar.
Envainar v embainhar.
Envalentonar v alentar, encorajar.
Envanecer v envaidecer.
Envasar v envasilhar, envasar, engarrafar.
Envase s vasilha, vasilhame, invólucro, envoltório.
Envejecer v envelhecer.
Envenenar v envenenar.
Envergadura s envergadura.
Envés s invés, avesso, revés.
Enviado s enviado, mensageiro.
Enviar v enviar, mandar, expedir.
Enviciar v viciar, corromper.
Envidia s inveja, ciúme.
Envidiar v invejar, cobiçar, desejar.
Envilecer v envilecer, aviltar.
Envío s envio, remessa.
Enviudar v enviuvar.
Envoltorio s envoltório, invólucro.
Envolver v envolver, embrulhar, enrolar.
Enzarzar v enredar, discordar, discutir, brigar.
Enzima s enzima.
Epicentro s epicentro.
Epidemia s epidemia.
Epidémico adj epidêmico, contagioso.
Epidermis s epiderme.
Epígrafe s epígrafe, inscrição.
Epilepsia s epilepsia.
Epílogo s epílogo, conclusão, final.
Episcopal adj episcopal.

EPI

Episódico *adj* episódico, secundário.
Episódio *s* episódio.
Epístola *s* epístola, carta.
Epitafio *s* epitáfio, inscrição tumular.
Epitelio *s* epitélio.
Época *s* época, era, período.
Epopeya *s* epopeia.
Equidad *s* equidade, retidão.
Equidistante *adj* equidistante.
Equilátero *adj* equilátero.
Equilibrado *adj* equilibrado.
Equilibrar *v* equilibrar, harmonizar, compensar, contrabalançar.
Equilibrio *s* equilíbrio.
Equimosis *s* equimose, contusão.
Equino *s* equino.
Equipaje *s* equipagem, bagagem, tripulação.
Equipar *v* equipar, prover.
Equiparable *adj* equiparável, comparável.
Equiparar *v* equiparar, igualar.
Equipo *s* equipe.
Equitación *s* equitação.
Equitativo *adj* equitativo.
Equivalencia *s* equivalência.
Equivaler *v* equivaler, corresponder.
Equivocar *v* equivocar, errar, confundir.
Equívoco *adj* equívoco, confusão, engano, trocadilho.
Era *s* era, época, eira, canteiro.
Erario *s* erário, tesouro público.
Erección *s* ereção, tensão.
Erecto *adj* ereto; rígido, teso, levantado.
Eremita *s* eremita, ermitão.
Erguir *v* erguer, levantar, endireitar.
Erigir *v* erigir, erguer.
Erisipela *s* erisipela.
Erizar *v* eriçar, arrepiar, encrespar.
Erizo *s* ouriço.
Ermita *s* ermida, capela.
Erosión *s* erosão, corrosão.
Erótico *adj* erótico, sensual.
Erradicación *s* erradicação.
Errante *adj* errante, nômade.
Errar *v* errar, faltar, equivocar, vaguear.
Errata *s* errata.
Erróneo *adj* errôneo, equivocado.
Error *s* erro, engano, equívoco.
Eructar *v* arrotar.
Eructo *s* arroto.
Erudición *s* erudição, saber.
Erupción *s* erupção, explosão.
Esbelto *adj* esbelto, elegante.
Esbozar *v* esboçar, delinear.
Esbozo *s* esboço, ensaio, anteprojeto, resumo.
Escabeche *s* escabeche, conserva de vinagre.

Escabroso *adj* escabroso, acidentado, de difícil resolução.
Escabullirse *v* escapar, escapulir.
Escala *s* escala, escada de mão.
Escalar *v* escalar, subir.
Escaldar *v* escaldar.
Escalera *s* escada.
Escalofrío *s* calafrio, arrepio.
Escalón *s* degrau, escalão, grau, categoria.
Escalonar *v* escalonar, distribuir.
Escama *s* escama.
Escamar *v* escamar.
Escamotear *v* escamotear, esconder.
Escampar *v* abrir (um espaço), desanuviar (o céu).
Escanciar *v* servir vinho.
Escandalizar *v* escandalizar.
Escándalo *s* escândalo, tumulto, alvoroço.
Escapada *s* escapada.
Escapar *v* escapar, fugir, omitir.
Escaparate *s* vitrine.
Escapatoria *s* escapatória, escapadela.
Escarabajo *s* escaravelho.
Escaramujo *s* caramujo.
Escarbar *s* escavar, palitar os dentes.
Escarcha *s* orvalho da noite, neve.
Escarlata *s* escarlate, cor vermelha muito viva.
Escarmentar *v* escarmentar, castigar, punir.
Escarnio *s* escárnio, menosprezo, zombaria.
Escarola *s* escarola.
Escarpa *s* escarpa, ladeira.
Escarpado *adj* escarpado, íngreme.
Escasear *v* escassear, faltar.
Escasez *s* escassez, falta.
Escaso *adj* escasso, raro, limitado.
Escatimar *v* regatear, pechinchar.
Escayola *s* estuque.
Escena *s* cena, palco.
Escenario *s* cenário, palco.
Escenografía *s* cenografia.
Escepticismo *s* ceticismo.
Escéptico *adj* cético, incrédulo, indiferente.
Escisión *s* cisão, rompimento, separação, dissidência.
Esclarecer *v* esclarecer.
Esclavitud *s* escravidão, servidão.
Esclavizar *v* escravizar.
Esclavo *s* escravo, cativo.
Esclerosis *s* esclerose.
Esclusa *s* eclusa, comporta.
Escoba *s* vassoura.
Escobar *v* varrer.
Escobón *s* escovão.
Escocedura *s* coceira, comichão, ardência.
Escocer *v* arder, queimar.

escocés — espirar · ESP

Escocés adj escocês.
Escoger v escolher, preferir.
Escolar adj escolar.
Escollo s escolho, obstáculo, perigo, risco.
Escolta s escolta, acompanhamento.
Escoltar v escoltar, acompanhar, proteger.
Escombro s escombro, entulho.
Esconder v esconder, ocultar, encobrir.
Escondite s esconderijo.
Escoria s escória, restos.
Escorpión s escorpião.
Escote s decote.
Escotilla s escotilha.
Escozor s ardência.
Escribano s escrivão, tabelião, escriturário.
Escribir v escrever, redigir.
Escritor s escritor, autor, redator.
Escritorio s escrivaninha, escritório.
Escrúpulo s escrúpulo, zelo.
Escrupuloso adj escrupuloso, cuidadoso, rigoroso.
Escrutinio s escrutínio, apuração de votos.
Escuadra s esquadra, esquadro.
Escuadrón s esquadrão.
Escuálido adj esquálido, fraco, magro.
Escuchar v escutar, ouvir, atender.
Escudar v amparar, defender.
Escudo s escudo.
Escudriñar v esquadrinhar.
Escuela s escola.
Escueto adj descoberto, livre.
Esculpir v esculpir.
Escultura s escultura.
Escupidera s escarradeira, penico.
Escupir v cuspir, escarrar.
Escurridor s escorredor.
Escurrir v escorrer, coar.
Esdrújulo adj esdrúxulo, proparoxítono.
Ese pron esse.
Esencia s essência.
Esencial adj essencial, fundamental.
Esfera s esfera, bola, âmbito, círculo, órbita.
Esférico adj esférico, redondo.
Esfinge s esfinge.
Esfínter s esfíncter.
Esforzar v esforçar, reforçar.
Esfumar v esfumar, atenuar a cor.
Esgrima s esgrima.
Eslabón s elo.
Eslavo adj eslavo.
Esmaltar v esmaltar.
Esmalte s esmalte.
Esmeralda s esmeralda.
Esmerar v esmerar.
Esmero s esmero, cuidado, zelo.
Esnob adj esnobe.

Eso pron neutro isso.
Esófago s esôfago.
Esotérico adj esotérico.
Espabilar v espertar, avivar.
Espaciar v espaçar, espacejar.
Espacio s espaço, extensão, demora.
Espacioso adj espaçoso, amplo, dilatado, vasto.
Espada s espada.
Espaldas s costas.
Espantajo s espantalho.
Espantar v espantar, assustar, amedrontar.
Espanto s espanto, susto, pavor, fantasma.
Español adj espanhol.
Esparadrapo s esparadrapo.
Esparcir v esparzir, derramar, espairecer.
Espárrago s aspargo.
Espasmo s espasmo.
Espátula s espátula.
Especia s especiaria.
Especial adj especial.
Especialidad s especialidade, particularidade.
Especialista s especialista.
Especie s espécie, classe, qualidade.
Especificar v especificar, explicar, declarar.
Espectáculo s espetáculo, diversão, representação teatral.
Espectador adj espectador, observador.
Espectro s espectro, sombra, imagem.
Especular v especular.
Espejismo s miragem.
Espejo s espelho.
Espeleólogo s espeleólogo.
Espeluznante adj horrível, horripilante.
Espera s espera, calma, paciência.
Esperanza s esperança, confiança, expectativa.
Esperar v esperar, aguardar.
Esperma s esperma, sêmen.
Espermatozoide s espermatozoide.
Esperpento s espantalho, desatino, absurdo.
Espesar v espessar, engrossar, condensar.
Espeso adj espesso, grosso, denso.
Espesor s espessura, grossura, densidade.
Espesura s espessura, solidez.
Espetar v espetar, cravar.
Espía s espião.
Espiar v espiar, espreitar.
Espiga s espiga.
Espigón s espigão, ferrão.
Espina s espinho, espinha (de peixe).
Espinaca s espinafre.
Espinazo s espinha dorsal, coluna vertebral.
Espinoso adj espinhoso.
Espionaje s espionagem.
Espiral s espiral.
Espirar v expirar, respirar.

ESP

espíritu — estopa

Espíritu s espírito.
Espléndido adj esplêndido, magnífico, brilhante.
Esplendor s esplendor, nobreza, brilho.
Espliego s alfazema.
Espolear v esporear.
Esponja s esponja.
Esponjoso adj esponjoso.
Esponsales s esponsais, noivado.
Espontáneo adj espontâneo, natural, voluntário.
Esporádico adj esporádico, ocasional.
Esposado adj casado, algemado.
Esposas s algemas.
Esposo s esposo, cônjuge.
Espuela s espora.
Espuma s espuma.
Espumadera s espumadeira, escumadeira.
Espumoso adj espumoso.
Espúreo adj espúrio, ilegítimo.
Esqueje s galho, muda (de planta).
Esqueleto s esqueleto.
Esquema s esquema, projeto, plano.
Esquí s esqui.
Esquiador s esquiador.
Esquife s esquife, ataúde, caixão.
Esquila s sineta, chocalho.
Esquilar v tosquiar.
Esquimal adj esquimó.
Esquina s esquina.
Esquirol s esquilo.
Esquivar v esquivar, evitar, fugir.
Esquivo adj esquivo, arisco, arredio.
Estabilidad s estabilidade, segurança.
Estabilizar v estabilizar.
Estable adj estável, firme.
Establecer v estabelecer, ordenar, decretar, fundar.
Establo s estábulo.
Estaca s estaca.
Estacada s estacada.
Estación s estação, período, temporada, posto policial.
Estacionar v estacionar, parar.
Estadio s estádio.
Estadista s estadista.
Estadístico adj estatístico.
Estado s estado, situação, classe, governo.
Estafa s logro, fraude.
Estafar v lograr, roubar.
Estafeta s estafeta, carteiro, mensageiro.
Estallar v estalar, fender, estourar, estralar, explodir.
Estallido s estalido, estouro.
Estampa s estampa.
Estampado adj estampado, impresso.
Estampar v estampar, imprimir.
Estampido s estampido, detonação.

Estancar v estancar, deter, vedar.
Estancia s habitação, estância, fazenda, casa de campo.
Estanciero s fazendeiro.
Estanco adj estanque; s tabacaria, depósito.
Estandarte s estandarte, bandeira.
Estanque s tanque, reservatório de água, lago artificial.
Estante adj parado, fixo.
Estaño s estanho.
Estar v estar.
Estatal adj estatal, estadual.
Estático adj estático, imóvel.
Estatua s estátua.
Estatura s estatura, altura.
Estatuto s estatuto.
Este pron este; s este, leste, oriente.
Estelar adj estelar, sideral.
Estenografía s estenografia.
Estepa s estepe.
Estera s esteira (de junco ou vime).
Estereofónico adj estereofônico.
Estereoscopio s estereoscópio.
Estéril adj estéril, árido, impotente, inútil.
Esterilizar v esterilizar, tornar estéril.
Esternón s esterno.
Estertor s estertor.
Esteta s esteta.
Estético adj estético, belo.
Estiaje s estiagem, estio, seca.
Estibador s estivador, carregador (de navio).
Estiércol s esterco, estrume.
Estigma s estigma, marca, sinal.
Estilar v usar, costumar, praticar.
Estilete s estilete.
Estilizar v estilizar.
Estilo s estilo, modo, maneira, fórmula.
Estima s estima, apreço, consideração.
Estimado adj estimado, considerado, bem-visto.
Estimular v estimular, incitar, excitar, avivar.
Estímulo s estímulo, incentivo, excitação.
Estío s estio, verão.
Estipendio s estipêndio, soldo, remuneração, pagamento.
Estipular v estipular, ajustar, convir, combinar.
Estirado adj estirado, esticado.
Estirar v estirar, esticar, estender, crescer (crianças).
Estirpe s estirpe, linhagem, descendência.
Estival adj estival.
Estofado adj estofado, alinhado; s guisado (de carne ou peixe).
Estofar v estofar, acolchoar.
Estómago s estômago.
Estopa s estopa, tecido grosseiro.

Estorbar v estorvar, dificultar, atravancar, embaraçar, molestar.
Estorbo s estorvo, embaraço, dificuldade.
Estornudar v espirrar.
Estornudo s espirro.
Estrábico adj estrábico, vesgo.
Estrado s estrado, sala de visitas, palanque.
Estrafalario adj extravagante.
Estrago s estrago, dano, prejuízo, ruína, deterioração.
Estrangular v estrangular, sufocar.
Estraperlista s atravessador, intermediário.
Estratagema s estratagema.
Estrategia s estratégia.
Estrato s estrato, camada, classe social.
Estrechar v estreitar, apertar, diminuir, reduzir.
Estrella s estrela.
Estremecer v estremecer, abalar, sacudir.
Estrenar v estrear, debutar, inaugurar.
Estreñimiento s obstrução, prisão de ventre.
Estrépito s estrépito, estrondo.
Estría s estria, sulco.
Estribar v estribar, apoiar.
Estribo s estribo, apoio, fundamento.
Estridente adj estridente, agudo.
Estrofa s estrofe.
Estropajo s bucha, esfregão.
Estropear v estropiar, estragar, deformar, deteriorar.
Estructura s estrutura, composição.
Estruendo s estrondo, estrépito.
Estrujar v espremer, tirar o sumo, apertar, esmagar.
Estuche s estojo, caixa.
Estuco s estuque.
Estudiante adj estudante, escolar; s aluno.
Estudiar v estudar, aprender, examinar.
Estudio s estúdio, gabinete.
Estufa s estufa, fogão, braseiro, aquecedor.
Estupefacto adj estupefato, espantado, assombrado.
Estupendo adj estupendo, admirável, extraordinário.
Estupidez s estupidez.
Estúpido adj estúpido, burro, bruto.
Estupor s estupor.
Estuprar v estuprar, deflorar, violentar.
Etapa s etapa, período.
Éter s éter.
Eternizar v eternizar, prolongar, perpetuar, imortalizar.
Eterno adj eterno, indestrutível, infinito, interminável.
Ético adj ético, moral.
Etimología s etimologia.

Etíope adj etíope.
Etiqueta s etiqueta, rótulo, marca, formalidade, cerimonial.
Etnia s etnia, raça, nação.
Eucalipto s eucalipto.
Eucaristía s eucaristia.
Eufemismo s eufemismo.
Eufonía s eufonia.
Euforia s euforia, bem-estar, alegria, otimismo.
Eunuco adj castrado.
Europeo adj europeu.
Eutanasia s eutanásia.
Evacuación s evacuação, saída, retirada, ejeção, excreção.
Evacuar v evacuar, abandonar, despejar, esvaziar, defecar, excretar.
Evadir v evadir, escapar, fugir.
Evaluar v avaliar, valorizar, medir, estimar.
Evangelio s evangelho.
Evangelista s evangelista, catequista.
Evaporar v evaporar, dissipar.
Evasión s evasão, fuga.
Evasivo adj evasivo, vago, ambíguo.
Evasor adj evasor, fugitivo.
Evento s evento, acontecimento, imprevisto, fato, episódio.
Eventual adj eventual, casual, ocasional.
Evidencia s evidência, certeza, clareza.
Evidente adj evidente, claro, indiscutível.
Evitar v evitar, impedir.
Evocar v evocar, chamar, lembrar, recordar.
Evolucionar v evolucionar, evoluir, avançar.
Exacerbar v exacerbar, agravar, irritar.
Exactitud s exatidão, perfeição, pontualidade.
Exacto adj exato, perfeito, correto, pontual, rigoroso.
Exagerado adj exagerado, excessivo, fabuloso, descomunal.
Exagerar v exagerar, ampliar, agravar, exorbitar.
Exaltado adj exaltado, frenético, desvairado.
Exaltar v exaltar, engrandecer, elevar, realçar.
Examen s exame, análise, controle.
Examinar v examinar, interrogar, observar, investigar.
Exangüe adj exangue, débil, pálido.
Exánime adj exânime, desfalecido, desmaiado.
Exasperar v exasperar, irritar, excitar.
Excavación s escavação.
Excavar v escavar, cavar.
Excedencia s excedência, excesso, sobra.
Exceder v exceder, ultrapassar.
Excelencia s excelência, perfeição.
Excelente adj excelente, magnífico.
Excelso adj excelso, ilustre, sublime.

EXC 72   excêntrico — extender

Excêntrico *adj* excêntrico, extravagante, original, esquisito.
Excepción *s* exceção, privilégio, desvio.
Excepcional *adj* excepcional, extraordinário, excêntrico.
Excepto *adv* exceto, com exceção de, menos, fora, salvo.
Excesivo *adj* excessivo, demasiado, desmedido.
Exceso *s* excesso, o que sai dos limites.
Excipiente *s* excipiente.
Excitable *adj* excitável.
Excitación *s* excitação, exaltação, agitação, alvoroço.
Excitar *v* excitar, estimular, agitar, animar.
Exclamación *s* exclamação, brado de prazer, raiva ou ódio.
Exclamar *v* exclamar, gritar, bradar.
Excluir *v* excluir, expulsar, dispensar, demitir.
Exclusive *adv* exclusive, exclusivamente.
Exclusividad *s* exclusividade.
Exclusivo *adj* exclusivo, restrito.
Excomulgar *v* excomungar, amaldiçoar.
Excrecencia *s* excrescência, saliência.
Excreción *s* excreção, eliminação.
Excremento *s* excremento, fezes.
Excretar *v* excretar, evacuar, dejetar, expelir.
Exculpación *s* desculpa, escusa.
Exculpar *v* desculpar, escusar.
Excursión *s* excursão, passeio.
Excusa *s* escusa, desculpa, pretexto.
Excusable *adj* desculpável.
Excusar *v* escusar, desculpar, evitar, eximir-se.
Execrable *adj* execrável, detestável, odioso, abominável.
Exención *s* isenção, franquia.
Exento *adj* isento, livre, imune, desobrigado.
Exequias *s* exéquias, funerais.
Exhalación *s* exalação, cheiro, odor.
Exhalar *v* exalar, expelir, emanar, evaporar-se.
Exhaustivo *adj* exaustivo, cansativo.
Exhausto *adj* exausto, cansado, esgotado.
Exhibir *v* exibir, mostrar, apresentar, expor.
Exhortación *s* exortação, discurso, reprimenda.
Exhortar *v* exortar, induzir.
Exhumación *s* exumação.
Exhumar *v* exumar, desenterrar.
Exigencia *s* exigência.
Exigente *adj* exigente, rigoroso.
Exigir *v* exigir, reclamar.
Exiguo *adj* exíguo, escasso, pequeno.
Exilado *adj* exilado, banido, expulso, desterrado.
Exilio *s* exílio, desterro.
Eximio *adj* exímio, excelente, ótimo.
Eximir *v* eximir, isentar, franquear, excusar.
Existencia *s* existência.

Existir *v* existir, viver, ser.
Éxito *s* êxito, sucesso, final, resultado.
Éxodo *s* êxodo, saída, emigração de um povo.
Exoneración *s* exoneração, demissão, dispensa, saída.
Exonerar *v* exonerar, demitir, dispensar.
Exorbitante *adj* exorbitante, excessivo, astronômico.
Exorcismo *s* exorcismo.
Exotérico *adj* esotérico.
Exótico *adj* exótico, estranho, diferente.
Expandir *v* expandir, dilatar, espalhar, divulgar.
Expansión *s* expansão.
Expansionarse *v* expandir-se, desabafar.
Expansivo *adj* expansivo, comunicativo, extrovertido.
Expatriar *v* expatriar, desterrar, exilar, emigrar.
Expectativa *s* expectativa.
Expectorar *v* expectorar, escarrar.
Expediente *s* expediente, despacho, iniciativa.
Experimento *s* experimento, ensaio, pesquisa.
Experto *adj* experimentado, perito.
Expiar *v* expiar, reparar, remir.
Expiración *s* expiração.
Expirar *v* expirar, morrer.
Explanada *s* esplanada.
Explayar *v* espraiar, estender.
Explicación *s* explicação, esclarecimento.
Explicar *v* explicar, esclarecer.
Explícito *adj* explícito, evidente, claro, expresso.
Exploración *s* exploração, pesquisa, investigação.
Explorar *v* explorar, investigar, registrar.
Explosión *s* explosão, detonação, eclosão.
Expoliar *v* espoliar, depredar, expropriar.
Exponer *v* expor, explicar, narrar, exibir.
Exportar *v* exportar.
Exposición *s* exposição.
Expresar *v* expressar, exprimir, manifestar.
Expresión *s* expressão, fisionomia, gesto.
Exprimir *v* espremer, apertar, exprimir, expressar, manifestar.
Expropiar *v* expropriar, desapropriar.
Expuesto *adj* exposto, descoberto.
Expulsar *v* expulsar, banir, expelir.
Expurgar *v* expurgar, purificar, limpar.
Exquisito *adj* excelente, delicioso, muito agradável.
Extasiarse *v* extasiar-se.
Extender *v* estender, dilatar, esticar, aumentar.

extensión — eyacular EYA

Extensión s extensão, ampliação, aumento, alcance.
Extenuar v estenuar, debilitar, enfraquecer.
Exterior adj exterior, externo, aparente.
Exteriorizar v exteriorizar, expor, manifestar.
Exterminar v exterminar, eliminar, destruir, arruinar.
Exterminio s extermínio, destruição, eliminação.
Externar v externar, manifestar.
Externo adj externo.
Extinción s extinção, extermínio.
Extinguir v extinguir, acabar, consumir, liquidar.
Extirpar v extirpar, arrancar, extrair.
Extorsionar v extorquir, usurpar, chantagear.
Extracción s extração, origem.
Extracto s extrato, resumo.
Extralimitarse v exceder-se, exagerar.

Extranjero adj estrangeiro.
Extrañar v estranhar, exilar, deportar.
Extraño adj estranho, diferente, esquisito.
Extraordinario adj extraordinário, inacreditável, fantástico.
Extraterrestre adj extraterrestre.
Extravagante adj extravagante, singular, raro.
Extravasarse v extravasar, transbordar.
Extraviado adj extraviado, perdido.
Extraviar v extraviar, desencaminhar; FIG perverter-se.
Extremar v extremar, esmerar-se.
Extremidad s extremidade, extremo, limite.
Extremo adj extremo, último, excessivo.
Exuberancia s exuberância, abundância, fartura, vigor.
Eyacular v ejacular, expelir.

ABCDEFGHIJKLMNOPQRSTUVWXYZ

F sétima letra do alfabeto espanhol.
Fa s fá, quarta nota da escala musical.
Fabada s guisado com feijão e carne de porco.
Fábrica s fábrica, edifício.
Fabricación s fabricação.
Fabricar v fabricar, produzir, construir, inventar.
Fábula s fábula, ficção, boato, rumor, mexerico.
Fabuloso adj fabuloso, falso.
Faca s facão, punhal.
Facción s facção, partido, feição.
Faceta s faceta, face, superfície.
Facial adj facial.
Fácil adj fácil, simples, dócil, volúvel.
Facilitar v facilitar, auxiliar, entregar, favorecer, fornecer.
Facineroso adj facinoroso, delinquente, malvado.
Factor s fator, feitor, administrador.
Factoría s feitoria, oficina.
Factura s fatura, nota fiscal, relação de mercadorias.
Facultad s faculdade, capacidade, aptidão, escola superior.
Facultar v facultar, facilitar, permitir, conceder.
Fada s fada, maga, feiticeira.
Fado s fado, canção popular portuguesa.
Faena s faina, tarefa, atividade.
Faisán s faisão.
Faja s faixa, cinta, tira.
Fajo s feixe, molho.
Falacia s falácia, engano, mentira.
Falange s falange.
Falda s saia, fralda, sopé (de montanha).
Fallar v falhar, faltar.
Fallecer v falecer, acabar, morrer.
Fallido adj falido, fracassado, frustrado.
Fallo s falha.
Falo s falo, pênis.
Falsear v falsear, falsificar, deturpar, adulterar.
Falsedad s falsidade, deslealdade, engano, mentira.
Falso adj falso, fingido, dissimulado, adulterado, artificial.

Falta s falta, ausência, defeito, culpa leve.
Faltar v faltar, falhar, acabar.
Fama s fama, reputação, notoriedade.
Famélico adj famélico, faminto, esfomeado.
Familia s família, raça, prole.
Familiar adj familiar, habitual, comum, íntimo.
Familiarizar v familiarizar, habituar.
Famoso adj famoso, célebre, notável.
Fan s fã, admirador.
Fanático adj fanático, entusiasta, apaixonado.
Fanfarronear v fanfarronear, contar vantagem.
Fango s lodo, lama.
Fantasear v fantasiar, inventar, delirar, devanear.
Fantasía s fantasia, imaginação, capricho.
Fantasma s fantasma, visão.
Fantoche s fantoche, títere.
Faraón s faraó.
Fardel s saco de provisões.
Fardo s fardo, pacote, embrulho, trouxa.
Faringe s faringe.
Fariseo adj fariseu.
Farmacia s farmácia, drogaria.
Faro s farol (de torre).
Farol s farol, lanterna.
Farsa s farsa, burla, trapaça.
Fascículo s fascículo.
Fascinar v fascinar, encantar, atrair, seduzir.
Fase s fase, ciclo, etapa, mudança.
Fastidiar v fastidiar, aborrecer, chatear.
Fastidio s fastio, tédio, repugnância.
Fatal adj fatal, trágico, inevitável.
Fatiga s fadiga, cansaço, debilidade.
Fatigar v fatigar, cansar, incomodar.
Fatuo adj fátuo, fantasioso, vão.
Fauna s fauna.
Favor s favor, ajuda, socorro, proteção.
Favorecer v favorecer, ajudar, auxiliar.
Faz s face, rosto, cara, lado.
Fe s fé, confiança, certeza.
Fealdad s fealdade, feiúra.
Febrero s fevereiro.
Fecha s data, dia.

fechar — flexible

Fechar v datar.
Fécula s fécula.
Fecundar v fecundar, gerar, fertilizar.
Fecundizar v fecundar, fertilizar.
Federación s federação.
Felicidad s felicidade, satisfação, contentamento, alegria.
Felicitar v felicitar, cumprimentar, saudar.
Feliz adj feliz, satisfeito, contente.
Femenino adj feminino.
Fémur s fêmur.
Fenecer v fenecer, concluir, falecer, morrer.
Fenómeno s fenômeno, sucesso extraordinário.
Feo adj feio, desagradável.
Féretro s féretro, ataúde, caixão.
Feria s feira, folga, féria, descanso.
Fermentar v fermentar, azedar.
Ferocidad s ferocidade, crueldade.
Férreo adj férreo, tenaz, duro, inflexível.
Ferrocarril s ferrovia, estrada-de-ferro.
Fertilizante adj fertilizante, adubo.
Fertilizar v fertilizar, adubar, fecundar.
Fervor adj fervor, ardor, ebulição, fervura, dedicação.
Festejar v festejar, homenagear.
Festejo s festejo.
Festín s festim.
Festival s festival.
Festividad s festividade, festa, solenidade.
Fetidez s fetidez, mau cheiro, empestamento.
Feto s feto, embrião.
Feudalismo s feudalismo.
Fiambre s fiambre, frios.
Fianza s fiança, abono, penhor, garantia.
Fiar v fiar, aliançar, abonar, confiar.
Fibra s fibra, filamento.
Ficción s ficção, fábula, simulação, invenção.
Ficha s ficha.
Fidedigno adj fidedigno, confiável.
Fidelidad s fidelidade, lealdade, firmeza.
Fiebre s febre.
Fiel adj fiel, leal, seguro.
Fiera s fera, bicho, animal selvagem.
Fiero adj feroz, terrível, violento.
Fiesta s festa, comemoração.
Figura s figura, cara, rosto estátua, aparência.
Figurar v figurar, fingir, aparentar, simbolizar.
Fijeza s fixidez, segurança.
Fijo adj fixo, firme, pregado.
Fila s fila, fileira, ordem.
Filamento s filamento.
Filantropía s filantropia, beneficência.
Filatelia s filatelia.
Filete s filé (de carne ou peixe), filete, fio delgado, friso.

Filiación s filiação, origem.
Filigrana s filigrana.
Film s filme, película.
Filo s fio, corte, gume.
Filología s filologia.
Filón s filão, veio, fonte.
Filosofía s filosofia.
Filtrar v filtrar, coar.
Filtro s filtro, coador, poção.
Fimosis s fimose.
Fin adv último, dar fim, acabar.
Finado adj finado, defunto, morto.
Final s final, fim, desfecho; adj definitivo, último.
Finalidad s finalidade.
Finalizar v finalizar, concluir, terminar.
Financiar v financiar.
Financiero adj financeiro.
Finanzas s finanças.
Finca s propriedade rural, granja.
Fingir v fingir, simular, mentir, falsear.
Finlandés adj finlandês.
Fino adj fino, delicado, elegante, delgado, hábil.
Finura s finura, astúcia, delicadeza.
Firma s firma, assinatura, empresa comercial.
Firmamento s firmamento, céu.
Firmar v firmar, assinar.
Firme adj firme, estável, constante.
Fiscal adj fiscal, interventor eleitoral.
Fiscalizar v fiscalizar, vigiar, controlar.
Fisiología s fisiologia.
Fisioterapeuta s fisioterapeuta.
Fisonomía s fisionomia, aspecto, aparência.
Fístula s fístula, úlcera.
Fisura s fissura, fenda, ulceração.
Flácido adj flácido, fraco, débil, mole.
Flaco adj fraco, débil, frouxo, magro.
Flagelar v flagelar, castigar.
Flagelo s flagelo, castigo, chicote.
Flamante adj flamejante, reluzente, resplandecente, novo.
Flamear v flamejar, brilhar, reluzir.
Flan s flã, pudim de caramelo.
Flanco s flanco, costado.
Flaquear v fraquejar, enfraquecer, decair.
Flaqueza s fraqueza, debilidade, fragilidade.
Flauta s flauta.
Flebitis s flebite.
Flecha s flecha, seta.
Fleco s franja (de tecido).
Flema s escarro; FIG lentidão, indiferença.
Flequillo s franja (de cabelo).
Fletar v fretar, alugar um veículo ou embarcação.
Flexibilidad s flexibilidade, elasticidade, maleabilidade.
Flexible adj flexível, elástico, maleável.

FLO 76   flojo — frisar

Flojo *adj* frouxo, mole, fraco, débil, indolente.
Flor s flor.
Flora s flora.
Floración s floração.
Florecer v florescer.
Floresta s floresta, mata.
Flota s frota.
Flotar v flutuar, boiar.
Fluctuar v oscilar, ondular, duvidar, hesitar.
Fluir v fluir, derivar, brotar.
Flujo s fluxo, influxo, corrente, corrimento, preamar.
Fluvial *adj* fluvial.
Fobia s fobia.
Foca s foca.
Foco s foco, centro, ponto de irradiação.
Fofo *adj* fofo, macio, brando.
Fogón s fogão, lareira, fornalha.
Fogoso *adj* fogoso, ardente, impetuoso.
Folio s fólio, folha (de livro, caderno).
Folklore s folclore.
Folleto s folheto, impresso.
Follón *adj* frouxo, mole, preguiçoso, confusão.
Fomentar v fomentar, promover.
Fonda s hospedaria, estalagem, taberna.
Fondo s fundo, profundidade.
Fonética s fonética.
Fontanería s encanamento, canalização.
Fontanero s encanador.
Forajido s foragido, fugitivo.
Forastero *adj* forasteiro, estranho.
Forcejear v resistir, contradizer.
Forestal *adj* florestal.
Forjar s forja, ferraria.
Forma s forma, figura, feitio, aparência, molde.
Formación s formação, composição.
Formalidad *adj* formalidade, seriedade, compostura.
Formalizar v formalizar, concretizar.
Formar v formar, construir, ordenar, criar.
Formato s formato, feito.
Formidable *adj* formidável, espantoso.
Fórmula s fórmula, regra, praxe.
Foro s foro, fórum.
Forraje s forragem, pasto.
Forrar v forrar, poupar (dinheiro).
Forro s forro, revestimento.
Fortalecer v fortalecer, consolidar.
Fortaleza s fortaleza.
Fortificar v fortificar, fortalecer.
Fortuito *adj* fortuito, casual.
Fortuna s fortuna, sorte, destino.
Forzar v forçar, violentar, violar, obrigar.
Forzudo *adj* vigoroso, forçudo.
Fosa s fossa, cova, cavidade.

Fósforo s fósforo, palito ou pavio.
Fósil *adj* fóssil.
Foso s fosso, escavação, vala, alçapão (no teatro).
Fotografía s fotografia.
Fotografiar v fotografar.
Fracasar v fracassar, falhar, malograr.
Fracaso s fracasso, frustração, infortúnio.
Fracción s fração, parte, porção.
Fraccionar v fracionar, dividir, fragmentar, repartir.
Fractura s fratura, quebra, ruptura.
Fragancia s fragrância, aroma suave, perfume.
Fragante *adj* fragrante, perfumado, cheiroso.
Frágil *adj* frágil, inconsistente.
Fragilidad s fragilidade, delicadeza.
Fragmento s fragmento, parte, porção.
Fragor s fragor, estrondo, estrépito.
Fraile s frade.
Frambuesa s framboesa.
Francés *adj* francês.
Franciscano *adj* franciscano.
Franco *adj* franco, generoso, livre, expansivo.
Franela s flanela.
Franja s franja, galão.
Franquear v franquear, libertar, livrar, desimpedir.
Franqueo s franquia, alforria.
Franqueza s franqueza, privilégio, sinceridade.
Frasco s frasco, recipiente.
Frase s frase.
Fraternidad s fraternidade, irmandade, harmonia.
Fraternizar v confraternizar.
Fraude s fraude, engano.
Fray s frei, frade.
Freático *adj* freático.
Frecuencia s frequência.
Frecuentar v frequentar, repetir, conviver, conversar.
Frecuente *adj* frequente, repetido, assíduo, usual, comum.
Fregar v esfregar, friccionar.
Freír v fritar, frigir.
Frenar v frear, brecar.
Frenesí s frenesi, exaltação.
Freno s freio, breque.
Frente s testa, rosto, semblante; *adv* em frente, de frente.
Fresa s morango.
Fresco *adj* fresco, arejado, viçoso.
Frescura s frescura, desembaraço.
Frialdad s frieza, frigidez.
Frígido *adj* frígido, frio.
Frigorífico s frigorífico.
Frijol s feijão.
Frío *adj* frio, gélido, frígido.
Frisar v frisar, esfregar, calhar.

friso — futuro

Friso s friso, faixa, filete, barra.
Fritada s fritada, fritura.
Fritar v fritar, frigir.
Frito s fritura; *adj* frito.
Frívolo *adj* frívolo, fútil, superficial.
Frondosidad s frondosidade.
Frontal *adj* frontal.
Frontera s fronteira.
Frotar v esfregar, friccionar.
Fructificar v frutificar.
Frugal *adj* frugal, moderado, sóbrio, modesto.
Fruncir v franzir, enrugar, preguear.
Fruta s fruta, fruto.
Fuego s fogo, lume, labareda.
Fuelle s fole.
Fuente s fonte, manancial, chafariz, travessa (para servir comida).
Fuera *adv* fora, além de, exteriormente.
Fuerte *adj* forte, resistente, enérgico, violento.
Fuerza s força, resistência, energia, solidez.
Fuga s fuga, escape, saída.
Fugar v fugir, esquivar-se.
Fulano s fulano, uma pessoa qualquer.
Fulgor s fulgor, esplendor, brilho.
Fulminar v fulminar, bombardear, aniquilar.

Fumar v fumar, fumegar.
Función s função, exercício, cargo, solenidade.
Funcionar v funcionar, trabalhar, estar em exercício, estar aberto.
Funcionario s funcionário público.
Funda s capa, invólucro, bolsa.
Fundamental *adj* fundamental, principal, essencial.
Fundamento s fundamento, princípio, base.
Fundar v fundar, edificar, erigir, inaugurar.
Fundición s fundição.
Fundir v fundir, derreter, desfazer, arruinar.
Fúnebre *adj* fúnebre, triste.
Funeral s funeral, velório.
Funesto *adj* desventura, tristeza, nocivo.
Furgón s furgão.
Furia s fúria, ira, cólera.
Furor s furor, fúria, cólera, ira.
Furtivo *adj* furtivo, clandestino.
Fusil s fuzil, espingarda.
Fusión s fusão, fundição, liga, mistura.
Fustigar v fustigar, açoitar.
Fútbol s futebol.
Futilidad s futilidade, leviandade, vaidade.
Futuro s futuro, porvir; *adj* vindouro, próximo.

G

ABCDEFGHIJKLMNOPQRSTUVWXYZ

G s oitava letra do alfabeto espanhol.
Gabán s capote, sobretudo.
Gabardina s gabardine, sobretudo, capa de chuva.
Gabinete s gabinete, camarim, escritório, ministério.
Gacela s gazela.
Gaceta s gazeta, jornal, periódico.
Gafas s óculos.
Gaita s gaita.
Gajo s galho, ramo, chifre.
Gala s gala, festa, ornamento.
Galán s galã, ator principal.
Galante adj galante, bonito, gentil.
Galanteo s galanteio, corte.
Galápago s cágado, tartaruga.
Galardón s galardão.
Galardonar v galardoar.
Galaxia s galáxia.
Galería s galeria (em edifício, mina, teatro), corredor.
Galgo s galgo.
Galicismo s galicismo, francesismo.
Gallardía s galhardia, elegância, gentileza.
Gallego adj galego.
Galleta s biscoito, bolacha.
Gallina s galinha.
Gallinero s galinheiro.
Gallo s galo.
Galo adj gaulês.
Galopar v galopar.
Galope s galope.
Galvanizar v galvanizar.
Gama s gama, escala musical.
Gamberro adj libertino, grosseiro.
Gameto s gameta.
Gamo s gamo, veado.
Gamuza s camurça (animal, pele).
Gana s gana, vontade, desejo.
Ganadería s rebanho, gado.
Ganado s gado.
Ganancia s ganância, ganho, lucro.
Ganar v ganhar, conquistar, vencer, adquirir.
Ganchillo s crochê, agulha de crochê.
Gancho s gancho, engate.
Gandul adj vagabundo.
Ganga s escória.
Gangrena s gangrena.
Gansada s asneira, besteira.
Ganso s ganso.
Ganzúa s gazua.
Gañir v ganir, grasnar (aves).
Garabato s gancho de ferro, rabisco.
Garaje s garagem, estacionamento.
Garantía s garantia, penhor, fiança, aval.
Garantizar v garantir, assegurar, abonar.
Garbanzo s grão-de-bico.
Garbo s garbo, graça, elegância.
Garboso adj garboso, elegante.
Garfio s gancho de ferro.
Gargajo s escarro.
Garganta s garganta, desfiladeiro.
Gárgaras s gargarejo.
Gárgola s gárgula, cano.
Garita s guarita.
Garito s casa de jogo clandestino.
Garra s garra.
Garrafa s garrafão.
Garrapata s carrapato.
Garrote s garrote.
Gárrulo adj falador, tagarela.
Gas s gás.
Gasa s gaze.
Gaseosa s gasosa, refrigerante; adj gasosa.
Gasoil s gasóleo.
Gasolina s gasolina.
Gasolinera s posto de gasolina.
Gasómetro s gasômetro.
Gastar v gastar, usar, consumir.
Gasto s gasto, consumo, despesa.
Gástrico s gástrico.
Gastritis s gastrite.
Gastronomía s gastronomia.
Gata s gata.
Gatear v engatinhar, trepar, subir.

gatillo — gorila 79 **GOR**

Gatillo s gatilho.
Gato s gato, macaco (para levantar peso, de carro).
Gaucho s gaúcho.
Gaveta s gaveta.
Gavilán s gavião.
Gavilla s feixe (de cana, ervas).
Gaviota s gaivota.
Gazpacho s gaspacho, sopa fria.
Géiser s gêiser.
Geisha s gueixa.
Gel s gel.
Gelatina s gelatina.
Gélido adj gelado, gélido.
Gema s gema.
Gemelo adj gêmeo; s binóculos, abotoaduras.
Gemido s gemido, lamentação.
Géminis s gêmeos.
Gemir v gemer, suspirar.
Gendarme s gendarme, guarda, policial.
Genealogía s genealogia, estirpe, linhagem.
Generación s geração, sucessão.
General adj geral.
Generalidad s generalidade, maioria.
Generalizar v generalizar, difundir, divulgar, propagar.
Generar v gerar, engendrar.
Género s gênero, ordem, classe, mercadorias.
Generoso adj generoso, desprendido, nobre.
Génesis s gênese, origem.
Genético adj genético.
Genialidad s genialidade.
Genio s gênio, índole, caráter, talento.
Genital adj genital.
Genocidio s genocídio.
Gente s gente, população, povo.
Gentileza s gentileza, amabilidade.
Gentío s multidão.
Gentuza s gentinha, plebe, ralé.
Genuino adj genuíno, puro, natural, legítimo.
Geografía s geografia.
Geología s geologia.
Geometría s geometria.
Geranio s gerânio.
Gerente s gerente, administrador.
Geriatra s geriatra.
Germánico adj germânico.
Germen s germe, embrião.
Germinar v germinar, brotar.
Gerundio s gerúndio.
Gestación s gestação, gravidez.
Gesticular v gesticular.
Gestión s gestão, administração, gerência.
Gestionar v administrar, negociar.
Gesto s gesto, fisionomia, expressão, careta.
Giba s corcova, corcunda.

Gigante adj gigante, enorme, descomunal.
Gigantesco adj gigantesco.
Gimnasia s ginástica.
Gimnasio s ginásio, centro de esportes.
Ginebra s genebra (bebida alcoólica).
Gineceo s gineceu.
Ginecología s ginecologia.
Ginecólogo s ginecologista.
Gira s excursão, passeio, viagem de lazer.
Girar v girar, circular, percorrer.
Girasol s girassol.
Giro s giro, rotação, rodeio.
Gis s giz.
Gitano adj cigano.
Glacial adj glacial, gelado.
Glaciar s glaciar, geleira.
Glande s glande.
Glándula s glândula.
Glandular adj glandular.
Glicerina s glicerina.
Global adj global, total.
Globo s globo, esfera, bola, balão.
Glóbulo s glóbulo.
Gloria s glória, fama, renome.
Glorieta s pracinha, caramanchão.
Glorificar v glorificar, enaltecer, exaltar, honrar.
Glosa s glosa, comentário, crítica.
Glotón adj glutão, comilão.
Glotonería s voracidade.
Glucosa s glicose.
Gluten s glúten.
Glúteo adj glúteo.
Gobernador s governador.
Gobernar v governar, dirigir, administrar.
Gobierno s governo, ordem, regra, autoridade, regime.
Goce s gozo, prazer, proveito.
Gol s gol.
Goleada s goleada.
Golf s golfe.
Golfo adj vadio, vagabundo; s golfo.
Golondrina s andorinha.
Golosina s guloseima, gulodice.
Goloso adj guloso, glutão, voraz.
Golpe s golpe, pancada, choque.
Golpear v golpear, bater, espancar.
Goma s borracha.
Gomería s borracharia.
Gomoso adj gomoso, borrachento.
Góndola s gôndola.
Gonorrea s gonorreia, blenorragia.
Gordo adj gordo, obeso, corpulento.
Gordura s gordura, adiposidade.
Gorgorito s trinado.
Gorila s gorila.

GOR
80

gorjeo — guardapolvo

Gorjeo s gorjeio, trinado.
Gorra s gorra, barrete.
Gorro s gorro.
Gorrón adj parasita, aproveitador.
Gota s gota, pingo.
Gotear v gotejar, pingar, destilar.
Gotera s goteira.
Gótico adj gótico.
Gozar v gozar, possuir.
Gozne s dobradiça, gonzo.
Gozo s gozo, prazer.
Grabado s imagem, gravura.
Grabar v gravar (imagem ou som).
Gracejo s gracejo, graça, brincadeira.
Gracia s graça, atrativo, benefício, favor.
Grada s degrau, banco, arquibancada.
Gradación s gradação.
Grado s grau.
Graduar v graduar, classificar, colar grau.
Gráfico adj gráfico.
Grafología s grafologia.
Gragea s drágea.
Gramática s gramática.
Gramo s grama.
Gramófono s gramofone, fonógrafo.
Gran adj grão, principal.
Grana s grão, semente, escarlate (cor).
Granada s romã, granada.
Granate s grená, vinho (cor), granada.
Grande adj grande, vasto, extenso.
Grandeza s grandeza, extensão, importância, fortuna.
Grandiosidad s grandiosidade, suntuosidade.
Granear v semear, granular.
Granero s celeiro, tulha.
Granito s granito.
Granizar v chover granizo.
Granizo s granizo.
Granja s granja, sítio.
Granjear v granjear, adquirir, obter.
Granjero s granjeiro, agricultor.
Grano s grão, semente.
Granuja s uva desbagoada.
Grapa s grampo, gancho.
Grapadora s grampeador.
Grapar v grampear, prender, fixar (com grampos).
Grasa s gordura, sebo.
Graso adj gordurento.
Gratificación s gratificação, retribuição.
Gratificar v gratificar, recompensar, retribuir.
Gratinar v gratinar, dourar.
Gratis adv grátis, gratuitamente.
Grato adj grato, agradecido, reconhecido, agradável.
Gratuito adj gratuito, arbitrário.

Grava s cascalho, areia grossa.
Gravamen s encargo, carga, ônus.
Gravar v agravar, oprimir, sobrecarregar, onerar, pesar.
Grave adj grave, pesado, sério, difícil, solene, perigoso.
Gravedad s gravidade, importância, intensidade.
Gravidez s gravidez, gestação.
Gravitación s gravitação, atração.
Gravitar v gravitar, mover-se, descansar um corpo sobre outro.
Gravoso adj oneroso, pesado, incômodo.
Graznido s grasnido.
Gregario adj gregário, agregado.
Gremio s grêmio, associação.
Greña s grenha, cabelos desgrenhados.
Gresca s barulho, algazarra, briga, rixa.
Grey s grei, rebanho.
Griego adj grego.
Grieta s greta, fenda.
Grifo s grifo, torneira.
Grillo s grilo.
Gripe s gripe.
Gris adj cor cinza.
Grisáceo adj cinzento, acinzentado.
Grisú s gás metano.
Gritar v gritar, bradar, berrar.
Gritería s gritaria, algazarra.
Grito s grito, brado, berro.
Grosería s grosseria, vulgaridade.
Grosor s grossura, espessura.
Grotesco adj grotesco, ridículo, extravagante.
Grúa s guincho, guindaste.
Grueso adj grosso, encorpado, rude, denso, estúpido, grosseiro.
Gruñido s grunhido, rosnado.
Gruñir v grunhir, rosnar.
Grupa s garupa.
Grupo s grupo, conjunto de pessoas ou coisas.
Gruta s gruta, caverna.
Guadaña s foice.
Guajiro s camponês cubano.
Gualdo adj amarelo, de cor de ouro.
Guanaco s guanaco.
Guano s adubo para a terra.
Guantazo s bofetada.
Guante s luva.
Guapo adj guapo, valente, elegante.
Guaraní adj guarani.
Guarapo s garapa.
Guarda s guarda, proteção, tutela.
Guardacoches s guardador de carros.
Guardaespaldas s guarda-costas.
Guardameta s goleiro.
Guardapolvo s guarda-pó, avental.

guardar — gutural GUT

Guardar *v* guardar, proteger, defender, vigiar.
Guardarropa *s* guarda-roupa, armário.
Guardia *s* guarda, custódia.
Guardián *s* guardião.
Guarecer *v* amparar, acolher, socorrer.
Guarida *s* guarida, esconderijo.
Guarismo *s* algarismo, número.
Guarnecer *v* guarnecer, enfeitar, ornar, equipar.
Guarnición *s* guarnição.
Guarro *s* porco, suíno.
Guasa *s* brincadeira sem graça, zombaria.
Guatemalteco *adj* guatemalteco.
Guayaba *s* goiaba.
Guayabo *s* goiabeira.
Guedeja *s* juba, cabeleira.
Guerra *s* guerra, luta.
Guerrear *v* guerrear, lutar, combater.
Guerrilla *s* guerrilha.
Guía *s* guia, líder, cicerone.
Guiar *v* guiar, conduzir, dirigir, encaminhar, orientar.
Guija *s* seixo, pedrinha, pedregulho.
Guijarro *s* calhau, pedra.

Guijo *s* cascalho.
Guillotina *s* guilhotina.
Guinda *s* altura dos mastros (barco).
Guindilla *s* pimenta-malagueta.
Guiñapo *s* farrapo, trapo.
Guiñar *v* piscar os olhos.
Guiño *s* piscada.
Guión *s* guia, estandarte, roteiro.
Guipar *v* ver, notar, bater os olhos.
Guirnalda *s* guirlanda.
Guisado *s* guisado, refogado.
Guisante *s* ervilha.
Guisar *v* guisar, refogar, cozinhar.
Guiso *s* guisado.
Guitarra *s* violão, guitarra elétrica.
Gula *s* gula, gulodice.
Gurú *s* guru.
Gusano *s* verme, lombriga.
Gustar *v* gostar, saborear, degustar, agradar.
Gusto *s* gosto, sabor, paladar, prazer, satisfação, simpatia.
Gutural *adj* gutural.

H

ABCDEFGHIJKLMNOPQRSTUVWXYZ

H s nona letra do alfabeto espanhol.
Haba s fava.
Habanera s habanera ou havanera, dança originária de Havana.
Habano adj havano, havanês, pertencente a Havana, diz-se do tabaco.
Haber s bens, riqueza; v auxiliar, ter, possuir, existir, acontecer, ocorrer.
Habichuela s feijão, planta.
Hábil adj hábil, apto, capaz.
Habilidad s habilidade, capacidade, talento.
Habilitar v habilitar, prover, proporcionar.
Habitable adj habitável.
Habitación s habitação, residência, moradia, aposento.
Habitante s habitante.
Habitar v habitar, morar, viver, residir.
Hábito s hábito, maneira de ser, costume, traje, vestimenta.
Habitual adj habitual, frequente.
Habituar v habituar, acostumar.
Habla s fala, língua, idioma.
Hablador adj falador, conversador, tagarela.
Habladuría s falatório, mexerico.
Hablar v falar, dizer, declarar, contar.
Hacendado adj rico, abastado.
Hacendoso adj trabalhador, solícito.
Hacer v fazer, criar, produzir, realizar, preparar, executar.
Hacha s tocha, machado.
Hacia prep para, em direção a.
Hacienda s fazenda, capital, bens.
Hacinamiento s aglomeração, ajuntamento.
Hacinar v amontoar, empilhar.
Hada s fada.
Hado s fado, destino.
Hagiografía s hagiografia (vida dos santos).
Haitiano adj haitiano.
Halagador adj adulador, bajulador.
Halagar v afagar, acariciar, adular, agradar.
Halago s afago, carinho, adulação.
Halcón s falcão.
Hálito s hálito, bafo, alento, fôlego.
Hall s hall, vestíbulo.
Hallar v achar, encontrar.
Hallazgo s achado, descobrimento.
Halo s halo, auréola.
Hamaca s maca, rede.
Hambre s fome.
Hambriento adj faminto, esfomeado.
Hangar s hangar, abrigo (para aviões).
Haragán adj folgazão, preguiçoso.
Harapiento adj esfarrapado, maltrapilho.
Harapo s farrapo, trapo, andrajo.
Harem s harém.
Harina s farinha.
Harinero adj farináceo.
Harinoso adj farinhento.
Hartar v fartar, satisfazer um desejo.
Harto adj farto, saciado, abundante.
Hasta prep até; conj até, mesmo.
Hastiar v aborrecer, enfastiar.
Hastío s fastio, tédio.
Hatajo s atalho, pequeno rebanho.
Hato s roupa de uso diário, rebanho, manada.
Haya s faia.
Haz s feixe (de cana, palha, de raios luminosos).
Haz s face, cara.
Hazaña s façanha, proeza.
Hebilla s fivela.
Hebra s fibra, fio, filamento.
Hebreo adj hebreu, israelita, judeu.
Hecatombe s hecatombe, matança, carnificina, catástrofe.
Hechicería s feitiçaria, magia, bruxaria.
Hechicero s feiticeiro, mago, bruxo.
Hechizar v enfeitiçar, encantar.
Hechizo s feitiço, encantamento; adj fingido, artificial, postiço.
Hecho s feito, fato, ação; adj acostumado, habituado, maduro.
Hectárea s hectare.
Heder v feder, exalar.
Hediondo adj hediondo, repugnante, nojento.

hedonismo — higo
HIG

Hedonismo s hedonismo.
Hedor s fedor, mau cheiro.
Hegemonía s hegemonia, supremacia.
Helada s geada.
Heladera s geladeira.
Heladería s sorveteria.
Helado adj gelado, congelado; s sorvete.
Helar v gelar, congelar.
Hélice s hélice.
Helicóptero s helicóptero.
Helipuerto s heliporto.
Hematíe s hemácia, glóbulo vermelho.
Hematoma s hematoma, tumor.
Hembra s fêmea, mulher.
Hemeroteca s hemeroteca, biblioteca de periódicos.
Hemiciclo s semicírculo.
Hemiplejía s hemiplegia.
Hemisferio s hemisfério.
Hemofilia s hemofilia.
Hemoglobina s hemoglobina.
Hemorragia s hemorragia.
Hemorroide s hemorroidas.
Henchido adj cheio, preenchido, satisfeito.
Henchir v encher, preencher, inchar, estofar.
Hendedura s fenda, rachadura, incisão.
Hendir v fender, rachar, abrir.
Henil s palheiro, depósito de feno.
Heno s feno, erva ceifada.
Hepático adj hepático.
Hepatitis s hepatite, inflamação no fígado.
Heráldico adj heráldico, relativo a brasão.
Heraldo s arauto, mensageiro.
Herbario adj herbário.
Herbicida s herbicida.
Herbívoro s herbívoro.
Hercúleo adj hercúleo, forte.
Heredad s herdade, propriedade rúral, bens.
Heredado adj herdado, abastado, rico.
Heredar v herdar, receber, suceder, constituir como herdeiro.
Heredero adj herdeiro, sucessor.
Hereditario adj hereditário.
Hereje s herege, herético.
Herejía s heresia.
Herencia s herança, legado, sucessão de bens.
Herida s ferida, chaga.
Herido adj ferido.
Herir v ferir, atacar, golpear.
Hermafrodita s hermafrodita, bissexual.
Hermanar v irmanar, igualar, uniformizar.
Hermanastro s meio irmão.
Hermandad s irmandade, fraternidade, grande amizade.
Hermano s irmão, leigo.

Hermético adj hermético, fechado.
Hermosear v embelezar.
Hermoso adj formoso, belo, bonito, esplêndido.
Hermosura s formosura, beleza.
Hernia s hérnia.
Héroe s herói, protagonista.
Heroico adj heroico, ousado.
Heroína s heroína (substância química), droga, personagem feminina de destaque.
Heroísmo s heroísmo.
Herpes s herpes.
Herradura s ferradura.
Herramienta s ferramenta.
Herrar v ferrar, marcar com ferro, pôr ferradura.
Herrería s ferraria (ofício e estabelecimento de ferreiro).
Herrero s ferreiro.
Herrumbrar v enferrujar.
Herrumbre s ferrugem.
Hervido adj fervido, cozido.
Hervir v ferver, fervilhar, borbulhar.
Hervor s fervor, fervura.
Heterodoxia s heterodoxia.
Heterogéneo adj heterogêneo, misturado.
Heterosexual adj heterossexual.
Hexagonal adj hexagonal.
Hez s fezes, sedimento, borra, excremento.
Hiato s hiato.
Hibernación s hibernação.
Hibernar v hibernar.
Híbrido adj híbrido.
Hidalgo s fidalgo, nobre, aristocrata.
Hidalguía s fidalguia, nobreza, aristocracia.
Hidratación s hidratação.
Hidratar v hidratar.
Hidráulico adj hidráulico.
Hidroavión s hidroavião.
Hidrofobia s hidrofobia, raiva.
Hidrógeno s hidrogênio.
Hidrografía s hidrografia.
Hidromiel s hidromel.
Hidrosfera s hidrosfera.
Hidroterapia s hidroterapia.
Hiedra s hera, trepadeira.
Hiel s fel, bílis, adversidades.
Hielo s gelo.
Hiena s hiena.
Hierba s erva, pasto, pastagens.
Hierbabuena s hortelã, menta.
Hierro s ferro.
Higa s figa.
Hígado s fígado.
Higiene s higiene, limpeza, asseio.
Higiénico adj higiênico, limpo, asseado.
Higo s figo.

HIG

higrometría — hornillo

Higrometría s higrometria.
Higuera s figueira.
Hijastro s enteado.
Hijo s filho.
Hijuela s valeta, canalete, tira, pedaço.
Hila s fileira, alinhamento, fila.
Hilacha s fiapo.
Hilado adj fiado.
Hilar v fiar, tecer.
Hilaridad s hilaridade, graça, algazarra.
Hilera s fileira, fila, alinhamento, ordem.
Hilo s fio, fibra, filamento.
Hilván s alinhavo.
Hilvanado adj alinhavado.
Himen s hímen.
Himno s hino, cântico.
Hincapié s insistência.
Hincar v fincar, cravar.
Hinchar v inchar, encher, inflar, estufar, avolumar.
Hinchazón s inchaço.
Hinojo s funcho, joelho, erva-doce.
Hipérbole s hipérbole, exagero.
Hipermercado s supermercado.
Hipersensible adj hipersensível.
Hipertensión s hipertensão, pressão alta.
Hipertrofia s hipertrofia.
Hípico adj hípico, equino.
Hipnosis s hipnose.
Hipnotizar v hipnotizar, produzir a hipnose.
Hipo s soluço.
Hipocondria s hipocondria, melancolia.
Hipocresía s hipocrisia, deslealdade, fingimento, falsidade.
Hipodérmico adj hipodérmico.
Hipódromo s hipódromo.
Hipopótamo s hipopótamo.
Hipoteca s hipoteca, penhora.
Hipotecar v hipotecar, penhorar.
Hipótesis s hipótese.
Hirviente adj fervente.
Hispánico adj hispânico.
Hispano adj hispano.
Hispanoamericano adj hispano-americano.
Histérico adj histérico.
Histerismo s histerismo.
Historia s história, narração.
Historiador s historiador.
Histórico adj histórico.
Hocico s focinho.
Hogar s lareira, fogueira.
Hogaza s fogaça, (pão italiano).
Hoguera s fogueira, labareda.
Hoja s folha, pétala, lâmina.
Hojalata s lata, folha-de-flandres.
Hojalatero s funileiro.

Hojaldre s folhado, massa folhada.
Hojear v folhear.
Hola! interj olá!, alô!, olé!
Holandés adj holandês.
Holgado adj folgado, descupado, abonado.
Holganza s folga, descanso, repouso.
Holgar v folgar, descansar, divertir-se.
Holgura s folga, diversão, largura, desaperto.
Hollar v pisar, calçar.
Hollín s fuligem.
Holocausto s holocausto, genocídio.
Hombre s homem, varão, indivíduo.
Hombrera s ombreira.
Hombro s ombro, espádua.
Homenaje s homenagem.
Homeopatía s homeopatia.
Homeopático adj homeopático.
Homicida adj homicida, assassino.
Homicidio s homicídio, assassinato.
Homogéneo adj homogêneo, idêntico.
Homólogo adj homólogo, similar.
Homónimo adj homônimo, pessoas ou coisas que têm o mesmo nome.
Homosexual adj homossexual.
Honda s funda, estilingue.
Hondo adj fundo, profundo.
Hondonada s depressão, terreno baixo.
Hondura s profundidade.
Hondureño adj hondurenho.
Honestidad s honestidade, decoro, decência.
Hongo s fungo, cogumelo.
Honor s honra, dignidade, fama, reputação.
Honorable adj respeitável, honrado.
Honorario adj honorário, remuneração.
Honorifico adj honorifico.
Honra s honra, dignidade, respeito.
Honradez s honradez, probidade, integridade.
Honrado adj honrado, honesto, íntegro.
Hora s hora, momento.
Horario s horário.
Horca s forca, forquilha.
Horchata s orchata.
Horizonte s horizonte.
Horma s fôrma, molde.
Hormiga s formiga.
Hormigón s concreto.
Hormigonera s betoneira.
Hormigueo s formigamento, comichão.
Hormiguero s formigueiro.
Hormona s hormônio.
Hormonal adj hormonal.
Hornada s fornada.
Hornalla s fornalha, forno de fábrica.
Hornear v assar (no forno).
Hornillo s fogareiro, fogão pequeno.

horno — huy 85 HUY

Horno s forno, fornalha.
Horóscopo s horóscopo.
Horquilla s forquilha, grampo (de cabelo), bifurcação.
Horrendo adj horrendo, medonho.
Hórreo s celeiro.
Horrible adj horrível, medonho, atroz.
Horror s horror, aversão.
Horrorizar v horrorizar, apavorar, horrorizar.
Horroroso adj horroroso, medonho, pavoroso.
Hortaliza s hortaliça, verdura.
Hortensia s hortênsia.
Horticultor s horticultor.
Horticultura s horticultura.
Hosco adj áspero, intratável, fosco.
Hospedaje s hospedagem, alojamento.
Hospedar v hospedar, alojar.
Hospedería s hospedaria.
Hospicio s asilo.
Hospital s hospital.
Hospitalario adj hospitalar, hospitaleiro.
Hosquedad s aspereza.
Hostal s hospedaria, hotel.
Hostelería s hotelaria.
Hostelero s hoteleiro.
Hostería s hospedaria, estalagem, pensão.
Hostia s hóstia.
Hostigar v fustigar, açoitar.
Hostil adj hostil, inimigo, contrário.
Hostilidad adj hostilidade.
Hostilizar v hostilizar, maltratar, agredir.
Hotel s hotel.
Hotelero adj hoteleiro.
Hoy adv hoje.
Hoya s fossa, cova, sepultura.
Hoyo s cova, fossa, escavação.
Hoz s foice, garganta (entre montanhas), foz (de rio).
Hozar v fuçar, fossar.
Hucha s arca, baú, cofre.
Hueco adj oco, côncavo, vazio.
Huelga s greve, folga, férias.
Huelguista s grevista.

Huella s pegada, pisada, sinal, vestígio.
Huérfano adj órfão, desamparado.
Huero adj gorado, vazio, oco, insignificante.
Huerta s horta.
Hueso s osso.
Huésped s hóspede, anfitrião.
Hueste s hoste, tropa.
Huesudo adj ossudo.
Huevo s ovo, ova (de peixe).
Huido s fuga.
Huir v fugir, escapar, retirar-se.
Hulla s hulha, carvão.
Humanidad s humanidade, caridade, compaixão, humanidades, ciências humanas.
Humanismo s humanismo.
Humanitario adj humanitário, filantropo.
Humano adj humano, afável, benigno.
Humareda s fumarada, fumaça.
Humeante adj fumegante.
Humear v fumegar, fumar.
Humedad s umidade.
Humedecer v umedecer.
Húmedo adj úmido.
Húmero s úmero.
Humildad s humildade, modéstia.
Humillación s humilhação, vexame.
Humillar v humilhar, degradar.
Humo s fumo.
Humor s humor, disposição, jovialidade.
Humus s húmus, terra vegetal.
Hundimiento s afundamento, submersão, demolição.
Hundir v afundar, submergir.
Húngaro adj húngaro.
Huracán s furacão, tufão.
Huraño adj antissocial, intratável.
Hurgar v remexer, remover.
Hurgón s atiçador.
Hurtar v furtar, roubar.
Hurto s furto, coisa roubada.
Husmear v farejar, cheirar.
Huso s fuso.
Huy interj ui!, ai!.

I

ABCDEFGHIJKLMNOPQRSTUVWXYZ

I s décima letra do alfabeto espanhol; I um em algarismos romanos.
Ibérico adj ibérico.
Ibero adj ibero, ibérico.
Iberoamericano adj ibero-americano.
Iceberg s icebergue.
Iconoclasta adj iconoclasta.
Iconografía s iconografia, descrição de imagens.
Ictericia s icterícia, cor amarela da pele produzida pela bílis.
Ida s ida, partida.
Idea s ideia, representação, fantasia.
Ideal adj ideal, imaginário, perfeito.
Idealismo s idealismo.
Idealizar v idealizar, fantasiar.
Idear v idealizar, projetar, engendrar, conceber.
Ídem pron idem, o mesmo.
Idéntico adj idêntico, igual.
Identidad s identidade, semelhança.
Identificar v identificar.
Ideología s ideologia.
Idilio s idílio.
Idioma s idioma, língua.
Idiomático adj idiomático.
Idiota adj idiota, ignorante.
Idiotez s idiotice, estupidez.
Idolatrar v idolatrar, adorar, venerar.
Ídolo s ídolo.
Idóneo adj idôneo, apto, capaz.
Iglesia s igreja (conjunto de fiéis, templo).
Iglú s iglu, casa de esquimó.
Ígneo adj ígneo, ardente.
Ignición s ignição, combustão.
Ignominia s ignomínia, afronta.
Ignorancia s ignorância, desconhecimento, incompetência.
Ignorante adj ignorante, inculto.
Ignorar v ignorar, desconhecer.
Igual adj igual, idêntico, equivalente.
Igualar v igualar, adequar, ajustar, combinar.
Igualdad s igualdade, paridade, equivalência.

Ilegal adj ilegal, ilícito.
Ilegalidad s ilegalidade.
Ilegible adj ilegível.
Ilegítimo adj ilegítimo, injusto.
Ileso adj ileso, intacto.
Iletrado adj iletrado, analfabeto.
Ilícito adj ilícito, ilegal.
Ilimitado adj ilimitado, infinito, incalculável.
Ilógico adj ilógico, absurdo.
Iluminar v iluminar, aclarar, esclarecer.
Ilusión s ilusão, engano, fantasia.
Ilusionar v iludir, enganar.
Ilusionista s ilusionista.
Iluso adj iludido, enganado.
Ilusorio adj ilusório, enganoso, falso.
Ilustrar v ilustrar, esclarecer, educar, colocar gravuras.
Ilustre adj ilustre, célebre, notável.
Imagen s imagem, figura, representação.
Imaginación s imaginação, representação, fantasia.
Imaginar v imaginar, fantasiar, representar.
Imaginario adj imaginário, irreal.
Imán s ímã.
Imantar v imantar, magnetizar.
Imbécil adj imbecil, idiota, tonto.
Imbecilidad s imbecilidade.
Imborrable adj indelével.
Imbuir v imbuir, infundir, persuadir.
Imitación s imitação, cópia, arremedo, plágio.
Imitar v imitar, copiar, plagiar.
Impaciencia s impaciência, ansiedade, inquietação.
Impacientar v impacientar.
Impaciente adj impaciente, ansioso, nervoso, irritado.
Impactar v causar impacto, impressionar, chocar.
Impacto s impacto, choque, impressão intensa.
Impalpable adj impalpável.
Impar adj ímpar, único.
Imparcial adj imparcial.
Imparcialidad s imparcialidade, neutralidade.

impartir — inadmisible

Impartir v repartir, distribuir.
Impasible adj impassível, inalterado.
Impecable adj impecável, perfeito.
Impedido adj impedido, tolhido, vedado.
Impedimento s impedimento, obstáculo, empecilho.
Impedir v impedir, impossibilitar, obstruir, barrar.
Impeler v impelir, empurrar.
Impenetrable adj impenetrável, hermético.
Impensado adj impensado, imprevisto, súbito.
Imperar v imperar, dominar, governar.
Imperativo adj imperativo.
Imperceptible adj imperceptível.
Imperdible v imperdível.
Imperdonable adj imperdoável, condenável.
Imperecedero adj imorredouro, imperecível.
Imperfección s imperfeição, falha, deformação.
Imperfecto adj imperfeito, defeituoso.
Imperial adj Imperial, arrogante.
Imperialismo s imperialismo.
Imperialista adj imperialista.
Impericia s imperícia.
Imperio s império, poder, potência.
Imperioso adj imperioso, urgente, indispensável.
Impermeabilizar v impermeabilizar.
Impermeable adj impermeável; s capa de chuva.
Impersonal adj impessoal.
Impertinencia s impertinência, inconveniência, atrevimento.
Impertinente adj impertinente, audacioso.
Imperturbable adj imperturbável, impassível.
Ímpetu s ímpeto, violência, força.
Impetuoso adj impetuoso, violento, precipitado.
Impío adj ímpio, cruel, ateu.
Implacable adj implacável, imperdoável.
Implantación s implantação.
Implantar v implantar, estabelecer, inserir.
Implicación s implicação, cumplicidade.
Implicancia s implicância, impossibilidade, impedimento legal.
Implicar v implicar, comprometer, envolver, incluir.
Implícito adj implícito, subentendido.
Implorar v implorar, suplicar, rogar.
Imponente adj imponente, majestoso.
Imponer v impor, atribuir, doutrinar, obrigar.
Impopular adj impopular.
Importación s importação.
Importancia s importância, utilidade, valor.
Importante adj importante, considerável.
Importar v importar, interessar.
Importe s importância, custo, preço, valor.
Importunar v importunar, incomodar.
Importuno adj importuno, chato.
Imposibilidad s impossibilidade.

Imposibilitar v impossibilitar.
Imposible adj impossível, impraticável, incrível, insuportável.
Imposición s imposição, obrigação.
Impostor adj impostor.
Impostura s impostura.
Impotencia s impotência, incapacidade de fecundar ou conceber.
Impotente adj impotente, incapaz.
Impracticable adj impraticável, intransitável (rua e caminho).
Imprecación s imprecação, praga.
Imprecisión s imprecisão, indefinição.
Impreciso adj impreciso, confuso, vago, indeterminado.
Impregnar v impregnar, embeber, banhar.
Imprenta s imprensa, arte de imprimir, tipografia.
Imprescindible adj imprescindível.
Impresión s impressão, efeito, marca.
Impresionar v impressionar, comover, abalar.
Impreso adj impresso.
Impresor s impressor, tipógrafo.
Impresora s impressora.
Imprevisto adj imprevisto, repentino.
Imprimir v imprimir, gravar, editar, publicar, estampar.
Improbable adj improvável, incerto.
Ímprobo adj ímprobo, árduo, penoso, trabalhoso.
Improcedente adj improcedente, inadequado, ilógico.
Improductivo adj improdutivo, estéril.
Improperio s impropério, injúria.
Impropio adj impróprio, inoportuno, inadequado.
Improvisar v improvisar.
Improviso adj improvisado, repentino, súbito.
Imprudencia s imprudência, imprevisão.
Imprudente adj imprudente, imprevidente.
Impúdico adj impudico.
Impuesto s imposto, tributo, taxa.
Impugnación s impugnação, resistência.
Impugnar v impugnar, combater, contestar.
Impulsar v impulsionar, impelir, empurrar.
Impulsivo adj impulsivo, impetuoso.
Impulso s impulso, ímpeto, estímulo.
Impune adj impune.
Impunidad s impunidade, impureza.
Impureza s impureza, contaminação.
Impuro adj impuro, adulterado, contaminado.
Imputar v imputar delito ou ação.
Inaccesible adj inacessível.
Inaceptable adj inaceitável.
Inactividad s inatividade.
Inactivo adj inativo, ocioso, desocupado.
Inadecuado adj inadequado.
Inadmisible adj inadmissível.

INA
88

inagotable — incumbencia

Inagotable *adj* inesgotável, infinito.
Inaguantable *adj* insuportável, intolerável, insofrível.
Inalterable *adj* inalterável, impassível.
Inanición *s* inanição, debilidade, fome.
Inanimado *adj* inanimado, morto.
Inapetencia *s* inapetência, fastio, falta de apetite.
Inapreciable *adj* inapreciável, inestimável.
Inasequible *adj* inexequível, inatingível.
Inaudito *adj* inaudito, nunca ouvido.
Inauguración *s* inauguração, abertura.
Inaugurar *v* inaugurar, abrir, estrear.
Inca *adj* inca.
Incalculable *adj* incalculável.
Incandescente *adj* incandescente, ardente.
Incansable *adj* incansável.
Incapacidad *s* incapacidade.
Incapacitar *v* incapacitar, degradar.
Incapaz *adj* incapaz, inapto, incompetente.
Incautarse *v* expropriar, tomar posse de algo (o governo).
Incauto *adj* incauto, desprevenido.
Incendiar *v* incendiar, acender.
Incendio *s* incêndio, fogo.
Incensario *s* incensário, turíbulo.
Incertidumbre *s* incerteza, hesitação, dúvida.
Incesante *adj* incessante, contínuo, ininterrupto.
Incesto *s* incesto.
Incidente *adj* incidente; *s* incidente, episódio, ocorrência.
Incidir *v* incidir, sobrevir, acontecer.
Incienso *s* incenso.
Incierto *adj* incerto, duvidoso, dúbio.
Incineración *s* incineração.
Incinerar *v* incinerar, queimar.
Incisión *s* incisão, corte.
Incisivo *adj* incisivo, cortante.
Inciso *s* inciso.
Incitar *v* incitar, estimular, instigar.
Inclemencia *s* inclemência, rigor.
Inclinación *s* inclinação, reverência, propensão, declive.
Inclinar *v* inclinar, pender, curvar.
Incluir *v* incluir, abranger, conter, inserir.
Inclusa *s* orfanato, asilo (para crianças abandonadas).
Inclusión *s* inclusão.
Incógnito *adj* incógnito, desconhecido, anônimo.
Incoherencia *s* incoerência, desordem, discrepância.
Incoloro *adj* incolor.
Incólume *adj* incólume, ileso.
Incomodar *v* incomodar, importunar.
Incómodo *adj* incômodo, embaraçoso, importuno.
Incomparable *adj* incomparável, único.

Incompatible *adj* incompatível, contraditório.
Incompetencia *s* incompetência, incapacidade.
Incompleto *adj* incompleto, parcial.
Incomprensible *adj* incompreensível.
Incomunicar *v* incomunicar.
Inconcebible *adj* inconcebível, incrível, inexplicável.
Incondicional *adj* incondicional, absoluto, sem restrições.
Inconexo *adj* desconexo.
Inconfesable *adj* inconfessável.
Incongruente *adj* incongruente, impróprio.
Inconsciencia *s* inconsciência.
Inconsciente *adj* inconsciente.
Inconsecuente *adj* inconsequente.
Inconsistencia *s* inconsistência, inconstância, incerteza.
Inconsistente *adj* inconsistente, inconstante, volúvel.
Inconsolable *adj* inconsolável.
Inconstante *adj* inconstante, variável, incerto, volúvel.
Incontable *adj* incontável, numeroso, incalculável.
Incontestable *adj* incontestável, indiscutível, irrefutável.
Incontinencia *s* incontinência, excesso.
Inconveniencia *s* inconveniência, indelicadeza, grosseria.
Inconveniente *adj* inconveniente, impróprio, inoportuno, indelicado.
Incorporar *v* incorporar, unir, reunir, pôr em pé, tomar corpo.
Incorpóreo *adj* incorpóreo, imaterial, impalpável.
Incorrección *s* incorreção, defeito.
Incorrecto *adj* incorreto, imperfeito.
Incorregible *adj* incorrigível, indisciplinado, indócil, rebelde.
Incredulidad *s* incredulidade, descrença, desconfiança.
Incrédulo *adj* incrédulo, desconfiado, descrente.
Increíble *adj* incrível, fantástico, inacreditável.
Incrementar *v* incrementar, adicionar, acrescentar.
Increpar *v* insultar, repreender, acusar.
Incriminar *v* incriminar, acusar, recriminar, inculpar.
Incruento *adj* incruento, que não derramou sangue.
Incrustar *v* incrustar, encravar, inserir.
Incubadora *s* incubadora, chocadeira.
Incubar *v* incubar, chocar (ovos).
Inculcar *v* inculcar, encaixar.
Inculpar *v* inculpar, acusar, culpar.
Inculto *adj* inculto, agreste, ignorante, rude.
Incumbencia *s* incumbência, obrigação.

incumbir — infección INF

Incumbir v incumbir, encarregar.
Incumplido adj incumprido.
Incurable adj incurável.
Incurrir v incorrer, incidir.
Incursión s incursão, penetração.
Indagación s indagação, averiguação, investigação.
Indagar v indagar, perguntar, pesquisar.
Indebido adj indevido, inoportuno.
Indecencia s indecência, inconveniência, safadeza.
Indecente adj indecente, indecoroso, vergonhoso.
Indecible adj indizível, inefável, inexplicável.
Indeciso adj indeciso, hesitante, duvidoso, dúbio, indeterminado.
Indecoroso adj indecoroso, indecente.
Indefenso adj indefeso, desarmado.
Indefinido adj indefinido, vago.
Indeleble adj indelével, indestrutível.
Indelicadeza s indelicadeza, grosseria, inconveniência.
Indemne adj indene, ileso, incólume.
Indemnizar v indenizar, compensar, ressarcir, pagar.
Independencia s independência, autonomia, liberdade, emancipação.
Independiente adj independente, livre, autônomo, emancipado.
Indescifrable adj indecifrável.
Indescriptible adj indescritível.
Indeterminado adj indeterminado, irresoluto, indeciso.
Indiano adj indiano.
Indicar v indicar, sinalizar, esclarecer, demonstrar.
Indicativo adj indicativo, indicador.
Índice s índice, sinal, lista, catálogo.
Indicio s indício, sinal, vestígio.
Indiferencia s indiferença, negligência, frieza.
Indígena adj indígena, autóctone.
Indigencia s indigência, miséria, pobreza.
Indigente adj indigente, pobre, mendigo.
Indigestarse v não digerir.
Indigestión s indigestão.
Indignación s indignação, revolta, raiva.
Indignar v indignar, irritar, revoltar.
Indigno adj indigno, desprezível, indecoroso, desonesto.
Indio s índio.
Indirecto adj indireto.
Indisciplina s indisciplina, desordem, desobediência.
Indiscreción s indiscrição, imprudência, inconfidência.
Indiscreto adj indiscreto, imprudente.
Indiscutible adj indiscutível, incontestável.
Indisoluble adj indissolúvel.
Indispensable adj indispensável, necessário.

Indisponer v indispor, incomodar, irritar.
Indispuesto adj indisposto, adoentado.
Indistinto adj indistinto, confuso, vago, indefinido.
Individual adj individual, particular.
Individualizar v individualizar, particularizar.
Individuo s indivíduo, pessoa, membro (de sociedade ou corporação).
Indivisible adj indivisível.
Indócil adj indócil, rebelde.
Índole s índole, temperamento, natureza.
Indolente adj indolente, preguiçoso.
Indoloro adj indolor.
Indomable adj indomável.
Indómito adj indômito, indomável.
Inducir v induzir, instigar, incitar.
Indudable adj indubitável, incontestável, evidente.
Indulgencia s indulgência, clemência, piedade, benevolência.
Indultar v indultar, perdoar, absolver, anistiar.
Indulto s indulto, perdão, absolvição, anistia.
Indumentaria s indumentária, traje, roupa, vestuário.
Industria s indústria, habilidade, empresa.
Inédito adj inédito, original.
Inefable adj inefável, indizível.
Ineficacia s ineficácia, inutilidade, insuficiência.
Ineficaz adj ineficaz, inútil, insuficiente.
Ineludible adj ineludível.
Inepto adj inepto, incapaz, incompetente, tolo.
Inequívoco adj inequívoco, evidente, óbvio.
Inercia s inércia, falta de energia.
Inerte adj inerte, inativo, mole.
Inesperado adj inesperado, imprevisto.
Inestable adj instável, inconstante, variável.
Inestimable adj inestimável, incalculável.
Inevitable adj inevitável, infalível.
Inexactitud s inexatidão.
Inexacto adj inexato.
Inexcusable adj indesculpável, imperdoável.
Inexistencia s inexistência.
Inexorable adj inexorável, implacável.
Inexperiencia s inexperiência.
Inexplicable adj inexplicável, obscuro.
Inexpresivo adj inexpressivo.
Infalible adj infalível, seguro, certo.
Infamar v difamar, desacreditar, denegrir.
Infame adj infame, vil, asqueroso.
Infamia s infâmia, desonra, maldade, baixeza.
Infancia s infância.
Infantil adj infantil.
Infarto s infarto, enfarte.
Infatigable adj infatigável, incansável.
Infatuar v enfatuar, inflar, envaidecer.
Infección s infecção, contaminação, contágio.

INF 90   infeccioso — inmigración

Infeccioso *adj* infeccioso, contagioso.
Infectar *v* infectar, contaminar.
Infecto *adj* infecto, infeccionado, contaminado.
Infelicidad *s* infelicidade, desgraça.
Infeliz *adj* infeliz, infausto, desventurado.
Inferior *adj* inferior, ordinário, comum.
Inferioridad *s* inferioridade.
Inferir *v* inferir.
Infernal *adj* infernal, horrível, medonho.
Infestar *v* infestar, assolar, empestar, contaminar.
Infidelidad *s* infidelidade, deslealdade, traição, adultério.
Infiel *adj* infiel, desleal, traidor, adúltero.
Infernillo *s* espiriteira, pequeno fogareiro (a álcool).
Infierno *s* inferno.
Infiltración *s* infiltração, penetração.
Infiltrar *v* infiltrar, penetrar.
Ínfimo *adj* ínfimo, último.
Infinidad *adj* infinidade, imensidade.
Infinito *adj* infinito, ilimitado.
Inflación *s* inflação.
Inflamable *adj* inflamável, de fácil combustão.
Inflamación *s* inflamação, ardor intenso.
Inflamar *v* inflamar, acender, incendiar, afoguear.
Inflar *v* inflar, inchar.
Inflexible *adj* inflexível, rígido, firme, obstinado.
Infligir *v* infligir, castigar.
Influencia *s* influência, poder.
Influir *v* influir, atuar, estimular, incutir.
Influjo *s* influxo.
Influyente *adj* influente, ascendente.
Información *s* informação, esclarecimento.
Informal *adj* informal, inconveniente, impontual.
Informalidad *s* informalidade, inconveniência.
Informar *v* informar, avisar, esclarecer.
Informativo *adj* informativo.
Informe *adj* disforme, irregular.
Infortunio *s* infortúnio, infelicidade, adversidade.
Infracción *s* infração, transgressão.
Infractor *s* infrator, contraventor.
Infraestructura *s* infraestrutura.
Infringir *v* infringir, transgredir.
Infundado *adj* infundado, improcedente.
Infundio *s* mentira, notícia falsa.
Infundir *v* infundir, incutir, inspirar (sentimentos).
Infusión *s* infusão, chá.
Infuso *adj* infuso.
Ingeniar *v* engenhar, maquinar.
Ingeniería *s* engenharia.
Ingeniero *s* engenheiro.
Ingenio *s* engenho, máquina, talento, habilidade.
Ingenioso *adj* engenhoso, criativo, inventivo.

Ingenuidad *s* ingenuidade, inexperiência, inocência.
Ingenuo *adj* ingênuo, inocente, sincero, franco.
Ingerir *v* injerir.
Ingestión *s* ingestão, deglutição.
Ingle *s* virilha.
Inglés *adj* inglês.
Ingobernable *adj* ingovernável.
Ingratitud *s* ingratidão.
Ingrato *adj* ingrato, desagradável.
Ingrediente *s* ingrediente, componente.
Ingresar *v* ingressar, entrar, internar-se (em hospital), alistar-se.
Ingreso *s* ingresso, entrada, admissão.
Inhábil *adj* inábil, inapto, incapaz.
Inhabilitar *v* desabilitar, desqualificar.
Inhabitable *adj* inabitável.
Inhalar *v* inalar, aspirar, absorver, cheirar.
Inherente *adj* inerente, inseparável.
Inhibición *s* inibição, impedimento.
Inhibir *v* inibir, suspender, bloquear.
Inhumación *s* inumação, enterramento, sepultamento.
Inhumar *v* inumar, enterrar, sepultar.
Iniciación *s* iniciação, admissão, introdução.
Inicial *adj* inicial, inaugural.
Iniciar *v* iniciar, começar, inaugurar, estrear, fundar, empreender.
Iniciativa *s* iniciativa, expediente.
Inicio *s* início, começo, princípio.
Inicuo *adj* iníquo, injusto, perverso.
Inimaginable *adj* inimaginável.
Ininteligible *adj* ininteligível, incompreensível.
Iniquidad *s* iniquidade, maldade, grande injustiça.
Injerencia *s* ingerência, intervenção.
Injertar *v* enxertar.
Injerto *s* enxerto.
Injuria *s* injúria, ultraje, ofensa.
Injuriar *v* injuriar, ultrajar, ofender.
Injusticia *s* injustiça, iniquidade.
Injusto *adj* injusto.
Inmaculado *adj* imaculado, puro, sagrado.
Inmanente *adj* imanente, inseparável.
Inmaterial *adj* imaterial, incorpóreo.
Inmaturo *adj* imaturo, infantil.
Inmediación *s* imediação, vizinhança, proximidade.
Inmediato *adj* imediato, instantâneo.
Inmejorable *adj* que não se pode melhorar.
Inmensidad *s* imensidade, imensidão, vastidão, amplidão.
Inmenso *adj* imenso, vasto, ilimitado.
Inmersión *s* imersão, mergulho.
Inmerso *adj* imerso, submerso.
Inmigración *s* imigração.

inmigrar — instantáneo INS

Inmigrar v imigrar.
Inminente adj iminente, pendente.
Inmiscuir v imiscuir, misturar, intrometer.
Inmobiliaria s imobiliária.
Inmodesto adj vaidoso.
Inmolar v imolar, sacrificar.
Inmoral adj imoral, indecente, desonesto.
Inmortal adj imortal, eterno.
Inmortalizar v imortalizar.
Inmóvil adj imóvel, fixo, parado.
Inmovilismo s imobilismo.
Inmovilizado s imobilizado.
Inmovilizar v imobilizar, paralisar.
Inmueble s imóvel, propriedade, bens de raiz.
Inmundicia s imundície, sujeira, lixo.
Inmundo adj imundo, sujo, asqueroso.
Inmune adj imune, isento.
Inmunidad s imunidade, privilégio.
Inmunizar v imunizar.
Inmutable adj imutável, firme, inalterável.
Inmutar v transmudar, imutar.
Innato adj inato, inerente, congênito.
Innegable adj inegável, indiscutível.
Innoble adj ignóbil, vil, desprezível.
Innocuo adj inócuo.
Innovación s inovação, renovação.
Innovador adj inovador, renovador.
Innovar v inovar, renovar.
Innumerable adj inumerável, incontável, infinito.
Inocencia s inocência, pureza, ingenuidade, simplicidade.
Inocentada s ingenuidade, trote.
Inocente adj inocente, ingênuo.
Inocular v inocular, contagiar.
Inocuo adj inócuo, inofensivo.
Inodoro adj inodoro; s sanitário.
Inofensivo adj inofensivo, inocente.
Inolvidable adj inolvidável, inesquecível.
Inoperante adj inoperante, incompetente.
Inopia s pobreza, indigência.
Inopinado adj inopinado.
Inoportuno adj inoportuno, inconveniente.
Inorgánico adj inorgânico.
Inoxidable adj inoxidável.
Inquebrantable adj inquebrantável.
Inquietar v inquietar, perturbar, abalar.
Inquieto adj inquieto, excitado.
Inquietud s inquietação, preocupação, agitação.
Inquilino adj inquilino, arrendatário, locatário.
Inquina s aversão, má-vontade.
Inquirir v inquirir, perguntar, indagar, investigar.
Inquisición s inquisição, averiguação.
Inquisidor s inquisidor.
Insaciable adj insaciável, ávido.
Insalivación s insalivação.

Insalivar v insalivar.
Insalubre adj insalubre, doentio.
Insano adj insano, louco, demente.
Insatisfecho adj insatisfeito.
Inscribir v inscrever, gravar, registrar, filiar.
Inscripción s inscrição (letreiro, gravação), registro.
Inscrito adj inscrito, gravado, registrado.
Insecticida s inseticida.
Insecto s inseto.
Inseguro adj inseguro, instável, vacilante.
Inseminación s inseminação, fecundação.
Inseminar v inseminar, fecundar.
Insensatez s insensatez, loucura.
Insensato adj insensato.
Insensibilidad adj insensibilidade.
Insensibilizar v insensibilizar.
Insensible adj insensível, indiferente.
Inseparable adj inseparável, indivisível.
Inserción s inserção, introdução, inclusão.
Insertar v inserir, incluir, entremear.
Inservible adj inservível.
Insidia s insídia, cilada.
Insigne adj insigne, notável, famoso.
Insignia s insígnia, sinal, emblema.
Insignificancia s insignificância, ninharia, inutilidade.
Insignificante adj insignificante, medíocre.
Insinuación s insinuação, sugestão.
Insinuar v insinuar.
Insípido adj insípido.
Insistencia s insistência, perseverança, persistência.
Insistir v insistir, persistir, prosseguir.
Insociable adj insociável, esquivo.
Insolación s insolação.
Insolencia s insolência, atrevimento, audácia.
Insolente adj insolente, atrevido, grosseiro.
Insólito adj insólito, extraordinário, estranho.
Insoluble adj insolúvel.
Insolvencia s insolvência, falência.
Insolvente adj insolvente, falido.
Insomnio s insônia.
Insondable adj insondável, impenetrável.
Insoportable adj insuportável, intolerável.
Insostenible adj insustentável.
Inspección s inspeção, exame, vistoria.
Inspeccionar v inspecionar, examinar, vistoriar.
Inspector adj inspetor, fiscal.
Inspiración s inspiração.
Inspirar v inspirar.
Instalación s instalação.
Instalar v instalar, acomodar.
Instancia s instância.
Instantáneo adj instantâneo, súbito.

INS 92   instante — interventor

Instante s instante, momento.
Instar v instar, insistir, teimar.
Instauración s instauração.
Instaurar v instaurar, estabelecer, fundar.
Instigación s instigação.
Instigar v instigar.
Instilar v instilar.
Instintivo adj instintivo, espontâneo.
Instinto s instinto, impulso.
Institución s instituição, fundação, organização.
Institucional adj institucional.
Instituir v instituir, fundar, criar, estabelecer, constituir.
Instituto s instituto.
Instrucción s instrução, ensino, educação.
Instructor s instrutor.
Instruir v instruir, ensinar, orientar.
Instrumental adj instrumental.
Instrumental s conjunto de instrumentos.
Instrumento s instrumento.
Insubordinación s insubordinação, desacato, rebeldia, indisciplina.
Insubordinar v insubordinar, desacatar, rebelar-se.
Insuficiencia s insuficiência, escassez, deficiência, incapacidade.
Insuficiente adj insuficiente, incapaz, deficitário.
Insuflar v insuflar.
Insufrible adj insofrível.
Insulso adj insulso, insípido.
Insultar v insultar, ultrajar, ofender.
Insulto s insulto, ultraje, injúria, afronta.
Insuperable adj insuperável, invencível.
Insurgente adj rebelde.
Insurrección s insurreição, rebelião.
Insurrecto adj insurreto.
Insustituible adj insubstituível.
Intachable adj irrepreensível, perfeito.
Intacto adj intacto, ileso, inteiro.
Intangible adj intangível.
Integración s integração.
Integral adj integral, total.
Íntegramente adv integralmente, totalmente.
Integrar v integrar, participar.
Integridad s integridade, retidão, austeridade.
Íntegro adj íntegro, completo.
Intelecto s intelecto, inteligência.
Intelectual adj intelectual.
Inteligencia s inteligência.
Inteligente adj inteligente, esperto, sábio, culto.
Intemperancia s intemperança.
Intemperie s intempérie, tempestade.
Intempestivo adj intempestivo, inoportuno.
Intención s intenção, propósito.
Intencionado adj intencionado, deliberado.

Intendencia s intendência.
Intendente s intendente, administrador.
Intensidad s intensidade.
Intensificar v intensificar.
Intensivo adj intensivo, intenso.
Intenso adj intenso, enérgico.
Intentar v intentar, projetar.
Interacción s interação.
Intercalar v intercalar, interpor.
Intercambio s intercâmbio, troca.
Interceder v interceder, intervir, intermediar.
Interceptar v interceptar, interromper.
Interdición s interdição, proibição.
Interdicto adj interditado, interdito.
Interés s interesse, proveito, vantagem, atenção.
Interesado adj interessado.
Interesante adj interessante, atraente.
Interesar v interessar, atrair.
Interferencia s interferência.
Interferir v interferir, intervir.
Interino adj interino, temporário.
Interior adj interior, interno, íntimo.
Interjección s interjeição, exclamação.
Interlocutor s interlocutor.
Interludio s interlúdio.
Intermediar v intermediar, intervir.
Intermediario adj intermediário, mediador.
Intermedio adj mediano; s intermédio, intervalo.
Interminable adj interminável, infindável.
Internacional adj internacional.
Internado adj internado, hospitalizado.
Internar v internar.
Interno adj interno; s aluno interno, pessoa que vive em instituição.
Interpelar v interpelar.
Interplanetario adj interplanetário.
Interpolar v interpolar, alternar, intercalar.
Interponer v interpor, intervir, mediar.
Interpretación s interpretação.
Interpretar v interpretar, traduzir, esclarecer.
Intérprete s intérprete, tradutor.
Interrogación s interrogação, pergunta.
Interrogar v interrogar, perguntar, inquirir.
Interrogatorio s interrogatório, questionário.
Interrumpir v interromper, deter, impedir.
Interrupción s interrupção, suspensão.
Interruptor s interruptor (de luz, de aparelhos elétricos).
Intersección s intersecção.
Intertropical adj intertropical.
Interurbano adj interurbano.
Intervalo s intervalo, espaço.
Intervención s intervenção, intromissão.
Intervenir v intervir, examinar contas.
Interventor s interventor.

intestino — irrespirable IRR

Intestino s intestino.
Intimación s intimação, notificação.
Intimar v intimar, notificar, tornar-se íntimo, familiarizar-se.
Intimidad s intimidade, familiaridade.
Intimidar v intimidar, atemorizar, assustar.
Íntimo adj íntimo, interior, cordial, amigo.
Intocable adj intocável, inacessível.
Intolerable adj intolerável.
Intolerancia s intolerância.
Intoxicación s intoxicação, envenenamento.
Intoxicar v intoxicar.
Intraducible adj intraduzível.
Intranquilidad s intranquilidade, inquietação.
Intranquilizar v intranquilizar, desassossegar, inquietar.
Intranquilo adj intranquilo, inquieto.
Intransferible adj intransferível, inalienável.
Intransigente adj intransigente, intolerante.
Intransitable adj intransitável.
Intransitivo adj intransitivo.
Intratable adj intratável, impraticável, rude, áspero.
Intrepidez s intrepidez, arrojo.
Intrépido adj intrépido, ousado.
Intriga s intriga, enredo, mexerico, fofoca.
Intrigante adj intrigante, bisbilhoteiro.
Intrigar v intrigar.
Intrincado adj intrincado, complicado, obscuro.
Intrínseco adj intrínseco, essencial.
Introducción s introdução, apresentação, admissão.
Introducir v introduzir, iniciar.
Intromisión s intromissão, ingerência.
Introspectivo adj introspectivo, introvertido.
Introversión s introversão, recolhimento.
Introvertido adj introvertido, introspectivo, fechado, absorto.
Intrusión s intrusão, intromissão.
Intruso adj intruso, intrometido.
Intubación s entubagem.
Intuición s intuição, pressentimento, percepção.
Intuir v intuir, pressentir.
Inundación s inundação, alagamento.
Inundar v inundar, alagar.
Inusitado adj inusitado, extraordinário.
Inútil adj inútil, desnecessário, ineficaz.
Inutilidad s inutilidade, incapacidade.
Inutilizar v inutilizar, anular, invalidar.
Invadir v invadir, ocupar.
Invalidar v invalidar, inutilizar.
Inválido adj inválido, doente, nulo.
Invariable adj invariável, constante, firme.
Invasión s invasão, incursão, propagação.
Invasor s invasor.

Invectiva s invectiva.
Invencible adj invencível, imbatível.
Invención s invenção.
Inventar v inventar, criar, descobrir.
Inventario s inventário.
Inventiva s inventiva, imaginação.
Invento s invento, invenção.
Inventor s inventor.
Invernada s invernada.
Invernar v hibernar.
Inverosímil adj inverossímil, inacreditável.
Inversión s inversão.
Inverso adj invertido, inverso, contrário.
Invertebrado adj invertebrado.
Invertir v inverter, investir (dinheiro, tempo).
Investigación s investigação, averiguação, pesquisa.
Investigar v investigar, averiguar.
Investir v investir, aplicar.
Inveterado adj inveterado, arraigado, muito antigo.
Invicto adj invicto, invencível, vitorioso.
Invierno s inverno.
Inviolable adj inviolável.
Invisible adj invisível.
Invitación s convite.
Invitado s convidado.
Invitar v convidar, pedir gentilmente, solicitar.
Invocar v invocar, chamar.
Involucrar v envolver, rechear.
Invulnerable adj invulnerável.
Inyección s injeção.
Inyectar v injetar.
Ir v ir, andar, passar.
Ira s ira, cólera, raiva, rancor.
Iris s íris.
Irisar v irisar, iriar.
Irlandés adj irlandês.
Ironía adj ironia, sarcasmo, zombaria.
Irónico adj irônico, gozador.
Irracional adj irracional.
Irradiar v irradiar, propagar.
Irreal adj irreal, imaginário.
Irrebatible adj irrebatível.
Irreconciliable adj irreconciliável.
Irrecusable adj irrecusável.
Irreductible adj irredutível.
Irreflexivo adj irreflexivo.
Irregular adj irregular, desigual.
Irremediable adj irremediável, inevitável.
Irreparable adj irreparável.
Irreprochable adj irrepreensível, impecável.
Irresistible adj irresistível.
Irrespetuoso adj desrespeitador, irreverente.
Irrespirable adj irrespirável.

IRR

94 · irresponsabilidad — izquierdo

Irresponsabilidad *s* irresponsabilidade.
Irresponsable *adj* irresponsável.
Irreverencia *s* irreverência.
Irrevocable *adj* irrevogável, irrevocável.
Irrigación *s* irrigação.
Irrisorio *adj* irrisório.
Irritar *v* irritar, encolerizar.
Irrumpir *v* irromper, invadir.
Irrupción *s* irrupção.
Isla *s* ilha.

Islámico *adj* islâmico.
Islamismo *s* islamismo.
Islandés *adj* islandês.
Isleño *adj* ilhéu.
Israeli *adj* israelita, hebreu, judeu.
Italiano *adj* italiano.
Itinerario *s* itinerário, caminho, roteiro.
Izar *v* içar, levantar, erguer.
Izquierdo *adj* esquerdo, canhoto, mão esquerda.

J

ABCDEFGHI**J**KLMNOPQRSTUVWXYZ

J s décima primeira letra do alfabeto espanhol.
Jabalí s javali.
Jabalina s azagaia, fêmea do javali.
Jabardillo s enxame; FIG multidão de insetos ou pássaros.
Jabato s javalizinho, porquinho-montês.
Jabón s sabão.
Jabonar v ensaboar.
Jaboncillo s sabonete, giz de alfaiate.
Jabonera s saboneteira.
Jabonoso adj saponáceo.
Jaca s faca, pônei.
Jacinto s jacinto.
Jacobino adj jacobino.
Jactancia s vaidade, arrogância.
Jactancioso adj vaidoso, arrogante.
Jactarse v jactar-se, vangloriar-se, gabar-se, ufanar-se.
Jaculatoria s jaculatória.
Jade s jade.
Jadeante adj ofegante, arquejante.
Jadear v arquejar, ofegar.
Jadeo s arquejo.
Jaez s jaez.
Jaguar s jaguar, onça pintada.
Jaguey s lago, tanque, poça.
Jalea s geleia.
Jalear v animar, aplaudir, incitar, açular (cães).
Jaleco s jaleco, jaqueta turca.
Jaleo s animação, algazarra.
Jalón s baliza.
Jalonar v limitar, alinhar.
Jamaiquino adj jamaicano.
Jamás adv jamais, nunca, em tempo algum.
Jamba s ombreira (de porta ou de janela).
Jamelgo s sendeiro, matungo.
Jamón s presunto, pernil defumado.
Japonés adj japonês.
Jaque s xeque, xeque-mate.
Jaqueca s enxaqueca.
Jarabe s xarope.
Jarana s algazarra, gritaria.
Jaranear v brigar, tumultuar.
Jardín s jardim.
Jardinera s jardineira, suporte para vasos e plantas.
Jardinería s jardinagem.
Jardinero s jardineiro.
Jarifo adj vistoso, bonito, enfeitado.
Jarra s jarra.
Jarrete s jarreta.
Jarro s jarro.
Jaspe s jaspe.
Jaula s jaula, gaiola; FIG prisão.
Jauría s matilha.
Javanés adj javanês.
Jazmín s jasmim.
Jefatura s chefatura.
Jefe s chefe, superior, líder.
Jeito s rede para pesca (de anchova e sardinha).
Jengibre s gengibre.
Jeque s xeque, governador muçulmano.
Jerarquía s hierarquia, classe, ordem.
Jerárquico adj hierárquico.
Jerga s jargão, linguagem difícil de se entender.
Jerigonza s gíria, linguagem difícil e confusa.
Jeringa s seringa.
Jeroglífico s hieróglifo.
Jersey s casaquinho de malha, jérsei.
Jesuita adj jesuíta.
Jeta s beiços salientes, focinho de porco.
Jíbaro s índio, camponês, rústico.
Jibia s siba.
Jícara s xícara, chávena.
Jilguero s pintassilgo.
Jinete s cavaleiro.
Jira s piquenique.
Jirafa s girafa.
Jirón s barra, debrum (de roupa), farrapo.
Jockey s jóquei.
Jocoso adj jocoso, engraçado, divertido.
Jocoyote s caçula, filho mimado.
Jopo s topete.

JOR

Jornada s jornada, caminho percorrido em um dia, viagem por terra.
Jornal s salário.
Jornalero s diarista, horista.
Joroba s corcunda, corcova.
Jorobar v importunar, molestar.
Jota s nome da letra jota, dança popular espanhola.
Joven adj jovem, moço.
Jovial adj jovial, alegre, brincalhão.
Jovialidad s jovialidade, alegria.
Joya s joia, prêmio.
Joyería s joalheria.
Joyero s joalheiro.
Juanete s joanete.
Jubilación s aposentadoria.
Jubilado adj aposentado.
Jubilar v aposentar.
Jubileo s jubileu.
Júbilo s júbilo, alegria.
Jubiloso adj jubiloso.
Jubón s gibão.
Judaísmo s judaísmo.
Judas s judas, traidor.
Judería s judiaria, bairro de judeus.
Judía s judia, feijão.
Judicatura s judicatura, exercício de julgar.
Judicial adj judicial, forense, legal.
Judío adj judeu, hebreu, semita.
Juego s jogo, diversão.
Juerga s diversão, brincadeira.
Jueves s quinta-feira.
Juez s juiz, árbitro.
Jugada s jogada.
Jugar v jogar.
Jugarreta s jogada mal feita.
Jugo s suco, sumo, seiva.

Jugoso adj suculento.
Juguete s brinquedo.
Juguetear v brincar.
Jugueteo s brincadeira, brinquedo.
Juguetería s loja de brinquedos.
Juguetón adj brincalhão, jovial.
Juicio s juízo, prudência, sensatez.
Julio s julho.
Jumento s jumento, asno.
Junco s junco, bengala.
Junio s junho.
Junior adj júnior.
Junta s junta, articulação, reunião, assembleia, congresso.
Juntar v juntar, unir, reunir.
Junto adj junto, unido, próximo.
Juntura s juntura, junção.
Jura s jura, juramento.
Jurado s jurado, júri, tribunal.
Juramentar v juramentar.
Juramento s juramento.
Jurar v jurar, declarar solenemente.
Jurídico adj jurídico, legal.
Jurisdicción s jurisdição, competência.
Jurisprudencia s jurisprudência.
Jurista s jurista.
Justicia s justiça, direito, equidade.
Justiciero s justiceiro.
Justificación s justificação, desculpa, defesa, álibi.
Justificar v justificar, provar.
Justipreciar v avaliar, fixar um preço justo.
Justo adj justo, imparcial.
Juvenil adj juvenil.
Juventud s juventude, mocidade.
Juzgado s juízo, tribunal.
Juzgar v julgar, deliberar, sentenciar, arbitrar.

ABCDEFGHIJKLMNOPQRSTUVWXYZ

K s décima segunda letra do alfabeto espanhol.
Kan s cã (chefe supremo em certos países asiáticos).
Kantiano adj relativo a Kant, filósofo alemão, séc. XVIII.
Kéfir s leite fermentado artificialmente.
Kermess s quermesse.
Kerosén s querosene.
Kilo s quilo, quilograma.
Kilogramo s quilograma, quilo.
Kilometraje s quilometragem.
Kilométrico adj quilométrico.
Kilómetro s quilômetro.
Kilovatio s quilovate ou quilovátio.
Kimono s quimono.
Kiosco s quiosque.
Kirie s kirie (parte da missa); FIG chorar as pitangas.
Kurdo adj curdo.
Kuvaití adj quaitiano.

L

ABCDEFGHIJKLMNOPQRSTUVWXYZ

L s décima terceira letra do alfabeto espanhol; L 50 (em algarismo romano).
La art lá, sexta nota musical.
Lábaro s lábaro, estandarte, bandeira.
Laberíntico adj labiríntico; FIG confuso.
Laberinto s labirinto.
Labia s lábia, astúcia.
Labio s lábio.
Labor s lavor, trabalho, bordado, lavoura.
Laborar v trabalhar, lavrar, cultivar, bordar, costurar.
Laboratorio s laboratório.
Laborear v trabalhar, lavrar, escavar.
Laboreo s lavra, cultivo de terra, lavoura.
Laboriosidad s laboriosidade, afinco, apego ao trabalho.
Laborioso adj laborioso, trabalhoso, penoso, árduo, difícil.
Labra s lavra, lavoura.
Labrador s lavrador, agricultor.
Labranza s trabalho, lavoura, agricultura.
Labrar v lavrar (madeiras, metais), cultivar, roçar, arar (a terra), bordar, costurar.
Labriego s labrego, lavrador rústico.
Laca s laca, verniz duro, laquê, fixador (para cabelo), spray.
Lacayo s criado.
Lacerar v padecer, sofrer.
Lacio adj murcho, desbotado, liso (cabelo).
Lacón s presunto, pernil defumado.
Lacónico adj lacônico, conciso, breve.
Lacra s marca, cicatriz, sinal, vestígio.
Lacrar v contagiar, causar lesão, lacrar.
Lacre s lacre.
Lacrimal adj lacrimal.
Lacrimógeno adj lacrimogêneo.
Lacrimoso adj lacrimoso, choroso.
Lactación s lactação, amamentação.
Lactancia s lactação.
Lactante adj lactante.
Lactar v amamentar.
Lácteo adj lácteo, leitoso.

Lactosa s lactose, açúcar de leite.
Lacustre adj lacustre.
Ladeado adj inclinado, torcido, desviado.
Ladear v inclinar, desviar, inclinar-se.
Ladera s ladeira, encosta, declive.
Ladilla s piolho, chato.
Ladino adj ladino, esperto, astuto.
Lado s lado, costado, banda, face.
Ladrar v ladrar, latir.
Ladrido s latido.
Ladrillo s tijolo.
Ladrón s ladrão, gatuno, assaltante.
Lagar s lagar, onde se pisa a uva.
Lagarta s lagarta.
Lagartija s lagartixa.
Lagarto s lagarto.
Lago s lago.
Lágrima s lágrima, gota, pingo.
Lagrimoso adj lacrimoso, choroso.
Laguna s laguna, lacuna, vazio.
Laja s laje, banco de pedra.
Lama s lama, lodo, areia miúda, lhama (tecido), lama (sacerdote tibetano).
Lamaísmo s lamaísmo, seita do budismo tibetano.
Lamentable adj lamentável, deplorável.
Lamentación s lamentação.
Lamentar v lamentar, lastimar.
Lamento s lamento, queixa.
Lamer v lamber.
Lamido adj gasto, usado.
Lámina s lâmina, chapa, estampa, prancha gravada.
Laminado adj laminado, chapeado.
Laminar v laminar, chapear.
Lámpara s lâmpada, luminária, luz.
Lamparilla s lamparina.
Lampiño adj imberbe.
Lampión s lampião, lanterna grande.
Lana s lã.
Lance s lance, lançamento.
Lanceta s lanceta.
Lancha s lancha, barco, bote.

landa—leer   99   LEE

Landa s terreno baldio.
Langosta s gafanhoto, lagosta.
Langostin s lagostim.
Languidecer v enlanguescer, adoecer.
Languidez s languidez, apatia, abatimento, cansaço.
Lánguido adj lânguido, fraco, débil, cansado, abatido.
Lanilla s felpa, lã fina, penugem.
Lanolina s lanolina.
Lanudo adj lanoso, lanudo.
Lanza s lança.
Lanzacohetes s lança-foguetes.
Lanzallamas s lança-chamas.
Lanzamiento s lançamento.
Lanzar v lançar, arremessar, atirar.
Lapicero s lapiseira.
Lapidar v lapidar, talhar, facetar (pedras preciosas), matar a pedradas.
Lapidario adj lapidário.
Lápide s lápide, pedra com inscrição.
Lapislázuli s lápis-lazúli.
Lápiz s lápis.
Lapso s lapso, deslize.
Laqueado adj laqueado, envernizado com laca.
Lar s lareira, lar, casa própria.
Lardo s toucinho, banha, gordura animal.
Larga s calço.
Largar v largar, soltar, deixar, livrar.
Largo adj comprido, longo, extenso.
Largometraje s filme de longametragem.
Larguero s trave lateral (em construção).
Largueza s largueza.
Largura s comprimento.
Laringe s laringe.
Laringitis s laringite.
Larva s larva.
Lasca s lasca, fragmento, estilhaço.
Lascivia s lascívia, lúbrico.
Lascivo adj lascivo, voluptuoso, sensual, erótico.
Láser s laser.
Laso adj lasso, fatigado, cansado.
Lástima s lástima, lamento, compaixão.
Lastimar v lastimar, ferir, danificar.
Lastimero adj lastimoso, deplorável.
Lastimoso adj lastimoso, lamentável, deplorável.
Lastre s lastro.
Lata s lata (folha-de-flandres, vasilha), ripa (para telhado).
Latente adj latente, oculto, escondido.
Lateral adj lateral.
Látex s látex.
Latido s batimento do coração, batida, pulsação.
Latifundio s latifúndio.
Látigo s látego, chicote, açoite.

Latin s latim.
Latinidad s latinidade.
Latinizar v latinizar.
Latino adj latino.
Latinoamericano adj latinoamericano.
Latir v pulsar, bater, ganir, latejar.
Latitud s latitude, largura, extensão.
Lato adj extenso, amplo, dilatado.
Latón s latão.
Latoso adj chato, aborrecido, maçante.
Latrocinio s latrocínio, roubo, furto.
Laúd s alaúde.
Láudano s láudano, extrato de ópio.
Laudar v decidir, sentenciar, julgar.
Laudatorio adj laudatório.
Laudo s laudo, parecer.
Laureado adj laureado, premiado, homenageado.
Laurear v laurear, premiar, homenagear.
Laurel s louro.
Lava s lavagem, banho que se dá aos metais.
Lavable adj lavável.
Lavabo s lavabo, pia (de banheiro), lavatório.
Lavacoches s lavador de carros.
Lavadero s lavadouro, tanque.
Lavadora s lavadora, máquina de lavar roupa.
Lavanda s alfazema.
Lavandería s lavanderia.
Lavandero s lavadeiro.
Lavar v lavar, banhar, limpar, assear.
Lavativa s clister, seringa.
Lavavajillas s lava-louça, máquina de lavar pratos.
Laxante adj laxante, laxativo; s purgante.
Laxitud s lassitude, frouxeza.
Laxo adj laxo, lasso.
Lazada s laçada, laço (de fitas), nó corrediço.
Lazareto s hospital de isolamento, de quarentena.
Lazarillo s guia de cegos.
Lazo s laço, nó, armadilha.
Le pron O, ele.
Leal adj leal, fiel.
Lealdad s lealdade, sinceridade.
Lección s lição, aula, exposição.
Lechada s argamassa, emulsão.
Leche s leite, seiva (de vegetais).
Lechería s leiteria.
Lechero adj leiteiro, lácteo; s leiteiro.
Lecho s leito, cama, leito de rio.
Lechón s leitão.
Lechoso adj leitoso, lácteo.
Lechuga s alface.
Lechuza s coruja.
Lectivo adj letivo.
Lector s leitor.
Lectura s leitura.
Leer v ler.

LEG 100   legación — libertino

Legación s legação, missão diplomática.
Legado s legado.
Legajo s maço de papéis atados.
Legal adj legal, conforme a lei.
Legalizar v legalizar, legitimar, validar, autenticar.
Legaña s remela.
Legar v legar, deixar (de herança).
Legendario adj legendário.
Legible adj legível.
Legión s legião, multidão.
Legionario adj legionário.
Legislación s legislação.
Legislador adj legislador.
Legislar v legislar.
Legislatura s legislatura.
Legista s legista, jurista.
Legitima s legítima.
Legitimar v legitimar, reconhecer.
Legitimidad s legitimidade.
Legítimo adj legítimo, autêntico, verdadeiro.
Lego adj leigo, laico.
Legua s légua.
Legumbre s legume, hortaliça.
Leguminoso adj leguminoso.
Leíble adj legível.
Leído adj lido, erudito.
Lejanía s lonjura, distância.
Lejano adj longínquo, distante.
Lejía s lixívia.
Lejos adv longe, distante, remoto.
Lema s lema, divisa.
Lencería s roupa branca.
Lengua s língua, idioma, linguagem.
Lenguado s linguado.
Lenguaje s linguagem, língua, idioma.
Lengüeta s lingueta.
Lenitivo adj lenitivo, calmante.
Lente s lente, óculos.
Lenteja s lentilha, lente pequena.
Lentejuela s lantejoula.
Lentilla s lente de contato.
Lentitud s lentidão.
Lento adj lento, lerdo, vagaroso, demorado.
Leña s lenha.
Leñador s lenhador.
Leño s lenho, tronco de árvore cortado.
León s leão.
Leonino adj leonino.
Leopardo s leopardo.
Lepra s lepra.
Leprosería s leprosário.
Leproso adj leproso, lazarento.
Lerdo adj lerdo, lento.
Les pron lhes, a eles, a elas.

Lesbianismo s lesbianismo, homossexualismo feminino.
Lesbiano adj lésbico.
Lesión s lesão, dano.
Lesionar v lesar, prejudicar.
Letal adj letal, mortal, mortífero.
Letanía s litania.
Letárgico adj letárgico.
Letargo s letargia, torpor, indolência.
Letificar v causar alegria, júbilo, animação.
Letra s letra (forma de escrever, composição para música).
Letrado adj letrado, instruído, erudito, sábio, perito em leis.
Letrero s letreiro, inscrição, rótulo.
Letrilla s letrinha.
Letrina s latrina, privada, mictório.
Leucemia s leucemia.
Leucocito s leucócito, glóbulo branco do sangue.
Leudar v levedar, fermentar.
Leva s leva, saída, recrutamento, alistamento.
Levadizo adj levadiço.
Levadura s levedura.
Levantamiento s levantamento, revolta.
Levantar v levantar, alçar, erguer.
Levante s levante, nascente, oriente, leste, este.
Levantisco adj levantino.
Levar v levantar, fazer-se à vela, largar.
Leve adj leve, ligeiro, ágil.
Levita s sobrecasaca.
Levitación s levitação.
Léxico s léxico, dicionário, glossário, vocabulário.
Lexicografía s lexicografia.
Lexicología s lexicologia.
Ley s lei, decreto, norma, doutrina.
Leyenda s legenda, inscrição, fábula, novela, epígrafe.
Lía s fezes, borra.
Liar v ligar, amarrar, atar.
Libanés adj libanês.
Libar v libar, beber, provar um licor.
Libelo s libelo.
Libélula s libélula.
Liberación s liberação, quitação (dívida), libertação.
Liberal adj liberal, generoso, franco.
Liberalidade s liberalidade.
Liberalismo s liberalismo.
Liberalizar v liberalizar.
Liberar v liberar, libertar, desobrigar, emancipar.
Libertad s liberdade.
Libertar v libertar, livrar, soltar, eximir.
Libertinaje s libertinagem, devassidão, licenciosidade.
Libertino adj libertino.

libidinoso — literal

Libidinoso *adj* libidinoso, erótico, lascivo.
Libido *s* libido.
Libio *adj* líbio.
Libra *s* libra (peso, moeda), signo do zodíaco.
Libranza *s* ordem de pagamento.
Librar *v* liberar, salvar, desembaraçar.
Libre *adj* livre, isento, solteiro, independente.
Librea *s* libré.
Librería *s* livraria, biblioteca.
Librero *s* livreiro.
Libreta *s* livrete, livro para apontamentos.
Libro *s* livro.
Licencia *s* licença, autorização, permissão.
Licenciado *adj* licenciado.
Licenciar *v* licenciar, liberar.
Licenciatura *s* licenciatura, grau de licenciado.
Licencioso *adj* licencioso.
Liceo *s* liceu, escola.
Licitación *s* licitação.
Licitar *v* licitar.
Lícito *adj* lícito, permitido por lei, justo, legal.
Licor *s* licor.
Licorera *s* licoreira, jarro (de cristal) para licores.
Licuable *adj* liquidificável.
Licuadora *s* liquidificador.
Licuar *v* liquidificar, tornar líquido.
Lid *s* lide, luta, luta, peleja.
Liebre *s* lebre.
Liendre *s* lêndea.
Lienzo *s* lenço, tecido pintado, fachada.
Liga *s* liga, faixa, cinta, coligação (de países, grupos).
Ligadura *s* ligadura.
Ligamento *s* ligamento, atadura.
Ligar *v* ligar, prender, misturar.
Ligereza *s* ligireza, rapidez, prontidão.
Ligero *adj* ligeiro, veloz, rápido, ágil.
Lija *s* lixa.
Lijar *v* lixar, desbastar, raspar ou polir com lixa.
Lila *s* lilás (arbusto, flor e cor).
Liliáceo *adj* liliáceo.
Lima *s* lima (lima, ferramenta).
Limar *v* limar, desbastar ou polir com a lima.
Limbo *s* limbo.
Limitación *s* limitação, termo, fronteira, limites.
Limitar *v* limitar, demarcar, estreitar, encurtar, diminuir, reduzir.
Límite *s* limite, termo, fim, linha de demarcação.
Limítrofe *adj* limítrofe, contíguo.
Limo *s* limo, lodo.
Limón *s* limão.
Limonada *s* limonada, refresco de limão.
Limonero *adj* limoeiro.
Limosna *s* esmola.
Limosnear *v* esmolar, mendigar.

Limpiabotas *s* engraxate.
Limpiador *adj* limpador.
Limpiaparabrisas *s* limpador de para-brisas.
Limpiar *v* limpiar, tornar limpo.
Limpidez *s* limpidez, clareza.
Límpido *adj* limpo, claro, diáfano.
Limpieza *s* limpeza, esmero, perfeição.
Limpio *adj* limpo, asseado.
Linaje *s* linhagem, estirpe, ascendência.
Linaza *s* linhaça.
Lince *s* lince.
Linchamiento *s* linchamento.
Linchar *v* linchar, justiçar e executar sumariamente.
Lindar *v* confinar, demarcar, limitar.
Linde *s* limite, fronteira, divisa.
Lindero *adj* confinante, limítrofe, vizinho.
Lindo *adj* lindo, belo, formoso.
Línea *s* linha, regra, raia, faixa, fio de linho.
Linfa *s* linfa.
Lingote *s* lingote, barra de metal.
Lingüística *s* linguística.
Linimento *s* linimento, unguento, pomada para fricções.
Lino *v* linho (planta, fibra, tecido).
Linóleo *s* linóleo.
Linotipia *s* linotipo.
Linterna *s* lanterna, lampião, farol.
Lío *s* pacote, embrulho, maço.
Lipotimia *s* lipotimia.
Liquen *s* líquen.
Liquidación *s* liquidação, venda a preços baixos.
Liquidar *v* liquidar, vender barato, pagar, quitar.
Liquidez *s* liquidez, disponibilidade.
Líquido *s* líquido.
Lira *s* lira, moeda italiana.
Lírico *adj* lírico; *s* poesia lírica.
Lirio *s* lírio, açucena.
Lirismo *s* lirismo, poesia.
Lirondo *adj* limpo, puro, sem mistura.
Lis *s* flor de lis, planta irídea.
Lisiado *adj* aleijado, inválido.
Lisiar *v* aleijar, mutilar, ferir.
Liso *adj* liso, plano, macio, franco, sincero.
Lisonja *s* lisonja, adulação.
Lisonjear *v* lisonjear, adular.
Lista *s* listra, risca, tira, faixa, relação de nomes, catálogo.
Listado *adj* listrado, riscado.
Listo *adj* rápido, pronto, ágil, ligeiro, disposto, inteligente.
Listón *s* fita de seda, listel, sarrafo.
Lisura *s* lisura.
Litera *s* liteira, bicama, beliche.
Literal *adj* literal, textual.

LIT
literario — lotería

Literario *adj* literário.
Literato *adj* literato.
Literatura *s* literatura, conjunto de obras.
Litigante *adj* litigante, contestador.
Litigar *v* demandar, entrar em litígio.
Litigio *s* litígio, disputa.
Litografía *s* litografia.
Litografiar *v* litogravar.
Litoral *s* litoral, costa.
Litosfera *s* litosfera.
Litro *s* litro.
Liturgia *s* liturgia, ritual.
Liviandad *v* leviandade.
Liviano *adj* leviano, leve, volúvel.
Lividez *s* lividez, palidez.
Lívido *adj* lívido.
Liza *s* liça, campo de batalha.
Ll *s* décima quarta letra do alfabeto espanhol.
Llaga *s* chaga, úlcera.
Llagar *v* ulcerar.
Llama *v* chama, labareda.
Llamada *s* chamada, telefonema.
Llamado *adj* chamado, denominado.
Llamador *s* chamador, botão da campainha.
Llamamiento *s* chamamento, chamada, convocação.
Llamar *v* chamar, convocar, invocar, nomear, denominar.
Llamarada *s* labareda, lampejo.
Llamativo *adj* chamativo, atraente.
Llameante *adj* chamejante, flamejante.
Llamear *v* flamejar, arder.
Llana *s* trolha, pá (de pedreiro).
Llanada *s* planície, planalto.
Llanero *s* habitante das planícies.
Llaneza *s* simplicidade, naturalidade.
Llano *adj* plano, raso.
Llanta *s* aro (de roda), couve de todo o ano.
Llantería *s* choradeira.
Llanto *s* choro, pranto, lágrimas.
Llanura *s* planície, lisura.
Llave *s* chave (de porta, de aparelhos, de enigmas).
Llavero *s* chaveiro, carcereiro.
Llegada *s* chegada, vinda.
Llegar *v* chegar, vir.
Llenar *v* encher, fartar, satisfazer.
Lleno *adj* cheio.
Llevadero *adj* suportável, tolerável.
Llevar *v* levar, conduzir, transportar, dirigir, usar, vestir, suportar, conseguir.
Llorar *v* chorar.
Lloriquear *v* choramingar, gemer.
Lloriqueo *s* choradeira.
Llorón *adj* chorão.
Lloroso *adj* choroso.

Llover *v* chover.
Llovizna *s* chuvisco, chuvisqueiro.
Lloviznar *v* chuviscar.
Lluvia *s* chuva.
Lluvioso *adj* chuvoso.
Lo *pron* o.
Loa *s* loa, elogio, louvor.
Lobato *s* lobo pequeno.
Lobo *s* lobo.
Lóbrego *adj* sombrio, tenebroso, escuro.
Lóbulo *s* lóbulo.
Locación *s* locação, aluguel.
Local *adj* local; *s* lugar, sítio.
Localidad *s* localidade, povoação, bilhete, entrada para um espetáculo.
Localismo *s* bairrismo.
Localizar *v* localizar, fixar, situar.
Locatario *s* locatário, arrendatário.
Loción *s* loção, lavagem, fricção.
Loco *adj* louco, demente, doido.
Locomoción *s* locomoção.
Locomotor *adj* locomotor; *s* locomotiva.
Locomotriz *s* locomotriz.
Locuacidad *s* loquacidade.
Locuaz *adj* loquaz, falador.
Locución *s* locução.
Locura *s* loucura, insensatez, disparate.
Locutor *s* locutor.
Lodazal *s* lodaçal, lamaçal, atoleiro.
Lodo *s* lodo, lama.
Logaritmo *s* logaritmo.
Logia *s* loja maçônica.
Lógico *adj* lógico, racional.
Logotipo *s* logotipo, marca.
Logrado *adj* obtido, conseguido.
Lograr *v* lograr, obter, conseguir.
Logrero *s* usurário, agiota.
Logro *s* lucro, ganho.
Loma *s* encosta, lombada.
Lombriz *s* lombriga, parasita, minhoca.
Lomo *s* lombo, dorso, espinhaço, lombada (de livro).
Lona *s* lona.
Longaniza *s* linguiça.
Longevidad *s* longevidade.
Longitud *s* longitude, comprimento, extensão.
Longitudinal *adj* longitudinal.
Lonja *s* fatia, talhada, pedaço, mercado municipal.
Loor *s* louvor, elogio.
Loro *s* louro, papagaio.
Los *pron* eles.
Losa *s* laje, pedra.
Lote *s* lote, porção, parte, conjunto de objetos similares.
Lotería *s* loteria, jogo de azar, loto, casa lotérica.

loto — luz 103 **LUZ**

Loto s loto, planta, flor e fruto.
Loza s louça.
Lozanía s viço, frescor.
Lozano adj fresco, viçoso, frondoso.
Lubina s robalo, peixe.
Lubricante adj lubrificante.
Lubricar v lubrificar, untar.
Lúbrico adj lúbrico.
Lubrificar v lubrificar.
Lucero s luzeiro, astro brilhante.
Lucha s luta, combate.
Luchar v lutar, combater.
Lucidez s lucidez, clareza.
Lúcido adj lúcido, claro.
Lucido adj brilhante, vistoso, luzido.
Luciente adj reluzente, brilhante.
Luciérnaga s vagalume, pirilampo.
Lucimiento s luzimento, aplauso.
Lucir s luzir, reluzir, brilhar, iluminar.
Lucrarse v lucrar, ganhar.
Lucrativo adj lucrativo, vantajoso.
Lucro s lucro, ganho, proveito.
Luctuoso adj lutuoso.
Lucubración s lucubração, meditação.
Lucubrar v lucubrar, meditar.
Ludibrio s ludíbrio, zombaria.
Luego adj logo, em seguida; conj portanto.
Lugar s lugar, vila, aldeia, posto, povoado.
Lugarteniente s lugar-tenente.
Lúgubre adj lúgubre, triste, sombrio, melancólico.

Lujo s luxo, pompa.
Lujoso adj luxuoso.
Lujuria s luxúria, sensualidade, excesso.
Lujurioso adj luxurioso.
Lumbago s lumbago.
Lumbar s lombar.
Lumbrada s fogueira, labareda.
Lumbre s lume, luz, chama.
Lumbrera s fogaréu, corpo luminoso.
Luminaria s luminária.
Luminosidad s luminosidade.
Luminoso adj luminoso, brilhante, resplandecente.
Luna s lua.
Lunar s lunar; adj lunar.
Lunático adj lunático, louco.
Lunes s segunda-feira, segundo dia da semana.
Lunfardo s gíria argentina (na Argentina).
Lupa s lupa, lente de aumento.
Lúpulo s lúpulo.
Lusitano adj lusitano, português.
Luso adj luso, lusitano.
Lustrar v lustrar, polir, dar brilho.
Lustre s lustro, brilho.
Lustro s lustro, período de cinco anos.
Lustroso adj ilustre, reluzente.
Luterano adj luterano.
Luto s luto, pesar.
Luxación s luxação, deslocamento (de osso).
Luz s luz, claridade.

M

ABCDEFGHIJKLMNOPQRSTUVWXYZ

M s décima quinta letra do alfabeto espanhol; M 1.000 em algarismos romanos.
Maca s machucado em fruta, nódoa, mancha, falha.
Macabro adj macabro, fúnebre.
Macaco s macaco, mono, símio, primata.
Macadán s macadame, paralelepípedo.
Macana s macana (arma ofensiva dos índios peruanos).
Macarrón s macarrão, massa.
Macarrónico adj macarrônico; FIG latim (ou outra língua) mal falado.
Macarse v apodrecer, macerar-se (frutas machucadas).
Macedonia s salada de frutas.
Macerar v macerar, amolecer.
Maceta s vaso de barro (para plantas), maceta (martelo), cabo de ferramentas.
Macetero s suporte de vasos.
Machacar v machucar, moer, esmagar, pisar.
Machacón adj maçador.
Machete s machete, sabre, facão.
Machihembrar v entalhar, embutir.
Machismo s machismo.
Machista adj machista.
Macho adj macho, masculino.
Machorra adj mulher estéril.
Machote s maço, malho.
Machucar v machucar, pisar, esmagar.
Macilento adj macilento, triste.
Macizo adj maciço.
Macrobiótico adj macrobiótico.
Macrocosmo s macrocosmo.
Mácula s mácula, nódoa.
Macuto s mochila de soldado.
Madeja s meada.
Madera s madeira, casco de cavalo.
Maderaje s madeirame, madeiramento.
Maderería s madeireira.
Maderero s madeireiro.
Madero s madeiro, viga, tronco.
Madrastra s madrasta.

Madre s mãe.
Madreperla s madrepérola.
Madreselva s madressilva.
Madrigal s madrigal, composição poética.
Madriguera s madrigueira, esconderijo.
Madrina s madrinha, protetora.
Madrugada s madrugada, aurora.
Madrugador adj madrugador.
Madrugar v madrugar.
Madurar v amadurecer.
Madurez s maturidade.
Maduro adj maduro.
Maestranza s oficina de artilharia.
Maestrazgo s mestrado.
Maestresala s mestre-sala.
Maestría s mestria, habilidade, professor.
Maestro s mestre, professor, educador.
Mafia s máfia.
Mafioso adj mafioso.
Magazine s magazine, revista ilustrada.
Magdalena s madalena (doce).
Magia s magia, encantamento.
Mágico adj mágico, maravilhoso, encantado, enfeitiçado.
Magisterio s magistério, cargo de professor.
Magistrado s magistrado, juiz.
Magistral adj magistral, perfeito.
Magistratura s magistratura.
Magnánimo adj magnânimo, generoso.
Magnate s magnata.
Magnesio s magnésio.
Magnético adj magnético.
Magnetismo s magnetismo.
Magnetizar v magnetizar.
Magneto s gerador de eletricidade.
Magnetofón s gravador.
Magnificar v magnificar, engrandecer, louvar, glorificar.
Magnificencia s magnificência, engrandecimento, glorificação.
Magnífico adj magnífico, esplêndido, excelente.
Magnitud s magnitude, grandeza, importância.

magno — mandolina 105   **MAN**

Magno *adj* magno, grande.
Magnolia *s* magnólia.
Mago *s* mago, feiticeiro.
Magro *adj* magro, delgado, enxuto.
Magulladura *s* machucado, contusão, ferida.
Magullamiento *s* machucado, ferimento.
Magullar *v* machucar, pisar, contundir.
Mahometano *adj* maometano.
Maíz *s* milho.
Majada *s* curral, esterco, manjedoura.
Majadería *s* tolice, baboseira, bobagem.
Majadero *adj* pateta, tolo, inoportuno; *s* maça, socador, pilão.
Majar *v* malhar, pisar, maçar.
Majestad *s* majestade, nobreza.
Majestuoso *adj* majestoso.
Majo *adj* vistoso, bem vestido, garrido.
Majuelo *s* espinheiro alvar, cardo branco.
Mal *adj* mau; *s* mal, desgraça, calamidade, doença; *adv* pouco, insuficiente.
Malabarismo *s* malabarismo.
Malacostumbrado *adj* mal-acostumado, mimado.
Malagradecido *adj* mal agradecido, ingrato.
Malaventura *s* desgraça, adversidade.
Malayo *adj* malaio.
Malbaratar *v* esbanjar, desperdiçar, dilapidar.
Malcomer *v* comer pouco e mal.
Malcriado *adj* malcriado.
Malcriar *v* malcriar, educar mal.
Maldad *s* maldade, ruindade.
Maldecir *v* maldizer, amaldiçoar.
Maldición *s* maldição.
Maldito *adj* maldito, mau.
Maleable *adj* maleável, flexível.
Maleante *adj* malfeitor, marginal.
Malear *v* estragar, danificar.
Maledicencia *s* maledicência, difamação.
Maleficio *s* malefício, prejuízo, feitiço.
Maléfico *adj* maléfico.
Malentendido *s* mal entendido.
Malestar *v* mal-estar, indisposição.
Maleta *s* mala.
Maletero *s* porta-malas.
Maletín *s* maleta, valise.
Malevolencia *s* malevolência.
Maleza *s* maleza, moita.
Malformación *s* má formação, defeito congênito.
Malgastar *v* desperdiçar, esbanjar.
Malhablado *adj* desbocado, atrevido.
Malhechor *adj* malfeitor.
Malherir *v* ferir gravemente.
Malhumorado *s* mal-humorado.
Malicia *s* malícia, maldade.
Malicioso *adj* malicioso, mau.

Maligno *s* maligno, maldoso, malicioso.
Malintencionado *adj* mal-intencionado.
Malla *s* malha (rede, roupa de ginástica).
Mallo *s* malho, martelo, malha (jogo).
Malo *adj* mau, nocivo, perverso, indisposto, doente, inferior, difícil, negativo.
Malograr *v* malograr, fracassar.
Malogro *s* malogro.
Maloliente *adj* fedorento, fétido.
Malparado *adj* maltratado.
Malquistar *v* indispor, antipatizar.
Malsano *adj* doentio, insalubre.
Malsonante *adj* que soa mal.
Malta *s* malte.
Maltratar *v* maltratar.
Maltrecho *adj* maltratado.
Malva *s* malva (planta, flor, cor).
Malvado *adj* malvado, perverso.
Malvender *v* vender a baixo preço.
Malversar *v* malversar, esbanjar, dilapidar.
Mama *s* mama, teta.
Mamá *s* mamãe, mãe.
Mamada *s* mamada.
Mamadera *s* mamadeira.
Mamar *v* mamar, chupar.
Mamarracho *s* figura defeituosa e ridícula, adorno mal feito.
Mamífero *s* mamífero.
Mampara *s* anteparo, biombo.
Mampostería *s* alvenaria (obra, ofício).
Mampostero *s* pedreiro.
Mamut *s* mamute, bebedeira.
Maná *s* maná, alimento milagroso.
Manada *s* manada.
Manantial *s* manancial, nascente, mina (d'água).
Manar *v* emanar (um líquido), brotar.
Mancar *v* mutilar, estropiar.
Mancebo *adj* mancebo, moço, jovem.
Mancha *s* mancha, nódoa, sinal, mácula.
Manchar *v* manchar, sujar, denegrir.
Mancilla *s* mancha, desonra.
Manco *adj* maneta.
Mancomunar *v* mancomunar, pactuar.
Manda *s* oferta, promessa, legado.
Mandado *s* mandado, ordem, recado.
Mandamiento *s* mandamento, preceito, ordem.
Mandar *v* mandar, ordenar.
Mandarín *s* mandarim.
Mandatario *s* mandatário.
Mandato *s* mandato, ordem, encargo.
Mandíbula *s* mandíbula, queixada.
Mandil *s* avental resistente.
Mandioca *s* mandioca.
Mando *s* mando, autoridade, chefia.
Mandolina *s* bandolim.

MAN

mandril — maremoto

Mandril s mandril.
Manducar v manducar, comer.
Manecilla s ponteiro (de relógio ou de instrumento).
Manejar v manejar, governar, conduzir, dirigir.
Manejo s manejo, gerência.
Manera s maneira, modo, forma.
Manga s manga (de roupa, tubo, parte do eixo).
Manganesa s manganês.
Manglar s mangue.
Mango s manga (fruta), cabo, asa (de objetos).
Mangonear v vadiar.
Manguera s mangueira (de borracha).
Mania s mania, ideia fixa, birra.
Maníaco adj maníaco, louco.
Maniatar v manietar, algemar.
Maniático adj maníaco, louco.
Manicomio s manicômio, hospício.
Manicuro s manicure.
Manido adj murcho, passado.
Manifestación s manifestação.
Manifestar v manifestar.
Manifiesto s manifesto; adj expresso, visível.
Manija s cabo, punho (de objetos).
Manilargo adj mão aberta, generoso.
Manilla s bracelete, pulseira, algema.
Maniobra s manobra, operação manual.
Maniobrar v manobrar, movimentar.
Manipulación s manipulação.
Manipular v manipular.
Maniqueísmo s maniqueísmo.
Maniquí s manequim.
Manirroto adj esbanjador, perdulário.
Manivela s manivela.
Manjar s manjar.
Mano s mão, direção (no trânsito), pata dianteira, poder, mando.
Manojo s molho, feixe, maço (de flores).
Manómetro s manômetro.
Manosear v manusear, apalpar, tatear.
Manoseo s manuseio.
Manotazo s palmada.
Manotear v gesticular, dar palmadas.
Mansedumbre s mansidão, paciência.
Mansión s mansão, morada.
Manso adj manso, dócil, paciente, pacífico.
Manta s manta, cobertor.
Manteca s banha (de porco), gordura.
Mantecado s sorvete, bolo.
Mantel s toalha (de mesa, de altar).
Mantelería s jogo de toalhas de mesa e guardanapos.
Mantener v manter, prover, conservar.
Mantenimiento s manutenção, conservação, mantimento.

Manteo s mantel, capa usada pelos eclesiásticos.
Mantequilla s manteiga.
Mantilla s mantilha.
Manto s manto, capa.
Mantón s mantô, casaco, xale grande.
Manual s manual, compêndio; adj manual, caseiro, artesanal.
Manubrio s manivela, cabo, guidão.
Manufactura s manufatura.
Manuscrito s manuscrito.
Manutención s manutenção, conservação, sustento.
Manzana s maçã, pomo, casas geminadas.
Manzanilla s camomila, macela.
Maña s manha, destreza, habilidade, astúcia, má costume.
Mañana s manhã; adv amanhã.
Mañoso adj manhoso.
Mapa s mapa.
Maqueta s maquete, modelo.
Maquiavélico adj maquiavélico.
Maquillador s maquiador.
Maquillaje s maquiagem, pintura.
Maquillar v maquiar, pintar, aplicar cosméticos.
Máquina s máquina.
Maquinar v maquinar, tramar.
Maquinaria s maquinaria, mecanismo.
Maquinista s maquinista.
Mar s mar.
Maraña s maranha, fios enredados.
Marasmo s marasmo, estagnação, apatia.
Maratón s maratona.
Maravilla s maravilha.
Maravillar v maravilhar, admirar, deslumbrar.
Maravilloso adj maravilhoso, admirável, extraordinário.
Marca s marca, sinal.
Marcado adj marcado, determinado.
Marcador adj marcador.
Marcaje s marcação.
Marcapasos s marcapasso.
Marcha s marcha, velocidade.
Marchante adj mercantil, traficante.
Marchar v marchar, andar, caminhar, funcionar.
Marchitar v murchar, enfraquecer.
Marchito adj murcho, pálido.
Marcial adj marcial, guerreiro.
Marco s marco (moeda, peso, medida), quadro, moldura, caixilho.
Marea s maré.
Marear v marear, governar.
Marear v dirigir (embarcação), enjoar, ficar mareado.
Marejada s marejada.
Maremoto s maremoto.

mareo — matriz

Mareo s enjoo, náusea.
Marfil s marfim, dentina.
Margarina s margarina.
Margarita s margarida.
Margen s margem, borda.
Marginado adj marginalizado, excluído.
Marginal adj marginal.
Marginar v deixar margens (ao escrever), escrever à margem, excluir-se.
Marido s marido, cônjuge, esposo.
Marihuana s marijuana, maconha.
Marimorena s tumulto, zona.
Marina s marinha, beira-mar.
Marinero s marinheiro, marujo.
Marino adj marinho, marinheiro.
Marioneta s marionete, fantoche.
Mariposa s mariposa, borboleta.
Mariquita s joaninha.
Mariscal s marechal.
Marisco s marisco (crustáceo ou molusco comestível).
Marisma s restinga.
Marital adj marital.
Marítimo adj marítimo.
Marjal s brejo, pântano, terreno pantanoso.
Marmita s marmita.
Mármol s mármore.
Marmota s marmota.
Maroma s corda grossa.
Marqués s marquês.
Marquesina s marquise, toldo.
Marquetería s marchetaria, incrustação.
Marranada s sujeira, porcaria.
Marrano s porco.
Marrar v errar, faltar.
Marrón adj marrom, cor castanha.
Marta s marta (animal, pele).
Martes s terça-feira, terceiro dia da semana.
Martillo s martelo, malho.
Martinar v martelar, bater com martelo.
Mártir s mártir, vítima.
Martirio s martírio, tortura, aflição, sacrifício.
Martirizar v martirizar, torturar, atormentar.
Marxismo s marxismo.
Marzo s março.
Mas conj mas, porém.
Más adv mais; s mais (sinal matemático).
Masa s massa, mistura, volume.
Masacrar v massacrar, matar, chacinar.
Masacre s massacre, matança, chacina, carnificina.
Masaje s massagem.
Masajista s massagista.
Mascar v mascar, mastigar.
Máscara s máscara, disfarce.

Mascota s mascote, amuleto.
Masculinidad s masculinidade, virilidade.
Masculino adj masculino, viril.
Mascullar v resmungar, falar entre-dentes.
Masificación s massificação.
Masificar v massificar.
Masilla s massa (de vidraceiro, para vedação).
Masivo adj, s massivo.
Masón adj maçom.
Masonería s maçonaria.
Masónico adj maçónico.
Masoquismo s masoquismo.
Masticación s mastigação.
Masticar v mastigar, mascar.
Mástil s mastro, haste.
Mastín s mastim, cão de guarda.
Mastodonte s mastodonte, trambolho.
Mastuerzo s mastruço.
Masturbación s masturbação.
Masturbar v masturbar.
Mata s mata, arvoredo.
Matadero s matadouro, abatedouro (de animais).
Matador adj toureiro; adj, s matador, assassino.
Matamoscas s mata-moscas.
Matanza s matança.
Matar v matar, eliminar, aniquilar, assassinar.
Matarratas s mata-rato.
Mate adj apagado, sem brilho; s mate, arbusto do Paraguai.
Matemáticas s matemática.
Matemático adj, s matemático, adj rigoroso, preciso.
Materia s matéria, substância.
Material adj material.
Materialismo s materialismo.
Materializar v materializar, tornar concreto.
Maternal adj maternal, materno.
Maternidad s maternidade (condição de mãe, hospital para parturientes).
Materno adj materno.
Matinal adj matinal, matutino.
Matiz s matiz, gradação (de cor), nuance.
Matizar v matizar, combinar (cores), colorir, realçar.
Matón adj valentão.
Matorral s mato, matorral.
Matraz s retorta, balão de vidro.
Matriarca s matriarca.
Matriarcado s matriarcado.
Matrícula s matrícula, inscrição, lista, identificação, placa.
Matricular v matricular, registrar, inscrever.
Matrimonio s matrimônio, casamento, união.
Matriz s matriz, madre, útero.

Matrona s matrona, mãe de família, parteira, comadre.
Matutino adj matutino, matinal.
Maullar v miar.
Maullido s miado.
Mausoleo s mausoléu, túmulo, sepulcro, tumba.
Maxilar s maxilar, mandíbula.
Máxime adv principalmente.
Máximo adj máximo, maior, melhor, superior.
Maya adj maia.
Mayar v miar.
Mayo s maio.
Mayonesa s maionese.
Mayor adj maior, superior (em qualidade, tamanho e número).
Mayoral s maioral, capataz.
Mayordomo s mordomo, administrador.
Mayoría s maioria, maior parte.
Mayoridad s maioridade.
Mayorista s atacadista.
Mayúsculo adj maiúsculo.
Maza s maça, clava, bate estacas.
Mazapán s maçapão, marzipã.
Mazmorra s masmorra, prisão subterrânea.
Mazo s maço, martelo de madeira, marreta, molho, feixe.
Mazorca s maçaroca (de milho).
Me pron me, mim.
Meada s mijada.
Meado s mijado.
Meandro s meandro.
Mear v mijar, urinar.
Mecánica s mecânica.
Mecánico adj mecânico, automático.
Mecanismo s mecanismo.
Mecanizar v mecanizar, automatizar.
Mecanografía s mecanografia, datilografia.
Mecanografiar v datilografar.
Mecanógrafo s datilógrafo.
Mecedora s cadeira de balanço.
Mecenas s mecenas, protetor, patrocinador.
Mecer v mexer, agitar, balançar.
Mecha s mecha, pavio.
Mechero s isqueiro, acendedor.
Mechón s mecha, tufo (de lã, fios, de cabelos).
Medalla s medalha, insígnia.
Medallón s medalhão.
Media s média, metade, meia hora, meia comprida.
Mediación s mediação, intervenção.
Mediador adj mediador, interventor.
Medianero adj medianeiro, mediador.
Medianía s medianía.
Mediano adj mediano, medíocre, médio.
Medianoche s meia-noite.

Mediante adj mediante, que intermedia; adv mediante, por meio de.
Mediar v mediar, intermediar, advogar.
Mediato adj imediato, próximo.
Medicación s medicação.
Medicamento s medicamento, remédio.
Medicar v medicar, tratar.
Medicina s medicina.
Medicinal adj medicinal.
Medición s medição, medida.
Médico s médico.
Medida s medida.
Medieval adj medieval.
Medio adj médio, metade.
Mediocre adj medíocre.
Mediocridad s mediocridade.
Mediodía s meio-dia.
Medir s medir, avaliar, regular.
Meditabundo adj meditabundo, pensativo.
Meditación s meditação, reflexão.
Meditar v meditar, refletir.
Mediterráneo adj mediterrâneo.
Médium s médium, espírita.
Medrar v crescer (plantas).
Medroso adj medroso, receoso.
Médula s medula.
Medusa s medusa.
Megalítico s megalítico.
Megalomanía s megalomania, mania de grandeza.
Mejicano adj mexicano.
Mejilla s bochecha, maçã do rosto.
Mejillón s mexilhão.
Mejor adj melhor, superior (em qualidade).
Mejora s melhora, aproveitamento, benefício.
Mejorana s mangerona.
Mejorar v melhorar, aperfeiçoar.
Mejoría s melhoria, alívio.
Mejunje s mistura (cosmético ou medicamento).
Melado s melado, cor do mel, xarope da cana-de-açúcar.
Melancolía s melancolia, tristeza, nostalgia.
Melar v melar, fabricar mel (a abelha).
Melaza s melaço.
Melena s melena, cabelo comprido, juba.
Melifluo adj melífluo, suave, doce demais.
Melindre s melindre (doce).
Melindres s melindres, modos afetados, trejeitos.
Melindroso adj melindroso, dengoso, delicado.
Melisa s melissa.
Mella s falha, mossa (no fio de instrumentos cortantes).
Mellizo adj gêmeo.
Melocotón s pêssego.
Melodía s melodia, composição, suavidade.

melódico — mesón   109   **MES**

Melódico *adj* melódico, suave.
Melodioso *adj* melodioso, harmonioso.
Melodrama s melodrama, dramalhão.
Melómano *adj* melomaníaco, melômano.
Melón s melão.
Meloso *adj* meloso, melado, adocicado.
Membrana s membrana.
Membranoso *adj* membranoso.
Membrete s lembrete, anotação.
Membrillo s marmelo, doce de marmelada.
Memo *adj* estúpido, tonto, bobo, burro.
Memorable *adj* memorável, inesquecível.
Memorándum s memorando.
Memoria s memória, lembrança, recordação.
Memorial s memorial.
Memorización s memorização, recordação.
Menaje s utensílios e objetos (de uma casa).
Mención s menção, referência.
Mencionar v mencionar, aludir, indicar.
Mendicante *adj* mendicante, pedinte, mendigo.
Mendigar v mendigar, pedir esmola.
Mendigo s mendigo, pedinte.
Mendrugo s pedaço de pão duro.
Menear v menear, mover (de um lado para o
outro).
Meneo s meneio.
Menester s mister, necessidade.
Menestra s minestra (carne com legumes
cozidos).
Mengano s beltrano.
Mengua s míngua, diminuição.
Menguado *adj* minguado.
Menguante *adj* minguante, lua minguante.
Menguar v minguar, diminuir.
Menhir s menir.
Meninge s meninge.
Meningitis s meningite.
Menisco s menisco.
Menopausia s menopausa.
Menor *adj* menor (em tamanho, número),
mínimo, mais novo (em idade).
Menos *adv* menos, exceto, salvo.
Menoscabar v menosprezar, diminuir.
Menoscabo s menoscabo.
Menospreciable *adj* desprezível.
Menospreciar v menosprezar, desprezar.
Menosprecio s menosprezo, desprezo, desdém.
Mensaje s mensagem, recado, notícia.
Mensajero s mensageiro.
Menstruación s menstruação.
Menstruar v menstruar.
Mensualidad s mensalidade, mesada, salário
mensal.
Mensurable *adj* mensurável.
Menta s menta (planta, essência).

Mental *adj* mental, intelectual.
Mentalidad s mentalidade.
Mentar v memorar, lembrar.
Mente s mente, inteligência, vontade,
pensamento.
Mentecato *adj* mentecapto.
Mentir v mentir, enganar.
Mentira s mentira, engano.
Mentiroso *adj* mentiroso.
Mentón s queixo, maxilar.
Mentor s mentor, guia, conselheiro.
Menú s menu, cardápio, minuta.
Menudear v amiudar, repetir.
Menudencia s minúcia, pequenez, ninharia.
Menudo *adj* miúdo, delgado, pequeno.
Meñique s dedo mindinho.
Meollo s miolo, migalha.
Mequetrefe s mequetrefe, homem metido.
Mercader s mercador, comerciante, negociante.
Mercadería s mercadoria.
Mercado s mercado, praça, comércio.
Mercancía s mercadoria.
Mercantil *adj* mercantil, comercial.
Merced s mercê, graça, favor, perdão.
Mercenario *adj* mercenário.
Mercería s armazém, armarinho.
Mercurio s mercúrio (substância, astro).
Merecedor *adj* merecedor.
Merecer v merecer.
Merecido *adj* merecido, devido.
Merecimiento s merecimento, mérito.
Merendar v merendar, lanchar.
Merendero s lugar onde se merenda.
Merengue s merengue, doce.
Meretriz s meretriz, prostituta.
Meridiano *adj* meridiano.
Meridional *adj* meridional, austral.
Merienda s merenda, lanche (da tarde),
piquenique.
Merino *adj* merino (raça de carneiros).
Mérito s mérito, merecimento, valor.
Meritorio *adj* meritório, louvável.
Merluza s merluza, pescada.
Merma s diminuição, perda, descréscimo.
Mermar v diminuir, minguar.
Mermelada s marmelada, doce de fruta cozida.
Mero *adj* mero, puro, simples.
Merodear v vaguear, andar pelo campo, saquear.
Mes s mês, mensalidade, menstruação.
Mesa s mesa.
Mesar v arrepelar-se.
Meseta s metamar, meseta, planalto.
Mesiánico *adj* messiânico.
Mesnada s mesnada (leva de gente de guerra).
Mesón s estalagem, hospedaria, pousada.

MES

mestizaje — minuta

Mestizaje *s* mestiçagem.
Mestizo *adj* mestiço.
Mesura *s* mesura, gravidade e compostura no rosto e porte, cortesia.
Meta *s* meta, limite.
Metabolismo *s* metabolismo.
Metafisica *s* metafísica.
Metáfora *s* metáfora, alegoria.
Metal *s* metal, latão.
Metálico *adj* metálico.
Metalúrgico *adj* metalúrgico.
Metamorfosis *s* metaformose.
Metano *s* metano, gás metano.
Meteorito *s* meteorito, aerólito.
Meteoro *s* meteoro.
Meteorología *s* meteorologia.
Meteorológico *adj* meteorológico.
Meter *v* meter, pôr, introduzir.
Meticuloso *adj* meticuloso, minucioso.
Metido *adj* metido, intrometido.
Metódico *adj* metódico.
Método *s* método, ordem, processo.
Metodología *s* metodologia.
Metraje *s* metragem (de um filme).
Metralla *s* metralha, estilhaços de bala.
Metralleta *s* metralhadora.
Métrico *adj* métrico.
Metro *s* metro.
Metrópoli *s* metrópole.
Metropolitano *adj* metropolitano.
Mezcla *s* mescla, mistura.
Mezclar *v* mesclar, misturar.
Mezquindad *s* mesquinharia.
Mezquino *adj* mesquinho.
Mezquita *s* mesquita.
Mí *pron* mim.
Mi *s* mi, terceira nota musical.
Mi, mis *pron* meu, minha, meus, minhas.
Miasma *s* miasma, emanação de mau cheiro.
Micción *s* micção, urina.
Mico *s* mico.
Microbiano *adj* microbiano.
Microbio *s* micróbio.
Microbiología *s* microbiologia.
Microfilme *s* microfilme.
Micrófono *s* microfone.
Microorganismo *s* micro-organismo.
Microscópico *adj* microscópico.
Microscopio *s* microscópio.
Miedo *s* medo, terror, receio, temor.
Miedoso *adj* medroso.
Miel *s* mel.
Miembro *s* membro.
Mientras *adv* enquanto, entretanto, durante.
Miércoles *s* quarta-feira, quarto dia da semana.

Mierda *s* merda, excremento, fezes, bosta.
Mies *s* messe, cereal maduro.
Miga *s* miolo (de pão), migalha.
Migaja *s* migalha, fragmento, restos, sobras.
Migar *v* esfarelar, esmigalhar (o pão).
Migración *s* migração.
Migraña *s* dor de cabeça.
Migratorio *adj* migratório.
Mijo *s* espécie de milho.
Mil *adj* mil.
Milagro *s* milagre.
Milenario *adj* milenário.
Milenio *s* milênio.
Milésimo *s* milésimo.
Milicia *s* milícia.
Miliciano *adj* miliciano.
Miligramo *s* miligrama.
Milímetro *s* milímetro.
Militante *adj* militante.
Militar *adj* militar.
Milla *s* milha.
Millar *s* milhar.
Millón *num* milhão.
Millonario *adj* milionário, muito rico.
Mimar *v* mimar, amimar, afagar, acariciar.
Mimbre *s* vime.
Mimbrera *s* vimeiro, vime.
Mimetismo *s* mimetismo.
Mímica *s* mímica, pantomima.
Mimo *s* mimo, carinho, ternura.
Mimoso *adj* mimoso, delicado, melindroso.
Mina *s* mina, olho-d'água, nascente.
Minar *v* minar (escavar, colocar explosivos).
Mineral *adj* mineral.
Mineralogía *s* mineralogia.
Minería *s* mineração, exploração de minérios.
Minero *adj* mineiro.
Miniatura *s* miniatura.
Minifalda *s* minissaia.
Minifundio *s* minifúndio.
Minimizar *v* minimizar.
Mínimo *adj* mínimo, o menor.
Ministerial *adj* ministerial.
Ministerio *s* ministério (cargo, organismo, edifício).
Ministro *s* ministro.
Minorar *v* minorar, diminuir, reduzir.
Minoría *s* minoria.
Minoridad *s* menoridade.
Minoritario *adj* minoritário.
Minucia *s* minúcia, ninharia, bagatela.
Minucioso *adj* minucioso.
Minúsculo *adj* minúsculo, miúdo.
Minusválido *adj* deficiente, inválido.
Minuta *s* minuta, rascunho, apontamento.

minuto — molienda   111   **MOL**

Minuto s minuto.
Miocardio s miocárdio.
Miope adj míope.
Miopía s miopia.
Mira s mira.
Mirada s olhada.
Mirador s mirante, varanda envidraçada.
Miramiento s concentração, olhada.
Mirar v mirar, olhar.
Mirilla s vigia, abertura na porta.
Mirlo s melro.
Mirón adj observador curioso, espectador (de jogo).
Misa s missa.
Misal s missal.
Misantropía s misantropia.
Misántropo adj misantropo.
Miscelánea s miscelânea, mistura.
Miserable adj miserável, desgraçado, infame.
Miseria s miséria, pobreza extrema, sordidez.
Misericordia s misericórdia, compaixão.
Misero adj mísero.
Misil s míssil.
Misión s missão, encargo.
Misionero s missionário, evangelizador.
Misiva s missiva, carta, mensagem.
Mismo adj mesmo, semelhante, igual.
Misterio s mistério, enigma.
Misterioso adj misterioso.
Misticismo s misticismo.
Místico adj místico.
Mistificación s mistificação.
Mistificar v mistificar.
Mitad s metade, meio.
Mítico adj mítico.
Mitigar v mitigar, moderar.
Mitin s comício.
Mito s mito.
Mitología s mitologia.
Mitológico adj mitológico.
Mitomanía s mitomania.
Mitra s mitra.
Mixto adj misto, misturado, composto.
Mixtura s mistura, mescla.
Mobiliario s mobiliário, mobília.
Mocasín s mocassim.
Mocedad s mocidade, juventude.
Mochila s mochila.
Mochilero s mochileiro, que viaja com mochila.
Mocho adj mocho, sem ponta.
Moción s moção.
Moco s muco, ranho (de nariz).
Mocoso adj mucoso, ranhento.
Moda s moda, maneira de vestir, uso, costume, voga.

Modales s maneira de ser.
Modalidad s modalidade, modo de ser.
Modelado adj modelado, moldado.
Modelar v modelar, moldar, contornar.
Modelo s modelo, exemplo, imagem, molde, norma, regra, representação.
Moderación s moderação.
Moderado adj moderado, comedido.
Moderar v moderar, regular, regrar.
Modernismo s modernismo.
Modernista adj modernista.
Modernizar v modernizar, atualizar.
Moderno adj moderno, recente, atual.
Modestia s modéstia, humildade, simplicidade.
Modesto adj modesto, humilde, simples.
Módico adj módico, moderado.
Modificar v modificar, alterar.
Modismo s modismo (no falar), idiotismo.
Modisto s modista, costureiro.
Modo s modo, maneira de ser, método.
Modorra s modorra, sonolência, apatia, indolência.
Modoso adj moderado, de boas maneiras, cortês, respeitoso.
Modular v modular, passar de um tom a outro.
Módulo s módulo, medida, parte.
Mofa s mofa, zombaria, escárnio, gozação.
Mofar v mofar, zombar, escarnecer.
Moflete s bochecha grande e carnuda.
Mogollón s intrometido; FIG grande quantidade, montão.
Mohín s gesto, trejeito, careta.
Mohíno adj mofino, triste, desgostoso.
Moho s mofo, bolor, ferrugem, azinhavre.
Mohoso adj bolorento, mofado, mofento.
Mojadura s molhadura.
Mojama s atum seco salgado.
Mojar v molhar, umedecer.
Moje s molho, tempero.
Mojigato adj hipócrita, fingido, dissimulado, falso beato.
Mojón s baliza, marco.
Molde s molde, matriz, modelo, forma.
Moldeable adj moldável, flexível, maleável.
Moldear v moldar.
Moldura s moldura, caixilho.
Mole s mole, corpo maciço e de grandes dimensões.
Molécula s molécula.
Molecular adj molecular.
Moler v moer, triturar, espremer, reduzir a pó.
Molestar v molestar, incomodar, ofender.
Molestia s moléstia, incômodo, fadiga.
Molicie s moleza, brandura.
Molienda s moenda, moinho.

MOL

molinero — moreno

Molinero *adj* moleiro.
Molinete *s* molinete, catavento.
Molino *s* moinho.
Molleja *s* moela.
Mollera *s* moleira, parte superior do crânio.
Mollete *s* pãozinho mole.
Molusco *s* molusco.
Momentáneo *adj* momentâneo, instantâneo.
Momento *s* momento, instante.
Momia *s* múmia.
Momificar *v* mumificar, embalsamar.
Monacal *adj* monacal, monástico.
Monacato *s* monacato.
Monada *s* macacada, macaquice.
Monaguillo *s* coroinha.
Monarca *s* monarca, rei.
Monarquía *s* monarquia, coroa, reino.
Monárquico *adj* monárquico.
Monasterio *s* mosteiro, convento.
Monda *s* exumação.
Mondadientes *s* palito de dentes.
Mondar *v* limpar, purificar, podar, descascar, cortar o cabelo.
Mondo *adj* limpo, livre de coisas supérfluas.
Mondongo *s* mondongo.
Moneda *s* moeda.
Monedero *s* moedeiro, carteira.
Monería *s* macaquice.
Monetario *adj* monetário.
Monigote *s* fantoche.
Monitor *s* monitor.
Monja *s* monja, freira.
Monje *s* monge, frade, frei.
Mono *adj* bonito, gracioso, delicado; *s* mono, macaco.
Monobloque *adj* monobloco.
Monocorde *s* monocórdio, de uma só corda.
Monócromo *adj* monocromo, que tem uma só cor.
Monóculo *s* monóculo.
Monocultivo *s* monocultura.
Monogamia *s* monogamia.
Monógamo *adj* monógamo, casado com uma só mulher.
Monografía *s* monografia.
Monográfico *adj* monográfico.
Monograma *s* monograma.
Monolítico *adj* monolítico, feito de uma só peça.
Monólogo *s* monólogo, solilóquio.
Monomanía *s* monomania, ideia fixa.
Monomio *s* monómio.
Monopétalo *s* monopétalo, que tem uma só pétala.
Monopolio *s* monopólio, exclusividade.
Monopolizar *v* monopolizar, açambarcar.

Monosílabo *adj* monossílabo.
Monoteísmo *s* monoteísmo.
Monotonía *s* monotonia.
Monótono *adj* monótono.
Monserga *s* algaravia, linguagem confusa.
Monstruo *s* monstro.
Monstruosidad *s* monstruosidade.
Monstruoso *adj* monstruoso, disforme, exagerado.
Monta *s* montante, total, importância, valor.
Montacargas *s* elevador de carga.
Montaje *s* montagem.
Montante *s* suporte, reforço.
Montaña *s* montanha.
Montañés *adj* montanhês.
Montañismo *s* montanhismo, alpinismo.
Montañoso *adj* montanhoso.
Montar *v* montar, subir, armar (aparelho), encenar (espetáculo).
Monte *s* monte, montanha.
Montería *s* montaria, caça.
Montés *adj* montês.
Montón *s* montão, acumulação desordenada.
Montuoso *adj* montanhoso.
Montura *s* cavalgadura, arreios.
Monumental *adj* monumental, grandioso.
Monumento *s* monumento, estátua, obra arquitetônica.
Monzón *s* monção.
Moño *s* rolo de cabelo, laço de fitas.
Moquear *v* segregar muco ou ranho.
Moquero *s* lenço para assoar o nariz.
Moqueta *s* carpete.
Mora *s* amora, demora, atraso.
Morada *s* morada, habitação, residência.
Morado *adj* arroxeado.
Moral *adj* moral.
Moraleja *s* moral da história, lição.
Moralidad *s* moralidade, moral.
Moralista *s* moralista, puritano.
Moralizar *v* moralizar, corrigir.
Morar *v* morar, habitar, residir.
Morbidez *s* morbidez, languidez.
Mórbido *adj* mórbido, doentio.
Morbo *s* morbo, doença.
Morboso *adj* morboso.
Morcilla *s* morcela, espécie de chouriço.
Mordacidad *s* mordacidade.
Mordaz *adj* mordaz.
Mordaza *s* mordaça.
Mordedura *s* mordedura, dentada.
Morder *v* morder, dar dentadas.
Mordisco *s* dentada, mordida leve.
Mordisquear *v* morder levemente, mordiscar.
Moreno *adj* moreno, escuro.

morfina — município   113   **MUN**

Morfina s morfina.
Morfinómano adj morfinômano, viciado em morfina.
Morfología s morfologia.
Moribundo adj moribundo.
Morir v morrer, falecer.
Moro adj mouro, muçulmano.
Morondo adj pelado, sem pêlos.
Moroso adj moroso, lento, vagaroso.
Morral s embornal, mochila para provisões.
Morrillo s cachaço (dos animais), seixo.
Morriña s tristeza, melancolia.
Morro s morro, monte, rochedo.
Morsa s morsa, leão marinho.
Mortadela s mortadela.
Mortaja s mortalha.
Mortal adj mortal, fatal, perigoso.
Mortalidad s mortalidade.
Mortandad s mortandade.
Mortecino adj mortiço, apagado.
Mortero s morteiro, concreto (para construção).
Mortífero adj mortífero.
Mortificar v mortificar, castigar.
Mortuorio adj mortuário.
Mosaico s mosaico (pavimento feito de ladrilho colorido).
Mosca s mosca.
Moscatel adj moscatel (uva, vinho).
Moscovita s moscovita.
Mosquitera s mosquiteiro, cortinado.
Mosquito s mosquito.
Mostaza s mostarda.
Mosto s mosto, suco das uvas.
Mostrador s mesa, prateleira, balcão.
Mostrar v mostrar, expor, exibir.
Mostrenco adj bens sem dono conhecido.
Mote s mote, apelido.
Motejar v apelidar, zombar.
Motel s motel, hotel (de estrada).
Motín s motim, tumulto, arruaça.
Motivar v motivar, originar, causar, determinar.
Motivo s motivo, origem, causa.
Motocicleta s motocicleta, moto.
Motor s motor.
Motorizar v motorizar, mecanizar.
Motriz s motriz, motora.
Movedizo adj movediço.
Mover v mover, movimentar, agitar, mexer.
Movible adj móvel, mutável.
Móvil adj móvel, instável, removível.
Movilizar v mobilizar.
Movimiento s movimento.
Mozo adj moço, jovem, garçom; s criada, empregada doméstica.

Muchacho s rapaz, moço ou moça que servem como criados.
Muchedumbre s multidão.
Mucho adj muito, numeroso, abundante.
Mucosidad s mucosidade.
Mucoso adj mucoso.
Muda s muda, mudança.
Mudar v mudar, deslocar, transferir, renovar, variar, converter.
Mudez s mudez, mutismo.
Mudo adj mudo, calado, silencioso.
Mueble s móvel, mobília.
Mueca s trejeito.
Muela s mó, pedra (de moinho, de amolar), molar (dente).
Muelle adj mole, brando, delicado, suave; s mola (de metal).
Muerte s morte, falecimento.
Muerto adj morto, falecido, extinto.
Muesca s entalhe, encaixe.
Muestra s amostra, modelo, exemplo.
Muestrario s mostruário.
Muestreo s amostragem.
Mugido s mugido.
Mugir v mugir.
Mugre s imundície, sujeira.
Mugriento adj sujo, ensebado, imundo.
Mujer s mulher, senhora, esposa, cônjuge.
Mujeriego adj mulherengo.
Muladar s muladar.
Mulato adj mulato, moreno.
Muleta s muleta.
Mullir v abrandar, amaciar.
Mulo s mulo.
Multa s multa.
Multar v multar.
Multicolor adj multicor, colorido.
Multicopista s máquina para tirar cópias.
Multiforme adj multiforme.
Multinacional adj multinacional.
Múltiple adj múltiplo, complexo, variado.
Multiplicación s multiplicação.
Multiplicador s multiplicador.
Multiplicar v multiplicar.
Multiplicidad s multiplicidade.
Múltiplo adj múltiplo.
Multitud s multidão.
Mundano adj mundano.
Mundial adj mundial.
Mundo s mundo, globo terrestre.
Munición s munição.
Municipal adj municipal.
Municipalidad s municipalidade, câmara municipal, município.
Município s município.

Muñeco s fantoche, boneco, munheca, pulso.
Muñón s coto.
Mural adj mural.
Muralla s muralha, muro que protege uma fortaleza.
Murciélago s morcego.
Murga s banda de músicos ambulantes.
Murmullo s murmúrio, sussurro.
Murmuración s murmúrio, falação, maledicência.
Murmurar v murmurar, sussurrar.
Muro s muro, parede.
Musa s musa.
Muscular adj muscular.
Musculatura s musculatura.
Músculo s músculo.
Musculoso adj musculoso, robusto, forte.
Muselina s musselina.
Museo s museu.
Musgo s musgo, limo.
Música s música.
Musical adj musical.
Musitar v mussitar.
Muslo s coxa.
Mustio adj melancólico, triste, murcho.
Musulmán adj muçulmano.
Mutable adj mutável.
Mutación s mutação, mudança.
Mutilación s mutilação.
Mutilar v mutilar, cortar uma parte do corpo.
Mutismo s mutismo.
Mutualidad s mutualidade.
Mutuamente adv mutuamente.
Mutuo adj mútuo.
Muy adv muito, bastante.
Muzárabe adj moçárabe.

N

ABCDEFGHIJKLMNOPQRSTUVWXYZ

N s décima sexta letra do alfabeto espanhol; MAT n, expoente indeterminado.
Nabo s nabo.
Nácar s nácar, madrepérola.
Nacarado adj nacarado.
Nacer v nascer, sair (dente, pelo, pena), aparecer (astro), brotar (folhas, flores).
Nacido adj nascido.
Naciente adj nascente; s oriente, este, leste.
Nacimiento s nascimento.
Nación s nação.
Nacional adj nacional.
Nacionalidad s nacionalidade.
Nacionalismo s nacionalismo.
Nacionalizar v nacionalizar.
Nada s nada, a não existência, coisa nula; pron nada, coisa nenhuma, não.
Nadar v nadar, flutuar.
Nadería s bagatela, nada.
Nadie pron ninguém.
Nafta s nafta, gasolina.
Naftalina s naftalina.
Nailon s náilon.
Naipe s carta (de baralho).
Nalga s nádega, traseiro.
Nana s nana, acalanto.
Nao s nau, nave, navio.
Napa s napa, pele de cabra curtida.
Napalm s napalm.
Naranja s laranja; adj alaranjado.
Naranjada s laranjada, suco de laranja.
Naranjado adj alaranjado.
Narcisismo s narcisismo.
Narcótico adj narcótico.
Narcotizar v narcotizar, entorpecer, anestesiar.
Nardo s nardo, planta amarilídea.
Nariz s nariz, narina.
Narración s narração, narrativa.
Narrar v narrar, contar, referir.
Narrativo adj narrativo.
Nasa s cesto, samburá.
Nasal adj nasal.
Nasalización s nasalização.
Nata s nata, creme.
Natación s natação.
Natal adj natal, referente ao nascimento.
Natalicio adj natalício; s aniversário.
Natalidad s natalidade.
Natividad s Natal.
Nativo adj nativo, natural.
Natural adj natural.
Naturaleza s natureza.
Naturalidad s naturalidade, normalidade.
Naturalismo s naturalismo.
Naturalizar v naturalizar.
Naufragar v naufragar, soçobrar, ir a pique.
Naufragio s naufrágio.
Náufrago adj náufrago.
Náusea s náusea, enjoo, ânsia.
Nauseabundo adj nauseabundo, nojento, repugnante.
Náutico adj náutico.
Navaja s navalha.
Navajada s navalhada.
Naval adj naval.
Nave s nave, navio, nau.
Navegable adj navegável.
Navegante adj navegante, navegador.
Navegar v navegar.
Navidad s Natal, dia de Natal, nascimento de Jesus.
Naviero s barqueiro, armador; adj naval.
Navío s navio, embarcação grande.
Nazi adj nazista.
Nazismo s nazismo.
Neblina s neblina, nevoeiro, cerração.
Nebulosa s nebulosa.
Necedad s necedade.
Necesario adj necessário.
Necesidad s necessidade.
Necesitar v necessitar, precisar, carecer.
Necio adj néscio, estúpido.
Necrofilia s necrofilia.
Necrología s necrologia.

NEC 116   necrópolis — nosotros

Necrópolis s necrópole, cemitério.
Necropsia s necrópsia, autópsia.
Necrosis s necrose, gangrena.
Néctar s néctar.
Nefando adj nefando, abominável.
Nefasto adj nefasto, funesto.
Nefrítico adj nefrítico.
Negación s negação.
Negado adj negado.
Negar v negar, recusar.
Negativo adj negativo.
Negligencia s negligência, abandono, desmazelo.
Negociar v negociar, comerciar.
Negocio s negócio, transação comercial.
Negro adj negro, preto, escuro.
Negrura s negrura, negritude.
Nene s nenê, bebê, criancinha.
Nenúfar s nenúfar.
Neoclasicismo s neoclassicismo.
Neófito adj neófito.
Neolatino adj neolatino.
Neolítico adj neolítico.
Neologismo s neologismo.
Neón s néon.
Neonato adj recém-nascido.
Nepotismo s nepotismo, favoritismo.
Nervio s nervo, fibra.
Nerviosismo s nervosismo.
Nervioso adj nervoso.
Neto adj claro, límpido, líquido.
Neumático adj pneumático, pneu.
Neumonía s pneumonia.
Neuralgia s nevralgia.
Neurálgico adj nevrálgico.
Neurastenia s neurastenia, nervosismo.
Neurología s neurologia.
Neurólogo s neurologista.
Neurona s neurônio, célula nervosa.
Neurosis s neurose.
Neurótico adj neurótico.
Neutral adj neutro, imparcial.
Neutralidad s neutralidade, imparcialidade.
Neutralizar v neutralizar.
Neutro adj neutro.
Neutrón s nêutron.
Nevada s nevada.
Nevado adj nevado.
Nevar v nevar, alvejar.
Nevera s geladeira, frigorífico.
Neviscar v neviscar, cair pouca neve.
Nexo s nexo, ligação, vínculo, elo.
Ni conj nem, também não.
Nicaragüense adj nicaraguense.
Nicho s nicho, vão, pequena cavidade.
Nicotina s nicotina.

Nidada s ninhada.
Nido s ninho.
Niebla s névoa, nevoeiro.
Nieto s neto.
Nieve s neve.
Nihilismo s niilismo.
Ninfa s ninfa.
Ninfómana s ninfomaníaca.
Ningún pron nenhum.
Ninguno pron, adj nenhum, nulo, ninguém.
Niñez s infância, meninice.
Niño s menino, criança.
Níquel s níquel.
Niquelado adj niquelado.
Nirvana s nirvana.
Nitidez s nitidez, clareza, limpidez.
Nítido adj nítido, claro, límpido.
Nitrato s nitrato.
Nitrogenado adj nitrogenado.
Nitrógeno s nitrogênio.
Nitroglicerina s nitroglicerina, dinamite.
Nivel s nível, instrumento para verificar a altura, prumo.
Nivelar v nivelar, medir, aplainar, aprumar.
Níveo adj níveo, branco, alvo.
No adv não.
Nobiliario adj nobiliário.
Noble adj nobre, elevado.
Nobleza s nobreza.
Noche s noite.
Nochebuena s véspera de Natal.
Noción s noção, ideia, conhecimento.
Nocivo adj nocivo, prejudicial, pernicioso.
Nocturno adj noturno.
Nodriza s nutriz, ama-de-leite.
Nogal s nogueira.
Nómada adj nômade, andarilho.
Nombradía s renome, reputação.
Nombramiento s nomeação.
Nombrar v nomear.
Nombre s nome.
Nomenclatura s nomenclatura, lista, catálogo, terminologia.
Nómina s lista de nomes, relação de funcionários.
Nonagenario adj nonagenário.
Nono adj nono.
Nordeste s nordeste.
Nórdico adj nórdico.
Norma s norma, regra, princípio.
Normal adj normal, regular, ordinário.
Normalizar v normalizar.
Noroeste s noroeste.
Norte s norte.
Nos pron nos, nós.
Nosotros pron nós.

nostalgia — ñudo

Nostalgia *s* nostalgia, tristeza, saudade.
Nostálgico *adj* nostálgico, saudoso, triste, melancólico.
Nota *s* nota, marca, sinal, anotação, apontamento.
Notable *adj* notável.
Notar *v* notar, perceber, observar, reparar.
Notaria *s* cartório.
Notario *s* notário, escriturário, tabelião.
Noticia *s* notícia, informação, informe.
Noticiar *v* noticiar, dar notícia de, comunicar.
Noticiario *s* noticiário.
Notificar *v* notificar, intimar, informar.
Notorio *adj* notório, conhecido, público.
Novatada *s* trote, recepção aos calouros.
Novato *adj* novato, calouro, principiante, recém-chegado.
Novecientos *num* novecentos.
Novedad *s* novidade, notícia, mudança, fato recente.
Novel *adj* novel, noviço.
Novela *s* novela, fantasia, enredo, romance.
Novelar *v* compor ou escrever novelas.
Novelista *s* novelista, autor de novelas e romances.
Novena *s* novena, rezas durante nove dias.
Noveno *adj* nono.
Noventa *num* noventa.
Noviazgo *s* noivado.
Noviciado *s* noviciado.
Noviembre *s* novembro.
Novillo *s* novilho, bezerro.
Novio *s* noivo.
Nubarrón *s* nuvem grande e densa, separada das outras.
Nube *s* nuvem.
Nublado *adj* nublado.
Nublar *v* nublar.
Nuca *s* nuca.
Nuclear *adj* nuclear.
Núcleo *s* núcleo.
Nudillo *s* nódulo, articulação (dos dedos).
Nudismo *s* nudismo.

Nudista *s* nudista.
Nudo *s* nó, laço, laçada.
Nuera *s* nora.
Nuestro *pron* nosso.
Nueva *s* nova, novidade, notícia.
Nueve *num* nove.
Nuevo *adj* novo, recente, moderno.
Nuez *s* noz.
Nulidad *s* nulidade.
Nulo *adj* nulo, sem valor, incapaz.
Numerar *v* numerar.
Número *s* número, quantidade, algarismo, cifra.
Numeroso *adj* numeroso, abundante, em grande quantidade.
Numismática *s* numismática.
Nunca *adv* nunca, jamais.
Nuncio *s* núncio, mensageiro.
Nupcias *s* núpcias, bodas, casamento.
Nutria *s* lontra.
Nutrición *s* nutrição, alimentação, sustento.
Nutrido *adj* nutrido, alimentado.
Nutrir *v* nutrir, alimentar.
Nutritivo *adj* nutritivo, alimentício.
Ñ *s* décima sétima letra do alfabeto espanhol.
Ñaco *s* biscoito doce de farinha de milho.
Ñame *s* inhame.
Ñandú *s* ema, avestruz.
Ñandutí *s* tecido finíssimo feito pelas mulheres do Paraguai.
Ñaña *s* ama-seca, babá.
Ñáñigo *adj* negros cubanos filiados a uma sociedade secreta.
Ñaque *s* montão ou conjunto de coisas inúteis e ridículas.
Ñeque *adj* valente, forte.
Ñiquiñaque *s* pessoa ou coisa desprezível, bagulho.
Ñoñería *s* bobeira, tolice.
Ñoño *adj* tonto, bobo.
Ñu *s* nhu (espécie de antílope).
Ñudo *s* nu, despido, pelado.

ABCDEFGHIJKLMNOPQRSTUVWXYZ

O s décima oitava letra do alfabeto espanhol.
Oasis s oásis.
Obcecación s obsessão, teimosia.
Obcecar v obcecar, teimar.
Obedecer v obedecer, cumprir ordens, acatar.
Obediencia s obediência.
Obelisco s obelisco, monumento.
Obertura s abertura, introdução musical.
Obesidad s obesidade, gordura excessiva.
Obeso adj obeso, muito gordo.
Óbice s óbice, obstáculo.
Obispado s bispado, diocese.
Obispo s bispo.
Óbito s óbito, falecimento.
Objeción s objeção, contestação.
Objetar v objetar, opor, contestar.
Objetivo adj objetivo.
Objeto s objeto.
Oblea s obreia.
Oblicuo adj oblíquo, inclinado, torto.
Obligación s obrigação, dever.
Obligar v obrigar, exigir, determinar.
Obra s obra, ato, ação.
Obrar v realizar, fazer, construir.
Obrero s operário, trabalhador.
Obsceno adj obsceno, indecente, indecoroso.
Obscurecer v obscurecer, escurecer.
Obscuridad s escuridão.
Obsequiar v obsequiar, presentear.
Obsequio s obséquio, presente, dádiva.
Observación s observação, atenção.
Observar v observar, estudar, examinar, olhar, reparar.
Observatorio s observatório.
Obsesión s obsessão.
Obsoleto adj obsoleto, antiquado, arcaico.
Obstáculo s obstáculo, empecilho.
Obstante adj obstante.
Obstar v obstar, impedir.
Obstinación s obstinação.
Obstinarse v obstinar-se, teimar, persistir.
Obstruir v obstruir, impedir, tapar.

Obviar v evitar, afastar.
Ocasional adj ocasional, inesperado, imprevisto, eventual.
Ocasionar v ocasionar, causar, motivar.
Ocaso s ocaso, pôr-do-sol.
Occidental adj ocidental.
Occidente s ocidente, oeste.
Oceánico adj oceânico.
Océano s oceano, mar.
Ocho num oito.
Ocio s ócio, preguiça, tempo livre.
Ocioso adj ocioso, inútil.
Ocluir v obstruir, fechar.
Ocre s ocre.
Octavilla s folha pequena (de papel).
Octogenario adj octogenário.
Octubre s outubro.
Ocular adj ocular, ótico.
Oculista s oculista, oftalmologista.
Ocultar v ocultar, esconder.
Ocultismo s ocultismo.
Oculto adj oculto, escondido, misterioso.
Ocupación s ocupação, emprego.
Ocupante adj ocupante.
Ocupar v ocupar (cargo, emprego), utilizar, usar, empregar.
Ocurrencia s ocorrência.
Ocurrir v ocorrer, acontecer, suceder.
Oda s ode.
Odiar v odiar, abominar, detestar.
Odio s ódio, ira, aversão, rancor.
Odioso adj odioso, detestável.
Odisea s odisseia.
Odontología s odontologia.
Odontólogo s dentista.
Odre s odre.
Oeste s oeste, ocidente, poente, ocaso.
Ofender v ofender, injuriar.
Ofensa s ofensa, agravo, afronta, injúria.
Ofensivo adj ofensivo, agressivo, abusivo.
Oferta s oferta, oferecimento, donativo, proposta.
Oficial adj oficial.

oficina — órbita 119 ÓRB

Oficina s escritório, departamento.
Oficinista s funcionário público, empregado.
Ofidio s ofídio.
Ofrecer v oferecer, ofertar, dar, presentear.
Ofrecimiento s oferecimento.
Ofrenda s oferenda, presente, dádiva.
Oftalmología s oftalmologia.
Oftalmólogo s oftalmologista.
Ofuscación s ofuscação, ofuscamento.
Ofuscar v ofuscar, escurecer, obscurecer.
Oíble adj audível.
Oído s ouvido, audição.
Oír v ouvir, escutar.
Ojal s casa (de botão), furo, buraco.
Ojalá interj oxalá!, Deus permita!
Ojeada s olhada.
Ojear v olhar por alto, dar uma olhada.
Ojera s olheiras.
Ojeriza s ojeriza, antipatia, aversão, má-vontade.
Ojete s ilhós.
Ojiva s ogiva.
Ojo s olho, órgão da visão.
Ola s onda (do mar, de frio), vaga.
Olé interj olé!, viva!.
Oleada s onda grande, vagalhão.
Oleaginoso adj oleaginoso, oleoso.
Óleo s óleo, azeite.
Oleoducto s oleoduto.
Oler v cheirar, farejar, exalar.
Olfatear v farejar.
Olfativo adj olfativo.
Olfato s olfato, cheiro, faro.
Oligarquía s oligarquia.
Oligofrenia s oligofrenia.
Olimpíada s olimpíada.
Olímpico adj olímpico.
Olimpo s olimpo, morada dos deuses gregos.
Oliva s azeitona.
Olivo s oliveira, oliva.
Olla s panela, caldeirada, cozido.
Olmo s olmeiro, olmo, ulmeiro.
Olor s olor, aroma, cheiro.
Oloroso adj oloroso, perfumado.
Olvidar v olvidar, esquecer.
Olvido s olvido, esquecimento.
Ombligo s umbigo.
Ombú s umbuzeiro, árvore do norte do Brasil.
Omisión s omissão, falta.
Omiso adj omisso, descuidado.
Omitir v omitir, excluir, esconder.
Ómnibus s ônibus.
Omnipotencia s onipotência.
Omnipresencia s onipresença.
Omnisciencia s onisciência.
Omnívoro adj onívoro.

Omóplato s omoplata.
Once num onze.
Oncología s oncologia.
Oncólogo s oncologista.
Onda s onda, ondulação.
Ondear v ondear, ondular, fazer ondas.
Ondulación s ondulação.
Ondulado adj ondulado, frisado, crespo.
Ondular v ondular, frisar, encrespar.
Oneroso adj oneroso, dispendioso, pesado.
Onírico adj onírico.
Onomástico adj onomástico.
Onomatopeya s onomatopeia.
Ontología s ontologia.
Onza s onça (antiga moeda, animal).
Opacidad s opacidade.
Opción s opção, escolha.
Ópera s ópera.
Operación s operação.
Operar v operar.
Operario s operário, trabalhador.
Operatorio adj operatório.
Opinar v opinar, entender, considerar.
Opinión s opinião, juízo, julgamento.
Opio s ópio.
Oponente adj oponente, opositor.
Oponer v opor, contrapor, impedir, obstar.
Oportunidad s oportunidade, ocasião, conjuntura.
Oportunismo s oportunismo.
Oportunista adj oportunista.
Oportuno adj oportuno, conveniente, adequado.
Oposición s oposição, resistência, obstáculo.
Opositor s opositor.
Opresión s opressão.
Oprimir v oprimir, reprimir.
Oprobio s opróbrio, ignomínia, afronta.
Optar v optar, escolher, preferir.
Optativo adj optativo, facultativo.
Óptica s óptica.
Optimismo s otimismo.
Óptimo adj ótimo, excelente.
Opuesto adj oposto, contrário.
Opugnar v opugnar.
Opulencia s opulência, abundância, riqueza.
Opulento adj opulento, farto, abundante.
Opúsculo s opúsculo, folheto.
Oración s oração, reza.
Orador s orador, pregador.
Oral adj oral, verbal.
Orangután s orangotango.
Orar v orar, falar em público.
Oratorio adj oratório, eloquente.
Orbe s mundo, universo.
Órbita s órbita, trajetória.

ORD

Orden s ordem, regra, norma.
Ordenación s ordenação.
Ordenado adj ordenado, organizado, metódico.
Ordenador s ordenador, arrumador, computador.
Ordenamiento s ordem, coordenação, prescrição.
Ordenanza s ordenança, estatuto, lei.
Ordenar v ordenar, mandar, dispor.
Ordeñar v ordenhar, tirar leite.
Ordinal adj ordinal.
Ordinario adj ordinário, habitual, comum, rotineiro.
Orear v arejar, refrescar.
Orégano s orégano.
Oreja s orelha.
Orfanato s orfanato, asilo.
Orfandad s orfandade.
Orfebrería s ourivesaria.
Orfeón s orfeão.
Organigrama s organograma.
Organismo s organismo.
Organización s organização.
Organizar v organizar, coordenar, arrumar, dispor, ordenar.
Órgano s órgão (instrumento, parte de um ser vivo), peça, meio (para realizar algo).
Orgasmo s orgasmo, prazer.
Orgía s orgia, bacanal.
Orgullo s orgulho, arrogância, vaidade, desdém, satisfação.
Orgulloso adj orgulhoso, vaidoso, arrogante.
Oriental adj oriental.
Orientar v orientar, dirigir, guiar.
Oriente s oriente, este, leste, nascente.
Orificio s orifício, buraco, abertura.
Origen s origem, princípio, começo.
Original adj original.
Originar v originar, causar, provocar, motivar.
Originario adj originário, proveniente.
Orilla s borda, beira, orla, margem.
Orina s urina.
Orinal s urinol, penico.
Orinar v urinar.
Oriundo adj oriundo, originário, procedente, proveniente.
Ornamental adj ornamental.
Ornamento s ornamento, enfeite, adorno.
Oro s ouro.
Orografía s orografia.
Orondo adj bojudo.
Orquesta s orquestra.
Orquestación s orquestração.
Ortiga s urtiga.
Ortodoxia s ortodoxia.

Ortodoxo adj ortodoxo, dogmático.
Ortografía s ortografia.
Ortopedia s ortopedia.
Ortopédico adj ortopédico.
Oruga s larva, lagarta.
Orujo s bagaço, resíduo (de frutas prensadas), aguardente.
Orvallar v orvalhar.
Orvallo s orvalho.
Orza s talha, vasilha de barro.
Orzuelo s terçol.
Os pron vós.
Osadía s ousadia, atrevimento, audácia.
Osado adj ousado, atrevido, decidido.
Osar v ousar, atrever-se, empreender.
Osario s ossário.
Oscilar v oscilar, balançar.
Óseo adj ósseo, de osso.
Osificar v ossificar.
Ósmosis s osmose.
Oso s urso.
Ostensible adj ostensivo, manifesto, visível.
Ostensivo adj ostensivo.
Ostentación s ostentação, exibição, luxo.
Ostentar v ostentar, alardear, exibir.
Ostra s ostra.
Ostracismo s ostracismo, desterro.
Otear v observar, explorar, investigar.
Otomano adj otomano, turco.
Otoñal adj outonal.
Otoño s outono.
Otorgar v outorgar, dar, conceder, doar.
Otorrinolaringólogo s otorrinolaringologista.
Otro adj outro.
Otrosí adv outrossim, ademais, além disso.
Ovación s ovação.
Ovacionar v ovacionar, aplaudir.
Oval adj oval.
Óvalo s oval, curva geométrica.
Ovario s ovário.
Oveja s ovelha.
Ovillo s novelo.
Ovíparo adj ovíparo.
Ovulación s ovulação.
Ovular adj ovular.
Óvulo s óvulo.
Oxidable adj oxidável.
Oxigenación s oxigenação.
Oxigenado adj oxigenado.
Oxigenar v oxigenar.
Oxigeno s oxigênio.
Oyente adj ouvinte.
Ozono s ozônio.

P

ABCDEFGHIJKLMNOPQRSTUVWXYZ

P s décima nona letra do alfabeto espanhol.
Pabellón s pavilhão, tenda ou barraca, edifício isolado.
Pabilo s pavio, mecha.
Paca s paca (roedor), fardo, pacote.
Pachorra s pachorra, fleuma, indolência.
Paciencia s paciência, calma.
Paciente adj paciente, doente, comedido, calmo.
Pacificar v pacificar, acalmar.
Pacífico adj pacífico, calmo, tranquilo.
Pacifismo s pacifismo.
Pactar v pactuar, combinar, negociar.
Pacto s pacto, acordo, convenção, contrato.
Padecer v padecer, suportar, tolerar, sofrer.
Padecimiento s padecimento, sofrimento.
Padrastro s padrasto.
Padre s pai.
Padrinazgo s apadrinhamento.
Padrino s padrinho.
Padrón s padrão, recenseamento.
Paella s paella (prato típico).
Paga s paga, pagamento.
Pagador s pagador, tesoureiro.
Pagaduría s pagadoria.
Paganismo s paganismo.
Pagano adj pagão, gentio.
Pagar v pagar, retribuir, remunerar.
Página s página.
Paginación s paginação, numeração (de páginas).
Paginar v paginar, enumerar as páginas.
Pago s pagamento, recompensa, prêmio; loc adv extensão determinada de terras ou herdades, em especial de vinhedos ou olivais.
Pagoda s pagode, templo de Oriente.
País s país, região.
Paisaje s paisagem, panorama.
Paisajista s paisagista.
Paisano adj patrício, compatriota, camponês.
Paja s palha, canudo.
Pajar s palheiro.
Pajarera s gaiola, viveiro de aves.
Pájaro s pássaro, passarinho.
Paje s pajem, criado, acompanhante.
Pajilla s canudo, canudinho.
Pajizo adj palhiço, feito de palha.
Pala s pá, raquete, pala.
Palabra s palavra, vocábulo.
Palacete s palacete, mansão.
Palaciego adj palaciano.
Palacio s palácio, residência real, solar.
Paladar s paladar, palato, céu da boca.
Paladear v saborear, degustar.
Paladín s paladino.
Paladino adj público, evidente, notório, comum.
Palafito s palafita.
Palanca s alavanca, barra.
Palangana s bacia, tina.
Palco s camarote, balcão (em teatro).
Palenque s palanque, terreno cercado (para festas e solenidades).
Paleografía s paleografia.
Paleolítico adj paleolítico.
Paleontología s paleontologia.
Palestino adj palestino.
Palestra s palestra.
Paleta s paleta, colher (de pedreiro), pá (de hélice).
Paletó s paletó, sobretudo.
Paleto s homem grosseiro.
Paliar v paliar, atenuar, dissimular.
Paliativo adj paliativo.
Palidecer v empalidecer.
Palidez s palidez.
Pálido adj pálido, apagado, descorado.
Palillero s paliteiro.
Palillo s vareta, palito, baqueta.
Paliza s sova, surra, pancadaria.
Palma s palma, folha da palmeira, palma da mão.
Palmada s palmada, aplauso.
Palmario adj claro, evidente.
Palmatoria s palmatória, castiçal.
Palmear v aplaudir, bater palmas.
Palmera s palmeira.
Palmito s palmeira.

PAL 122 palmo — pardo

Palmo s palmo (medida de comprimento).
Palo s pau, madeira, cajado.
Paloma s pomba.
Palomar s pombal.
Palpable adj palpável.
Palpar v apalpar, tatear.
Palpitar v palpitar, latejar, bater.
Paludismo s paludismo.
Pampa s pampa, planície sul-americana.
Pan s pão, massa.
Pana s veludo (tecido).
Panadería s padaria.
Panadero s padeiro.
Panal s panal, favo de mel.
Panameño adj panamenho.
Páncreas s pâncreas.
Panda s panda, urso panda.
Pandereta s tamborim, pandeiro pequeno.
Pandero s pandeiro.
Pandilla s bando, grupo, turma.
Panecillo s pãozinho.
Panegírico s panegírico, elogio.
Panel s painel.
Pánfilo adj lento, mole, vagaroso.
Panfleto s panfleto, folheto.
Pánico s pânico, pavor, medo.
Panorama s panorama, vista, paisagem.
Panorámico adj panorâmico.
Pantalón s calças.
Pantalla s tela (para projeção de imagens).
Pantano s pântano.
Pantanoso adj pantanoso.
Panteísmo s panteísmo.
Panteón s panteão.
Pantera s pantera.
Pantomima s pantomima.
Pantorrilla s pantorrilha, barriga da perna.
Pantuflo s pantufa, partufo.
Panza s pança, barriga, ventre, bojo (de vasilha).
Pañal s cueiro, fralda.
Paño s pano, tecido, tela.
Pañoleta s lenço, echarpe feminina.
Pañuelo s lenço (de nariz).
Papa s papa, Sumo Pontífice.
Papá s papai, pai.
Papada s papada, queixo duplo.
Papagayo s papagaio, arara.
Papel s papel, folha.
Papeleo s tramitação de papéis.
Papelera s cesto para papéis, fábrica de papel.
Papelería s papelaria.
Papeleta s papeleta, cédula.
Papelón s papelão, papel rídiculo.
Papera s papeira.

Papilla s mingau, sopa cremosa, papinha para crianças.
Papiro s papiro.
Papo s papo, papada, bócio.
Paquete s pacote, embrulho, maço (de papéis).
Paquetería s quinquilharia, miudeza.
Par adj par, igual, número par.
Para prep para.
Parabién s parabéns, felicitação.
Parábola s parábola.
Parabrisas s para-brisas.
Paracaídas s paraquedas.
Paracaidismo s paraquedismo.
Paracaidista s paraquedista.
Parachoques s para-choques.
Parada s parada, paragem.
Paradero s parada, paradeiro, moradia.
Paradigma s paradigma, modelo, exemplo.
Parado adj parado, tímido, vagaroso, lento, desocupado, desempregado.
Paradoja s paradoxo.
Paradójico adj paradoxal.
Parador s estalagem, albergue.
Parafina s parafina.
Parafrasear v parafrasear.
Paraguas s guarda-chuva.
Paraguayo adj paraguaio.
Paraíso s paraíso, éden.
Paraje s paragem, parada.
Paralelo adj paralelo, similar.
Parálisis s paralisia.
Paralítico adj paralítico.
Paralizar v paralisar.
Parámetro s parâmetro.
Paramilitar adj paramilitar.
Páramo s terreno deserto, local ermo.
Parangón s comparação.
Paraninfo s paraninfo, padrinho, salão nobre.
Paranoia s paranoia, delírio, loucura.
Paranormal adj paranormal, fora do normal.
Parapeto s parapeito, proteção.
Parar v parar, deter, fixar.
Pararrayos s para-raios.
Parasicología s parapsicologia.
Parasitario adj parasitário.
Parásito s parasita.
Parasol s guarda-sol, sombrinha.
Parcela s parcela, porção pequena.
Parcelar v parcelar, dividir.
Parche s emplastro, emenda.
Parcial adj parcial, incompleto.
Parcialidad s parcialidade, partido.
Parco adj parco, moderado.
Pardo adj pardo, escuro, sombrio.

parecer — paterno
PAT

Parecer s parecer, opinião; v parecer, opinar, pensar.
Parecido adj parecido, semelhante, similar, análogo.
Pared s parede, muro, tabique.
Pareja s parelha, par, casal.
Parejo adj similar, semelhante.
Parentesco s parentesco, vínculo.
Paréntesis s parêntese.
Paridad s paridade, semelhança.
Pariente adj parente, parecido.
Parir v parir, dar à luz.
Parlamentar v parlamentar, falar, propor.
Parlamentario s parlamentário.
Parlamento s parlamento, assembleia.
Parlanchín adj falador, tagarela.
Parlar v falar, tagarelar, fofocar.
Parloteo s falatório, fofoca.
Paro s interrupção, parada, desemprego.
Parodia s paródia, imitação, gozação.
Parodiar v parodiar, imitar.
Paroxismo s paroxismo, excitação, acesso.
Parpadear v pestanejar, piscar.
Párpado s pálpebra.
Parque s parque, jardim.
Parqué s parquete, assoalho trabalhado, taco.
Parquedad s sobriedade, moderação, austeridade.
Parra s parreira, videira.
Párrafo s parágrafo, alínea.
Parranda s pândega, festa, folia.
Parricidio s parricídio.
Parrilla s grelha de ferro (para assar), botija.
Párroco s pároco, cura, sacerdote.
Parroquia s paróquia, freguesia, igreja.
Parroquiano s paroquiano.
Parsimonia s parcimônia, moderação.
Parsimonioso adj parcimonioso, moderado.
Parte s parte, porção, seção, pedaço.
Partero s parteiro, obstetra.
Partición s partição, partilha.
Participación s participação, aviso.
Participar v participar, comunicar, avisar, notificar.
Participio s particípio.
Partícula s partícula, fragmento.
Particular adj particular, próprio, peculiar, singular, individual.
Partida s partida, saída.
Partidario adj partidário, adepto.
Partido adj partido, repartido, dividido; s partido, agremiação, proveito, vantagem.
Partir v partir, dividir, repartir, desfazer, provir, sair.
Partitura s partitura.
Parto s parto.

Parturienta s parturiente.
Parvulario s jardim-de-infância.
Párvulo adj inocente, pequeno.
Pasa s passa, fruta seca.
Pasadizo s corredor, passagem estreita de casa.
Pasado adj passado, decorrido.
Pasaje s passagem (de trem, de avião).
Pasajero adj passageiro, transitório; s viajante.
Pasaporte s passaporte.
Pasar v passar, conduzir, mudar (de grupo, de opinião).
Pasarela s passarela, ponte pequena.
Pasatiempo s passatempo, diversão, entretenimento.
Pascua s páscoa.
Pase s passe, licença, permissão.
Pasear v passear.
Paseo s passeio, excursão.
Pasillo s corredor, passagem estreita.
Pasión s paixão, perturbação.
Pasional adj passional, exaltado.
Pasividad s passividade, inatividade.
Pasivo adj passivo, inativo.
Pasmado adj pasmado.
Pasmar v pasmar, espantar, admirar-se.
Paso s passo, passada.
Pasquín s pasquim, escrito anônimo, panfleto.
Pasta s pasta, massa, massa comestível, capa de livro.
Pastar v pastar.
Pastel s pastel, torta, empada, lápis (de tons claros).
Pastelería s pastelaria.
Pasteurización s pasteurização, esterilização do leite.
Pastilla s pastilha, pedaço, barra (de sabão, de chocolate).
Pasto s pasto, pastagem.
Pastor s pastor, guardador de rebanhos.
Pastorear v pastorear.
Pastosidad s pastosidade.
Pastoso adj pastoso, viscoso.
Pata s pata (perna de animal, fêmea do pato), pé (de móvel).
Patada s patada, pegada.
Patalear v espernear, bater o pé.
Patán adj caipira, homem rude.
Patata s batata.
Paté s patê, pasta (de fígado de animal).
Patear v chutar, bater o pé (em sinal de protesto).
Patentar v patentear, registrar.
Patente adj patente, evidente, claro, óbvio.
Paternalismo s paternalismo.
Paternidad s paternidade.
Paterno adj paterno, paternal.

PAT

patético — pelota

Patético *adj* patético, comovente, tocante.
Patilla *s* costeletas, suíças.
Patín *s* patim.
Pátina *s* pátina, tom suave (dos quadros antigos).
Patinaje *s* patinação.
Patinar *v* patinar, deslizar com patins, derrapar, resvalar.
Patio *s* pátio, área, recinto descoberto de um edifício.
Pato *s* pato.
Patógeno *adj* patógeno, patogênico.
Patología *s* patologia.
Patraña *s* patranha, mentira, tapeação.
Patria *s* pátria.
Patriarca *s* patriarca, título eclesiástico.
Patrimonio *s* patrimônio, herança, bens de família.
Patriota *s* patriota.
Patriotismo *s* patriotismo.
Patrocinador *adj* patrocinador.
Patrocinar *v* patrocinar, favorecer.
Patrón *s* patrono, protetor, amo, patrão.
Patrulla *s* patrulha, ronda, vigilância.
Patrullar *v* patrulhar, rondar, vigiar.
Paulatino *adj* paulatino, lento, gradual.
Pausa *s* pausa, intervalo, lentidão.
Pauta *s* pauta, guia, norma (de conduta), risco, linha (em papel).
Pautar *v* pautar, riscar linhas.
Pavesa *s* faísca, fagulha.
Pavimentar *v* pavimentar, calçar.
Pavimento *s* pavimento, piso, calçamento.
Pavo *s* peru.
Pavón *s* pavão.
Pavonear *v* pavonear-se.
Pavor *s* pavor, medo, terror.
Pavoroso *adj* pavoroso, terrível.
Payaso *s* palhaço, bobalhão.
Paz *s* paz, tranquilidade.
Peaje *s* pedágio, tarifa.
Peana *s* base, pedestal.
Peatón *s* pedestre.
Peca *s* sarda, pinta.
Pecado *s* pecado, falta.
Pecar *v* pecar, faltar, errar, ofender.
Pecera *s* aquário.
Pecho *s* peito, tórax, seio (de mulher).
Pechuga *s* peituga.
Pectoral *adj* peitoral.
Pecuario *adj* pecuário.
Peculiar *adj* peculiar, particular, privativo, especial.
Peculiaridad *s* peculiaridade, particularidade.
Peculio *s* pecúlio, fazenda, cabedal, bens.
Pedagogía *s* pedagogia, educação.

Pedagogo *s* pedagogo, educador, mestre, professor.
Pedal *s* pedal (de piano, de bicicleta, de máquina).
Pedalear *v* pedalar.
Pedante *adj* pedante.
Pedazo *s* pedaço, parte, porção.
Pederasta *s* pederasta, homossexual.
Pederastia *s* pederastia, abuso sexual contra crianças.
Pedestal *s* pedestal, suporte.
Pedestre *adj* pedestre, rasteiro, ordinário.
Pediatra *s* pediatra.
Pediatría *s* pediatria.
Pedido *s* pedido, encomenda, petição.
Pedigüeño *adj* pedinchão.
Pedir *v* pedir, rogar, desejar.
Pedo *s* peido, pum, gás (intestinal).
Pedrada *s* pedrada.
Pedregoso *adj* pedregoso, irregular, acidentado (terreno).
Pedrero *s* pedreiro, canteiro (de obras).
Pedrisco *s* pedra graúda, granizada.
Pega *s* colagem.
Pegajoso *adj* pegajoso, contagioso.
Pegamento *s* cola, grude.
Pegar *v* pegar, colar, grudar, unir, atar, agarrar, contagiar.
Peinado *adj* penteado.
Peinar *v* pentear.
Peine *s* pente (de cabelo, de tear), peito do pé.
Peineta *s* pente convexo (de enfeite).
Peladilla *s* amêndoa confeitada, pedrinha.
Pelado *adj* pelado, nu.
Pelagatos *s* pobre diabo, morto de fome.
Pelaje *s* pelagem, pelo ou lã (de animal).
Pelar *v* pelar, descascar, arrancar (cabelos, penas, casca), depenar.
Peldaño *s* degrau.
Pelea *s* peleja, luta, batalha, briga, combate.
Pelear *v* pelejar, combater, lutar (duas pessoas), brigar.
Pelele *s* boneco de pano.
Peletería *s* peletaria, comércio de peles finas.
Pelícano *s* pelicano.
Película *s* película, fita cinematográfica, filme.
Peligro *s* perigo, risco, insegurança.
Peligroso *adj* perigoso.
Pelirrojo *adj* ruivo.
Pellejo *s* pele (do ser humano, das frutas), couro.
Pelliza *s* jaqueta ou casaco (com forro de pele).
Pellizcar *v* beliscar, pinçar.
Pellizco *s* beliscão, pitada.
Pelo *s* pelo, cabelo, penugem.
Pelón *adj* pelado, raspado, careca.
Pelota *s* pelota, bola.

pelotera — perjudicar

PER

Pelotera s rixa, briga, confusão, bate-boca.
Pelotilla s bolinha, pelotinha.
Peluca s peruca, cabeleira postiça.
Peludo adj peludo, cabeludo.
Peluquería s cabeleireira, barbearia.
Peluquero s cabeleireiro, barbeiro.
Pelusa s penugem, lanugem.
Pelvis s pélvis, bacia.
Pena s pena, castigo, punição, tormento, dó, compaixão, aflição, desgosto.
Penacho s penacho, cocar.
Penal s penitenciária, prisão.
Penalista s advogado, criminalista.
Penalizar v penalizar, castigar.
Pendencia s pendência, divergência, desavença.
Pender v pender, dependurar-se.
Pendiente adj pendente, dependurado, suspenso; s brinco, pingente, ladeira, declive.
Pendón s pendão, bandeira, estandarte.
Péndulo s pêndulo.
Pene s pênis, falo, genital masculino.
Penetración s penetração.
Penetrante adj penetrante, profundo.
Penetrar v penetrar, entrar, invadir.
Península s península.
Penitencia s penitência, castigo, expiação.
Penitenciaría s penitenciária, prisão, presídio.
Penitenciario s penitenciário, presidiário.
Penoso adj penoso, árduo, trabalhoso, difícil.
Pensado adj pensado, refletido.
Pensador s pensador.
Pensamiento s pensamento.
Pensar v pensar, refletir, meditar.
Pensión s pensão, hospedaria, casa de hóspedes.
Pensionado s pensionato, internato, aposentado.
Pensionista s pensionista, hóspede, aluno interno (em colégio).
Pentágono s pentágono.
Pentagrama s pentagrama.
Pentecostés s pentecostes.
Penúltimo adj penúltimo.
Penumbra s penumbra, sombra, meia-luz.
Penuria s penúria, escassez.
Peña s penha, penedo, pedra, rocha.
Peñasco s penhasco, rocha, rochedo.
Peón s peão, trabalhador não especializado.
Peonza s piorra, pitorra.
Peor adj pior.
Pepinillo s pepino em conserva.
Pepino s pepino.
Pepita s semente (de fruta), pepita.
Pequeño adj pequeno.
Pera s pera.
Percal s percal, tecido de algodão.
Percance s percalço, contratempo.

Percatarse v precatar, prevenir.
Percebe s perceba, marisco marinho.
Percha s cabide, vara de madeira.
Percibir v perceber, receber, recolher.
Percusión s percussão.
Percutir v percutir.
Perder v perder, desperdiçar.
Perdición s perdição, perda.
Pérdida s perda, prejuízo, dano.
Perdido adj perdido.
Perdigón s perdigão.
Perdiz s perdiz.
Perdón s perdão.
Perdonar v perdoar, desculpar.
Perdulario adj perdulário, gastador.
Perdurar v perdurar, subsistir.
Perecer v perecer, morrer, acabar.
Peregrinación s peregrinação.
Peregrinar v peregrinar, viajar.
Peregrino s peregrino, viajante.
Perejil s salsa, salsinha.
Perenne adj perene.
Pereza s preguiça, lentidão.
Perezoso adj preguiçoso.
Perfección s perfeição.
Perfeccionar v aperfeiçoar.
Perfecto adj perfeito.
Perfidia s perfídia.
Pérfido adj pérfido.
Perfil s perfil, contorno.
Perfilado adj afilado, perfeito.
Perfilar v perfilar.
Perforación s perfuração.
Perforar v perfurar, furar, abrir, esburacar.
Perfumar v perfumar, aromatizar.
Perfume s perfume, aroma, fragância, cheiro agradável.
Perfumería s perfumaria.
Pergamino s pergaminho.
Pericardio s pericárdio.
Pericia s perícia, habilidade, destreza.
Periferia s periferia, contorno.
Periférico adj periférico.
Perilla s barbicha.
Perímetro s perímetro, contorno.
Periódico adj periódico.
Periodismo s periodismo, jornalismo.
Periodista s jornalista.
Período s período, espaço de tempo, ciclo menstrual.
Peripecia s peripécia, imprevisto.
Periquito s periquito, louro.
Periscopio s periscópio.
Perito s perito, expert, conhecedor.
Perjudicar v prejudicar.

PER
126

perjuicio — pica

Perjuicio s prejuízo, dano, desvantagem, perda.
Perjurar v perjurar, abjurar.
Perla s pérola.
Permanecer v permanecer, ficar, continuar.
Permanencia s permanência, duração.
Permanente adj permanente, duradouro, estável.
Permeable adj permeável.
Permisivo adj permissivo, tolerante.
Permiso s permissão, licença.
Permitir v permitir, consentir.
Permuta s permuta, troca, intercâmbio.
Permutar v permutar, trocar, intercambiar.
Pernear v espernear.
Pernicioso adj pernicioso, nocivo.
Pernil s pernil, coxa (de animal).
Pernio s dobradiça, gonzo.
Pernoctar v pernoitar.
Pero conj porém, mas.
Perol s tacho, vasilha de metal.
Peroné s perônio.
Perorata s arenga, discurso enfadonho.
Perpendicular adj perpendicular.
Perpetrar v perpetrar, cometer, executar.
Perpetuar v perpetuar, imortalizar, eternizar.
Perpetuo adj perpétuo, eterno.
Perplejidad s perplexidade, incerteza, espanto.
Perplejo adj perplexo, surpreso, espantado.
Perro s cão, cachorro.
Persecución s perseguição.
Perseguir v perseguir, seguir.
Perseverante adj perseverante, persistente.
Perseverar v perseverar, persistir.
Persiana s persiana.
Persignar v persignar.
Persistencia s persistência, insistência.
Persistir v persistir, insistir.
Persona s pessoa, indivíduo.
Personaje s personagem, pessoa notável, figura de ficção.
Personal adj pessoal.
Personalidad s personalidade.
Personalizar v personalizar, personificar, indivualizar.
Personarse v apresentar-se pessoalmente.
Personificar v personificar, personalizar.
Perspectiva s perspectiva.
Perspicaz adj perspicaz.
Persuadir v persuadir, convencer, induzir.
Pertenecer v pertencer.
Pértiga s pértiga, vara comprida, varapau.
Pertinaz adj pertinaz, obstinado, persistente.
Pertinente adj pertinente, concernente.
Pertrechar v prover.
Pertrechos s apetrechos.
Perturbación s perturbação, distúrbio.

Perturbar v perturbar, transtornar.
Perversión s perversão, corrupção.
Perverso adj perverso, depravado.
Pervertir v perverter, viciar, depravar, corromper.
Pesa s peso (peça de balança).
Pesadilla s pesadelo.
Pesado adj pesado, obeso.
Pesadumbre s peso.
Pésame s pêsame, condolência, pesar.
Pesar s pesar, dor, mágoa, desgosto; v pesar, ponderar, padecer.
Pesaroso adj pesaroso, arrependido.
Pesca s pesca, pescaria.
Pescadero s peixeiro.
Pescadilla s pescadinha.
Pescado s pescado, peixe.
Pescador s pescador.
Pescar v pescar.
Pescuezo s pescoço (dos animais).
Pesebre s curral, presépio, estrebaria, manjedoura.
Peseta s peseta, unidade monetária espanhola.
Pesimismo s pessimismo.
Pesimista adj pessimista.
Pésimo adj péssimo, horrível.
Peso s peso.
Pespuntear v pespontar.
Pesquería s pesca, pescaria.
Pesquero adj pescador.
Pesquisa s pesquisa, indagação, informação.
Pesquisar v pesquisar.
Pestaña s pestana.
Pestañear v pestanejar.
Peste s peste.
Pesticida s pesticida.
Pestilencia s pestilência.
Pestillo s fecho.
Petaca s charuteira, tabaqueira.
Pétalo s pétala.
Petardo s petardo.
Petición s pedido, petição, súplica, requerimento, demanda.
Petrificar v petrificar, empedernir.
Petróleo s petróleo.
Petrolero s petroleiro.
Petulancia s petulância, atrevimento.
Petulante adj petulante, descarado, insolente.
Peyorativo adj pejorativo, negativo.
Pez s peixe.
Pezón s mamilo, bico do seio.
Pezuña s úngula.
Piadoso adj piedoso, bondoso, devoto.
Pianista s pianista.
Piano s piano.
Piar v piar.
Pica s lança.

picadero — plana

PLA

Picadero s picadeiro.
Picadillo s picadinho (de carne ou peixe).
Picado adj picado, furado.
Picador s picador, domador de cavalos, toureiro que atiça o touro.
Picadura s picada, mordida (de inseto).
Picaflor s beija-flor, colibri.
Picante adj picante, temperado, ardido.
Picaporte s trinco (de porta), maçaneta.
Picar v picar, ferir, furar, bicar, morder (inseto).
Picardía s picardia, baixeza, velhacaria, astúcia.
Pícaro adj pícaro, astuto, patife.
Pichón s pombinho implume.
Pico s pico, cume (de montanha), bico (de ave), picareta.
Picor s pico, piquete, sabor ácido.
Picota s pelourinho.
Picotada s picada, bicada.
Picotear v picar, bicar.
Picudo adj bicudo.
Pie s pé, pata, base, árvore, final (de página).
Piedad s piedade.
Piedra s pedra.
Piel s pele, derme, couro, casca (de frutas).
Pienso s penso.
Pierna s perna.
Pieza s peça.
Pigmentación s pigmentação.
Pigmentar v pigmentar, colorir.
Pigmeo adj pigmeu.
Pijama s pijama.
Pila s pilha, pia, monte, bateria.
Pilar s pilar, coluna, baliza.
Píldora s pílula, drágea.
Pillaje s pilhagem, saque, roubo.
Pillar v pilhar, saquear, roubar.
Pillo adj velhaco.
Pilón s pia grande, tanque, pilão.
Pilotaje s pilotagem.
Pilotar v pilotar, dirigir, conduzir.
Pilote s piloti, coluna de concreto, estaca.
Piloto s piloto.
Piltrafa s pelanca, frangalhos.
Pimienta s pimenta.
Pimiento s pimentão.
Pimpollo s pimpolho, talo novo (de planta), broto.
Pinacoteca s pinacoteca.
Pinar s pinhal.
Pincel s pincel.
Pinchar v picar, furar, estimular.
Pinchazo s picada, alfinetada.
Pinche s ajudante de cozinheiro.
Pincho s ponta aguda.
Pingajo s frangalho.
Pingüe adj gordo, gorduroso.

Pingüino s pinguim.
Pino s pinheiro.
Pinta s pinta, mancha, sinal.
Pintado adj pintado, colorido.
Pintar v pintar, desenhar, colorir.
Pintor s pintor.
Pintoresco adj pitoresco.
Pintura s pintura, desenho.
Pinzas s pinça, tenaz.
Piña s pinha, ananás.
Piñón s pinhão (semente do pinheiro), roda dentada de engrenagem.
Piojo s piolho.
Pionero adj pioneiro.
Pipa s pipa, tonel, cachimbo.
Pipeta s pipeta, tubo de vidro.
Piqueta s picareta.
Piquete s piquete, grupo de soldados.
Pira s pira, fogueira.
Pirámide s pirâmide.
Piraña s piranha, peixe voraz.
Pirata s pirata, corsário, clandestino.
Piratear v piratear, roubar.
Piratería s pirataria, saque.
Pirómano adj pirômano, piromaníaco.
Piropo s requebro, lisonja.
Pirueta s pirueta, salto.
Piscina s piscina.
Piso s piso, solo, pavimento.
Pisotear v calcar, pisotear, espezinhar.
Pisotón s pisão, pisada.
Pista s pista, rastro, sinal, vestígio.
Pistola s pistola, revólver.
Pistón s pistom, êmbolo.
Pita s piteira.
Pitar v apitar, assobiar.
Pitido s assobio, silvo.
Pitillo s cigarro.
Pito s apito, assobio.
Pivote s pivô, apoio.
Pizarra s ardósia, quadro-negro, lousa.
Pizca s pingo, pouquinho.
Placa s placa, lâmina, chapa de metal.
Pláceme s felicitações, parabéns, congratulações.
Placenta s placenta.
Placer s prazer, contentamento, satisfação, gozo; v aprazer, agradar.
Plácido adj plácido, sossegado, tranquilo.
Plaga s praga, calamidade.
Plagado adj ferido, castigado.
Plagiar v plagiar, copiar, piratear.
Plagio s plágio, cópia, pirataria.
Plan s plano, projeto, ideia.
Plana s plaina (de pedreiro), lauda, folha de papel.

PLA
128
plancha — polimorfismo

Plancha s prancha, lâmina, chapa, ferro (de passar roupa).
Planchar v passar roupa.
Planeador s planador.
Planear v planejar, fazer planos.
Planeta s planeta.
Planetario s planetário.
Planicie s planície.
Planificación s planificação, planejamento.
Planificar v planificar, planejar.
Planisfério s planisfério.
Plano adj plano, liso, raso.
Planta s planta, vegetal.
Plantación s plantação, cultivo.
Plantar v plantar, semear, fixar (num terreno).
Plantear v delinear, traçar, estabelecer.
Plantilla s palmilha, molde.
Plantón s plantão.
Plañidero adj chorão, queixoso.
Plañir v carpir, chorar.
Plaqueta s plaqueta, lajota (de cerâmica).
Plasma s plasma.
Plasmar v plasmar, criar, modelar.
Plástico adj plástico, elástico, moldável; s plástico.
Plata s prata.
Plataforma s plataforma.
Plátano s bananeira, banana, plátano.
Platea s plateia.
Plateado adj prateado.
Platear v pratear.
Plática s conversa, palestra.
Platillo s pires, prato pequeno.
Platino s platina.
Plato s prato.
Playa s praia.
Plaza s praça.
Plazo s prazo.
Plazoleta s pracinha, largo.
Plebe s plebe, gente humilde.
Plebeyo adj plebeu.
Plebiscito s plebiscito.
Plegar v pregar, preguear.
Plegaria s prece, rogo, súplica.
Pleitear v pleitear, demandar.
Pleito s pleito, disputa.
Plenario adj plenário, pleno, completo.
Plenilunio s plenilúnio, lua-cheia.
Plenitud s plenitude, totalidade.
Pleno adj pleno, cheio, inteiro, completo.
Pleonasmo s pleonasmo, redundância.
Pletórico adj pletórico, abundante, repleto.
Pleura s pleura.
Pliego s folha (de papel), carta, documento.
Pliegue s prega, dobra, vinco, ruga.
Plisar v preguear, plissar, franzir.

Plomada s prumo, sonda.
Plomo s chumbo.
Pluma s pluma, pena, plumagem.
Plumaje s plumagem.
Plúmbeo adj cor de chumbo, pesado.
Plumero s espanador, penacho.
Plural adj plural, múltiplo.
Pluralidad s pluraridade, multiplicidade.
Plusvalía s maior valor, mais-valia.
Pluvial adj pluvial.
Pluviómetro s pluviómetro.
Pluvioso adj pluvioso, chuvoso.
Población s povoação, população, povoado.
Poblado s povoado, povoação.
Poblador s povoador, colono.
Poblar v povoar.
Pobre adj pobre, indigente, pedinte.
Pobreza s pobreza, indigência, necessidade, miséria.
Pocilga s pocilga, chiqueiro, curral.
Poción s poção, beberagem.
Poco adj pouco, escasso, limitado; adv breve, brevemente, em pequena quantidade.
Poda s poda, corte, desbastamento.
Podar v podar, cortar, desbastar.
Poder s poder, potência; v poder, ter autoridade, ter meios.
Poderio s poderio, domínio, vigor, bens.
Podredumbre s podridão, perversão.
Podrido adj podre, apodrecido, putrefato, estragado.
Poema s poema.
Poesía s poesia.
Poeta s poeta.
Poético adj poético.
Polar adj polar.
Polarizar v polarizar.
Polea s polia, roldana.
Polémico adj polêmico.
Polemizar v polemizar, discutir, debater.
Polen s pólen.
Policía s polícia.
Policial adj policial.
Policlínica s policlínica.
Policromo adj policromo.
Poliéster s poliéster.
Polifonía s polifonia.
Poligamia s poligamia.
Polígamo s polígamo.
Políglota s poliglota.
Polígono s polígono.
Polígrafo s polígrafo, multicopiador.
Polilla s traça.
Polimorfismo s polimorfismo, mudança de forma.

polinización — posible 129 POS

Polinización s polinização.
Polinizar s polinizar, fecundar (a flor).
Polinomio s polinômio.
Polisílabo adj polissílabo.
Politécnico adj politécnico.
Politeísmo s politeísmo.
Política s política.
Político adj político, cortês, astuto.
Polivalente adj polivalente.
Póliza s apólice, título (de contrato), documento.
Polizón s vagabundo, passageiro clandestino.
Polla s franga, galinha nova.
Pollada s ninhada, criação.
Pollería s avícola, comércio de aves.
Pollero s galinheiro, criador de aves.
Pollo s pinto, frango, galo.
Polo s polo, extremidade.
Polonés s polaco.
Polución s poluição, ejaculação.
Polvareda s poeirada, poeirão.
Polvo s pó, poeira.
Pólvora s pólvora.
Polvoriento adj poeirento, empoeirado.
Polvorín s polvorim, polvorinho.
Polvorizar v polvilhar, pulverizar.
Pomada s pomada.
Pomar s pomar, horto.
Pómez s pedra-pomes.
Pomo s pomo, frasco, vidro pequeno.
Pompa s pompa, aparato, ostentação, fausto.
Pomposo adj pomposo, solene, vaidoso.
Pómulo s maçã do rosto.
Poncho s poncho, manto.
Ponderación s ponderação, equilíbrio, reflexão.
Ponderar v ponderar, refletir.
Poner v pôr, colocar, dispor, estabelecer, atribuir, depositar, incluir, situar.
Poniente s poente, ocidente.
Pontificado s pontificado, papado.
Pontífice s pontífice, papa.
Ponzoña s peçonha, veneno.
Ponzoñoso adj peçonhento, venenoso.
Popa s popa, parte posterior do barco, ré.
Populacho s populacho.
Popular adj popular.
Popularizar v popularizar.
Populoso adj populoso, povoado.
Por prep por, indica causa, meio, estado, tempo.
Porcelana s porcelana, louça fina.
Porcentaje s porcentagem, percentagem.
Porche s alpendre, coberto (na entrada de edifícios).
Pordiosear v esmolar, mendigar.
Pordiosero adj mendigo, molambento.
Porfía s disputa, obstinação.

Porfiar s instar, insistir, teimar, disputar.
Pormenor s pormenor, detalhe.
Pormenorizar v pormenorizar, detalhar.
Pornografía s pornografia.
Pornográfico adj pornográfico.
Poro s poro.
Poroso adj poroso, permeável.
Porqué s porquê.
Porque conj porque.
Porquería s porcaria, lixo, sujeira.
Porra s porrete, bastão, cacete, martelo grande.
Porrón s moringa.
Portada s fachada, frontispício, página de rosto (de livro).
Portador s portador.
Portaequipaje s porta-malas, bagageiro.
Portaestandarte s porta-estandarte, porta-bandeira.
Portafolio s pasta (para papéis).
Portal s portal, pórtico, saguão.
Portamonedas s porta-moedas (níqueis).
Portaplumas s porta-penas, caneta.
Portar v levar, trazer.
Portarretratos s porta-retratos.
Portátil adj portátil.
Portaviones s porta-aviões.
Portavoz s porta-voz.
Portazo s batida da porta.
Porte s porte, transporte, comportamento, atitude, franquia postal.
Portear v portar, levar, conduzir, transportar.
Portento s portento, prodígio.
Portentoso adj portentoso, singular, estranho.
Portería s portaria, saguão.
Portero s porteiro.
Pórtico pórtico, galeria com arcadas.
Portón s portão.
Portorriqueño adj porto-riquenho.
Portuario adj portuário.
Portugués adj português, lusitano.
Porvenir s porvir, futuro.
Posada s moradia, morada, casa, estalagem, pousada.
Posaderas s nádegas.
Posar v posar, descansar, repousar.
Posdata s pós-escrito.
Poseedor adj possuidor.
Poseer v possuir, ter, usufruir.
Posesión s possessão, posse, usufruto, gozo.
Posesivo adj possessivo.
Poseso adj possesso, endemoninhado.
Posibilidad s possibilidade, facilidade, eventualidade.
Posibilitar v possibilitar, tornar possível.
Posible adj possível.

POS
posición — pregón

Posición s posição, postura, categoria, condição social.
Positivismo s positivismo.
Positivo adj positivo, afirmativo.
Poso s sedimento (de um líquido).
Posología s posologia.
Posponer v pospor, pôr, depois.
Postal adj postal; s cartão postal.
Poste s poste.
Postergar v postergar, adiar.
Posteridad s posteridade.
Posterior adj posterior.
Postila s apostila.
Postín s vaidade, presunção.
Postizo adj postiço, artificial, falso.
Postoperatorio adj pós-operatório.
Postración s prostração, abatimento, enfraquecimento.
Postrar v prostrar, debilitar, enfraquecer.
Postre s sobremesa.
Postrero adj póstero, último, derradeiro.
Postrimería s último período, últimos anos da vida.
Postulación s postulação.
Postular v postular, pedir, solicitar.
Póstumo adj póstumo.
Postura s postura, atitude, posição.
Potable adj potável, bebível.
Potaje s caldo, sopa.
Potasio s potássio.
Pote s pote, vaso (de barro, metal).
Potencia s potência, vigor, força.
Potencial adj potencial.
Potencialidad s potencial, potencialidade.
Potenciar v potencializar.
Potentado s potentado.
Potente adj potente, forte, eficaz, vigoroso.
Potestad s potestade, potência.
Potingue s xarope (medicinal), creme, pomadas em geral.
Potranca s potranca, égua nova.
Potro s potro.
Poyo s banco fixo de pedra, madeira.
Pozo s poço.
Pozuelo s poço pequeno, pocinho.
Práctica s prática, experiência, costume.
Practicable adj praticável, fácil.
Practicante adj praticante, ajudante.
Practicar v praticar, exercitar, usar, exercer.
Pradera s pradaria.
Prado s prado, relva, pastagem.
Pragmático adj pragmático.
Preámbulo s preâmbulo, rodeio, cerimônia.
Prebenda s prebenda.
Precario adj precário, inseguro, incerto.

Precaución s precaução, cuidado, cautela.
Precaver v precaver, prevenir.
Precavido s precavido, previdente.
Precedente s precedente, antecedente.
Preceder v preceder, anteceder.
Precepto s preceito, mandato, ordem.
Preceptor s preceptor, mestre.
Preces s preces, orações.
Preciado adj prezado, estimado.
Preciar v apreciar, prezar, estimar.
Precintar v atar, cingir.
Precio s preço, valor.
Precioso adj precioso, valioso, magnífico.
Precipicio s precipício, despenhadeiro.
Precipitación s precipitação.
Precipitado adj precipitado.
Precipitar v precipitar, acelerar.
Precisar v precisar, determinar, fixar, obrigar, força, calcular.
Preciso adj preciso, necessário, indispensável, pontual, fixo, exato, determinado.
Preclaro adj preclaro, esclarecido, brilhante.
Precocidad s precocidade.
Preconcebir v preconceber.
Preconizar v preconizar, recomendar.
Precoz adj precoce, prematuro, antecipado.
Precursor s precursor, antecessor.
Predecesor adj predecessor, precursor, antecessor.
Predecir v predizer, prognosticar.
Predestinar v predestinar.
Predeterminar v predeterminar.
Predicado s predicado.
Predicar v pregar, aconselhar.
Predicción s predição, prognóstico.
Predilección s predileção, preferência.
Predilecto adj predileto, preferido.
Predio s prédio, imóvel.
Predisponer v predispor, dispor, preparar.
Predisposición s predisposição.
Predispuesto adj predisposto.
Predominación s predominação.
Predominancia s predominância, predominação.
Predominante adj predominante.
Predominar v predominar, prevalecer, preponderar.
Predominio s predomínio, poder, superioridade.
Preelegir v eleger antecipadamente.
Preeminente adj preeminente, superior.
Preexistir v preexistir.
Prefacio s prefácio, prólogo.
Preferencia s preferência, prioridade.
Preferir v preferir.
Prefijar v prefixar, determinar, assinalar.
Prefijo adj prefixo.
Pregón s pregão, divulgação, proclamação.

pregonar — primo 131 PRI

Pregonar v apregoar, divulgar.
Pregonero adj pregoeiro.
Pregunta s pergunta, interrogação.
Preguntar v perguntar, interrogar, indagar, questionar.
Prehistoria s pré-história.
Prejuicio s prejuízo, prejulgamento.
Prejuzgar v prejulgar.
Prelación s prelação, preferência.
Prelado s prelado.
Preliminar adj preliminar.
Preludio s prelúdio, introdução, iniciação.
Prematuro adj prematuro, temporão.
Premeditación s premeditação.
Premeditado adj premeditado.
Premeditar v premeditar.
Premiar v premiar, remunerar.
Premio s prêmio, recompensa.
Premolar s pré-molar.
Premonición s premonição, pressentimento.
Premura s pressa, urgência, apuro, instância.
Prenatal adj pré-natal.
Prenda s prenda, penhor, objeto, joia, móvel, peça de vestuário.
Prendar v amar, cativar, gostar muito.
Prender v prender, pegar, agarrar, sujeitar.
Prensa s prensa, máquina de comprimir.
Prensar v prensar, comprimir, apertar.
Prenunciar v prenunciar.
Preñado adj prenhe, carregado.
Preñar v prenhar, fecundar, engravidar.
Preñez s prenhez, gravidez.
Preocupación s preocupação, inquietação, cuidado.
Preocupar v preocupar, inquietar.
Preparación s preparação, preparo, conhecimento.
Preparar v preparar, prevenir, dispor.
Preponderancia s preponderância, predomínio.
Preponderar v preponderar, predominar.
Preposición s preposição.
Prepotente adj prepotente, poderoso.
Prepucio s prepúcio.
Prerrogativa s prerrogativa, privilégio.
Presa s presa, objeto apreendido.
Presagiar v pressagiar, prever, pressentir.
Presagio s presságio, prevenção, pressentimento.
Prescindir v prescindir, renunciar.
Prescribir v prescrever.
Prescripción s prescrição.
Presencia v presença, existência.
Presenciar v presenciar, assistir.
Presentar v apresentar.
Presente adj presente, atual; s regalo, dádiva, tempo atual.

Presentimiento s pressentimento.
Presentir v pressentir, prever.
Preservar v preservar, cuidar, resguardar.
Preservativo s preservativo.
Presidencia s presidência, chefia.
Presidente s presidente, chefe de Estado, chefe, superior.
Presidio s presídio, prisão, penitenciária.
Presidir v presidir, dirigir, regular, superintender.
Presilla s presilha, laço, tira de tecido.
Presión s pressão.
Presionar v pressionar.
Preso adj preso, prisioneiro.
Prestación s préstimo.
Prestado adj emprestado.
Prestamista s pessoa que faz empréstimos.
Préstamo s empréstimo.
Prestar v emprestar, ajudar, auxiliar.
Presteza s presteza, rapidez, agilidade.
Prestigiar v prestigiar.
Prestigio s prestígio.
Presto adj pronto, disposto, rápido.
Presumido adj presumido, vaidoso.
Presumir v presumir, suspeitar.
Presuntuoso adj presumido, vaidoso.
Presuponer v pressupor.
Presupuesto s pressuposto, suposição, orçamento.
Presuroso adj presuroso, pronto, ligeiro, veloz.
Pretender v pretender, desejar, aspirar.
Pretensión s pretensão, solicitação, direito invocado.
Preterir v preterir, excluir, omitir, pôr de lado.
Pretérito adj pretérito, passado.
Pretexto s pretexto, desculpa.
Pretil s mureta, parapeito.
Pretor s pretor, negrura das águas.
Prevalecer v prevalecer, predominar, sobressair, preponderar.
Prevaricar v prevaricar.
Prevenir v prevenir, prever, preparar.
Preventivo adj preventivo, previdente.
Prever v prever, pressupor, calcular.
Previo adj prévio, preliminar, antecipado.
Previsión s previsão, prever.
Previsor adj previdente, prudente.
Prima s prima, prêmio.
Primacía s primazia, excelência, superioridade.
Primario adj primário, principal, primitivo.
Primavera s primavera.
Primaveral adj primaveril.
Primero adj primeiro.
Primigenio adj primitivo, originário.
Primitivo adj primitivo.
Primo adj primeiro; s primo.

PRI
primogénito — prosperar

Primogénito s primogénito, filho mais velho.
Primor s primor, habilidade, esmero, perfeição.
Primordial adj primordial.
Princesa s princesa.
Principal adj principal, essencial.
Príncipe s príncipe.
Principiante adj principiante, novato, aprendiz.
Principiar v principiar, começar, iniciar.
Principio s princípio, começo, origem.
Pringar v besuntar, untar, engordurar.
Pringoso adj gordurento, ensebado.
Prior s prior.
Prioridad s prioridade, primazia.
Prisa s pressa, rapidez, presteza.
Prisión s prisão, cárcere, cadeia.
Prisionero adj prisioneiro.
Prisma s prisma.
Privación s privação.
Privar v privar, proibir, vedar, tomar, tirar.
Privilegiar v privilegiar.
Privilegio s privilégio, direito, vantagem, prioridade.
Proa s proa, dianteira.
Probabilidad s probabilidade, possibilidade.
Probable adj provável, possível.
Probar v provar, demonstrar, justificar, experimentar.
Probeta s proveta.
Probidad s probidade, integridade.
Problema s problema, questão.
Procaz adj procaz, insolente.
Procedencia s procedência, origem, proveniência.
Proceder v proceder, executar, originar.
Prócer adj prócero, alto, eminente, elevado.
Procesal adj processual.
Procesar v processar.
Procesión s processão, procedência, procissão, cortejo religioso.
Proceso s processo, seguimento, decurso.
Proclamar v proclamar, declarar, afirmar.
Procrear v procriar, gerar, produzir.
Procurar v procurar, investigar, buscar.
Prodigar v prodigalizar, dissipar, esbanjar, desperdiçar.
Prodigio s prodígio, maravilha.
Pródigo adj pródigo, esbanjador.
Producción s produção, produto, realização.
Producir v produzir, engendrar.
Productivo adj produtivo.
Producto s produto, resultado.
Proeza s proeza, façanha.
Profanar v profanar, aviltar, desonrar, macular.
Profano adj profano, leigo, secular.
Profecía s profecia.
Proferir v proferir, dizer, pronunciar, falar.

Profesar v professar, exercer, praticar.
Profesión s profissão.
Profesor s professor, mestre, educador.
Profesorado s professorado, corpo docente.
Profeta s profeta.
Profetizar v profetizar, prever, adivinhar.
Profiláctico adj profilático, preventivo.
Profilaxis s profilaxia, prevenção.
Pronosticar v prognosticar, prever, adivinhar.
Pronóstico s prognóstico, previsão.
Prontitud s prontidão, presteza, brevidade.
Pronto adj pronto, veloz, acelerado, rápido.
Pronunciación s pronunciação, pronúncia.
Pronunciamiento s pronunciamento.
Pronunciar v pronunciar, proferir, resolver.
Propaganda s propaganda.
Propagar v propagar, espalhar, difundir, divulgar.
Propalar v propalar, divulgar.
Propasar v ultrapassar.
Propensión s propensão, inclinação.
Propiciar v propiciar, proporcionar.
Propicio adj propício, favorável.
Propiedad s propriedade, direito.
Propietario s proprietário, dono, possuidor.
Propina s propina, gorjeta, gratificação.
Propinar v propinar.
Propio adj próprio, peculiar, exclusivo, conveniente.
Proponer v propor, oferecer.
Proporción s proporção, disposição.
Proporcional adj proporcional.
Proporcionar v proporcionar, facilitar, dispor, dar, fornecer.
Proposición s proposição.
Propósito s propósito, intenção, finalidade.
Propuesta s proposta.
Propuesto adj proposto, oferecido.
Propugnar v propugnar, defender.
Propulsar v propulsar, impelir.
Propulsión s propulsão, impulso.
Prórroga s prorrogação.
Prorrogable adj prorrogável, adiável.
Prorrogar s prorrogar, adiar, suspender.
Prorrumpir v prorromper, irromper.
Prosa s prosa.
Prosaico adj prosaico, trivial.
Proscribir v proscrever, banir, exilar, expulsar.
Proscrito adj proscrito, banido, expulso.
Proseguir v prosseguir, continuar.
Proselitismo s proselitismo.
Prosélito s prosélito, convertido a uma certa religião.
Prosodia s prosódia.
Prospecto s prospecto, programa.
Prosperar v prosperar, progredir.

prosperidad — pulso

Prosperidad s prosperidade, fortuna.
Próspero adj próspero, afortunado, venturoso.
Próstata s próstata.
Prosternarse v prostrar-se.
Prostíbulo s prostíbulo, bordel.
Prostitución s prostituição.
Prostituir v prostituir, corromper, degradar.
Prostituta s prostituta, rameira.
Protagonista s protagonista, personagem principal, astro, estrela.
Protección s proteção, amparo, ajuda, auxílio.
Proteccionismo s proteccionismo.
Protector adj protetor, defensor.
Proteger v proteger, defender, guardar.
Proteína s proteína.
Prótesis s prótese.
Protestante adj protestante, luterano.
Protestantismo s protestantismo, calvinismo, luteranismo, anglicanismo.
Protestar v protestar.
Protesto s protesto.
Protocolo s protocolo, cerimonial diplomático.
Protoplasma s protoplasma.
Prototipo s protótipo, modelo, original.
Protuberancia s protuberância.
Provecho s proveito, utilidade, vantagem.
Provechoso adj proveitoso, útil.
Proveer v prover, abastecer.
Proveniente adj proveniente.
Provenir v provir, nascer, derivar, proceder.
Proverbial adj proverbial, notório.
Proverbio s provérbio, sentença, adágio.
Providencia s providência, prevenção.
Providencial adj providencial.
Provincia s província, divisão (territorial ou administrativa).
Provincial adj provincial.
Provinciano adj provinciano.
Provisional adj provisório.
Provisor s provedor, provisor.
Provocar v provocar, desafiar.
Proximidad s proximidade, vizinhança, cercania.
Próximo adj próximo, vizinho, contíguo, imediato.
Proyectar v projetar (imagens), lançar, arremessar, planejar, traçar.
Proyectil s projétil.
Proyectista s projetista.
Proyecto s projeto, plano, planta, desenhos e cálculos, intenção.
Prudencia s prudência, cautela, moderação.
Prudente adj prudente, cauteloso, moderado.
Prueba s prova, testemunho.
Psicoanálisis s psicanálise.
Psicología s psicologia.
Psicológico adj psicológico.

Psicópata s psicopata.
Psicosis s psicose.
Psicoterapia s psicoterapia.
Psique s psiquê, alma humana.
Psiquiatría s psiquiatria.
Psíquico adj psíquico.
Púa s puá, ponta de arame farpado, dente de pente, espinho.
Púber adj púbere.
Pubertad s puberdade, adolescência.
Pubis s púbis.
Publicación s publicação, edição.
Publicar v publicar, editar.
Publicidad s publicidade, divulgação.
Público adj público, notório, divulgado.
Puchero s panela, caçarola.
Pucho s ponta, resto, toco (de cigarro, de vela).
Púdico adj pudico, casto.
Pudiente adj poderoso, rico, abastado.
Pudor s pudor, recato, vergonha.
Pudrimiento s apodrecimento, podridão, putrefação.
Pudrir v apodrecer, corromper.
Pueblo s povo, povoação, vilarejo, plebe.
Puente s ponte.
Puerco s porco; adj sujo, imundo, vil.
Pueril adj pueril, infantil.
Puerro s porro, alho-porro.
Puerta s porta.
Puerto s porto, garganta, desfiladeiro.
Pues conj pois, já que, visto que.
Puesta s ocaso.
Puesto s posto, local, lugar, emprego, cargo.
Pugilista s pugilista, boxeador.
Pugna s pugna, luta, combate, briga.
Pugnar v pugnar, lutar, combater, brigar.
Pujanza s pujança, vigor, energia, força.
Pujar v puxar, aumentar o preço (em leilão).
Pulcro adj asseado, belo, elegante, limpo.
Pulga s pulga.
Pulgada s polegada.
Pulgar s polegar.
Pulidor s polidor, lustrador.
Pulimento s polimento.
Pulir v polir, lustrar, brunir.
Pulla s expressão obscena ou mordaz.
Pulmón s pulmão.
Pulmonía s pneumonia.
Pulpa s polpa.
Púlpito s púlpito, altar.
Pulpo s polvo.
Pulsación s pulsação.
Pulsar v pulsar, bater, palpitar, latejar.
Pulsera s pulseira, bracelete.
Pulso s pulso, força, vigor.

PUL

pulular — puzzle

Pulular v pulular, brotar, abundar.
Pulverizar v pulverizar, reduzir a pó.
Punción s punção.
Punta s ponta, extremidade, princípio ou fim.
Puntada s ponto, furo de agulha.
Puntal s escora.
Puntapie s pontapé, chute.
Puntear v pontear, pontuar.
Puntera s ponteira, biqueira do calçado.
Puntería s pontaria.
Puntiagudo adj pontiagudo.
Puntillo s ninharia.
Puntilloso adj muito susceptível, exigente.
Punto s ponto, furo, sinal de pontuação, lugar determinado.
Puntuación s pontuação, conjunto de sinais ortográficos.
Puntual adj pontual, diligente, exato.
Puntualidad s pontualidade, exatidão, presteza.
Puntualizar v particularizar, aperfeiçoar.
Puntuar v pontuar, acentuar.
Punzar v punçar.
Puñado s punhado.
Puñal s punhal.
Puñalada s punhalada, golpe de punhal.
Puñetazo s porrada, murro, soco.
Puño s punho, mão fechada.
Pupila s pupila, órfã, menina do olho.
Pupilo s pupilo, hóspede, órfão.

Pupitre s carteira escolar.
Puposo adj que tem feridas nos lábios.
Puramente adv puramente, puro, com pureza.
Puré s purê, pasta.
Pureza s pureza.
Purga s purgação, purgativo.
Purgación s purgação, menstruação.
Purgante adj purgante, purgativo.
Purgar v purgar, limpar, purificar, expiar, pagar.
Purgatorio s purgatório.
Purificante adj purificante.
Purificar v purificar.
Purismo s purismo.
Puritanismo s puritanismo.
Puritano adj puritano.
Puro adj puro, sem mistura.
Púrpura s púrpura.
Purpurina s purpurina.
Purulencia s purulência.
Purulento adj purulento, que tem pus.
Pus s pus, secreção.
Pusilánime adj pusilânime, covarde.
Pústula s pústula.
Putrefacción s putrefação, apodrecimento.
Putrefacto adj putrefato, podre.
Putridez s podridão.
Puya s pua, ponta (de vara).
Puzzle s quebra-cabeças.

ABCDEFGHIJKLMNOPQRSTUVWXYZ

Q s vigésima letra do alfabeto espanhol.
Que pron que, o qual.
Quebrada s quebrada, passagem entre montanhas.
Quebradillo s salto de sapato, salto alto.
Quebradizo adj quebradiço, frágil.
Quebrado adj quebrado, falido, despedaçado, acidentado (terreno).
Quebradura s abertura, fenda, ruptura.
Quebrantar v quebrar, rachar, fender.
Quebranto s quebra, rompimento, fraqueza, debilidade.
Quebrar v quebrar, partir, violar, dobrar, torcer.
Quechua adj quíchua.
Queda s toque de recolher, hora de recolher.
Quedar v ficar, restar, subsistir, permanecer, restar, terminar.
Quedito adv pausadamente.
Quedo adj calmo, quieto.
Quehacer s ocupação, trabalho, afazeres.
Queja s queixa, lamento.
Quejarse v queixar-se, lamentar-se.
Quejido s queixume, queixa, lamento, gemido.
Quejoso adj queixoso.
Quejumbroso adj lamuriento.
Quema s queima, incêndio.
Quemada s queimada.
Quemadura s queimadura.
Quemar v queimar, abrasar.
Quena s flauta ameríndia.
Querella s querela, discórdia.
Querencia s afeto, inclinação.
Querer s querer, ter carinho, amar, afeto.
Querido adj querido.
Quermese s quermesse, feira, festa popular.
Querosén s querosene.
Querubín s querubim, anjo.
Quesadilla s queijadinha, pastel de queijo.
Quesera s queijeira.
Quesería s queijaria, laticínio.
Queso s queijo.

Quetzal s ave americana.
Quevedos s óculos que se segura no nariz.
Quicio s gonzo (de porta ou janela).
Quiebra s quebra, rompimento.
Quien pron quem, o qual.
Quienquiera pron qualquer um, seja quem for.
Quieto adj quieto, calmo.
Quietud s quietude, sossego, tranquilidade, paz.
Quijada s queixada, mandíbula.
Quilatar v aquilatar, avaliar.
Quilate s quilate, unidade de peso para pedras preciosas.
Quilla s quilha (de embarcação).
Quilombo s choça, cabana campestre.
Quimera s quimera, fantasia, utopia.
Quimérico adj quimérico, fictício, imaginário.
Química s química.
Químico adj químico.
Quimono s quimono, túnica japonesa.
Quina s quinino, bingo.
Quincalla s quinquilharia.
Quincena s quinzena.
Quinta s quinta, chácara, casa de campo.
Quintal s quintal.
Quinteto s quinteto.
Quintuplicar v quintuplicar.
Quiñón s quinhão, porção.
Quiosco s quiosque.
Quirófano s sala de cirurgia, centro cirúrgico.
Quiromancia s quiromancia.
Quirúrgico adj cirúrgico.
Quisquilloso adj impertinente, rabugento, meticuloso.
Quiste s quisto, tumor.
Quitamanchas s tira manchas.
Quitar v tirar, resgatar, furtar, impedir, arrebatar, despojar.
Quizá adv quiçá, talvez, possivelmente.
Quórum s quorum.

R

ABCDEFGHIJKLMNOPQRSTUVWXYZ

R s vigésima primeira letra do alfabeto espanhol.
Raba s isca de ovas de bacalhau.
Rabada s rabada, quarto traseiro dos animais abatidos.
Rabadán s rabadão, chefe dos pastores.
Rábano s rabanete.
Rabia s raiva, hidrofobia.
Rabiar v enraivecer, enfurecer-se.
Rabieta s raiva passageira.
Rabino s rabino.
Rabioso adj raivoso, irado, irritado, hidrófobo.
Rabo s rabo, cauda.
Racha s rajada, pé de vento, estilhaço de madeira.
Racial adj racial.
Racimo s cacho, penca.
Raciocinar v raciocinar, pensar.
Raciocinio s raciocínio.
Ración s ração, porção de alimento.
Racional adj racional.
Racionalidad s racionalidade.
Racionalismo s racionalismo.
Racionalización s racionalização.
Racionalizar v racionalizar.
Racionamiento s racionamento.
Racionar v racionar, limitar.
Racismo s racismo.
Racista s racista.
Rada s enseada, baía, porto abrigado.
Radar s radar.
Radiación s radiação, irradiação.
Radiactividad s radiatividade.
Radiactivo adj radiativo.
Radiador s radiador, aquecedor.
Radial adj radial.
Radiante adj radiante, brilhante, esplêndido.
Radiar v irradiar, brilhar, difundir, emitir por rádio.
Radical adj radical.
Radicalización s radicalização.
Radicalizar v radicalizar.
Radicar v radicar, enraizar, firmar, fixar.
Radio s raio (de círculo, de roda), osso do antebraço, rádio (aparelho), radiofusão.
Radio adj errante.
Radiodifusión s rádio-difusão.
Radioescucha s rádio-ouvinte.
Radiofonía s radiofonia.
Radiografía s radiografia.
Radiología s radiologia.
Radiólogo s radiologista.
Radioscopia s radioscopia.
Radioso adj radioso, esplendoroso.
Radioterapia s radioterapia.
Raedera s raspadeira, raspador.
Raer v raspar, rapar, cortar rente.
Ráfaga s rajada, lufada, pé de vento.
Raído adj raspado, puído, gasto, esgarçado.
Rail s trilho de via férrea.
Raíz s raiz.
Raja s racha, fenda, greta, lasca.
Rajá s rajá, marajá.
Rajar v rachar, fender, abrir.
Ralea s espécie, gênero, qualidade.
Rallador s ralador (de cozinha).
Rallar v ralar.
Ralo adj ralo, pouco espesso.
Rama s ramo, galho.
Ramaje s ramagem.
Ramal s ramal, cabo, parte do principal (corda, linha, escada).
Rambla s leito natural das águas de chuva.
Ramera s rameira, prostituta.
Ramificación s ramificação.
Ramificar v ramificar, dividir.
Ramillete s ramalhete, buquê, pequeno ramo de flores.
Ramo s ramo, conjunto de flores, ramalhete.
Rampa s rampa, ladeira, plano inclinado.
Rana s rã.
Ranchero s rancheiro, fazendeiro.
Rancho s rancho, barracão, sítio, chácara, comida que se faz para muitos.
Rancio adj rançoso, velho.

rango — recámara   137   **REC**

Rango s classe, categoria, dignidade.
Ranura s ranhura, sulco, entalhe, encaixe.
Rapar v rapar, tosar rente.
Rapaz adj que rouba, de rapina; s rapaz, jovem.
Rapé s rapé.
Rapidez s rapidez, velocidade.
Rápido adj rápido, veloz, ligeiro.
Rapiña s rapina.
Raposa s raposa.
Raptar v raptar, sequestrar, roubar.
Rapto s rapto, roubo, sequestro.
Raqueta s raquete, palheta.
Raquítico s raquítico, débil, atrofiado.
Raro adj raro, incomum, extravagante.
Rasante adj rasante.
Rasar v rasar, roçar, raspar, igualar.
Rascacielos s arranha-céu.
Rascar v coçar, esfregar, arranhar.
Rasgado adj rasgado.
Rasgar v rasgar, romper, lacerar, arrancar.
Rasgo s rasgo, risco.
Rasguñar v arranhar.
Rasguño s arranhão.
Raso adj raso, plano, liso.
Raspa s pelo, fiado, espinha (de peixe).
Raspador s raspador, raspadeira.
Raspar v raspar, rapar, furtar.
Rasposo adj áspero.
Rastrear v rastrear, rastejar, indagar.
Rastreo s rastreamento.
Rastrero adj rasteiro.
Rastrillo s ancinho.
Rastro s rastro, pista, pegada.
Rastrojo s restolho.
Rasurar v barbear-se.
Rata s rato, ratazana.
Raticida s raticida, veneno para ratos.
Ratificación s ratificação, confirmação.
Ratificar v ratificar, confirmar.
Rato s momento, espaço curto de tempo.
Ratón s rato.
Ratonera s ratoeira.
Raudal s caudal, torrente.
Raudo adj impetuoso, violento, rápido, precipitado.
Raya s raia, risco, arraia, fronteira, risca (de cabelo).
Rayado adj rajado, riscado.
Rayar v raiar, riscar, confinar, limitar.
Rayo s raio, raio (de roda), faísca.
Raza s raça.
Razón s razão, raciocínio, motivo.
Razonable adj razoável, moderado, justo, aceitável.
Razonar v raciocinar, arrazoar, falar, discorrer.

Reacción s reação, resposta.
Reaccionar v reagir, resistir.
Reaccionario adj reacionário, conservador.
Reacio adj resistente, teimoso, desobediente.
Reactivar v reativar, reagir.
Reactivo adj reativo.
Reactor s reator.
Readaptación s readaptação.
Readaptar v readaptar.
Reajustar v reajustar.
Reajuste s reajuste.
Real adj real, existente, verdadeiro.
Realce s realce, destaque.
Realeza s realeza, majestade, soberania.
Realidad s realidade, verdade, veracidade, existência.
Realismo s realismo, monarquia.
Realista adj realista, monarquista.
Realizable adj realizável, factível.
Realizador s realizador, produtor (de cinema ou tevê).
Realizar v realizar, criar, fazer, produzir.
Realzar v realçar, salientar.
Reanimar v reanimar, reavivar, confortar.
Reanudar v retomar, continuar, reiniciar.
Reaparecer v reaparecer, retornar.
Rebajar v rebaixar, diminuir.
Rebanada s rabanada, fatia de pão.
Rebañar v recolher, arrebanhar.
Rebaño s rebanho, gado.
Rebasar v transbordar, ultrapassar.
Rebatir v rebater, repelir, rechaçar, redobrar, reforçar, deduzir, refutar.
Rebato s rebate, alarme, alerta.
Rebelarse v rebelar-se, sublevar-se, resistir.
Rebelde adj rebelde, desobediente, indócil.
Rebelión s rebelião, sublevação, insurreição.
Reblandecer v abrandar.
Rebobinar v rebobinar.
Rebosar v transbordar.
Rebotar v pular (várias vezes), rebater, ricochetear.
Rebozar v rebuçar.
Rebullir v reanimar-se, mover-se, bulir.
Rebuscar v rebuscar, florear.
Rebuzno s zurro.
Recadero s mensageiro, enviado, boy.
Recado s recado, mensagem, lembrança.
Recaer v recair, acontecer de novo.
Recaída s recaída.
Recalcar v recalcar, ajustar, sublinhar, encher.
Recalcitrante adj recalcitrante, teimoso.
Recalentar v reaquecer, esquentar demais, escaldar, excitar.
Recámara s antecâmara.

REC 138   recambio — recuento

Recambio s recâmbio, troca.
Recapacitar v recapacitar, meditar, ponderar.
Recapitular v recapitular, repetir.
Recarga s recarga, sobrecarga.
Recargado adj recarregado, sobrecarregado.
Recargar v recarregar, sobrecarregar.
Recatado adj recatado, discreto.
Recatar v recatar, esconder, ocultar.
Recato s recato, cautela, reserva, honestidade, pudor.
Recaudación s arrecadação, recebimento.
Recaudar v arrecadar, cobrar (impostos, etc), assegurar.
Recelar v recear, desconfiar, suspeitar, temer.
Recelo s receio, suspeita, desconfiança, dúvida.
Receloso adj receoso, desconfiado, medroso.
Recepción s recepção, admissão (em emprego, sociedade), festa.
Recepcionista s recepcionista.
Receptividad s receptividade, vulnerabilidade (a doenças).
Receptor adj receptor, aparelho de rádio.
Recesión s recessão.
Receta s receita, fórmula, prescrição médica.
Recetar v receitar, prescrever, ordenar, indicar, medicar.
Recetario s receituário, formulário.
Rechazar v rechaçar, repelir.
Rechazo s rechaço, repulsa, ressalto.
Rechifla s escárnio, mofa, zombaria.
Rechinar v chiar, ranger.
Rechoncho adj rechonchudo, gorducho.
Recibir v receber, cobrar, acolher, hospedar, aceitar, admitir.
Recibo s recibo, recebimento, quitação.
Reciclaje s reciclagem, reaproveitamento.
Recién adj recém, recente.
Reciente adj recente, novo, fresco.
Recinto s recinto, espaço limitado, âmbito.
Recio adj forte, vigoroso, duro (de gênio).
Recipiente s recipiente, vasilha, receptáculo.
Reciprocidad s reciprocidade, correspondência.
Recíproco adj recíproco, mútuo.
Recital s recital, concerto.
Recitar v recitar, declamar, narrar.
Reclamación s reclamação, protesto.
Reclamar v reclamar, exigir, reivindicar.
Reclame s propaganda comercial.
Reclamo s anúncio, propaganda, comercial, voz da ave (chamando outra).
Reclinar v reclinar, inclinar, encostar.
Recluir v encerrar, pôr em reclusão, isolar.
Recluso adj recluso, preso, prisioneiro.
Recluta s recruta.

Reclutar v recrutar, convocar, alistar.
Recobrar v recobrar, recuperar.
Recodo s ângulo, cotovelo, volta (de rio, estrada).
Recogedor s recolhedor, máquina de recolher, pá de lixo; adj acolhedor.
Recoger v recolher, apanhar, guardar, compilar.
Recogido adj recolhido, retirado.
Recogimiento s recolhimento.
Recolección s colheita, compilação, arrecadação.
Recolectar v colher, cobrar, arrecadar.
Recomendable adj recomendável.
Recomendar v recomendar, avisar, solicitar.
Recompensa s recompensa, indenização, prêmio.
Recompensar v recompensar, premiar, indenizar.
Recomponer v recompor, compor, reparar.
Reconcentrar v reconcentrar.
Reconciliar v reconciliar, congraçar.
Recóndito adj recôndito.
Reconfortante adj reconfortante, confortador.
Reconfortar v reconfortar, animar.
Reconocer v reconhecer, examinar, registrar, verificar.
Reconocimiento s reconhecimento, declaração.
Reconquista s reconquista.
Reconquistar v reconquistar, recuperar.
Reconstitución s reconstituição.
Reconstituir v reconstituir, recompor.
Reconstrucción s reconstrução.
Reconstruir v reconstruir.
Reconvenir v repreender, recriminar.
Recopilar v recopilar, coligir, recolher.
Recordar v recordar, lembrar, memorizar.
Recorrer v recorrer, percorrer.
Recorrido s trajeto, percurso, itinerário, caminho.
Recortable adj recortável.
Recortar v recortar, cortar, aparar.
Recorte s recorte (de livro, de jornal).
Recostar v recostar, reclinar, inclinar.
Recoveco s reviravolta, voltas (de rua, rio, etc).
Recrear v recriar, recrear, divertir, alegrar.
Recreativo adj recreativo, divertido.
Recreo s recreio, recreação, entretenimento, área de lazer.
Recriminar v recriminar, incriminar, repreender.
Recrudecer v recrudescer, aumentar, agravar-se.
Recrudecimiento s recrudescimento, aumento.
Rectángulo s retângulo.
Rectificar v retificar, corrigir.
Rectitud s retidão, integridade.
Recto adj reto, direito, aprumado, exato.
Rector s reitor, governante.
Recua s récua.
Recubrimiento s recobrimento.
Recubrir v recobrir, cobrir.
Recuento s reconto, contagem.

recuerdo — reglamentación   139   **REG**

Recuerdo s recordação, lembrança.
Recular v recuar, retroceder.
Recuperable adj recuperável, restituível.
Recuperar v recuperar, reaver.
Recurrir v recorrer, recuperar.
Recurso s recurso, volta, retorno, meio, expediente.
Recusar v recusar, rejeitar, opor-se.
Red s rede (para pesca, caça, etc), malha, grade, entrelaçamento.
Redacción s redação (texto escrito, local onde se redige, conjunto de redatores).
Redactar v redigir, escrever, lavrar.
Redactor s redator.
Rededor adv redor.
Redención s redenção.
Redil s redil.
Redimir v redimir, remir, resgatar.
Rédito s renda, rendimento, juro.
Redoblar v redobrar, duplicar, rufar (tambor).
Redoma s redoma.
Redomado adj astuto, cauteloso.
Redondear v arredondar, libertar.
Redondilla s redondilha.
Redondo adj redondo, esférico, curvo.
Reducción s redução, diminuição.
Reducido adj reduzido, diminuído.
Reducir v reduzir, diminuir, retrair, restringir.
Reducto s reduto.
Reductor s redutor.
Redundancia s redundância, repetição.
Redundar v redundar, transbordar, sobrar.
Reduplicar v reduplicar, duplicar.
Reeducar v reeducar, readaptar.
Reelección s reeleição.
Reelegir v reeleger.
Reembolsar v reembolsar.
Reembolso s reembolso.
Reemplazar v substituir.
Reemplazo s substituição.
Reencarnar v reencarnar.
Reestructurar v reestruturar.
Refectorio s refeitório.
Referencia s referência, informação.
Referente adj referente, alusivo.
Referir v referir, relatar, narrar, contar, atribuir.
Refinado adj refinado, esmerado, requintado.
Refinar v refinar, depurar.
Refinería s refinaria.
Reflectar v refletir (a luz, o calor, etc).
Reflector s refletor.
Reflejar v refletir, repercutir.
Reflejo adj refletido, ponderado.
Reflexionar v refletir, pensar, ponderar.
Reflexivo adj reflexivo.

Refluir v refluir, voltar, retroceder.
Reflujo s refluxo, mudança, movimento da maré.
Reforma s reforma, conserto, reparação.
Reformar v reformar, modificar, melhorar, consertar, reparar.
Reformatorio s reformatório.
Reformista s reformista.
Reforzado adj reforçado, fortalecido, fortificado.
Reforzar v reforçar, fortalecer, fortificar.
Refractario adj refratário, oposto.
Refrán s refrão, provérbio.
Refregar v esfregar, roçar, friccionar.
Refrenar v refrear, reprimir, corrigir.
Refrendar v referendar, autorizar, avalizar.
Refrescante adj refrescante.
Refrescar v refrescar, refrigerar.
Refresco s refresco, bebida fria.
Refriega s refrega, batalha, disputa.
Refrigerador s refrigerador.
Refrigerar v refrigerar, refrescar.
Refuerzo s reforço, socorro, auxílio, ajuda.
Refugiado adj refugiado, protegido.
Refugiar v refugiar, abrigar, esconder.
Refugio s refúgio, abrigo, amparo, albergue.
Refulgir v refulgir, brilhar, resplandecer.
Refundir v refundir, refazer.
Refutar v refutar, contestar, rebater.
Regadera s regador, aguador.
Regalado adj agradável, suave, dado, muito barato.
Regalar v presentear, dar.
Regalía s regalia, privilégio.
Regalo s presente, dádiva, cortesia, convite, comodidade, descanso.
Regañar v repreender, rosnar (o cão), ralhar.
Regar v regar, molhar, aguar.
Regatear v regatear.
Regazo s regaço, seio.
Regencia s regência.
Regeneración s regeneração, reabilitação.
Regenerar v regenerar, reabilitar.
Regentar v reger.
Régimen s regime, modo de governo, dieta alimentar.
Regimiento s regimento, unidade militar.
Regio adj régio, real.
Región s região, território, lugar.
Regional adj regional, local.
Regir v reger, governar, dirigir.
Registrar v registrar, verificar, assinalar, anotar.
Registro s registro, análise, exame, livro de dados, escritura.
Regla s régua, regra, norma, modelo, menstruação, método.
Reglaje s regulagem.
Reglamentación s regulamentação.

REG
reglamentar — remojar

Reglamentar v regulamentar, normatizar, instituir.
Reglamentario adj regulamentar, institucional.
Reglamento s regulamento, estatuto.
Reglar v regrar, regular, pautar, alinhar.
Regocijar v regozijar, festejar, alegrar.
Regocijo s regozijo, gozo.
Regodearse v deleitar-se, gracejar.
Regordete adj gorducho.
Regresar v regressar, retornar, voltar, retroceder.
Regresión s regressão.
Regresivo adj regressivo.
Regreso s regresso, chegada, volta.
Reguero s corrente de água, rastro.
Regulación s regulamento, ajustamento.
Regular v regular, ajustar.
Regularidad s regularidade.
Regularizar v regularizar, regulamentar, ajustar.
Regurgitar v regurgitar.
Rehabilitación s reabilitação.
Rehabilitar v reabilitar, reparar, regenerar.
Rehacer v refazer, corrigir, consertar, repor.
Rehén s refém.
Rehogar v refogar, cozinhar em fogo lento.
Rehuir v retirar, afastar, evitar.
Rehusar v recusar, rejeitar.
Reimprimir v reimprimir, reeditar.
Reina s rainha, soberana.
Reinado s reinado.
Reinar v reinar.
Reincidencia s reincidência.
Reincidir v reincidir, repetir (erro ou delito).
Reino s reino.
Reintegrar v reintegrar.
Reintegro s reintegração, reabilitação.
Reinvindicar v reivindicar, reclamar (um direito).
Reír v rir, gracejar.
Reiteración s reiteração, confirmação.
Reiterar v reiterar, confirmar.
Reiterativo adj reiterativo.
Reja s grade, rótula.
Rejilla s ralo (de pia, tanque), grelha.
Rejo s ferrão, aguilhão.
Rejuvenecer v rejuvenescer, remoçar.
Relación s relação, conexão, correspondência, comunicação, narração, descrição.
Relacionar v relacionar, encadear, corresponder, aproximar.
Relajante adj relaxante.
Relajar v relaxar, descontrair, distrair, depravar.
Relamer v lamber, babar-se.
Relámpago s relâmpago.
Relampaguear v relampejar.
Relanzamiento s relançamento.
Relanzar v relançar, rejeitar.

Relatar v relatar, contar, narrar, referir, mencionar.
Relatividad s relatividade.
Relativo adj relativo, condicional.
Relato s relato, narração, descrição, conto.
Relegar v relegar, separar, afastar.
Relevante adj relevante, importante, excelente, saliente.
Relevar v relevar, exonerar, remediar, substituir (uma pessoa por outra).
Relevo s rendição (de guarda, de sentinela), substituição.
Relicario s relicário, caixa de relíquias.
Relieve s relevo, destaque, realce.
Religión s religião.
Religioso adj religioso, crente, pio, devoto.
Relinchar v relinchar, rinchar.
Reliquia s relíquia.
Rellano s patamar, descanso (de escada).
Rellenar v inflar, encher-se, rechear.
Relleno adj recheio, cheio, recheado.
Reloj s relógio.
Relojería s relojoaria.
Relojero s relojoeiro.
Reluciente adj reluzente, brilhante, resplandecente.
Relucir v reluzir, brilhar, resplandecer.
Relumbrar s brilhar, reluzir, resplandecer.
Remachar v arrebitar, rebitar pregos.
Remanente adj remanescente, resíduo.
Remangar v arregaçar (as mangas, a roupa).
Remanso s remanso, água parada.
Remar v remar.
Rematado adj rematado, inteiro, completo.
Rematar v rematar, arrematar, finalizar, concluir.
Remate s arremate, conclusão, fim.
Remedar v arremedar, imitar.
Remediar v remediar, consertar, socorrer, prevenir.
Remedio s remédio, recurso, auxílio, solução.
Rememorar v rememorar, relembrar, lembrar.
Remendar v remendar, consertar, reforçar, corrigir, emendar.
Remero s remador.
Remesa s remessa, expedição, despacho, envio.
Remiendo s remendo, conserto.
Remilgo s afetação, melindre.
Reminiscencia s reminiscência, lembrança, recordação.
Remisión s remissão, relaxamento, perdão.
Remitente s remetente, expedidor.
Remitir v remeter, mandar, expedir.
Remo s remo, asa (das aves), patas (dos quadrúpedes).
Remojar v molhar, embeber, empapar.

remojo — repuesto   141   **REP**

Remojo s molho.
Remolacha s beterraba.
Remolcador adj rebocador.
Remolcar v rebocar.
Remolino s redemoinho.
Remolón adj preguiçoso, lento, vadio.
Remolque s reboque.
Remontar v remontar, encavalar.
Remordimiento s remorso, arrependimento.
Remoto adj remoto, distante, afastado.
Remover v remover, mover, mudar de lugar.
Remozar v remoçar, rejuvenescer.
Remuneración s remuneração, salário.
Remunerar v remunerar, pagar, compensar.
Renacentista adj renascentista.
Renacer v renascer, reviver.
Renacimiento s renascimento.
Renacuajo s girino de rã.
Renal adj renal.
Rencilla s rixa.
Rencor s rancor.
Rencoroso adj rancoroso.
Rendición s rendição.
Rendido adj rendido.
Rendija s fenda, rachadura, fresta.
Rendimiento s rendimento, submissão, sujeição.
Rendir v render, sujeitar, prestar contas.
Renegado adj renegado, descrente.
Renegar v renegar, negar, abominar.
Reno s rena.
Renombrado adj renomado, famoso, célebre.
Renombre s renome, fama, celebridade.
Renovable adj renovável.
Renovar v renovar, reformar, mudar.
Renquear v coxear, claudicar.
Renta s renda, rendimento.
Rentabilidad s rentabilidade.
Rentable adj rentável, rendoso.
Renuncia s renúncia, abandono.
Renunciar v renunciar, abandonar, desistir.
Reñido adj renhido, disputado, oposto.
Reñir v renhir, disputar, lutar.
Reo s réu, criminoso, culpado.
Reorganizar v reorganizar, reestruturar.
Reparación s reparação, conserto.
Reparar v reparar, consertar, arrumar.
Reparo s reparo, conserto, restauração.
Repartir v repartir, dividir, distribuir.
Reparto s repartição, partilha, divisão, distribuição.
Repasar v repassar, examinar.
Repaso s repasse, estudo ligeiro, verificação.
Repatriación s repatriação, extradição.
Repatriar v repatriar, extraditar.
Repelente adj repelente, asqueroso, repulsivo.

Repeler v repelir, expulsar, recusar, rejeitar.
Repentino adj repentino, súbito, inesperado.
Repercusión s repercussão.
Repercutir v repercutir, ecoar.
Repertorio s repertório, conjunto.
Repetir s repetir, refletir.
Repicar s repicar, tanger, tocar (sino).
Repique s repique, toque dos sinos.
Repisa s suporte, estante.
Replantear v expor um assunto novamente.
Replegar s preguear novamente.
Repleto adj repleto, muito cheio, abarrotado.
Réplica s réplica, contestação, contra-argumentação.
Replicar v replicar, contestar contra-argumentar.
Repliegue s prega dupla.
Repoblación s repovoamento (de pessoas, animais).
Repoblar v repovoar, reflorestar.
Repollo s repolho.
Reponer v repor, restituir, substituir.
Reportaje s reportagem.
Reportar v refrear, reprimir, moderar.
Reportero s repórter, jornalista.
Reposar v repousar, descansar, sossegar, sedimentar, pousar (um líquido).
Reposición s reposição, restituição.
Reposo s repouso, descanso, serenidade, sossego.
Repostar v abastecer, reabastecer, repor.
Repostería s confeitaria (arte, ofício, estabelecimento).
Reprender v repreender, corrigir.
Reprensible adj repreensível.
Reprensión s repreensão.
Represa s represa, açude, comporta.
Represalia s represália, vingança.
Representación s representação, exposição, exibição.
Representar v representar, expor, exibir.
Represión s repressão, proibição.
Represivo adj repressivo, repressor.
Reprimir v reprimir, conter, moderar, frear.
Reprobable adj reprovável, censurável, condenável.
Reprobar v reprovar, censurar, condenar.
Reprochar v reprovar, desaprovar, censurar.
Reproducir v reproduzir, multiplicar.
Reptil s réptil.
República s república.
Republicano adj republicano.
Repudiar v repudiar, rechaçar, desamparar, enjeitar.
Repudio s repúdio, abandono.
Repuesto s reserva de provisões, reposição, peças de reposição.

REP

repugnancia — retahíla

Repugnancia s repugnância, aversão, repulsa, nojo, asco.
Repugnar v repugnar, contradizer.
Repulsa s repulsa, recusa, aversão.
Repulsión s repulsão, repulsa.
Reputación s reputação, fama, conceito, renome.
Requerimiento s requerimento.
Requerir v requerer, exigir.
Requesón s requeijão.
Requiebro s requebro.
Requisitar v requisitar.
Requisito s requisito, condição.
Res s rês, quadrúpede (doméstico ou selvagem).
Resabio s ressaibo, mau sabor.
Resaca s ressaca.
Resaltar v ressaltar, sobressair.
Resalte s saliência.
Resarcir v ressarcir, compensar, indenizar.
Resbalar v resvalar, deslizar, escorregar.
Rescatable adj resgatável, recuperável, reaproveitável.
Rescatar v resgatar, trocar.
Rescate s resgate, troca.
Rescindir v rescindir, invalidar, anular (um contrato).
Rescisión s rescisão, anulação.
Rescoldo s rescaldo.
Resecar v ressecar, secar.
Reseco adj resseco.
Resentirse v ressentir-se.
Reseña s resenha, descrição.
Reserva s reserva, prevenção, guarda.
Reservado adj reservado, cauteloso, prudente, discreto.
Reservar v reservar, guardar, conservar.
Reservista s reservista.
Resfriado s resfriado, gripe.
Resfriarse v resfriar-se, esfriar-se, ficar resfriado, gripar-se.
Resguardar v resguardar, proteger, defender, amparar.
Resguardo s resguardo, segurança, precaução, cautela.
Residencia s residência, moradia, domicílio.
Residir v residir, morar, habitar.
Residual adj residual.
Residuo s resíduo, resto.
Resignar v resignar, renunciar, tolerar.
Resina s resina.
Resistencia s resistência, defesa, recusa.
Resistir v resistir, defender, contrariar, recusar.
Resollar v resfolegar, ofegar.
Resolución s resolução, ânimo, decisão.
Resolver v resolver, solucionar, deliberar.
Resonancia s ressonância, repercussão.

Resonar v ressonar, repercutir, ecoar.
Resoplar v soprar, assoprar, arfar.
Resoplido s assopro.
Resorte s mola.
Respaldar v respaldar, proteger, assentar, apoiar.
Respaldo s respaldo, espaldar, encosto.
Respecto loc adv a respeito de, respeito, razão, relação.
Respetable adj respeitável, digno, considerável.
Respetar v respeitar, considerar.
Respeto s respeito, consideração.
Respetuoso adj respeitoso, respeitador.
Respingar v respingar.
Respingo s respingo.
Respiración s respiração.
Respirar v respirar.
Resplandecer v resplandecer, brilhar.
Resplandor s resplendor, brilho, esplendor.
Responder v responder, contestar.
Responsabilidad s responsabilidade.
Responsable adj responsável.
Respuesta s resposta, réplica.
Resquebrajar v fender, rachar.
Resquicio s resquício, fenda.
Resta s subtração, diminuição, resto.
Restablecer v restabelecer, repor.
Restablecimiento s restabelecimento.
Restallar v estalar, estralar, ranger.
Restante adj restante, resto, resíduo.
Restar v restar, subtrair, diminuir, sobrar.
Restauración s restauração, reparação, conserto, restabelecimento.
Restaurante s restaurante.
Restaurar v restaurar, recuperar, recobrar.
Restitución s restituição, devolução.
Restituir v restituir, devolver.
Resto s resto, resíduo.
Restregar v esfregar com força.
Restricción s restrição, limitação, redução.
Restrictivo adj restritivo.
Restringir v restringir, delimitar, reduzir.
Resucitado adj ressuscitado.
Resucitar v ressuscitar, reviver.
Resuelto adj resoluto.
Resulta s resultado, efeito.
Resultado s resultado, consequência.
Resultar v resultar.
Resumen s resumo, recapitulação.
Resumir v resumir.
Resurgimiento s ressurgimento, reaparição.
Resurgir v ressurgir, reaparecer, ressuscitar.
Resurrección s ressurreição, ressurgimento.
Retablo s retábulo, painel.
Retaguardia s retaguarda.
Retahíla s fileira, série.

retar — rezumar   143   REZ

Retar v desafiar, provocar.
Retardado adj atrasado.
Retardar v retardar, atrasar, prolongar.
Retardo s retardamento, atraso.
Retazo s retalho, fragmento, pedaço.
Retemblar v estremecer, tremer.
Retén s provisão de coisas, reserva.
Retención s retenção, demora, detenção.
Retener v reter, demorar, guardar, conservar, deter.
Retentiva s memória, retentiva.
Reticencia s reticência.
Reticente adj reticente, omisso.
Retina s retina.
Retirada s retirada, retrocesso.
Retirado adj retirado, distante, reformado.
Retirar v retirar, aposentar.
Retiro s retiro, solidão, reforma.
Reto v desafio, reto.
Retocar v retocar, restaurar.
Retoñar v rebentar, abrolhar.
Retoque s retoque.
Retorcer v retorcer.
Retorcimiento s retorcimento, contorção.
Retórica s retórica.
Retornar v retornar, voltar, devolver, restituir.
Retorno s retorno, retrocesso, devolução.
Retorta s retorta.
Retozar v traquinar, saltar, brincar.
Retracción s retração, contração.
Retractar v retratar, desdizer.
Retraer v retrair, afastar, dissuadir, diminuir.
Retraído adj retraído, tímido.
Retransmisión s retransmissão.
Retransmitir v retransmitir.
Retrasar v atrasar, adiar, demorar.
Retraso s atraso, demora, adiamento.
Retratar v retratar, fotografar, descrever.
Retrato s retrato, cópia, fotografia.
Retrete s latrina, privada, banheiro.
Retribución s retribuição, pagamento, recompensa, salário.
Retribuir v retribuir, pagar, remunerar, recompensar.
Retroactivo adj retroativo.
Retroceder v retroceder, recuar, voltar atrás.
Retroceso s retrocesso, regressão.
Retrógrado adj retrógrado, reacionário.
Retrospectivo adj retrospectivo.
Retrovisor s retrovisor.
Retumbar v retumbar, rebombar.
Reumático adj reumático.
Reumatismo s reumatismo.
Reumatólogo s reumatologista.
Reunión s reunião, agrupamento.

Reunir v reunir, juntar, agrupar, congregar, convocar.
Reválida s revalidação.
Revalidar v revalidar, confirmar, ratificar.
Revalorizar v revalorizar.
Revancha s revanche, vingança.
Revelación s revelação.
Revelador adj revelador.
Revelar v revelar, descobrir, manifestar.
Revender v revender.
Reventa s revenda.
Reventar v rebentar, arrebentar, explodir.
Reverberación s reverberação, reflexão (de luz ou calor).
Reverberar v reverberar.
Reverdecer v reverdecer, revigorar.
Reverencia s reverência, respeito, veneração.
Reverenciar v reverenciar.
Reverendo adj reverendo (forma de tratamento para religiosos).
Reversible adj reversível, com retorno.
Reverso s reverso, costas.
Revés s reverso, costas.
Revestimiento s revestimento, cobertura.
Revestir v revestir, cobrir.
Revisar v revisar, rever, reexaminar.
Revisión s revisão, reexame, releitura.
Revisor adj, s revisor, fiscal.
Revista s revista, exame, inspeção, publicação periódica, magazine, teatro de revista.
Revistar v revistar, inspecionar, passar revista.
Revivir v reviver, ressuscitar.
Revocar v revogar, anular, desfazer, invalidar.
Revolcar v derrubar, maltratar, revolver.
Revolotear v revolutear, revoltear, revoar, voejar.
Revoltijo s confusão, embrulhada.
Revoltoso adj revoltoso, revoltado, inquieto.
Revolución s revolução, mudança de governo.
Revolucionar v revolucionar.
Revolucionario adj revolucionário.
Revólver s revólver, pistola.
Revolver v revolver, agitar, mexer, remexer, misturar.
Revoque s reboco, armagassa, para rebocar.
Revuelo s revoada, revoo.
Revuelta s viravolta, revolta, rodeio.
Revuelto adj revolto, revolvido, revoltoso, travesso, inquieto.
Rey s rei, monarca.
Reyerta s rixa, contenda, briga, altercação.
Rezagar v atrasar, retardar, protelar, adiar.
Rezar v rezar, orar.
Rezo s reza, oração.
Rezongar v resmungar, rezingar.
Rezumar v verter, gotejar.

RÍA

Ría s foz.
Riachuelo s regato, rio pequeno.
Riada s cheia, enchente.
Ribazo s ribanceira, encosta.
Ribera s ribeira, margem de rio.
Ribereño adj ribeirinho.
Ricamente adv comodamente, confortavelmente.
Ricino s rícino.
Rico adj rico, opulento, delicioso, precioso, valioso.
Ridiculizar v ridicularizar.
Ridículo adj ridículo.
Riego s rega, água para regar.
Riel s trilho (de via férrea), barra de metal.
Rienda s rédea, correia.
Riesgo s risco, azar, perigo.
Rifa s rifa, sorteio.
Rifar v rifar, sortear.
Rifle s rifle, espingarda.
Rigidez s rigidez.
Rígido adj rígido, austero, severo, áspero.
Rigor s rigor, severidade.
Riguroso adj rigoroso, severo.
Rima s rima, consonância.
Rímel s rímel, máscara para os cílios.
Rincón s rincão, canto, ângulo, domicílio.
Riña s rixa, briga, pendência, disputa.
Riñón s rim.
Río s rio.
Riqueza s riqueza, abundância, opulência.
Risa s riso, risada.
Risible adj risível, ridículo.
Ristra s réstia.
Risueño adj risonho, alegre, agradável.
Rítmico adj rítmico.
Ritmo s ritmo.
Rito s rito, cerimônia.
Ritual s ritual.
Rival adj rival, competidor, adversário.
Rivalidad s rivalidade, antagonismo, competição.
Rivalizar v rivalizar, competir, antagonizar.
Rizar v frisar, ondear, encaracolar-se (os cabelos).
Rizo adj crespo, ondeado, frisado, cacheado.
Róbalo s robalo, peixe.
Robar v roubar, furtar.
Roble s carvalho.
Robustecer v robustecer, fortalecer, revigorar.
Robusto adj robusto, forte, vigoroso.
Roca s roca, rocha, rochedo.
Rocalla s cascalho.
Roce s roçadura, fricção, atrito leve.
Rociar v orvalhar, borrifar.
Rocío s orvalho, chuvisco.
Rodaja s rodela.
Rodaje s rodagem (de veículos, de filmes).

Rodapié s rodapé, friso.
Rodar v rodar, girar, rolar, circular.
Rodear v rodear, cercar, circundar.
Rodeo s rodeio, desvio.
Rodilla s joelho, rótula.
Rodillo s cilindro, rolão.
Roedor adj roedor.
Rogar v rogar, pedir, suplicar.
Rogativa s rogativa.
Rojo adj vermelho.
Romántico adj romântico, sentimental.
Romería s romaria, peregrinação.
Romo adj rombo.
Rompecabezas v quebra-cabeças.
Rompeolas s quebra-mar.
Romper v romper, quebrar, despedaçar.
Rompimiento s rompimento.
Ron s rum.
Roncar v roncar, ressonar.
Ronco adj rouco.
Ronda s ronda, vigilância.
Rondar v rondar, vigiar.
Ronquera s rouquidão, afonia.
Ronquido s ronco.
Roña s sarna (do gado), cascão, sujeira.
Roñoso adj ronhoso, porco, sujo.
Ropa s roupa, vestimenta, veste.
Ropaje s roupagem, vestimenta.
Ropero s roupeiro, guarda-roupas.
Rosa s rosa, cor-de-rosa.
Rosal s roseira.
Rosario s rosário, enfiada.
Rosca s rosca, parafuso e porca, volta de espiral, bolo.
Rostro s rosto, face, fisionomia, bico (das aves).
Rotación s rotação, giro, rodízio (em plantação).
Rotativo adj rotativo.
Rotatorio adj rotatório.
Roto adj roto, rasgado esfarrapado, quebrado.
Rótula s rótula, osso do joelho.
Rotulador adj rotulador.
Rotular v rotular, epigrafar.
Rótulo s rótulo, etiqueta.
Rotundo adj rotundo, completo, preciso.
Rotura s ruptura, fratura, rompimento.
Rozamiento s roçamento, divergência.
Rozar v roçar, friccionar.
Rubí s rubi.
Rubio adj louro ou loiro, ruivo.
Rubor s rubor.
Ruborizar v ruborizar, corar.
Rúbrica s rubrica, assinatura abreviada.
Rubricar v rubricar, assinar.
Rucio adj ruço, pardo.
Rudeza s rudeza.

rudimentario — rutinario

Rudimentario *adj* rudimentar, simples.
Rudimento *s* rudimento.
Rudo *adj* rude ou rudo.
Rueca *s* roca (instrumento para fiar).
Rueda *s* roda.
Ruedo *s* rodagem, contorno, orla, circuito.
Ruego *s* rogo, súplica.
Rugir *v* rugir, bramir, urrar.
Rugoso *adj* rugoso, enrugado.
Ruido *s* ruído, barulho, rumor.
Ruidoso *adj* ruidoso, barulhento.
Ruin *adj* ruim, desprezível, mesquinho.
Ruína *s* ruína, perda, destruição.
Ruindad *s* ruindade, mesquinharia.
Ruinoso *adj* ruinoso.

Ruiseñor *s* rouxinol.
Ruleta *v* roleta.
Rulo *s* rolo, cilindro (para nivelar a terra).
Rumbo *s* rumo, ostentação.
Rumboso *adj* faustoso, generoso.
Rumiante *adj* ruminante.
Rumiar *v* ruminar.
Rumor *s* rumor, sussurro.
Rupestre *adj* rupestre.
Ruptura *s* ruptura, fratura, rompimento.
Rural *adj* rural, rústico.
Rústico *adj* rústico, rural, primitivo.
Ruta *s* rota, rumo, itinerário, roteiro.
Rutina *s* rotina, hábito, costume.
Rutinario *adj* rotineiro, habitual.

S

ABCDEFGHIJKLMNOPQRSTUVWXYZ

S s vigésima segunda letra do alfabeto espanhol.
Sábado s sábado.
Sabana s savana, planície arenosa extensa.
Sábana s lençol.
Sabandija s réptil pequeno, inseto.
Sabañón s frieira, inflamação de frio.
Sabático adj sabático.
Sabedor adj sabedor, informado, instruído.
Sabelotodo s sabichão.
Saber v ter notícia, ter habilidade, conhecer, saber; s saber, ciência, conhecimento.
Sabiduría s sabedoria, conhecimento, prudência.
Sabihondo adj sabichão, presunçoso.
Sabio adj sábio, sensato, erudito.
Sable v sabre, adaga.
Sabor s sabor, gosto.
Saborear v saborear, degustar.
Sabotaje s sabotagem.
Sabroso adj saboroso.
Sabueso adj sabujo, cão de caça.
Sacacorchos s saca-rolhas.
Sacamuelas s mau dentista, charlatão.
Sacapuntas s apontador.
Sacar v tirar, extrair, separar, descobrir, tirar, ganhar (em sorteio).
Sacarina s sacarina, adoçante artificial.
Sacarosa s sacarose, açúcar.
Sacerdocio s sacerdócio.
Sacerdote s sacerdote, religioso.
Saciable adj saciável.
Saciar v saciar, fartar, matar (fome, sede).
Saciedad s saciedade, fartura.
Saco s saco (de papel, pano, couro), roupa folgada.
Sacralizar v sacralizar, tornar sagrado.
Sacramento s sacramento, sinal de Deus.
Sacrificar v sacrificar, imolar.
Sacrificio s sacrifício, oferenda.
Sacrilegio s sacrilégio, profanação, ultraje.
Sacrílego adj sacrílego, ultrajante, ímpio.
Sacristán s sacristão.
Sacristía s sacristia.
Sacro adj sacro, sagrado.
Sacrosanto adj sacrossanto, sagrado.
Sacudida s movimento brusco.
Sacudir v sacudir.
Sádico adj sádico.
Sadismo s sadismo.
Saeta s seta, flecha, ponteiro de relógio, bússola.
Safari s safári.
Saga s saga, lenda escandinava.
Sagacidad s sagacidade, astúcia.
Sagaz adj sagaz, perspicaz, arguto, astuto.
Sagrado adj sagrado, sacro.
Sagrario s sacrário.
Sagú s sagu, espécie de fécula.
Sahumar v defumador, fumegar, embalsamar.
Saín s banha, gordura, sebo animal.
Sainete s molho picante, peça teatral cômica.
Sajar v sarjar, escarificar.
Sajón adj saxão, saxônio.
Sal s sal.
Sala s sala, compartimento grande.
Salado adj salgado.
Salamandra s salamandra.
Salame s salame, embutido de carne de porco.
Salar v salgar, salgar demais, pôr em salmoura.
Salarial adj salarial.
Salario s salário, pagamento, ordenado.
Salazón s salgadura.
Salchicha s salsicha.
Salchichería s salsicharia.
Salchichón s salsichão, paio.
Saldar v saldar, liquidar, vender a preço baixo.
Saldo s saldo, pagamento, liquidação.
Salero s saleiro.
Saleroso adj gracioso, gostoso, safado.
Salida s saída (ocasião, lugar).
Salidizo s sacada, saliência.
Salido adj saído, saliente, animal que está no cio.
Saliente adj saliente, proeminente.
Salinidad s salinidade.
Salir v sair, partir, nascer, ressaltar.
Salitre s salitre, nitrato de potássio.
Salitroso adj salitroso.

saliva — sauce

147

SAU

Saliva s saliva, cuspe.
Salivación s salivação, baba.
Salivar v salivar, cuspir.
Salmo s salmo, cântico.
Salmón s salmão.
Salmuera s salmoura.
Salobre adj salobre, salobro.
Salón s salão, sala grande.
Salpicadero s painel de comando dos carros.
Salpicadura s salpicadura.
Salpicar v salpicar, borrifar.
Salpicón s salpicão, picado de carne, paio.
Salpimentar v temperar com sal e pimenta.
Salsa s molho, tempero, salsa.
Saltador adj saltador.
Saltamontes s gafanhoto.
Saltar s saltar, pular.
Salteador s salteador, ladrão, foragido.
Saltear v assaltar, roubar, atacar, dourar
(alimentos).
Saltimbanqui s saltimbanco, acrobata.
Salto s salto, pulo, queda de água, cachoeira,
omissão (em uma lista, leitura).
Salubre adj saudável, salutar.
Salubridad s salubridade.
Salud s saúde, bom estado.
Saludable adj saudável, bom.
Saludar v saudar, cumprimentar.
Saludo s saudação, cortesia, cumprimento.
Salutación s saudação, cumprimento.
Salva s salva (de artilharia), saudação, aplauso.
Salvación s salvação, salvamento.
Salvado adj salvo.
Salvadoreño adj salvadorenho.
Salvaguardar v salvaguardar, proteger, garantir.
Salvaguardia s salvaguarda, salvo-conduto.
Salvaje adj selvagem, inculto, agressivo.
Salvajismo s selvageria, brutalidade.
Salvamento s salvamento.
Salvar v salvar, livrar, libertar.
Salvavidas s salva-vidas, boia.
Salve interj salve!
Salvedad s escusa, desculpa, reserva.
Salvo adj salvo, ileso, liberto, ressalvado, omitido.
Salvoconducto s salvo-conduto.
Samurai s samurai.
Sanar v sanar, curar, sarar.
Sanatorio s sanatório, hospital.
Sanción s sanção, estatuto, lei.
Sancionar v sancionar, confirmar.
Sandalia s sandália.
Sándalo s sândalo.
Sandez s sandice, bobagem.
Sandía s melancia.
Sandwich s sanduíche.

Saneamiento s saneamento.
Sanear v sanear, reparar.
Sangrar v sangrar.
Sangre s sangue.
Sangría v sangria, frutas, limão.
Sangriento adj sangrento.
Sanguijuela s sanguessuga.
Sanguinario adj sanguinário.
Sanguíneo adj sanguíneo.
Sanguinolento adj sanguinolento.
Sanidad s sanidade, saúde, higiene.
Sanitario adj sanitário.
Sano s são, saudável, inteiro.
Santiamén s num instante.
Santidad s santidade, pureza.
Santificación s santificação.
Santificar v santificar, tornar santo, abençoar.
Santiguar v benzer-se, santigar.
Santo adj santo, perfeito, canonizado.
Santuario s santuário, templo.
Saña s sanha, ira, furor.
Sapo s sapo, batráquio.
Saquear v saquear, depredar, pilhar.
Saqueo s saque, pilhagem, depredação.
Sarampión s sarampo.
Sarcasmo s sarcasmo, ironia, zombaria.
Sarcástico adj sarcástico, irônico.
Sarcófago s sarcófago, túmulo, ataúde.
Sardina s sardinha.
Sargento s sargento.
Sarmiento s haste flexível, broto de videira.
Sarna s sarna.
Sarro s sarro, sedimento, tártaro (nos dentes),
ferrugem (nos cereais).
Sarta s enfiada, fileira, série.
Sartén s frigideira.
Sastre s alfaiate.
Sastrería s alfaiataria.
Satán s satã, satanás.
Satanismo s satanismo.
Satélite s satélite.
Satén s cetim.
Satinado adj acetinado, sedoso, brilhante.
Satinar v acetinar, amaciar, tornar sedoso.
Sátira s sátira, escrito ou dito que ridiculariza.
Satírico adj satírico, irônico.
Satirizar v satirizar, ridicularizar, criticar.
Satisfacción s satisfação, reparação, explicação.
Satisfacer v satisfazer, reparar, pagar, contentar,
agradar, cumprir, saciar, tranquilizar.
Satisfactorio adj satisfatório, suficiente, aceitável.
Satisfecho adj satisfeito, farto, contente.
Saturación s saturação, fartura.
Saturar v saturar, fartar, saciar, impregnar.
Sauce s salgueiro, árvore.

SAÚ

saúco — sendero

Saúco s sabugueiro.
Sauna s sauna.
Savia s seiva.
Saxofón s sax, saxofone.
Saya s saia, espécie de túnica.
Sayal s burel.
Sayo s roupa folgada.
Sazón s maturação, ponto oportuno.
Sazonar v temperar, apimentar, amadurecer.
Se pron se.
Sebáceo adj sebáceo, sebento.
Sebo s sebo, gordura.
Secadero s local para secar.
Secador s secador de cabelos, estufa, secadora.
Secano s sequeiro.
Secante adj secante.
Secar v secar, enxugar, murchar, esgotar.
Sección s seção, parte, divisão, corte.
Seccionar v seccionar, cortar, dividir, fracionar.
Seco adj seco, enxuto, murcho, ressecado, magro.
Secreción s secreção.
Secretar v segregar, secretar.
Secretario s secretário.
Secreto adj secreto, oculto, escondido.
Secta s seita.
Sectario s sectário.
Sector s setor, ala, parte.
Secuaz adj sequaz.
Secuela s sequela, consequência, resultado.
Secuencia s sequência, sucessão.
Secuestrador s sequestrador, raptor.
Secuestrar v sequestrar, raptar, penhorar, executar judicialmente.
Secular adj secular.
Secularizar v secularizar.
Secundar v secundar.
Secundario adj secundário.
Sed s sede, secura, avidez.
Seda s seda (fibra, fio, tecido).
Sedante s sedativo, calmante, paliativo.
Sedar v sedar, acalmar.
Sede s sede, capital.
Sedentario adj sedentário, inativo, de pouco movimento.
Sedición s sedição, revolta, rebelião.
Sediento adj sedento, ansioso, sequioso.
Sedimentar v sedimentar, depositar-se.
Sedimento s sedimento, depósito.
Sedoso adj sedoso, macio, acetinado, lustroso.
Seducción s sedução.
Seducir v seduzir, atrair, encantar.
Seductor adj sedutor, cativante, tentador.
Segar v segar, ceifar.
Seglar adj secular, leigo.
Segmentación s segmentação, fragmentação.

Segmentar v segmentar, fragmentar.
Segmento v segmento, parte, fragmento.
Segregación s segregação, separação.
Segregar v segregar, separar, afastar.
Seguida adv em seguida.
Seguido adj contínuo, sucessivo, direto; adv em seguida.
Seguimiento s seguimento, prosseguimento, continuação.
Seguir v seguir, perseguir, prosseguir.
Según prep segundo, conforme.
Segundo adj segundo; s segundo (sexagésima parte do minuto).
Seguridad s segurança, confiança.
Seguro adj seguro, confiável, certo, garantido.
Seis num seis.
Selección s seleção, escolha, eleição.
Seleccionar v selecionar, escolher, eleger.
Selectivo adj seletivo.
Selecto adj seleto, selecionado, escolhido.
Selector s seletor, classificador.
Sellar v selar, carimbar.
Sello v selo, estampilha, carimbo.
Selva s selva, floresta.
Selvático adj selvático, selvagem.
Semáforo s semáforo, sinal para veículos.
Semana s semana.
Semanal adj semanal.
Semanario s semanário.
Semántica s semântica.
Semblante s semblante, fisionomia.
Semblanza s semelhança, esboço biográfico.
Sembrado adj semeado.
Sembrar v semear.
Semejante adj semelhante, parecido, similar.
Semejar v semelhar, parecer.
Semen s sêmen, esperma.
Sementera s sementeira.
Semestral adj semestral.
Semestre s semestre.
Semicircular adj semicircular.
Semicírculo s semicírculo.
Semilla s semente, grão.
Seminario s seminário.
Seminarista s seminarista.
Semiología s semiologia.
Semita adj semita.
Sémola s sêmola, farinha de cereal.
Senado s senado, assembleia.
Senador s senador.
Sencillez s simplicidade.
Sencillo adj simples, singelo, sincero, ingênuo, crédulo.
Senda s senda, caminho, vereda, atalho.
Sendero s senda, atalho.

senil — sí 149 SÍ

Senil *adj* senil, idoso.
Senilidad *v* senilidade.
Seno *s* seio, mama, peito, enseada.
Sensación *s* sensação, impressão.
Sensacional *adj* sensacional, impressionante.
Sensacionalismo *s* sensacionalismo.
Sensatez *s* sensatez, prudência, juízo.
Sensato *adj* sensato, prudente, ajuizado, maduro.
Sensibilidad *s* sensibilidade.
Sensibilizar *v* sensibilizar.
Sensible *adj* sensitivo, sensível.
Sensitivo *adj* sensitivo, sensível.
Sensual *adj* sensual.
Sensualidad *s* sensualidade.
Sentado *adj* sentado, assentado.
Sentar *v* sentar, assentar.
Sentencia *v* sentença, parecer, ditame, provérbio.
Sentenciar *v* sentenciar, decidir, arbitrar.
Sentido *adj* sentido, suscetível, sensível.
Sentimental *adj* sentimental, afetuoso.
Sentimentalismo *s* sentimentalismo.
Sentimiento *s* sentimento.
Sentir *v* sentir.
Seña *s* senha, sinal, indício.
Señal *s* sinal, marca.
Señalar *v* assinalar, indicar, marcar.
Señor *s* senhor, dono, amo, proprietário, chefe, patrão.
Señorear *v* assenhorear-se, dominar, mandar.
Señorío *s* senhorio.
Señuelo *s* chamariz.
Separable *adj* separável.
Separación *s* separação, desunião.
Separar *v* separar, apartar.
Separata *s* separata, impresso feito à parte.
Separatismo *s* separatismo.
Sepelio *s* enterro, sepultamento.
Septentrional *adj* setentrional, do norte.
Septicemia *s* septicemia, infecção generalizada.
Séptico *adj* séptico, infecto.
Septiembre *s* setembro.
Séptimo *num* sétimo.
Septuagenario *s* setuagenário, entre setenta e oitenta anos de idade.
Sepulcro *s* sepulcro, tumba, túmulo, jazigo.
Sepultar *v* sepultar, enterrar.
Sepultura *s* sepultura, sepulcro, jazigo.
Sepulturero *s* coveiro.
Sequedad *s* aridez, sequidão.
Sequía *s* seca, secura.
Séquito *s* séquito, cortejo.
Ser *v* ser, existir, haver, estar; *s* essência, natureza, ser, ente.
Serafín *s* serafim, anjo.
Serenar *v* serenar, sossegar, acalmar, pacificar.

Serenata *s* serenata, concerto musical noturno e ao ar livre.
Serenidad *s* serenidade, tranquilidade, calma, sossego.
Sereno *adj* sereno, calmo, tranquilo; *s* guarda-noturno.
Serial *s* série, novela (de rádio ou televisão).
Serie *s* série, conjunto, sucessão.
Seriedad *s* seriedade, gravidade, decoro.
Serigrafía *s* serigrafia.
Serio *adj* sério, grave, circunspecto, severo, sisudo, sincero, verdadeiro.
Sermón *s* sermão, pregação.
Sermonear *v* passar sermão, repreender, exortar.
Serpentear *v* serpentear.
Serpentina *s* serpentina.
Serpiente *s* serpente, cobra.
Serrallo *s* serralho.
Serranía *s* serrania, serra, cordilheira.
Serrano *adj* serrano.
Serrar *v* serrar, cortar com serra.
Serrín *s* serragem.
Serrucho *s* serrote.
Servicial *adj* serviçal, solícito, atencioso.
Servicio *s* serviço.
Servidor *s* servidor, criado, servente.
Servidumbre *s* servidão, criadagem, sujeição.
Servil *adj* servil, humilde, bajulador.
Servilismo *s* servilismo, subserviência, humildade.
Servilleta *s* guardanapo.
Servir *v* servir, ajudar, colaborar, desempenhar (emprego), valer, fazer uso, suprir.
Sesión *s* sessão, reunião (de assembleia, junta, tribunal).
Seso *s* miolo, cérebro.
Sestear *v* cochilar, fazer a sesta.
Sesudo *adj* sisudo.
Seta *s* cogumelo.
Seudónimo *s* pseudônimo.
Severidad *s* severidade, rigor, gravidade, seriedade.
Severo *adj* severo, rigoroso, áspero, grave, sério.
Sexo *s* sexo, gênero.
Sexología *s* sexologia.
Sexólogo *s* sexólogo.
Sexteto *s* sexteto, grupo de seis.
Sexto *num* sexto; *s* sexta parte.
Sexuado *adj* sexuado.
Sexual *adj* sexual.
Sexualidad *s* sexualidade.
Sheriff *s* xerife.
Shock *s* choque.
Short *v* short.
Show *s* show, espetáculo.
Sí *adv* sim, certamente.

SI

si — sindicalista

Si *conj* se, conforme, ainda que, contanto que; s si, nota musical.
Siamés s siamês.
Sibarita *adj* sibarita.
Siberiano *adj* siberiano.
Sibila s sibila.
Sibilante *adj* sibilante.
Sida s aids.
Sideral *adj* sideral.
Siderurgia s siderurgia.
Siderúrgico *adj* siderúrgico.
Sidra s cidra, bebida feita de maçã.
Siega s sega, ceifa.
Siembra s semeadura, sementeira.
Siempre *adv* sempre.
Sien s têmpora.
Sierpe s serpente, cobra.
Sierra s serra, serrote, cordilheira.
Siervo s servo, escravo.
Siesta s sesta, calor (depois do meio-dia), sono, descanso, cochilo (após o almoço).
Siete *num* sete.
Sífilis s sífilis (doença venérea).
Sifilítico *adj* sifilítico.
Sifilógrafo v sifiligrafo, médico especialista em sífilis.
Sifón s sifão.
Sigilo s sigilo, segredo.
Sigiloso *adj* sigiloso, secreto.
Sigla s sigla, abreviatura.
Siglo s século, cem anos.
Signar v assinar, persignar.
Signatario s signatário, quem assina.
Signatura s assinatura, firma.
Significación s significação, sentido, acepção.
Significado *adj* significado.
Significar v significar, representar.
Significativo *adj* significativo.
Signo v signo, indício, sinal, estigma, signo do Zodíaco.
Siguiente *adj* seguinte, posterior.
Silaba s sílaba.
Silabear v silabar, dividir em sílabas.
Silábico *adj* silábico.
Silbar v assobiar.
Silbato s apito.
Silbido s assobio.
Silbo s assobio, som agudo, silvo.
Silencio s silêncio, pausa.
Silencioso *adj* silencioso, mudo, calado.
Silice s sílice.
Silicona s silicone.
Silla s cadeira, assento, sela.
Sillar s silhar, selandouro.
Sillería s conjunto de cadeiras.

Sillón s cadeira com braços, poltrona, sela grande.
Silo s silo.
Silogismo s silogismo.
Silueta s silhueta, perfil.
Silvestre *adj* silvestre, agreste.
Silvicultor s silvicultor.
Silvicultura s silvicultura, cultura dos bosques e dos montes.
Sima s abismo.
Simbiosis s simbiose.
Simbólico *adj* simbólico, alegórico.
Simbolismo s simbolismo.
Simbolista *adj* simbolista.
Simbolizar v simbolizar, representar.
Simbolo s símbolo, representação.
Simbología s simbologia.
Simetría s simetria, harmonia, proporção.
Simétrico *adj* simétrico.
Simiente s semente.
Símil s símile, comparação.
Similar *adj* similar, análogo.
Similitud s similitude, semelhança, analogia.
Simio s símio, macaco.
Simonía s simonia.
Simpatía s simpatia, afinidade.
Simpático *adj* simpático.
Simpatizante *adj* simpatizante.
Simpatizar v simpatizar.
Simple *adj* simples, puro, singelo.
Simplicidad s simplicidade.
Simplificar v simplificar.
Simplista *adj* simplista.
Simplón *adj* simplório.
Simposio s simpósio.
Simulación s simulação, fingimento, dissimulação.
Simulacro s simulacro, aparência.
Simular v simular, fingir, aparentar.
Simultáneo *adj* simultâneo.
Sin *prep* sem.
Sinagoga s sinagoga.
Sincerar v inocentar, justificar, reabilitar.
Sinceridad s sinceridade, franqueza.
Sincero *adj* sincero, franco, simples, verdadeiro.
Síncopa s síncope.
Sincopar v sincopar.
Síncope s síncope, supressão de letra, ataque, desmaio.
Sincretismo s sincretismo.
Sincronía s sincronia, simultaneidade.
Sincrónico *adj* sincrônico, simultâneo.
Sincronizar v sincronizar.
Sindical *adj* sindical.
Sindicalismo s sindicalismo.
Sindicalista s sindicalista.

sindicato — sociología

SOC

Sindicato *s* sindicato.
Síndico *s* síndico, procurador, representante de um grupo.
Síndrome *s* síndrome, conjunto de sintomas.
Sinfonía *s* sinfonia.
Sinfónico *adj* sinfônico.
Singular *adj* singular, único, individual.
Singularidad *s* singularidade, originalidade.
Singularizar *v* singularizar.
Siniestra *s* mão esquerda, esquerda.
Siniestro *adj* esquerdo, sinistro.
Sinnúmero *s* número incalculável, infinidade.
Sino *s* sina, destino, sorte, fado.
Sínodo *s* sínodo, assembleia regular de párocos convocada pelo bispo local.
Sinónimo *adj* sinônimo.
Sinopsis *s* sinopse, resumo.
Sinsabor *s* sensaboria, insipidez.
Sintáctico *adj* sintático.
Sintaxis *s* sintaxe.
Síntesis *s* síntese, resumo.
Sintético *adj* sintético, resumido.
Sintetizar *v* sintetizar, resumir.
Síntoma *s* sintoma.
Sintomático *adj* sintomático, característico.
Sintonía *s* sintonia.
Sintonizar *v* sintonizar.
Sinuosidad *s* sinuosidade, desvio.
Sinuoso *adj* sinuoso, curvo.
Sinvergüenza *adj* sem-vergonha.
Sionismo *s* sionismo.
Siquiera *conj* ainda que, se bem que, sequer.
Sirena *s* sereia, sirene (de navio, de ambulância).
Sirimiri *s* chuvisco, chuva miúda.
Sirviente *adj* servente, criado.
Sisa *s* cava (de blusa), pequenos furtos (em compras).
Sisar *v* diminuir, ajustar uma roupa.
Sísmico *adj* sísmico.
Sismógrafo *s* sismógrafo.
Sistema *s* sistema, método.
Sistemático *adj* sistemático, metódico.
Sístole *s* sístole.
Sitiar *v* sitiar, assediar, cercar.
Sitio *s* sítio, lugar, espaço.
Situación *s* situação, lugar, estado.
Situar *v* situar, pôr, colocar.
Slogan *s* slogan.
Snob *adj* esnobe.
Sobaco *s* sovaco, axila.
Sobar *v* sovar, amassar.
Soberanía *s* soberania.
Soberano *adj* soberano, supremo, excelente.
Soberbia *s* soberba.
Soberbio *adj* soberbo, arrogante, orgulhoso.

Sobón *adj* importuno, maçante, chato.
Sobornable *adj* subornável.
Sobornar *v* subornar, corromper, aliciar.
Soborno *s* suborno.
Sobra *s* sobra, excesso.
Sobrado *adj* atrevido, insolente, rico.
Sobrar *v* sobrar, exceder, restar, ultrapassar.
Sobre *s* envelope; *prep* sobre, por cima de, acerca de.
Sobreabundancia *s* superabundância, excesso, fartura.
Sobrealimentar *v* superalimentar.
Sobrecama *s* colcha, coberta.
Sobrecarga *s* sobrecarga.
Sobrecargar *v* sobrecarregar.
Sobrecargo *s* sobrecarga.
Sobrecoger *v* sobressaltar, surpreender.
Sobreexcitar *v* superexcitar.
Sobrehumano *adj* sobre humano.
Sobrellevar *v* agüentar, suportar.
Sobremanera *adv* sobremaneira, excessivamente.
Sobremesa *s* toalha de mesa, sobremesa, conversa após a refeição.
Sobrenatural *adj* sobrenatural, extraordinário.
Sobrenombre *s* sobrenome, apelido.
Sobrentender *v* subentender.
Sobreparto *s* pós-parto.
Sobrepasar *v* ultrapassar, superar.
Sobreponer *v* sobrepor.
Sobrepujar *v* sobrepujar, superar.
Sobresaliente *adj* sobressalente.
Sobresalir *v* sobressair, destacar.
Sobresaltar *v* sobressaltar.
Sobresalto *s* sobressalto.
Sobrestimar *v* superestimar.
Sobresueldo *s* retribuição além do ordenado, gratificação.
Sobretodo *s* sobretudo, paletó.
Sobrevenir *v* sobrevir, suceder, ocorrer, acontecer.
Sobrevolar *v* sobrevoar.
Sobriedad *s* sobriedade, moderação, austeridade.
Sobrino *s* sobrinho.
Sobrio *adj* sóbrio, moderado, simples.
Socarrón *adj* esperto, dissimulado.
Socavar *v* escavar, solapar, minar.
Socavón *s* cova, buraco escavado.
Sociable *adj* sociável.
Social *adj* social.
Socialismo *s* socialismo.
Socialista *adj* socialista.
Socializar *v* socializar, coletivizar.
Sociedad *s* sociedade, associação, agremiação, reunião.
Socio *s* sócio, associado.
Sociología *s* sociologia.

SOC
152
sociólogo — sopa

Sociólogo s sociólogo.
Socorrer v socorrer, ajudar, auxiliar.
Socorro s socorro, ajuda, auxílio.
Soda s soda, refrigerante.
Sodio s sódio.
Sodomía s sodomia.
Sofá s sofá, divã.
Sofisma s sofisma, argumento falso.
Sofisticación s sofisticação.
Sofisticar v sofisticar, adulterar, falsificar.
Soflama s chama, rubor.
Soflamar v fingir.
Sofocar v sufocar, asfixiar, abafar, extinguir.
Sofoco s sufoco, asfixia.
Sofreír v frigir, fritar (malpassado).
Sofrito s malpassado.
Soga s corda, medida agrária nas regiões de Espanha.
Soja s soja.
Sojuzgar v subjugar, submeter, dominar.
Sol s sol.
Solamente adv somente, unicamente, apenas.
Solapa s lapela.
Solapar v pôr lapelas nos casacos.
Solar adj solar; s solo, terreno; v assoalhar, pôr sola no calçado.
Solario s solário, terraço ensolarado.
Solaz s recreio, prazer.
Soldada s soldo, remuneração dos militares.
Soldado s militar, soldado.
Soldador s soldador.
Soldar v soldar, unir com solda.
Soledad s solidão.
Solemne adj solene, cerimonioso, grave.
Solemnidad s solenidade.
Soler v soer, costumar, ter por hábito.
Solera s soleira, chão.
Solfa s solfejo.
Solicitar v solicitar, pedir, requerer, pretender.
Solícito adj solícito, prestativo, cuidadoso.
Solicitud s solicitude, cuidado, petição, requerimento.
Solidaridad s solidariedade, cooperação.
Solidario adj solidário.
Solidarizar v solidarizar.
Solidez s solidez, resistência, firmeza.
Solidificación s solidificação, endurecimento.
Solidificar v solidificar, congelar, endurecer.
Sólido adj sólido, firme, denso, duro, forte.
Soliloquio s solilóquio, monólogo.
Solista s solista.
Solitario s solitário, anel de um diamante, paciência; adj solitário, deserto, só, retirado.
Soliviantar v sublevar, incitar.
Soliviar v aliviar, soerguer.

Sollomillo s lombo, lombinho (de gado de corte).
Sollozar v soluçar, suspirar.
Sollozo s soluço, suspiro.
Solo adj só, único, isolado, sozinho, desacompanhado.
Solo adv só, somente.
Solsticio s solstício, época em que o sol está em um dos trópicos.
Soltar v soltar, desprender, desatar, libertar.
Soltería s celibato.
Soltero adj solteiro, celibatário.
Solterón adj solteirão.
Soltura s soltura, agilidade, destreza.
Soluble adj solúvel.
Solución s solução, dissolução, resolução.
Solucionar v solucionar, resolver.
Solvencia s solvência, solubilidade.
Solventar v solver, pagar.
Solvente s solvente (que paga, que dissolve).
Somático adj somático.
Somatología s somatologia.
Sombra s sombra, obscuridade.
Sombrear v sombrear.
Sombrero s chapéu.
Sombrilla s sombrinha, guarda-sol.
Sombrío adj sombrio, lúgubre.
Somero adj superficial, ligeiro, aparente.
Someter v submeter, subjugar, humilhar, dominar.
Sometimiento s submissão.
Somnífero adj sonífero.
Somnolencia s sonolência.
Son s som, ruído.
Sonado adj famoso, célebre.
Sonambulismo s sonambulismo.
Sonámbulo adj sonâmbulo.
Sonar v soar, ecoar.
Sonata s sonata.
Sonda s sonda.
Sondear v sondar, explorar, examinar.
Soneto s soneto.
Sonido s som, ruído.
Sonoridad s sonoridade.
Sonorizar v sonorizar, pôr som (em filme).
Sonoro adj sonoro, de som vibrante.
Sonreír v sorrir, rir.
Sonrisa s sorriso, riso.
Sonrojar v corar, ruborizar, enrubescer.
Sonrosar v ruborizar, rosar-se.
Sonsacar v furtar, surrupiar, subtrair.
Soñador adj sonhador, devaneador.
Soñar v sonhar, devanear, fantasiar.
Soñolencia s sonolência, soneira.
Soñoliento adj sonolento.
Sopa s sopa.

sopapo — subvención

Sopapo s sopapo, bofetada, bofetão.
Sopera s sopeira.
Sopero adj prato fundo para sopa.
Sopesar v sopesar, verificar o peso.
Sopetón s bofetão, sopato.
Soplar v assoprar, soprar, bafejar, inflar, respirar, ventar.
Soplete s maçarico, aparelho para solda.
Soplo s sopro, ar, lufada.
Soplón adj delator.
Sopor s torpor, sonolência.
Soporífero adj soporífero, sonífero.
Soportar v suportar, sustentar, tolerar, aguentar.
Soporte s suporte, apoio, sustentação.
Soprano s soprano.
Sor s soror.
Sorber v sorver, absorver, aspirar.
Sorbete s sorvete, refresco gelado.
Sorbo s sorvo, trago, gole.
Sordera s surdez, perda da audição.
Sordidez s sordidez.
Sórdido adj sórdido, nojento, imundo, mesquinho.
Sordina s surdina.
Sordo adj surdo, que não ouve.
Sordomudo adj surdo-mudo.
Sorna s sorna.
Sorprendente adj surpreendente, raro.
Sorprender v surpreender, sobressaltar, maravilhar.
Sorpresa s surpresa, admiração, espanto.
Sortear v sortear, rifar.
Sorteo s sorteio.
Sortija s anel.
Sortilegio s sortilégio, bruxaria.
Sosa s soda.
Sosegado adj sossegado, tranquilo, quieto.
Sosegar v sossegar, tranquilizar, acalmar, aquietar, descansar.
Sosiego s sossego, calma, tranquilidade, paz, quietude, serenidade.
Soslayar v esguelhar.
Soslayo adj esguelhado.
Soso adj insosso, insípido.
Sospecha s suspeita, desconfiança, dúvida.
Sospechar v suspeitar, desconfiar, duvidar.
Sospechoso adj suspeitoso, suspeito, equívoco.
Sostén s sustento, apoio, arrimo, encosto, sutiã, porta-seios.
Sostener v sustentar, apoiar, suster.
Sostenido adj sustentado, apoiado, amparado, firme, seguro.
Sotana s batina de padre.
Sótano s porão.
Soterrar v soterrar, enterrar.

Soviético adj soviético.
Status s status.
Stress s stress, esgotamento.
Suástica s suástica.
Suave adj suave, liso, leve, delicado, melodioso.
Suavidad s suavidade.
Suavizar s suavizar.
Subalterno adj subalterno, subordinado.
Subasta s leilão.
Subastar v leiloar.
Subconsciente adj subconsciente.
Subcutáneo adj subcutâneo, sob a pele.
Subdesarrollo s subdesenvolvimento.
Súbdito adj súdito, vassalo.
Subdividir v subdividir, dividir.
Subestimar v subestimar.
Subida s subida, ladeira.
Subir v subir, elevar, levantar, crescer, aumentar.
Súbito s súbito, repentino, inesperado.
Subjetivismo s subjetivismo.
Subjetivo adj subjetivo.
Subjuntivo adj subjuntivo.
Sublevar v sublevar, amotinar.
Sublimar v sublimar, endeusar.
Sublime adj sublime, elevado, eminente.
Submarino adj submarino.
Subordinar v subordinar, sujeitar.
Subproducto s subproduto.
Subrayar v sublinhar.
Subrepticio adj sub-reptício, furtivo.
Subrogar v sub-rogar.
Subsanar v desculpar, excusar.
Subscribir v subscrever.
Subscripto s subscrito.
Subsidiario adj subsidiário, auxiliar.
Subsidio s subsídio, ajuda oficial.
Subsiguiente adj subsequente.
Subsistencia s subsistência, existência.
Subsistir v subsistir, existir.
Substancia s substância.
Substancial adj substancial, essencial.
Substancioso adj substancial, nutritivo.
Substantivo s substantivo.
Substitución s substituição, troca, permuta.
Substituir v substituir, permutar, trocar, repor.
Substituto s substituto, suplente.
Substracción s subtração, dedução.
Substraer v subtrair, deduzir.
Substrato s substrato, camada inferior.
Subsuelo s subsolo.
Subterfugio s subterfúgio, pretexto.
Subterráneo adj subterrâneo.
Suburbano adj suburbano.
Suburbio s subúrbio.
Subvención s subvenção, subsídio.

SUB

154

subvencionar — suplantar

Subvencionar v subvencionar, subsidiar.
Subvenir v auxiliar, ajudar.
Subversión s subversão.
Subvertir v subverter.
Subyacente adj subjacente.
Subyugar v subjugar, dominar.
Succión s sucção.
Sucedáneo adj sucedâneo, similar.
Suceder v suceder, seguir, substituir, descender, herdar.
Sucesión s sucessão, continuação.
Sucesivo adj sucessivo, consecutivo.
Suceso s sucesso, êxito, acontecimento, fato, evento.
Sucesor s sucessor, descendente, herdeiro.
Suciedad s sujeira, imundície.
Sucinto adj sucinto, resumido, breve.
Sucio adj sujo, imundo.
Suculento adj suculento.
Sucumbir v sucumbir, render.
Sucursal s sucursal, filial.
Sudamericano adj sul-americano.
Sudar v suar, transpirar.
Sudario s sudário.
Sudeste s sudeste.
Sudoeste s sudoeste.
Sudor s suor, transpiração.
Suegro s sogro.
Suela s sola (de calçado, planta do pé), linguado (peixe).
Sueldo s soldo (de militar), pagamento, remuneração, honorários.
Suelo s solo, chão, terreno, terra, território.
Suelto adj solto, livre, desembaraçado, desprendido.
Sueño s sonho, descanso.
Suero s soro.
Suerte s sorte, destino.
Suéter s suéter, malha, blusa.
Suficiencia s suficiência, capacidade.
Suficiente adj suficiente, capaz, apto.
Sufijo s sufixo.
Sufragar v sufragar, ajudar, custear, satisfazer.
Sufragio s sufrágio, ajuda, voto.
Sufrido adj sofrido.
Sufrimiento s sofrimento, padecimento, dor, aflição.
Sufrir v sofrer, padecer.
Sugerencia s sugestão.
Sugerir v sugerir, insinuar, inspirar, lembrar, evocar.
Sugestión s sugestão, ideia.
Sugestionar v sugestionar, influir.
Sugestivo adj sugestivo.
Suicida s suicida.

Suicidarse v suicidar-se.
Suicidio s suicídio.
Suite s suíte.
Sujeción s sujeição, submissão.
Sujetar v sujeitar, submeter.
Sujeto adj sujeito, submisso.
Sulfato s sulfato.
Sulfúrico adj sulfúrico.
Sulfuro s sulfureto.
Sultán s sultão.
Suma s soma, adição.
Sumar v somar, adicionar, juntar.
Sumario s sumário, resumo, síntese; adj abreviado, reduzido.
Sumergible adj submersível.
Suministrar v subministrar, ministrar.
Suministro s provisão, abastecimento.
Sumir v sumir.
Sumisión s submissão, sujeição, abatimento.
Sumiso adj submisso, obediente, subordinado, subjugado.
Sumo adj supremo, máximo.
Suntuosidad s suntuosidade, luxo, pompa.
Suntuoso adj suntuoso, magnífico, pomposo, luxuoso.
Supeditar v sujeitar, submeter.
Superable adj superável.
Superación s superação.
Superar v superar, exceder, ultrapassar, vencer.
Superchería s engano, fraude.
Superdotado adj superdotado.
Superestructura s superestrutura.
Superficial adj superficial.
Superficie s superfície.
Superfluo adj supérfluo, desnecessário, inútil.
Superhombre s super-homem.
Superintendencia s superintendência.
Superior adj superior, excelente.
Superiora s superiora.
Superioridad s superioridade, mérito.
Superlativo adj superlativo, excelente.
Supermercado s supermercado.
Superpoblación s superpopulação.
Superponer v sobrepor.
Superposición s superposição.
Superproducción s superprodução.
Supersónico adj supersônico.
Superstición s superstição, crença.
Supersticioso adj supersticioso, crédulo.
Supervalorar v supervalorizar.
Supervisar v supervisionar, verificar, examinar.
Supervisión s supervisão, verificação, exame.
Supervivencia s sobrevivência.
Superviviente s sobrevivente.
Suplantar v suplantar.

suplemento — suyo

Suplemento s suplemento, complemento, acréscimo.
Suplencia s suplência, substituição.
Suplente adj suplente, substituto.
Súplica s súplica, pedido, prece.
Suplicar v suplicar, implorar, pedir.
Suplicio s suplício, tortura, tormento.
Suplir v suprir, completar, substituir.
Suponer v supor, imaginar, fingir, presumir.
Suposición s suposição, hipótese.
Supositorio s supositório.
Supremacia s supremacia, grau máximo.
Supremo adj supremo, em grau máximo.
Supresión s supressão, eliminação.
Suprimir v suprimir, anular, eliminar.
Supuesto adj suposto, hipotético.
Supurar v supurar, inflamar.
Sur s sul.
Surcar v sulcar, riscar.
Surco s sulco, risco, ruga (na pele).
Sureño adj sulino.
Sureste s sudeste.
Surf s surfe.
Surgir v surgir, aparecer, emergir, nascer, brotar.
Suroeste s sudoeste.
Surtido adj sortido, variado.
Surtir v sortir, prover, abastecer, fornecer.

Susceptibilidad s suscetibilidade, sensibilidade, delicadeza.
Susceptible adj suscetível, sensível, delicado.
Suscitar v suscitar, promover, levantar.
Suspender v suspender, pendurar, suster, reprovar (na escola).
Suspensión s suspensão, demora.
Suspicacia s suspicácia.
Suspirar v suspirar.
Suspiro s suspiro.
Sustancia s substância, essência, parte nutritiva.
Sustancial adj substancial.
Sustancioso adj substancioso.
Sustantivo adj essencial.
Sustentar v sustentar, manter.
Sustento s sustento, manutenção.
Sustitución s substituição.
Sustituir v substituir.
Sustituto s substituto.
Susto s susto, sobressalto.
Sustraer v subtrair.
Susurrar v sussurrar, murmurar.
Susurro s sussurro, murmúrio.
Sutil adj sutil, fino, delicado.
Sutileza s sutileza.
Sutura s sutura, costura cirúrgica.
Suyo pron seu, dele.

T

ABCDEFGHIJKLMNOPQRSTUVWXYZ

T s vigésima terceira letra do alfabeto espanhol.
Tabacal s tabacal.
Tabacalero adj tabaqueiro, tabacal.
Tabaco s tabaco (planta, folha).
Tabal s barrica.
Tabalear v mexer, agitar.
Tabaleo s agitação, movimento.
Tabanco s banca, barraca, tenda.
Tábano s mosquito grande.
Tabaquera s tabaqueira, caixa de rapé.
Tabaquería s tabacaria.
Tabaquismo s tabagismo.
Tabardo s abrigo, casaco de tecido grosso.
Taberna s taverna, bodega.
Tabernáculo s tabernáculo.
Tabernero s taverneiro.
Tabique s tabique, parede fina.
Tabla s tábua, tabela, mapa.
Tablado s tablado, estrado, andaime, palco.
Tablero s tabuleiro.
Tableta s tablete, pastilha.
Tablilla s tabuleta.
Tabloide s tabloide, jornal em tamanho reduzido.
Tabloza s paleta de pintor.
Tabú s tabu.
Tabuco s cubículo, quarto pequeno.
Tabular v tabular.
Taburete s tamborete.
Tacaño adj tacanho, avarento, mesquinho, miserável.
Tacha s tachinha, nódoa, mancha, defeito.
Tachar v tachar, notar, censurar, riscar.
Tacho s tacho, caldeirão.
Tachuela s tachinha, percevejo.
Tácito adj tácito, implícito, silencioso, subentendido.
Taciturno adj taciturno, tristonho, melancólico, triste.
Taco s taco (de bilhar), cacete, torno de madeira.
Tacón s salto (de sapato).
Taconear v bater os calcanhares, pisar duro.
Táctica s tática.
Táctico adj tático.
Tacto s tato, toque.
Tafetán s tafetá, tecido fino.
Tahona s atafona, padaria.
Tajada s talhada, fatia.
Tajar v talhar, cortar.
Tajo s talho, corte profundo.
Tal adj tal, semelhante; adv tal, assim mesmo.
Tala s corte, poda (de árvores).
Taladrador s perfuradora.
Taladrar v perfurar, furar.
Taladro s broca, verruma.
Talar v destruir, assolar, devastar.
Talaya s carvalho novo.
Talco s talco, pó.
Talento s talento, capacidade, aptidão.
Talentoso adj talentoso.
Talismán s talismã, amuleto.
Talla s talha, porte, estatura.
Tallado adj talhado, cortado.
Tallar v talhar, cortar, esculpir, entalhar.
Tallarín s talharim, massa.
Talle s talhe, feitio, estatura.
Taller s oficina (de trabalho manual).
Tallista s entalhador, escultor.
Tallo s talo, haste, caule.
Talón s calcanhar, talão (parte do recibo).
Talonario s talonário.
Tamaño s tamanho.
Tambalearse v cambalear, oscilar.
Tambaleo s cambaleio, oscilação.
También adv também, inclusive, do mesmo modo.
Tambor s tambor (de revólver, de freio).
Tampoco adv também não, tampouco.
Tampón s tampão, absorvente feminino, almofada (de carimbo).
Tan adv tão.
Tanda s turno, vez.
Tanga s tanga.
Tangente s tangente.
Tangible adj tangível.
Tango s tango.

tanino — temer
TEM

Tanino s tanino.
Tanque s tanque.
Tantear v medir, comparar, calcular (aproximadamente peso, volume, número, tamanho).
Tanto adj tanto, tão grande, tamanho.
Tañer v tanger, tocar (instrumento musical, sino).
Tapa s tampa, capa.
Tapar s tapar, cobrir, esconder.
Taparrabo s tanga.
Tapera s tapera.
Tapete s toalha de mesa ou de móvel.
Tapia s taipa, muro, parede de barro, tapume.
Tapiar v tapiar, murar, fechar com taipas.
Tapicería s tapeçaria (arte, ofício, loja de tapeceiro).
Tapicero s tapeceiro.
Tapioca s tapioca, fécula de mandioca.
Tapiz s tapete, tapeçaria.
Tapón s tampão, tampa, rolha.
Taponar v tapar, fechar.
Tapujo s disfarce, dissimulação.
Taquicardia s taquicardia.
Taquigrafía s taquigrafia.
Taquígrafo s taquígrafo.
Taquilla s bilheteria (de cinema, metrô, etc).
Tara s tara, peso de mercadorias.
Tarabilla s taramela, fecho de portas e janelas.
Taracea s marchetaria, tatuagem.
Tarado adj tarado, degenerado.
Tarántula s tarântula, aranha venenosa.
Tararear v cantarolar.
Tardanza v tardança, demora.
Tardar v tardar, atrasar.
Tarde s tarde; adv tarde, fora de tempo.
Tardecer v entardecer.
Tardecica s tardinha, o anoitecer.
Tardíamente adv tardiamente.
Tardío adj tardio, demorado, atrasado.
Tarea s tarefa.
Tarifa s tarifa, tabela de preços.
Tarifar v tarifar, taxar.
Tarima s tarimba, estrado de madeira.
Tarjeta s tarjeta, cartão (de visita).
Tarro s tarro, boião.
Tarta s torta, pastel.
Tartamudear v gaguejar.
Tartamudo adj gago.
Tártaro adj tártaro (dos dentes), sarro.
Tartera s marmita.
Tarugo s tarugo, naco.
Tasa s taxa, preço legal, pauta.
Tasar v taxar, avaliar.
Tatarabuelo s tataravô.
Tatuaje s tatuagem.

Tatuar v tatuar, imprimir.
Tautología s tautologia, repetição.
Taxi s táxi.
Taxidermia s taxidermia.
Taxímetro s taxímetro.
Taxista s taxista.
Taza s xícara, taça.
Te s nome da letra t; pron te, ti.
Té s chá.
Tea s teia, facho, tocha.
Teatral adj teatral.
Teatro s teatro.
Techar v cobrir, construir o teto.
Techo s teto.
Tecla s tecla.
Técnico adj técnico.
Tecnicocracia s tecnocracia.
Tecnología s tecnologia.
Tecnológico adj tecnológico.
Tedio s tédio, fastio, aborrecimento.
Teja s telha.
Tejado s telhado.
Tejar v telhar, cobrir.
Tejer v tecer.
Tejido s textura de um tecido.
Tela s tear, pano, tecido.
Telaraña s teia de aranha, teia.
Telecomunicación s telecomunicação.
Telediario s telejornal.
Teleférico s teleférico.
Telefonear v telefonar.
Telefonía s telefonia.
Telefonista s telefonista.
Teléfono s telefone.
Telegrafía s telegrafia.
Telegrafiar v telegrafar.
Telegráfico adj telegráfico.
Telégrafo s telégrafo.
Telegrama s telegrama.
Teleobjetivo s teleobjetiva.
Telepatía s telepatia.
Telescopio s telescópio.
Telespectador s telespectador.
Teletipo s teletipo.
Televidente s espectador (de televisão).
Televisar v televisionar.
Televisión s televisão.
Televisor s televisor.
Télex s telex.
Telón s pano de fundo (do teatro), cenário.
Tema s tema, assunto, argumento.
Temático adj temático.
Temblar v tremer, estremecer.
Temblor s tremor.
Temer v temer, recear, duvidar.

TEM 158 · temerario — test

Temerario *adj* temerário, imprudente, ousado, arriscado.
Temeridad *s* temeridade, imprudência, ousadia.
Temeroso *adj* temeroso.
Temor *s* temor, medo, receio.
Temperamental *adj* temperamental.
Temperamento *s* temperamento, caráter, índole.
Temperatura *s* temperatura, clima, grau de frio ou calor.
Tempestad *s* tempestade, tormenta, temporal.
Tempestuoso *adj* tempestuoso.
Templado *adj* temperado, moderado, comedido.
Templanza *s* temperança, moderação.
Templar *v* temperar, moderar, amenizar.
Templario *s* templário.
Temple *s* têmpera, temperamento.
Templo *s* templo, edifício religioso.
Temporada *s* temporada, período, época, espaço de tempo.
Temporal *adj* temporal, transitório, temporário, passageiro, tempestade, tormenta.
Temporalmente *adv* temporariamente, temporalmente.
Temporero *adj* interino.
Tempranero *adj* prematuro.
Temprano *adj* temporão, antecipado, cedo.
Tenacidad *s* tenacidade.
Tenacillas *s* tenazes, pinças.
Tenaz *adj* tenaz, obstinado.
Tenaza *s* tenaz, torquês.
Tendel *s* cordel de pedreiro.
Tendencia *s* tendência, inclinação, propensão.
Tendencioso *adj* tendencioso.
Tender *v* tender, esticar, estender (roupa).
Tenderete *s* barraca para vender ao ar livre.
Tendero *s* comerciante, varejista.
Tendón *s* tendão.
Tenebroso *adj* tenebroso, escuro.
Tenedor *s* possuidor, dono, garfo (de mesa).
Tener *v* ter, possuir.
Tenia *s* tênia, solitária, verme.
Teniente *s* tenente.
Tenis *s* tênis, jogo de raquete.
Tenista *s* tenista.
Tenor *s* tenor, teor.
Tensión *s* tensão, pressão arterial.
Tenso *adj* tenso.
Tentación *s* tentação.
Tentáculo *s* tentáculo (de polvo).
Tentar *v* tatear, examinar, seduzir, tocar.
Tentativa *s* tentativa.
Tenue *adj* tênue, delicado, sutil, leve.
Teñir *v* tingir, mudar a cor.
Teología teologia.
Teólogo *s* teólogo.

Teorema *s* teorema.
Teoría *s* teoria.
Teorizar *v* teorizar, discutir teoria.
Tequila *s* tequila (bebida alcoólica).
Terapeuta *s* terapeuta, clínico.
Terapéutica *s* terapêutica, tratamento.
Terapia *s* terapia, tratamento.
Tercero *adj* terceiro.
Terceto *s* terceto, conjunto de três (vozes, instrumentos).
Terciar *v* atravessar, pôr em diagonal, cruzar.
Tercio *s* terço, terça parte.
Terciopelo *s* veludo.
Terco *adj* teimoso, obstinado, persistente.
Tergiversación *s* tergiversação, evasiva.
Tergiversar *v* tergiversar.
Termas *s* termas, banhos termais.
Térmico *adj* térmico, relativo a calor.
Terminación *s* término, fim.
Terminal *adj* terminal, final.
Terminar *v* terminar, acabar, concluir, limitar.
Término *s* término, fim, conclusão, limite.
Termo *s* recipiente térmico, garrafa térmica.
Termodinámica *s* termodinâmica.
Termómetro *s* termômetro.
Termonuclear *adj* termonuclear.
Termostato *s* termostato.
Terna *s* terno, trio.
Ternero *s* terneiro, bezerro, vitelo.
Ternura *s* ternura.
Terquedad *s* teimosia.
Terracota *s* terracota, barro cozido.
Terraplén *s* terraplenagem, aterro.
Terráqueo *adj* terráqueo.
Terrateniente *s* latifundiário, fazendeiro.
Terraza *s* terraço, varanda.
Terremoto *s* terremoto.
Terreno *s* terreno, solo, terra, campo, área de atuação; *adj* terreno, terrestre.
Terrestre *adj* terrestre.
Terrible *adj* terrível.
Territorio *s* território.
Terrón *s* torrão.
Terror *s* terror.
Terrorismo *s* terrorismo.
Terrorista *adj* terrorista.
Terso *adj* terso, limpo, polido.
Tertulia *s* tertúlia.
Tesar *v* entesar, tesar.
Tesis *s* tese.
Tesón *s* firmeza, constância, ímpeto.
Tesorería *s* tesouraria.
Tesorero *s* tesoureiro.
Tesoro *s* tesouro.
Test *s* teste, prova.

testa — tocología

Testa s testa, cabeça, fronte.
Testaferro s testa-de-ferro.
Testamento s testamento.
Testar v testar, fazer testamento, legar.
Testarudo adj cabeçudo, teimoso.
Testículo s testículo.
Testificar v atestar, declarar, testemunhar.
Testigo s testemunha, testemunho, depoimento.
Testimonio s testemunho.
Teta s teta, mama, úbere, peito (feminino).
Tétano s tétano.
Tetera s chaleira, bule para chá.
Tétrico adj tétrico, grave, melancólico.
Textil adj têxtil.
Texto s texto.
Textual adj textual, conforme o texto.
Textura s textura, disposição dos fios no tecido.
Tez s tez, cútis.
Ti pron ti.
Tía s tia.
Tiara s tiara, milra.
Tibetano adj tibetano.
Tibia s tíbia, osso principal da perna; adj fraco, morno.
Tiburón s tubarão.
Tiempo s tempo, época, estação do ano.
Tienda s tenda, loja.
Tiento s habilidade, pulso, tato.
Tierno adj terno, mole, delicado, fresco.
Tierra s terra, planeta, solo, chão, área para cultivo, região, país.
Tieso adj teso, rígido, firme.
Tiesto s vaso de barro para plantas.
Tifón s tufão, furacão, redemoinho.
Tifus s tifo.
Tigre s tigre.
Tijera s tesoura.
Tila s flor da tília, chá de tília.
Tildar v pontuar.
Tilde s til.
Timar v enganar, iludir.
Timbrar v timbrar, selar, carimbar.
Timbre s timbre, selo, campainha, marca, sinal.
Tímido adj tímido, acanhado.
Timo s vigarice.
Timón s timão, leme.
Timorato adj timorato.
Tímpano s tímpano.
Tina s tina, talha, cuba.
Tinaja s talha (vasilha), tina, cuba.
Tinglado s alpendre, coberto.
Tiniebla s treva, escuridão.
Tino s tino, juízo, tato, destreza.
Tinta s tinta, tintura.
Tinte s tintura.

Tintero s tinteiro.
Tinto adj tinto.
Tintorería s tinturaria.
Tintorero s tintureiro.
Tintura s tintura, pintura.
Tiña s traça, lagarta.
Tío s tio.
Tiovivo s carrossel.
Típico adj típico, característico, simbólico.
Tipo s tipo, modelo, exemplar, original.
Tipografía s tipografia.
Tipógrafo s tipógrafo.
Tira s tira, pedaço (de pano ou papel).
Tirada s tirada, arremesso.
Tirador s puxador.
Tiraje s tiragem, impressão.
Tiranía s tirania, opressão, despotismo.
Tiranizar v tiranizar, oprimir.
Tirano adj tirano, déspota, opressor.
Tirante s suspensório.
Tirar v atirar, arremessar, puxar, arrastar, traçar linhas.
Tiritar v tiritar, tremer de frio.
Tiro s tiro, disparo.
Tiroides s tiroide.
Tirolés adj tirolês.
Tirón s puxão, grande distância.
Tirotear v tirorear.
Tirria s birra, pirraça, teima, zanga, antipatia, ódio.
Tisis s tísica, tuberculose.
Titán s titã, gigante.
Títere s titere, fantoche, boneco.
Tití s mico.
Titilar v titilar, palpitar.
Titiritar v tremer de frio ou medo.
Titubear v titubear, vacilar, oscilar.
Titular adj titular, dar nome.
Título s título, epígrafe, inscrição, letreiro, denominação.
Tiza s giz.
Tizne s tisne, fuligem.
Tizón s tição, fungão.
Tizonear v atiçar (o lume).
Toalla s toalha (de banho).
Tobillo s tornozelo.
Tobogán s tobogã, escorregador.
Toca s touca.
Tocadiscos s toca-discos.
Tocado s penteado das (mulheres).
Tocador s penteadeira, toucador.
Tocar v tocar, apalpar, atingir, fazer soar (instrumento musical, campainha).
Tocayo s xará, homônimo.
Tocino s toucinho, carne gorda do porco.
Tocología s obstetrícia, ginecologia.

TOC

tocólogo — traducir

Tocólogo s obstetra, ginecologista.
Todavía conj ainda, todavia, contudo; adv ainda.
Todo adj todo, inteiro; s tudo; adv totalmente, inteiramente.
Todopoderoso adj todo-poderoso.
Toga s toga, traje de cerimônia.
Toldo s toldo, cobertura de lona.
Tolerancia s tolerância, indulgência, consentimento, paciência.
Tolerar v tolerar, suportar, consentir, resignar-se.
Tolvanera s torvelinho de pó.
Toma s tomada, conquista, porção.
Tomar v tomar, pegar, agarrar, aceitar, adquirir.
Tomate s tomate.
Tómbola s tômbola, rifa.
Tomillo s tomilho.
Tomo s tomo, volume.
Ton s tom.
Tonada s toada, composição musical.
Tonalidad s tonalidade.
Tonel s tonel, barrica, pipa.
Tonelada s tonelada.
Tonicidad s tonicidade.
Tónico s adj tônico, fortificante.
Tonificar v tonificar, fortalecer, revigorar.
Tono s tom, som, modo, maneira, inflexão de voz, expressão, entonação.
Tonsura s tonsura.
Tontería s tolice, idiotice.
Topacio s topázio.
Topar v topar, encontrar, bater, tropeçar.
Tope s topo, tropeço, impedimento.
Tópico adj tópico.
Topo s toupeira.
Topografía s topografia.
Topógrafo s topógrafo.
Topónimo s topônimo.
Toque s toque, contato, sinal.
Toquetear v tocar repetidamente.
Toquilla s lenço que as mulheres usam na cabeça.
Tórax s tórax, peito.
Torbellino s torvelinho, redemoinho, pé-de-vento.
Torcer v torcer, dar voltas.
Toreador s toureiro.
Torear v tourear.
Torero s toureiro.
Tormenta s tormenta, tempestade, mau tempo.
Tormento s tormento, suplício.
Tornado s tornado, furacão.
Tornar v tornar, restituir, regressar, repetir.
Tornasol s girassol, tornassol, substância furta-cor.
Torneo s torneio, competição.
Tornero s torneiro, pessoa que trabalha com torno.
Tornillo s parafuso, torno pequeno.
Torniquete s torniquete, catraca.

Torno s torno, máquina de tornear.
Toro s touro (animal, signo, constelação).
Torpe adj torpe, trôpego, rude, grosseiro.
Torpedear v torpedear.
Torpedo s torpedo.
Torrar v torrar, tostar, queimar.
Torre s torre.
Torrefacción s torrefação.
Torrencial adj torrencial.
Torrente s torrente, correnteza.
Torreón s torreão.
Torrezno s torresmo, toicinho frito.
Tórrido adj tórrido, ardente, muito quente.
Torsión s torção.
Torso s tronco do corpo humano.
Torta s torta, pastel, pastelão.
Tortícolis s torcicolo.
Tortilla s omelete, fritada de ovos batidos.
Tortuga s tartaruga.
Tortuoso adj tortuoso, sinuoso.
Tortura s tortura.
Torturar v torturar.
Torva s turbilhão de neve ou chuva.
Torvo adj turvo, pavoroso, sinistro.
Tos s tosse.
Tosco adj tosco, grosseiro, bruto.
Toser v tossir.
Tostada s torrada, fatia de pão torrado.
Tostar v tostar, torrar, queimar.
Tostón s grão-de-bico torrado, moeda.
Total adj total, geral, universal; adv totalmente, inteiramente.
Totalidad s totalidade.
Totalitario adj totalitário.
Totalitarismo s totalitarismo.
Totalizar v totalizar, somar.
Tóxico adj tóxico.
Toxicología s toxicologia.
Toxicómano s toxicômano.
Toxina s toxina.
Tozudo adj teimoso, obstinado, cabeçudo.
Traba s trava, prisão, calço.
Trabajador s trabalhador.
Trabajar v trabalhar.
Trabajo s trabalho, ocupação, exercício, obra, emprego.
Trabar v travar, prender, pegar, fazer parar.
Trabazón s travamento, ligação.
Tracción s tração.
Tractor s trator, máquina agrícola.
Tradición s tradição, transmissão (de uma geração a outra).
Tradicional adj tradicional.
Traducción s tradução, interpretação.
Traducir v traduzir, interpretar.

traductor — trasegar
TRA

Traductor s tradutor, intérprete.
Traer v trazer, trasladar, atrair.
Traficante adj traficante, negociante.
Traficar v traficar, negociar.
Tráfico s tráfico, comércio ilegal.
Tragaluz s clarabóia.
Tragar v tragar, engolir, ingerir, absorver, tolerar, dissimular.
Tragedia s tragédia, drama, obra dramática.
Trágico adj trágico.
Trago s trago.
Traición s traição, deslealdade, perfídia.
Traicionar v falsear, enganar.
Traidor adj traidor, falso, desleal, infiel.
Traje s vestuário, terno.
Trajín s tráfego, transporte (de mercadorias).
Trajinar v transportar, carregar.
Tralla s corda, chicote.
Trama s trama, tecido, textura.
Tramar v tramar, tecer.
Tramitar v tramitar, andar.
Trámite s trâmite, andamento, expediente.
Tramo s trecho de escada ou caminho.
Tramoya s tramoia, ardil.
Trampa s armadilha, artifício, fraude.
Trampolín s trampolim.
Tramposo adj trapaceiro, caloteiro.
Tranca s tranca (de porta ou janela).
Trancar v trancar.
Trance s transe, momento crítico.
Tranquilidad s tranquilidade, sossego, serenidade, paz.
Tranquilizante adj tranquilizante.
Tranquilizar v tranquilizar, acalmar, sossegar.
Tranquilo adj tranquilo, calmo, sossegado, sereno.
Transacción s transação, negócio, ajuste, acordo.
Transatlántico adj transatlântico.
Transbordar v transbordar, baldear.
Transcendencia s transcendência.
Transcender v transcender.
Transcribir v transcrever, copiar, reproduzir.
Transcripción s transcrição, cópia, reprodução.
Transcurrir v transcorrer, decorrer, passar.
Transcurso s transcurso.
Transeúnte adj transeunte, passante.
Transexual adj transexual.
Transferencia s transferência.
Transferir v transferir, mudar.
Transfigurar v transfigurar, transformar.
Transformación s transformação, modificação, mudança, alteração.
Transformador s transformador.
Transformar v transformar, modificar, mudar, reformar.
Tránsfuga s trânsfuga, desertor.

Transfundir v transfundir.
Transfusión s transfusão.
Transgredir v transgredir.
Transgresión s transgressão, infração.
Transición s transição, mudança.
Transido adj transido, angustiado.
Transigencia s transigência, condescendência, tolerância.
Transigir v transigir, concordar, condescender.
Transistor s transistor, rádio.
Transitar v transitar, andar em via pública.
Tránsito s trânsito, circulação, trajeto.
Transitorio adj transitório, passageiro, efêmero.
Translúcido adj translúcido, diáfano.
Transmigrar v transmigrar.
Transmisión s transmissão, comunicação.
Transmitir v transmitir, transferir.
Transmudar v trasladar, mudar.
Transmutable adj transmutável.
Transmutar v transmutar.
Transoceánico adj transoceânico, além-mar, ultramarino.
Transpacífico adj transpacífico.
Transparencia s transparência.
Transparente adj transparente, claro.
Transpirable adj transpirável.
Transpiración s transpiração, suor.
Transpirar v transpirar, suar.
Transponer v transpor, ultrapassar.
Transportación s transportação.
Transportador s transportador.
Transportar v transportar, levar.
Transporte s transporte.
Transposición s transposição.
Transubstanciación s transubstanciação.
Transvasar v transvasar.
Transversal adj transversal, atravessado.
Tranvía s bonde.
Trapacear v trapacear, fazer trapaça.
Trapaza s trapaça.
Trapecio s trapézio.
Trapero s trapeiro.
Trapichear v comerciar em pequena escala.
Trapo s trapo, farrapo.
Tráquea s traqueia.
Traqueotomia s traqueotomia, incisão da traqueia.
Traqueteo s estalo, estouro.
Tras prep atrás, detrás, após, depois de.
Trasalpinio adj transalpino.
Trasbocar v vomitar.
Trascendencia s transcendência.
Trascendental adj transcendental.
Trascender v transcender, transparecer.
Trasegar v trafegar.

TRA

trasero — trocar

Trasero *adj* traseiro.
Trasladar *v* trasladar.
Trasluz *s* luz que passa através de um corpo translúcido.
Trasnochar *v* tresnoitar, pernoitar.
Traspasar *v* transpassar, trespassar, atravessar.
Traspaso *s* transpasse.
Trasplantar *v* transplantar, mudar.
Trasplante *s* troca, transplante.
Trasponer *v* transpor.
Trasquilar *v* tosquiar, tosar.
Trastada *s* tratada, fraude.
Traste *s* saliência no braço de guitarra ou violão.
Trastero *s* quarto de despejo.
Trastienda *s* quarto ou sala que fica atrás da loja.
Trasto *s* traste, móvel, mobília da casa.
Trastornar *v* transtornar, destruir, desorientar.
Trastorno *s* transtorno, contrariedade.
Trasudar *s* suar.
Trata *s* tráfico.
Tratado *s* tratado, ajuste, convênio.
Tratamiento *s* tratamento.
Tratante *s* comerciante, negociante.
Tratar *v* tratar, cuidar.
Trato *s* trato, tratamento, comércio.
Traumatismo *s* traumatismo, lesão.
Través *s* viés, obliquidade, inclinação.
Travesaña *s* travessia.
Travesía *s* caminho, travessa, transversal.
Travesti *s* travesti.
Travestido *adj* disfarçado.
Travesura *s* travessura.
Travieso *adj* travesso, atravessado, transversal.
Trayecto *s* trajeto, percurso, caminho.
Trayectoria *s* trajetória, órbita.
Traza *v* traçado, desenho (de uma obra), planta, projeto.
Trazar *s* traçar, desenhar, projetar.
Trazo *s* traço, linha traçada, risco, linhas do rosto.
Trébol *s* trevo.
Trece *num* treze.
Trecilo *s* trecho.
Tregua *s* trégua, armistício, descanso.
Tremedal *s* tremedal, pântano, lodaçal.
Tremendo *adj* tremendo, terrível, extraordinário.
Trementina *s* trementina.
Tremer *v* tremer.
Tremolar *v* tremular, ondear (bandeiras).
Trémulo *adj* tremulo.
Tren *s* trem.
Trencilla *s* trancelim.
Trenza *s* trança.
Trenzado *adj* entrançado.
Trenzar *v* trançar.
Trepanación *s* trepanação.

Trepanar *v* trepanar.
Trepar *v* trepar, elevar, subir, galgar.
Trepidar *v* trepidar, estremecer.
Trépido *adj* trêmulo.
Tres *num* três.
Tresillo *s* conjunto de estofados (um sofá e duas poltronas), conjunto de três notas musicais.
Treta *s* mutreta, artimanha, ardil, estratagema.
Triángulo *s* triângulo.
Tribu *s* tribo, clã.
Tribulación *s* tribulação, aflição.
Tribuna *s* tribuna, palanque.
Tribunal *s* tribunal.
Tributar *v* tributar, contribuir, pagar impostos.
Tributo *s* tributo, imposto, ônus.
Triciclo *s* triciclo.
Tricotar *v* tricotar, tecer.
Trienio *s* triênio.
Trifulca *s* desordem, briga, rixa.
Trigal *s* trigal.
Trigo *s* trigo (planta, grão).
Trigonometría *s* trigonometria.
Trigueño *adj* trigueiro, triguenho, moreno.
Trillado *adj* trilhado.
Trillar *v* debulhar, separar o grão da palha.
Trillizo *adj* trigêmeos.
Trimestre *s* trimestre.
Trinar *v* trinar.
Trincar *v* trincar, partir, despedaçar, amarrar, atar.
Trinchar *v* trinchar, cortar em pedaços (a carne).
Trinchera *s* trincheira, barreira.
Trineo *s* trenó.
Trinidad *s* trindade.
Trino *s* trino, gorjeio.
Trío *s* trio, conjunto de três.
Tripa *s* tripa, intestino, ventre, barriga.
Triple *num* triplo, tríplice.
Trípode *s* tripé.
Triptongo *s* tritongo.
Tripulación *s* tripulação.
Tripulante *s* tripulante.
Tripular *v* tripular, dirigir.
Triquina *s* triquina.
Triquiñuela *s* rodeio, subterfúgio, evasiva.
Triste *adj* triste, melancólico, descontente, infeliz, amargo.
Tristeza *s* tristeza.
Triturar *v* triturar, esmagar, moer.
Triunfal *adj* triunfal, vitorioso.
Triunfar *v* triunfar, vencer.
Triunfo *s* triunfo, vitória, êxito, sucesso.
Trivial *adj* trivial, vulgar, comum, banal.
Triza *s* pedacinho, migalha.
Trocado *adj* trocado.
Trocar *v* trocar, permutar, confundir, equivocar.

trochemoche — tuyo

TUY

Trochemoche *adv* sem ordem, envolta.
Trofeo *s* troféu.
Troglodita *adj* troglodita.
Trola *s* engano, mentira, falsidade.
Trolebús *s* trólebus, ônibus elétrico.
Tromba *s* tromba d'água.
Trombo *s* trombo, coágulo de sangue.
Trombosis *s* trombose.
Trompa *s* trompa, trombeta, tromba de elefante.
Trompicar *v* tropicar, tropeçar.
Tronada *s* trovoada.
Tronado *adj* usado, desgastado.
Tronar *v* troar, trovejar.
Tronchar *v* truncar, quebrar com violência.
Troncho *s* talo (de hortaliça).
Tronco *s* tronco, caule.
Tronera *s* fresta, janelinha, caçapa (da mesa de bilhar).
Trono *s* trono, assento real.
Tropa *s* tropa, multidão, conjunto de soldados.
Tropel *s* tropel.
Tropelía *s* excesso.
Tropezar *v* tropeçar, esbarrar.
Tropezón *s* tropeção, tropeço, esbarrão, encontrão.
Tropical *adj* tropical.
Trópico *s* trópico.
Trotar *v* trotar, andar a trote, cavalgar.
Trote *s* trote, marcha apressada do cavalo.
Trova *s* trova, composição amorosa.
Trovador *s* trovador, jogral, menestrel.
Trozo *s* pedaço, parte, fragmento.
Trucaje *s* trucagem.
Trucha *s* truta.
Truco *s* truque, ardil.
Truculento *adj* truculento.
Trueno *s* trovão.
Trueque *s* troca, permuta, câmbio.
Trufa *s* trufa.
Truhán *adj* trapaceiro, impostor.
Truncar *v* truncar, cortar, decepar.
Truste *s* truste, cartel, consórcio de empresas.
Tú *pron* tu.
Tu *adj* apócope de *tuyo*, teu.
Tubérculo *s* tubérculo.
Tuberculosis *s* tuberculose, tísica.
Tuberculoso *adj* tuberculoso, tísico.
Tubería *s* conjunto de tubos.
Tubo *s* tubo, cano.
Tucán *s* tucano.
Tueco *s* toco.
Tuerca *s* porca do parafuso.

Tuerto *adj* vesgo, zarolho.
Tuétano *s* tutano, medula.
Tufo *s* vapor, exalação, cheiro desagradável.
Tugurio *s* túgurio.
Tul *s* tule.
Tulipán *s* tulipa.
Tullido *adj* tolhido, paralítico.
Tullir *v* tolher.
Tumba *s* tumba, túmulo, sepulcro.
Tumbar *v* tombar, derrubar.
Tumbo *s* tombo, queda, solavanco.
Tumefacto *adj* tumefato, inchado.
Túmido *adj* túmido, inchado.
Tumor *s* tumor, inchaço, abscesso.
Tumoroso *adj* tumores.
Túmulo *s* túmulo, sepulcro.
Tumulto *s* tumulto, confusão, alvoroço.
Tumultuar *v* tumultuar.
Tuna *s* tuna, vadiagem.
Tunante *adj* tunante.
Tunda *s* tunda, sova.
Túnel *s* túnel.
Túnica *s* túnica.
Tupé *s* topete.
Tupido *adj* espesso, apertado.
Turba *s* combustível de origem vegetal, turba, multidão.
Turbación *s* turbação.
Turbador *adj* turbação.
Turbante *s* turbante.
Turbar *v* turvar, conturbar, alterar.
Turbina *s* turbina.
Turbio *adj* turvo, revolto (líquido).
Turbulencia *s* turbulência, alvoroço.
Turbulento *adj* turbulento, agitado, desordenado.
Turco *adj* turco.
Turgencia *s* turgência.
Turgente *adj* turgente.
Turismo *s* turismo.
Turista *s* turista.
Turmalina *s* turmalina.
Turno *s* turno, ordem, vez.
Turquesa *adj* turquesa.
Turrón *s* doce de nozes, amêndoas ou pinhões misturados com mel.
Tutela *s* tutela, cargo de tutor.
Tutelar *v* tutelar, proteger, amparar.
Tuteo *s* tuteamento.
Tutor *s* tutor.
Tutoría *s* tutela.
Tuyo *pron* teu.

U

ABCDEFGHIJKLMNOPQRSTUVWXYZ

U *s* vigésima quarta letra do alfabeto espanhol; *conj* ou (quando antecede O ou HO).
Ubérrimo *adj* ubérrimo, abundante.
Ubicar *v* ficar, situar-se.
Ubicuidad *s* ubiquidade.
Ubre *s* úbere, teta.
Ufanarse *v* ufanar-se, vangloriar-se, envaidecer-se.
Ufano *adj* ufano, vaidoso, arrogante.
Úlcera *s* úlcera, chaga.
Ulcerar *v* ulcerar.
Ulterior *adj* ulterior, que esta além.
Ultimar *v* ultimar, terminar, finalizar.
Ultimátum *s* ultimátum, condições irrevogáveis.
Ultimidad *s* extremidade, último.
Último *adj* último, derradeiro, final.
Ultra *adv* além, adiante, mais adiante.
Ultrajante *adj* ultrajante, infamante, ofensivo.
Ultrajar *v* ultrajar, injuriar, denegrir.
Ultraje *s* ultraje, injúria, desonra.
Ultramar *s* ultramar.
Ultramarino *adj* ultramarino.
Ultranza *adv* até à morte.
Ultrapasar *v* ultrapassar, exceder.
Ultrarrojo *adj* ultravermelho.
Ultratumba *adv* além-túmulo.
Ultravioleta *adj* ultravioleta.
Umbilical *adj* umbilical.
Umbral *s* umbral, soleira.
Umbrío *adj* sombrio.
Un *art* um.
Unánime *adj* unânime, geral.
Unanimidad *s* unanimidade.
Unción *s* unção, fervor.
Uncir *v* jungir.
Ungir *v* ungir, olear.
Ungüento *s* unguento, bálsamo.
Unicelular *adj* unicelular.
Unicidad *s* unicidade.
Único *adj* único, só.
Unicolor *s* unicolor.
Unicornio *s* unicórnio.
Unidad *s* unidade.
Unido *adj* unido, junto, ligado, atado.
Unificar *v* unificar, unir.
Uniforme *adj* uniforme, semelhante.
Uniformidad *s* uniformidade.
Uniformizar *v* uniformizar, padronizar.
Unilateral *adj* unilateral.
Unión *s* união, vínculo, ligação.
Unipersonal *adj* unipessoal.
Unir *v* unir, unificar.
Unisexual *adj* unissexual.
Unísono *adj* uníssono.
Unitario *adj* unitário.
Universal *adj* universal.
Universalizar *v* universalizar, generalizar.
Universidad *s* universidade.
Universitario *adj* universitário.
Universo *s* universo, cosmo.
Unívoco *adj* unívoco.
Uno *num* um.
Untar *v* untar, friccionar, engordurar.
Unto *s* banha, gordura.
Untuoso *adj* untuoso.
Uña *s* unha.
Uñada *s* unhada, arranhão.
Uranio *s* urânio.
Urbanidad *s* urbanidade.
Urbanismo *s* urbanismo.
Urbanístico *adj* urbanístico.
Urbanización *s* urbanização.
Urbanizar *v* urbanizar.
Urbano *adj* urbano.
Urbe *s* urbe, cidade populosa.
Urdidura *s* urdidura, trama.
Urdimbre *s* urdume.
Urdir *v* urdir.
Urea *s* ureia.
Uremia *s* uremia.
Uréter *s* ureter.
Uretra *s* uretra.
Urgencia *s* urgência, necessidade.
Urgente *adj* urgente, necessário.
Urgir *v* urgir.

urinario — uva · 165 · UVA

Urinario *adj* urinário; *s* mictório, urinol.
Urna *s* urna, vaso.
Urología *s* urologia.
Urólogo *s* urologista.
Urticaria *s* urticária.
Urubú *s* urubu, abutre americano.
Uruguayo *adj* uruguaio.
Usado *adj* usado, deteriorado, gasto.
Usanza *s* uso, costume.
Usar *v* usar, utilizar, empregar, praticar, vestir, desfrutar, gozar.
Uso *s* uso, exercício, prática, costume, jeito.
Usted *pron* senhor, senhora.
Usual *adj* usual, ordinário, habitual.

Usuario *adj* usuário.
Usufructo *s* usufruto, fruição, lucro, proveito.
Usura *s* usura, ágio, agiotagem.
Usurero *s* usurário, agiota.
Usurpar *v* usurpar.
Utensilio *s* utensílio.
Uterino *adj* uterino.
Útero *s* útero.
Útil *adj* útil, proveitoso, vantajoso.
Utilidad *s* utilidade, serventia.
Utilizar *v* utilizar, usar, empregar.
Utopía *s* utopia.
Utópico *adj* utópico.
Uva *s* uva.

V

ABCDEFGHIJKLMNOPQRSTUVWXYZ

V s vigésima quinta letra do alfabeto espanhol; 5, na numeração romana, símbolo da vitória.
Vaca s vaca, fêmea do touro.
Vacación s férias, descanso, folga.
Vacante adj vacante, vago, vazio.
Vaciar v esvaziar, vazar, despejar, verter.
Vacilación s vacilação, hesitação, indecisão, incerteza.
Vacilar v vacilar, oscilar, cambalear, hesitar, duvidar.
Vacío adj vazio, oco, ocioso, desabitado.
Vacuna s vacina.
Vacunar v vacinar.
Vacuno adj bovino.
Vacuo s vácuo, vazio.
Vadear v vadear.
Vado s vau.
Vagabundear v vagabundear, vadiar.
Vagabundo s vagabundo, vadio.
Vagancia s vacância, desocupação.
Vagar v vagar, andar ao acaso; s vagar, lentidão.
Vagina s vagina.
Vago adj vago, incerto, indefinido, indeterminado, inconstante, descuidado, desocupado, preguiçoso.
Vagón s vagão, comboio.
Vaguada s fundo de um vale.
Vaguear v vaguear, perambular.
Vaguedad s vaguidade.
Vaharada s baforada.
Vahído s vertigem, tontura.
Vaho s vapor, exalação.
Vaina s bainha (de arma), vagem.
Vainilla s baunilha.
Vaivén s vaivém, balanço, movimento, oscilação.
Vajilla s vasilha, baixela (de mesa).
Vale s vale, recibo.
Valentía s valentia, coragem, valor.
Valentón adj valentão, fanfarrão.
Valer v valer, amparar, proteger, custar, render.
Valeroso adj valoroso, valente.
Valía s valia, valor, preço.
Validación s validação, legitimidade.

Validar v validar, legalizar, legitimar, autorizar.
Validez s validade, legitimidade.
Válido adj válido, legal, legítimo.
Valiente adj valente, corajoso, destemido.
Valija s valise, maleta.
Valioso adj valioso, estimado, rico, opulento.
Valla s vala, fosso, outdoor.
Vallar v valar.
Valle s vale, planície.
Valor s valor, preço, valia, estima, coragem, audácia, valentia.
Valoración s valoração, valorização.
Valorar v avaliar.
Valorizar v valorizar.
Vals s valsa.
Valuación s avaliação.
Valuar v avaliar.
Válvula s válvula.
Vampiro s vampiro.
Vanagloriarse v vangloriar-se, jactar-se.
Vandalismo s vandalismo.
Vándalo adj vândalo, bárbaro.
Vanguardia s vanguarda.
Vanidad s vaidade, orgulho, pompa, futilidade.
Vanidoso adj vaidoso.
Vano adj vão, inexistente, inútil.
Vapor s vapor, gás.
Vaporizador s vaporizador.
Vaporizar v vaporizar.
Vaporoso adj vaporoso.
Vapulear v açoitar.
Vaquero s vaqueiro.
Vara s vara, bastão.
Variable adj variável.
Variación s variação, mudança, modificação.
Variado adj variado, diversificado, mesclado.
Variante s variante.
Variar v variar, mudar, transformar.
Variedad s variedade.
Varilla s varinha, vareta.
Vario adj vário, variado, diverso, diferente.
Varón s varão, homem.
Varonil adj varonil.

vasallo — vergüenza   167   **VER**

Vasallo s vassalo, súdito.
Vaselina s vaselina.
Vasija s vasilha, recipiente para líquidos.
Vaso s copo, vaso, copa.
Vasto adj vasto, extenso, amplo.
Vaticano adj vaticano.
Vaticinar v vaticinar, profetizar, adivinhar, predizer.
Vaticinio s vatícinio, profecia, prognóstico.
Vatio s watt.
Vecinal adj vicinal.
Vecindario s vizinhança.
Vecino adj vizinho.
Veda s proibição.
Vedado adj vedado, proibido, interditado.
Vedar v vedar, proibir, interditar.
Vedette s vedete, atriz.
Vega s várzea.
Vegetación s vegetação.
Vegetal s vegetal.
Vegetar v vegetar, germinar.
Vegetariano adj vegetariano.
Vegetativo adj vegetativo.
Vehemencia s veemência, vigor, força.
Vehículo s veículo, carro.
Vejar v vexar, maltratar, humilhar, zombar.
Vejatorio adj vexatório.
Vejez s velhice, senilidade.
Vejiga s bexiga.
Vela s vela (de cera, de pano).
Velada s serão, veladura.
Velar v velar, vigiar.
Velatorio s velório.
Veleidad s veleidade, leviandade.
Velero s veleiro, barco a vela.
Vello s pelo, penugem.
Velludo adj peludo, aveludado.
Velo s véu.
Velocidad s velocidade.
Velocímetro s velocímetro.
Velocípedo s velocípede.
Velódromo s velódromo.
Veloz adj veloz, rápido, ligeiro.
Vena s veia, vaso sanguíneo, veio (de minério), lençol subterrâneo de água.
Venado s veado, cervo, gamo.
Venal adj venal, subornável.
Vencer v vencer, dominar, superar.
Vencido adj vencido, derrotado.
Venda s venda, tira, atadura, faixa.
Vendar v vendar.
Vendaval s vendaval, temporal.
Vendedor adj vendedor.
Vender v vender.
Vendimia s vindima, colheita de uvas.
Veneno s veneno.
Venenoso adj venenoso.

Veneración s veneração, culto, reverência.
Venerar v venerar, cultuar, adorar.
Venéreo adj venéreo.
Venezolano adj venezuelano.
Vengador s vingador.
Venganza s vingança, represália.
Vengar v vingar, desforrar.
Vengativo adj vingativo.
Venia s vênia, permissão, licença.
Venial adj venial.
Venida s vinda, chegada, enchente.
Venidero adj vindouro.
Venir v vir, voltar.
Venoso adj venoso.
Venta s venda, estalagem.
Ventaja s vantagem, superioridade, melhoria.
Ventajoso adj vantajoso.
Ventana s venta, narina, janela.
Ventanal s janela grande.
Ventanilla s guichê.
Ventear v ventar.
Ventilación s ventilação.
Ventilador s ventilador.
Ventilar v ventilar.
Ventisca s nevada acompanhada de vento.
Ventolera s lufada de vento.
Ventosa s ventosa.
Ventrílocuo s ventríloquo; adj ventríloquo.
Ventura s ventura, felicidade, sorte, fortuna.
Venturoso adj venturoso, feliz, afortunado.
Ver v ver, observar, examinar, avistar.
Vera s borda, beira, beirada.
Veracidad s veracidade, exatidão.
Veranda s varanda, balcão, sacada, terraço.
Veraneante adj veraneante.
Veranear v veranear, passar férias de verão.
Veraneo s veraneio, férias de verão.
Verano s verão.
Veras s veras, verídico, verdadeiro.
Verbal adj verbal, oral.
Verbigracia adv por exemplo.
Verbo s verbo, palavra, linguagem.
Verborragia s verbosidade.
Verdad s verdade, veracidade, exatidão, realidade.
Verdadero adj verdadeiro, verídico, real, exato.
Verde adj verde.
Verdear v verdejar.
Verdor s verdor, juventude.
Verdugo s verdugo, carrasco, algoz.
Verdulero s verdureiro, hortelão.
Verdura s verdura, hortaliça.
Vereda s vereda, caminho estreito.
Veredicto s veredicto, sentença.
Verga s verga, membro viril dos mamíferos.
Vergel s jardim, pomar.
Vergonzoso adj vergonhoso.
Vergüenza s vergonha, pudor, timidez.

VER 168   verídico — virrey

Verídico *adj* verídico, verdadeiro.
Verificar *v* verificar, examinar.
Verja *s* grade, gradil.
Verme *s* verme.
Vermicida *adj* vermicida, vermífugo.
Vermut *s* vermute.
Vernáculo *adj* vernáculo, nacional, pátrio.
Verosímil *adj* verossímil, possível, provável.
Verruga *s* verruga.
Versado *adj* versado, entendido, conhecedor.
Versar *v* versar, estudar.
Versátil *adj* versátil, inconstante.
Versículo *s* versículo, divisão de capítulo.
Versificar *v* versificar, versejar.
Versión *s* versão, tradução, interpretação, explicação.
Verso *s* verso.
Vértebra *s* vértebra, osso da coluna vertebral.
Vertebrado *adj* vertebrado.
Vertedero *s* desaguadouro, depósito de lixo.
Verter *v* verter, desaguar, derramar, traduzir.
Vertical *adj* vertical.
Vértice *s* vértice.
Vertiente *s* vertente, ladeira, declive, encosta.
Vertiginoso *adj* vertiginoso, rápido.
Vértigo *s* vertigem.
Vesícula *s* vesícula.
Vespertino *adj* vespertino.
Vestíbulo *s* vestíbulo, átrio.
Vestido *s* vestido, indumentária.
Vestigio *s* vestígio, sinal, pegada.
Vestimenta *s* vestimenta, roupa.
Vestir *v* vestir, trajar.
Vestuario *s* vestuário, traje, vestimenta.
Veta *s* beta.
Veterano *adj* veterano.
Veterinario *s* veterinário.
Veto *s* veto, recusa.
Vetuso *adj* vetusto.
Vez *s* vez, época, ocasião, tempo, turno.
Vía *s* via, caminho, estrada, rota, método, sistema.
Viable *adj* viável, possível.
Viaducto *s* viaduto.
Viajante *adj* viajante.
Viajar *v* viajar.
Viaje *s* viagem.
Vianda *s* vianda, comida.
Viandante *s* viandante, caminhante.
Viático *s* viático.
Víbora *s* víbora, cobra venenosa.
Vibración *s* vibração, oscilação.
Vibrar *v* vibrar, oscilar.
Vibratorio *s* vibratório.
Viceversa *adv* vice-versa.
Viciar *v* viciar, corromper, deteriorar, deformar.
Vicio *s* vício.
Vicisitud *s* vicissitude.

Víctima *s* vítima.
Victoria *s* vitória, triunfo.
Vicuña *s* vicunha.
Vid *s* vide.
Vidente *adj* vidente.
Video *s* víodeocassete.
Vidriera *s* vidraça, vitral.
Vidrio *s* vidro, frasco, garrafa.
Viejo *adj* velho, idoso, ancião, antigo.
Viento *s* vento, corrente de ar, ar atmosférico.
Vientre *s* ventre, barriga.
Viernes *s* sexta-feira, sexto dia da semana.
Viga *s* viga, trave.
Vigía *s* vigia, sentinela.
Vigilancia *s* vigilância.
Vigilar *v* cuidar, observar.
Vigilia *s* vigília, serão, véspera.
Vigor *s* vigor, força, energia.
Vigorizar *v* revigorar, fortalecer, robustecer.
Vigoroso *adj* vigoroso, forte, robusto, enérgico.
Vil *adj* vil, infame.
Vilipendiar *v* vilipendiar, menosprezar, aviltar.
Vilipendio *s* vilipêndio, vileza.
Villa *s* vila, povoação.
Villancico *s* canção própria de Natal.
Villanía *s* vilania, vilão.
Villano *adj* vilão, rústico.
Vinagre *s* vinagre.
Vinagreta *s* molho vinagrete.
Vincular *v* vincular, unir.
Vínculo *s* vínculo, união.
Vindicar *v* vingar, reivindicar.
Vinícola *adj* vinícola.
Vinicultura *s* vinicultura.
Vino *s* vinho.
Viña *s* vinha.
Viñedo *s* vinhedo.
Viñeta *s* vinheta, estampa, desenho.
Viola *s* viola.
Violáceo *adj* violáceo, cor de violeta.
Violación *s* violação, estupro.
Violar *v* violar, violentar, estuprar.
Violencia *s* violência, agressão.
Violentar *v* violentar, violar.
Violento *adj* violento, impetuoso, irascível.
Violeta *s* violeta (planta, flor).
Violín *s* violino.
Violón *s* violão.
Viperino *adj* viperino, de víbora.
Virar *v* virar, dar voltas, mudar, trocar.
Virgen *s* virgem.
Virginal *adj* virginal, puro, imaculado.
Virginidad *s* virgindade, pureza, castidade.
Virgo *s* virgem, virgindade, hímen.
Viril *adj* viril, masculino.
Virilidad *s* virilidade.
Virrey *s* vice-rei.

virtual — vulva · VUL

Virtual *adj* virtual, implícito.
Virtud *s* virtude, vigor, valor, retidão.
Virueta *s* varíola.
Virulento *adj* virulento.
Virus *s* vírus, germe.
Viruta *s* apara, fita de madeira.
Visado *s* visto.
Visar *v* visar, dar visto, mirar.
Víscera *s* víscera, entranhas.
Viscoso *adj* viscoso, pegajoso.
Visera *s* viseira.
Visible *adj* visível.
Visillo *s* cortina para janela.
Visión *s* visão, capacidade de ver, aparição, espectro.
Visionario *adj* visionário, sonhador.
Visita *s* visita.
Visitar *v* visitar, ir ver, conhecer um lugar.
Vislumbrar *v* vislumbrar, entrever, divisar.
Viso *s* reflexo, lampejo.
Visor *s* visor.
Víspera *s* véspera, dia anterior.
Vista *s* vista, sentido da visão, paisagem, panorama.
Vistazo *s* olhar rápido.
Visto *adj* visto, visado.
Vistoso *adj* vistoso, chamativo.
Visual *adj* visual.
Vital *adj* vital, essencial, fundamental.
Vitalicio *adj* vitalício.
Vitalidad *s* vitalidade, atividade.
Vitamina *s* vitamina.
Vitaminado *adj* vitaminado.
Vítreo *adj* vítreo.
Vitrificar *v* vitrificar.
Vitrina *s* vitrina, mostrador, cristaleira.
Vitualla *s* mantimento, provisão.
Vituperar *v* vituperar.
Viudez *s* viuvez.
Viudo *s* viúvo.
Vivacidad *s* vivacidade, esperteza.
Vivaz *adj* eficaz, vigoroso, forte.
Vivencia *s* vivência.
Víveres *s* víveres, comestíveis.
Vivero *s* viveiro.
Viveza *s* viveza, vivacidade.
Vivienda *s* vivenda, moradia.
Vivificar *v* vivificar, animar, reanimar, confortar.
Vivir *v* viver, existir, morar, habitar, durar.
Vivo *adj* vivo, intenso, forte.
Vizconde *s* visconde.
Vocablo *s* vocábulo, palavra.
Vocabulario *s* vocabulário, glossário, léxico.
Vocación *s* vocação, talento, inclinação.

Vocal *adj* vocal, da voz; *s* vogal, membro de um tribunal ou junta.
Vocalista *s* vocalista, cantor.
Vocear *v* gritar, apregoar.
Vocero *s* porta-voz.
Vociferar *v* vociferar, chamar, esbravejar, bradar.
Vodka *s* vodca.
Volante *s* volante, direção (de veículo); *adj* voador, móvel.
Volar *v* voar.
Volátil *adj* volátil.
Volatizar *v* volatizar.
Volcán *s* vulcão.
Volcar *v* tombar, entornar.
Voltaje *s* voltagem, tensão elétrica.
Voltear *v* voltar, dar voltas, virar.
Voltereta *s* cambalhota.
Voltímetro *s* voltímetro.
Voltio *s* volt.
Voluble *adj* volúvel, inconstante.
Volumen *s* volume, livro, espaço.
Voluminoso *s* volumoso.
Voluntad *s* vontade, desejo.
Voluntário *adj* voluntário.
Voluptuoso *adj* voluptuoso.
Volver *v* volver, voltar, restituir, inclinar.
Vomitar *v* vomitar.
Vómito *s* vômito.
Voracidad *s* voracidade, avidez.
Voraz *adj* voraz, ávido.
Vos *pron* vós.
Vosotros *pron* vós.
Votación *s* votação, sufrágio.
Votar *v* votar, jurar.
Voto *s* voto, sufrágio.
Voz *s* voz, palavra, opinião.
Vuelco *s* tombo, reviravolta.
Vuelo *s* voo.
Vuelta *s* volta, giro, curva, regresso, devolução, troco.
Vuestro *pron* vosso.
Vulcanizar *v* vulcanizar, emborrachar.
Vulgar *adj* vulgar, baixo, comum.
Vulgaridad *s* vulgaridade, banalidade, mediocridade.
Vulgarizar *v* vulgarizar, difundir.
Vulgarmente *adv* vulgarmente.
Vulgo *s* vulgo, povo, plebe.
Vulnerable *adj* vulnerável.
Vulnerar *v* vulnerar, ferir, prejudicar, ofender.
Vulpeja *s* nome que se costuma dar a raposa.
Vulturno *s* vento quente.
Vulva *s* vulva, parte externa do órgão sexual feminino.

ABCDEFGHIJKLMNOPQRSTUVWXYZ

W s letra que não pertence ao alfabeto espanhol, usada apenas em palavras estrangeiras.
Wat s watt, unidade de potência.
Water s WC, banheiro.
Week-end s fim de semana.
Western s faroeste, filme de bangue-bangue.
Whisky s uísque, bebida alcóolica de cereais fermentados.
Whist s jogo de cartas de origem inglesa.

ABCDEFGHIJKLMNOPQRSTUVWXYZ

X s vigésima sexta letra do alfabeto espanhol.
Xenofobia s xenofobia, aversão, repugnância aos estrangeiros.

Xenófobo adj xenófobo.
Xilografia s xiliografia, gravação em madeira.
Xilográfico adj xilográfico.

Y

ABCDEFGHIJKLMNOPQRSTUVWXYZ

Y *s* vigésima sétima letra do alfabeto espanhol; *conj* e.
Ya *adv* já, logo, imediatamente.
Yaca *s* jaqueira, jaca.
Yacaré *s* jacaré, espécie de crocodilo.
Yacer *v* jazer, sepultado, existir, estar morto.
Yacija *s* leito, cama, jazida.
Yacimiento *s* jazido, jazida.
Yaguar *s* jaguar.
Yambo *s* jambeiro, jambo.
Yanqui *adj* ianque, pessoas da América do Norte.
Yantar *s* comida, manjar, iguarias.
Yarda *s* jarda, medida linear inglesa.
Yatay *s* iatai, espécie de palmeira.
Yate *s* iate, navio de recreio.
Yedra *s* hera, planta trepadeira.
Yegua *s* égua, fêmea do cavalo.
Yelmo *s* elmo, espécie de capacete.
Yema *s* gema; olho (dos vegetais), botão.
Yerba *s* erva, grama.
Yerbajo *s* erva daninha.
Yermo *adj* ermo, desabitado, baldio.
Yerno *s* genro.
Yerro *s* erro, delito, equívoco.
Yerto *adj* hirto, teso, rígido, frio.
Yesca *s* isca.
Yesería *s* fábrica de gesso, obra de gesso.
Yeso *s* gesso.
Yo *pron* eu; *s* sujeito pensante.
Yodado *adj* iodado.
Yodo *s* iodo.
Yoga *s* ioga.
Yogur *s* iogurte.
Yuca *s* mandioca.
Yudo *s* judô.
Yugo *s* jugo, canga.
Yugoeslavo *adj* iugoslavo.
Yugular *adj* jugular.
Yunta *s* junta, parelha.
Yute *s* juta (planta, tecido).
Yuxtaponer *v* justapor.
Yuxtaposición *s* justaposição.
Yuyo *s* joio (erva).

Z

ABCDEFGHIJKLMNOPQRSTUVWXYZ

Z s vigésima oitava letra do alfabeto espanhol.
Zabullida s mergulho.
Zabullir v mergulhar.
Zafado adj safado, descarado, atrevido.
Zafar v safar, escapar, evadir-se.
Zafiro s safira, pedra preciosa azul.
Zafo adj livre, desembaraçado.
Zafra s safra, colheita.
Zaga s retaguarda.
Zagal s mancebo, adolescente, jovem, moço, forte.
Zaguán s saguão, vestíbulo.
Zaguero adj que vai em último lugar, que fica atrás.
Zaherir v censurar, repreender, humilhar.
Zahorí s vidente, adivinho.
Zalamería s salamaleque, lisonja, bajulação.
Zalamero adj, s lisonjeador, bajulador.
Zalea s tosão.
Zamarra s vestuário rústico, casaco de pele de
cordeiro, pele de cordeiro.
Zambo adj cambaio, torto, cambado das pernas.
Zambomba s cuíca, ronca.
Zambullir v mergulhar com ímpeto.
Zampar v comer muito, comer depressa e sem
compostura.
Zampón adj comilão, glutão.
Zampoña s flauta pastoril, instrumento rústico.
Zanahoria s cenoura.
Zanca s sanco, perna de ave.
Zancada s pernada, passos largos.
Zancadilla s rasteira.
Zancajo s calcanhar.
Zanco s pernas de pau.
Zancudo adj pernalto, pernilongo.
Zángano s zângão, macho da abelha.
Zanja s escavação para edificar, fundação,
escoamento para água.
Zanjar v abrir valas.
Zapa s sapa, escavação, pá.
Zapapico s picareta.
Zapateado s sapateado.
Zapatear v sapatear, bater o pé.
Zapatero s sapateiro.

Zapatilla s sapatilha.
Zapato s sapato, calçado.
Zar s czar, soberano da Rússia.
Zarandear v sacudir, saracotear.
Zarpa s sapata, parte saliente dos alicerces.
Zarpar v sarpar, partir, levantar ferro, zarpar.
Zarza s sarça, planta espinhosa, silva.
Zarzamora s amora, fruto da silva e da amoreira.
Zarzaparrilha s salsaparrilha.
Zarzuela s zarzuela, opereta.
Zepelín s zepelim, dirigível.
Zigzag s ziguezague.
Zinc s zinco.
Zócalo s base, pedestal.
Zoclo s tamanco.
Zoco s mercado.
Zodíaco s zodíaco.
Zona s zona.
Zonote s depósito de água no centro de uma gruta.
Zonzo adj sensabor, insípido.
Zoología s zoologia.
Zoológico s, adj zoológico.
Zoospermo s espermatozoide.
Zoquete s toco, pedaço de madeira.
Zorrería s astúcia de raposa.
Zorrillo s raposinho.
Zorro s zorro, raposo.
Zozobra s soçobro, inquietação, aflição, angústia.
Zueco s tamanco, calçado de madeira.
Zumbar v zumbir.
Zumbido s zumbido.
Zumo s sumo, suco.
Zurcir v cerzir, costurar.
Zurdo s, adj canhoto.
Zurra s surra, sova, tunda, castigo.
Zurrar v surrar, castigar.
Zurriago s chicote, látego.
Zurrido s zoada, som rouco e confuso.
Zurrir v zunir, soar rouco e confusamente.
Zurumbático adj atordoado, pasmado,
apatetado, apalermado.
Zutano s beltrano, fulano, sicrano.

Português
Espanhol

A

ABCDEFGHIJKLMNOPQRSTUVWXYZ

A s primera letra del alfabeto portugués.
A art la; prep a.
Aba s faldón, ala del sombrero, orilla.
Abacate s aguacate.
Abacaxi s ananás.
Abade s abad, párroco, cura.
Abadia s abadía.
Abafar v sofocar, asfixiar, amortiguar.
Abaixar v bajar, rebajar, abatir, descender.
Abaixo adv abajo.
Abalar v estremecer, conmover, sacudir.
Abanar v abanicar, soplar, abanar, sacudir.
Abandonar v abandonar, dejar, desamparar, desistir, renunciar.
Abarcar v abarcar, ceñir, comprender.
Abarrotar v abarrotar, llenar, cargar, colmar.
Abastado adj abundante, abastecido.
Abastecer v abastecer, proveer, repostar, suministrar.
Abater v abatir, bajar, desalentar, matar.
Abatido adj alicaído, cabizbajo, triste, desanimado.
Abatimento s abatimiento, deducción, descuento, postración, matanza de ganado.
Abaulado adj curvado, convexo.
Abdicar v abdicar, renunciar, desistir.
Abdômen s abdomen, barriga.
Abdominal adj abdominal.
Abecedário s alfabeto.
Abelha s abeja.
Abelhudo adj entremetido, curioso, diligente.
Abençoar v bendecir, amparar, favorecer.
Abertamente adv abiertamente.
Aberto adj abierto, desembarazado, franco, sincero.
Abertura s abertura, grieta, agujero, hendidura, quiebra.
Abismar v abismar, hundir en un abismo.
Abismo s abismo, precipicio.
Abjeto adj abyecto, infame.
Abjurar v abjurar, renunciar.
Ablação s ablación, corte.

Abnegado adj abnegado, desprendido.
Abóbada s bóveda, cúpula.
Abobadar v abovedar.
Abobado adj abobado, hecho un tonto, atontado.
Abóbora s calabaza.
Abocado adj abocado, aproximado.
Abocanhar v morder.
Abolir v abolir, anular, aniquilar.
Abominação s abominación, repulsión, odio, rencor.
Abonado adj abonado, acaudalado, rico.
Abonar v abonar, garantizar, afianzar.
Abono s abono, fianza, garantía.
Abordagem s abordaje.
Abordar v abordar, arribar, atracar, aportar.
Aborígene adj aborigen, nativo, indígena.
Aborrecer v aborrecer, aburrir, amohinar, fastidiar.
Aborrecido adj aburrido, fastidioso.
Aborrecimento s aborrecimiento, aburrimiento.
Abortar v abortar.
Abraçar v abrazar, ceñir.
Abraço s abrazo.
Abrandar v ablandar, suavizar, moderar.
Abranger v comprender, contener, incluir, abarcar.
Abrasador adj abrasador, ardiente, inflamado.
Abrasar v abrasar, escaldar, quemar.
Abrasivo adj abrasivo.
Abreviado adj abreviado, resumido.
Abreviar v abreviar, cortar, resumir.
Abricó s albaricoque.
Abrigar v abrigar, defender, cubrir.
Abrigo s abrigo, resguardo, protección, cobertura, acogida, refugio.
Abril s abril.
Abrilhantar v abrillantar.
Abrir v abrir, descubrir, comenzar, inaugurar, desabrochar.
Ab-rogar v abrogar, anular.
Abrupto adj abrupto, escarpado.
Abrutalhado adj grosero, rudo.

abscesso — acionista

Abscesso s absceso, tumor.
Absinto s ajenjo.
Absoluto adj absoluto, incondicional.
Absolver v absolver, indultar, perdonar.
Absolvição s absolución, indulto.
Absorto adj absorto.
Absorver v absorber, embeber, sorber, inhalar, consumir.
Abstenção s abstención, privación, renuncia.
Abster v privar, impedir.
Abstinência s abstinencia, ayuno, privación.
Abstrair v abstraer, separar, excluir.
Abstrato adj abstracto.
Absurdo s absurdo, contradictorio, disparate, esperpento.
Abulia s abulia.
Abundância s abundancia, exuberancia, opulencia, riqueza.
Abundante adj abundante, copioso, fecundo.
Abundar v abundar, bastar.
Aburguesar v aburguesar.
Abusador adj abusador.
Abuso s abuso, desmán, engaño.
Abutre s buitre.
Acabado adj acabado, envejecido, viejo, perfecto.
Acabamento s acabamiento, consumación, confección.
Acabar v acabar, poner término, rematar, dar fin.
Acabrunhar v agobiar, fastidiar, oprimir.
Açaçapado adj agazapado.
Acadêmico adj académico.
Açafrão s azafrán.
Acaju s nombre de varios árboles de distintas familias.
Acalentar v adormecer, arrullar.
Acalento s consuelo, caricia.
Acalmar v calmar, pacificar, serenar, sosegar.
Acalorado adj acalorado, caliente.
Acamar v abatirse, enfermar.
Acamaradar v hacerse camarada.
Açambarcar v acaparar, monopolizar.
Acampamento s acampamiento, camping.
Acanhado adj tímido, estrecho, avergonzado.
Acanhar v apocar, estrechar, rendirse.
Ação s acción, acto, hecho.
Acaramelar v acaramelar.
Acareação s careo, acareamiento.
Acariciar v acariciar, halagar.
Acarretar v transportar, traer.
Acaso s acaso, eventualidad.
Acaso adv acaso, quizá, talvez.
Acastanhado adj acastañado, de color de castaña, marrón.
Acatamento s acatamiento, obediencia.

Acatar v acatar, deferir, cumplir.
Acaudilhar v acaudillar, dirigir.
Acautelar v acautelar, precaver.
Acavalado adj acaballado, cubierto.
Acebolado adj que sabe o tiene cebolla, en que entra cebolla.
Aceder v acceder.
Aceitação s aceptación, admisión.
Aceitar v aceptar, admitir, aprobar.
Aceitável adj aceptable.
Aceleração s aceleración.
Acelerar v acelerar, adelantar, apresurar.
Acenar v hacer ademanes, provocar.
Acendedor s encendedor.
Acender v encender, inflamar.
Aceno s ademán, seña.
Acentuar v acentuar, atildar.
Acepção s acepción, significado.
Acéquia s acequia, zanja.
Acerbo adj acerbo, áspero, ácido.
Acercar v acercar, aproximar.
Acertar v acertar, concordar.
Acerto s acierto, ajuste, acaso, suerte.
Acervo s acervo, gran cantidad.
Aceso adj encendido.
Acessível adj accesible, fácil.
Acesso s acceso, llegada, ingreso.
Acessório adj accesorio.
Acético adj acético, realtivo al vinagre.
Acetinado adj satinado, sedoso, lustroso.
Acetinar v satinar, alisar, suavizar.
Acha s leño, astilla.
Achacar v achacar, enfermar.
Achado s hallazgo, descubrimiento.
Achado adj encontrado.
Achar v hallarse, descubrir, encontrar, notar.
Achatamento s achatamiento.
Achatar v achatar, aplastar, allanar.
Achegar v allegar, aproximar, unir.
Achego s añadidura.
Achincalhar v ridiculizar, mofar.
Achinesado adj chino.
Acidentado adj accidentado, modificado con accidentes.
Acidental adj accidental, casual, eventual.
Acidentar v accidentar.
Acidente s accidente, contratiempo, desgracia, desmayo.
Acidez s acidez.
Acima adv encima, arriba.
Acinte s terquedad.
Acinzentado adj ceniciento, gris, grisáceo.
Acionar v accionar, mover, poner en acción.
Acionista s accionista.

ACI

acirrar — admiração

Acirrar v irritar, estimular.
Aclamar v aclamar, aprobar.
Aclarar v aclarar, clarear, iluminar.
Aclimatar v aclimatar, acostumbrarse.
Aclive s declive, ladera.
Acne s acné.
Aço s acero.
Acobertar v tapar con cubierta, enjaezar.
Acocorar-se v agacharse, acuclillarse.
Açoitar v azotar, fustigar, castigar.
Acolchetar v abrochar.
Acolchoado s edredón.
Acolchoar v acolchar, acolchonar, estofar.
Acolhedor adj acogedor, hospitalario.
Acolher v acoger, hospedar, proteger.
Acolhida s acogida, asilo, recepción.
Acometer v acometer, embestir, emprender.
Acometida s acometida, asalto, embestida.
Acomodação s acomodación.
Acompanhamento s acompañamiento, cortejo, séquito.
Acompanhante s acompañante, compañía.
Acompanhar v acompañar, seguir, escoltar.
Aconchegar v agasajar, halagar, aproximar.
Acondicionar v acondicionar, disponer.
Aconselhar v aconsejar, amonestar, advertir.
Aconselhável adj aconsejable.
Acontecer v acontecer, ocurrir, sobrevenir.
Acontecimento s acontecimiento, suceso, éxito.
Acorde adj concorde, armonioso; s acorde.
Acordo s acuerdo, conformidad, parecer, arreglo.
Açoriano adj azoreano, natural de las islas Azores.
Acorrentar v encadenar.
Acorrer v acorrer, acudir.
Acossar v acosar, perseguir, fatigar.
Acostar v acostar, arrimar, juntar.
Acostumado adj acostumbrado.
Acostumar v acostumbrar, habituar.
Acotovelar v codear, empujar.
Açougue s carnicería, matadero.
Açougueiro s carnicero.
Acovardar v acobardar, asustar.
Acre adj acre, agrio; s acre, medida agraria.
Acreditar v acreditar, creer.
Acrescentar v acrecentar, añadir, incorporar, juntar.
Acrescer v acrecer, aumentar, agregar.
Acréscimo s añadidura, acrecimiento.
Acrobata s acróbata, saltimbanqui.
Acrópole s acrópolis.
Acuar v arrinconar.
Açúcar s azúcar.
Açucarar v azucarar, endulzar.
Açucareiro s azucarero.

Açucena s azucena.
Açude s dique, embalse, represa.
Acuidade s acuidad, agudeza.
Açular v azuzar, excitar.
Acumular v acumular, amontonar, juntar.
Acusação s acusación, censura, denuncia.
Acusado s acusado, notificado, reo.
Acusador adj acusador, el que acusa; s delator.
Acusar v acusar, delatar, denunciar, imputar, culpar.
Adaga s daga, sable.
Adágio s adagio, proverbio.
Adamascado adj adamascado.
Adaptação s adaptación, acomodación.
Adaptar v acomodar, adaptar, ajustar.
Adega s bodega, taberna.
Ademais adv además.
Adenda s apéndice, epílogo.
Adequar v adecuar, amoldar, apropiar, emparejar.
Adereçar v aderezar, adornar, componer, dedicar.
Aderência s adherencia, cohesión.
Aderente adj adherente, anexo.
Aderir v adherir, anuir, juntar.
Adernar v inclinarse el buque.
Adesão s adhesión, ligación, acuerdo.
Adestramento s adestramiento.
Adestrar v adiestrar, instruir, ejercitar, amaestrar.
Adeus s adiós, despedida; interj ¡hasta la vista!
Adiamento s prórroga, retraso.
Adiantado adj adelantado, temprano.
Adiantamento s adelanto, anticipo.
Adiantar v adelantar.
Adiante adv adelante.
Adiar v aplazar, diferir, postegar, retrasar.
Adiável adj aplazable.
Adição s adición, apéndice, suma.
Adicionar v incrementar, añadir, agregar, sumar.
Adido s agregado.
Aditivo adj adictivo.
Adivinhação s adivinación.
Adivinhar v adivinar, descifrar, acertar.
Adivinho s adivino, zahorí.
Adjacente adj adyacente, cercano, inmediato, contiguo.
Adjudicar v adjudicar, conceder, otorgar.
Adjunto adj adjunto, agregado, compañero, socio.
Administração s administración, gestión.
Administrador s administrador, director, gerente, gestor.
Administrar v administrar, conducir, dirigir, governar.
Admiração s admiración, espanto, asombro, sorpresa.

admirar — afivelar

AFI

Admirar v admirar, mirar, contemplar, maravillar, sorprender.
Admirável adj admirable, estupendo, maravilloso.
Admissão s admisión, entrada, ingreso, iniciación, introducción.
Admissível adj admisible.
Admitir v admitir, recibir, permitir, tolerar, aceptar, reconocer.
Admoestar v amonestar.
Adoção s adopción.
Adoçar v dulcificar, endulzar, enmelar.
Adoecer v adolecer, enfermar, languidecer.
Adoidado adj alocado, desatinado.
Adolescência s adolescencia, mocedad.
Adolescente adj adolescente, púber.
Adônis s adonis, joven hermoso.
Adoração s adoración.
Adorar v adorar, venerar.
Adorável adj adorable.
Adormecer v adormecer.
Adormecimento s adormecimiento, somnolencia.
Adornar v adornar, ataviar, ornar.
Adotar v adoptar, aceptar.
Adotivo adj adoptivo.
Adquirir v adquirir, comprar, conseguir, granjear.
Adstringência s astringencia.
Adstringente adj astringente.
Aduaneiro adj aduanero.
Adubar v adobar, fertilizar.
Adubo s adobo, estiércol.
Adulação s adulación, halago, lisonja.
Adulador adj adulador, halagador.
Adular v adular, halagar, lisonjear.
Adulteração s adulteración, falsificación.
Adultério s adulterio, infidelidad.
Adúltero adj adúltero, infiel.
Adulto adj adulto.
Aduzir v aducir, alegar, traer.
Advento s advenimiento, venida, llegada, arribo.
Advérbio s adverbio.
Adversário adj adversario, oponente, enemigo.
Adversidade s adversidad, contrariedad, infortunio.
Adverso adj adverso, contrario, opuesto.
Advertência s advertencia, consejo, llamado.
Advertir v advertir, avisar, notar, reparar.
Advir v avenir, sobrevenir, resultar, emerger.
Advocacia s abogacía.
Advogado s abogado.
Advogar v abogar.
Aeração s aeración.
Aeródromo s aeródromo.
Aerograma s aerograma.

Aerólito s aerolito, meteorito.
Aeromoça s azafata.
Aeromodelismo s aeromodelismo.
Aeronauta s aeronauta.
Aeronaval adj aeronaval.
Aeronave s aeronave, avión.
Aeroplano s aeroplano.
Aeroporto s aeropuerto.
Aerotransportar v aerotransportar.
Aerovia s aerovía.
Afã s afán, esfuerzo, trabajo excesivo.
Afabilidade s afabilidad, llaneza, cortesía.
Afadigar v fatigar, cansar.
Afagador adj halagador.
Afago s caricia, halago.
Afanar v robar, gatear.
Afastado adj apartado, distante, retirado, remoto.
Afastamento s separación, apartamiento, desvío.
Afastar v alejar, apartar, desterrar, separar.
Afável adj afable, cortés, campechano.
Afazer v adiestrar, acostumbrar.
Afazeres s quehaceres, trabajos.
Afear v afear.
Afecção s afección.
Afegã adj afgano.
Afeição s afección, afecto, ternura.
Afeiçoar v aficionar, encariñar, enamorar.
Afeito adj acostumbrado, aclimatado.
Afeminado adj afeminado.
Aferir v aferir, valorar, comparar.
Aferro s aferramiento, obstinación.
Aferrolhar v acerrojar.
Aferventar v escaldar, hervir.
Afervorar v enfervorizar, estimular, encender.
Afetado adj afectado, presumido, rebuscado.
Afetar v afectar, fingir.
Afetivo adj afectivo, afectuoso.
Afeto s afecto, amor, cariño.
Afiado adj afilado.
Afiançar v abonar, afianzar, garantizar.
Afiar v afilar.
Aficionado adj aficionado, amador.
Afidalgado adj ahidalgado.
Afilhado s ahijado.
Afiliação s afiliación.
Afiliar v afiliar.
Afim adj afín.
Afinal adv finalmente, por fin.
Afinar v afinar, perfeccionar.
Afinco s ahínco, persistencia, tenacidad.
Afirmação s afirmación, aseveración.
Afirmar v afirmar, asegurar, certificar, consolidar.
Afirmativo adj afirmativo, positivo.
Afivelar v sujetar con hebilla, prender.

AFI 180   afixar — água-marinha

Afixar v fijar, patentizar.
Afixo s afijo.
Aflautado adj aflautado.
Aflição s aflicción, dolor.
Afligir v afligir, angustiar, acongojar.
Aflitivo adj aflictivo.
Aflorar v aflorar, brotar.
Afluência s afluencia, abundancia, concurso.
Afluente adj afluente.
Afluxo s aflujo, afluencia.
Afobação s precipitación.
Afofar v ahuecar.
Afogado adj ahogado, asfixiado, sofocado.
Afogueado adj rojo.
Afoito adj atrevido, osado, valiente.
Afônico adj afónico.
Afora adv excepto, fuera de, además de.
Aforamento s aforamiento, foro.
Aformosear v hermosear, embellecer, adornar.
Afortunado adj afortunado, feliz.
Afrancesado adj afrancesado.
Afrodisíaco adj afrodisíaco.
Afronta s baldón, denuesto, vejación.
Afrontar v arrostrar, resistir, enfrentar.
Afrontoso adj afrentoso.
Afrouxamento s aflojamiento, enflaquecimiento.
Afrouxar v aflojar, amainar, debilitar.
Afugentar v ahuyentar, expulsar.
Afundamento s hundimiento, ahondamiento, sumergimiento.
Afundar v ahondar, afondar, sumergir.
Afunilado adj que tiene la forma de un embudo, abocardado.
Agachar v agachar.
Agalegado adj agallegado.
Agarrar v agarrar, agazapar, prender, tomar.
Agasalho s abrigo, prenda de vestir, buen acogimiento.
Agastar v enfadar, enojar, aburrir.
Ágata s ágata.
Agatanhar v arañar.
Agência s agencia, oficio y oficina de agente, sucursal, administración.
Agenda s agenda, dietario.
Agente s agente, procurador.
Agigantado adj agigantado, enorme, colosal.
Ágil adj ágil, leve, ligero, diestro, diligente.
Agilidade s agilidad, desembarazo, diligencia, presteza, soltura.
Ágio s agio, usura.
Agiota s agiotista, logrero, usurero.
Agiotagem s agiotaje, usura.
Agir v obrar, hacer, actuar.
Agitação s agitación, excitación, calentura.

Agitado adj agitado, turbulento.
Agitar v agitar, bullir, mecer.
Aglomeração s aglomeración, reunión, amontonamiento.
Aglomerar v aglomerar, amontonar.
Aglutinar v aglutinar, unir, juntar, pegar, encolar.
Agnóstico adj agnóstico.
Agonia s agonía, angustia, aflicción.
Agoniado adj ansioso.
Agoniar v agonizar, atormentar, mortificar, afligirse.
Agônico adj agónico.
Agonizante adj agonizante.
Agonizar v agonizar.
Agora adv ahora, en el presente, hoy en día.
Agosto s agosto.
Agourento adj agorero, de mal agüero.
Agouro s agüero, presagio.
Agraciado adj agraciado, condecorado.
Agraciar v agraciar, condecorar.
Agradar s agradar, complacer, contentar, gustar, halagar, satisfacer.
Agradável adj agradable, apacible, bello.
Agradecer v agradecer.
Agrado s agrado, afabilidad, satisfacción, encanto.
Agrário adj agrario, rural.
Agravar v agravar, complicar, empeorar, exacerbar, exagerar.
Agravo s afrenta, agravio, entuerto, ofensa.
Agredir v agredir, atacar, asaltar.
Agregado s agregado, asociado.
Agregar v agregar, asociar, añadir.
Agressão s agresión, ataque, golpe.
Agressividade s agresividad.
Agressivo adj agresivo, belicoso, ofensivo.
Agressor s agresor, provocador, invasor.
Agreste adj agreste, silvestre.
Agrião s berro.
Agricultor s agricultor, granjero, labrador.
Agridoce adj agridulce.
Agrilhoar v agrillar.
Agronomia s agronomía.
Agropecuário adj agropecuario.
Agrupamento s agrupamiento, reunión.
Agrupar v agrupar, juntar en grupo, combinar, reunir.
Água s agua, líquido, lluvia, mar, río.
Aguaceiro s aguacero, lluvia.
Aguada s aguada.
Água-de-colônia s agua de colonia.
Aguador s regadera.
Água-forte s agua fuerte.
Água-furtada s guardilla.
Água-marinha s aguamarina.

água-mel — aleijado   181   **ALE**

Água-mel s aguamiel, agua con miel.
Aguar v aguar, regar.
Aguardar v aguardar, esperar.
Aguardente s aguardiente, cachaza.
Aguçar v aguzar, acuciar.
Agudo adj agudo, sutil, estridente, afilado.
Aguentar v aguantar, sufrir, tolerar, soportar.
Aguerrido adj aguerrido.
Águia s águila.
Aguilhada s aguijada.
Aguilhão s aguijón, rejo.
Aguilhoar v aguijonear.
Agulha s aguja.
Agulhada s agujeta.
Ah interj ¡ah!, expresa alegría, espanto o admiración.
Aí adv ahí, en ese lugar.
Aia s aya, criada, camarera.
Aids s sida.
Ainda adv aún, todavía.
Aipo s apio.
Airoso adj airoso, garboso, gallardo.
Ajardinar v ajardinar, dar forma o poner como un jardín.
Ajeitar v acomodar, adaptar, aplicar.
Ajoelhar v arrodillar.
Ajuda s auxilio, ayuda, socorro.
Ajudante s ayudante, auxiliar, asistente, subalterno.
Ajudar v auxiliar, ayudar, conllevar, socorrer.
Ajuizar v juzgar, apreciar.
Ajuntamento s agrupamiento, reunión, ayuntamiento.
Ajuntar v juntar, reunir.
Ajustar v ajustar, concertar, adaptar, reconciliar, completar, igualar.
Ajuste s ajuste, contrato, combinación, convenio, negociación.
Ala s hilera, fila.
Alabastro s alabastro.
Alado adj alado.
Alagadiço adj alagadizo, pantanoso.
Alagamento s inundación.
Alagar v empantanar, inundar.
Alambique s alambique.
Alameda s alameda, calle.
Alar v halar, izar, levantar.
Alaranjado adj anaranjado, color de naranja.
Alardear v alardear, ostentar.
Alargamento s alargamiento, ensanche.
Alargar v dilatar, aumentar, ensanchar, extender.
Alarido s alarido.
Alarmar v alarmar, sobresaltar.
Alarme s alarma, rebato, vocerío, tumulto.

Alarve s alarbe.
Alastrar v lastrar.
Alaúde s laúd.
Alavanca s barra, palanca.
Alavancar v apalancar.
Alazão adj alazán (caballo).
Alba s alba, aurora.
Albarda s albarda.
Albatroz s alcatraz.
Albergue s albergue, abrigo, parador.
Albino adj albino.
Álbum s álbum.
Albume s albumen.
Albumina s albúmina.
Alça s alza.
Alcachofra s alcachofa.
Alçado s alzado, trazado.
Alcaide s alcalde.
Alcalino adj alcalino.
Alcaloide s alcaloide.
Alçamento s alzamiento.
Alcançar v alcanzar, conseguir.
Alcandorado adj perchado, acantilado.
Alcantilado adj acantilado.
Alcanzia s alcancía.
Alçapão s trampa.
Alcaparra s alcaparra.
Alçar v alzar, levantar.
Alcateia s manada de lobos u otros animales salvajes.
Alcatifa s alcatifa, alfombra o tapete.
Alcatrão s alquitrán.
Alcatraz s alcatraz, ave palmípeda.
Alce s alce, venado.
Álcool s alcohol.
Alcoólatra s alcohólico.
Alcoólico adj alcohólico.
Alcoolismo s alcoholismo.
Alcorão s alcorán.
Alcova s alcoba.
Alcovitar v alcahuetear, intrigar.
Alcunha s apodo.
Aldeão adj aldeano, lugareño, campesino.
Aldear v dividir en aldeas.
Aldeia s aldea.
Aleatório adj aleatorio.
Alecrim s romero.
Alegar v alegar, probar, exponer.
Alegórico adj alegórico, simbólico.
Alegrar v alegrar, desenfadar, divertir, recrear.
Alegre adj alegre, contento, jovial.
Alegria s alegría, animación, contento, euforia, felicidad.
Aleijado adj contrahecho, lisiado.

ALE
182
aleijar — alpino

Aleijar *v* lisiar.
Aleitar *v* amamantar.
Aleivosia *s* alevosía, calumnia.
Aleluia *s* aleluya.
Além *adv* allá, más allá.
Alemão *adj* alemán.
Além-mar *adv* en ultramar.
Além-túmulo *adv* en la otra vida.
Alentar *v* alentar, animar.
Alento *s* aliento, vigor.
Alergia *s* alergia.
Alérgico *adj* alérgico.
Alertar *v* alertar.
Alfa *s* alfa.
Alfabético *adj* alfabético.
Alfabetização *s* alfabetización.
Alfabeto *s* abecedario.
Alface *s* lechuga.
Alfaia *s* arreo, adorno, vajilla.
Alfaiataria *s* sastrería.
Alfaiate *s* sastre.
Alfajor *s* alfajor.
Alfândega *s* aduana.
Alfandegário *adj* aduanero.
Alfange *s* alfanje.
Alfarroba *s* algarroba.
Alfavaca *s* albahaca.
Alfazema *s* espliego, lavanda.
Alferes *s* alférez.
Alfinete *s* alfiler.
Alfombra *s* alfombra, alcatifa.
Alforge *s* alforja.
Alforria *s* franqueo.
Alga *s* alga.
Algarada *s* algara.
Algaravia *s* algarabía.
Algarismo *s* guarismo, número.
Algazarra *s* algazara, gritería.
Álgebra *s* álgebra.
Algema *s* esposas, manillas, grilletes.
Algemar *v* esposar, engrillar.
Algibeira *s* bolsillo, faltriquera.
Álgido *adj* álgido, helado.
Algo *pron* algo.
Algodoal *s* algodonal.
Algodoeiro *s* algodonero.
Algoz *s* verdugo.
Alguém *pron* alguien, alguna persona.
Algum *pron* alguno, algún.
Alhear *v* enajenar.
Alheio *adj* extraño, distraído.
Alho *s* ajo.
Alhures *adv* en otro lugar.
Ali *adv* allí.

Aliado *adj* aliado.
Aliança *s* alianza, pacto.
Aliar *v* aliar, unir, ligar.
Aliás *adv* por el contrario.
Álibi *s* alibi, justificación, coartada.
Alicate *s* alicates, sacabocados.
Alicerce *s* base, cimiento.
Aliciar *v* seducir, sobornar, provocar.
Alienar *v* alienar, enajenar.
Alienígena *adj* alienígena.
Aligeirar *v* aligerar.
Alijar *v* alijar.
Alimentação *s* alimentación, nutrición.
Alimentar *v* alimentar, nutrir.
Alimentício *adj* alimenticio, nutritivo.
Alimento *s* alimento, comida, sustento.
Alínea *s* párrafo, subdivisión de um artículo.
Alinhado *adj* correcto, estofado, alineado.
Alinhamento *s* hila, hilera.
Alinhar *v* alinear, aliñar, reglar.
Alinhavar *v* hilvanar.
Alinhavo *s* hilván, embaste.
Alíquota *s* alícuota.
Alisar *v* alisar, cepillar.
Alistar *v* alistar.
Aliviar *v* aligerar, aliviar, consolar, desahogar.
Alívio *s* alivio, consuelo, desahogo, descanso.
Alizar *s* alizar, adorno de madera o azulejos en puertas o ventanas.
Aljofarar *v* aljofarar, rociar.
Alma *s* alma, ánima.
Almanaque *s* almanaque, efemérides.
Almejar *v* anhelar.
Almirante *s* almirante.
Almíscar *s* almizcle.
Almoçar *v* almorzar, comer la comida del mediodía.
Almoço *s* almuerzo, comida del mediodía.
Almofada *s* almohada, cojinete.
Almofadão *s* cojín.
Almôndega *s* albóndiga, croqueta.
Almoxarifado *s* almacén.
Alô *interj* ¡hola!
Alojamento *s* alojamiento, hospedaje.
Alojar *v* alojar, aposentar, hospedar, abrigar.
Alongamento *s* alongamiento.
Alongar *v* alargar, dilatar, prolongar.
Alopata *s* alópata.
Alourar *v* teñir de rubio o blondo.
Alpaca *s* alpaca.
Alpargata *s* alpargata.
Alpendre *s* alpende, barracón, porche.
Alpinismo *s* alpinismo, montañismo.
Alpino *adj* alpino.

alpiste — ambulância AMB

Alpiste s alpiste.
Alquebrar v quebrantar, debilitar.
Alquimia s alquimia.
Alta s alta, alza.
Altar s altar, ara.
Alteração s alteración, confusión, transformación.
Alterado adj alterado.
Alterar v alterar, cambiar, desquiciar, inmutar, modificar.
Altercar v altercar, discutir, debatir.
Alternador s alternador.
Alternar v alternar, interpolar.
Alteroso adj alteroso, alto.
Alteza s alteza, excelencia.
Altímetro s altímetro.
Altiplano s altiplanicie.
Altíssimo adj altísimo, supremo.
Altitude s altitud.
Altivez s altanería, altivez, orgullo, soberbia.
Alto adj alto, elevado, profundo, hondo, célebre, audaz, excesivo, importante.
Alto-falante s altavoz, altoparlante.
Altruísta adj altruista, generoso, filántropo.
Altura s altura, elevación, cumbre, estatura.
Aluado adj alunado, lunático.
Alucinação s alucinación.
Alucinar v alucinar, ofuscar, seducir, encandilar.
Aludir v aludir, mencionar.
Alugar v alquilar, arrendar.
Aluguel s alquiler, locación.
Aluir v derrocar, abalar, derribar.
Alúmen s alumbre.
Alumiar v alumbrar.
Alumina s alúmina.
Alumínio s aluminio.
Aluno s alumno, discípulo.
Alusão s alusión.
Alusivo adj alusivo, referente.
Aluvião s aluvión.
Alva s alba.
Alvar adj albar, blanquecino.
Alvará s albalá, edicto, patente.
Alvejar v albear, blanquear.
Alvenaria s albañilería, mampostería.
Alveolar adj alveolar.
Alvéolo s alvéolo.
Alverca s alberca.
Alvião s alcotana.
Alvíssaras s albricias, recompensa.
Alvitrar v arbitrar, aconsejar, sugerir.
Alvitre s arbitrio, propuesta.
Alvo s albo, blanco.
Alvorada s alborada, alba.

Alvorecer v alborear, amanecer.
Alvoroço s alboroto, alborozo, excitación, tumulto.
Alvura s blancor, candor.
Amabilidade s amabilidad, gentileza.
Amaciar v ablandar, suavizar.
Amada s amada, querida, novia.
Amador s amador, aficionado.
Amadurecer v madurar.
Âmago s medula, centro, alma, esencia.
Amainar v amainar, aflojar.
Amaldiçoado adj maldecido, maldito.
Amaldiçoar v maldecir.
Amálgama s amalgama.
Amamentar v amamantar, lactar.
Amancebar-se v amancebarse.
Amanhã adv, s mañana, el día siguiente.
Amanhar v amañar.
Amanhecer v, s amanecer, clarear.
Amansar v amansar, sosegar.
Amante adj, s amante.
Amanteigado adj mantecoso.
Amar v amar.
Amarelado adj amarillento, pálido.
Amarelar v amarillear.
Amarelento adj amarillento.
Amarelo adj amarillo.
Amarfanhar v arrugar, estrujar, maltratar.
Amargar v amargar.
Amargor s amargor.
Amargura s amargura, disgusto, tribulación.
Amargurar v amargar, acibarar.
Amarra s amarra.
Amarrar v amarrar, atar, trincar.
Amarrotar v aplastar, arrugar.
Amásia s amasia, manceba, concubina.
Amasiar-se v amancebarse.
Amassar v amasar, aplastar.
Amável adj amable, agradable, encantador.
Amazona s amazona.
Amazônico adj amazónico.
Âmbar s ámbar.
Ambição s ambición.
Ambicioso adj ambicioso, codicioso.
Ambidestro adj ambidextro.
Ambiental adj ambiental.
Ambientar v ambientar.
Ambiguidade s ambigüedad.
Ambíguo adj ambiguo, equívoco.
Âmbito s ámbito, recinto.
Ambivalência s ambivalencia.
Ambos adj ambos, entrambos.
Ambrosia s ambrosía.
Ambulância s ambulancia.

AMB

Ambulante *adj* ambulante.
Ambulatório *adj* ambulatorio.
Ameaça *s* amago, amenaza.
Ameaçador *adj* amenazador.
Ameaçar *v* amagar, amenazar, conminar.
Amealhar *v* economizar, ahorrar.
Ameba *s* ameba.
Amedrontar *v* amedrentar, atemorizar, espantar.
Ameigar *v* halagar, mimar.
Ameixa *s* ciruela.
Amém *interj* amén, así sea, acuerdo.
Amêndoa *s* almendra.
Amendoado *adj* almendrado.
Amendoim *s* cacahuete.
Amenidade *s* amenidad.
Ameno *adj* ameno, grato, plancentero, benigno.
Amercear-se *v* compadecerse, apiedarse.
Americanismo *s* americanismo.
Americanizar *v* americanizar.
Americano *adj*, *s* americano.
Ameríndio *s* amerindio.
Amesquinhar *v* despreciar, rebajar.
Amestrar *v* amaestrar.
Ametista *s* amatista.
Amianto *s* amianto.
Amido *s* almidón.
Amiga *s* amiga.
Amigar-se *v* amancebarse.
Amigável *adj* amigable.
Amígdala *s* amígdala.
Amigo *adj* amigo.
Amistoso *adj* amistoso, amigable.
Amiudar *v* reiterar, menudear.
Amizade *s* amistad.
Amnésia *s* amnesia.
Amo *s* amo, dueño, patrón.
Amoedar *v* amonedar.
Amofinar *v* amohinar, enojar, aburrir.
Amoitar *v* esconder.
Amolação *s* aburrimiento.
Amolador *s* afilador.
Amolar *v* afilar, amolar.
Amoldar *v* amoldar, moldar.
Amolecer *v* ablandar, doblegar.
Amolgar *v* abollar, amasar.
Amoníaco *s* amoníaco.
Amontoar *v* amontonar, acumular, hacinar.
Amontoar-se *v* acumularse.
Amor *s* afecto, amor, cariño.
Amora *s* mora.
Amoral *adj* amoral.
Amordaçar *v* amordazar.
Amorenado *adj* que tira a moreno.
Amorfo *adj* amorfo.

ambulante — ancinho

Amornar *v* templar.
Amoroso *adj* amoroso.
Amor-perfeito *s* trinitaria, pensamiento.
Amor-próprio *s* amor propio.
Amortalhar *v* amortajar.
Amortecedor *adj*, *s* amortiguador.
Amortecer *v* amortiguar.
Amortizar *v* amortizar.
Amortizável *adj* amortizable.
Amostra *s* muestra, prueba.
Amotinar *v* amotinar, sublevar.
Amparar *v* amparar, apoyar, defender.
Amparo *s* amparo, defensa, protección.
Ampere *s* amperio, *var* s ampère.
Amplexo *s* abrazo my apretado.
Ampliar *v* ampliar, aumentar, ensanchar, exagerar.
Amplidão *s* amplitud.
Amplificação *s* ampliación, amplificación.
Amplificar *v* amplificar, ampliar.
Amplitude *s* amplitud.
Amplo *adj* amplio, ancho, espacioso, lato, vasto.
Ampola *s* ampolla.
Ampulheta *s* ampolleta.
Amputar *v* amputar.
Amuar *v* amorrar, enfadar.
Amulatado *adj* amulatado.
Amuleto *s* amuleto, talismán.
Amuo *s* mohina, rabieta, enfado.
Amurada *s* amurada, muralla.
Anacoreta *s* anacoreta.
Anacrônico *adj* anacrónico.
Anáfora *s* anáfora.
Anagrama *s* anagrama.
Anágua *s* enagua.
Anais *s* anales.
Anal *adj* anal.
Analfabeto *adj* analfabeto, iletrado.
Analgésico *adj* analgésico.
Analisar *v* analizar.
Análise *s* análisis, comentario, examen.
Analista *adj*, *s* analista.
Análogo *adj* análogo, semejante, igual, idéntico.
Ananás *s* ananás, ananá, piña.
Anão *s* enano.
Anarquia *s* anarquía.
Anarquismo *s* anarquismo.
Anarquista *adj* anarquista.
Anátema *s* anatema.
Anatomia *s* anatomía.
Anca *s* anca, cuadril, nalga, cadera.
Ancestral *adj* ancestral, antiguo.
Anchova *s* anchoa, boquerón.
Ancião *adj*, *s* anciano, viejo.
Ancinho *s* rastrillo.

âncora — antialcoolismo   ANT

Âncora s ancla.
Ancoradouro s ancladero.
Ancorar v anclar, fondear.
Andaime s andamio.
Andaluz adj andaluz.
Andamento s andadura, trámite.
Andança s andanza.
Andar s piso, pavimento de una casa.
Andar v andar, ir, caminar, marchar.
Andarilho s andarín, callejero.
Andino adj andino.
Andorinha s golondrina.
Andrajo s andrajo, harapo.
Andrajoso adj andrajoso, harapiento.
Androide s androide.
Anedota s anécdota.
Anel s anillo.
Anelado adj anillado.
Anelar v anhelar, anillar.
Anelo s anhelo, deseo ardiente.
Anemia s anemia.
Anêmona s anémone.
Anestesiar v anestesiar, narcotizar.
Aneurisma s aneurisma.
Anexação s anexión, incorporación.
Anexo adj anexo, anejo, agregado, unido.
Anfíbio adj, s anfibio.
Anfiteatro s anfiteatro, circo.
Anfitrião s anfitrión.
Ânfora s ánfora.
Angariar v atraer, seducir, reclutar.
Angélica s angélica.
Angelical adj angelical, inocente.
Angina s angina.
Anglicanismo s anglicanismo.
Anglicismo s anglicismo.
Anglo adj, s anglo.
Anglo-saxão adj anglosajón.
Angorá adj, s Angora.
Angra s angra, ensenada.
Angu s masa hecha con harina de maíz.
Ângulo s ángulo, arista, esquina.
Anguloso adj anguloso.
Angústia s angustia, ansiedad, congoja.
Angustiado adj angustiado.
Angustiante adj angustiante.
Angustiar v angustiar, afligir, acongojar.
Anil s añil.
Anileira s añil.
Anilina s anilina.
Animação s animación, entusiasmo, jaleo.
Animar v animar, dar ánimo.
Anímico adj anímico.
Ânimo s ánimo, espíritu, coraje.

Animoso adj animoso, valiente, audaz.
Aninhar v anidar.
Aniquilar v aniquilar, destruir, arruinar, abatir.
Anis s anís.
Anistia s amnistía, indulto.
Anistiar v amnistiar, indultar.
Aniversariar v cumplir años.
Aniversário s aniversario, cumpleaños.
Anjo s ángel, querubín.
Ano s año.
Anoitecer s anochecer.
Anomalia s anomalía, anormalidad.
Anômalo adj anómalo, irregular.
Anônimo adj anónimo, incógnito.
Ano-novo s año nuevo.
Anormal adj anormal, anómalo.
Anormalidade s anomalía, anormalidad.
Anotar v anotar, inscribir, registrar.
Anseio s ansiedad, ansia, angustia.
Ânsia s ansia, angustia.
Ansiar v ansiar, afligir acongojar, sentir ansias.
Ansiedade s angustia, ansiedad, impaciencia.
Antagônico adj antagónico, opuesto, contrario.
Antagonizar v oponer.
Antártico adj antártico.
Ante prep antes, delante de; adv antes.
Antebraço s antebrazo.
Antecâmara s antecámara.
Antecedência s antecedencia, antecedente.
Anteceder v anteceder, preceder.
Antecipação s anticipación.
Antecipadamente adv anticipadamente.
Antecipar v anticipar, adelantar.
Antediluviano adj antidiluviano.
Antelação s antelación, preferencia.
Antemão adv antemano, anticipadamente.
Antena s antena.
Anteontem adv anteayer.
Anteparo s abrigo, trinchera, defensa.
Antepassado adj antepasado, el tiempo pasado.
Antepasto s entremés.
Antepenúltimo adj antepenúltimo.
Antepor v anteponer.
Anteposição s anteposición, preferencia.
Anteprojeto s anteproyecto.
Anterior adj anterior, antecedente.
Anteriormente adv anteriormente, em tiempo anterior.
Antes adv antes, mejor, con preferencia.
Antessala s antesala, recibidor.
Antever v antever, prever.
Antevéspera s antevíspera.
Antiácido adj antiácido.
Antialcoolismo s antialcoholismo.

ANT
186
antiatômico — apego

Antiatômico *adj* antiatómico.
Antibiótico *adj, s* antibiótico.
Anticlerical *adj* anticlerical.
Anticomunista *adj* anticomunista.
Anticoncepcional *adj, s* anticonceptivo.
Anticongelante *adj* anticongelante.
Anticorpo *s* anticuerpo.
Antidemocrático *adj* antidemocrático.
Antídoto *s* antídoto.
Antiestético *adj* antiestético.
Antigo *adj* antiguo, añejo, desusado, viejo.
Antiguidade *s* antigüedad.
Anti-higiênico *adj* antihigiénico.
Antílope *s* antílope.
Antimônio *s* antimonio.
Antipatia *s* antipatía, aversión.
Antipatizar *v* antipatizar.
Antipirético *adj* antipirético.
Antípoda *s* antípoda.
Antiquado *adj* anticuado, obsoleto.
Antiqualha *s* antigualla, antigüedad.
Antiquário *s* anticuario.
Antiquíssimo *adj* antiquísimo.
Antirrábico *adj* antirrábico.
Antirroubo *s* antirrobo.
Antisepsia *s* antisepsia.
Antissemita *adj* antisemita.
Antisséptico *adj* antiséptico.
Antissocial *adj* antisocial, insociable.
Antítese *s* antítesis.
Antitóxico *adj* antitóxico.
Antitoxina *s* antitoxina.
Antivenéreo *adj* antivenéreo.
Antologia *s* antología.
Antológico *adj* antológico.
Antônimo *s* antónimo.
Antonomásia *s* antonomasia.
Antraz *s* ántrax, tumor.
Antro *s* antro, caverna, cubil, cueva.
Antropofagia *s* antropofagia.
Antropófago *adj* antropófago.
Antropoide *adj* antropoide.
Antropologia *s* antropología.
Antropólogo *s* antropólogo.
Antropomorfo *adj* antropomorfo.
Anual *adj* anual.
Anualidade *s* anualidad.
Anuário *s* anuario.
Anuência *s* anuencia, aquiescencia, consentimiento.
Anuidade *s* anualidad.
Anuir *v* consentir, asentir.
Anulação *s* anulación, supresión.
Anular *v* anular, destruir, eliminar.

Anular *adj* en forma de anillo.
Anunciação *s* anunciación.
Anunciar *v* anunciar, presagiar, avisar.
Anúncio *s* anuncio, aviso, cartel.
Ânus *s* ano.
Anuviar *v* anublar.
Anverso *s* anverso.
Anzol *s* anzuelo.
Aonde *adv* adonde, donde.
Aorta *s* aorta.
Apadrinhamento *s* padrinazgo.
Apadrinhar *v* apadrinar.
Apagado *adj* apagado, extinto.
Apagar *v* apagar (el fuego, la luz), cancelar, desvanecer.
Apaixonado *adj* apasionado, enamorado, fanático.
Apaixonar *v* apasionar, enamorar.
Apalavrar *v* apalabrar.
Apalermado *adj* estúpido, atontado.
Apalpadela *s* palpación.
Apalpar *v* manosear.
Apanhar *v* apañar, atrapar, recoger, agarrar, apoderarse, capturar, ser apaleado.
Apara *s* viruta.
Aparafusar *v* atornillar.
Aparar *v* aparar, recortar, cortar, alisar.
Aparecer *v* aparecer, surgir.
Aparelhador *s* aparejador, preparador.
Aparelhagem *s* apareamiento.
Aparelhar *v* aparejar, preparar, disponer.
Aparelho *s* aparejo, aparato, teléfono.
Aparência *s* apariencia, aspecto.
Aparentado *adj* aparentado, parecido.
Aparentar *v* emparentar, aparentar.
Aparentar-se *v* contraer parentesco.
Aparição *s* aparición.
Apartado *adj* apartado, separado.
Apartamento *s* apartamiento.
Apartar *v* apartar, desunir, separar.
Aparte *s* aparte.
Aparvalhado *adj* atontado, atolondrado.
Aparvoado *adj* idiota.
Apascentar *v* apacentar.
Apatetado *adj* atontado, imbécil.
Apatia *s* apatía, indolencia, dejadez.
Apático *adj* apático.
Apátrida *s* apátrida.
Apavorar *v* asustar, aterrorizar, amedrentar.
Apaziguar *v* apaciguar.
Apear *v* apear, desmontar.
Apedrejamento *s* apedreamiento.
Apedrejar *v* apedrear.
Apegado *adj* apegado.
Apego *s* apego, cariño, interés.

apelar — aprofundar 187 APR

Apelar *v* apelar, llamar en socorro.
Apelável *adj* apelable, que admite apelación.
Apelidar *v* apellidar, nombrar, denominar.
Apelido *s* sobrenombre, apodo.
Apelo *s* apelación, llamamiento.
Apenas *adv* apenas, solamente.
Apendicite *s* apendicitis.
Aperceber *v* apercibir.
Aperfeiçoar *v* perfeccionar, mejorar.
Apergaminhado *adj* apergaminado, semejante al pergamino.
Aperitivo *s* aperitivo, entremés.
Aperrear *v* aperrear, molestar, oprimir.
Apertado *adj* apretado, estrecho, comprimido.
Apertar *v* apretar, comprimir, estrechar.
Aperto *s* aprieto, dificultad.
Apesar de *loc adv* a pesar de, no obstante, sin embargo, aunque.
Apetecer *v* apetecer, ambicionar, desear.
Apetite *s* apetito, deseo, ganas de comer.
Apetrechar *v* pertrechar.
Apiário *s* apiario.
Ápice *s* ápice, vértice.
Apicultor *s* apicultor.
Apiedar-se *v* apiadarse, condolerse, compadecerse.
Apimentado *adj* condimentado con pimienta, picante.
Apimentar *v* sazonar con pimienta.
Apinhar *v* apiñar, apilar, unir estrechamente.
Apitar *v* pitar, chiflar, silbar.
Apito *s* chifla, pito.
Aplacar *v* aplacar, amansar, calmar, sosegar.
Aplainar *v* allanar, nivelar.
Aplanar *v* aplanar, allanar.
Aplaudir *v* aplaudir, ovacionar, palmear.
Aplicação *s* aplicación, empleo, destino, ejecución, uso, concentración en el estudio.
Aplicar *v* aplicar, poner en práctica, adaptar, emplear, dedicarse.
Aplicável *adj* aplicable.
Apocalipse *s* apocalipsis.
Apocalíptico *adj* apocalíptico.
Apócrifo *adj* apócrifo.
Apoderar-se *v* apoderarse.
Apodrecer *v* pudrir, corromper, descomponer.
Apodrecimento *s* pudrimiento.
Apófise *s* apófisis.
Apogeu *s* apogeo, auge.
Apoiar *v* apoyar, amparar, patrocinar, favorecer, confirmar.
Apoio *s* apoyo, base, soporte, auxilio.
Apólice *s* póliza.
Apolítico *adj* apolítico.

Apologia *s* apología.
Apontador *s* sacapuntas.
Apontamento *s* apuntamiento, apunte, minuta.
Apontar *v* apuntar, catalogar, citar, designar.
Apoplético *adj* apoplético.
Apoplexia *s* apoplejía.
Apoquentar *v* incomodar, molestar, importunar.
Aporrinhar *v* importunar, afligir.
Após *adv* después, más tarde, trás; *prep* después de, atrás de, en seguida a.
Aposentado *adj* jubilado.
Aposentar *v* jubilar.
Aposento *s* aposento, compartimento, cuarto, habitación, residencia.
Apósito *s* apuesto, adecuado.
Apossar-se *v* apoderarse.
Aposta *s* apuesta.
Apostar *v* apostar.
Apostasia *s* apostasía, abjuración.
Apóstata *s* apóstata.
Apostema *s* apostema, absceso.
Apostila *s* apostilla.
Aposto *adj* apuesto, acrecentado.
Apostolado *s* apostolado.
Apostólico *adj* apostólico.
Apóstolo *s* apóstol.
Apóstrofe *s* apóstrofe.
Apoteose *s* apoteosis.
Aprazamento *s* aplazamiento.
Aprazar *v* aplazar.
Aprazível *adj* apacible, agradable, ameno, encantador, grato.
Apreçar *v* apreciar, valuar.
Apreciar *v* apreciar, valuar, considerar.
Apreciável *adj* apreciable, considerable, admirable.
Apreço *s* aprecio, estima.
Apreender *v* aprehender, coger, prender, atrapar.
Apreensão *s* aprehensión, comprensión, recelo, sospecha.
Apreensivo *adj* aprehensivo, preocupado, tímido.
Apregoar *v* pregonar.
Aprender *v* aprender, estudiar.
Aprendizagem *s* aprendizaje.
Apresar *v* apresar, aprisionar, agarrar.
Apresentação *s* presentación, aspecto.
Apresentador *s* presentador.
Apresentar *v* presentar, exhibir, personarse, comparecer.
Apressado *adj* apresurado, diligente.
Apressar *v* apresurar, acelerar.
Aprestar *v* aprestar, preparar, aprontar.
Aprimorar *v* perfeccionar, esmerar.
Aprisionar *v* aprisionar, apresar, capturar, prender.
Aprofundar *v* profundizar.

APR
188   aprontar — ariano

Aprontar v preparar, dispor.
Apropriado adj adecuado, apropiado.
Apropriar v apropiar, adecuar.
Aprovação s aprobación, beneplácito.
Aprovado adj aprobado.
Aprovar v aprobar, aplaudir.
Aproveitar v aprovechar, utilizar.
Aproveitável adj aprovechable.
Aprovisionamento s abastecimiento, aprovisionamiento.
Aproximação s aproximación.
Aproximado adj aproximado, cercano.
Aproximar v acercar, allegar, aproximar, arrimar.
Aproximativo adj aproximativo.
Aprumar v aplomar.
Aptidão s aptitud, facultad, talento.
Apto adj apto, capaz, hábil, idóneo.
Apunhalar v apuñalar.
Apupo s rechifa, mofa.
Apuração s apuración.
Apurar v apurar, purificar, averiguar.
Apuro s apuro, esmero.
Aquarela s acuarela.
Aquário s acuario, pecera.
Aquartelar v acuartelar.
Aquático adj acuático.
Aquecedor s calentador, estufa.
Aquecer v calentar.
Aquecimento s calentamiento.
Aqueduto s acueducto, cañería.
Aquele pron aquel, aquél, aquello.
Aquém adv de la parte de acá.
Aqui adv acá, aquí, en este lugar, en esta ocasión.
Aquiescer v aquiescer, consentir, aprobar.
Aquietar v aquietar, sosegar, apaciguar.
Aquilatar v aquilatar.
Aquilo pron aquello.
Aquinhoar v partir, repartir, dividir.
Aquisição s adquisición, adquirimiento.
Aquisitivo adj adquisitivo.
Aquoso adj acuoso.
Ar s aire, viento, clima o temperatura.
Ara s altar, ara.
Árabe adj árabe.
Arabesco s arabesco.
Araçaí s planta mirtácea del Brasil.
Arado s arado.
Arame s alambre.
Aranha s araña.
Aranzel s discurso fastidioso.
Arar v arar, labrar.
Arara s papagayo.
Arauto s heraldo.
Arbitragem s arbitraje.

Arbitrar v arbitrar, juzgar por árbitro.
Arbítrio s arbitrio, albedrío.
Árbitro s árbitro.
Arbóreo adj arbóreo.
Arborizar v plantar árboles, arborizar.
Arbusto s arbusto.
Arca s arca, baúl, cofre, hucha.
Arcabouço s andamio, esqueleto, armazón.
Arcada s arcada, serie de arcos.
Arcaico adj arcaico, anticuado.
Arcanjo s arcángel.
Arcano s arcano, secreto, misterioso.
Arcar v arcar, arquear, apretar.
Arcebispo s arzobispo.
Arcediago s arcediano.
Archote s antorcha, hacha.
Arco s arco, aro.
Arco-íris s arco iris.
Ar-condicionado s aire acondicionado.
Ardente adj abrasador, ardiente, fogoso, brillante.
Ardentia s ardentía.
Arder v arder, quemar.
Ardil s ardid, astucia, maña.
Ardor s ardor, calor.
Ardósia s pizarra.
Árduo adj arduo, trabajoso, penoso.
Área s área, medida de una superficie, patio.
Areal s arenal.
Arear v enarenar, limpiar con arena.
Areia s arena.
Arejar v airear, ventilar.
Arena s arena, anfiteatro.
Arengar v arengar.
Arenoso adj arenoso.
Arenque s arenque.
Ares s clima.
Aresta s arista.
Aresto s caso juzgado, sentencia, fallo.
Arfar v jadear.
Argamassa s argamasa, lechada.
Argentário s argentario, gran capitalista.
Argênteo adj argénteo, de plata.
Argentino adj argentino.
Argila s arcilla, barro.
Argola s anilla, aldaba.
Argonauta s argonauta.
Argúcia s argucia, chiste.
Argueiro s arista.
Arguição s acusación, censura.
Argumentar v argumentar.
Argumento s argumento, asunto, prueba.
Arguto adj agudo.
Ária s aria.
Ariano adj ario.

aridez — arrochar 189 ARR

Aridez s aridez, sequedad.
Árido adj árido, estéril, seco.
Arisco adj arenoso, seco.
Aristocracia s aristocracia, hidalguía.
Aritmético adj aritmético.
Arlequim s arlequín.
Arma s arma.
Armação s armazón, andamio.
Armada s armada, escuadra, flota.
Armadilha s trampa.
Armador s armador (de buques), naviero.
Armamento s armamento.
Armar v armar.
Armarinho s abacería, tienda pequeña.
Armário s armario.
Armazém s almacén, depósito, bodega.
Armazenagem s almacenaje.
Armazenar v almacenar, guardar, depositar.
Armeiro s armero.
Arminho s armiño.
Armistício s armisticio, tregua.
Arnica s árnica.
Aro s aro, anillo.
Aroma s aroma, olor, fragancia.
Aromatizar v aromatizar, perfumar.
Arpão s arpón.
Arpejar v arpegiar.
Arqueação s arqueo, curvatura.
Arquear v arquear, curvar, doblarse.
Arqueiro s arquero.
Arquejar v jadear.
Arqueologia s arqueología.
Arquibancada s grada.
Arquidiocese s archidiócesis.
Arquipélago s archipiélago.
Arquitetar v planear, idear, construir.
Arquiteto s arquitecto.
Arquitrave s arquitrabe.
Arquivar v archivar.
Arquivista s archivero, archivista.
Arquivo s archivo.
Arrabalde s arrabal, alrededores, suburbio.
Arraia s raya, pez, frontera.
Arraial s campamento de tropas, feria, aglomeración.
Arraigar v arraigar, fijar.
Arrais s arráez, patrón de embarcación.
Arrancada s arranque, primer impulso, ataque.
Arrancar v arrancar, separar, desunir, extraer.
Arranca-rabo s pelea.
Arranchar v dividir en ranchos, alojar.
Arranco s arranque, ímpulso.
Aranha-céu s rascacielos.
Arranhar v arañar, rayar.

Arranjar v arreglar, componer, disponer.
Arranque s arranque.
Arras s arras, dote.
Arrasar v arrasar, allanar, nivelar, destruir, arruinar.
Arrastão s empujón, red para pescar, tirón.
Arrastar v arrastrar, tirar, arruinar.
Arrazoado s razonado.
Arrazoar v razonar, alegar.
Arrear v arrear, aparejar.
Arrebanhar v rebañar, recoger.
Arrebatar v arrebatar, agarrar.
Arrebentar v reventar.
Arrebique s arrebol, cosmético.
Arrebitado adj arregazado.
Arrebitar v arregazar, alzar.
Arrebol s arrebol.
Arrecadação s recaudación, recolección.
Arrecadar v recaudar, recolectar.
Arredar v separar, retirarse.
Arredio adj apartado, separado, esquivo.
Arredondar v redondear.
Arredores s alrededores, suburbios.
Arrefecer v enfriar.
Arregaçar v arregazar, remangar.
Arregalar v desencajar, abrir mucho los ojos.
Arreganhar v regañar, gruñir.
Arreio s arreo, montura.
Arreliar v enfadar, impacientar, fastidiar.
Arrematar v rematar, concluir, subastar.
Arremate s remate.
Arremedar v remedar, imitar.
Arremessão s impulso de arrojar o lanzar.
Arremessar v arrojar, lanzar.
Arremeter v arremeter, embestir, acometer.
Arremetida s arremetida, ataque.
Arrendar v alquilar, arrendar.
Arrenegar v renegar, renunciar.
Arrepender-se v arrepentirse.
Arrependimento s arrepentimiento, contrición, pesar, remordimiento.
Arrepiante adj escalofriante, pavoroso.
Arrepiar v encrespar, erizar, horripilar.
Arrestar v arrestar.
Arrevesado adj enrevesado.
Arriar v arriar, descolgar.
Arriba adv arriba, encima.
Arribar v arribar.
Arrimo s apoyo, arrimo, amparo.
Arriscado adj arriesgado, difícil, peligroso.
Arriscar v arriesgar, aventurar.
Arritmia s arritmia.
Arroba s arroba.
Arrochar v agarrotar, apretar mucho.

ARR

190

arrogância — assessor

Arrogância s arrogancia, jactancia, orgullo, soberbia.
Arrogar-se v arrogarse, apropiarse.
Arroio s arroyo; regato.
Arrojar v arrojar, arremesar.
Arrolhar v encorchar, taponar.
Arrombamento s derrumbamiento, rotura.
Arrombar v romper, derrumbar, destrozar.
Arrostar v arrostrar, afrontar.
Arrotar v eructar.
Arroto s eructo.
Arroubamento s arrobamiento.
Arroxeado adj amoratado, morado, cárdeno.
Arroz s arroz.
Arrozal s arrozal.
Arroz-doce s arroz con leche.
Arruaça s alboroto, bullanga.
Arruamento s división por calles.
Arrufar v irritar, enfadar.
Arrufo s enfado.
Arruinado adj arruinado, destruido.
Arruinar v arruinar, destruir, perder la salud o el dinero.
Arrulhar v arrullar.
Arrumação s orden, aseo.
Arrumadeira adj hacendosa, criada.
Arrumador s arreglador.
Arrumar v arreglar, organizar, disponer.
Arsenal s arsenal, depósito de material de guerra.
Arsênico s arsénico.
Arte s arte.
Arteiro adj astuto, mañoso, artero.
Artelho s tobillo.
Artéria s arteria.
Arterial adj arterial.
Arteriosclerose s arteriosclerosis.
Artesanal adj artesanal, manual.
Artesanato s artesanía.
Artesão s artesano, artífice.
Artesiano adj artesiano, pozo perforados en el terreno.
Articulação s articulación, coyuntura, junta.
Articular v articular, pronunciar.
Artífice s artesano, artífice, obrero.
Artificial adj artificial, postizo.
Artigo s artículo.
Artilharia s artillería.
Artimanha s artimaña, astucia.
Artista s artista, artífice.
Artístico adj artístico.
Artrite s artritis.
Artrose s artrosis.
Árvore s árbol.
Arvoredo s arbolado.

Asa s ala, asa.
Ascendência s ascendencia, predominio.
Ascendente adj influyente.
Ascensão s ascensión.
Ascensorista s ascensorista.
Asco s asco, repugnancia.
Asfalto s asfalto.
Asfixiar v asfixiar, sofocar.
Asiático adj asiático.
Asilo s asilo, hospicio, orfanato.
Asma s asma.
Asneira s burrada.
Asno s asno, burro, jumento.
Aspa s comillas, aspa.
Aspar v entrecomillar.
Aspargo s espárrago.
Aspear v entrecomillar.
Aspecto s apariencia, aspecto.
Aspergir v asperjar.
Áspero adj áspero.
Aspersão s aspersión.
Aspiração s aspiración, anhelo.
Aspirador adj aspirador.
Aspirar v aspirar, sorber, inhalar, desear.
Asqueroso adj asqueroso, inmundo, repelente.
Assadeira s asador.
Assado adj asado.
Assador s asador.
Assadura s asado.
Assalariado adj asalariado, pagado.
Assaltante s asaltante, ladrón.
Assalto s asalto, robo, embestida.
Assanhar v ensañar, enfurecer.
Assar v asar, tostar, quemar.
Assassinar v asesinar, matar.
Assassino s asesino, homicida.
Assaz adv asaz, bastante, suficiente.
Asseado adj aseado, limpio, decente.
Assediar v asediar, sitiar.
Assegurado adj asegurado, cierto, garantizado.
Asseio s aseo, higiene, limpieza.
Assembleia s asamblea, congregación, congreso.
Assemelhar-se v parecerse.
Assenso s asentimiento.
Assentado adj asentado.
Assentar v asentar.
Assente adj asentado, resuelto.
Assentimento s asentimiento.
Assentir v asentir, consentir.
Assento s asiento, banco, silla, base, estabilidad.
Assepsia s asepsia.
Asséptico adj aséptico.
Asserção s aserción, afirmación.
Assessor s asesor, auxiliar, adjunto.

assessoramento — atômico

Assessoramento *s* asesoramiento.
Assessorar *v* asesorar.
Assessoria *s* asesoría.
Assexuado *adj* asexuado.
Assíduo *adj* asiduo, constante, frecuente.
Assim *adv* así, de esta manera.
Assimetria *s* asimetría.
Assimilação *s* asimilación.
Assimilável *adj* asimilable.
Assinalar *v* demarcar, marcar, registrar, señalar.
Assinante *s* subscriptor, firmante.
Assinar *v* firmar, subscribir.
Assinatura *s* firma, signatura, subscripción.
Assistência *s* asistencia, amparo, auxilio.
Assistencial *adj* asistencial.
Assistir *v* asistir, hacer compañía, auxiliar, prestar socorro.
Assoalhar *v* entarimar.
Assoalho *s* entarimado.
Assoar *v* sonar, limpiar la nariz.
Assoberbar *v* tratar con soberbia.
Assobiar *v* abuchear, chistar, silbar.
Assobio *s* rechifla, silbo.
Associação *s* asociación, sociedad.
Associar *v* asociar, unir.
Assolar *v* asolar, arrasar, destruir.
Assomar *v* asomar, subir a la cumbre, llegar.
Assombração *s* asombracion.
Assombro *s* asombro, espanto.
Assomo *s* asomo, indicio, sospecha.
Assoprar *v* soplar.
Assopro *s* soplo.
Assumir *v* asumir.
Assunto *s* asunto, motivo, tema.
Assustado *adj* asustado.
Assustar *v* asustar, intimidar.
Asteca *adj* azteca.
Astenia *s* astenia.
Asterisco *s* asterisco.
Asteroide *s* asteroide.
Astigmatismo *s* astigmatismo.
Astral *adj* astral.
Astro *s* astro.
Astrofísica *s* astrofísica.
Astrolábio *s* astrolabio.
Astrologia *s* astrología.
Astronauta *s* astronauta.
Astronomia *s* astronomía.
Astúcia *s* astucia, sagacidad, maña.
Astuto *adj* astuto, mañoso.
Ata *s* acta.
Atabalhoar *v* atrabancar, embrollar.
Atacadista *s* almacenista, mayorista.
Atacar *v* acometer, atacar.

Atadura *s* atadura.
Atalaia *s* atalaya.
Atalho *s* atajo.
Atapetar *v* alfombrar, tapizar.
Ataque *s* ataque.
Atar *v* anudar, atar.
Atarantar *v* atarantar, aturdir, atolondrar.
Atarefado *adj* atareado, afanado.
Atarefar *v* atarear, darse prisa.
Atarracado *adj* bajo, grueso, achaparrado.
Atarraxar *v* atornillar.
Atascar-se *v* atascarse.
Ataúde *s* ataúd, féretro, tumba.
Ataviar *v* ataviar, adornar.
Atavismo *s* atavismo.
Atazanar *v* importunar.
Até *adv* aun, también, hasta; *prep* hasta.
Atear *v* atizar.
Ateísmo *s* ateísmo.
Ateliê *s* estudio de pintor o fotógrafo.
Atemorizar *v* amedrentar, atemorizar, intimidar.
Atenazar *v* atenazar.
Atenção *s* atención, interés, observación.
Atencioso *adj* amable, atento, cortés.
Atender *v* observar, atender, escuchar.
Atentado *s* atentado.
Atento *adj* aplicado, atento.
Atenuação *s* atenuación.
Atenuar *v* atenuar, paliar.
Aterrar *v* aterrar, aterrorizar, cubrir de tierra.
Aterrissar *v* aterrizar.
Aterro *s* terraplén.
Aterrorizar *v* aterrar, aterrorizar.
Ater-se *v* atenerse.
Atestar *v* atestar, llenar, abarrotarse.
Ateu *adj* ateo.
Atiçar *v* atizar, avivar.
Atilado *adj* atildado.
Atinar *v* atinar.
Atingir *v* alcanzar, conseguir.
Atípico *adj* atípico.
Atirar *v* tirar, lanzar.
Atitude *s* actitud, postura.
Atividade *s* actividad, dinamismo, trabajo.
Ativo *adj* activo, diligente, trabajador.
Atlântico *adj* atlántico.
Atlas *s* atlas.
Atleta *s* atleta.
Atmosfera *s* atmósfera.
Ato *s* acción, acto.
À toa *loc adv* al caso.
Atolar *v* atascar, atollar.
Atoleiro *s* atolladero, charco, lodazal.
Atômico *adj* atómico.

Atônito adj atónito, pasmado.
Ator s actor.
Atordoamento s atontamiento.
Atordoar v atolondrar, atontar, aturdir.
Atração s atracción.
Atracar v atracar.
Atraente adj atractivo, atrayente, agradable.
Atraiçoar v traicionar, engañar.
Atrair v atraer.
Atrapalhar v confundir, perturbar, desordenar.
Atrás adv atrás, detrás; prep tras.
Atrasado adj atrasado, retardado.
Atrasar v atrasar, retardar.
Atraso s atraso, retraso, mora, tardanza.
Atrativo adj atractivo.
Através adv transversalmente.
Atravessado adj atrevesado.
Atravessador s estraperlista.
Atravessar v atrevesar, cruzar, terciar, pasar.
Atrelar v engatar.
Atrever-se v atreverse, osar.
Atrevimento s atrevimiento, audacia.
Atribuir v atribuir.
Atribular v atribular.
Atributo s atributo.
Atriz s actriz.
Atrocidade s atrocidad, tortura.
Atrofia s atrofia.
Atropelar v atropellar.
Atropelo s atropello.
Atroz adj atroz, inhumano.
Atuação s actuación.
Atual adj actual, presente.
Atualidade s actualidad, oportunidad.
Atuar v actuar, insistir.
Atulhar v llenar de escombros, amontoar.
Atum s atún.
Aturar v soportar, tolerar.
Aturdido adj aturdido, maravillado.
Aturdir v aturdir.
Audácia s atrevimiento, audacia, osadía.
Audaz adj audaz, atrevido.
Audição s audición.
Audiência s audiencia.
Auditor s auditor.
Auditório s auditorio.
Audível adj audible, oíble.
Auge s apogeo, auge, aumento.
Augúrio s augurio.
Augusto adj augusto.
Aula s clase, lección.
Aumentar v ampliar, aumentar, crecer.
Aumento s ampliación, aumento, mejora.
Áureo adj áureo, dorado, brillante.

Aurícula s aurícula.
Aurora s alba, aurora, madrugada.
Auscultar v auscultar.
Ausente adj ausente.
Auspício s auspicio.
Austero adj austero.
Austral adj austral.
Autenticar v autenticar, legalizar.
Auto s auto, automóvil.
Autoadesivo adj autoadhesivo.
Autobiografia s autobiografía.
Autocrítica s autocrítica.
Autóctone adj autóctono, indígena.
Autodefesa s autodefensa.
Autodeterminação s autodeterminación.
Autodidata adj autodidacta.
Autoescola s autoescuela.
Autógeno adj autógeno.
Autógrafo s autógrafo.
Automático adj automático.
Autômato s autómata.
Automobilismo s automovilismo.
Automóvel s automóvil, carro.
Autonomia s autonomía, independencia.
Autônomo adj autónomo, independiente.
Autópsia s autopsia, necropsia.
Autor s autor, fundador, creador.
Autoria s autoría.
Autoridade s autoridad, gobierno, disciplina.
Autorização s autorización, permiso.
Autorizar v permitir, legalizar, autorizar.
Autorretrato s autorretrato.
Auxiliar v auxiliar, ayudar, socorrer.
Auxílio s auxilio, ayuda.
Avacalhar v desmoralizar.
Aval s aval.
Avalanche s alud.
Avaliar v avaluar, valuar.
Avançada s avance.
Avançar v avanzar, adelantar, acometer.
Avantajar v aventajar, mejorar.
Avarento adj avariento, avaro.
Avareza s avaricia.
Avaria s avería.
Avariar v averiar, damnificar, dañar.
Ave s ave.
Aveia s avena.
Avelã s avellana.
Aveludado adj aterciopelado.
Avença s avenencia.
Avenida s alameda, avenida.
Avental s delantal, guardapolvo.
Aventar v aventar.
Aventura s aventura.

aventurar — azulejo AZU

Aventurar *v* aventurar, arriesgar.
Averiguar *v* averiguar, investigar.
Avermelhar *v* enrojecer.
Aversão *s* antipatía, aversión, repugnancia.
Avesso *adj* contrario, opuesto.
Avesso *s* revés.
Avestruz *s* avestruz.
Aviação *s* aviación.
Aviamento *s* avío.
Avião *s* aeroplano, avión.
Avicultura *s* avicultura.
Avidez *s* ansia, avidez, codicia.
Ávido *adj* ávido, codicioso.
Aviltar *v* degradar, envilecer, vilipendiar.
Avisado *adj* avisado.
Aviso *s* aviso, comunicación, comunicado.
Avistar *v* avistar, distinguir, ver.
Avivar *v* avivar, estimular, animar.
Avizinhar *v* avecinar.
Avô *s* abuelo.
Avó *s* abuela.
Avocar *v* avocar, llamar a sí.

Avolumar *v* hinchar.
Avulso *adj* suelto, separado, a granel.
Avultado *adj* voluminoso.
Avultar *v* abultar.
Axadrezado *adj* ajedrezado.
Axila *s* axila, sobaco.
Axioma *s* axioma.
Azagaia *s* jabalina.
Azar *s* azar, mala suerte.
Azedar *v* agriar, fermentar.
Azedo *adj* agrio, ácido.
Azeitado *adj* aceitoso.
Azeite *s* aceite, óleo.
Azeitona *s* aceituna, oliva.
Azeitonado *adj* aceitunado.
Azeviche *s* azabache.
Azia *s* acedía.
Aziago *adj* aciago, funesto.
Azougue *s* azogue.
Azul *adj* azul.
Azulado *adj* azulado.
Azulejo *s* azulejo.

B

ABCDEFGHIJKLMNOPQRSTUVWXYZ

B s segunda letra del alfabeto portugués.
Baba s baba, saliva.
Babá s niñera.
Babar v babear.
Babel s babel, grande confusión.
Babosa s áloe.
Bacalhau s bacalao.
Bacanal s bacanal, orgía.
Bacharel s estudante de 2º grau.
Bacharelato s 2º grau.
Bacia s bacía, palangana, pelvis.
Baço adj bazo, empañado, sin brillo.
Baço s bazo.
Bactéria s bacteria.
Bacteriologia s bacteriología.
Báculo s báculo, bastón.
Badalar v badajear.
Badalo s badajo.
Baderna s riña, contienda.
Bafejar v soplar suavemente, vahear.
Bafo s hálito, aliento, vaho.
Baforada s alentada, vaharada.
Baga s baya.
Bagaço s bagazo, orujo.
Bagageiro s portaequipaje.
Bagagem s bagaje, equipaje.
Bagatela s bagatela, baratija, niñería.
Bago s baya.
Bagulho s semilla de la uva, pepitas.
Bagunça s desorden, follón.
Bah interj ¡bah! expressa desdén.
Baía s bahía, golfo pequeño.
Bailar v bailar, oscilar.
Bailarino adj bailarín, danzarín.
Bainha s dobladillo, vaina.
Baioneta s bayoneta.
Bairro s barrio.
Baita adj muy grande.
Baixa s baja.
Baixada s pendiente, bajada.
Baixa-mar s bajamar.
Baixar v inclinar, bajar, humillarse.
Baixela s vajilla.
Baixeza s bajeza, picardía.
Baixo adj bajo.
Baixo-relevo s bajorrelieve.
Bajulação s adulación, zalamería.
Bajulador adj halagador, servil.
Bala s bala, caramelo.
Balaio s ciesto redondo.
Balança s balanza.
Balançar v balancear.
Balanço s balanceo, oscilación.
Balangandã s ornamento de metal usado por las mujeres.
Balão s balón, globo.
Balaústre s balaustre.
Balbuciar v balbucear.
Balbúrdia s ruido.
Balcão s balcón, mostrador.
Baldar v baldar.
Balde s balde, cubo.
Baldio adj baldío.
Balé s ballet.
Balear v balear.
Baleia s ballena.
Balir v balar.
Baliza s baliza, boya, mojón, estaca.
Balizar v balizar, limitar, jalonar.
Balneário s balneario.
Balsa s balsa.
Bálsamo s bálsamo, ungüento.
Baluarte s baluarte.
Bambo adj flojo.
Bambolear v bambolear.
Bambu s bambú.
Banal adj banal, trivial.
Bananeira s banano, plátano.
Banca s despacho de abogado, banca, juego.
Bancário adj bancario.
Banco s asiento, banco.
Banda s banda, lista, faja.

bandeira — beirar

Bandeira s bandera.
Bandeirola s banderola.
Bandeja s bandeja.
Bandido s bandido, bandolero.
Bando s bando, facción, partido.
Bandolim s bandolín.
Bangalô s bungalow.
Banha s grasa animal, unto.
Banhar v bañar, mojar.
Banheira s bañera.
Banheiro s bañero.
Banho s baño.
Banido adj desterrado, proscrito.
Banir v desterrar, expulsar, prohibir.
Banqueiro s banquero.
Banqueta s banqueta.
Banquete s banquete, ágape.
Banquinho s banqueta.
Baqueta s baqueta.
Bar s bar.
Baralhar v barajar.
Baralho s baraja.
Barão s barón.
Barata s cucaracha.
Baratear v baratear.
Barba s barba.
Barbante s bramante, cordel.
Barbaridade s barbaridad.
Bárbaro adj bárbaro, grosero.
Barbeado s afeitado.
Barbear v afeitar.
Barbearia s barbería.
Barbear-se v rasurarse, afeitarse.
Barbeiro s barbero.
Barbicha s barbilla, barba de pelo corto y raro.
Barca s barca.
Barco s barco, cualquier embarcación.
Barítono s barítono.
Barômetro s barómetro.
Barqueiro s barquero, remador.
Barra s barra, friso.
Barraca s barraca, choza.
Barracão s barracón.
Barragem s barrera, estorbo.
Barranco s barranco, precipicio.
Barrar v embarrar, impedir.
Barreira s barrera, trinchera.
Barrento adj arcilloso.
Barrica s barrica, barril.
Barriga s barriga, panza, vientre.
Barril s barril, barrica, cuba.
Barro s barro, arcilla.
Barulhento adj ruidoso.
Barulho s barullo, confusión.

Basalto s basalto.
Base s apoyo, base.
Basear v basar.
Básico adj básico.
Basílica s basílica.
Basquetebol s baloncesto.
Bastante adj bastante.
Bastão s bastón, bordón.
Bastar v bastar.
Bastardo s bastardo.
Bastidor s bastidor.
Bata s bata.
Batalha s batalla, combate, pelea.
Batata s patata.
Batata-doce s batata, boniato, camote.
Bate-boca s dimes y diretes, discusión.
Batedeira s batidera.
Bate-estacas s maza para clavar estacas.
Batente s batiente, aldaba, tope.
Bater v batir, contundir, golpear.
Bateria s batería, pila.
Batida s batida, bebida hecha con aguardiente, limón y azúcar.
Batina s sotana.
Batismo s bautismo.
Batistério s bautisterio.
Batizar v bautizar.
Batom s barra de labios.
Batráquio s batracio.
Batucada s instrumentos de percusión.
Batuta s batuta.
Baú s arca, baúl, cofre.
Baunilha s vainilla.
Bauxita s bauxita.
Bazar s bazar.
Beatificar v beatificar.
Beato s beato.
Bêbado adj bebido, beodo, borracho, ebrio.
Bebê s bebé, nene.
Bebedeira s borrachera, embriaguez.
Beber v beber.
Beberrão s borrachón.
Bebida s bebida.
Bechamel s bechamel.
Beco s callejón.
Bedel s bedel.
Beduíno s beduíno.
Bege adj beige.
Beiço s bezo, labio.
Beija-flor s colibrí, pájaro.
Beijar v besar.
Beijo s beso, ósculo.
Beira s orilla, borde.
Beirar v costear, ladear.

BEI 196   beisebol — birra

Beisebol s béisbol.
Beladona s belladona.
Belas-artes s bellas artes.
Beleza s belleza, hermosura.
Beliche s litera.
Belicismo s belicismo.
Bélico adj bélico, belicoso.
Beligerância s beligerancia.
Beliscão s pellizco.
Beliscar v pellizcar.
Belo adj bello, hermoso, agradable.
Beltrano s mengano.
Bem adv bien, con salud, de manera correcta; interj ibien!; s bien.
Bem-amado adj querido.
Bem-aventurado adj bienaventurado, dichoso.
Bem-estar s bienestar, comodidad, confort.
Bem-feito adj bien terminado.
Bem-humorado adj de buen humor.
Bem-querer v bienquerer.
Bem-vindo adj bienvenido.
Bênção s bendición.
Bendito adj bendito.
Bendizer v bendecir.
Beneficiar v beneficiar, mejorar.
Beneficiência s beneficencia, caridad, filantropía.
Benefício s beneficio.
Benemérito adj benemérito.
Benevolência s benevolencia, afecto, estima.
Benfeitor adj benefactor, bienhechor.
Bengala s bastón, bengala.
Benignidade s benignidad, bondad.
Benigno adj benigno, afable.
Benquisto adj bienquisto, apreciado.
Bens s peculio.
Bento adj bendecido, bendito.
Benzer v bendecir.
Benzina s bencina.
Berbequim s berbiquí.
Berçário s maternidad.
Berço s cuna.
Berimbau s birimbao.
Berinjela s berenjena.
Bermuda s bermudas.
Berne s larva de unos insectos.
Berrar v berrear.
Besouro s abejorro.
Besta s animal, bestia.
Besteira s gansada, burrada.
Bestial adj bestial, brutal.
Besuntar v bisuntar, engrasar, untar.
Beterraba s remolacha, betarraga.
Betoneira s hormigonera.
Bétula s abedul.

Betume s betún.
Bexiga s ampolla, vejiga, viruela.
Bezerro s becerro, novillo.
Bíblico adj bíblico.
Bibliografia s bibliografía.
Biblioteca s biblioteca, librería.
Bicada s picotazo.
Bicama s litera, cama nido.
Bicar v picar, picotear.
Bicarbonato s bicarbonato.
Bíceps s bíceps.
Bicho s bicho, fiera, animal.
Bicho-papão s bu.
Bichoso adj amariconado.
Bicicleta s bicicleta, velocípedo.
Bico s pico, punta.
Bicudo adj picudo.
Bidê s bidé.
Biênio s bienio.
Bife s bistec.
Bifurcação s bifurcación.
Bigamia s bigamia.
Bigode s bigote.
Bigorna s bigornia.
Bijuteria s bisutería.
Bilabial adj bilabial.
Bilateral adj bilateral.
Bilha s cántaro.
Bilhão s billón.
Bilhar s billar.
Bilhete s billete, tarjeta.
Bilheteiro s billetero.
Biliar adj biliar.
Bilíngue adj bilingüe.
Bílis s bilis.
Bimensal adj bimensual.
Bimestral adj bimestral.
Bimotor adj bimotor.
Binário adj binario.
Bingo s bingo.
Binóculo s binóculo, gemelos.
Binômio s binomio.
Biodegradável adj biodegradable.
Biografia s biografía.
Biologia s biología.
Biólogo s biólogo.
Biombo s antipara, biombo, cancel, mampara.
Biópsia s biopsia.
Biosfera s biosfera.
Bióxido s bióxido.
Bípede adj bípedo.
Bipolar adj bipolar.
Biquíni s biquini.
Birra s tirria, birria, obstinación.

bis — borbotão

Bis *adv* dos veces, otra vez.
Bisão *s* bisonte.
Bisavó *s* bisabuela.
Bisavô *s* bisabuelo.
Bisbilhotar *v* enredar, secretear.
Bisbilhoteiro *s* intrigante, chismoso.
Bisca *s* brisca.
Biscoito *s* bizcocho, galleta.
Bismuto *s* bismuto.
Bisnaga *s* tubo con substancias medicinales o aromaticas, biznaga.
Bisneto *s* bisnieto.
Bispado *s* obispado.
Bispo *s* obispo.
Bissetriz *s* bisectriz.
Bissexto *adj* bisiesto.
Bissexual *adj* bisexual.
Bisturi *s* bisturí.
Bitola *s* modelo, medida.
Bizarro *adj* bizarro, ostentoso, arrogante.
Blasfemar *v* blasfemar.
Blasfêmia *s* blasfemia, insulto, ultraje.
Blecaute *s* apagón.
Blenorragia *s* blenorragia, gonorrea.
Blindado *adj* blindado.
Blindar *v* blindar.
Bloco *s* bloque.
Bloquear *v* asediar, bloquear, sitiar.
Blusa *s* blusa.
Boa *s* boa, serpiente.
Boa-noite *s* buenas noches, saludo.
Boas-festas *s* felicitación por las navidades, deseos de felicidades.
Boas-vindas *s* bienvenida.
Boa-tarde *s* buenas tardes, saludo.
Boato *s* bulo, chisme, noticia.
Bobagem *s* tontería, bufonada.
Bobeira *s* ñoñería, bobera, tontería.
Bobina *s* bobina, canilla.
Bobo *adj* bobo, chalado, tonto.
Boca *s* boca, entrada, abertura.
Bocadinho *s* bocadito, pedazuelo.
Bocado *s* bocado, comida muy ligera, pedazo, rato.
Bocal *s* bocal, boquilla, embocadura.
Boçal *adj* grosero, idiota.
Bocejar *v* bostezar.
Bocejo *s* bostezo.
Boceta *s* cajita, cofrecito.
Bochecha *s* mejilla, carrillo, moflete.
Bochechar *v* enjuagar.
Bochecho *s* enjuague de la boca.
Bocó *adj* tonto, bobo.
Bodas *s* casamiento.
Bode *s* bode.

Bodega *s* bodega, taberna.
Bodum *s* mal olor de una loza mal lavada, olor repugnante de sudor.
Boêmio *s* bohemio.
Bofetada *s* bofetada, bofetón, sopapo.
Boi *s* buey.
Boia *s* boya, flotador.
Boiada *s* boyada, manada de bueyes.
Boiadeiro *s* boyero.
Boiar *v* boyar, flotar, nadar.
Boicotar *v* boicotear.
Boina *s* boina.
Bojo *s* barriga, panza.
Bojudo *adj* barrigudo, panzudo.
Bola *s* bola, pelota.
Bolacha *s* galleta.
Bolada *s* gran suma de dinero.
Bolero *s* bolero.
Boletim *s* boletín.
Bolha *s* ampolla, burbuja.
Bolívar *s* bolívar.
Bolo *s* bollo, pastel.
Bolor *s* moho.
Bolorento *adj* enmohecido.
Bolota *s* bellota.
Bolsa *s* bolsa, saco, dinero.
Bolsista *adj* becario, bolsista.
Bolso *s* bolsillo, bolso.
Bom *adj* bueno.
Bomba *s* bomba, proyectil, máquina, aparato para llenar neumáticos.
Bombachas *s* bombachos, pantalones.
Bombardeio *s* bombardeo.
Bombear *v* bombardear, redondear.
Bombeiro *s* bombero.
Bombo *s* bombo.
Bombom *s* bombón.
Bombordo *s* babor.
Bonachão *adj* bonachón.
Bonança *s* bonanza.
Bondade *s* bondad, benevolencia.
Bonde *s* tranvía eléctrico.
Bondoso *adj* piadoso, bondadoso.
Boné *s* gorra con visera.
Boneca *s* muñeca.
Boneco *s* muñeco, títere.
Bonificação *s* bonificación.
Bonito *adj* bonito, hermoso, bello.
Bônus *s* bono.
Bonzo *s* bonzo, sacerdote budista.
Boqueirão *s* boquerón, abertura grande.
Boquinha *s* boquilla.
Borboleta *s* mariposa.
Borbotão *s* borbotón, chorro.

BOR 198 borbulha — budismo

Borbulha s burbuja, grano.
Borbulhar v borbollar, burbujear, hervir.
Borda s borda, borde, orilla, playa.
Bordado s bordado, labor.
Bordel s burdel, prostíbulo.
Bordo s bordo.
Boreal adj boreal, septentrional.
Boricado adj boricado.
Borracha s caucho, goma.
Borracharia s gomería.
Borrão s borrón, mancha de tinta.
Borrar v ensuciar, manchar, rayar.
Borrasca s borrasca, tempestad.
Borrego s borrego.
Borrifar v rociar, aspergir.
Bosque s bosque.
Bosta s bosta, boñiga.
Bota s bota, calzado.
Bota-fora s botadura de un navío, despedida de una persona que se embarca.
Botânica s botánica.
Botão s botón.
Bote s bote, pequeña barca, cuchillada.
Botequim s bar, cafetería, taberna.
Botica s botica, farmacia.
Botija s botija.
Botina s calzado, botina.
Boto s boto.
Botulismo s botulismo.
Bovino adj bovino, vacuno.
Boxe s boxeo, pugilismo.
Boxeador s boxeador, pugilista.
Braça s braza.
Braçada s brazada.
Bracejar v bracear.
Bracelete s ajorca, brazalete, manilla, pulsera.
Braço s brazo.
Bradar v clamar, gritar, vociferar.
Brado s clamor, bramido.
Braguilha s bragueta.
Bramador adj bramador.
Brâmane s brahmán.
Bramanismo s brahmanismo.
Bramido s bramido, ruido.
Branco adj blanco, lívido, cándido.
Brancura s blancura.
Brandir v blandir.
Brandura s blandura, suavidad.
Branquear v blanquear, encanecer, limpiar.
Brasa s ascua, brasa.
Brasão s blasón.
Braseiro s brasero.
Bravata s bravata, fanfarronada.
Bravo adj bravo.

Brecar v frenar.
Brecha s brecha.
Brejo s matorral, pantano.
Brenha s breña.
Breu s brea.
Breve adj breve, corto, lacónico, reducido.
Brevidade s brevedad.
Briga s pelea, lucha, disputa, riña.
Brigadeiro s brigadier.
Brigar v luchar, pelear.
Brilhante adj brillante, luciente, luminoso, nítido.
Brilhar v brillar, lucir, relucir.
Brilho s brillo, resplandor.
Brim s brin, tela fuerte de hilo o algodón.
Brincadeira s juego, broma, burla, chanza.
Brincalhão adj juguetón, bromista, travieso.
Brincar v brincar, juguetear, divertirse, bromear.
Brinco s pendiente.
Brinde s brindis.
Brinquedo s juguete, jugueteo.
Brio s brío, pundonor, valor.
Brisa s brisa, viento blando.
Britadeira s trituradora de piedras.
Britar v partir, quebrar, machacar.
Broa s borona, pan de maíz, pastel de harina de maíz.
Broca s broca, barrena, taladro.
Brocado s brocado, tejido.
Brocha s clavo corto.
Broche s joya, broche.
Bronca s felpa.
Bronco adj bronco, tosco, rudo.
Brônquio s bronquio.
Bronquite s bronquitis.
Bronze s bronce.
Bronzeador adj bronceador.
Brotar v brotar, manar, irrumpir.
Broto s brote, yema.
Broxa s brocha, pincel para pintura.
Bruços s bruces, boca abajo.
Bruma s bruma, niebla.
Brunir v bruñir, pulir.
Brusco adj brusco, grosero.
Brutal adj salvaje, brutal.
Bruto adj tosco, bruto, grosero.
Bruxa s bruja, hechicera.
Bruxaria s brujería, hechicería.
Bruxulear v oscilar, brillar débilmente.
Bucal adj bucal.
Bucha s estropajo.
Bucho s buche, callos.
Buço s bozo.
Bucólico adj pastoril.
Budismo s budismo.

búfalo — búzio   199   BÚZ

Búfalo *s* búfalo.
Bufar *v* bufar, soplar.
Bufo *s* soplo.
Bulbo *s* bulbo.
Bulevar *s* bulevar.
Bulha *s* bulla, confusión, desorden, gritería.
Bulício *s* bullicio, alboroto.
Buliçoso *adj* bullicioso, turbulento.
Bulir *v* bullir.
Bumerangue *s* boomerang.
Buquê *s* bouquet, ramillete.
Buraco *s* agujero, hoyo, orificio.
Burguês *adj* burgués.
Buril *s* buril.
Burla *s* burla, farsa, trapaza.
Burocracia *s* burocracia.
Burocrata *s* burócrata.
Burrico *s* borrico.
Burro *s* burro, asno.
Busca *s* busca, búsqueda, demanda.
Buscar *v* buscar, catar, pesquisar.
Bússola *s* aguja, brújula.
Busto *s* busto.
Buzina *s* bocina, claxon.
Búzio *s* caracol marino, concha univalva, bocina.

C

ABCDEFGHIJKLMNOPQRSTUVWXYZ

C s tercera letra del alfabeto portugués; 100 en la numeración romana.
Cá adv acá, aquí, para este lugar.
Cã s cana, cabello blanco.
Cabaça s calabaza.
Cabala s cábala, intriga.
Cabana s cabaña, choza.
Cabaré s cabaret.
Cabeça s cabeza.
Cabeçalho s cabezal, título, encabezamiento de un escrito.
Cabecear v cabecear.
Cabeçudo adj cabezudo.
Cabedal s cuero, bienes, abundancia.
Cabeleira s cabellera.
Cabelereira s peluquera.
Cabelo s cabello.
Cabeludo adj cabelludo, peludo.
Caber v caber, contener, poder entrar.
Cabide s percha.
Cabimento s cabida.
Cabina s cabina, camarote.
Cabisbaixo adj cabizbajo.
Cabo s cabo, cola, jefe.
Caboclo s mestizo de un indio con un blanco.
Cabograma s cablegrama.
Cabotagem s cabotaje.
Cabra s cabra.
Cabresto s cabestro.
Cabrito s cabrito, chivo.
Caca s caca, porquería.
Caçada s caza.
Caçador s cazador.
Caçar v cazar, coger.
Cacareco s tarecos, trastos viejos.
Caçarola s cacerola, cazuela.
Cacau s cacao.
Cacete s bastón, bordón, garrote.
Cachaça s aguardiente, cachaza.
Cacheado adj ensortijado, rizado.
Cachear v cubrirse de racimos las viñas, aparear las aves.
Cachecol s bufanda.
Cachimbo s pipa.
Cacho s racimo.
Cachoeira s cascada.
Cachorro s perro.
Cachorro-quente s perrito caliente.
Caco s cachivache, pedazo de loza vieja, añicos, juicio.
Caçoada s chanza, broma.
Caçoar v mofarse, escarnecer, burlar.
Cacoete s tic, jeribeque.
Cacto s cacto, cactus.
Caçula s hijo más joven, benjamín.
Cadafalso s cadalso, patíbulo.
Cadarço s hiladillo, cordón.
Cadastro s catastro, censo, padrón.
Cadáver s cadáver, difunto.
Cadavérico adj cadavérico.
Cadeado s candado.
Cadeia s cadena, cárcel.
Cadeira s silla, asiento, asignatura, cátedra.
Cadela s perra.
Cadente adj cadente.
Caderneta s libreta, cuadernillo.
Caderno s cuaderno.
Cadete s cadete.
Caducar v caducar, envejecer.
Caduco adj caduco, nulo, gastado.
Cafajeste adj ordinario, bellaco.
Café s café.
Cafeina s cafeína.
Cafeteria s cafetería.
Cafona adj persona de mal gusto.
Cafuzo s cafuso, mestizo de negro con indio.
Cágado s tortuga pequeña.
Caiar v blanquear.
Caipira adj patán.
Cair v caer.
Cais s andén, muelle.

caixa — candeia

Caixa s caja.
Caixa-d'água s depósito de agua.
Caixão s cajón, esquife, féretro.
Caixeiro s cajero.
Cajado s báculo, cayado.
Caju s acajú, árbol.
Cal s cal.
Calabouço s calabozo, prisión.
Calada s callada, silencio absoluto.
Calafetar v calafatear.
Calafrio s escalofrío.
Calamidade s calamidad, gran desgracia.
Calão s caló.
Calar v callar, disimular.
Calça s pantalón.
Calçada s calzada, acera, orilla.
Calçado s calzado, zapato.
Calçar v empedrar, pavimentar.
Calcário adj calcáreo.
Calcificar v calcificar.
Calcinha s bragas.
Calço s cuña, calce.
Calcular v calcular, contar.
Calculável adj calculable.
Cálculo s cálculo.
Calda s jarabe.
Caldear v caldear, templar.
Caldeira s caldera, vasija grande y redonda.
Caldeirão s calderón.
Caldo s caldo, sopa, potaje.
Calefação s calefacción.
Caleidoscópio s caleidoscopio.
Calejar v encallecer, endurecer.
Calendário s calendario.
Calha s canalón, reguera.
Calhamaço s libro grande antiguo y sin valor.
Calhar v ser oportuno, encajar.
Calhau s guijarro.
Calhorda s persona despreciable.
Calibrar v calibrar.
Cálice s cáliz, copita para licores.
Cálido adj cálido, caliente.
Caligrafia s caligrafía.
Calma s calma, tranquilidad, bonanza.
Calmante adj calmante, sedante.
Calo s callo.
Calombo s chichón.
Calor s calor.
Calota s parte de la esfera o cilindro comprendida entre dos planos paralelos.
Caloteiro s estafador, timador.
Calouro adj aprendiz, novato.
Calúnia s calumnia, difamación.
Calvário s calvario.

Calvicie s calvicie.
Cama s cama, lecho.
Camada s camada, capa.
Camafeu s camafeo.
Camaleão s camaleón.
Câmara s cámara.
Camarada s camarada, colega, compañero.
Camaradagem s camaradería.
Camarão s camarón, gamba.
Camareiro s camarero.
Camarim s camarín, gabinete.
Camarote s palco, camarote.
Cambada s sarta.
Cambalacho s cambalacho.
Cambalear v tambalearse, vacilar.
Cambalhota s voltereta.
Cambiante adj cambiante.
Cambiar v cambiar, trocar, permutar.
Câmbio s cambio.
Cambraia s cambray, tejido muy fino.
Camélia s camelia.
Camelo s camello.
Camelô s mercader de las calles.
Caminhada s caminata.
Caminhão s camión.
Caminho s camino, paso, dirección.
Caminhoneiro s camionero.
Camisa s camisa.
Camiseta s camiseta.
Campainha s campanilla, timbre.
Campanha s campaña.
Campeão s campeón.
Campeonato s campeonato.
Campestre adj rústico, campestre.
Camponês s campesino.
Camuflagem s camuflaje.
Camuflar v camuflar.
Camundongo s ratón.
Camurça s gamuza.
Cana s caña, tallo (del trigo, maíz).
Cana-de-açúcar s caña, planta gramínea.
Canal s canal, conducto.
Canalha s canalla, miserable.
Canalização s canalización, fontanería.
Canapé s canapé.
Canário s canario.
Canavial s cañaveral.
Canção s canción.
Cancelamento s cancelación.
Cancelar v anular, cancelar.
Câncer s cáncer.
Cancerígeno adj cancerígeno.
Cancha s cancha, pista de juego.
Candeia s candela, candil.

CAN

candelabro — cardume

Candelabro *s* araña, candelabro.
Candente *adj* abrasador, candente.
Candidato *s* candidato.
Cândido *adj* cándido, inocente.
Candomblé *s* candomble, religión de muchos de los negros de Brasil.
Candura *s* candor.
Caneca *s* especie de vaso con asa.
Caneta *s* portaplumas.
Cânfora *s* alcanfor, cánfora.
Canga *s* yugo, canga.
Cangalhas *s* angarillas.
Canguru *s* canguro.
Cânhamo *s* cáñamo.
Canhão *s* cañón.
Canhoto *adj* izquierdo, zurdo.
Canibal *s* caníbal, antropófago.
Caniço *s* cañizo.
Canil *s* perrera.
Canino *adj* canino.
Canivete *s* navaja pequeña.
Canja *s* caldo de gallina.
Canjica *s* garbanzo cocido con azúcar.
Cano *s* caño, conducto, gárgola, tubo.
Cânon *s* canon, regla.
Canônico *adj* canónico.
Canonizar *v* canonizar.
Cansaço *s* cansancio, fatiga, languidez.
Cansar *v* aburrir, cansar, fatigar.
Cantão *s* cantón.
Cantaria *s* cantéria.
Cântaro *s* cántaro.
Cantarolar *v* canturrear.
Cantata *s* cantata.
Canteiro *s* cantero.
Cântico *s* cántico, himno.
Cantina *s* bar, cantina.
Cantor *s* cantor, vocalista, cantante.
Cantoria *adj* canturía.
Canudinho *s* pajilla.
Canudo *s* cañuto, caño, tubo, paja.
Cão *s* perro.
Caolho *adj* tuerto.
Caos *s* caos, desorden.
Capa *s* capa, prenda de vestir.
Capacete *s* casco.
Capacho *s* esterilla.
Capacitado *adj* capacitado.
Capado *adj* capado, castrado.
Capão *s* capón.
Capataz *s* capataz, mayoral.
Capaz *adj* capaz, apto, idóneo, digno.
Capela *s* capilla, ermita.
Capeta *s* diablo.

Capilar *adj* capilar, fino como un cabello.
Capim *s* capín.
Capital *adj* capital, ciudad principal, dinero.
Capitanear *v* gobernar.
Capitania *s* capitanía.
Capitão *s* capitán.
Capitel *s* capitel.
Capitular *v* capitular.
Capivara *s* capibara, el mayor de los roedores.
Capoeira *s* salteador, lucha creada por los niegros.
Capota *s* capota.
Capote *s* capote, abrigo, gabán.
Caprichar *v* esmerar, obstinarse.
Capricho *s* antojo, capricho, fantasía.
Cápsula *s* cápsula.
Captação *s* captación.
Captura *s* captura, apresamiento.
Capuchinho *s* capuchino.
Capulho *s* capullo.
Capuz *s* capucho, cobertura para la cabeza.
Cáqui *s* caqui, color del barro.
Cara *s* cara, figura, rostro, semblante.
Cará *s* batata dulce de Angola.
Carabina *s* carabina.
Caracol *s* caracol.
Característico *adj* característico, propio, típico.
Caramba *interj* ¡caramba!, ¡caray!
Carambola *s* carambola, fruto.
Caramelizar *v* acaramelar.
Caramujo *s* caramujo, escaramujo.
Caranguejo *s* cangrejo.
Carapuça *s* antifaz, caperuza, capuz.
Caráter *s* carácter, condición, genio, temperamento.
Caravela *s* carabela.
Carboneto *s* carburo.
Carbonífero *adj* carbonífero.
Carbonização *s* carbonización.
Carbono *s* carbono.
Carbúnculo *s* carbúnco.
Carburação *s* carburación.
Carcaça *s* caparazón, esqueleto.
Cárcere *s* prisión, cárcel.
Carcinoma *s* carcinoma, cáncer.
Carcomer *v* carcomer, roer.
Cardápio *s* minuta, menu.
Cardar *v* cardar.
Cardeal *adj* cardinal, punto cardinal, cardenal.
Cardíaco *adj* cardíaco.
Cardinal *adj* cardinal.
Cardiologia *s* cardiología.
Cardiologista *s* cardiólogo.
Cardo *s* cardo.
Cardume *s* cardumen, cardume.

careca — catalão

Careca s calva.
Carecer v carecer, necesitar.
Careiro adj carero, que vende caro.
Carência s carencia, necesidad.
Careta s careta, gesto, mohín.
Carga s carga, cargamento.
Cargo s cargo, empleo, oficio, obligación.
Cariar v cariar, cariarse.
Caricato adj caricato, ridículo.
Caricatura s caricatura, imitación cómica.
Carícia s caricia, halago, mimo.
Caridoso adj caridoso.
Cárie s caries.
Carimbar v sellar, timbrar.
Carimbo s timbre, sello.
Carinho s cariño, mimo, caricia.
Carisma s carisma.
Cariz s cariz, semblante, cara.
Carmelita s carmelita, monja de la Orden del Carmen.
Carmesim adj carmesí.
Carmim s carmín.
Carnaval s carnaval.
Carnaz s carnaza.
Carne s carne.
Carneiro s carnero, osario, sepultura.
Carniça s carroña.
Carniceiro adj carnicero, carnívoro.
Carnificina s carnicería, matanza, masacre.
Carnudo adj carnoso.
Caro adj caro, costoso.
Caroço s carozo, hueso de las frutas y aceituna.
Carona s autostop.
Carótida s carótida.
Carpa s carpa.
Carpete s moqueta.
Carpideira s plañidera.
Carpinteiro s carpintero.
Carpir v carpir, llorar.
Carrancudo adj malhumorado, triste.
Carrapato s garrapata.
Carrasco s verdugo.
Carregador s cargador.
Carregamento s carga, cargamento.
Carregar v cargar.
Carreira s carrera, camino.
Carreta s carreta, carro.
Carretilha s carretilla.
Carril s carril.
Carro s carro, coche, automóvil, carruaje.
Carroça s carroza, carro.
Carrossel s tiovivo.
Carruagem s carruaje.
Carta s carta, epístola, misiva.

Cartão s cartón.
Cartão-postal s tarjeta postal.
Cartaz s cartel, anuncio.
Carteira s bolsa, cartera, pupitre.
Carteiro s cartero, correo, estafeta.
Cartel s cártel, truste.
Cartilagem s cartílago.
Cartilaginoso adj cartilaginoso.
Cartilha s abecedario, cartilla.
Cartolina s cartulina.
Cartomancia s cartomancia.
Cartório s notaría.
Cartucho s cartucho.
Cartuxo s cartujo.
Caruncho s carcoma.
Carvalho s roble.
Carvão s carbón.
Carvoeiro s carbonero.
Casa s aposento, casa, posada.
Casaco s americana, chaqueta.
Casado adj casado.
Casal s pareja.
Casamento s casamiento, boda, matrimonio, nupcias.
Casarão s caserón.
Casca s corteza, cáscara.
Cascalho s cascajo, cascote, grava, rocalla.
Cascão s costra.
Cascata s cascada, salto de agua.
Cascavel s cascabel, sonajero.
Casebre s casucha, choza.
Caserna s caserna.
Casmurro adj cazurro.
Caso s caso, acontecimiento, suceso.
Casório s casorio, casamiento.
Cassação s casación, anulación.
Cassar v casar, anular.
Cassino s casino.
Casta s casta, raza.
Castanhal adj castañal.
Castanhola s castañuela.
Castelo s castillo.
Castiçal s bujía, candelabro, candelero.
Castiço adj castizo.
Castidade s castidad, virginidad.
Castigo s castigo, pena, penalidad, sanción.
Casto adj casto, puro, púdico.
Castor s castor.
Castrar v capar, castrar.
Casual adj casual, fortuito.
Casulo s alvéolo, capullo.
Cata s búsqueda.
Catacumba s catacumba.
Catalão adj catalán.

CAT
catálise — cera

Catálise s catálisis.
Catalogar v catalogar, ordenar.
Cataplasma s cataplasma.
Catapora s varicela.
Catapulta s catapulta.
Catar v catar, buscar, procurar, examinar.
Catarata s catarata, opacidad del cristalino del ojo, salto grande de agua.
Catarro s catarro, coriza.
Catarse s catarsis.
Catástrofe s catástrofe, hecatombe.
Catecismo s catecismo.
Catedral s catedral.
Catedrático s catedrático.
Categoria s categoría, clase, condición, escalón, posición.
Catequizar v catequizar.
Caterva s caterva.
Cateter s catéter, algalia.
Cateto s cateto.
Catinga s catinga, mal olor.
Catingar v oler mal.
Cativante adj cautivante, atrayente.
Cativar v cautivar, encantar, seducir.
Cativo adj cautivo, prisionero, esclavo.
Católico adj católico.
Catorze num catorce.
Caução s fianza, caución.
Cauda s cola, rabo.
Caudaloso adj caudaloso, abundante.
Caudilho s caudillo.
Caule s tallo, tronco.
Causa s causa, motivo, razón.
Causalidade s causalidad, origem, principio.
Cáustico adj cáustico.
Cautela s cautela, precaución, cuidado, arte.
Cauterização s cauterización.
Cava s cava.
Cavação s cavadura.
Cavaco s astilla, viruta.
Cavala s caballa.
Cavalaria s caballería, proeza.
Cavaleiro s jinete, noble, caballero.
Cavalete s caballete.
Cavalgar v cabalgar.
Cavalheirismo s caballerosidad.
Cavalheiro s caballero.
Cavalo s caballo.
Cavalo-marinho s caballo marino.
Cavaquinho s pequeña guitarra.
Cavar v ahondar, cavar, excavar.
Caveira s calavera.
Caverna s caverna.
Caviar s caviar.

Cavidade s cavidad, cueva.
Cavilação s cavilación, ardid.
Cavilha s clavija.
Cavo adj hueco, cavo, cóncavo.
Cear v cenar.
Cebola s cebolla.
Cebolinha s cebolleta.
Ceder v ceder, conceder, rendirse.
Cedo adv temprano, de prisa, pronto.
Cédula s cédula, póliza.
Cefaleia s cefalea, jaqueca.
Cego adj ciego.
Cegonha s cigüeña.
Cegueira s ceguera.
Ceia s cena.
Ceifa s siega.
Cela s celda.
Célebre adj célebre, notable, ilustre, renombrado.
Celeiro adj cilla, granero, silo.
Celeste adj celeste.
Celeuma s gritería, algazara.
Celibatário adj célibe, solterón.
Celofane s celofán.
Celta adj celta.
Célula s célula.
Celulite s celulitis.
Celulose s celulosa.
Cem num cien.
Cemitério s camposanto, cementerio, necrópolis.
Cena s escena.
Cenário s escenario, tabla.
Cenografia s escenografía.
Cenoura s zanahoria.
Censo s censo, padrón.
Censurar v censurar, reprobar, reprochar, tachar, zaherir.
Centauro s centauro.
Centeio s centeno.
Centelha s centella, chispa.
Centena s centena.
Centenário s centenario, cien años.
Centésimo adj centésimo.
Centígrado adj centígrado.
Cêntimo s céntimo.
Cento s ciento, cien.
Centopeia s ciempiés.
Central adj central.
Centralização s centralización.
Centralizar v centralizar, concentrar.
Centrar v centrar.
Centrifugar v centrifugar.
Centro s centro, foco.
Cepo s cepo.
Cera s cera.

cerâmica — chimpanzé   205   **CHI**

Cerâmica s cerámica.
Ceramista s alfarero.
Cerca s cerca, vallado, tapia.
Cercado adj rodeado, sitiado.
Cercadura s cerca.
Cercania s cercanía, alrededor.
Cercar v cercar, rodear, sitiar.
Cercear v cercenar.
Cerco s asedio, bloqueo, cerco.
Cerda s cerda.
Cereal s cereal.
Cerealista s cerealista.
Cérebro s cerebro.
Cereja s cereza.
Cerejeira s cerezo.
Cerimônia s ceremonia.
Cerimonioso adj ceremonioso.
Cerne s meollo de un tronco de árbol.
Ceroula s calzoncillos.
Cerração s cerrazón, niebla espesa.
Cerrar v cerrar, tapar, vedar.
Certa adj lo que es cierto.
Certame s certamen.
Certeza s certeza, convicción.
Certidão s certificado.
Certificar v afirmar, asegurar, atestiguar, cerciorar, certificar, confirmar.
Certo adj cierto, verdadero, exacto, ajustado, fijado.
Cerume s cerumen.
Cerveja s cerveza.
Cervejaria s cervecería.
Cervical adj cervical.
Cervo s ciervo, venado.
Cerzir v zurcir.
Cesariana s cesárea.
Cessação s cesación, cese.
Cessão s cesión, dejación.
Cesta s cesta.
Cetáceo adj cetáceo.
Cetim s satén.
Cetro s cetro.
Céu s cielo, firmamento.
Cevada s cebada.
Chá s té, infusión.
Chacal s chacal.
Chácara s quinta, sitio.
Chacina s masacre, matanza.
Chacota s chacota, burla, bruma.
Chafariz s chafariz, fuente.
Chaga s herida, llaga, plaga, llama.
Chalé s chalet.
Chaleira s tetera.
Chama s llama.
Chamada s llamada, llamamiento.

Chamar v llamar, invocar, citar.
Chamariz s reclamo, cebo.
Chá-mate s mate.
Chamativo adj llamativo, vistoso.
Chamejar v llamear, arder.
Chaminé s chimenea.
Champanhe s champán, champaña.
Chamuscar v chamuscar.
Chancela s sello, rúbrica, firma.
Chanceler s canciller.
Chanfradura s bisel, chaflanada.
Chantagear v chantajear, extorsionar.
Chão s pavimento, suelo, tierra.
Chapa s chapa, lámina, plancha, hoja.
Chapadão s altiplanicie extensa.
Chapar v chapar, firmar, marcar.
Chapeado adj laminado.
Chapear v laminar.
Chapelaria s sombrerería.
Chapéu s sombrero.
Chapinhar v chapotear, salpicar.
Charada s charada, enigma.
Charanga s charanga.
Charco s charco, lodazal.
Charlatão s charlatán, embaucador.
Charutaria s expendeduría.
Charuto s cigarro puro, caramelo.
Chassi s chasis.
Chata s chata, barcaza.
Chateação s aburrimiento.
Chato adj chato, achatado, plano, importuno, aburrido.
Chave s llave.
Chávena s taza, jícara.
Chefatura s jefatura.
Chefe s comandante, jefe, líder.
Chefia s comando.
Chefiar v comandar, dirigir, gobernar.
Chegada s aproximación, llegada, regreso, venida.
Chegar v llegar, venir, alcanzar.
Cheia s llena, inundación.
Cheio adj lleno, abarrotado, henchido, plenario.
Cheirar v husmear, inhalar, oler.
Cheiro s aroma, exhalación, olor.
Cheiroso adj fragante, oloroso.
Chiado s chillido, chillón.
Chiar v chillar, chirriar.
Chicória s achicoria.
Chicote s azote, látigo.
Chicotear v azotar, flagelar.
Chifre s asta, cuerno, gajo.
Chilique s desmayo, síncope.
Chimarrão s mate sin azúcar.
Chimpanzé s chimpancé.

CHI 206 chinelo — citação

Chinelo s chinela, chancla, zapatilla, babucha.
Chinês adj chino.
Chique s hermoso, elegante.
Chiqueiro s pocilga, chiquero.
Chita s tejido de algodón estampado, percal.
Choça s choza, cabaña.
Chocadeira s incubadora.
Chocar v chocar, encobar, empollar.
Chocho adj seco, huero, vacío, insignificante.
Chocolate s chocolate.
Chofer s chófer, conductor.
Choque s choque, colisión, lucha.
Choradeira s llantera, lloriqueo.
Choro s lloro, lamentación.
Choupo s chopo.
Chouriço s chorizo, morcilla, embutido.
Chover v llover.
Chué adj ordinário.
Chulé s mal olor de pies sudados.
Chulear v sobrehilar.
Chulo adj chulo, grosero, soez, lascivo.
Chumaço s almohadilla, compresa, guata.
Chumbar v emplomar.
Chumbo s plomo.
Chupão adj chupón.
Chupar v chupar, absorber, empapar.
Chupeta s tetina, chupete.
Churrascaria s restaurante especializado en churrasco.
Churrasco s churrasco, carne asada en las brasas.
Chuva s lluvia.
Chuvada s aguacero, golpe fuerte de lluvia.
Chuveiro s ducha.
Chuviscar v lloviznar, orvallar.
Chuvoso adj lluvioso, pluvioso.
Cianureto s cianuro.
Cicatriz s cicatriz, lacra.
Cicatrizar v cicatrizar.
Cíclico adj cíclico.
Ciclismo s ciclismo.
Ciclo s ciclo, período.
Ciclone s ciclón, huracán.
Cicuta s cicuta.
Cidadania s ciudadanía.
Cidadão s ciudadano.
Cidade s ciudad.
Cidra s cidra.
Ciência s ciencia.
Cientificar v certificar.
Cifra s cifra, número.
Cifrão s señal ($) de unidades monetarias.
Cigano s gitano.
Cigarra s chicharra, cigarra.
Cigarro s cigarrillo, pitillo, tabaco.

Cilada s celada, emboscada, traición.
Cilício s cilicio.
Cilindrada s cilindrada.
Cilindro s cilindro, rollo, rulo.
Cílio s cilio, pestaña, ceja.
Cima s cima, cumbre.
Cimento s cemento, cimiento.
Cimo s cima, cumbre, alto.
Cinco num cinco.
Cine s cine.
Cinema s cinema, cine.
Cingir v abarcar, abrazar, ceñir.
Cinismo s cinismo.
Cinquenta num cincuenta.
Cinquentenário s cincuentenario.
Cinta s cinta, faja.
Cintilante adj centelleante, vivo.
Cintilar v cintilar, brillar, destellar, relucir.
Cinto s cinto, cinturón.
Cintura s cintura, talle.
Cinturão s cinturón.
Cinza s, adj ceniza.
Cinzeiro s cenicero.
Cinzel s cincel.
Cinzento adj ceniciento.
Cio s celo, brama.
Cipreste s ciprés.
Ciranda s canción y danza popular infantil.
Circo s circo.
Circuito s circuito, circunferencia, rodeo.
Circulação s circulación, tránsito.
Circular adj circular.
Circuncidado adj circunciso.
Circuncisão s circuncisión.
Circunferência s circunferencia.
Circunflexo adj circunflejo.
Circunscrever v circunscribir.
Circunscrição s circunscripción.
Circunspeção s circunspección.
Circunstância s circunstancia.
Círio s cirio.
Cirro s cirro.
Cirrose s cirrosis.
Cirurgia s cirugía.
Cirurgião s cirujano.
Cirúrgico adj quirúrgico.
Cisão s cisión, incisión.
Cisco s cisco.
Cisma s cisma.
Cismar v reflexionar, meditar, cavilar.
Cisne s cisne.
Cisterna s cisterna.
Cistite s cistitis.
Citação s cita, citación.

citar — coisa 207 COI

Citar v aludir, citar, mencionar, convocar.
Cítara s cítara.
Citologia s citología.
Cítrico adj cítrico.
Ciúme s celo, envidia.
Ciumento adj celoso.
Civil adj civil.
Civilidade s civilidad, urbanidad.
Civilizar v civilizar.
Cizânia s cizaña.
Clã s clán, tribu.
Clamar v clamar, quejarse.
Clamor s queja, clamor.
Clandestino adj clandestino, secreto.
Clara s clara (del huevo).
Claraboia s claraboya.
Clarão s resplandor.
Clarear v clarear.
Clareira s claro en un bosque.
Clareza s claridad.
Claridade s claridad, brillo, albura.
Clarinete s clarinete.
Claro adj claro, evidente, obvio.
Classe s clase, aula, categoría.
Clássico adj clásico.
Classificador s clasificador, archivador.
Claudicar v claudicar, cojear.
Claustro s claustro.
Claustrofobia s claustrofobia.
Cláusula s cláusula.
Clausura s clausura, encierro.
Clava s maza, porra, cachiporra.
Clavícula s clavícula.
Clemência s benignidad, clemencia, indulgencia.
Cleptomania s cleptomanía.
Clérigo s clérigo.
Clichê s cliché.
Cliente s cliente.
Clima s clima.
Climático adj climático.
Climatizar v aclimatar.
Climatologia s climatología.
Clímax s clímax.
Clínica s clínica.
Clínico adj clínico.
Clipe s clip.
Clister s lavativa.
Clitóris s clítoris.
Cloaca s cloaca, letrina.
Cloro s cloro.
Clorofila s clorofila.
Clube s club, gremio.
Coabitar v cohabitar.
Coação s coladura.

Coadjuvar v coadyuvar.
Coador s colador, filtro.
Coagir v amenazar, coaccionar.
Coágulo s coágulo, cuajo, grumo.
Coalhado s cuajada.
Coalizão s coalición.
Coar v colar, filtrar.
Coaxar v croar, cantar como la rana.
Cobaia s cobaya.
Cobalto s cobalto.
Coberta s cubierta, cobertura.
Cobertor s cubierta, manta.
Cobertura s capa, cobertura, tejado.
Cobiça s ambición, avidez, codicia.
Cobra s cobra, culebra, serpiente.
Cobrança s cobranza, recaudo.
Cobrar v cobrar, recibir.
Cobre s cobre.
Cobrir v cubrir, recubrir, tapar, techar.
Coca s coca.
Coça s acto de rascar, tunda, paliza.
Cocada s dulce de coco.
Cocaína s cocaína.
Coçar v rascar.
Cocção s cocción.
Cóccix s cóccix.
Cócegas s cosquillas.
Coceira s comezón, picazón, escocedura.
Coche s coche, carruaje antiguo, carroza.
Cochichar v cuchichear, susurrar.
Cochilar v dormitar, cabecear.
Cocô s coco.
Coco s coco (palmera y su fruto).
Cocuruto s coronilla, cima.
Codificar v codificar.
Coelhinho s conejillo.
Coelho s conejo.
Coercitivo adj coercitivo.
Coerência s coherencia.
Coerente adj coherente, consecuente.
Coesão s cohesión.
Coevo adj coetáneo, coevo.
Coexistir v coexistir.
Cofre s arca, baúl, cofre, hucha.
Cogitar v cogitar, meditar, pensar.
Cognitivo adj cognoscitivo.
Cognominar v apellidar.
Cogumelo s champiñón, hongo, seta.
Coibir v cohibir.
Coice s coz, patada.
Coifa s cofia.
Coincidir v concordar, coincidir.
Coiote s coyote.
Coisa s cosa, objeto.

COI

coitado — compacto

Coitado *adj* cuitado, infeliz.
Coito *s* coito, cópula.
Cola *s* cola, pegamento, engrudo.
Colaborar *v* colaborar, cooperar.
Colação *s* colación.
Colapso *s* colapso.
Colar *v* coar, encolar, fijar.
Colarinho *s* collarín.
Colcha *s* colcha, sobrecama.
Colchão *s* colchón.
Colchete *s* corchete.
Coleção *s* colección, compilación, conjunto.
Colecionador *s* coleccionador.
Colega *s* amigo, colega, compañero.
Colegial *s* alumno de un colegio.
Coleira *s* collar de perro, collera.
Cólera *s* cólera, enojo, ira, hipo.
Colesterol *s* colesterol.
Coleta *s* colecta.
Coletânea *s* colectánea.
Colete *s* chaleco.
Coletividade *s* colectividad.
Coletor *adj* colector.
Colheita *s* cosecha.
Colher (é) *s* cuchara.
Colher (ê) *v* agarrar, coger, cosechar, sorprender.
Colherada *s* cucharada.
Colherzinha *s* cucharilla.
Colibri *s* colibrí.
Cólica *s* cólico.
Colidir *v* colidir, chocar.
Coligação *s* coligación, enlace, trampa.
Coligir *v* colegir, juntar, deducir.
Colina *s* colina, otero.
Colírio *s* colirio.
Coliseu *s* coliseo.
Colmeia *s* colmena.
Colo *s* cuello (parte del cuerpo), regazo.
Colocação *s* colocación, empleo.
Cólon *s* colon, porción del intestino.
Colônia *s* colonia.
Colonizar *v* colonizar.
Colono *s* colono, poblador.
Colóquio *s* coloquio, conferencia.
Coloração *s* coloración.
Colorir *v* colorear, matizar, colorir.
Colossal *adj* colosal, grandioso, inmenso.
Colostro *s* calostro.
Coluna *s* columna, pilar.
Com *prep* con.
Coma *s* coma, cabellera, crines del caballo, penacho.
Comadre *s* comadre, comadrona.
Comandante *s* comandante.

Comarca *s* comarca.
Combate *s* combate, lucha, pelea.
Combatente *adj* combatiente.
Combater *v* combatir, acometer, pelear.
Combativel *adj* combatible.
Combativo *adj* combativo.
Combinação *s* combinación; enagua, ropa interior de mujer.
Combinar *v* combinar, coordenar, coligarse.
Comboio *s* ferrocarril, convoy, tren.
Combustão *s* combustión.
Começar *v* comenzar, empezar.
Começo *s* comienzo, raíz, origen, principio.
Comédia *s* comedia.
Comedido *adj* comedido, moderado.
Comedimento *s* moderación, prudencia.
Comemoração *s* conmemoración, homenaje.
Comemorar *v* recordar, conmemorar.
Comenda *s* insignia.
Comensal *s* comensal.
Comentário *s* comentario, anotación.
Comer *v* comer, alimentarse.
Comercial *adj* comercial, mercantil.
Comercialização *s* comercialización.
Comerciante *s* comerciante, mercader, negociante, tendero, vendedor.
Comércio *s* comercio, mercado.
Comestível *s* comestible.
Cometa *s* cometa.
Cometer *v* cometer, practicar.
Comichão *s* comezón, picazón.
Comício *s* comicio.
Cômico *adj* cómico.
Comida *s* alimento, comida.
Comigo *pron* conmigo.
Comilão *adj* comilón, comedor.
Cominar *v* conminar, imponer pena.
Comiseração *s* conmiseración, compasión, piedad.
Comissão *s* comisión, gratificación.
Comissariado *s* comisaría.
Comissário *s* comisario.
Comissura *s* comisura, sutura.
Comitê *s* comité.
Comitiva *s* comitiva, séquito.
Comível *adj* comestible, comible.
Como *adv* como, así como, lo mismo que; *conj* como, del mismo modo que.
Comoção *s* conmoción, desorden, perturbación.
Cômoda *s* cómoda.
Comodidade *s* comodidad, bienestar.
Cômodo *adj* confortable, cómodo.
Comovente *adj* emocionante, emotivo.
Compacto *adj* compacto, conciso, denso.

compadecer — concupiscência · 209 · CON

Compadecer v compadecer.
Compadre s compadre, amigo íntimo.
Compaixão s compasión, conmiseración.
Companheirismo s compañerismo.
Companheiro s camarada, compañero.
Companhia s compañía, sociedad.
Comparar v comparar, confrontar, cotejar.
Comparecer v comparecer, presentarse.
Compartilhar v compartir, participar, repartir.
Compartimento s compartimiento, habitación, cuarto.
Compassar v compasar.
Compassivo adj compasivo.
Compasso s compás.
Compatriota s compatriota.
Compêndio s compendio, síntesis.
Compenetrar-se v compenetrarse.
Compensação s compensación.
Compensar v compensar, indemnizar, recompensar.
Competência s atribución, competencia, lucha.
Competente adj competente, apto, idóneo.
Competição s competición, rivalidad.
Competidor adj competidor, adversario.
Competir v competir, rivalizar.
Compilador s compilador.
Compilar v compilar, coleccionar.
Complacência s complacencia, amabalidad.
Compleição s complexión.
Complemento s complemento.
Completar v completar, rematar.
Completo adj completo, cabal, entero.
Complexidade s complejidad.
Complexo adj complejo.
Complicação s complicación.
Complicar v complicar, dificultar, enredar.
Componente adj componente.
Compor v componer, conciliar.
Comporta s compuerta, esclusa.
Comportamento s comportamiento, procedimiento.
Composição s composición, ajuste, arreglo.
Composto adj compuesto, ordenado, serio.
Compota s compota.
Compra s compra.
Comprar v adquirir, comprar.
Comprazer v complacer.
Compreender v comprender, entender.
Compreensão s comprensión.
Compressa s compresa.
Compressor s compresor.
Comprido adj largo.
Comprimento s largura, longitud.

Comprimido adj comprimido, oprimido, aplastado.
Comprimir v comprimir, apretar, reducir.
Comprometer v comprometer, responsabilizar.
Compromisso s compromiso.
Comprovação s comprobación.
Comprovar v comprobar, corroborar, verificar.
Compulsar v compulsar, examinar.
Compunção s compunción, contricción.
Computador s computadora, ordenador.
Computar v computar, calcular.
Cômputo s cómputo, cálculo.
Comum adj común, ordinario, vulgar.
Comungar v comulgar.
Comunicação s comunicación, transmisión.
Comunicar v comunicar, avisar, transmitir.
Comunicável adj comunicable.
Comunidade s comunidad.
Comunismo s comunismo.
Comunitário adj comunitario.
Comutar v conmutar.
Concatenar v concatenar, encadenar.
Concavidade s concavidad.
Côncavo adj cóncavo, excavado.
Conceber v concebir, inventar.
Conceder v conceder, otorgar, dar, ceder.
Conceito s concepto, opinión.
Conceituar v conceptuar.
Concentração s concentración.
Concêntrico adj concéntrico.
Concepção s concepción, percepción.
Concernente adj concerniente, relativo.
Concernir v concernir.
Concertar v concertar, comparar, ajustar.
Concerto s concierto, arreglo.
Concessão s concesión.
Concessionário adj concesionario.
Concha s concha.
Conchavo s conchabo.
Conciliar v conciliar, armonizar, captar.
Conciso adj conciso, breve, lacónico.
Conclave s conclave.
Concluir v concluir, deducir, acabar, terminar.
Conclusão s conclusión, deducción, término.
Concomitância s concordancia.
Concordar v concordar, pactar, ajustar.
Concórdia s concordia, paz.
Concorrência s concurrencia, competencia.
Concorrente adj concurrente.
Concorrer v concurrir, competir.
Concretizar v concretar, efectuar.
Concreto adj concreto; s hormigón.
Concubina s concubina, amante.
Concupiscência s concupiscencia, sensualidad.

CON

concurso — consagrar

Concurso s concurso.
Conde s conde.
Condecorar v condecorar.
Condenado s condenado.
Condenar v condenar, castigar.
Condenável adj condenable, reprobable.
Condensação v condensación.
Condescender v condescender, consentir, permitir.
Condessa s condesa.
Condição s condición, categoria, situación.
Condicional adj condicional.
Condicionamento s condicionamiento.
Condicionar v condicionar.
Condigno adj condigno.
Condimentar v sazonar, condimentar.
Condimento s condimento.
Condizer v concordar, coincidir.
Condoer-se v condolerse.
Condolência s condolencia, pésames.
Condomínio s condominio.
Condor s cóndor.
Condução s conducción.
Conduta s conducta.
Condutividade s conductividad.
Conduto s conducto.
Condutor s guía.
Conduzir v conducir, guiar, transmitir.
Cone s cono.
Cônego s canónigo.
Conexão s conexión, enlace, analogía.
Conexo adj conexo.
Confabular v confabular, conversar.
Confecção s confección.
Confederação s confederación.
Confederar v confederar.
Confeitar v confitar.
Confeitaria s confitería, pastelería.
Conferência s conferencia, comparación.
Conferir v cotejar, verificar, conferir.
Confessor s confesor.
Confete s confeti.
Confiança s confianza, atrevimiento, familiaridad.
Confiável adj confiable.
Confidência s confidencia, secreto.
Configuração s configuración, figura, aspecto.
Confim adj confín, confinante.
Confinado adj confinado.
Confins s confines.
Confirmação s confirmación.
Confirmar v comprobar.
Confiscar v confiscar.
Confisco s confiscación.
Confissão s confesión.

Conflagrar v conflagrar, incendiar.
Conflito s conflicto.
Confluência s confluencia.
Confluir v confluir.
Conformação s conformación.
Conforme adj conforme, igual.
Conformidade s conformidad.
Confortar v confortar.
Conforto s comodidad, bienestar.
Confraria s confradía.
Confrontação s confrontación.
Confrontar v confrontar, confinar.
Confundir v confundir, mezclar, desordenar.
Confusão s confusión, pertubación, barullo, vergüenza.
Confuso adj confuso, desordenado, avergonzado.
Congelado adj congelado, frío como el hielo.
Congelador s congelador, nevera.
Congelar v congelar, helar.
Congênere adj congénere.
Congênito adj congénito, innato.
Congestão s congestión.
Conglomerado s conglomerado.
Congraçar v congraciar, reconciliar.
Congratulação s congratulación, felicitación.
Congregação s congregación.
Congresso s congreso.
Congruência s congruencia, armonía.
Congruente adj congruente, conveniente.
Conhaque s coñac.
Conhecedor adj conocedor, que conoce.
Conhecer v conocer, saber.
Conhecido adj conocido.
Conhecimento s conocimiento.
Conivência s connivencia.
Conivente adj connivente.
Conjetura s conjetura.
Conjeturar v conjeturar.
Conjugação s conjugación.
Conjugal adj conyugal.
Conjugar v conjugar, unir.
Cônjuge s cónyuge, consorte.
Conjunção s conjución, unión, conjunción.
Conjuntivite s conjuntivitis.
Conjunto adj conjunto, unido, s colección, conjunto.
Conjuntura s coyuntura, ocasión.
Conjuração s conjuración, conspiración.
Conosco pron con nosotros.
Conotação s connotación.
Conquista s conquista, obtención, toma.
Conquistar v conquistar, dominar, ganar.
Consagração s consagración.
Consagrar v consagrar, inmortalizar, dedicar.

consanguíneo — contorno · 211 · CON

Consanguíneo *adj* consanguíneo, pariente.
Consciência *s* conciencia, sinceridad.
Consciente *adj* consciente.
Cônscio *adj* consciente.
Consecutivo *adj* consecutivo, sucesivo.
Conseguinte *adj* consiguiente.
Conseguir *v* conseguir, obtener.
Conselheiro *s* consejero, guía.
Conselho *s* consejo, opinión, parecer.
Consenso *s* consenso.
Consentir *v* consentir, aprobar, tolerar.
Consequência *s* consecuencia.
Consertar *v* concertar, componer, arreglar.
Conserto *s* concierto, arreglo, compostura, remiendo.
Conserva *s* conserva.
Conservação *s* conservación, manutención.
Conservador *adj* conservador, tradicional, reaccionario.
Conservar *v* almacenar, conservar, cuidar, preservar.
Consideração *s* importancia, consideración, estima.
Considerado *adj* considerado, importante, meditado.
Considerar *v* apreciar, considerar, respetar.
Considerável *adj* considerable, importante, notable.
Consignar *v* consignar.
Consigo *pron* consigo.
Consistência *s* consistencia, estabilidad.
Consistir *v* consistir, constar.
Consoar *v* consonar.
Consola *s* consola, mueble.
Consolar *v* aliviar, consolar.
Consolidado *adj* consolidado, firme.
Consolidar *v* consolidar, fortalecer.
Consolo *s* consuelo, alivio, placer.
Consonância *s* concordancia, consonancia, rima.
Consórcio *s* consorcio, asociación.
Conspícuo *adj* conspicuo, ilustre.
Conspiração *s* conjuración, conspiración.
Conspurcar *v* corromper, ensuciar, manchar.
Constância *s* constancia, duración.
Constante *adj* constante, persistente, perseverante.
Constar *v* constar, consistir.
Constatar *v* constatar, comprobar, compulsar, verificar.
Constelação *s* constelación.
Consternação *s* consternación, angustia, tristeza.
Constipação *s* constipación, estreñimiento.
Constitucional *adj* constitucional.
Constituição *s* constitución.

Constituinte *adj* constituyente.
Constituir *v* componer, constituir, organizar.
Constranger *v* constreñir, apretar, compeler.
Constrangimento *s* constreñimiento, coacción.
Construção *s* construcción, edificio.
Construir *v* construir, edificar, organizar.
Construtor *adj* constructor.
Cônsul *s* cónsul.
Consulado *s* consulado.
Consultar *v* consultar, reflexionar, pedir consejo.
Consultor *s* consultor.
Consultório *s* consultorio.
Consumação *s* consumación.
Consumar *v* consumar, terminar, completar.
Consumir *v* consumir, destruir, gastar.
Consumo *s* consumo, pérdida, gasto.
Conta *s* cuenta, cálculo, cuidado, estima.
Contabilidade *s* contabilidad.
Contado *adj* contado, calculado.
Contador *adj* contador.
Contagem *s* cuenta.
Contagiar *v* contagiar.
Contágio *s* contagio.
Conta-gotas *s* cuentagotas.
Contaminação *s* contaminación, impureza.
Contaminar *v* contaminar, infectar, infestar.
Contar *v* contar, narrar, esperar, relatar.
Contato *s* contacto.
Contável *adj* contable.
Contemplar *v* meditar, contemplar.
Contemporâneo *adj* contemporáneo.
Contenção *s* contención.
Contender *v* contender, altercar, disputar.
Contentamento *s* contentamiento, alegría, agradar.
Contentar *v* agradar, contentar, satisfacer.
Contente *adj* alegre, contento, satisfecho.
Conter *v* contener, incluir, refrenar, reprimir.
Conterrâneo *s* conterráneo.
Contestação *s* contestación, negación.
Conteúdo *s* contenido.
Contexto *s* contexto.
Contigo *pron* contigo.
Contíguo *adj* contiguo, vecino, inmediato.
Continente *s* continente.
Contingente *adj* contingente, cuota.
Continuação *s* continuación, duración.
Continuar *v* continuar, proseguir, prolongar.
Contínuo *adj* continuo.
Contista *s* persona autora de cuentos.
Conto *s* cuento, historieta, fábula.
Contorcer *v* contorcerse, doblarse.
Contornar *v* contornar, perfilar, contornear.
Contorno *s* contorno, perímetro.

CON 212 contra — cordilheira

Contra *prep* contra.
Contrabaixo *s* contrabajo.
Contrabalançar *v* contrabalancear, anularse, equilibrar.
Contrabando *s* contrabando.
Contração *s* contracción.
Contraceptivo *adj* anticonceptivo.
Contraditório *adj* contradictorio.
Contradizer *v* contradecir.
Contrafazer *v* contrahacer.
Contrafeito *adj* contrahecho.
Contragosto *s* oposición al gusto o a la voluntad.
Contrair *v* astringir, contraer, encoger.
Contramão *s* dirección contraria.
Contramestre *s* contramaestre.
Contraofensiva *s* contraofensiva.
Contrapartida *s* contrapartida.
Contrapeso *s* contrapeso.
Contraponto *s* contrapunto.
Contrapor *v* contraponer, oponer.
Contraproducente *adj* contraproducente.
Contrariar *v* contrariar, impedir.
Contrariedade *s* contrariedad.
Contrário *adj* contrario, opuesto, desfavorable.
Contrarregra *s* traspunte.
Contrassenso *s* contrasentido.
Contraste *s* contraste.
Contratar *v* contratar.
Contratempo *s* contratiempo.
Contrátil *adj* contráctil.
Contratual *adj* contractual.
Contraveneno *s* contraveneno.
Contraventor *s* contraventor.
Contravir *s* contravenir.
Contribuição *s* contribución.
Contribuinte *adj* contribuyente.
Contribuir *v* contribuir, cooperar.
Contrição *s* arrepentimiento, contrición.
Contrito *adj* contrito.
Controle *s* control, examen, fiscalización.
Controvérsia *s* controversia, debate.
Controverter *v* controvertir, disputar, discutir.
Contudo *conj* todavía, con todo, no obstante.
Contumácia *s* contumacia, tenacidad.
Contundente *adj* contundente.
Contundir *v* contundir, magullar, golpear.
Conturbar *v* conturbar, alterar.
Contusão *s* contusión, equimosis.
Convalescer *v* convalecer.
Convalidar *v* convalidar.
Convenção *s* tratado, convención, pacto.
Convencer *v* convencer, persuadir.
Convencido *adj* convencido, persuadido.
Conveniente *adj* conveniente, oportuno, apto.

Convênio *s* acuerdo, convenio.
Convento *s* convento, monastério.
Convergir *v* afluir, converger, convergir.
Conversa *s* conversa, diálogo, plática.
Conversação *s* conversación, parrafada.
Conversar *v* conversar, charlar, dialogar.
Converso *s* converso, lego.
Converter *v* convertir, mudar, transformar.
Convés *s* combés.
Convexo *adj* convexo.
Convicção *s* convicción.
Convicto *adj* convicto.
Convidado *s* convidado, invitado.
Convir *v* convenir, pactar.
Convite *s* convite, invitación.
Conviver *v* convivir.
Convocação *s* convocación, anuncio.
Convocar *v* convocar, constituir.
Convulsão *s* convulsión.
Cooperar *v* cooperar, colaborar, contribuir.
Cooperativa *s* cooperativa.
Coordenar *v* coordinar, componer, organizar.
Copa *s* despensa, copa (del sombrero), copa (de árbol).
Copado *adj* acopado, frondoso.
Copeiro *s* despensero, copero.
Cópia *s* copia, imitación, plagio.
Copiar *v* copiar, reproducir, imitar.
Copioso *adj* abundante, copioso.
Copla *s* copla.
Copo *s* vaso.
Cópula *s* coito, cópula.
Coque *s* coque, hulla.
Coqueiral *s* cocotal.
Coqueiro *s* cocotero, coco.
Coqueluche *s* coqueluche, tosrerina.
Coquetel *s* cóctel.
Cor *s* color.
Coração *s* corazón.
Corado *adj* colorado, rosado.
Coragem *s* coraje, valor, osadía.
Coral *s* coral.
Corante *adj* colorante.
Corar *v* ruborizar, sonrojar, enrojecer.
Corbelha *s* canastillo para frutas, flores o dulces.
Corça *s* corza.
Corcunda *s* joroba.
Corda *s* cuerda.
Cordão *s* cordón.
Cordeiro *s* cordero.
Cordel *s* cordel, guita.
Cor-de-rosa *adj* color rojo desmayado.
Cordial *adj* afectuoso, cordial.
Cordilheira *s* cordillera, serranía, sierra.

cordura — cratera

Cordura s cordura.
Coreografia s coreografía.
Coreto s templete.
Corista s corista.
Corja s canalla, gentuza, chusma.
Córnea s cornea.
Corneta s corneta.
Corno s cuerno.
Coro s coro.
Coroa s corona.
Coroação s coronación.
Coroar v coronar.
Coroinha s monaguillo.
Coronel s coronel.
Corpete s corsé.
Corpinho s corpiño.
Corpo s cuerpo.
Corporação s corporación.
Corporal adj corporal.
Corpóreo adj corpóreo.
Corpulência s corpulencia, obesidad.
Corpúsculo s corpúsculo.
Correção s corrección, enmienda.
Corredeira s rápido.
Corredor s galería, corredor, pasillo.
Correia s correa.
Correio s correo.
Corrente adj corriente, normal, vulgar; s curso de agua, cadena, viento.
Correnteza s corriente de agua.
Correr v correr, deslizar.
Correspondência s correspondencia, simetría.
Correto adj correcto.
Corretor s corrector.
Corrida s carrera, corrida.
Corrigir v corregir, castigar, modificar, suavizar.
Corrimão s pasamano.
Corrimento s corrimiento.
Corriqueiro adj corriente, vulgar.
Corroborar v corroborar.
Corroer v corroer, consumir.
Corromper v corromper, podrir, dañar.
Corrompido adj corrompido, depravado, viciado.
Corrosão s corrosión.
Corrupção s corrupción.
Corruptível adj corruptible, venal.
Corsário s corsario, pirata.
Cortado adj cortado, interceptado.
Cortante adj cortante, incisivo.
Cortar v aparar, cortar, dividir, podar, seccionar.
Corte s cortadura, corte, poda, sección.
Cortejar v cortejar, galantear.
Cortejo s cortejo, séquito.
Cortês adj cortés, afable, amable, atento.

Cortesã s cortesana, favorita.
Cortesão s cortesano, palaciego.
Cortiça s corcho.
Cortiço s colmena.
Cortina s cortina.
Coruja s lechuza.
Corveta s corbeta.
Corvo s cuervo.
Cós s pretina.
Coser v coser, zurcir.
Cosmético s cosmético, afeite.
Cósmico adj cósmico.
Cosmo s universo.
Cosmonave s cosmonave.
Cosmopolita adj cosmopolita.
Costa s cuesta, litoral.
Costado s bordo, flanco, lado.
Costas s espalda.
Costear v bordear, costear.
Costela s costilla.
Costeleta s costilla, costilleta.
Costumar v acostumbrar, habituar.
Costume s costumbre, moda, uso.
Costurar v coser, laborar, zurcir.
Cotação s cotización.
Cotar v cotar, acotar.
Cotejar v cotejar, comparar.
Cotidiano adj cotidiano.
Cotizar v cotizar.
Coto s muñón.
Cotovelo s codo, recodo.
Cotovia s alondra.
Couraça s coraza.
Couraçado adj blindado.
Couraçar v blindar.
Couro s cuero, pellejo, piel.
Couto s coto.
Couve s berza, col.
Couve-flor s coliflor.
Cova s cueva, caverna, sepultura.
Covarde adj cobarde, miedoso.
Coveiro s sepulturero.
Covil s antro, cubil.
Coxa s muslo.
Coxear v cojear.
Cozer v cocer.
Cozido adj cocido, hervido.
Cozimento s cocimiento, cocción.
Cozinha s cocina.
Cozinhar v cocer, cocinar, guisar.
Cozinheiro s cocinero.
Crânio s cráneo.
Crápula s crápula.
Cratera s cráter.

CRA

cravar — cumular

Cravar v clavar, enclavar, clavetear, espetar, hincar.
Cravo s clavo.
Cravo-da-índia s clavo.
Creche s guardería infantil.
Creditar v abonar, acreditar.
Crédito s confianza, crédito.
Credor adj acreedor.
Crédulo adj crédulo, ingenuo, sencillo, supersticioso.
Cremação s cremación.
Cremalheira s cremallera.
Cremar v quemar, incinerar.
Creme s crema, nata, natilla.
Crença s creencia, fe.
Crendice s superstición.
Crente adj creyente, religioso.
Crepe s crespón.
Crepitar v chisporrotear, crepitar.
Crepúsculo s crepúsculo.
Crer v confiar, creer.
Crescer v aumentar, crecer, estirar, subir.
Crescido adj crecido, grande, aumentado.
Crescimento s crecimiento, desarrollo progresivo.
Crespo adj crespo, ensortijado, ondulado, rizo.
Crestar v achicharrar, chamuscar.
Cretino adj cretino.
Cria s lechigada.
Criação s creación, crianza; cría.
Criada s asistenta, criada.
Criadagem s servidumbre.
Criado s siervo, servidor.
Criador s autor, creador.
Criança s criatura, niño, chiquillo.
Criançada s crías, chiquillería.
Criar v crear, inventar, plasmar.
Criatura s criatura, individuo.
Crime s crimen, delito.
Criminoso s criminoso, delincuente.
Crina s crin, pelos y cerdas de animales.
Crioulo s criollo, negro.
Cripta s cripta.
Crise s crisis.
Crispar v crispar, fruncir.
Crista s cresta.
Cristaleira s cristalera, especie de aparador.
Cristalino adj cristalino, transparente.
Cristão adj cristiano.
Cristianismo s cristianismo.
Critério s criterio.
Crítica s censura, crítica.
Crítico s crítico.
Crivar v cribar, agujerear.
Crível adj creíble.
Crivo s criba.

Crochê s ganchillo.
Crocodilo s cocodrilo, crocodilo.
Cromado adj cromado.
Cromático adj cromático.
Cromo s cromo.
Cromossoma s cromosoma.
Crônica s crónica, narración.
Crônico adj crónico, que dura mucho.
Cronologia s cronología.
Cronômetro s cronómetro.
Croquete s croqueta.
Croqui s croquis.
Crosta s costra, cáscara.
Cru adj crudo.
Crucial adj crucial.
Crucificar v crucificar.
Cruel adj cruel, doloroso.
Crueldade s crueldad.
Crueza s crudeza.
Crustáceo s crustáceo.
Cruzada s cruzada.
Cruzador s crucero, buque de guerra.
Cruzamento s cruzamiento, cruce, encrucijada.
Cruzar v atravesar, cruzar, entrecruzar, terciar.
Cruzeiro s crucero.
Cuba s cuba, tina.
Cubículo s celda, cubículo, cuarto pequeño.
Cubismo s cubismo.
Cuco s cuclillo.
Cuecas s calzoncillos.
Cueiro s pañal.
Cuidado s cuidado, precaución.
Cuidar v cuidar, imaginar, suponer.
Cujo pron cuyo, del cual, de quien.
Culatra s culata.
Culinário s culinario.
Culminar v culminar.
Culpa s culpa.
Culpado adj culpado, culpable.
Cultivador s cultivador, agricultor.
Cultivo s cultivo, cultura.
Culto adj culto, inteligente; s culto, respeto, veneración.
Cultuar v venerar.
Cultura s esmero, cultura.
Cultural adj cultural.
Cume s cumbre, pico, ápice.
Cumeeira s cumbre.
Cúmplice adj cómplice, connivente.
Cumplicidade s complicidad, connivencia, implicación.
Cumprimentar v cumplimentar, felicitar.
Cumprir v cumplir, mantener.
Cumular v colmar.

cúmulo — czar

Cúmulo *s* colmo, cúmulo, montón.
Cunha *s* cuña.
Cunhado *s* cuñado.
Cunhar *v* acuñar.
Cunho *s* cuño.
Cúpido *adj* ávido, avaricioso, codicioso.
Cupim *s* esp. de hormiga blanca.
Cupom *s* cupón.
Cura *s* cura, párroco.
Curar *v* curar, sanar.
Cúria *s* curia.
Curioso *adj* curioso.
Curral *s* corral, majada, pocilga.
Cursar *v* cursar.
Curta-metragem *s* cortometraje.
Curtir *v* curtir.
Curto *adj* breve, corto.
Curto-circuito *s* cortocircuito.

Curtume *s* curtiembre.
Curva *s* corva, curva, elipse, vuelta.
Curvar *v* encorvar, arquear.
Curvo *adj* curvo, redondo, sinuoso.
Cuspe *s* saliva, esputo.
Cúspide *s* cúspide.
Cuspir *v* escupir, lanzar.
Custar *v* costar, valer.
Custear *v* costear.
Custo *s* precio, coste.
Custódia *s* custodia, guarda.
Custoso *adj* costoso, difícil.
Cutâneo *adj* cutáneo.
Cutelo *s* cuchillo.
Cutícula *s* cutícula.
Cútis *s* cutis, epidermis.
Cutucar *v* tocar levemente con el codo.
Czar *s* zar, czar.

ABCDEFGHIJKLMNOPQRSTUVWXYZ

D s cuarta letra del alfabeto portugués. D 500 en la numeración romana.
Da s contracción de la prep. de y el artículo o *pron dem* a, de la.
Dádiva s dádiva, donativo, obsequio, regalo.
Dado s dado, cubo; *adj* gratuito, afable, permitido, propenso.
Dália s dalia.
Dálmata *adj* dálmata.
Daltônico *adj* daltónico.
Daltonismo s daltonismo.
Dama s dama, señora, dama de honor.
Damasco s albaricoque, damasco.
Danação s perjuicio, daño, rabia.
Dança s baile, danza.
Dançador s danzador, bailarín.
Dançarino s bailarín, danzarín.
Danificar v damnificar, dañar.
Daninho *adj* dañino, perjudicial.
Dano s daño, perjuicio.
Dar v dar, entregar, ceder, ceder, destinar.
Dardo s dardo, saeta.
Data s data, fecha.
Datar v datar, fechar.
Datilografar v mecanografiar.
Datilografia s dactilografía, mecanografía.
Deão s dignidad, deán.
Debaixo *adv* debajo.
Debalde *adj* en vano, inútil.
Debandar v desbandarse, desordenarse.
Debate s debate, discusión, disputa.
Debater v debatir, discutir, disputar.
Debelar v debelar, vencer, dominar.
Débil *adj* débil, flaco, diminuto.
Debilitar v debilitar, enflaquecer.
Debitar v debitar, adeudar.
Débito s deuda, débito.
Debochar v corromper, viciar.
Deboche s libertinaje, corrupción.
Debruçar v echar de bruces, inclinar, asomar.
Debulhar v desgranar.
Debutante *adj* debutante.

Debuxar v dibujar, esbozar.
Década s década, decena.
Decadência s decadencia, declinación.
Decair v decaer, declinar.
Decálogo s decálogo.
Decanato s decanato.
Decano s decano, deán.
Decantação s decantación.
Decapitar v decapitar, degollar.
Decência s decencia, recato, aseo.
Decênio s decenio.
Decente *adj* decente, honesto.
Decepar v mutilar, amputar.
Decepção s decepción, desilusión.
Decerto *adv* con certeza.
Decibel s decibelio.
Decidir v decidir, deliberar, determinar, sentenciar.
Decifrar v descifrar, interpretar, comprender.
Décima s décima, tributo.
Decimal *adj* decimal.
Decisão s decisión, sentencia, valor.
Declamação s declamación.
Declarar v declarar, manifestar, exponer.
Declinação s declinación.
Declive s declive, pendiente, rampa, costanera.
Decodificar v descodificar.
Decolar v despegar.
Decompor v descomponer.
Decomposição s descomposición.
Decoração s adorno.
Decorado *adj* decorado.
Decorar v memorizar, decorar.
Decorativo *adj* decorativo.
Decoro s decoro, decencia, seriedad.
Decorrer v transcurrir.
Decotado *adj* escotado.
Decotar v escotar, podar.
Decote s descote, escote, poda.
Decrépito *adj* decrépito, chocho.
Decretar v decretar, ordenar, mandar, establecer.
Decreto s decreto, edicto, auto, ley.
Decurso s decurso, duración, proceso.

dedal — denotar 217 **DEN**

Dedal s dedal.
Dédalo s dédalo, laberinto.
Dedicação s dedicación, afecto, devoción.
Dedicar v dedicar, destinar, consagrar.
Dedicatória s dedicatoria.
Dedo s dedo.
Deduzir v deducir, descontar, disminuir.
Defasagem s desfase.
Defasar v desfasar.
Defecar v defecar, deponer, evacuar.
Defeito s defecto, falta, inconveniente.
Defender v defender, proteger, prohibir.
Defensivo adj defensivo.
Defensor adj defensor, abogado.
Deferência s deferencia.
Defesa s defensa, prohibición, resguardo.
Defeso adj prohibido.
Deficiência s deficiencia, insuficiencia.
Déficit s déficit.
Definhar v enflaquecer, debilitar, extenuar.
Definição s definición.
Definir v definir, determinar.
Deflação s deflación.
Deflagrar v deflagrar.
Deflorar v desflorar, deshonrar.
Defluxo s deflujo, constipado.
Deformação s deformación, modificación.
Deformidade s deformidad, fealdad.
Defraudar v defraudar.
Defrontar v confrontar.
Defronte adv de cara, enfrente de.
Defumado adj ahumado, sahumado.
Defumador s ahumador, perfumador.
Defumar v ahumar, sahumar.
Defunto adj difunto, muerto, fallecido.
Degelar v deshelar.
Degelo s deshielo.
Degeneração v degeneración, corrupción.
Deglutição s deglutición.
Degolação s degollación.
Degolar v degollar.
Degradar v degradar.
Degrau s escalón, peldaño.
Degredar v desterrar.
Degustar v degustar, gustar, saborear.
Deitar v echar, acostar, encamar.
Deixar v dejar, abandonar, tolerar, desistir, desocupar.
Dejeção s defecación, deyección.
Delação s delación, denuncia.
Delapidar v dilapidar, arruinar.
Delator s delator, denunciador.
Delegação s delegación, mandato.
Delegacia s comisaria de la policía.
Delegar v comisionar, delegar.

Deleite s deleite, delicia, placer, goce.
Deletério adj deletéreo, mortífero, venenoso.
Delfim s delfín.
Delgado adj delgado, suave, fino, magro.
Deliberação s deliberación, decisión, resolución.
Delicadeza s delicadeza, amabilidad, finura, fragilidad, susceptibilidad.
Delícia s delicia, deleite, encanto.
Delicioso adj delicioso, perfecto, rico.
Delimitar v delimitar, demarcar.
Delinear v delinear, plantear, trazar.
Delinquência s delincuencia.
Delinquente adj delincuente.
Delinquir v delinquir.
Delirante adj alucinante.
Delirar v delirar, desvariar, fantasear, alucinar.
Delírio s delirio, alucinación, desvarío.
Delito s delito, crimen, culpa.
Delonga s tardanza.
Delongar v retardar.
Delta s delta, estuario.
Demagogia s demagogia.
Demais adv demás, además, demasiado, encima, en exceso.
Demanda s demanda, disputa, petición, acción.
Demarcar v demarcar, acotar, limitar, lindar.
Demasia s demasía, sobra, exceso.
Demência s demencia, locura, alienación.
Demissão s dimisión, exoneración.
Demitir v dimitir, echar, exonerar.
Demiurgo s demiurgo.
Demo s demonio.
Democracia s democracia.
Democratizar v democratizar.
Demografia s demografía.
Demolição s demolición, destrucción, hundimiento.
Demoníaco adj demoníaco, diabólico.
Demônio s demonio, diablo.
Demonstração s demostración, prueba, ejemplo, manifestación.
Demonstrar v demostrar, indicar, probar, manifestar.
Demora s demora, dilación, tardanza.
Demorar v atrasar, demorar, dilatar, retrasar, tardar.
Demover v disuadir.
Dendê s el fruto de una palmera de Brasil.
Denegar v denegar, rehusar.
Denegrir v denigrir, empañar, ennegrecer.
Dengoso adj dengoso, melindroso, relamido.
Dengue s dengue, melindre.
Denominação s denominación, nombre.
Denominar v denominar, designar, llamarse.
Denotar v denotar, indicar.

DEN 218 densidade — desanimado

Densidade s densidad, espesura.
Denso adj denso, espeso, negro, oscuro, compacto.
Dentada s dentellada, mordedura.
Dentadura s dentadura.
Dentar v dentar, dentellear.
Dente s diente.
Dentição s dentición.
Dentista s dentista, odontólogo.
Dentro adv adentro, dentro.
Denúncia s denuncia, delación, revelación.
Denunciar v denunciar, delatar, avisar, traicionarse.
Deparar v deparar, proporcionar.
Departamento s departamento.
Depauperar v depauperar, debilitar, empobrecer.
Depenar v desplumar, descañonar.
Depender v depender, subordinarse.
Dependurar v pender, colgar.
Depilação s depilación.
Depilar v depilar, rapar, pelar.
Deplorar v deplorar, lastimar, lamentar.
Deplorável adj deplorable, lamentable, lastimoso.
Depoimento s declaración.
Depois adv después, enseguida.
Depor v deponer, dejar, separar, destituir, destronar.
Deportar v deportar.
Deposição s deposición.
Depositar v depositar, guardar, confiar, poner.
Depósito s depósito, almacén, sedimento.
Depravado adj depravado, licencioso.
Depravar v depravar, corromper, pervertir.
Depreciar v depreciar, devaluar.
Depredação s depredación, pillaje, robo, expoliación, saque.
Depredar v depredar, expoliar, saquear.
Depressa adv aprisa, rápidamente, en poco tiempo.
Depressão s depresión, hondonada, abatimiento.
Depressivo adj depresivo, deprimente.
Deprimir v deprimir, abatir, humillar.
Depurar v depurar, purificar, limpiar.
Deputado s diputado.
Deriva s deriva.
Derivar v derivar, separar, fluir, provenir.
Dermatite s dermatitis.
Derme s dermis, piel.
Dérmico adj dérmico.
Derradeiro adj postrero, último.
Derramar v derramar, esparcir, vaciar, verter.
Derrame s derrame, pérdida.
Derrapar v derrapar, resbalar, patinar.
Derreter v derretir, liquidar, fundir.
Derrogar v derogar, anular.
Derrotado adj derrotado, vencido.

Derrotar v derrotar, destrozar.
Derrubada s derrumbe.
Derrubar v abatir, derribar, derrumbar, desmoronar, tumbar.
Derruir v derruir, derribar.
Desabafar v airear, desahogar, sincerar.
Desabafo s desahogo, expansión.
Desabar v caer, desmoronarse.
Desabastecer v desabastecer.
Desabilitar v inhabilitar, deshabilitar.
Desabitado adj deshabitado, desierto, vacío, yermo.
Desabituar v deshabituar.
Desabotoar v desabotonar.
Desabrigar v desabrigar, desamparar.
Desabrochar v entreabrir, desabrochar.
Desacatar v desacatar, insubordinar.
Desacato s desacato, insubordinación.
Desacelerar v desacelerar.
Desacerto s desacierto, error.
Desacomodar v desacomodar, incomodar.
Desacompanhado adj desacompañado.
Desacompanhar v desacompañar.
Desaconselhar v desaconsejar.
Desacorçoar v descorazonar.
Desacordar v desacordar.
Desacordo s desacuerdo.
Desacostumar v desacostumbrar.
Desacreditar v desacreditar, deshonrar, infamar.
Desafiar v desafiar, provocar, retar.
Desafinar v desafinar, desentonar.
Desafogar v desahogar, aliviar.
Desaforado adj desaforado, atrevido.
Desafortunado adj desafortunado.
Desagradar v desagradar, disgustar, desgraciar.
Desagradável adj desagradable, antipático, ingrato, feo.
Desagradecido adj desagradecido, ingrato.
Desagravo s desagravio, venganza.
Desagregar v desagregar, disgregar, disociar.
Desaguadouro s desaguadero, vertedero.
Desaguamento s desagüe.
Desaguar v desaguar, desembocar, verter.
Desajeitado adj desastrado, patán.
Desajustar v desajustar.
Desalentar v desalentar, desanimar.
Desalento s desaliento, abatimiento, desánimo.
Desalinho s desaliño, desaseo.
Desalmado adj desalmado.
Desalojar v desalojar, echar.
Desamarrar v desamarrar, desatar, desligar.
Desamor s desamor.
Desamparar v abandonar, desamparar, repudiar.
Desandar v desandar, retroceder.
Desanimado adj desanimado, alicaído.

desanuviar — descrever   219   **DES**

Desanuviar v desanubiar, escampar.
Desapaixonado adj desapasionado.
Desaparecer v desaparecer, evaporar, extinguir.
Desaparecido adj desaparecido.
Desapego s desapego, despego.
Desapertar v desapretar.
Desaperto s holgura.
Desapiedado adj despiadado.
Desapontar v despuntar.
Desaprender v desaprender.
Desapropriar v expropiar.
Desaprovar v desaprobar, reprobar.
Desaproveitar v desaprovechar.
Desaprumar v desplomar.
Desarmador adj desarmador.
Desarmar v desarmar.
Desarmonizar v desarmonizar.
Desarraigar v desarraigar.
Desarranjado adj desarreglado, desordenado, descuidado.
Desarranjar v desarreglar, desordenar, perturbar.
Desarrumar v desarreglar, desordenar.
Desarticular v desarticular.
Desassociar v desasociar.
Desassossegar v desasosegar, inquietar.
Desassossego s desasosiego, inquietud, recelo.
Desastrado adj desastrado.
Desastre s desastre.
Desatar v desatar, soltar.
Desatarraxar v destornillar.
Desatenção s descortesía.
Desatinar v desatinar, disparate.
Desativar v desactivar.
Desatolar v desatollar.
Desautorizar v desautorizar.
Desavença s desavenencia.
Desavisado adj desavisado.
Desbaratar v desbaratar, desmantelar.
Desbastar v desbastar, entresacar, podar.
Desbloquear v desbloquear.
Desbocado adj deslenguado.
Desbotado adj desvaído, desteñido.
Desbotar v descolorar, desteñir.
Desbravar v desbravar, limpiar.
Descabelar v descabellar.
Descalçar v descalzar.
Descampado s descampado.
Descansar v descansar, sosegar.
Descanso s descanso, holganza, reposo, trégua, vacación.
Descaramento s descaro, desfachatez.
Descarnado adj descarnado.
Descaroçar v desgranar, deshuesar.
Descarregar v descargar.
Descarrilar v desbarrar, descarriar.

Descartar v descartar, despreciar.
Descascar v descascarar, mondar.
Descendência s descendencia, estirpe, prole.
Descender v descender, suceder.
Descentralização v descentralización.
Descer v bajar.
Descerrar v descerrar.
Descida s descenso, bajada.
Desclassificar v desclasificar.
Descoberta s descubrimiento.
Descoberto adj descubierto, expuesto.
Descobrir v descubrir, destapar, detectar, revelar, sacar.
Descolar v despegar.
Descolorar v descolorar, desteñir.
Descolorido adj descolorido.
Descomedir-se v descomedirse.
Descompassado adj descompasado.
Descompensar v descompensar.
Descompor v descomponer.
Descomunal adj descomunal, enorme, excesivo.
Desconcerto s desconcierto.
Desconectar v desconectar, desenchufar.
Desconfiado adj desconfiado, receloso.
Desconfiança s desconfianza, sospecha.
Desconforme adj disconforme, desigual.
Desconforto s desaliento.
Descongelar v deshelar, descongelar.
Descongestionar v descongestionar.
Desconhecer v desconocer, ignorar.
Desconhecimento s desconocimiento, ignorancia.
Desconjuntar s descoyuntar.
Desconsertar v descomponer, desconcertar.
Desconsiderar v desconsiderar.
Desconsolo s desconsuelo.
Descontaminar v descontaminar.
Descontar v descontar.
Descontente adj descontento, triste.
Descontínuo adj discontinuo.
Desconto s descuento, rebaja.
Descontrair v relajar.
Descontrolado adj sin control.
Desconversar v dejar de conversar, cambiar de asunto.
Desconvocar v desconvocar.
Descorado adj descolorido, pálido.
Descorar v descolorar.
Descortês adj descortés, grosero.
Descortinar v descortinar.
Descosturar v descoser.
Descrédito s descrédito.
Descrença s descreencia, incredulidad.
Descrente adj descreído, incrédulo, renegado.
Descrever v describir.

DES
descrição — desiludir

Descrição s descripción.
Descuidado adj descuidado, desacordado, distraído.
Descuidar v descuidar, dejar.
Descuido s descuido, negligencia.
Desculpa s disculpa, excusa, justificación, pretexto.
Desculpar v disculpar, dispensar, excusar, perdonar, subsanar.
Desde prep desde, a partir de.
Desdém s desdén, desprecio, menosprecio.
Desdenhoso adj desdeñoso.
Desdita s desdicha, desventura.
Desdizer v desdecir, desmentir, retractar.
Desdobrar v desdoblar.
Desejar v desear, ambicionar, anhelar, apetecer, aspirar, querer.
Desejo s deseo, gana, voluntad, aspiración.
Deselegância s inelegancia.
Desembalar v desembalar, desempaquetar.
Desembaraço s desembarazo, desenredo.
Desembarcar v desembarcar.
Desembocar v desembocar.
Desembolsar v desembolsar.
Desembrulhar v desembalar.
Desembuchar v desembuchar, vomitar.
Desempacotar v desempacar, desempaquetar.
Desempatar v desempatar, ultimar.
Desempenhar v desempeñar, representar.
Desempenho s desempeño.
Desemperrar v desapretar.
Desempoeirar v desempolvar, quitar el polvo.
Desempossar v desposeer.
Desempregado adj desempleado, parado.
Desemprego s desempleo, paro.
Desencabeçar v disuadir, desencaminar.
Desencadear v desunir, desencadenar.
Desencaixar v desencajar.
Desencaminhar v desencaminar, pervertir.
Desencanto s desencanto.
Desencardir v blanquear, lavar.
Desencobrir v descubrir.
Desencontrado adj opuesto, disconforme.
Desencontrar v desconvenir.
Desencorajar v desanimar, desilusionar.
Desencravar v desclavar, desenclavar.
Desenfaixar v desatar.
Desenferrujar v desherrumbrar.
Desenfiar v desenhebrar.
Desenfreado adj desenfrenado.
Desenganar v desengañar, desilusionar.
Desengarrafar v desembotellar.
Desengatar v desprender.
Desengonçar v desengoznar, descoyuntar.
Desengordurar v desgrasar.

Desenhar v dibujar, diseñar, trazar.
Desenhista s dibujante.
Desenho s dibujo, diseño.
Desenlaçar v desenlazar.
Desenraizar v desarraigar.
Desenrolar v desenrollar, desplegar.
Desenroscar v desenroscar.
Desenrugar v desarrugar, alisar.
Desentender-se v desentenderse.
Desenterrar v desenterrar, exhumar.
Desentorpecer v desentorpecer, reanimar.
Desentortar v destorcer.
Desentoxicar v desintoxicar.
Desentupir v desatascar, desobstruir.
Desenvolto adj desenvuelto.
Desenvoltura s desenvoltura, desembarazo.
Desenvolver v desenvolver, desarrollar.
Desenxabido adj insípido, insulso, soso.
Desequilíbrio s desequilíbrio.
Deserdar v desheredar.
Deserto s desierto.
Desertor s desertor.
Desesperação s desesperación.
Desesperançar v desesperanzar.
Desesperar v desesperar.
Desfaçatez s desfachatez.
Desfalcar v desfalcar.
Desfalecer v desfallecer, desmayar.
Desfavorável adj adverso, desfavorable.
Desfazer v deshacer, disolver, fundir, partir.
Desfeito adj deshecho, desfigurado.
Desfiar v deshilachar, deshilar.
Desfigurar v desfigurar.
Desfiladeiro s desfiladero.
Desfloramento s desfloramiento.
Desflorestamento s desflorestación.
Desfocar v desenfocar.
Desfolhar v deshojar.
Desforrar v desquitar, vengar.
Desfrutar v disfrutar, gustar, usar.
Desgalhar v desgajar, desramar.
Desgastar v desgastar, consumir, alisar.
Desgostar v disgustar, amargar, desagradar.
Desgostoso adj disgustoso, amargado, triste.
Desgoverno s desgobierno, despilfarro, anarquía.
Desgraça s desgracia, infelicidad, mal, malaventura.
Desgraçado adj desgraciado.
Desgrenhar v desgreñar, despeinar, descabellar.
Desidratar v deshidratar.
Designar v designar, destinar.
Designio s designio, idea.
Desigual adj desigual, diferente, dispar, irregular.
Desigualdade s desigualdad, disparidad.
Desiludir v desencantar, desengañar, desilusionar.

desimpedir — desprestigiar · 221 · **DES**

Desimpedir v desobstruir.
Desinchar v deshinchar.
Desinfetar v desinfectar.
Desinflamar v desinflamar.
Desinflar v desinflar.
Desintegrar v desintegrar.
Desinteressar-se v desentenderse, desinteresarse.
Desinteresse s desinterés, generosidad.
Desintoxicar v desintoxicar.
Desistir v desistir, renunciar.
Dejejum s desayuno.
Deslavado adj deslavado, descarado.
Desleal adj desleal, infiel.
Desleixo s descuido, abandono, indolencia.
Desligar v desatar, desligar.
Deslizar v deslizar, resbalar.
Deslocar v dislocar, transferir, desviar, deshacer.
Deslumbrante adj deslumbrante, fascinador.
Desmaiar v descolorir, desmayar, desanimar.
Desmaio s desmayo, desfallecimiento.
Desmamar v desmamar, dispensar.
Desmancha-prazeres s aguafiestas.
Desmanchar v deshacer.
Desmando s desmando.
Desmantelado adj desmantelado, desconcertado.
Desmantelar v desaparejar, desmantelar.
Desmarcar v desmarcar.
Desmatamento s deforestación.
Desmatar v deforestar.
Desmazelo s negligencia, descuido.
Desmedido adj desmedido, excesivo.
Desmembrar v desmembrar.
Desmentir v desmentir, negar, refrutar.
Desmerecer v desmerecer.
Desmesurado adj desmesurado, desmedido.
Desmoralizar v desmoralizar.
Desmoronar v desmoronar, derruir.
Desnatar v desnatar.
Desnaturalizar s desnaturalizar.
Desnecessário adj desnecesario, inútil.
Desnivelar v desnivelar, desajustar.
Desnortear v desnortear, desequilibrar.
Desnudar v desnudar.
Desobedecer v desobedecer, desacatar.
Desobediente adj desobediente, insumiso.
Desobrigar v desobligar, liberar.
Desobstruir v desobstruir, desatascar, desocupar.
Desocupado adj desocupado, ocioso, holgado, parado, vago.
Desocupar v desocupar, vaciar, despejar.
Desodorizar v desodorizar.
Desolar v desolar, desconsolar, devastar.
Desonestidade s deshonestidad.
Desonesto adj deshonesto.
Desonra s deshonra, infamia, vituperio.

Desonrar v deshonrar, profanar, vilipendiar.
Desopilar v desopilar.
Desordeiro adj vagabundo, turbulento.
Desordem s desorden, disturbio, perturbación, alteración.
Desordenar v desordenar, desarreglar, descomponer, desorganizar.
Desorganização s desorganización, confusión.
Desorganizar v desorganizar, desordenar, turbar.
Desorientar v desorientar, despistar, trastornar.
Desossar v deshuesar, descarnar.
Desovar v aovar, desovar.
Despachado adj diligente, activo.
Despacho s despacho, expediente, auto, sentencia, remesa.
Desparafusar v destornillar.
Despedaçar v despedazar.
Despedir v despedir, rechazar, partir, retirar, marcharse.
Despegar v despegar.
Despeitado adj despechado.
Despeito s despecho, rigor, resentimiento.
Despejar v despejar, vaciar, desocupar, desalojar una casa.
Despejo s despejo, vaciamiento.
Despencar v quitar el fruto de un racimo, caer de gran altura.
Depender v desprender.
Despenhadeiro s abismo, despeñadero, precipicio.
Despensa s despensa.
Despentear v descabellar, desgreñar, despeinar.
Desperdiçar v desperdiciar, derrochar, desaprovechar, dilapidar.
Desperdício s desperdicio, derroche.
Despersonalizar v despersonalizar.
Despertar v despertar, activar, avivar.
Despesa s costa, gasto.
Despido adj desnudo.
Despir v desnudar, desvestir.
Desplante s desplante.
Desplumar v desplumar.
Despojar v despojar, desproveer, quitar.
Despojo s despojo.
Despontar v despuntar, surgir, nacer.
Desposar v desposar, casar.
Déspota s déspota, tirano, dictador.
Despotismo s despotismo, autoritarismo, tiranía.
Despovoar v deshabitar, despoblar.
Despregar v desclavar, despegar.
Desprendimento s desprendimiento.
Despreocupação s despreocupación.
Despreparo s desarreglo.
Desprestigiar v desprestigiar.

DES   222   desprevenido — diabólico

Desprevenido *adj* desprevenido, descuidado, incauto.
Desprezar *v* desairar, desdeñar, menospreciar.
Desprezível *adj* depreciable, abyecto, menospreciable.
Desprezo *s* desprecio, desaire, menosprecio.
Desproporcionado *adj* desproporcionado.
Desprover *v* despojar, desproveer.
Desqualificar *v* descalificar, inhabilitar.
Desquitar *v* divorciar, descasar, separar.
Desregrar *v* desreglar, desordenar.
Desrespeitar *v* desacatar, desobedecer, transgredir.
Destacamento *s* destacamento.
Destacar *v* destacar, sobresalir.
Destapar *v* destapar, descubrir.
Destaque *s* realce, relieve.
Destemido *adj* intrépido, valiente.
Destemor *s* intrepidez, audacia.
Destemperar *v* destemplar.
Destempero *s* destemple.
Desterrar *s* desterrar, exilar, expatriarse.
Desterro *s* destierro, exilio.
Destilar *s* destilar, gotear.
Destilaria *s* destilería.
Destinar *v* destinar, dar, emplear.
Destingir *v* desteñir.
Destino *s* destino, suerte.
Destituição *s* destitución, dimisión.
Destituir *v* exonerar, destituir.
Destoar *v* desentonar, desafinar.
Destorcer *v* destorcer.
Destra *s* la mano derecha, diestra.
Destrambelhado *adj* disparatado, descomedido.
Destrancar *v* desatrancar.
Destratar *v* tratar mal.
Destravar *v* desenfrenar, destrabar.
Destreza *s* destreza, habilidad.
Destro *s* diestro, ágil, astuto.
Destroço *s* destrozo, desolación.
Destruir *v* destruir, aniquilar.
Destrutivo *adj* destructivo.
Desumano *adj* deshumano, cruel, feroz.
Desunião *s* desunión, separación.
Desunir *v* desunir, separar, apartar.
Desusado *adj* desusado.
Desvairar *v* desvariar, enloquecer.
Desvalido *adj* desvalido, desamparado, desprotegido.
Desvalorizar *v* desvalorizar, devaluar, depreciar.
Desvantagem *s* desventaja, inferioridad, perjuicio.
Desvão *s* buhardilla, desván.
Desvario *s* desvarío, locura, desatino.
Desvelar *v* desvelar, descubrir.

Desvencilhar *v* desvencijar.
Desvendar *v* desvendar.
Desventura *s* desventura, adversidad, desgracia.
Desvergonhado *adj* desvergonzado.
Desviar *v* desviar, ladear.
Desvincular *v* desvincular, desligar.
Desvio *s* desvío, desviación, vuelta, rodeo.
Desvirar *v* desvirar.
Desvirginar *v* desvirgar, desflorar.
Desvirtuar *v* desvirtuar.
Detalhe *s* detalle, minucia, pormenor.
Detectar *v* detectar, revelar.
Detenção *s* detención, aprehensión.
Deter *v* detener, apresar, arrestar, estancar, parar.
Detergente *s* detergente.
Deterioração *s* deterioro, perjuicio.
Deteriorar *v* deteriorar, empeorar, malear.
Determinado *adj* determinado, concreto, marcado, preciso.
Determinar *v* determinar, concretar, decidir, definir, prefijar.
Detestar *v* detestar, odiar, aborrecer.
Detetive *s* detective.
Detido *adj* detenido, preso.
Detonação *s* detonación, estampido, explosión.
Detração *s* detracción, murmuración.
Detrás *adv* atrás, detrás, trás, después.
Detrator *adj* detractor.
Detrimento *s* detrimento, daño.
Deturpar *v* deturpar, falsear.
Deusa *s* diosa.
Deus o deus *s* Dios, dios, divinidad.
Devagar *adv* despacio.
Devagarinho *adv* muy despacio.
Devaneador *adj* soñador.
Devanear *v* devanear, delirar, fantasear, soñar.
Devassar *v* invadir lo que está defendido, ver, corromper.
Devassidão *s* libertinaje, desenfreno.
Devastar *v* devastar, talar, aniquilar.
Devedor *s* deudor.
Dever *s* deber, obligación, incumbencia; *v* adeudar, deber, tener que.
Devoção *s* devoción, consagración, reverencia.
Devolução *s* devolución, restitución, reembolso, vuelta.
Devorar *v* devorar, consumir, engullir, tragar.
Devotar *s* dedicar, consagrar, destinar.
Dez *adj, num, s* diez, una decena.
Dezembro *s* diciembre.
Dezena *s* decena.
Dia *s* día.
Diabete *s* diabetes, diabetis.
Diabo *s* demonio, diablo, satán.
Diabólico *adj* diabólico.

diácono — dispepsia **DIS**

Diácono s diácono.
Diáfano adj diáfano, límpido, translúcido.
Diafragma s diafragma.
Diagnosticar v diagnosticar.
Diagrama s diagrama.
Dialético adj dialéctico.
Dialeto s dialecto.
Dialogar v dialogar, hablar.
Diálogo s diálogo.
Diamante s diamante.
Diante prep enfrente.
Dianteira s proa, vanguardia.
Dianteiro adj delantero.
Diapositivo s diapositiva.
Diário adj diario, cotidiano, periódico que se publica todos los días.
Diarreia s diarrea, disentería.
Dicção s dicción, palabra.
Dicionário s diccionario, léxico.
Didática s didáctica.
Diérese s diéresis.
Diesel s diésel.
Dietético adj dietético.
Difamação s difamación, maledicencia, calumnia.
Diferença s diferencia, diversidad.
Diferençar v diferenciar, variar.
Diferente adj diferente, diverso, extraño, exótico, vario.
Diferir v diferir, aplazar, discordar.
Difícil adj difícil, arduo, laborioso, penoso.
Dificultar v dificultar, complicar, embarazar.
Difteria s difteria.
Difundir v difundir, divulgar, propagar, radiar.
Difusão s difusión, divulgación.
Digerir v digerir, tragar.
Digestão s digestión.
Digital adj digital.
Dígito s dígito.
Dignidade s dignidad, honor, nobleza, realeza.
Digno adj digno, apreciable, capaz, respetable.
Digressão s digresión, evasiva.
Dilaceração s dilaceración.
Dilacerar v dilacerar, desgarrar.
Dilapidar v dilapidar, dispar.
Dilatado adj dilatado, extenso, amplio.
Dilatar v dilatar, alargar, ampliar, ensanchar, expandir, extender.
Dilema s dilema.
Diletante s diletante.
Diligência s diligencia, agilidad, prontitud.
Diligente adj diligente, activo.
Diluir v diluir, desleír, disolver.
Dilúvio s diluvio.
Dimensão s dimensión, medida.

Diminuição s disminución, aminoración, deducción, reducción.
Diminuir v disminuir, achicar, decrecer, empequeñecer, encoger, menguar.
Dinamismo s dinamismo, energía, actividad.
Dinamitar s dinamitar.
Dinamite s dinamita.
Dínamo s dínamo.
Dinastia s dinastía.
Dinheiro s dinero, efectivo, tesoro.
Dinossauro s dinosaurio.
Diocese s diócesis.
Diploma s diploma.
Dique s dique.
Direção s dirección, administración, curso.
Direita s derecha, diestra.
Direito adj derecho, diestro, recto.
Direto adj directo.
Diretor s director, administrador.
Diretriz s directriz.
Dirigir v dirigir, comandar, educar, enderezar, gobernar, llevar, regir.
Dirigível adj dirigible.
Discar v marcar un número en el teléfono.
Discernimento s discernimiento, criterio.
Discípulo s alumno, discípulo.
Disco s disco.
Discordar v discordar, desavenir, diferenciar, disentir, divergir.
Discorrer v discurrir, disertar, explanar, razonar.
Discoteca s discoteca.
Discrepar v discrepar, divergir, disentir, disonar.
Discreto adj discreto, comedido, recatado, sensato.
Discrição s discreción, reserva.
Discriminar v discriminar, separar.
Discurso s discurso, declamación.
Discussão s debate, discusión, polémica.
Discutir v discutir, argumentar, debatir.
Disenteria s disentería.
Disfarçado adj disfrazado, disimulado.
Disfarçar v disfrazar, enmascarar, encubrir, simular.
Disforme adj disforme, amorfo, feo, monstruoso.
Disjuntor s disyuntor, interruptor automático.
Dislexia s dislexia.
Díspar adj dispar, desigual, desparejo.
Disparatado adj disparatado, destinado, absurdo.
Disparatar v disparatar, desvariar.
Disparate s disparate, despropósito, dislate, locura.
Disparo s disparo, tiro.
Dispendioso adj dispendioso, costoso, caro.
Dispensa s dispensa, licencia, exoneración.
Dispensar v dispensar, otorgar, dar, exonerar.
Dispepsia s dispepsia.

DIS
224

dispersão — donativo

Dispersão s dispersión.
Dispersar v dispersar.
Displicente adj displicente.
Dispor v disponer, acomodar, ordenar, organizar, preparar, proporcionar.
Disposição s disposición, ordenación, organización.
Disputa s disputa, contienda, pleito, riña.
Disputar v contender, disputar, altercar.
Dissabor s disgusto, sinsabor.
Dissecar v disecar, resecar.
Disseminar v diseminar, sembrar.
Dissentir v disentir, desavenir.
Dissertação s disertación, discurso, ensayo.
Dissidência s disidencia.
Dissílabo adj disílabo, bisílabo.
Dissimulado adj disimulado, falso, mojigato, socarrón.
Dissimular v disimular, encubrir, tapar.
Dissipação s disipación, desfilparro.
Dissipar v disipar, malgastar, prodigar.
Dissociar v disociar, separar.
Dissolução s disolución, solución.
Dissoluto adj disoluto, licencioso, vicioso.
Dissolver v diluir, disolver, derretir.
Dissuadir v desaconsejar, disuadir.
Distanciar v alejar, distanciar, retirar, separar.
Distante adj distante, apartado, lejano, remoto, retirado.
Distante adj lejos.
Distender v distender, dilatar.
Distinguir v distinguir, diferenciar.
Distinto adj distinto, diferente, noble, elegante.
Distorcer v distorsionar, falsear.
Distração s distracción, desenfado, diversión.
Distrair v distraer, desenfadar, engañar, relajar.
Distribuição s distribución, reparto.
Distribuir v distribuir, escalonar, repartir.
Distrito s demarcación, distrito.
Distúrbio s disturbio, perturbación.
Ditado s adagio, dictado.
Ditador s dictador.
Ditadura s dictadura.
Ditame s dictamen, sentencia.
Dito s dicho, cuento, relato.
Ditongo s diptongo.
Ditoso adj afortunado, dichoso.
Divã s diván, sofá.
Divagar v divagar, vagar.
Divergência s discordancia, divergencia, discrepancia.
Divergir v discrepar, divergir.
Diversão s broma, diversión, placer, pasatiempo.
Diversidade s diferencia, diversidad.
Diverso adj diferente, diverso, vario.

Divertido adj recreativo, festivo.
Divertimento s divertimiento, entretenimiento, diversión.
Divertir v divertir, alegrar, distraer, entretener, recrear.
Dívida s deuda, responsabilidad.
Dividir v dividir, distribuir, fraccionar, parcelar.
Divindade s divinidad, deidad.
Divino adj divino, sublime.
Divisa s enseña, lema, linde.
Divisão s división, reparto, sección.
Divisar v observar, divisar, ver.
Divorciar v divorciar.
Divulgar v alardear, divulgar, editar, expandir, propagar.
Dizer v decir, contar, proferir.
Dó s compasión, piedad, duelo.
Doação s ofrecimiento, donativo.
Doar v donar, otorgar, legar.
Dobra s arruga, doblez, pliegue.
Dobradiça s bisagra, gozne.
Dobrar v doblar, doblegar, duplicar, quebrar.
Dobre adj doble, duplo.
Dobro num duplo, doble.
Doca s dique, dársena.
Doce adj azucarado, dulce.
Dócil adj dócil, fácil, manso.
Documentar v documentar, probar.
Documentário s documental.
Documento s pliego, documento, escrito.
Doçura s dulzura, benignidad, blandura, ternura.
Doença s enfermedad, achaque, dolencia, mal.
Doente adj enfermo, pocho, paciente.
Doentio adj enclenque, insalubre, malsano, mórbido.
Doer v doler, arrepentirse.
Dogmático adj dogmático, ortodoxo.
Doido adj loco, alienado.
Dois num dos.
Dólar s dólar.
Dolo s dolo, fraude.
Doloroso adj doloroso, sensible.
Dom s don.
Domar v domar, amansar.
Domesticar v amansar, domar, domesticar.
Domiciliar v domiciliar, habitar.
Dominador adj dominador, autoritario, avasallador.
Domingo s domingo.
Dominicano adj dominicano.
Domínio s autoridad, domínio, poderío.
Dominó s dominó.
Dona s doña, señora.
Dona-de-casa s ama.
Donativo s donativo, dádiva, oferta.

doninha — dúzia 225 DÚZ

Doninha s comadreja.
Dono s señor, dueño.
Donzela s doncella, virgen.
Dor s dolor, pesar.
Dorminhoco adj dormilón.
Dormir v dormir.
Dorso s dorso, lomo.
Dosar v dosificar.
Dose s dosis, ración.
Dossiê s dossier.
Dotação s dotación.
Dotar v dotar, favorecer.
Dourado adj dorado, áureo.
Dourar v dorar, gratinar.
Doutor s doctor.
Doutrina s doctrina, enseñanza.
Draga s draga.
Dragão s dragón.
Drágea s grajea, píldora.
Drama s drama, teatro.
Dramalhão s dramón, melodrama.
Drástico adj drástico.
Drenagem s drenaje.
Droga s droga.

Drogado adj drogadicto.
Drogaria s botiquín, farmacia.
Dromedário s dromedario.
Dualidade s dualidad.
Dúbio adj incierto, indeciso.
Dublar v doblar.
Ducha s ducha, chorro de agua.
Dúctil adj dúctil, elástico.
Duelo s combate, duelo.
Duende s duende.
Duna s duna.
Duo s dúo, dueto.
Duodeno s duodeno.
Duplicar v doblar, duplicar, geminar, reduplicar.
Duplo adj doble, duplo.
Duração s duración, decurso, permanencia, vigencia.
Duradouro adj duradero, consistente, permanente.
Durante prep durante, mientras.
Durar v continuar, vivir.
Duro adj duro, férreo, áspero.
Duvidoso adj ambiguo, dudoso, incierto, indeciso.
Dúzia num docena.

E

ABCDEFGHIJKLMNOPQRSTUVWXYZ

E s quinta letra del alfabeto portugués; conj y.
Ebanista s ebanista, ensamblador.
Ébano s ébano.
Ébrio adj ebrio, borracho, beodo.
Ebulição s ebullición, efervescencia.
Eclipse s eclipse.
Eclosão s eclosión, explosión.
Eclusa s dique, esclusa.
Ecoar v retumbar, hacer eco.
Ecologia s ecología.
Economizar v economizar, ahorrar.
Ecossistema s ecosistema.
Ecumênico adj ecuménico, universal.
Eczema s eczema.
Edema s edema.
Éden s edén.
Edição s edición, publicación.
Edificação s construcción, edificación.
Edificar v edificar, fundar.
Edital s edicto.
Editar v editar, imprimir, publicar.
Édito s edicto, ley, decreto, orden.
Editora s editora, editorial.
Edredom s edredón.
Educado adj educado, cortés, criado.
Educador s educador, maestro, pedagogo, profesor.
Educar v adoctrinar, enseñar, afinar, ilustrar.
Efeito s efecto, impresión, resulta.
Efemeridade s brevedad.
Efeméride s efemérides.
Efêmero adj efímero, transitorio.
Efeminado adj afeminado.
Efervescência s ebullición, efervescencia.
Efetivar v realizar.
Efetivo adj efectivo, práctico, útil, actual.
Efetuar v efectuar, realizar.
Eficácia s eficacia, eficiencia.
Eficaz adj eficaz, eficiente, potente, válido.
Eficiência s eficiencia, eficacia.
Efígie s efigie, figura de una persona.
Efusão s efusión.
Egocêntrico adj egocéntrico.
Egoísmo s egoísmo.
Égua s yegua.
Eixo s eje.
Ejaculação s eyaculación, emisión.
Ejeção s eyección, evacuación.
Ela pron ella.
Elaborar v concebir, elaborar.
Elástico adj elástico, flexible.
Ele pron él; s nombre de la letra l.
Elefante s elefante.
Elegância s donaire, elegancia, gallardía, garbo.
Eleger v elegir, optar, votar, seleccionar.
Eleição s elección, selección.
Eleito adj electo, elegido.
Elementar adj elemental, fácil.
Elemento s elemento, ingrediente.
Elenco s elenco, índice.
Eletricidade s electricidad.
Eletrificar v electrificar.
Eletrizar v electrizar.
Eletrocardiograma s electrocardiograma.
Eletrochoque s electrochoque.
Eletrocutar v electrocutar.
Eletrodo s electrodo.
Eletrógeno adj electrógeno.
Eletrólise s electrólisis.
Elétron s electrón.
Eletrostática s electrostática.
Elevado adj elevado, alto, eminente, sublime.
Elevador s elevador, ascensor.
Elevar v alzar, elevar, engrandecer, exaltar, subir.
Eliminar v eliminar, exterminar, matar, suprimir.
Elixir s elixir.
Elmo s yelmo.
Elo s eslabón, nexo, argolla.
Elocução s elocución, estilo.
Elogiar v elogiar, ensalzar.
Elogio s elogio, alabanza, apología, loa.
Eloquente adj elocuente, convincente, oratorio.
Elucidar v dilucidar, esclarecer.
Em prep en, indica lugar, tiempo, modo.

ema — emprego

EMP

Ema s ñandú, avestruz.
Emagrecer v adelgazar.
Emanar v emanar, exhalar.
Emancipação s emancipación, independencia.
Emancipar v emancipar, liberar.
Emaranhar v enmarañar, embrollar, enredar.
Emascular v emascular.
Embaçado adj bazo, pálido.
Embaçar v empañar.
Embaixada s embajada, misión.
Embaixo adv abajo, debajo.
Embalagem s embalaje.
Embalar v embalar, acondicionar.
Embalde adv en vano.
Embalo s balanceo, cuneo.
Embalsamar v embalsamar, momificar.
Embaraçar v embarazar, desconcertar, estorbar.
Embaraço s embarazo, dificultad, estorbo.
Embaralhar v barajar, embarullar, confundir.
Embarcadouro s embarcadero.
Embarcar v embarcar.
Embargar v embargar.
Embarque s embarque.
Embasar v basar.
Embate s agresión, embate, empujón.
Embater v chocar.
Embebedar v emborrachar, embriagar.
Embeber v embeber, empapar, ensopar, impregnar, remojar.
Embelezar v adornar, ataviar, embellecer, hermosear.
Embevecer v embelesar, cautivar, extasiar.
Embirrar v obstinarse, provocar.
Emblema s emblema, insignia.
Embocadura s bocacalle, embocadura.
Embolia s embolia.
Embolorar v enmohecer.
Embolsar v embolsar, recebir.
Embonecar v adornar.
Embora conj aunque, no obstante; adv en buena hora, felizmente; interj ¡no importa!
Emboscada s emboscada.
Embotamento s embotamiento.
Embotar v embotar, debilitar.
Embreagem s embrague.
Embriagado adj embriagado, bebido, borracho, ebrio.
Embriagar v emborrachar, embriagar.
Embriaguez s borrachera, embriaguez.
Embrionário adj embrionario.
Embromar v embromar, embaucar.
Embrulhar v embalar, embrollar, empapelar, envolver.
Embrulho s fardo, lío, paquete.
Embrutecer v embrutecer, corromper.

Embuçar v embozar.
Embuste s trampa, trapacería, embuste.
Embutir v embutir, ensamblar.
Emendar v corregir, enmendar, modificar.
Emergir v manifestarse, emerger, asomar.
Emigrar v emigrar, expatriarse.
Eminente adj eminente, excelente, sublime.
Emissão s emisión.
Emissora s emisora.
Emoção s emoción, emotividad.
Emocionante adj emocionante, emotivo.
Emoldurar v encuadrar, encajar.
Emotividade s afectividad, emotividad.
Empachar v empachar, obstruir.
Empacotador s empaquetador.
Empacotamento s empaque, embalaje.
Empacotar v empaquetar, embalar.
Empada s empanada.
Empalhar v empajar, embalsamar.
Empalidecer v palidecer, empalidecer.
Empanada s empanada.
Empanar v empañar, deslucir.
Empapar v embeber, empapar, encharcar, remojar.
Emparedar v emparedar, clausurar.
Emparelhar v aparear, emparejar, unir.
Empastar v empastar, encuadernar.
Empatar v empatar, estorbar.
Empate s empate.
Empecilho s impedimento, obstáculo, lastre.
Empedernido adj empedernido, pertinaz.
Empedrado s empedrado.
Empenar v alabear, torcer, combar.
Empenhar v empeñar, adeudarse.
Empenho s empeño, ahinco, deseo.
Emperrar v obstinarse.
Empertigar-se v empinarse.
Empestamento s fetidez, peste.
Empilhamento s apilamiento, amontonamiento.
Empilhar v apilar, amontonar, acumular.
Empirismo s empirismo.
Emplastrar v emplastar, revestir.
Emplastro s emplasto, parche, pegote.
Emplumar v emplumar.
Empobrecer v arruinar, empobrecer, decaer.
Empoeirado adj polvoriento.
Empolado adj ampuloso, hinchado.
Emporcalhar v ensuciar, emporcar.
Emprazar v emplazar.
Empredar v empredar, pavimentar.
Empreendedor adj arrojado, emprendedor, trabajador.
Empreender v ejecutar, emprender, iniciar.
Empregado s empleado, criado.
Emprego s colocación, empleo, lugar, ocupación, puesto.

EMP 228 empreitada — enfatizar

Empreitada s destajo, tarea.
Empresa s empresa, compañía.
Emprestado adj prestado.
Emprestar v prestar, conceder.
Empréstimo s empréstimo, préstito, avío.
Empunhar v empuñar.
Empurrão s empujón, encontrón, empellón.
Empurrar v empujar, impeler, impulsar.
Emudecer v enmudecer.
Emulsão s emulsión, lechada.
Enaltecer v encumbrar, glorificar.
Enamorado adj apasionado, enamorado.
Encabulado adj avergonzado.
Encabular v avergonzar.
Encadear v encadenar, concatenar, eslabonar.
Encadernar v encuadernar.
Encaixado adj encajado.
Encaixamento s encajadura, encaje.
Encaixotar v encajonar.
Encalço s pista, rastro.
Encalhar v encallar.
Encaminhar v encaminar, dirigir, guiar.
Encanador s cañero, fontanero.
Encanamento s cañería, fontanería.
Encantado adj encantado, seducido, mágico.
Encantamento s encantamiento, encanto, hechizo, magia.
Encanto s encanto, deleite, delicia, seducción, aojo.
Encapotar-se v encapotarse.
Encaracolado adj ensortijado.
Encaracolar v enroscar.
Encarar v encarar, afrontar, analizar, arrostrar.
Encarcerar v encarcelar.
Encargo s encargo, cometido, encomienda, mandato, misión.
Encarnado adj encarnado, colorado, rojo.
Encarniçar v encarnizar, excitar.
Encarquilhado adj arrugado, marchito.
Encarregado adj encargado.
Encarregar v encargar, incumbir.
Encarrilhar v encarrilar, encaminar, dirigir.
Encastelar v encastillar, fortificar.
Encavalar v sobreponer.
Encefalite s encefalitis.
Enceradeira s enceradora.
Encerar v encerar.
Encerramento s encerramiento.
Encerrar v contener, encerrar, recluir, esconder.
Encestar v encestar.
Encharcar v encharcar, empapar, ensopar.
Enchente s inundación, henchimiento, abundancia.
Encher v llenar, anegar, henchir.
Enchimento s relleno.

Enchova s anchoa.
Enciclopédia s enciclopedia.
Enciumar v encelar.
Enclausurar v enclaustrar.
Encoberto adj encubierto, misterioso.
Encobrir v encubrir, cubrir, disfrazar, disimular, enmascarar.
Encolerizar v encolerizar, enrabiar, irritar.
Encolher v encoger, contraer.
Encomenda s encomienda, encargo.
Encomiar v encomiar, alabar, elogiar.
Encompridar v alargar.
Encontrão s encontrón, empujón.
Encontrar v encontrar, hallar, topar, acertar.
Encorajar v encorajar, envalentonar, alentar.
Encorpado adj corpulento, grueso.
Encorpar v engordar, engrosar, tomar cuerpo.
Encosta s costanera, ladera, repecho, vertiente.
Encostar v tocar, acostar, reclinar.
Encosto s espaldar, sostén, respaldo, apoyo.
Encravar v fijar, enclavar, engastar, incrustar.
Encrenca s lío, intriga, enredo.
Encrespar v encrespar, rizar, agitar.
Encruar v encallar, encrudecer, endurecer.
Encruzilhada s cruce, encrucijada.
Encurralar v acorralar, arrinconar, refugiarse.
Encurtar v acortar, abreviar, achicar, limitar.
Encurvar v torcer, encorvar.
Endemoninhado adj endemoniado, furioso, poseso.
Endereçar v encaminar, enderezar.
Endereço s dirección, enderezo.
Endeusar v endiosar, deificar.
Endiabrado adj endiablado, endemoniado, travieso, malo.
Endinheirado adj adinerado.
Endireitar v enderezar, erguir.
Endividar v adeudar.
Endoidar v enloquecer.
Endoidecer v enloquecer.
Endossar v endosar.
Endurecer v endurecer, solidificar.
Enegrecer v ennegrecer.
Energético adj energético.
Energia s energía, fuerza, vitalidad, vigor.
Energúmeno s energúmeno, desorientado.
Enevoado adj nublado, anubarrado.
Enevoar v anublar, cubrir de niebla.
Enfadar v enfadar, molestar.
Enfado s enfado, enojo, tedio, aburrimiento.
Enfaixar v fajar, vendar.
Enfarte s infarto.
Ênfase s énfasis.
Enfastiar v hastiar, aburrir.
Enfatizar v enfatizar, realzar.

enfeitar — enterrar ENT

Enfeitar v adornar, alinear, ataviar, engalanar, guarnecer.
Enfeitiçado adj hechizado.
Enfeitiçar v hechizar, encantar, cautivar.
Enfermagem s oficio de enfermeros.
Enfermar v enfermar.
Enfermaria s enfermería.
Enfermeiro s enfermero.
Enfermiço adj enfermizo, enclenque.
Enfermidade s enfermedad.
Enfermo adj enfermo.
Enferrujar v herrumbrar, oxidar.
Enfezado adj raquítico, canijo, enojado.
Enfiada s hilera, fila, sarta.
Enfiar v enfilar, meter.
Enfileirar v alinear, enfilar.
Enfim adj finalmente, por último, en fin.
Enfocar v enfocar, focar, destacar.
Enforcado adj ahorcado.
Enfraquecer v enflaquecer, aflojar, debilitar, extenuar.
Enfrascar v enfrascar, embotellar.
Enfrentar v enfrentar, afrontar, encarar.
Enfronhar v enfundar.
Enfumaçar v ahumar.
Enfurecer v enfurecer, encolerizar, enrabiar.
Engaiolar v enjaular.
Engalanar v engalanar, adornar.
Engambelar v engatusar.
Enganar v engañar, aparentar, confundir, ilusionar.
Enganchar v enganchar.
Engarrafado adj embotellado.
Engarrafar v embotellar, enfrascar, envasar.
Engasgar v atragantar.
Engastar v engarzar, engastar.
Engate s enganche, gancho.
Engatinhar v gatear.
Engendrar v engendrar, generar, idear, producir.
Engenhar v ingeniar, idear.
Engenharia s ingeniería.
Engenhoso adj hábil, ingenioso.
Engodo s cebo, engaño.
Engolir v engullir, tragar, callar.
Engomar v almidonar, engomar.
Engorda s engorde.
Engordar v engordar, engruesar.
Engordurar v engrasar, ensebar.
Engraçado adj gracioso, chusco, chistoso.
Engrandecer v realzar, engrandecer, exaltar, magnificar.
Engravatar-se v ponerse la corbata.
Engravidar v embarazar, preñar.
Engraxar v engrasar, limpiar, lustrar el calzado.
Engraxate s limpiabotas.

Engrenagem s engarce, engranaje.
Engrenar v endentar, engranar.
Engrossar v abultar, engrosar, espesar.
Enguia s anguila.
Enigma s enigma, acertijo, adivinanza, misterio.
Enjeitar v abandonar, recusar, despreciar.
Enjoar v nausear, marearse.
Enjoativo adj nauseativo, repugnante.
Enjoo s mareo, naúsea.
Enlaçar v enlazar, abrazar.
Enlace s casamiento, enlace.
Enlambuzar v untar, ensuciar.
Enlamear v enlodar, embarrar.
Enlanguescer v languidecer, debilitar.
Enlouquecer v desvariar, enloquecer.
Enlutar v enlutar, entristecer.
Enobrecer v dignificar, ennoblecer.
Enorme adj enorme, desmedido.
Enormidade s enormidad.
Enquadrar v encuadrar.
Enquanto conj mientras, entre que.
Enquete s encuesta.
Enrabichar v enamorar.
Enraivecer v enfurecer, enrabiar.
Enraizar v arraigar, enraizar.
Enrascada s emboscada, celada.
Enredo s intriga, enredo, revoltijo, urdidura.
Enregelar v helar, congelar.
Enriquecer v enriquecer.
Enrolar v enrollar, empaquetar.
Enroscar v enroscar, retorcer, enrollar.
Enrubescer v enrojecer, sonrojar.
Enrugar v arrugar, crispar, encrespar.
Ensaboar v enjabonar, jabonar.
Ensaiar v ensayar, entrenar.
Ensanguentar v ensangrentar, macular.
Enseada s ensenada, bahía.
Ensebado adj ensebado.
Ensebar v ensebar, manchar.
Ensimesmar-se v ensimesmarse.
Ensinar v enseñar, amaestrar, criar.
Ensino s enseñanza, instrucción.
Ensopar v ensopar, embeber, guisar.
Ensurdecer v ensordecer.
Entabular v entablar, entarimar.
Entalhador s entallador, tallista.
Entalhar v ensamblar, entallar, ensanchar.
Entalhe s escote, ranura, talla.
Então adv allí, entonces.
Entardecer v atardecer, hacerse tarde.
Enteado s hijastro.
Entediar v aburrir, atufar.
Entender v comprender, conocer, entender, opinar.
Enterrar v enterrar, inhumar, sepultar, soterrar.

ENT

230

enterro — erário

Enterro s entierro, inhumación.
Entesourar v atesorar, acumular.
Entibiar v entibiar, suavizar.
Entidade s entidad, individualidad.
Entoar v entonar, cantar.
Entojar v repugnar, asquear.
Entonação s acento, entonación, tono.
Entornar v derramar, entornar, volcar.
Entorpecer v entorpecer, adormecer, entumecer, narcotizar.
Entortar v torcer, entortar.
Entrada s entrada, acceso, platos de entrada, apertura, ingreso.
Entrançado adj entrenzado.
Entrançar v entrenzar, trenzar.
Entranha s entraña, víscera.
Entranhar v entrañar, penetrar.
Entranhável adj entrañable.
Entrar v entrar, introducir, invadir.
Entravar v trabar, impedir, obstruir, embarazar.
Entreabrir v entreabrir.
Entreato s entreacto, intermedio.
Entrecruzar v entrecruzar, entrelazar.
Entregar v entregar, dar, depositar, facilitar, otorgar.
Entrelaçar v enredar, entrelazar, entrecruzar.
Entrelinha s entrelínea.
Entremear v insertar, intercalar, alternar.
Entremeio s intermedio, intervalo.
Entreouvir v entreoír.
Entreposto s almacén.
Entretanto adv entremedias, entretanto, mientras.
Entreter v entretener, distraer, divertir.
Entrevado adj minusválido, tullido.
Entrevista s entrevista, cita, conferencia.
Entristecer v entristecer, acongojar, angustiar, apesadumbrar.
Entroncar v entroncar, engrosar.
Entronizar v entronizar.
Entrouxar v empaquetar, envolver ropas.
Entubagem s intubación.
Entulho s desecho, escombro.
Entupir v obturar, entupir.
Entusiasmo s entusiasmo, admiración, animación.
Enumeração s enumeración.
Enunciação s enunciación, tesis.
Enunciar v enunciar, decir, definir, exponer.
Envaidecer v envanecer, engreír.
Envasilhar v envasar, embotellar.
Envelhecer v envejecer, avejentar.
Envelope s sobre, sobrecarta.
Envenenar v envenenar, intoxicar.
Enveredar v encaminar, encaminarse.
Envergadura s envergadura.

Envergonhado adj avergonzado, humillado.
Envergonhar v avergonzar, confundir.
Envernizar v barnizar, brunir.
Enviado s enviado, mandado.
Envidraçar v envidrar, ofuscarse.
Envio s envío, remesa.
Enviuvar v enviudar.
Envoltório s involucro, envoltorio.
Envolver v envolver, arrollar, implicar, involucrar.
Enxada s azada.
Enxadrista s ajedrecista.
Enxaguar v enjuagar, aclarar.
Enxame s enjambre, jabardillo.
Enxaqueca s jaqueca.
Enxergar v divisar.
Enxertar v injertar.
Enxofre s azufre.
Enxotar v ahuyentar, expulsar.
Enxoval s ajuar.
Enxugar v enjugar, secar.
Enxurrada s venida, torrente.
Enxuto adj enjuto, seco.
Epidêmico adj epidémico.
Epiderme s epidermis.
Epígrafe s epígrafe, inscripción.
Epílogo s epílogo.
Episódico adj episódico.
Episódio s episodio.
Epitélio s epitelio.
Época s época, período.
Epopeia s epopeya.
Equação s ecuación.
Equador s ecuador.
Equânime adj ecuánime.
Equatorial adj ecuatorial.
Equestre adj ecuestre.
Equidade s equidad, rectitud.
Equilibrar v compensar, equilibrar.
Equilíbrio s equilibrio, armonía.
Equimose s equimosis.
Equino adj equino; s équido.
Equipagem s equipaje.
Equipar v equipar, tripular.
Equiparar v equiparar.
Equipe s conjunto, equipo.
Equitação s equitación.
Equitativo adj equitativo.
Equivalência s equivalencia, igualdad de valor.
Equivalente adj equivalente, igual, correspondiente.
Equivocado adj equívoco, erróneo.
Equivocar v equivocar, confundir, errar.
Equívoco adj equívoco, ambiguo, sospechoso.
Era s era, época, período, fecha.
Erário s erario, tesoro.

ereção — escrupuloso · 231 · **ESC**

Ereção s erección, rigidez.
Eremita s eremita.
Ereto adj erecto.
Erguer v erguir, erigir, izar, levantar.
Erigir v erigir, levantar, fundar.
Ermida s ermita, iglesia pequeña, capilla.
Ermitão s ermitaño, eremita.
Ermo adj yermo, sombrío.
Erosão s erosión, desgaste, corrosión.
Erótico adj erótico, sensual, lascivo.
Erradicar v erradicar, desarraigar.
Errado adj equivocado.
Errante adj errante, vagabundo.
Errar v errar, deambular, equivocarse.
Erro s error, yerro, defecto, desacierto.
Errôneo adj erróneo.
Erudição s erudición.
Erudito adj erudito, letrado, leído, sabio.
Erupção s erupción.
Erva s yerba.
Erva-cidreira s melisa.
Erva-doce s hinojo.
Erva-mate s yerba mate.
Ervilha s guisante.
Esbaforido adj jadeante.
Esbagaçar v despedazar.
Esbanjador adj gastador, derrochador.
Esbarrão s tropezón.
Esbarrar v desbarrar, tropezar.
Esbelto adj esbelto, elegante, garboso.
Esboçar v delinear, esbozar.
Esbofetear v abofetear, acachetar.
Esborrachar v aplastar, churrar.
Esbranquiçado adj blanquecino, pálido.
Esbravejar v embravecerse, vociferar.
Esburacar v agujerear, romperse.
Escabeche s escabeche.
Escabroso adj escabroso.
Escachar v hender, rajar, dividir.
Escada s escalera.
Escadaria s escalinata.
Escalar v escalar, trepar.
Escaldar v escaldar, escarmentar.
Escalonar v escalonar.
Escama s escama.
Escamotear v escamotear, robar.
Escancarar v abrirse.
Escândalo s escándalo, desenfreno, ofensa.
Escangalhar v destruir, estropear, descoyuntarse.
Escanhoar v afeitar, descañonar.
Escapadela s escapatoria.
Escapamento s escapamiento, escape.
Escapar v escapar, escabullirse, evadirse, huir, zafarse.
Escape s escape, fuga, evasión.

Escapulir v escabullirse, huir.
Escaramuça s escaramuza, combate, disputa.
Escaravelho s escarabajo.
Escarcéu s escarceo.
Escarlate s escarlata, rojo muy vivo.
Escarmentar v escarmentar, castigar.
Escarnecer v escarnecer, mofar, despreciar.
Escárnio s escarnio, mofa.
Escarpado adj abrupto, escarpado.
Escarradeira s escupidera.
Escarranchar v despatarrarse.
Escarrar v escupir, expectorar.
Escarro s gargajo, esputo.
Escassez s escasez, insuficiencia, falta.
Escasso adj escaso, insuficiente, raro.
Escavação s excavación.
Escavar v excavar, abrir, cavar.
Esclarecer v esclarecer, ilustrar, informarse.
Escoadouro s escurridero, sumidero.
Escoar v escurrir, colar.
Escola s escuela, liceo.
Escolar adj escolar, estudiante.
Escolha s alternativa, elección, opción, selección, voluntad.
Escolher v escoger, optar, seleccionar.
Escoltar v acompañar, escoltar.
Escombros s escombros, destrozos.
Esconder v esconder, agachar, agazapar, disimular, recatar, refugiar.
Esconderijo s escondrijo, refugio.
Esconjuro s esconjuro, exorcismo.
Escora s escora, apoyo, amparo.
Escorar v escorar, amparar, sostener.
Escória s escoria.
Escorpião s escorpión.
Escorredor s escurridor.
Escorregadio adj resbaladizo.
Escorregador s tobogán.
Escorregão s resbalón, desliz.
Escorregar v deslizar, resbalar.
Escorrer v escurrir, secar.
Escotilha s escotilla.
Escova s cepillo, escobilla.
Escovado adj cepillado.
Escovar v cepillar.
Escravidão s esclavitud.
Escravizar v esclavizar, cativar.
Escravo s siervo, esclavo.
Escrever v escribir, redactar.
Escritor s autor, escritor.
Escritório s escritorio, gabinete, oficina, despacho.
Escritura s escritura, registro.
Escrivaninha s bufete, escritorio.
Escroto s escroto, testículo.
Escrupuloso adj escrupuloso.

ESC 232   escrutínio — espeto

Escrutínio s escrutinio.
Escudar v escudar.
Esculpir v entallar, esculpir.
Escultor s escultor, tallista.
Escultura s escultura, talla.
Escuma s espuma.
Escumadeira s espumadera.
Escuna s escuna.
Escurecer v ensombrecer, obscurecer.
Escuridão s obscurecimiento, sombra, obscuridad.
Escuro adj obscuro, lóbrego, tenebroso.
Escusa s excusa, exculpación, disculpa.
Escusar v exculpar, excusar.
Escutar v escuchar, oír.
Esdrúxulo adj esdrújulo.
Esfacelar v deshacer, aplastar.
Esfalfar v cansar, extenuar.
Esfaquear v acuchillar, apuñalar.
Esfarelar v migar, majar.
Esfarrapar v desgarrar, rasgar.
Esfera s esfera, globo, ámbito, bola.
Esférico adj esférico, redondo.
Esfíncter s esfínter.
Esfolar v desollar, despellejar.
Esfomeado adj famélico, hambriento.
Esforço s esfuerzo, conato.
Esfrega s fregado, refriega.
Esfregão s estropajo, fregona.
Esfregar v fregar, frotar, refregarse.
Esfriar v enfriar, enfriarse.
Esfumar v esfumar.
Esfuziante adj silbante, barullento.
Esganado adj estrangulado, hambriento.
Esganar v estrangular, sofocar.
Esganiçar v desgañitarse, chillar.
Esgar s mueca.
Esgaravatar v escarbar.
Esgarçar v deshilar.
Esgotado adj agotado, exhausto.
Esgotamento s agotamiento, extenuación.
Esgoto s alcantarilla, sumidero, cloaca.
Esguelha s oblicuidad, sesgo.
Esguicho s chorro, jeringazo.
Esguio adj alto y delgado, tenue.
Esmaecer v enflaquecer, desmayar, perder el color.
Esmagar v aplastar, machucar, oprimir, vencer.
Esmalte s esmalte.
Esmerado adj esmerado, primoroso, perfecto.
Esmeralda s esmeralda.
Esmeril s esmeril.
Esmerilar v esmerilar, investigar.
Esmero s esmero, primor, cuidado.
Esmigalhar v desmigajar, aplastar.
Esmiuçar v desmenuzar.
Esmolar v limosnear, mendigar.

Esmoler adj caritativo.
Esmorecer v esmorecer, desalentar.
Esmurrar v abofetear.
Esnobar adj esnob, snob.
Esôfago s esófago.
Esotérico adj esotérico.
Espaçar v espaciar, dilatar, tardar.
Espaço s intervalo, espacio, área.
Espaçoso adj amplio, ancho, espacioso.
Espada s espada.
Espádua s espalda, omóplato.
Espaguete s espagueti.
Espairecer v distraer, divertir, recrearse.
Espaldar s espaldar, respaldo.
Espalhafato s aparato, confusión.
Espalhar v desparramar, diseminar, dispersar, expandir, propagar.
Espanador s plumero.
Espanar v desempolvar.
Espancar v apalear, cascar, golpear.
Espantado adj espantado, pasmado, estupefacto.
Espantar v espantar, ahuyentar, atemorizar, aturdir, pasmar, sorprender.
Esparadrapo s esparadrapo.
Esparramar v desparramar, desperdigar.
Espartilho s corpiño, corsé.
Esparzir v esparcir, derramar.
Espatifar v despedazar, hacer añicos.
Especialidade s especialidad.
Especialista s especialista.
Especiaria s especia.
Espécie s especie.
Especificar v especificar, determinar.
Espectador s espectador.
Espectro s espectro, sombra.
Especulação s especulación, operación, agio.
Especular v especular, observar, examinar.
Espedaçar v espedazar, despedazar.
Espeleólogo s espeleólogo.
Espelhar v limpiar, pulir, reflejarse.
Espelho s espejo.
Espera s espera.
Esperança s esperanza.
Esperar v aguardar, esperar.
Esperma s esperma, semen.
Espermatozoide s espermatozoide.
Espernear v patalear, pernear.
Esperteza s vivacidad, destreza.
Esperto adj despierto, inteligente, vivo.
Espessar v espesar, apretar.
Espesso adj espeso, denso, frondoso.
Espessura s espesura, espesor.
Espetacular adj espectacular.
Espetar v espetar.
Espeto s espetón.

espevitado — estereofônico
EST

Espevitado *adj* despabilado.
Espevitar *v* animar, estimular.
Espezinhar *v* pisotear.
Espião *s* espía, investigador.
Espiar *v* achechar, espiar.
Espichar *v* estirar.
Espiga *s* espiga.
Espinafre *s* espinaca.
Espingarda *s* fusil, rifle.
Espinha *s* espina.
Espinhaço *s* espinazo, espina dorsal.
Espinhoso *adj* espinoso.
Espiral *s* espiral.
Espiriteira *s* infernillo.
Espiritismo *s* espiritismo.
Espírito *s* alma, espíritu, ánimo.
Espirrar *v* estornudar.
Espirro *s* estornudo.
Esplanada *s* explanada.
Esplêndido *adj* espléndido, harmonioso, magnífico, radiante.
Esplendor *s* esplendor, resplandor, fulgor, lustre.
Espoliar *v* despojar, expoliar.
Espólio *s* expolio, despojo.
Esponja *s* esponja.
Esponjoso *adj* esponjoso, leve.
Esponsal *adj* esponsal.
Espontâneo *adj* espontáneo, voluntario.
Espora *s* espuela.
Esporádico *adj* esporádico.
Esporear *v* espolear.
Esporte *s* deporte.
Esportista *adj* deportista.
Esportivo *adj* deportivo.
Esposa *s* esposa, mujer.
Esposo *s* esposo, marido.
Espraiar *v* explayar, lanzar.
Espreguiçar *v* desperezarse.
Espreitar *v* acechar, observar, espiar.
Espremer *v* estrujar, exprimir, moler.
Espumadeira *s* espumadera, rasero.
Espumoso *adj* espumoso.
Espúrio *adj* espúreo.
Esquadra *s* escuadra.
Esquadrinhar *v* escudriñar, escrutar.
Esquadro *s* cartabón, escuadra.
Esquartejar *v* descuartizar.
Esquecer *v* olvidar, descuidar.
Esquecimento *s* olvido, omisión.
Esqueleto *s* armazón, esqueleto.
Esquema *s* diagrama, esquema.
Esquentar *v* calentar, acalorar.
Esquerda *s* izquierda.
Esquerdo *adj* izquierdo, siniestro, zurdo.
Esqui *s* esquí.

Esquife *s* ataúd, esquife.
Esquilo *s* ardilla, esquirol.
Esquimó *adj* esquimal.
Esquina *s* esquina, ángulo de la calle.
Esquisito *adj* excéntrico, extraño, raro.
Esquivar *v* esquivar, eximirse.
Esquivo *adj* arisco, esquivo.
Esse *pron dem* ése; *pron, adj dem* ese.
Essência *s* esencia, ser, substancia.
Essencial *adj* esencial, básico, fundamental.
Estabelecer *v* establecer, constituir, implantar, instituir, situarse.
Estabelecimento *s* establecimiento, industria.
Estabilizar *v* fijar, estabilizar.
Estábulo *s* establo, majada.
Estacada *s* estacada.
Estação *s* estación, época.
Estacar *v* estacar, fijar, quedar.
Estacionamento *s* aparcamiento, garaje.
Estacionar *v* aparcar, estacionar.
Estádio *s* estadio.
Estado *s* estado, modo.
Estadual *adj* estatal.
Estafeta *s* estafeta, mensajero.
Estagiário *s* aprendiz.
Estagnação *s* estagnación, marasmo, inercia.
Estalagem *s* albergue, hostería, mesón, parador, venta.
Estalar *v* estallar, restallar.
Estaleiro *s* astillero.
Estalo *s* chasquido, crujido.
Estampado *adj* estampado, impreso.
Estampar *v* estampar, imprimir.
Estampido *s* estampido, tiro.
Estampilha *s* sello.
Estância *s* habitación.
Estandarte *s* estandarte, guión.
Estante *s* estante, repisa.
Estar *v* estar.
Estardalhaço *s* estruendo, ruido.
Estarrecer *v* aterrar, desmayarse.
Estátua *s* estatua, monumento.
Estatura *s* grandeza, estatura, valor.
Estatuto *s* estatuto, reglamento.
Estável *adj* estable, durable.
Este *pron dem*, éste; *adj dem* este.
Este *s* este, naciente, oriente, levante.
Esteira *s* estera, esterilla.
Esteiro *s* estero, estuario de un río.
Estelar *adj* estelar, estelario.
Estender *v* extender, estirar, desarrollar.
Estenografia *s* estenografía.
Estepe *s* estepa.
Esterco *s* boñiga, estiércol, majada.
Estereofônico *adj* estereofónico.

EST

estereoscópio — evento

Estereoscópio s estereoscopio.
Estéril adj estéril, improductivo, árido.
Esterno s esternón.
Esterqueira s estercolero.
Estertor s estertor.
Estético adj estético.
Estiagem s estiaje, tiempo seco.
Estiar v serenar el tiempo, escampar.
Esticado adj estirado.
Esticar v estirar, retesar.
Estigma s estigma, marca.
Estilhaçar v astillar, destrozar.
Estilhaço s fragmento, astillazo, lasca.
Estilingue s honda.
Estilizar v estilizar.
Estima s estima, apreciación, aprecio, consideración, valor.
Estimar v estimar, bienquerer, considerar, valorar, preciar.
Estimativa s estimativa, evaluación.
Estimável adj estimable, adorable.
Estimular v estimular, excitar, incitar, aguzar.
Estímulo s estímulo, apetito, impulso, incentivo.
Estio s estío.
Estipêndio s estipendio, paga.
Estipular v estipular, convenir.
Estirado adj estirado.
Estirar v estirar, tenderse, dilatar.
Estirpe s estirpe, ascendencia.
Estivador s estibador.
Estofar v estofar, alcochonar.
Estofo s estofa, estofo, tejido, condición, laya.
Estola s estola.
Estontear v atontar, deslumbrar, atolondrar.
Estoque s estoque, arma blanca.
Estorvar v estorbar, embarazar, impedir.
Estouro s estallido, reventón.
Estouvado adj atolondrado, imprudente.
Estrábico adj estrábico, bizco.
Estrada s autopista, carretera.
Estrada de ferro s ferrocarril, ferrovía.
Estrado s estrado, tablado.
Estragado adj estragado, deteriorado, podrido.
Estragar v estragar, ajar, averiar, dañar, desgraciar, estropear.
Estralar v estallar, restallar.
Estrangeiro adj extranjero, gringo.
Estrangular v ahorcar, yugular, estrangular.
Estranhar v extrañar, desconocer, admirarse.
Estranho adj extraño, raro, singular.
Estratégia s estrategia.
Estrato s estrato.
Estratosfera s estratosfera.
Estrear v estrenar, inaugurar, debutar, iniciar.
Estrebaria s caballeriza.

Estreia s estreno, comienzo.
Estreito adj estrecho, angosto.
Estrela s estrella.
Estrela-do-mar s estrellamar.
Estrelar v estrellar, protagonizar, freír huevos.
Estremecer v estremecer, retemblar, temblar, trepidar.
Estremecimento s estremecimiento, amor.
Estrépito s estrépito, ruído, tumulto.
Estribar adj estribar.
Estridente adj estridente, agudo, áspero.
Estripar v destripar.
Estrofe s copla, estrofa.
Estrondo s estruendo, estrépito, fragor.
Estropiar v estropear, lastimar, desfigurar, mancar.
Estrume s estiércol.
Estrutura s estructura.
Estuário s estuário, estero.
Estudante adj estudiante, alumno.
Estúdio s estudio.
Estufar v estufar, calentar, hinchar.
Estupefacto adj estupefacto, asombrado, pasmado.
Estupendo adj estupendo.
Estupidez s estupidez, tontería.
Estúpido adj estúpido, torpe, grosero.
Estuprar v desflorar, estuprar.
Estupro s estupro, violación.
Estuque s estuque, estuco.
Esturricar v tostar mucho.
Esvaecer v desvanecer.
Esvair v esvaporar, disipar, desvanecer.
Esvaziar v vaciar, agotar.
Esvoaçar v revolotear.
Etapa s etapa, período.
Éter s éter.
Etéreo adj etéreo, delicado.
Eternizar v eternizar, perpetuar.
Eterno adj eterno, inmortal, invariable.
Etíope adj etíope.
Etiqueta s ceremonial, etiqueta, rótulo.
Etiquetar v rotular.
Etnia s etnia, raza.
Eu pron pess yo, sujeto pensante.
Eufemismo s eufemismo.
Eufonia s eufonía.
Eunuco s eunuco; adj estéril.
Eutanásia s eutanasia.
Evacuação s deposición, evacuación.
Evadir v evadir.
Evangelho s evangelio.
Evaporação s evaporación, vaporización.
Evasão s evasión.
Evasiva s evasiva, rodeo.
Evento s evento, suceso.

eventual — extinção   235   **EXT**

Eventual *adj* eventual, accidental, ocasional.
Evidente *adj* evidente, explícito, indudable, inequívoco, obvio, patente.
Evitar *v* evitar, esquivar, excusar, rehuir.
Evocar *v* evocar, invocar, sugerir.
Evoluir *v* evolucionar.
Exacerbar *v* exacerbar, irritar.
Exagerar *v* exagerar, desorbitar, encarecer, engrandecer, extralimitarse.
Exagero *s* exageración.
Exalação *s* exhalación, tufo, vaho.
Exalar *v* exhalar, heder.
Exaltação *s* exaltación, excitación, frenesí.
Exaltar *v* exaltar, glorificar.
Exame *s* examen, análisis, ensayo, inspección, registro, revista, supervisión.
Examinar *v* examinar, analizar, checar, conferir, observar, sondear.
Exangue *adj* exangüe, desangrando.
Exânime *adj* exánime, desfallecido.
Exasperar *v* irritar, exasperar.
Exatidão *s* exactitud.
Exaurir *v* agotar, disipar.
Exausto *adj* exhausto, agotado.
Exceção *s* excepción.
Excedente *adj* excedente, resto.
Exceder *v* exceder, sobrar.
Excelente *adj* excelente, delicioso, ótimo.
Excêntrico *adj* excéntrico.
Excepcional *adj* excepcional.
Excessivo *adj* exagerado, excesivo, exorbitante, extremo.
Excesso *s* excedencia, exceso, sobra.
Exceto *prep* excepto; *adv* a no ser.
Excipiente *s* excipiente.
Excitação *s* estímulo, excitación, agitación.
Excitável *adj* excitable.
Exclamação *s* exclamación, interjección.
Excluir *v* excluir, desechar, preterir.
Exclusivo *adj* exclusivo, propio, personal, privativo.
Excomungar *v* excomulgar.
Excreção *s* evacuación, excreción.
Excretar *v* evacuar, excretar.
Excursão *s* excursión, gira.
Execrável *adj* execrable, abominable.
Executar *v* ejecutar, ajusticiar, cumplir.
Exemplar *s* ejemplar, modelo, copia.
Exéquias *s* exequias.
Exercer *v* ejercer, practicar, profesar.
Exercício *s* ejercicio, adiestramiento, función, trabajo, uso.
Exibição *s* exhibición, ostentación, representación.
Exibir *v* exhibir, ostentar, representar.

Exigir *v* exigir, obligar, reclamar.
Exíguo *adj* exiguo.
Exilar *v* exilar, deportar, desterrar, expatriar.
Exímio *adj* eximio.
Eximir *v* eximir, libertar.
Existir *v* existir, haber, ser, vivir.
Êxito *s* éxito, triunfo.
Êxodo *s* éxodo, salida.
Exonerar *v* dimitir, exonerar.
Exorbitar *v* exorbitar, desorbitar, exagerar.
Exorcismo *s* exorcismo.
Exortação *s* exhortación.
Exótico *adj* exótico.
Expansão *s* expansión.
Expatriar *v* expatriar.
Expectativa *s* esperanza, expectativa.
Expectorar *v* expectorar.
Expedidor *s* expedidor, remitente.
Expediente *s* expediente, iniciativa, recurso, trámite.
Expedir *v* despachar, enviar, expedir, remitir.
Expelir *v* expeler, excretar, exhalar.
Expensas *s* expensas.
Experiência *s* experiencia, práctica.
Experimentar *v* experimentar, ensayar, notar, probar.
Experto *s* experto, perito.
Expiação *s* expiación, penitencia.
Expirar *v* espirar.
Explicar *v* explicar, aclarar, especificar.
Explodir *v* detonar, estallar, reventar.
Exploração *s* exploración, averiguación.
Explorar *v* explorar, sondear.
Expor *v* exponer, exhibir, exteriorizar, representar.
Exportar *v* exportar.
Expositor *s* expositor.
Exposto *adj* expuesto.
Expressar *v* expresar, enunciar.
Expresso *adj* expreso, antedicho, manifesto.
Exprimir *v* expresar, exprimir.
Expropriar *v* expropiar, confiscar, despojar, desposeer, incautarse.
Expulsar *v* expulsar, expeler, rechazar, repeler.
Expurgo *s* expurgo, expurgación, limpieza.
Êxtase *s* éxtasis, pasmo.
Extasiar *v* extasiar, encantar.
Extático *adj* extático, absorto, pasmado.
Extenso *adj* extenso, amplio, duradero.
Extenuador *adj* extenuador.
Extenuar *v* agotar, extenuar, debilitar.
Exterior *adj* exterior.
Exteriorizar *v* exteriorizar.
Exterminar *v* exterminar, aniquilar.
Externo *adj* exterior, externo.
Extinção *s* extinción, aniquilamiento.

EXT 236   extinguir — ex-voto

Extinguir v extinguir, anular, matar.
Extirpação s extirpación, ablación, amputación.
Extirpar v amputar, extraer, extirpar.
Extorquir v extorsionar, arrancar.
Extraditar v repatriar.
Extrair v extraer, extirpar.
Extraordinário adj extraordinario, anormal, estupendo, excepcional, tremendo.
Extrato s extracto, substancia.
Extravagância s extravagancia, bizarría.
Extravasar v extravasar, verter.
Extraviar v descaminar, extraviar.

Extremar v extremar.
Extremidade s extremidad, borne, punta.
Extremo adj extremo.
Extrovertido adj expansivo.
Exuberância s exuberancia, vigor, intensidad.
Exultar v exultar, alegrarse.
Exumação s exhumación.
Exumar v exhumar, desenterrar.
Exundar v inundar, derramarse.
Ex-voto s exvoto, ofrenda en señal de un beneficio recibido.

F

ABCDEFGHIJKLMNOPQRSTUVWXYZ

F s sexta letra del alfabeto portugués.
Fá s fa, amante.
Fabricação s fabricación, elaboración.
Fabricar v confeccionar, fabricar, forjar.
Fabril adj fabril.
Fábula s fábula, alegoría, cuento, ficción, leyenda.
Faca s cuchillo.
Façanha s hazaña.
Facão s machete, faca.
Facção s facción, partido.
Face s anverso, faceta, lado, haz, rostro.
Faceta s faceta.
Fachada s fachada, delantera, portada.
Facho s antorcha, hacho.
Fácil adj fácil, corriente, practicable.
Facilidade s posibilidad.
Facilitar v facilitar, facultar, proporcionar.
Facínora s facineroso, malhechor.
Fac-símile s facsímil, facsímile.
Factível adj factible, realizable.
Faculdade s facultad.
Facultar v facultar, permitir, conceder.
Facultativo adj facultativo, optativo, voluntario.
Fada s hada.
Fadiga s fatiga, cansancio, molestia.
Fagueiro adj acariciador, ameno, suave.
Fagulha s chispa, centella.
Faísca s rayo, chispa, centella.
Faíscar v chispear, deslumbrar.
Faixa s tira, faja, cinta.
Fala s habla, idioma.
Falácia s falacia, vocería.
Falange s falange.
Falar v hablar, conversar, declarar.
Falcão s halcón.
Falecer v fallecer, morir.
Falência s quiebra, insolvencia.
Falha s falla, rotura, raja.
Falido adj fallido, frustrado, quebrado.
Falo s falo, pene.
Falsear v falsear, falsificar, adulterar.
Falsificar v falsificar, adulterar.

Falso adj falso, pérfido, fingido, aparente.
Faltar v faltar, no comparecer, morir.
Fama s fama, gloria, reputación.
Família s familia, raza, linaje.
Familiar adj familiar, doméstico, íntimo.
Faminto adj famélico, hambriento.
Famoso adj famoso, renombrado.
Fanatizar v fanatizar.
Fanfarrão adj fanfarrón, impostor.
Fanfarronar v fanfarronear.
Fanhoso adj gangoso.
Faniquito s berrinche, rabieta, desmayo.
Fantasia s fantasía, disfraz, ensueño, quimera.
Fantasiar v fantasear, disfrazar, idear, imaginar, soñar.
Fantasma s fantasma.
Fantástico adj fantástico, absurdo, extraordinario, increíble.
Fantoche s fantoche, marioneta, títere.
Faqueiro s estuche de cubiertos.
Faquir s faquir, asceta.
Faraó s faraón.
Farda s uniforme militar.
Fardo s fardo, farda, paca.
Farejar v husmear, olfatear.
Farelo s salvado, serrín.
Farináceo s harinero, farináceo.
Faringe s faringe.
Farinha s harina.
Farmácia s farmacia.
Faro s olfato, olor.
Farofa s jactancia, bravata.
Farol s antorcha, farol, linterna.
Farpa s púa, farpa.
Farra s farra, juerga.
Farrapo s harapo, trapo.
Farsa s pantomima, farsa.
Fartar v hartar, saciar, cansar.
Farto adj harto, saciado, lleno, gordo, cansado.
Fascículo s fascículo.
Fascinação s fascinación, alucinación.
Fase s fase.

FAS

fastidiar — ficha

Fastidiar *v* fastidiar, asquear.
Fastidioso *adj* fastidioso, empalagoso.
Fatal *adj* fatal, funesto, inevitable.
Fatalidade *s* fatalidad, desastre, destino.
Fatia *s* loncha, lonja, raja.
Fatídico *adj* fatídico, infeliz, siniestro, trágico.
Fatigar *v* fatigar, agotar, cansar.
Fato *s* evento, hecho, suceso.
Fator *s* factor.
Fátuo *adj* fatuo, efímero.
Fatura *s* factura.
Fauna *s* fauna.
Faustoso *adj* lujoso.
Fava *s* haba.
Favela *s* chabola.
Favo *s* panal de miel, alvéolo.
Favor *s* favor, gracia, merced.
Favorável *adj* favorable, propicio.
Faxina *s* limpieza, fajina.
Fazenda *s* hacienda.
Fazendeiro *s* estanciero.
Fazer *v* hacer.
Fé *s* creencia, fe.
Fealdade *s* fealdad, deformidad.
Febre *s* fiebre, calentura.
Fecal *adj* fecal.
Fechado *adj* cerrado, hermético; FIG introvertido.
Fecho ecler *s* cremallera.
Fécula *s* almidón, fécula.
Fecundação *s* fecundación, fertilización, inseminación.
Fecundar *v* fecundar, fertilizar, inseminar, preñar.
Feder *v* heder.
Federação *s* federación.
Fedor *s* fetidez, hedor, peste.
Fedorento *s* fétido, maloliente.
Feição *s* facción, apariencia.
Feijão *s* fréjol, judía.
Feijoada *s* plato de judías.
Feio *adj* feo.
Feira *s* feria.
Feitiçaria *s* brujería, hechicería.
Feitiço *s* hechizo, brujería, maleficio, aojo.
Feitio *s* forma, hechura, talle.
Feito *s* hecho, acción, acto.
Feitor *s* administrador, factor.
Feiura *s* fealdad.
Feixe *s* fajo, haz, manojo, mazo.
Fel *s* hiel.
Felicidade *s* felicidad, bienaventuranza, dicha, ventura.
Felicitar *v* congratular, felicitar.
Felino *s* felino.
Feliz *adj* feliz, afortunado, dichoso, próspero.
Felizardo *adj* dichoso, afortunado.

Felpa *s* felpa, pello.
Felpudo *adj* felposo.
Feltro *s* fieltro.
Fêmea *s* hembra, mujer.
Fêmur *s* fémur.
Fenda *s* abertura, brecha, fisura.
Fenecer *v* fenecer, fallecer.
Feno *s* heno.
Fenômeno *s* fenómeno.
Fera *s* animal, fiera.
Féretro *s* ataúd, féretro.
Féria *s* feria.
Feriado *adj* día de fiesta, vacaciones.
Férias *s* vacaciones, descanso.
Ferida *s* herida, magulladura, pinchazo.
Ferido *adj* herido, plagado.
Ferimento *s* magullamiento, herida.
Ferino *adj* duro, feroz.
Fermentar *v* fermentar, leudar.
Ferocidade *s* ferocidad.
Feroz *adj* violento.
Ferradura *s* herradura.
Ferramenta *s* herramienta.
Ferrão *s* espigón, rejo.
Ferraria *s* herrería.
Ferro *s* hierro.
Ferrolho *s* cerrojo.
Ferro-velho *s* chatarrero.
Ferrovia *s* ferrocarril.
Ferrugem *s* herrumbre, moho.
Fértil *adj* fértil, fecundo.
Fervente *adj* hirviente.
Ferver *v* hervir.
Fervor *adj* fervor, hervor.
Fervura *adj* fervor, ebullición.
Festa *s* fiesta, festividad, gala, recepción.
Festejar *v* festejar, conmemorar, regocijar.
Festim *s* festín, fiesta, ágape.
Festividade *s* festividad.
Fetiche *s* fetiche.
Fétido *adj* fétido, apestoso, maloliente.
Feto *s* feto, enjendro.
Feudalismo *s* feudalismo.
Fevereiro *s* febrero.
Fezes *s* heces, excrementos.
Fiado *adj* fiado.
Fiador *s* fiador, garante.
Fiança *s* fianza, garantía.
Fiapo *s* brizna, hilacha.
Fiar *v* fiar, hilar.
Fibra *s* fibra, hebra, hilo.
Fibroso *adj* fibroso.
Ficar *v* quedar, estar, permanecer, detenerse.
Ficção *s* ficción.
Ficha *s* ficha.

fichário — folga
FOL

Fichário s fichero.
Fidalgo s hidalgo, noble.
Fidelidade s fidelidad, lealtad.
Fiel adj fiel, leal.
Figa s higa.
Fígado s hígado.
Figo s higo.
Figueira s higuera.
Figura s figura, imagen, aspecto.
Figurado adj figurado, supuesto.
Fila s cola, fila, hilera.
Filamento s fibra, filamento, hebra, hilo.
Filantropia s filantropía.
Filão s filón.
Filatelia s filatelia.
Filé s filete, lonja de carne.
Fileira s fila, hila, hilera, retahíla, sarta.
Filete s friso, reguero.
Filho s hijo.
Filhó s buñuelo.
Filhote s cría, hijo pequeño.
Filiação s filiación.
Filial adj agencia, sucursal.
Filigrana s filigrana.
Filmar v filmar.
Filme s filme, película.
Filologia s filología.
Filosofia s filosofía.
Filtragem s filtración, colada.
Filtro s filtro, coladero, colador.
Fim s fin, final, cabo, conclusión, consumación, límite, remate, término.
Fimose s fimosis.
Finado adj finado.
Final adj terminal, último; s epílogo, final.
Finalizar v finalizar, terminar.
Finanças s finanzas.
Financeiro adj financiero.
Finca-pé s hincapié.
Fincar v hincar.
Findar v finalizar, concluir, acabar, terminar.
Fingido adj fingido, afectado.
Fingir v fingir, simular, afectar, aparentar.
Fino adj fino, sutil, delgado.
Fio s filo, hebra, hilo.
Firmamento s cielo, firmamento.
Firmar v afirmar, firmar, estacar, fijar.
Firme adj firme, constante, sostenido, sólido, tieso.
Fiscal adj fiscal, inspector.
Fiscalizar v controlar, fiscalizar.
Físico s, adj físico, corporal.
Fisiologia s fisiología.
Fisionomia s expresión, fisonomía, gesto, rostro.
Fisioterapeuta s fisioterapeuta.
Fissura s cisura, fisura.

Fístula s fístula.
Fita s cinta, banda.
Fixar v fijar, clavar, marcar.
Fixo adj fijo, firme, estante.
Flã s flan.
Flácido adj flácido, flaco, lánguido, blando.
Flagelar s flagelar.
Flagrante adj flagrante.
Flamejante adj flamante, llameante.
Flamejar v flamear, llamear.
Flâmula s flámula.
Flanar v vagabundear.
Flanco s flanco, lado, costado.
Flanela s franela.
Flatulência s flatulencia.
Flauta s flauta.
Flecha s saeta, flecha.
Fleuma s flema, lentitud.
Flexível adj moldeable, maleable, flexible.
Floco s grumo (de nieve, algodón).
Flor s flor.
Floração s floración.
Florear v florear.
Floreira s floreto, jarra de flores.
Floresta s floresta, mata selva.
Florido adj florido.
Florir v florecer, cubrirse de flores.
Fluente adj fluente, fluyente.
Fluido adj fluido, fluyente; s fluido, líquido.
Fluir v fluir.
Flutuante adj flotante, flotador, boyante.
Flutuar v flotar, fluctuar, sobrenadar.
Fluvial adj fluvial.
Fobia s fobia.
Foca s foca.
Focalizar v enfocar.
Focinho s hocico.
Fofo adj fofo.
Fofoca s intriga, chisme, comidilla.
Fofocar v chismear, cotillear.
Fofoqueiro s alcahuete.
Fogaça s hogaza.
Fogão s estufa, fogón.
Fogareiro s brasero, hornillo.
Fogaréu s lumbrera.
Fogo s fuego.
Fogoso adj fogoso, ardoroso, arrebatado.
Fogueira s fogata, hoguera, pira.
Foguete s cohete.
Fogueteiro s pirotécnico.
Foice s guadaña, hoz.
Folclore s folklore.
Fole s fuelle.
Fôlego s aliento, hálito.
Folga s huelgo, vacación.

FOL 240   folgado—freguês

Folgado *adj* holgado.
Folgar *adj* holgar.
Folha *s* hoja.
Folha-de-flandres *s* hojalata, lata.
Folhado *s* hojaldre.
Folhagem *s* follaje, ramaje.
Folheto *s* folleto, opúsculo.
Folhinha *s* hojita, almanaque popular.
Folia *s* folía, juerga, farra.
Fólio *s* folio.
Fome *s* hambre.
Fomentar *v* fomentar.
Fonema *s* fonema.
Fonética *s* fonética.
Foniatria *s* foniatría.
Fonógrafo *s* gramófono.
Fonte *s* fuente, filón, mina.
Fora *adv* afuera, fuera.
Foragido *s* forajido.
Forca *s* horca.
Força *s* fuerza, potencia, pujanza, vigor.
Forçar *v* forzar, obligar, romper.
Forçoso *adj* forzoso.
Forense *adj* judicial.
Forja *s* forja.
Forjador *s* herrero.
Forma *s* forma, manera, figura.
Fôrma *s* horma, modelo, molde.
Formação *s* formación.
Formal *adj* formal, evidente.
Formalidade *s* formalidad, ceremonia.
Formar *v* componer, formar.
Formato *s* formato.
Formidável *adj* formidable, terríble.
Formiga *s* hormiga.
Formigamento *s* hormigueo.
Formigar *v* hormiguear.
Formigueiro *s* hormiguero.
Formol *s* formol.
Formoso *adj* hermoso, bello, bonito, lindo.
Formular *v* formular, recetar.
Formulário *s* formulario, recetario.
Fornada *s* hornada.
Fornalha *s* horno, fogón, hornillo.
Fornecer *v* abastecer, aprovisionar, avituallar, facilitar, proporcionar, surtir.
Forneiro *s* hornero.
Forno *s* horno.
Forquilha *s* horquilla, percha.
Forragem *s* forraje.
Forrar *s* forrar.
Forro *s* forro, revestimiento.
Fortalecer *v* fortalecer, consolidar, corroborar, reforzar, robustecer, tonificar.
Fortaleza *s* fortaleza, alcázar, fuerte.

Forte *adj* fuerte, duro, enérgico, potente, robusto, sólido, vigoroso.
Forte *s* castillo, fortaleza.
Fortificar *v* fortificar.
Fortuito *s* casual, fortuito.
Fortuna *s* fortuna, dicha, grandeza, prosperidad, ventura.
Fórum *s* foro.
Fosco *adj* hosco, empañado.
Fósforo *s* cerilla, fósforo.
Fossa *s* fosa, hoyo.
Fóssil *adj* fósil.
Fosso *s* cavidad, foso.
Foto *s* foto, fotografía.
Fotografar *v* fotografiar, retratar.
Foz *s* hoz, embocadura.
Fração *s* fracción.
Fracassar *v* fracasar, arruinar, fallir, malograr.
Fracionar *v* fraccionar, seccionar.
Fraco *adj* flaco, débil, anémico, blando, endeble, flácido, lánguido.
Frade *s* fraile, monje.
Fragilidade *s* delicadeza, flaqueza, fragilidad.
Fragmentação *s* fragmentación.
Fragmentar *v* fragmentar, fraccionar, segmentar.
Fragor *s* fragor, ruido.
Fragrância *s* fragancia, aroma, perfume.
Fralda *s* pañal.
Framboesa *s* frambuesa.
Franco *adj* franco, liberal, sincero.
Franga *s* polla, gallina joven.
Frangalho *s* harapo, trapo.
Frango *s* pollo.
Franja *s* franja, fleco, flequillo (del cabello).
Franquear *v* franquear, eximir, librar.
Franquia *s* franquía, franquicia, franqueo, exención.
Franzido *adj* crespo.
Franzino *adj* delgado.
Franzir *v* fruncir, crispar, plisar.
Fraque *s* frac, chaqué, esmoquin.
Fraquejar *v* flaquear, flojear.
Fraqueza *s* flaqueza, flojedad, abatimiento, anemia, cobardía, debilidad.
Frasco *s* frasco, vidrio.
Frasear *v* frasear, exponer.
Frasqueira *s* frasquera.
Fraternidade *s* fraternidad, hermandad, armonía.
Fraternizar *v* fraternizar.
Fraterno *adj* fraterno, fraternal.
Fratura *s* fractura, rotura, ruptura.
Fraturar *v* fracturar, romper.
Fraude *s* fraude, dolo, engaño, estafa.
Fraudulento *adj* fraudulento, doloso.
Freguês *s* cliente.

frei — fuzuê

Frei s fray, monje.
Freio s freno.
Freira s monja.
Fremir v bramar, vibrar, estremecer.
Frêmito s frémito, bramido.
Frenesi s frenesí.
Frenético adj nervioso, frenético.
Frente s frente, anverso, haz.
Frequência s frecuencia, repetición.
Frequentar v frecuentar, cursar.
Frequente adj frecuente, asiduo, endémico, habitual.
Fresco adj fresco, reciente, tierno, lozano.
Frescor s frescor, lozanía, verdor.
Fresta s tronera, rendija, grieta.
Fretar v fletar, alquilar.
Friagem s frialdad.
Fricção s fricción, roce, masaje, loción.
Friccionar v friccionar, fregar, frotar.
Frieira s sabañón.
Frieza s frialdad, indiferencia.
Frigideira s sartén.
Frigidez s frigidez.
Frigir v freír, fritar, sofreír.
Frigorífico s congelador, frigorífico, nevera.
Frio adj frío.
Frios s fiambre.
Frisa s frisa.
Frisado adj rizado.
Friso s friso, filete.
Fritada s fritada, frito.
Fritar v freír, fritar.
Frívolo adj frívolo, fútil.
Frondoso adj frondoso.
Fronha s funda de almohada.
Frontal adj frontal.
Fronte s frente, rostro, delantera.
Fronteira s frontera, confín, linde, raya.
Frontispício s frontispicio, portada.
Frota s flota.
Frouxidão s flojedad, debilidad.
Frouxo adj flojo, débil.
Frugal adj frugal, sobrio.
Fruir v fruir, gozar.
Frustração s frustración, fracaso.
Frustrar v frustrar, fracasar, malograr.
Frutificar v fructificar.
Fruto s fruto, fruta.
Fubá s harina de fuba.
Fuga s fuga, evasión, retirada.
Fugir v escapar, esquivar, evadir, fugarse, huir.
Fugitivo adj fugitivo, huidor.

Fulgor s fulgor, brillo.
Fulgurante adj fulgurante, brillante.
Fulgurar v fulgurar, fulgir, resplandecer.
Fuligem s hollín.
Fulminar v fulminar.
Fumaça s fumarada, humaza, humarada.
Fumar v fumar.
Fumegante adj humeante.
Fumegar v ahumar, humear.
Fumo s humo.
Função s función.
Funcionar v funcionar.
Funcionário s empleado, funcionario.
Funda adj honda.
Fundação s fundación, origen, institución, organización.
Fundamental adj esencial, fundamental.
Fundamentar v fundamentar, apoyar, documentar.
Fundar v fundar, erigir, iniciar, instituir.
Fundear v fondear, anclar.
Fundir v fundir.
Fundo adj hondo, profundo; s fondo.
Fúnebre adj fúnebre, macabro.
Fungo s hongo.
Funil s embudo.
Funilaria s hojalatería.
Furacão s huracán, tifón.
Furadeira s taladrador.
Furado adj picado.
Furador s taladrador, berbiquí.
Furar v agujerear, perforar, picar, pinchar, taladrar.
Furgão s furgón.
Fúria s furia, furor, ira.
Furna s caverna, cueva, subterráneo.
Furo s agujero, pinchazo, punto.
Furor s furor.
Furtar v hurtar, quitar, robar.
Furto s hurto, robo, latrocinio.
Furúnculo s furúnculo.
Fusão s fusión, alianza, reunión.
Fuselagem s fuselaje.
Fusível s fusible, cortacircuitos.
Fuso s huso.
Fustigar v azotar, fustigar, hostigar.
Futebol s balompié, fútbol.
Fútil adj fútil, frívolo.
Futuro s futuro, porvenir.
Fuxicar v charlartear.
Fuzil s fusil.
Fuzilar v fusilar, ametrallar, balear.
Fuzuê s espectáculo guirigay.

G

ABCDEFGHIJKLMNOPQRSTUVWXYZ

G s séptima letra del alfabeto portugués.
Gabão s gabán, capote.
Gabar v alabar, elogiar.
Gabardina s gabardina.
Gabinete s gabinete.
Gado s casta, ganado.
Gafanhoto s langosta, saltamontes.
Gago adj tartamudo.
Gaguejar v balbucear, tartamudear.
Gaiato s muchacho travieso.
Gaio adj gayo, alegre.
Gaiola s jaula, prisión.
Gaita s gaita.
Gaivota s gaviota.
Galã s galán.
Galante adj galante.
Galão s galón.
Galardoar v galardonar, premiar.
Galáxia s galaxia.
Galeria s galería, barandilla.
Galgar v trepar.
Galgo s galgo.
Galhardia s gallardía.
Galho s esqueje, gajo, rama.
Galicismo s galicismo.
Galinha s gallina.
Galocha s galocha, chanclo.
Galopar v galopar.
Galpão s nave industrial, galpón.
Galvanizar v galvanizar.
Gamela s cuenco, escudilla.
Gameta s gameto.
Gamo s gamo, venado.
Gana s gana, apetito.
Ganância s ganancia, ambición, avidez.
Gancho s gancho, grapa.
Gangorra s columpio.
Ganha-pão s ganapán.
Ganhar v ganar, lucrar, recibir.
Ganir s gañir, latir.
Ganso s ganso, oca, ánsar.
Garagem s garaje.
Garantia s garantía, fianza, solvencia.
Garapa s guarapo.
Garbo s garbo, gallardía.
Garça s garza.
Garçom s muchacho, mozo, camarero.
Garfo s tenedor.
Gargalhada s carcajada.
Gargalo s cuello.
Gargantilha s gargantilla.
Gargarejo s gárgaras.
Gárgula s gárgola.
Gari s barrendero.
Garimpeiro s buscador de metales y piedras preciosas.
Garoa s lluvia fina.
Garoto s chico.
Garrafa s botella, vidrio.
Garrafão s garrafa.
Garrido adj garrido, galano, galante.
Garrote s garrote.
Garupa s grupa.
Gás s gas.
Gases s gases intestinales.
Gasóleo s gasoleo, gasoil.
Gasolina s gasolina, nafta.
Gasômetro s gasómetro.
Gasoso adj gaseoso.
Gastador adj perdulario.
Gastar v gastar, disipar, consumir.
Gasto s consumado, gasto.
Gastronomia s gastronomía.
Gata s gata.
Gatilho s gatillo.
Gatuno s ladrón.
Gaveta s cajón, gaveta.
Gavião s gavilán.
Gaze s gasa.
Gazela s gacela.
Gazeta s gaceta.
Gazua s ganzúa.

geada — goteira GOT

Geada s helada.
Gel s gel.
Geladeira s heladera, nevera.
Gelado adj helado; s sorbete.
Geleia s jalea.
Geleira s nevera.
Gelo s hielo.
Gelosia s celosía.
Gema s gema, yema.
Gêmeo adj, s gemelo, mellizo.
Gemer v gemir, lloriquear, suspirar.
Gemido s gemido, lamentación.
Genciana s genciana, planta medicinal.
Gene s gen, gene.
Genealogia s genealogía.
General s general.
Generalidade s generalidad.
Generalizar v generalizar, universalizar.
Genérico adj genérico, vago, indeterminado.
Gênero s género, clase.
Generosidade s generosidad.
Generoso adj generoso, noble.
Gênese s génesis.
Genético adj genético.
Gengibre s jengibre.
Gengiva s encía.
Genial adj genial.
Gênio s genio, talento.
Genital adj genital.
Genocídio s genocidio, holocausto.
Genro s yerno.
Gentalha s gentualla.
Gentil adj gentil, airoso.
Genuíno adj genuino, puro, natural.
Geografia s geografía.
Geometria s geometría.
Geração s generación, concepción.
Gerador s generador.
Geral adj común, general.
Gerânio s geranio.
Gerar v generar, engendrar.
Gerência s gerencia, administración.
Gerente adj encargado.
Gergelim s planta herbácea, ajonjolí.
Geriatra s geriatra.
Geringonça s chapucería.
Germânico adj alemán, germánico.
Germe s germen, simiente.
Germinar v germinar, vegetar.
Gerúndio s gerundio.
Gesso s yeso.
Gestação s gestación, gravidez, embarazo.
Gestão s gestión.
Gesticular v gesticular, manotear.

Gesto s gesto, ademán, expresión.
Gibão s jubón.
Gibi s cómic.
Gigante s gigante, descomunal.
Gigolô s gigoló.
Ginásio s gimnasio, liceo.
Ginástica s gimnasia.
Ginecologia s ginecología.
Ginete s jinete.
Girafa s jirafa.
Girar v girar, rodar, volver.
Girassol s girasol, tornasol.
Gíria s germanía.
Giz s tiza.
Glacial adj glacial.
Glande s glande.
Glândula s glándula.
Glicose s glucosa.
Global adj global.
Glóbulo s glóbulo.
Glória s gloria.
Glosa s glosa.
Glossário s glosario, léxico.
Glutão s glotón, goloso.
Glúten s gluten.
Glúteo adj glúteo.
Gnomo s gnomo.
Goela s garganta.
Goiaba s guayaba.
Gol s gol.
Gola s cuello, collar.
Gole s bocanada, trago.
Goleiro s guardameta.
Golfada s borbotón.
Golfe s golf.
Golfinho s delfín.
Golfo s golfo.
Golpe s golpe, embate, porrazo.
Goma s goma, almidón.
Gomo s brote, retoño, gajo.
Gôndola s góndola.
Gonzo s gozne.
Gorar v malograr, engorar, abortar.
Gorducho adj gordiflón.
Gordura s gordura, grasa.
Gorila s gorila, mono.
Gorjear v gorjear, trinar.
Gorjeta s propina.
Gorro s gorro.
Gosma s pepita.
Gostar v gustar, saborear, simpatizar.
Gosto s gusto, sabor.
Gota s gota.
Goteira s gotera.

GÓT

244

gótico — guiar

Gótico *adj* gótico.
Gotícula *s* gotita, gota pequeña.
Governador *s* governador.
Governanta *s* ama, aya, gobernanta.
Governar *v* gobernar, pilotar.
Governo *s* gobierno, timón.
Gozado *adj* disfrutado, raro.
Gozador *adj* burlón, irónico.
Gozar *v* gozar, divertirse.
Graça *s* gracia, elegancia, perdón.
Gracejar *v* gracejar, bromear, decir chistes.
Gracioso *adj* gracioso.
Gradação *s* gradación.
Grade *s* reja, verja.
Gradear *v* enrejar.
Graduar *v* graduar.
Grafia *s* grafia, ortografía.
Gráfico *s* gráfico.
Grafite *s* grafito.
Grafologia *s* grafología.
Gral *s* mortero.
Grama *s* gramo, yerba.
Gramado *s* césped.
Gramática *s* gramática.
Gramofone *s* gramófono, fonógrafo.
Grampear *v* grapar.
Grampo *s* clip, grapa.
Granada *s* granada.
Grande *adj* crecido, poderoso, magnífico.
Granel *s* granero.
Granfino *s* elegante, fino.
Granito *s* granito.
Granizo *s* granizo.
Granjear *v* granjear, atraer.
Granular *v* granular, granear.
Grão *adj* gran.
Grão *s* grana, grano.
Grão-de-bico *s* garbanzo.
Grasnar *v* graznar, gañir.
Grasnido *s* graznido.
Grassar *v* propagarse.
Gratidão *s* gratitud.
Gratificação *s* gratificación.
Gratinar *v* gratinar.
Grátis *adj* gratis.
Grato *adj* grato, agradable.
Gratuito *adj* gratuito.
Grau *s* grado.
Graúdo *adj* grande, crecido.
Gravação *s* grabación.
Gravado *adj* grabado.
Gravador *s* grabador, magnetofón.
Gravar *v* grabar, entallar, imprimirse.
Gravata *s* corbata.

Grave *adj* grave, serio.
Graveto *s* chasca.
Gravidez *s* embarazo, preñez.
Gravitar *v* gravitar.
Gravura *s* gravado.
Graxa *s* engrase, betún.
Grego *adj* griego.
Grelha *s* parrillas.
Grêmio *s* gremio, club.
Grená *adj* granate.
Grenha *s* greña.
Greta *s* grieta, raja, hendidura.
Greve *s* huelga.
Grevista *s* huelguista.
Grifo *s* bastardilla, grifo.
Grilhão *s* brete, cadena metálica.
Grilo *s* grillo.
Grinalda *s* guirnalda, cenefa, festón.
Gringo *s* gringo, extranjero.
Gripe *s* gripe.
Grisalho *adj* entrecano.
Gritar *v* exclamar, gritar, vocear.
Grito *s* grito, berrido.
Groselha *s* grosella.
Grosseiro *adj* grosero, grueso.
Grosso *adj* grueso, voluminoso.
Grossura *s* grosura.
Grua *s* grúa, cabria.
Grudar *v* engrudar.
Grunhido *s* gruñido.
Grunhir *v* gruñir.
Grupo *s* reunión.
Gruta *s* gruta, caverna, cueva.
Guano *s* guano.
Guapo *adj* guapo.
Guaraná *s* guaraná.
Guarda *s* guarda, guardia.
Guarda-chuva *s* paraguas.
Guarda-costas *s* guardaespaldas.
Guardanapo *s* servilleta.
Guarda-pó *s* guardapolvo.
Guardar *v* guardar, conservar.
Guarda-roupa *s* guardarropa, ropero.
Guarda-sol *s* parasol, sombrilla.
Guardião *s* guardián.
Guarida *s* guarida.
Guarnecer *v* guarnecer.
Gueixa *s* gueisha.
Guelra *s* agallas.
Guerra *s* guerra.
Guerrear *v* batallar, conflagrar, guerrear.
Guerreiro *adj* guerrero, belicoso.
Guia *s* guía, conductor, líder, mentor.
Guiar *v* guiar, aconsejar, dirigir.

guichê — gutural

Guichê s ventanilla.
Guilhotina s guillotina.
Guinchar v chillar, chirriar.
Guindaste s cabria, grúa.
Guirlanda s guirnalda.
Guisado s guisado, guiso.
Guisar v guisar.

Guizo s cascabel.
Gula s glotonería, gula.
Gume s filo.
Guri s niño.
Guru s gurú.
Gustação s gustación.
Gutural adj gutural.

H

ABCDEFGHIJKLMNOPQRSTUVWXYZ

H s octava letra del alfabeto portugués.
Hábil adj hábil, diestro.
Habilidade s habilidad, maña.
Habilitar v habilitar.
Habitação s habitación, morada.
Habitante adj habitante.
Habitar v habitar, vivir.
Hábito s costumbre, hábito.
Habitual adj frecuente, habitual, usual.
Habituar v habituar, acostumbrar.
Hálito s hálito, soplo.
Hall s hall.
Halo s aura, halo.
Handebol s balonmano.
Hangar s hangar, abrigo.
Harém s harén, serrallo.
Harmonia s armonía, paz, acuerdo.
Harmônica s acordeón, armónica.
Harmonizar v armonizar, conciliar, concordar.
Harpa s arpa.
Hárpia s harpía, arpía.
Haste s asta, palo de bandera.
Hastear v izar, enarbolar.
Haurir v agotar.
Havana adj habana.
Haver v haber.
Haveres s bienes, riqueza, fortuna.
Hebdomadário adj hebdomadario, semanario.
Hebraico adj hebraico, hebreo.
Hecatombe s hecatomba.
Hectare s hectárea.
Hediondo adj hediondo.
Hedonismo s hedonismo.
Hegemonia s hegemonía.
Hélice s hélice.
Helicóptero s helicóptero.
Hematoma s hematoma.
Hematose s hematosis.
Hemiplegia s hemiplejía.
Hemisfério s hemisferio.
Hemofilia s hemofilia.
Hemoglobina s hemoglobina.
Hemorragia s hemorragia.
Hepatite s hepatitis.
Hera s hiedra.
Heráldico adj heráldico.
Herança s herencia.
Herbário s herbario.
Herbicida s herbicida.
Hercúleo adj hercúleo.
Herdade s heredad, hacienda de campo.
Herdar v heredar.
Herdeiro adj heredero, s sucesor.
Herege s hereje.
Heresia s herejía.
Herético adj herético, hereje.
Hermafrodita adj, s andrógino, hermafrodita.
Hermético adj hermético, cerrado.
Hérnia s hernia.
Herói s héroe.
Herpes s herpes.
Hesitação s hesitación, vacilación.
Hesitar v hesitar, vacilar.
Heterodoxia s heterodoxia.
Heterogêneo adj heterogéneo.
Heterossexual adj heterosexual.
Hexagonal adj hexagonal.
Hiato s hiato.
Hibernação s híbernación.
Hidratar v hidratar.
Hidrofobia s hidrofobia, rabia.
Hidrogênio s hidrógeno.
Hidrografia s hidrografía.
Hidrosfera s hidrosfera.
Hidroterapia s hidroterapia.
Hiena s hiena.
Hierarquia s jerarquía.
Hieróglifo s jeroglífico.
Higiene s higiene, aseo.
Higiênico adj higiénico.
Higrometria s higrometría.
Hilariante adj hilarante.
Hímen s hímen.
Hino s himno, canto, canción.

hipérbole — húmus · 247 · HÚM

Hipérbole s hipérbole.
Hipersensível adj hipersensible.
Hipertensão s hipertensión.
Hipertrofia s hipertrofia.
Hípico adj hípico.
Hipnose s hipnosis.
Hipocondria s hipocondría.
Hipocrisia s hipocresía.
Hipodérmico adj hipodérmico.
Hipódromo s hipódromo.
Hipopótamo s hipopótamo.
Hipotecar v hipotecar.
Hipótese s hipótesis, condición.
Hipotético adj hipotético.
Hirto adj rígido, yerto.
Hispânico adj hispánico.
Histeria s histeria, histerismo.
História s historia.
Hoje adv hoy.
Holocausto s holocausto.
Holofote s proyector de luz, foco eléctrico.
Homem s hombre.
Homenagem s homenaje.
Homeopatia s homeopatía.
Homicida adj homicida.
Homogêneo adj homogéneo.
Homologar v homologar, confirmar.
Homônimo adj homónimo.
Homossexual adj homosexual.
Homúnculo s homúnculo.
Honestidade s honestidad, modestia, decoro.
Honesto adj honesto, decente, digno, honrado.
Honorário adj honorario; s paga.
Honra s honor, honra.
Honradez s honradez.
Honrar v honrar, dignificar, distinguir.
Hora s hora.

Horário s horario.
Horizontal adj horizontal.
Horizonte s horizonte.
Hormônio s hormona.
Horóscopo s horóscopo.
Horrendo adj horrendo.
Horripilar v horripilar.
Horrível adj horrible.
Horror s horror.
Horrorizar v amedrentar.
Horta s huerta.
Hortaliça s hortaliza.
Hortelã s menta.
Hortelã-pimenta s menta piperita.
Hortênsia s hortensia.
Horto s huerto.
Hospedagem s hospedaje.
Hospedar v hospedar, alojarse.
Hospício s hospicio.
Hospital s hospital.
Hospitalar adj hospitalar.
Hoste s hueste.
Hóstia s hostia.
Hostil adj hostil.
Hotel s hotel.
Hotelaria s hostelería.
Hulha s hulla.
Humanidade s humanidad.
Humanismo s humanismo.
Humano adj humano.
Humildade s humildad, modestia.
Humilde adj humilde, sumiso.
Humilhar v degradar, humillar.
Humor s humor.
Humorismo s humorismo.
Húmus s humus.

ABCDEFGHIJKLMNOPQRSTUVWXYZ

I s novena letra del alfabeto portugués; I en la numeraciom romana.
Ianque adj yanqui, norteammericano.
Iate s yate. s.
Ibérico adj ibero, ibérico.
Ibero adj ibero.
Ibero-americano adj iberoamericano.
Içar v izar, levantar, alzar.
Ícone s icono.
Iconoclasta adj iconoclasta.
Iconografia s iconografía.
Ida s ida, jornada.
Idade s edad, época de la vida, época histórica, tiempo, duración, vejez.
Ideal adj ideal, perfección.
Idealismo s idealismo.
Ideia s idea, recuerdo.
Idem adj ídem.
Idêntico adj idéntico, igual.
Identidade s identidad.
Identificar v identificar, reconocer.
Ideologia s ideología.
Idílio s idilio.
Idioma s idioma, habla, lengua.
Idiossincrasia s idiosincrasia.
Idiota adj idiota, imbécil, cretino, tonto.
Idolatrar v idolatrar, adorar.
Ídolo s ídolo.
Idôneo adj idóneo, adecuado.
Idoso adj mayor, viejo.
Iglu s iglú.
Ígneo adj ígneo.
Ignição s ignición.
Ignóbil s innoble.
Ignorado adj ignorado, obscuro.
Ignorância s ignorancia.
Igreja s iglesia, templo cristiano.
Igual adj igual, idéntico.
Igualar v igualar.
Iguaria s iguaria.
Ilegal adj ilegal, ilícito.
Ilegítimo adj ilegítimo.
Ilegível adj ilegible.
Ileso adj ileso, intacto, salvo.
Iletrado adj analfabeto, iletrado.
Ilha s isla.
Ilhéu adj isleño, islote.
Ilhós s ojete.
Ilícito adj ilegal, ilícito.
Ilimitado adj ilimitado, infinito, indefinido.
Ilógico adj ilógico.
Iludir v iludir, engañar.
Iluminar v iluminar, alumbrar, ilustrar.
Ilusão s ilusión, ensueño, engaño.
Ilusório adj ilusorio.
Ilustração s ilustración.
Ilustrar v ilustrar, instruir.
Imã s imán.
Imaculado adj inmaculado, puro, inocente.
Imagem s imagen.
Imaginar v idear, imaginar, suponer.
Imaginário adj imaginario, irreal, ficticio.
Imanar v magnetizar.
Imanente adj inmanente.
Imaterial adj incorpóreo, inmaterial.
Imaturo adj inmaduro.
Imbecil adj imbécil, idiota.
Imberbe adj imberbe.
Imbuir v imbuir, embeber, persuadir.
Imediação s inmediación.
Imediato adj inmediato, consecutivo, próximo, cercano.
Imemorável adj inmemorable.
Imensidão s inmensidad.
Imenso adj inmenso.
Imergir v inmergir.
Imersão s inmersión.
Imerso adj inmergido.
Imigração s inmigración.
Imigrar v inmigrar.
Iminente adj inminente.
Imiscuir-se v inmiscuirse.
Imitar v imitar, copiar, plagiar.
Imobiliária s inmobiliaria.

imobilidade — inatacável

INA

Imobilidade s inmovilidad.
Imobilismo s inmovilismo.
Imobilizar v inmovilizar.
Imodesto adj inmodesto.
Imolar v inmolar.
Imoral adj inmoral.
Imortalizar v inmortalizar, eternizar, perpetuar.
Imóvel adj estático, inmóvil; s inmueble.
Impaciente adj impaciente.
Impacto s impacto.
Impagável adj impagable.
Impalpável adj impalpable.
Impaludismo s paludismo.
ímpar adj impar, desigual.
Imparcial adj imparcial, ecuánime.
Impassível adj impasible.
Impecável adj impecable.
Impedido adj impedido, interrumpido.
Impedir v impedir, detener.
Impelir v impelir, empujar.
Impenetrável adj impenetrable, insondable.
Impensado adj impensado.
Imperar v imperar.
Imperativo adj imperativo.
Imperceptível adj imperceptible.
Imperdoável adj imperdonable.
Imperfeito adj defectuoso, imperfecto.
Imperial adj imperial.
Imperícia s impericia.
Império s imperio, poderío.
Impermeabilizar v impermeabilizar.
Impertinência s impertinencia.
Imperturbável adj imperturbable.
Impessoal adj impersonal.
ímpeto s arranque, ímpetu.
Impetuoso adj impetuoso, fogoso.
ímpio adj impio, hereje.
Implacável adj implacable, insensible.
Implantação s implantación.
Implantar v implantar.
Implicância s implicancia.
Implicar v implicar.
Implícito adj implícito, tácito.
Implorar v implorar, rogar, suplicar.
Imponente adj imponente, arrogante.
Impontual adj que no es puntual.
Impopular adj impopular.
Impor v imponer.
Importação s importación.
Importância s importancia, grandeza.
Importar v importar, originar, producir, convenir.
Importunar v importunar, aburrir.
Imposição s imposición.
Impossibilitar v imposibilitar, impedir.
Impossível adj imposible.

Imposto adj impuesto, contribución.
Impostor adj impostor, farsante.
Impostura s impostura, hipocresía.
Impotência s impotencia, imposibilidad.
Impraticável adj impracticable, intratable.
Imprecar v imprecar, pedir, suplicar, maldecir.
Imprecisão s imprecisión.
Impregnação s impregnación, absorción, fecundación.
Imprensa s imprenta.
Imprescindível adj imprescindible.
Impressão s edición, impresión, sensación.
Impressionar v impresionar, emocionar, impactar.
Impresso adj estampado, impreso; s folleto.
Imprestável adj imprestable.
Imprevidência s imprevisión.
Imprevisto adj imprevisto.
Imprimir v imprimir, grabar, estampar.
ímprobo adj ímprobo.
Improcedente adj improcedente.
Improdutivo adj improductivo.
Impropério s improperio, insulto, injuria.
Impróprio adj impropio, inadecuado, inconveniente.
Improvável adj improbable.
Improvisar v improvisar, inventar.
Imprudência s imprudencia, indiscreción.
Impugnar v impugnar, oponer.
Impulsionar v impulsar.
Impulso s impulso, ímpetu.
Impune adj impune.
Impureza s impureza.
Imputar v imputar.
Imundície s inmundicia, porquería.
Imunidade s inmunidad.
Imunizar v inmunizar.
Imutável adj inmutable.
Inabalável adj inalterable.
Inábil adj inhábil.
Inabilitar v inhabilitar, incapacitar.
Inacabável adj inacabable.
Inação s inacción, inercia.
Inaceitável adj inaceptable.
Inacessível adj inaccesible.
Inacreditável adj increíble.
Inadequado adj inadecuado.
Inadiável adj improrrogable.
Inadmissível adj inadmisible.
Inalar v aspirar, inhalar.
Inalienável adj inalienable.
Inalterável adj inalterable.
Inanição s inanición.
Inapetência s desgana, inapetencia.
Inapto adj inepto, incapaz, inhábil.
Inatacável adj inatacable.

Inatingível adj inalcanzable.
Inativo adj inactivo, inerte, desocupado.
Inato adj congénito, innato.
Inaudito adj inaudito.
Inaugurar v inaugurar, empezar.
Inca adj inca.
Incalculável adj incalculable, ilimitado, incontable, inestimable.
Incandescente adj incandescente.
Incansável adj incansable, infatigable.
Incapacidade s incapacidad, incompetencia, insuficiencia, inutilidad.
Incauto adj incauto.
Incendiar v incendiar, abrasar, encender, inflamar.
Incensar v incensar.
Incentivar v estimular, incitar.
Incerteza s incertidumbre, duda.
Incerto adj incierto, ambiguo, dudoso, improbable, inconstante.
Incessante adj incesante, continuo.
Incesto s incesto.
Inchaço s hinchazón.
Inchar v hinchar.
Incidente adj incidente, accidente.
Incidir v incidir, incurrir.
Incineração s cremación, incineración.
Incisão s incisión, cortadura, hendidura.
Incisivo adj incisivo.
Inciso s inciso.
Incitar v incitar, estimular, instigar.
Inclemência s inclemencia, crueldad.
Inclinação s declinación, inclinación.
Incluir v incluir, implicar.
Inclusive adj inclusive, incluso.
Incluso adj incluido, comprendido.
Incoerência s incoherencia.
Incógnito adj anónimo, incógnito.
Incolor adj incoloro.
Incólume adj incólume.
Incomodar v incomodar, molestar.
Incômodo adj incómodo, molesto, nocivo; s enfermedad pasajera.
Incompatível adj incompatible.
Incompetência s incompetencia, inhabilidad.
Incompleto adj incompleto.
Incompreendido adj incomprendido.
Incompreensível adj incomprensible.
Incomunicável adj incomunicable.
Inconcebível adj inconcebible.
Inconciliável adj inconciliable, incompatible.
Incondicional adj incondicional.
Inconfessável adj inconfesable.
Inconfidência s inconfidencia.
Inconformado adj disconforme.
Inconfundível adj inconfundible.
Incongruente adj incongruente.
Inconsciência s inconsciencia.
Inconsistência s inconsistencia.
Inconsolável adj inconsolable.
Inconstância s inconstancia, inestabilidad.
Inconstitucional adj inconstitucional.
Incontestável adj incontestable, indudable.
Incontinência s incontinencia.
Inconveniência s inconveniencia, indelicadeza.
Incorporar v incorporar, incluir.
Incorrer v incurrir.
Incorreto adj incorrecto, errado.
Incorrigível adj incorregible.
Incorrupto adj incorrupto.
Incredulidade s incredulidad.
Incrédulo adj incrédulo, descreído.
Incrementar v incrementar.
Incriminar v incriminar, acusar.
Incrível adj increíble, absurdo, inconcebible.
Incrustar v incrustar.
Incubar v incubar, empollar.
Inculcar v inculcar.
Inculto adj inculto, ignorante.
Incumbência s incumbencia, cometido, comisión, deber.
Incumbir v incumbir, delegar, encomendar.
Incurável adj incurable.
Incursão s incursión, invasión.
Incutir v influir.
Indagar v indagar, inquirir, pesquisar.
Indecência s indecencia.
Indecifrável adj indescifrable.
Indecisão s indecisión.
Indecoroso adj indecoroso.
Indefeso adj indefenso.
Indefinido adj indefinido.
Indelével adj imborrable, indeleble.
Indelicado adj indelicado, desatento, inconveniente.
Indenizar v indemnizar, compensar.
Independência s autonomía, independencia.
Indescritível adj indescriptible.
Indesejável adj indeseable.
Indestrutível adj indestructible.
Indeterminado adj indeterminado.
Indevido adj indebido.
Indexação s indexación.
Indicador adj, s indicador, índex, índice, dedo.
Indicativo adj indicativo, indicación, señal.
Índice s índice.
Indício s indicio, indicación, rastro.
Indiferença s indiferencia, apatía, desdén, desinterés.
Indiferente adj indiferente, apático, desinteresado, insensible.

indígena — iniludível 251 INI

Indígena *adj* indígena, autóctono.
Indigente *adj* indigente, pobre.
Indigestão *s* indigestión, embargo.
Indignar *v* indignar, encolerizar, enfadar, enojar.
Indigno *adj* indigno, improprio, abyecto.
Índio *adj* indio.
Indireto *adj* indirecto, alusivo.
Indisciplinado *adj* indisciplinado.
Indiscreto *adj* indiscreto, curioso.
Indiscutível *adj* indiscutible, innegable.
Indispensável *adj* indispensable, imperioso.
Indispor *v* indisponer.
Indistinto *adj* indistinto.
Individual *adj* individual, particular, singular.
Indivisível *adj* indivisible, inseparable.
Indócil *adj* indócil.
Índole *s* índole.
Indolência *s* indolencia, apatía, pereza, negligencia.
Indolor *adj* indoloro.
Indomável *adj* indomable.
Indubitável *adj* indubidable.
Indulgência *s* indulgencia, clemencia.
Indultar *v* indultar, absolver.
Indumentária *s* indumentaria, traje, vestuario.
Indústria *s* industria.
Industrial *adj* industrial.
Induzir *v* inducir.
Inebriante *adj* embriagador.
Inebriar *v* embriagar.
Inédito *adj* inédito, no publicado.
Inefável *adj* inefable.
Ineficaz *adj* ineficaz, inútil.
Ineficiente *adj* ineficaz.
Inegável *adj* innegable.
Inepto *adj* inepto, incapaz.
Inequívoco *adj* inequívoco, claro.
Inércia *s* inercia, flojedad.
Inerente *adj* inherente, innato.
Inescusável *adj* inexcusable.
Inesgotável *adj* inagotable.
Inesperado *adj* imprevisto, inesperado.
Inesquecível *adj* inolvidable.
Inestimável *adj* inestimable.
Inevitável *adj* inevitable, fatal.
Inexequível *adj* inasequible.
Inexistência *s* inexistencia.
Inexorável *adj* inexorable, implacable.
Inexperiente *adj* inexperto, ingenuo.
Inexplicável *adj* inexplicable.
Inexpressivo *adj* inexpresivo.
Inexpugnável *adj* inexpugnable, invencible.
Infalível *adj* infalible.
Infamar *v* infamar.
Infame *adj* infame.

Infância *s* infancia, niñez.
Infarto *s* infarto.
Infatigável *adj* infatigable.
Infausto *adj* infausto, funesto.
Infeccionar *v* infeccionar, contaminar.
Infeccioso *adj* infeccioso.
Infectar *v* infectar, contagiar.
Infelicidade *s* infelicidad, desventura, desdicha.
Infeliz *adj* infeliz, desgraciado.
Inferior *adj* inferior.
Inferir *v* inferir.
Infernal *adj* infernal, endemoniado, diabólico.
Infestar *v* infestar, horroroso.
Infiel *s* infiel, traidor.
Infiltrar *v* infiltrar.
Ínfimo *adj* ínfimo.
Infindável *adj* interminable.
Infinidade *s* infinidad.
Infinito *adj* infinito, excesivo.
Inflação *s* inflación.
Inflamar *v* inflamar, incendiar.
Inflamável *adj* inflamable.
Inflar *v* hinchar, inflar.
Inflexível *adj* inflexible.
Infligir *v* infligir.
Influência *s* influencia, autoridad.
Influir *v* influir.
Influxo *s* influjo.
Informação *s* información, comunicación.
Informal *adj* informal.
Informar *v* informar, comunicar, enterar.
Informe *s* informe, información, aviso; *adj* informe, irregular.
Infortúnio *s* infortunio, desdicha, fracaso, infelicidad.
Infração *s* infracción, transgresión.
Infraestrutura *s* infraestructura.
Infringir *v* infringir, transgredir.
Infundado *adj* infundado.
Infusão *s* infusión.
Ingenuidade *s* ingenuidad, inocencia.
Ingerência *s* injerencia, intromisión.
Ingestão *s* ingestión, deglutición.
Ingovernável *adj* ingobernable.
Ingrato *adj* ingrato, desagradecido.
Ingrediente *s* ingrediente.
Íngreme *adj* escarpado.
Ingressar *v* ingresar, entrar, afiliar.
Ingresso *s* ingreso, acceso, admisión, entrada.
Inibição *s* inhibición.
Inibir *v* inhibir.
Iniciação *s* iniciación.
Iniciar *v* iniciar, enseñar.
Início *s* inicio, comienzo.
Iniludível *adj* ineludible.

INI 252 inimaginável — intendente

Inimaginável *adj* inimaginable.
Inimigo *adj* enemigo, adversario, hostil.
Inimizar *v* enemistar, indisponer.
Ininteligível *adj* ininteligible.
Ininterrupto *adj* ininterrumpido, incesante.
Iniquidade *s* iniquidad, injusticia.
Injeção *adj* inyección.
Injetar *s* inyectar.
Injúria *s* injuria, afrenta, enojo, insulto.
Injustiça *s* injusticia.
Inocência *s* inocencia.
Inocente *adj* inocente, infantil, ingenuo.
Inocular *v* inocular.
Inócuo *adj* inocuo, inofensivo.
Inodoro *adj* inodoro.
Inofensivo *adj* inofensivo, anodino, inocuo.
Inolvidável *adj* inolvidable.
Inoperante *adj* inoperante.
Inopinado *adj* inopinado.
Inoportuno *adj* inoportuno, impropio, inconveniente.
Inorgânico *adj* inorgánico.
Inóspito *adj* inhospitalario.
Inovação *s* innovación.
Inovar *v* innovar.
Inoxidável *adj* inoxidable.
Inqualificável *adj* incalificable.
Inquebrantável *adj* inquebrantable.
Inquérito *s* inquisición.
Inquietação *s* inquietud.
Inquilino *s* inquilino.
Inquirir *v* inquirir, indagar.
Inquisidor *s* inquisidor.
Insaciável *adj* insaciable.
Insalivar *v* insalivar.
Insalubre *adj* insalubre, malsano.
Insano *adj* insano, loco, difícil.
Insatisfeito *adj* insatisfecho.
Inscrever *v* inscribir, esculpir.
Inseguro *adj* inseguro.
Inseminar *v* inseminar.
Insensatez *s* insensatez, locura.
Insensibilizar *v* insensibilizar.
Insensível *adj* insensible.
Inseparável *adj* inseparable.
Inserir *v* insertar.
Inseticida *s* insecticida.
Inseto *s* insecto.
Insídia *s* insidia, emboscada, traición.
Insigne *adj* insigne, célebre, famoso.
Insígnia *s* insignia, emblema.
Insignificância *s* insignificancia.
Insinuar *v* insinuar, persuadir.
Insípido *adj* insípido, insulso.
Insistência *s* insistencia, perseverancia.

Insistir *v* insistir.
Insociável *adj* insociable.
Insofrível *adj* insufrible, intolerable.
Insolação *s* insolación.
Insolente *adj* insolente, grosero.
Insólito *adj* insólito.
Insolúvel *adj* insoluble.
Insolvência *s* insolvencia.
Insondável *adj* insondable.
Insônia *s* insomnio.
Insosso *adj* soso.
Inspecionar *v* inspeccionar, revistar.
Inspetor *adj* inspector.
Inspirar *v* inspirar, sugerir.
Instalação *s* instalación.
Instalar *v* instalar.
Instância *s* instancia, solicitud.
Instantâneo *adj* instantáneo.
Instante *s* instante, momento, urgente.
Instável *adj* inestable, voluble.
Instigar *v* instigar, incitar.
Instintivo *adj* instintivo.
Instituição *s* institución.
Instituir *v* instituir.
Instituto *s* instituto.
Instrução *s* educación, instrucción.
Instruído *adj* instruido, culto.
Instrumental *adj* instrumental; *s* instrumental, orquesta.
Instrutivo *adj* instructivo.
Insubordinar *v* insubordinar.
Insubstituível *adj* insubstituible.
Insuficiência *s* insuficiencia.
Insuflar *v* insuflar.
Insulina *s* insulina.
Insultar *v* insultar, injuriar.
Insuperável *adj* insuperable.
Insuportável *adj* insoportable.
Insurgir *v* insurgir, sublevarse.
Insurreição *s* insurrección.
Insurreto *adj* insurrecto.
Insustentável *adj* insustentable.
Intacto *adj* intacto.
Intangível *adj* intangible.
Íntegra *s* íntegra.
Integridade *s* integridad.
Inteirar *v* enterar.
Inteiro *adj* entero, completo, intacto.
Intelecto *s* intelecto.
Inteligência *s* inteligencia.
Inteligível *adj* inteligible, claro.
Intempérie *s* intemperie.
Intempestivo *adj* intempestivo.
Intenção *s* intención, propósito.
Intendente *s* intendente.

intensidade — ioga 253 **IOG**

Intensidade s intensidad.
Intensificar v intensificar.
Intensivo adj intensivo.
Intentar v intentar.
Interação s interacción.
Intercalar v intercalar, interponer.
Intercâmbio s intercambio, permuta.
Interceder v interceder.
Interceptar v interceptar, interrumpir.
Interdição s interdicción.
Interessante adj interesante.
Interessar v interesar.
Interesse s interés, ganancia, ventaja.
Interferir v intervenir.
Interino adj interino, provisional.
Interior adj interior.
Interjeição s interjección.
Interlocutor s interlocutor.
Interlúdio s interludio.
Intermediar v intermediar.
Intermédio s intermedio, medianero.
Interminável adj interminable.
Intermitência s intermitencia.
Internacional adj internacional.
Internar v internar.
Internato s internado.
Interno adj interno.
Interplanetário adj interplanetario.
Interpolar v interpolar.
Interpor v interponer.
Interpretação s interpretación, versión.
Interpretar v interpretar, explicar.
Interrogação s interrogación.
Interromper v interrumpir.
Interrupção s interrupción.
Interruptor s interruptor.
Intersecção s intersección.
Intertropical adj intertropical.
Interurbano adj interurbano.
Intervalo s intervalo.
Interventor adj interventor.
Intervir v intervenir, interceder.
Intimar v intimar, notificar.
Intimidar v intimidar, asustar.
íntimo adj íntimo, interno.
Intocável adj intocable.
Intolerância s intolerancia.
Intolerável adj intolerable, insoportable.
Intoxicar v intoxicar.
Intraduzível adj intraducible.
Intranquilidade s intranquilidad.
Intranquilizar s intranquilizar.
Intranquilo adj intranquilo.
Intransferível adj intransferible.
Intransigente adj intransigente.

Intransitável adj intransitable.
Intransitivo adj intransitivo.
Intratável adj intratable.
Intrepidez s intrepidez.
Intrépido adj intrépido.
Intriga s intriga.
Intrigar v intrigar.
Intrincado adj intrincado.
Intrínseco adj intrínseco.
Introduzir v introducir.
Intrometer v entrometer, entremediar.
Intrometido adj entrometido.
Introspectivo adj introspectivo.
Introvertido adj introvertido.
Intruso adj intruso.
Intuição s intuición.
Inumar v inhumar.
Inumerável adj innumerable.
Inundação s aluvión, avenida, inundación.
Inundar v anegar, inundar.
Inusitado adj inusitado.
Inútil adj inútil, baldío, estéril, ineficaz, vano.
Invadir s invadir.
Invalidar s invalidar, anular, inutilizar.
Invariável adj invariable.
Invasão s invasión.
Inveja s envidia.
Invejar v envidiar.
Invenção s invención.
Invencível adj invencible.
Inventar v inventar.
Inventário s catálogo, inventario.
Inventivo adj inventivo.
Invento s invento, invención.
Invernar v invernar.
Inverno s invierno.
Inverossímil adj inverosímil.
Inverso adj inverso.
Invertebrado s invertebrado.
Inverter v invertir.
Invés s envés.
Investida s embestida, asalto, ataque.
Investigação s investigación, averiguación, exploración, indagación.
Investir v investir, arremeter, avanzar.
Inveterado adj inveterado.
Invicto adj invicto.
Inviolável adj inviolable.
Invisível adj invisible.
Invocar v invocar, llamar.
Invólucro s envoltura, forro, cobertura.
Invulnerável adj invulnerable.
Iodado adj yodado.
Iodo s yodo.
Ioga s yoga.

IOG 254   iogurte — itinerário

Iogurte *v* yogur.
Ir *v* seguir, ir.
Ira *s* ira, cólera.
Iracundo *adj* iracundo.
Irar *v* airar.
Íris *s* iris.
Irlandês *adj* irlandés.
Irmã *s* hermana.
Irmão *s* hermano.
Irônico *adj* irónico, sarcástico.
Irracional *adj* irracional.
Irradiar *v* irradiar.
Irreal *adj* irreal, fantástico.
Irreconciliável *adj* irreconciliable.
Irrecusável *adj* irrecusable.
Irredutível *adj* irreductible.
Irreflexivo *adj* irreflexivo.
Irrefutável *adj* irrefutable.
Irregular *adj* irregular.
Irremediável *adj* irremediable.
Irrepreensível *adj* irreprensible.
Irresistível *adj* irresistible.
Irresoluto *adj* irresoluto, indeciso.
Irresolúvel *adj* insoluble, sin solución.
Irrespirável *adj* irrespirable.

Irresponsável *adj* irresponsable.
Irreverência *s* irreverencia.
Irrevocável *adj* irrevocable.
Irrevogável *adj* irrevocable, definitivo.
Irrigação *s* irrigación.
Irrisório *adj* irrisorio.
Irritado *adj* airado, impaciente, corajoso.
Irritar *v* irritar, agraviar, airar, encolerizar, enfadar.
Irromper *v* irrumpir, surgir, nacer, brotar.
Irrupção *s* irrupción, invasión.
Isca *s* cucharilla.
Isenção *s* exención, inmunidad.
Isento *adj* exento, inmune.
Islamismo *s* islamismo.
Isolado *adj* aislado, solitario, solo.
Isolante *s* aislador.
Isolar *v* aislar, separar.
Isqueiro *s* mechero.
Israelita *adj* hebreo, israelí.
Isso *pron dem* eso, esa cosa.
Istmo *s* istmo.
Isto *pron dem* esto, esta cosa.
Itálico *s* itálico, bastardilla, letra cursiva.
Itinerário *adj* itinerario, ruta.

J

ABCDEFGHIJKLMNOPQRSTUVWXYZ

J s décima letra del alfabeto portugués.
Já adj ya.
Jacarandá s jacarandá, árbol, palo santo.
Jacaré s jacaré, caimán.
Jacinto s jacinto.
Jacobino s jacobino.
Jactância s jactancia, vanidad.
Jactar-se v jactarse.
Jacto s lanzamiento, salida impetuosa, golpe.
Jaculatória s jaculatoria.
Jade s jade.
Jaez s jaez.
Jaguar s jaguar.
Jaleco s jaleco, americana.
Jamais adj jamás, nunca.
Jamba s jamba.
Janeiro s enero.
Janela s ventana.
Jangada s armadía, balsa.
Jantar s cena, yantar.
Jaqueta s americana, chaqueta.
Jarda s yarda.
Jardim s jardín.
Jardim-de-infância s parvulario.
Jardinagem s jardinería.
Jardineiro s jardinero.
Jargão s argot, jerga.
Jarra s botija, jarra.
Jasmim s jazmín.
Jaspe s jaspe.
Jaula s jaula.
Javali s jabalí.
Jazer v yacer.
Jazida s fossa.
Jeito s modo, manera, costumbre.
Jeitoso adj hábil, diestro, mañoso, apto.
Jejuar v ayunar.
Jejum s ayuno.
Jesuíta s jesuita.
Joalheria s joyería.
Joaninha s mariquita.
Jocoso adj jocoso.
Joelho s rodilla.
Jogador s jugador.
Jogar v jugar.
Jogo s juego.
Jogral s trovador.
Joia s alhaja, pieza.
Joio s joyo, cizaña.
Jornada s jornada.
Jornal s gaceta, periódico, diario.
Jornaleiro s jornalero.
Jornalismo s periodismo.
Jorrar v chorrear.
Jovem adj joven, mancebo, mozo.
Jovial adj jovial, juguetón, festivo.
Juba s melena, juba.
Jubilar v alegrar.
Júbilo s júbilo, contentamiento.
Judaico adj judaico, hebraico.
Judaísmo s judaísmo.
Judicial adj judicial.
Judiciário adj judiciario.
Judô s yudo.
Jugular adj yugular.
Juiz s juez, magistrado, árbitro.
Juízo s juicio, juzgado, opinión.
Julgado adj juzgado.
Julgar v juzgar, apreciar, criticar.
Julho s julio.
Junção s reunión.
Juncar v cubrir de juncos.
Junco s junco.
Junho s junio.
Juntar v juntar, reunir, acumular.
Junto adj junto.
Jura s jura, juramento.
Jurado adj jurado.
Jurar v jurar.
Júri s jurado, tribunal.
Jurídico adj jurídico.
Jurisdição s jurisdicción.
Juro s interés, ganancia.
Jururu adj triste, melancólico.

JUS

Justapor *v* yustaponer.
Justiça *s* justicia.
Justiçado *adj* ajusticiado.
Justiçar *v* ajusticiar.
Justificação *s* justificación.

Justificar justificar.
Justo *adj* justo.
Juta *s* yute.
Juvenil *adj* juvenil.
Juventude *s* juventud, mocedad.

ABCDEFGHIJKLMNOPQRSTUVWXYZ

K *s* letra del alfabeto portugués usada solamente en nombres extranjeros y sus derivaciones.
Kantismo *s* kantismo.

Kirie *s* kirie.
Km *s* kilómetro.

L

ABCDEFGHIJKLMNOPQRSTUVWXYZ

L s undécima letra del alfabeto portugués, L cincuenta en la numeracion romana.
Lá adv allá, en otro lugar o tiempo.
Lã s lana.
Labareda s llama, llamarada.
Lábaro s lábaro.
Lábio s labio.
Labirinto s laberinto.
Labor s labor.
Laboratório s laboratorio, oficina.
Labrego s labriego, campesino grosero.
Labuta s oficio.
Laca s laca, barniz.
Lacaio s lacayo.
Laçar v lazar.
Lacerar v lacerar, raspar.
Laço s lazo.
Lacônico adj lacónico, breve, conciso.
Lacrar v lacrar.
Lacrimal adj lacrimal.
Lactação s lactación.
Lactante adj lactante.
Lactar v lactar, amamantar.
Lácteo adj lácteo, lechoso.
Lacuna s laguna, vacío.
Lacustre adj lacustre.
Ladainha s letanía.
Ladeira s ladera, subida.
Ladino adj ladino, astuto, sagaz.
Lado s lado.
Ladrão s ladrón, salteador.
Ladrilhar v enladrillar.
Lagar s lagar.
Lagarta s lagartija.
Lagartixa s lagartija.
Lago s lago.
Lagoa s laguna, lago pequeño, pantano.
Lagosta s langosta.
Lagostim s langostín.
Lágrima s lágrima.
Laguna s laguna.
Laico adj laico, lego.
Laje s laja, piedra plana.
Lajear v enlosar.
Lama s lama, barro, sacerdote budista.
Lamaçal s lamedal, lodazal.
Lambada s bofetada, porrazo con la mano, paliza.
Lambança s golosina.
Lamber v lamer, relamerse.
Lambiscar v pellizcar, malcomer.
Lambuzar v emporcar, ensuciarse, pringar.
Lamentar v lamentar, quejarse.
Lamentável adj lamentable, doloroso, triste.
Lâmina s lámina.
Laminar v laminar.
Lâmpada s lámpara, candil.
Lamparina s lamparilla.
Lampejar v centellear, relampaguear.
Lampião s lampión, farol.
Lampinho adj lampiño.
Lamuriante adj lamentoso, quejumbroso.
Lançamento s lanzamiento.
Lançar v lanzar, arrojar.
Lancear v lancear.
Lanceiro s lancero.
Lancha s lancha, bote.
Lanchar v merendar.
Lanche s merienda.
Lanchonete s donde se sirve comidas ligeras en la barra.
Lânguido adj lánguido, flaco.
Lanifício s lanificio.
Lanolina s lanolina.
Lanoso adj lanudo, lanoso.
Lantejoula s lentejuela.
Lanterna s farol, linterna.
Lanudo adj lanudo.
Lapa s gruta, cueva.
Lapela s solapa.
Lapidar v apedrear, lapidar.
Lápis s lápiz.
Lapiseira s lapicera.

lápis-lazúli — lesar

LES

Lápis-lazúli s lapislázuli.
Lapso s lapso.
Laquê s laca.
Laquear v laquear.
Lar s lar, hogar.
Laranja s naranja.
Laranjada s naranjada.
Lardo s lardo, tiras de tocino.
Lareira s chimenea, hogar, lar.
Larga s larga.
Largar v largar, desasir, dejar, aflojar, partir, zarpar.
Largo adj ancho, amplio.
Laringe s laringe.
Larva s larva.
Lasanha s pasta para sopa.
Lascar v desportillar, rajar, astillarse.
Lascívia s lascivia.
Laser s láser.
Lasso adj laso.
Lastimar v lastimar, compadecer, mancar.
Lastro s lastre.
Lata s lata, envase, hojalata.
Látego s látigo, azote.
Latejar v latir, palpitar, pulsar.
Látex s látex.
Latido s ladrido.
Latifúndio s latifundio.
Latim s latín.
Latinizar v latinizar.
Latir v ladrar.
Latitude s latitud.
Lato adj lato, dilatado, extendido.
Latrina s privada, letrina, retrete.
Latrocínio s latrocinio.
Lauda s página de un libro.
Láudano s láudano.
Laudatório adj laudatorio.
Laureado adj laureado, galardonado.
Laurear v laurear.
Lava s lava.
Lavabo s lavabo.
Lavagem s lavamiento, lavatina, lavaje, clister.
Lava-louça s lavavajillas.
Lavar v lavar.
Lavatório s lavabo, lavamanos, lavatorio.
Lavoura s labranza, labores, labra.
Lavra s labra, cultivo, cultura, fabricación.
Lavrador s labrador, agricultor.
Lavrar v laborar, labrar.
Laxante adj laxante.
Lazarento adj lazariento, leproso.
Lazareto s lazareto.
Lazer s ocio.
Leal adv sincero, leal.

Leão s león.
Lebre s liebre.
Lecionar v leccionar.
Legado s legado, herencia.
Legal adj legal, lícito, válido.
Legalizar v legalizar, autenticar, validar.
Legar v legar, transmitir por testamento.
Legenda s leyenda.
Legendário adj legendario.
Legião s legión.
Legionário s legionario.
Legislar v legislar.
Legista s legista.
Legitimar v legitimar, validar, legalizar.
Legítimo adj legítimo, auténtico, válido.
Legível adj legible, leíble.
Légua s legua.
Legume s legumbre.
Lei s ley.
Leigo adj lego, laico, profano.
Leilão s subasta, almoneda.
Leiloar v subastar.
Leitão s lechón.
Leite s leche.
Leiteira s lechería.
Leito s cama, lecho.
Leitor adj lector.
Leitoso adj lechoso, lácteo.
Leitura s lectura.
Lema s lema, divisa.
Lembrança s recuerdo, memoria, reminiscencia.
Lembrar v recordar, conmemorar.
Leme s timón.
Lenço s lienzo.
Lençol s sábana.
Lenda s leyenda.
Lêndea s liendre.
Lenha s leña.
Lenhador s leñador.
Lenitivo s lenimento.
Lenocínio s lenocinio.
Lente s lente, anteojo.
Lentidão s lentitud, pausa.
Lentilha s lenteja.
Lento adj lento, lerdo, paulatino, remolón.
Leonino adj leonino.
Leopardo s leopardo.
Lépido adj risueño, jovial.
Lepra s lepra.
Leque s abanico.
Ler v leer.
Lerdo adj lento, lerdo.
Lesão s lesión, traumatismo.
Lesar v lesionar, perjudicar.

LÉS
260
lésbica — líquen

Lésbica s lesbiana.
Lesma s lesma, babosa.
Leste s este, levante, naciente, oriente.
Letal adj letal.
Letargia s letargo, sopor, apatía.
Letificar v letificar, alegrar, regocijar.
Letivo adj lectivo.
Letra s letra.
Letreiro s letrero, título.
Léu s vagabundaje, ocio.
Leucemia s leucemia.
Leucócito s leucocito.
Leva s leva.
Levadiço adj levadizo.
Levado adj travieso.
Levantar v levantar, alzar, erguir.
Levante s levante, rebelión, plante.
Levar v llevar, conducir, pasar, portear.
Leve adj leve, liviano, suave.
Levedar v leudar.
Lêvedo s leudo, levedura.
Leveza s ligereza, liviandad.
Leviano adj liviano, fútil, insensato.
Levitar v levantar.
Léxico s léxico, vocabulario de una lengua.
Lhama s llama.
Lhano adj llano, franco.
Lhe pron le, a él, a ella.
Libanês adj libanés.
Libar v libar, beber.
Libelo s libelo.
Libélula s libélula.
Liberação s liberación.
Liberal adj liberal.
Liberalidade s liberalidad.
Liberalismo s liberalismo.
Liberalizar v liberalizar.
Liberar v liberar, libertar.
Liberdade s libertad.
Libertação s libertación.
Libertar v libertar, soltar.
Libertinagem s libertinaje.
Libidinoso adj libidinoso, lujurioso.
Libido s libido.
Líbio adj libio.
Libra s libra.
Libré s librea.
Liça s liza.
Lição s lección.
Licença s licencia, autorización, permiso.
Licenciar v licenciar.
Licenciatura s licenciatura.
Licenciosidade s libertinaje.
Licencioso adj licencioso, libertino.

Liceu s liceo.
Licitar v licitar.
Lícito adj lícito.
Licor s licor.
Lida s lidia.
Lide s combate, duelo, toreo.
Líder s guía, líder.
Liderança s liderato, liderazgo.
Liderar v liderar, guiar.
Liga s liga, alianza, coalición, mezcla, fusión.
Ligação s unión, relación.
Ligar v ligar, unir, vincular.
Ligeiro adj ligero, rápido, veloz, ágil.
Lilás adj lila.
Lima s lima.
Limão s limón, citrón.
Limar v limar, desgastar o pulir con lima, desbastar.
Limbo s limbo.
Limiar s liminar, umbral, entrada.
Limitado adj limitado, escaso, pequeño.
Limitar v limitar, balizar, coartar.
Limite s límite, confín, linde, frontera, fin, término.
Limo s limo, musgo.
Limoeiro s limonero.
Limonada s limonada.
Limpar v limpiar, asear, lavar, depurar.
Limpeza s limpieza, aseo, higiene.
Límpido adj límpido, nítido, limpio.
Limpo adj limpio, aseado, puro, mondo.
Lince s lince.
Linchar v linchar.
Lindeza s lindeza, hermosura, belleza.
Lindo adj lindo, bello, bonito.
Lineamento s lineamento.
Linear adj linear.
Linfa s linfa.
Lingote s lingote.
Língua s lengua, idioma.
Linguado s lenguado.
Linguagem s lenguaje, lengua.
Lingueta s lengüeta.
Linguiça s longaniza.
Linguística s lingüística.
Linha s línea, hilo.
Linhaça s linaza.
Linhagem s linaje, ascendencia, descendencia, estirpe.
Linho s lino.
Linóleo s linóleo.
Linotipista s linotipista.
Liquefazer v liquefacer, derretir.
Líquen s liquen.

liquidação — lugar

Liquidação s liquidación, saldo.
Liquidar v liquidar, extinguir, saldar.
Liquidez s liquidez.
Liquidificador s licuadora.
Liquidificar v licuar.
Líquido s líquido.
Lira s lira.
Lírico adj lírico.
Lírio s lirio.
Liso adj liso, plano, raso, suave.
Lisonjeador adj lisonjeador, adulón.
Lisonjear v adular, lisonjear.
Lista s lista, elenco.
Listra s lista, raya, faja estrecha.
Listrado adj listado.
Lisura s lisura.
Liteira s litera, andas.
Literal adj literal.
Literario adj literario.
Literatura s literatura.
Litigar v litigar.
Litígio s litigio, contención, disputa, pleito.
Litografia s litografía.
Litoral s litoral, costa de un mar, zona marítima.
Litorâneo adj litoral.
Litosfera s litosfera.
Litro s litro.
Liturgia s liturgia.
Lívido adj lívido.
Livramento s libramiento.
Livrar v librar, libertar, salvar, largar, desembarazar.
Livraria s librería.
Livre adj libre, independiente, suelto.
Livro s libro.
Lixa s lija.
Lixar v lijar.
Lixeiro s basurero.
Lixívia s lejía.
Lixo s basura, imundicia.
Lobisomen s hombre lobo.
Lobo s lobo.
Lobrigar v vislumbrar.
Lóbulo s lóbulo.
Loca s escondrijo de pez, caverna marina.
Locador s locador, arrendador.
Local s local, paraje, puesto.
Localização s localización, situación.
Localizar v localizar.
Loção s loción, ablución.
Locatário s locatario, inquilino, arrendatario.
Locomotiva s locomotriz, locomotora.
Locomotor adj locomotor.
Locomotriz adj locomotriz.
Locomover-se v trasladarse.

Locução s locución.
Lodaçal s lodazal, atolladero, barrizal.
Lodo s lodo, barro, cieno, fango, lama.
Logaritmo s logaritmo.
Lógico s lógico.
Logo adv luego.
Logotipo s logotipo.
Logradouro s lugar común a todos, terreno baldío.
Lograr v lograr, estafar, alcanzar.
Logro s logro, engaño, estafa.
Loja s bazar, tienda.
Lojista s tendero, comerciante.
Lombada s loma.
Lombar s lumbar.
Lombo s lomo, solomillo.
Lombriga s gusano.
Lona s lona.
Longe adv lejos; adj longicuo.
Longevidade s longevidad.
Longínquo adj lejano.
Longitudinal adj longitudinal.
Longo adj largo.
Lonjura s lejanía.
Lontra s nutria.
Loquaz adj locuaz.
Lorde s lord.
Lotação s cabida, presupuesto.
Lotear v lotear, dividir en lotes.
Loteria s loto.
Loto s lotería, rifa, sorteo.
Louça s loza, vajilla.
Louco adj demente, insano, maníaco.
Loucura s locura, demencia, desatino, paranoia.
Loureiro s laurel.
Louro s laurel.
Louro adj rubio.
Lousa s losa.
Louvar v alabar, aplaudir, bendecir, elogiar, encumbrar.
Louvável adj loable, laudable, meritorio.
Lua s luna.
Luar s resplandor de la luna.
Lúbrico adj lúbrico.
Lubrificar v engrasar, lubricar.
Lúcido adj lúcido.
Lúcifer s lucifer.
Lucrar v lucrar.
Lucro s lucro, ganacia, interés, provecho.
Lucubrar v lucubrar.
Ludibriar v engañar.
Ludíbrio s ludibrio.
Lufada s ráfaga, soplo.
Lugar s lugar, puesto, región, situación.

LUG

lugarejo — luzir

Lugarejo *s* aldehuela.
Lugar-tenente *s* lugarteniente.
Lúgubre *adj* lúgubre, sombrio.
Lula *s* chipirón.
Lume *s* fuego, lumbre.
Lumieira *s* lumbrera.
Luminária *s* luminaria, lamparilla.
Lunar *adj* lunar.
Luneta *s* luneta, anteojo.
Lupa *s* lupa.
Lupanar *s* lupanar, burdel.
Lúpulo *s* lúpulo.
Lusco-fusco *s* crepúsculo, el anochecer.
Lustrar *v* lustrar, barnizar, pulir.
Lustre *s* lustre, araña.

Lustro *s* lustro, espacio de cinco años, lustre.
Luta *s* lucha, pelea, combate, contienda, disputa.
Lutar *v* luchar, pelear, pugnar, combatir, disputar, guerrear, lidiar.
Luterano *adj* luterano, protestante.
Luto *s* luto.
Luva *s* guante.
Luxação *s* luxación.
Luxo *s* lujo, ostentación, suntuosidad.
Luxuoso *adj* lujoso, suntuoso.
Luxúria *s* lujuria.
Luz *s* luz.
Luzente *adj* luciente, luminoso.
Luzido *adj* lucido, brillante.
Luzir *v* lucir.

M

ABCDEFGHIJKLMNOPQRSTUVWXYZ

M s duodécima letra del alfabeto portugués, 1000 en la numeracion romana.
Má adj mala.
Maca s camilla, hamaca.
Maça s clava, majadero, maza.
Maçã s manzana.
Macabro adj macabro, fúnebre, triste.
Macaco s macaco, mono.
Macadame s adoquín, macadán.
Maçador adj maceador.
Maçaneta s picaporte.
Maçante adj latoso, patoso, machacador.
Maçapão s mazapán.
Macaquice s monada, monerías.
Maçar v machacar, molestar, enfadar.
Maçarico s soplete.
Maçaroca s mazorca.
Macarronada s comida hecha con macarrón.
Macela s manzanilla.
Macerar v macerar.
Maceta s maceta, maza.
Machadinha s cuchilla.
Machado s hacha.
Macho adj macho.
Machucado adj magulladura, magullamiento.
Machucar v machacar, magullar, llagar.
Maciço adj macizo.
Macieira s manzano.
Maciez s blandura, suavidad.
Macilento adj macilento.
Macio adj blando, suave, ameno.
Maço s mazo, machote, manojo.
Maçom adj masón.
Maconha s mariguana, marihuana.
Maçônico adj masónico.
Macrobiótico adj macrobiótico.
Macrocosmo s macrocosmo.
Macular v macular, manchar, infamar, profanar.
Madalena s magdalena.
Madeira s madera, palo.
Madeireira s maderería.
Madeixa s madeja.
Madrasta s madrastra.
Madre s madre, monja.
Madrepérola s madreperla, nácar.
Madressilva s madreselva.
Madrigueira s madriguera.
Madrinha s madrina.
Madrugada s madrugada, alba, alborada.
Madrugar v madrugar.
Madurar v madurar.
Madureza s madurez, sazón de los frutos.
Maduro adj maduro.
Mãe s madre.
Maestro s maestro, director de orquesta.
Máfia s mafia.
Maga s maga, hechicera.
Magazine s magazine, revista.
Magia s magia, fascinación, encanto.
Mágico adj mágico, fascinante, encantador.
Mágico s hechicero, brujo.
Magistério s magisterio.
Magistrado s magistrado, juez.
Magistral adj magistral.
Magnânimo adj magnánimo, generoso.
Magnata s magnate.
Magnético adj magnético.
Magnetizar v magnetizar.
Magnificar v magnificar, engrandecer.
Magnífico adj magnífico, admirable, suntuoso.
Magnitude s magnitud.
Magno adj magno, grande.
Mago s mago, hechicero.
Mágoa s magulladura.
Magoar v magullar, hacer dano.
Magro adj magro, delgado, flaco.
Maio s mayo.
Maiô s bañador.
Maionese s mahonesa.
Maior adj mayor.
Maioral s mayoral.
Maioria s mayoría.
Mais adv más.
Maisena s maicena, fécula de maíz.

MAI
264

maiúscula — manobrar

Maiúscula s mayúscula.
Majestade s majestad.
Majestoso adj majestuoso, suntuoso.
Mal s mal, desgracia, enfermedad.
Mala s maleta, valija.
Malabarismo s malabarismo.
Mal-acostumado adj malacostumbrado.
Mal-agradecido adj malagradecido.
Malagueta s malagueta, guindilla.
Malandro s ladrón, granuja, bellaco.
Malária s malaria, paludismo.
Mal-aventurado adj malaventurado.
Malbaratar v malbaratar, malvender.
Malcheiroso adj maloliente, hediondo.
Malcriado adj malcriado.
Maldade s maldad, tozudez.
Maldição s maldición.
Maldizer v maldecir.
Maldoso adj malicioso.
Maleável adj maleable, flexible.
Maledicência s maledicencia, difamación.
Mal-educado adj maleducado, descortés.
Maleficio s maleficio.
Maléfico adj maléfico, perjudicial.
Mal-entendido s malentendido, equívoco.
Mal-estar s malestar, enfermedad.
Maleta s maletín, valija, maleta.
Malevolência s malevolencia, antipatia.
Malfalante adj maldiciente, detractor.
Malfazejo adj maléfico.
Malfeito adj mal hecho.
Malfeitor adj malhechor.
Malferir v malherir.
Malgastar v derrochar, malgastar.
Malha s malla, mancha, suéter.
Malhada s majadura, mallada.
Malhar v mallar, batir.
Mal-humorado adj malhumorado.
Malícia s malicia.
Maligno adj maligno.
Mal-intencionado adj malintencionado.
Maloca s habitación de indígenas.
Malograr v fracasar, malograr.
Malquistar v malquistar, enojarse.
Malsão adj malsano.
Malsoante adj malsonante.
Malte s malta.
Maltrapilho adj andrajoso.
Maltratar v maltratar.
Maluco adj loco, disparatado, maníaco.
Malva s malva.
Malvado adj malvado, perverso.
Malversar v malversar.
Mama s mama, teta.
Mamadeira s biberón, mamadera.

Mamãe s mamá.
Mamão s mamón.
Mamar v mamar.
Mameluco s mameluco, mestizo.
Mamífero s mamífero.
Mamilo s pezón.
Mamoeiro s mamón, árbol sapindáceo.
Mamute s mamut.
Maná s maná.
Manada s manada, rebaño de animales.
Manancial s manantial.
Mancar v cojear, mancar.
Mancebo adj mancebo, joven.
Manchar v manchar, ensuciar.
Manco adj manco, cojo.
Mancomunar v mancomunar, asociar.
Mandamento s mandamiento.
Mandar v mandar, ordenar, enviar.
Mandarim s mandarín.
Mandato v mandato, encarjo.
Mandíbula s mandíbula, quijada.
Mandioca s mandioca.
Mando s mando, orden.
Mandril s mandril.
Manducar v manducar, comer.
Maneira s manera, método, estilo.
Manejar v manejar, dirigir, administrar.
Manejável adj manejable.
Manequim s maniquí.
Maneta adj manco.
Manga s manga, cencerro.
Manganês s manganeso.
Mangonar v holgazanear.
Mangue s mangle.
Mangueira s manguera, árbol del mango.
Manha s maña, habilidad.
Manhã s mañana.
Manhoso adj mañoso.
Mania s manía, extravagancia.
Maniatar v maniatar.
Manicômio s manicomio.
Manicura s manicura.
Manifestação s manifestación, anunciación, declaración.
Manifestar v manifestar, mostrar, abrirse.
Manifesto s manifiesto, notorio, declaración.
Manipulação s manipulación.
Manipular v manipular.
Maniqueísmo s maniqueísmo.
Manivela s manivela.
Manjar s manjar, comestible, gollería.
Manjedoura s pesebre.
Manjericão s albahaca.
Manjerona s mejorana.
Manobrar v maniobrar.

mansão — matança

Mansão s mansión.
Mansidão s mansedumbre.
Manso adj manso, benigno, suave.
Manta s manta.
Manteiga s mantequilla.
Manter v mantener, sustentar.
Mantilha s mantilla.
Mantimento s mantenimiento, víveres.
Manto s manto.
Mantô s mantón.
Manual adj manual, portátil.
Manufatura s manufactura.
Manuscrito s manuscrito.
Manusear v manosear.
Manutenção s mantenimiento, manutención, sustento.
Mão s mano.
Mão-aberta s manilargo.
Mão-cheia s puñado.
Maometano adj mahometano.
Mapa s mapa.
Maquete s maqueta.
Maquiagem s maquillaje.
Maquiar v maquillar.
Maquiavélico adj maquiavélico.
Máquina s máquina.
Maquinar v ingeniar, maquinar.
Maquinaria s maquinaria.
Mar s mar.
Maracujá s pasionaria, planta pasiflórea.
Marajá s rajá.
Marasmo s marasmo, apatía.
Maratona s maratona, carrera pedestre.
Maravilha s maravilla, prodigio.
Maravilhoso adj divino, maravilloso.
Marca s marca, cuño, logotipo.
Marcado adj marcado.
Marcar v marcar, señalar.
Marceneiro s ebanista.
Marchar v marchar.
Marchetaria s marquetería, ebanistería.
Marcial adj marcial.
Marciano adj marciano.
Marco s marco, baliza, hito.
Março s marzo.
Maré s marea.
Marear v marear.
Marechal s mariscal.
Maremoto s maremoto.
Marfim s marfil.
Margarida s margarita.
Margem s margen, cercadura, orilla.
Marginal adj, s marginal.
Maricas adj maricas.
Marido s marido.

Marimbondo s avispa.
Marinha s marina.
Marinheiro s marinero.
Marionete s marioneta.
Mariposa s mariposa.
Marisco s marisco.
Marital adj marital.
Marítimo adj marítimo.
Marmelada s dulce de membrillo.
Marmelo s membrillo.
Marmita s marmita.
Mármore s mármol.
Marmota s marmota.
Maroto adj bribón, pícaro.
Marquês s marqués.
Marquise s marquesina.
Marreta s marra pequeña de hierro.
Marta s marta.
Martelar v martillar.
Martelo s martillo, martinete.
Mártir s mártir.
Martírio s martirio.
Martirológio s martirologio.
Marujo s marinero.
Marxismo s marxismo.
Marzipã s mazapán.
Mas conj pero, todavía.
Mascar v mascar, masticar.
Máscara s máscara, mascarilla.
Mascarar v enmascarar.
Mascate s vendedor ambulante en Brasil.
Mascavo adj azúcar mascavo.
Mascote s mascota.
Mascoto s mazo, martillo grande.
Masculino adj masculino, macho, viril.
Másculo adj masculino, varonil.
Masmorra s mazmorra.
Masoquismo s masoquismo.
Massa s masa, pasta alimenticia.
Massacre s carnificina.
Massagem s masaje.
Massagista s masajista.
Massificar v masificar.
Mastigação s masticación.
Mastim s mastín.
Mastodonte s mastodonte.
Mastro s mástil.
Mastruço s mastuerzo.
Masturbação s masturbación.
Masturbar-se v masturbarse.
Mata s mata, bosque, matorral.
Mata-borrão s papel secante.
Matadouro s matadero.
Matagal s matorral.
Matança s matanza.

MAT 266 matar — mês

Matar v matar.
Mate adj sin brillo, fosco; s mate.
Mateiro s guardabosques, leñador.
Matemática s matemáticas.
Matéria s materia, causa, motivo, asunto.
Material adj corpóreo, material.
Materializar v materializar.
Maternal adj maternal.
Maternidade s maternidad.
Matilha s jauría.
Matinal adj matinal, matutino.
Matinas s maitines.
Matiz s matiz.
Matizar v matizar, esmaltar, graduar.
Mato s mato, breña, matorral.
Matraca s matraca, carraca.
Matreiro adj matrero, astuto.
Matriarca s matriarca.
Matriarcado s matriarcado.
Matrícula s matrícula.
Matricular v matricular.
Matrimônio s casamiento, matrimonio.
Matriz s matriz, útero.
Matrona s matrona.
Maturação s maduración, sazón.
Matutar v cavilar.
Matutino adj matinal, matutino.
Matuto adj rústico, que vive en el campo.
Mau adj malo, imperfecto, nocivo.
Mausoléu s mausoleo.
Má-vontade s malagana, ojeriza.
Maxilar s maxilar, mandíbula.
Máxima s máxima, aforismo, axioma.
Meada s madeja.
Meandro s meandro.
Meão adj mediano.
Mear v dividir al medio, mediar.
Mecânica s mecánica.
Mecânico adj automático, mecánico.
Mecanismo s mecanismo, maquinaria.
Mecanizar v mecanizar, motorizar.
Mecenas s mecenas.
Mecha s mecha, rastrillo.
Medalha s medalla.
Média s media.
Mediador adj mediador, medianero, intermediario.
Mediano adj mediano, intermedio.
Mediante adj mediante; prep por medio de.
Memorizar v memorizar, recordar.
Menção s alusión, mención.
Mencionar v mencionar, aludir, relatar, nombrar.
Mendicante adj mendicante.
Mendigar v mendigar, pedir limosna.
Mendigo s mendigo.

Menear v menear.
Meneio s meneo.
Menestrel s trovador.
Menina s niña.
Meninge s meninge.
Meninice s niñez.
Menino s niño.
Menir s menhir.
Menisco s menisco.
Menopausa s menopausia.
Menor s menor, más pequeño.
Menoridade s minoridad.
Menos adv excepto, menos.
Menoscabar v menoscabar.
Menoscabo s menoscabo, desdén.
Menosprezar v menospreciar.
Mensageiro s mensajero, portadior.
Mensagem s mensaje, misiva, recado.
Mensal adj mensual.
Mensalidade s mensualidad, mes.
Menstruação s menstruación, regla, achaque.
Mensurável adj mensurable.
Mental adj mental, psíquico.
Mente s mente, inteligencia, intelecto.
Mentecapto adj tonto, mentecato.
Mentir v engañar, fingir.
Mentira s mentira, engaño, falsedad, embuste.
Mentiroso adj mentiroso.
Mentol s mentol.
Mentor s mentor.
Menu s menú.
Mercado s comercio, mercado.
Mercador s mercader.
Mercadoria s mercancía, géneros.
Mercantil adj mercantil, comercial, marchante.
Mercê s merced, premio, indulto, recompensa.
Mercearia s tienda de comestibles.
Mercenário adj mercenario.
Mercúrio s azogue, mercurio.
Merda s mierda.
Merecedor adj merecedor, acreedor, digno.
Merecer v merecer, devengar.
Merecido adj merecido, debido.
Merenda s merienda.
Merendar v merendar.
Merengue s merengue.
Meretriz s meretriz.
Mergulhador s buzo, zambullidor.
Mergulhar v bucear, chapuzar, zabullir.
Meridiano adj meridiano.
Meridional adj austral, meridional.
Merino adj merino.
Mérito s merecimiento, mérito.
Merluza s merluza.
Mês s mes.

mesa — minuto

Mesa s mesa.
Mesada s mesada, mensualidad.
Mescla s mezcla, mixtura.
Mesclar v mezclar, amalgamar.
Meseta s meseta.
Mesmo pron mismo; conj hasta; adv igualmente.
Mesnada s mesnada.
Mesquinhar v regatear.
Mesquinho adj mezquino, avaro.
Mesquita s mezquita.
Messe s siega, mies.
Messiânico adj mesiánico.
Mestiço adj mestizo, mulato.
Mestrado s maestrazgo.
Mestre s maestro, profesor, artista.
Mestria s maestría.
Mesura s mesura, reverencia.
Meta s meta, límite.
Metabolismo s metabolismo.
Metade s mitad, medio, centro.
Metafísica s metafísica, transcendencia.
Metáfora s metáfora.
Metal s metal.
Metálico adj metálico.
Metalúrgico adj metalúrgico.
Metamorfose s metamorfosis.
Metano s metano.
Metaplasmo s metaplasmo.
Meteoro s meteoro.
Meteorologia adj meteorología.
Meter v meter, poner dentro, incluir.
Meticuloso adj meticuloso, cuidadoso, quisquilloso.
Metido adj metido.
Método s método, sistema, práctica.
Metragem s metraje.
Metralha s metralla.
Metralhadora s ametralladora.
Metralhar v ametrallar.
Métrica s métrica.
Métrico adj métrico.
Metro s metro, medida.
Metrô s metro, metropolitano.
Metrópole s metrópoli.
Meu pron mío, el mío.
Mexer v mecer, mover, bullir, dislocar.
Mexerico s chisme, fábula, intriga.
Mexicano adj mejicano.
Mexilhão s mejillón.
Miado s maullido.
Miar v maullar.
Miasma s miasma.
Micção s micción.
Mico s mico.
Micróbio s microbio.

Microfilme s microfilm.
Microfone s micrófono.
Microscópio s microscopio.
Mictório s letrina, urinario.
Migalha s miga, migaja, triza.
Migração s migración.
Mijada s meada.
Mijar v mear, orinar.
Mil num mil.
Milagre s milagro.
Milênio s milenio.
Milésimo num milésimo.
Milha s milla.
Milhão num millón.
Milhar s millar.
Milho s maíz.
Milícia s milicia.
Miligrama s miligramo.
Milímetro s milímetro.
Milionário adj millonario.
Militar adj militar; s soldado.
Mim pron mí.
Mimado adj mimado, consentido, malacostumbrado.
Mimar v mimar, acariciar, halagar.
Mimetismo s mimetismo.
Mímica s mímica.
Mimo s mimo, regalo.
Mina s mina.
Minar v minar, excavar.
Minarete s minarete.
Mineiro adj minero.
Mineração s mineraje.
Mineral s mineral.
Minestra s menestra, caldo.
Mingau s gacha, papilla.
Míngua s mengua.
Minguado adj menguado.
Minguar v menguar, apocar, empequeñecer, enflaquecer.
Minhoca s miñoca.
Miniatura s miniatura.
Minifúndio s minifundio.
Mínimo adj mínimo, menor.
Ministério s ministerio, gabinete.
Ministrar v ministrar, suministrar, administrar.
Minoração s minoración.
Minorar v minorar, suavizar, aliviar.
Minoria s minoría.
Minoritário adj minoritario.
Minúcia adj minucia, detalle, pormenor.
Minucioso adj minucioso, meticuloso.
Minúsculo adj minúsculo.
Minuta s borrador, anotación, menú.
Minuto s minuto.

MIO 268   miocárdio — monólogo

Miocárdio s miocardio.
Miolo s miga, medula, seso.
Míope adj miope.
Miopia s miopía.
Mira s mira, puntería.
Miragem s miraje, espejismo.
Mirante s mirador.
Mirar v mirar, visar.
Miríade s miríada.
Mirra s mirra.
Misantropia s misantropía.
Miscelânea s miscelánea.
Miserável adj miserable, mezquino, infeliz, granuja.
Miséria s miseria, necesidad, privación.
Misericórdia s misericordia, compasión, piedad.
Missa s misa.
Missal s misal.
Missão s misión, encargo, apostolado.
Míssil s misil.
Missionário s misionero, apóstol.
Missiva s misiva, carta.
Mister s menester.
Mistério s misterio.
Místico adj místico.
Mistificar v mistificar.
Misto adj mixto.
Mistura s mezcla, ensalada, fusión, pisto.
Misturar v mezclar, amasar, revolver.
Mitigar v mitigar, suavizar, ablandar.
Mito s mito.
Mitologia s mitología.
Mitra s mitra.
Miuçalha s conjunto de cosas pequeñas, fragmento.
Miudeza s menudencia, pequeñez.
Miúdo adj menudo, pequeño.
Mixórdia s desorden, confusión, mescolanza.
Mó s muela, piedra de molino.
Mobília s mobiliario, mueble.
Mobiliar v amueblar.
Mobiliário s mobiliario.
Moça s moza, jovem.
Moção s moción.
Mocassim s mocasín.
Mochila s mochila.
Mocho adj mocho, s búho.
Mocidade s mocedad, juventud.
Moço adj, s mozo, joven.
Moda s moda, costumbre.
Modalidade s modalidad.
Modelar v amoldar, modelar, plasmar.
Modelo s modelo, ejemplar, padrón.
Moderado adj moderado, blando, contenido.
Moderar v moderar, ablandar, aliviar.

Modernizar v actualizar, modernizar.
Moderno adj moderno, nuevo.
Modéstia s modestia, comedimiento, decencia.
Modesto adj modesto, comedido, recatado.
Módico adj módico.
Modificação s modificación, alteración.
Modificar v modificar, restringir, refrenar.
Modista s modista.
Modo s modo, manera, forma, estilo.
Modorra s modorra, somnolencia.
Modos s buenas maneras.
Módulo s módulo.
Moeda s moneda.
Moela s molleja.
Moenda s molienda.
Moer v moler, machacar, triturar.
Mofar v enmohecer, mofar, burlar.
Mofino adj mohíno, mezquino, avariento.
Mofo s moho.
Moinho s molino, aceña.
Moita s matorral, macizo.
Mola s muelle, resorte.
Moldar v moldear, adaptar, moldurar.
Moldura s moldura, marco.
Mole adj blando, flojo, mole, indolente.
Molécula s molécula.
Moleira s mollera, molinera.
Moleiro adj molinero.
Molenga adj blando, indolente.
Molestar v molestar, maltratar, ofender.
Moléstia s molestia, enfermedad, enfado.
Moleza s flojedad, languidez, blandura.
Molhado adj mojado, humedecido.
Molhar v mojar, embeber, humedecer.
Molho s haz, manojo, brazada.
Molinete s molinete.
Molusco s molusco.
Momento s momento, instante, rato.
Monacal adj monacal.
Monarca s emperador, monarca, rey.
Monarquia s monarquía.
Monástico adj monacal.
Monção s monzón.
Monetário adj monetario.
Monge s monje.
Mono adj macaco, mono.
Monobloco s monobloque.
Monocórdio s monocorde.
Monóculo s monóculo.
Monocultura s monocultivo.
Monogamia s monogamia.
Monografia s monografía.
Monograma s monograma.
Monolítico adj monolítico.
Monólogo s monólogo, soliloquio.

monomania — munir

MUN

Monomania s monomanía.
Monopétalo s monopétalo.
Monopolizar v monopolizar.
Monossílabo s monosílabo.
Monoteísmo s monoteísmo.
Monotonia s monotonía.
Monstro s monstruo.
Monstruoso adj monstruoso.
Montada s montadura.
Montador adj montador.
Montanha s montaña.
Montanhês adj montañés.
Montanhoso adj montañoso.
Montante s suma, montante, monta.
Montar v montar, cabalgar.
Montaria s montería.
Monte s monte, morro.
Montês adj montés.
Montículo adj montículo, monte pequeño.
Monturo s muladar, estercolero.
Monumental adj monumental.
Monumento s monumento, mausoleo.
Morada s morada, domicilio, mansión.
Moradia adj morada, aposento, residencia.
Moral s moral, ética.
Moralizar v moralizar.
Morango s fresa.
Morar v morar, habitar, residir, vivir.
Moratória s moratoria.
Mórbido adj mórbido.
Morcego s murciélago.
Morcela s morcilla.
Mordaça s mordaza.
Mordaz adj mordaz.
Morder v morder.
Mordida s mordedura.
Mordomo s mayordomo.
Moreno adj moreno.
Morfina s morfina.
Morfologia s morfología.
Moribundo adj moribundo, agonizante.
Moringa s botijo, porrón.
Morno adj templado, tibio.
Moroso adj moroso, lento.
Morrer v morir, expirar, fallecer.
Morro s morro, monte, otero.
Morsa s morsa.
Mortadela s mortadela.
Mortal adj mortal.
Mortalha s mortaja.
Mortalidade s mortalidad.
Morte s muerte.
Mortificar v mortificar, atormentar.
Morto adj muerto, difunto, fallecido.
Mortuário adj mortuario, fúnebre.

Mosaico s mosaico.
Mosca s mosca.
Moscatel adj moscatel.
Mosquito s mosquito.
Mostarda s mostaza.
Mosteiro s monasterio, convento.
Mostrador adj mostrador.
Mostruário s muestrario.
Mote s mote.
Motel s motel.
Motim s motín, revuelta.
Motivar v motivar, causar, originar.
Motivo s motivo, causa, razón, fundamento.
Motocicleta s motocicleta.
Motor s motor.
Motorista s motorista, chófer.
Motriz adj motriz.
Mouro adj arábico, moro.
Movediço adj movedizo.
Móvel adj movible, móvil; s mueble.
Mover v mover, agitar, menear.
Movimentar v movimentar.
Movível adj movible.
Muamba s alijo.
Muco s moco.
Mucoso adj mucoso.
Muçulmano adj musulmán.
Muda s muda, substitución, mudanza.
Mudar v mudar, trocar, variar, substituir.
Mudo adj mudo, callado, silencioso.
Mugido s berrido, mugido.
Mugir v mugir.
Muito adj mucho; adv muy.
Mulato adj mulato, mestizo.
Muleta s muleta.
Mulher s mujer.
Mulherengo adj mujeriego.
Mulo s mulo.
Multa s multa, penalidad.
Multicolor adj multicolor.
Multidão s multitud.
Multiforme adj multiforme.
Multinacional adj multinacional.
Multiplicação s multiplicación, reprodución.
Multiplicar v multiplicar, reproducirse.
Múltiplo adj múltiplo, múltiple, plural.
Múmia s momia.
Mumificar v embalsamar, momificar.
Mundano adj mundano, profano.
Mundo s mundo, universo.
Mungir v ordeñar.
Munição s munición.
Municipal adj municipal.
Município s municipio.
Munir v munir, municionar, fortificar.

MUR 270 mural — mútuo

Mural *s* mural.
Muralha *s* muralla.
Murar *v* murar, amurallar.
Murcho *adj* marchito, mustio, seco.
Murmurar *v* murmullar, murmujear.
Muro *s* muro, pared.
Murro *s* cachete, puñetazo.
Musa *s* musa.
Músculo *s* músculo.
Museu *s* museo.

Musgo *s* musgo.
Música *s* música.
Musselina *s* muselina.
Mutação *s* mutación.
Mutilação *s* mutilación.
Mutilar *v* mutilar, amputar, lisiar.
Mutismo *s* mudez, mutismo.
Mutualidade *s* mutualidad.
Mútuo *adj* mutuo, recíproco.

N

ABCDEFGHIJKLMNOPQRSTUVWXYZ

N s décima tercera letra del alfabeto portugués.
Nabo s nabo.
Nação s nación, la Patria, naturaleza.
Nácar s nácar.
Nacional adj nacional.
Nacionalidade s nacionalidad.
Nacionalizar v nacionalizar, naturalizar.
Nada adv no; pron cosa ninguna; s nada.
Nadadeira s aleta de los peces.
Nadar v nadar.
Nádega s nalga, el trasero.
Nafta s nafta.
Náilon s nailon.
Naipe s naipe.
Namorado s novio, enamorado.
Namorar v enamorar, cortejar.
Namoro s acto de enamorar, galanteo.
Nana s nana, canto con que se arrulla a los niños.
Nanar v dormir (niños).
Nanquim s tinta negra de China.
Não adv no, negativa; s recusa.
Napa s napa.
Napalm s napalm.
Narciso s narciso, planta amarilídea y su flor.
Narcotizar v narcotizar.
Nardo s nardo.
Narina s nariz, ventana.
Nariz s nariz.
Narrador adj narrador.
Narrar v narrar, contar, referir.
Nasal adj nasal.
Nasalar v nasalizar.
Nasalização s nasalización.
Nascedouro s nacedero, lugar donde nace alguna cosa.
Nascimento s nacimiento, origen.
Nata s nata, crema.
Natação s natación.
Natal adj natal, navidad.
Natalício adj natalicio.
Nativo adj nativo, natural, vernáculo.
Nato adj nato, nacido.

Natural adj natural, sencillo.
Naturalidade s naturalidad, sencillez.
Naturalizar v naturalizar.
Natureza s naturaleza.
Nau s nao, nave.
Naufragar v naufragar.
Naufrágio s naufragio.
Náusea s náusea, mareo.
Nauseabundo adj nauseabundo, repugnante.
Nausear v nausear, marear.
Náutica s náutica, arte de navegar.
Náutico adj náutico.
Naval adj naval.
Navalha s navaja.
Nave s nave, navío.
Navegação s navegación.
Navegar v navegar.
Navio s navío, nave.
Nazismo s nazismo.
Nazista adj nazista.
Neblina s neblina.
Nebuloso adj nebuloso, sombrío, triste.
Necedade s necedad, estupidez, sandez.
Necessário adj necesario, preciso.
Necessidade s necesidad, miseria.
Necessitar v necesitar, carecer, precisar.
Necrologia s necrología.
Necrópole s necrópolis.
Necrópsia s necropsia, autopsia.
Necrosar v gangrenar.
Necrotério s morgue.
Néctar s néctar.
Nefasto adj nefasto.
Negado adj negado, recusado.
Negar v negar, repudiar.
Negativa s negativa, negación.
Negativo adj negativo, nulo.
Negligência s negligencia, descuido, pereza.
Negociante s negociante, comerciante.
Negociar v negociar, comerciar.
Negociável adj negociabe.
Negócio s negocio, comercio, ajuste.

NEG 272   negridão — novela

Negridão s negrura, obscuridad.
Negrito s negrilla.
Negro adj negro, oscuro, sombrío.
Nem adv no; conj tampoco.
Nenê s nene, bebé.
Nenhum pron, adj nulo, ningún.
Nenúfar s nenúfar.
Neoclassicismo s neoclasicismo.
Neófito s neófito, novicio.
Neolatino adj neolatino.
Neolítico adj neolítico.
Neologista adj neologista.
Neón s neón.
Nepotismo s nepotismo, favoritismo.
Nervo s nervio.
Nervosismo s nervosismo.
Nervoso adj nervioso, irritable.
Nervura s nervura.
Néscio adj necio, imbécil.
Néspera s níspola, fruto del níspero.
Neto s nieto.
Neurastenia s neurastenia.
Neurologia s neurología.
Neurônio s neuroma.
Neurótico adj neurótico.
Neutralidade s neutralidad, imparcialidad.
Neutralizar v neutralizar, anular.
Neutro adj neutral, neutro.
Nêutron s neutrón.
Nevada s nevada.
Nevar v nevar, caer nieve.
Nevasca s nevasca, nevazo.
Neve s nieve.
Névoa s niebla.
Nevoento adj cubierto de niebla, obscuro, nebuloso.
Nevralgia s neuralgia.
Nevrálgico adj neurálgico.
Nexo s nexo, conexión.
Nicho s nicho.
Nicotina s nicotina.
Niilismo s nihilismo.
Nimbo s nimbo.
Ninar v dormir a los niños, calentar.
Ninfa s ninfa.
Ninguém pron nadie.
Ninhada s nidada.
Ninharia s niñería, bagatela.
Ninho s nido.
Nipônico adj nipónico, japonés.
Níquel s níquel.
Nirvana s nirvana.
Nitidez s nitidez.
Nítido adj nítido, límpio.
Nitrato s nitrato.

Nítrico adj nítrico.
Nitro s nitro.
Nitrogênio s nitrógeno.
Nitroglicerina s nitroglicerina.
Nível s nivel.
Nivelamento s nivelación.
Níveo adj níveo, blanco.
Nó s nudo.
Nobiliário adj nobiliario.
Nobre adj noble, con título nobiliario, majestuoso.
Noção s noción.
Nocivo adj nocivo, perjudicial.
Nódoa s mancha, mácula.
Nódulo s nódulo.
Nogueira s nogal.
Noite s noche.
Noivar v noviar.
Noivo s novio.
Nojo s asco, repugnancia.
Nômade adj nómada, ambulante, errante.
Nome s nombre.
Nomeação s nombramiento.
Nomeada s fama, celebridad.
Nomear v nombrar, apellidar.
Nomenclatura s nomenclatura.
Nominal adj nominal.
Nonagésimo s, num nonagésimo.
Nono s, num nono, noveno.
Nora s nuera.
Nordeste s Nordeste.
Nórdico adj nórdico.
Norma s norma, modelo, regla.
Normal adj normal.
Noroeste s Noroeste.
Norte s Norte.
Nos contr de em y os, en los.
Nós pron nosotros.
Nosso pron nuestro.
Nostalgia s nostalgia, añoranza, tristeza.
Nota s nota.
Notabilidade s notabilidad.
Notação s notación.
Notar s, v notar, advertir.
Notável adj notable, admirable, importante.
Notícia s noticia, información, novedad.
Noticiar v noticiar, anunciar, participar.
Notificar v notificar, avisar.
Notório adj notorio, palpable, manifesto.
Noturno adj nocturno.
Nova s nueva, noticia, novedad.
Novato adj novato, novicio.
Nove num nueve.
Novecentos num novecientos, nonigentésimo.
Novel adj novel.
Novela s novela, enredo.

novelista — nuvem 273 NUV

Novelista s novelista.
Novelo s ovillo.
Novembro s noviembre.
Noventa num noventa.
Novidade s novedad.
Novilho s novillo.
Novo adj nuevo, joven, novicio.
Noz s nuez.
Nu adj desnudo, descubierto.
Nuance s graduación de colores, matiz.
Nubente adj nubente.
Nublado adj nublado, oscuro, triste.
Nuca s nuca.
Núcleo s núcleo.
Nudez s desnudez.

Nudismo s nudismo.
Nulidade s nulidad.
Nulo adj nulo, inepto.
Numeração s numeración.
Numeral adj numeral.
Numerar v numerar.
Número s número, unidad, cantidad.
Numismática s numismática.
Nunca adv jamás, nunca.
Núncio s nuncio, representante del Papa.
Núpcias s nupcias.
Nutrição s alimentación, nutrición.
Nutrir v nutrir, sustentar, engordar.
Nutritivo adj nutritivo.
Nuvem s nube.

ABCDEFGHIJKLMNOPQRSTUVWXYZ

O s décimacuarta letra del alfabeto portugués; artdef el.
Oásis s oasis.
Obcecar v obcecar.
Obedecer v obedecer, cumplir.
Obediente adj obediente, humilde.
Obelisco s obelisco.
Obesidade s obesidad.
Obeso adj obeso, gordo.
Óbice s óbice, obstáculo, embarazo.
Óbito s óbito, defunción.
Objeção s objeción, contestación, obstáculo.
Objetar v objetar, impugnar.
Objetiva s objetivo, lente óptica.
Objetivar v objetivar.
Oblação s oblación, oblata.
Obliquidade s oblicuidad, astucia.
Oblíquo adj oblicuo.
Obliterar v obliterar, tapar, obstruir.
Oboé s oboe.
Obra s obra, trabajo, composición.
Obra-prima s obra prima, obra maestra.
Obrar v obrar, fabricar, trabajar.
Obrigação s obligación, deber, empleo.
Obrigar v obligar, cautivar, comprometerse.
Obrigatório adj obligatorio, que obliga.
Obscenidade s obscenidad, torpeza.
Obsceno adj obsceno, impúdico, indecoroso.
Obscurecer v obscurecer.
Obscuridade s obscuridad, sombra.
Obsequiar v obsequiar, regalar, galantear.
Obséquio s obsequio, regalo, agasajo.
Observação s observación, advertencia.
Observador adj observador, crítico.
Observar v observar, advertir, contemplar.
Obsessão s obsesión.
Obsessivo adj obsesivo.
Obsoleto adj obsoleto, cosa anticuada.
Obstáculo s obstáculo, embarazo.
Obstante adj obstante.
Obstetra s tocólogo, partero.
Obstetrícia s obstetricia, tocología.

Obstinação s obstinación, terquedad.
Obstinado adj obstinado, inflexible, tozudo.
Obstinar v obstinarse, persistir.
Obstruir v obstruir, cerrar el paso.
Obtenção s obtención, adquisición.
Obter v obtener, adquirir, conseguir.
Obturação s obturación, taponamiento.
Obturar v obturar, obstruir, tapar.
Obtuso adj obtuso, sin punta.
Óbvio adj obvio.
Oca s oca, cabaña de indígenas.
Ocasião s ocasión, oportunidad.
Ocasional adj ocasional, eventual.
Ocasionar v ocasionar, provocar.
Ocaso s ocaso, poniente.
Oceano s Océano.
Oceanografia s oceanografía.
Ocidental adj occidental.
Ocidente s occidente, punto cardinal.
Ócio s ocio, descanso, pereza.
Ocioso adj ocioso, vago.
Ocluso adj ocluso, tapado, obliterado.
Oco adj hueco, vacío.
Ocorrer v ocurrir, acontecer, acordar, suceder.
Ocre s ocre.
Octogenário adj octogenario, que tiene ochenta años.
Oculista s oculista, oftalmólogo, óptico.
Óculos s gafas, anteojos.
Ocultar v ocultar, esconder, encubrir.
Oculto adj oculto, misterioso, secreto.
Ocupado adj ocupado, entretenido.
Ocupar v ocupar, emplear, obtener.
Ode s oda.
Odiar v odiar, detestar.
Ódio s odio, aversión, rencor.
Odioso adj odioso, repugnante.
Odisséia s odisea.
Odontologia s odontología.
Odor s olor, odor, perfume.
Odre s odre.
Oeste s oeste, occidente, poniente.

ofegante — ordenado

ORD

Ofegante *adj* jadeante.
Ofegar *v* jadear.
Ofender *v* ofender, molestar, herir.
Ofensa *s* ofensa, agravio.
Oferecer *v* ofrecer, regalar, exponerse.
Oferecimento *s* ofrecimiento.
Oferenda *s* ofrenda.
Oferta *s* oferta, ofrenda, regalo.
Ofertar *v* ofrecer, prometer.
Oficial *adj* oficial.
Oficiar *v* oficiar.
Oficina *s* taller, laboratorio.
Ofício *s* oficio, profesión, deber.
Oficioso *adj* oficioso, desinteresado.
Ofídio *s* ofidio.
Oftalmologia *s* oftalmología.
Ofuscar *v* ofuscar, oscurecer, ocultar.
Ogiva *s* ojiva.
Ogival *adj* ojival.
Oito *num* ocho.
Ojeriza *s* ojeriza.
Olá *interj* ¡hola!.
Olaria *s* alfarería.
Oleado *s* oleoso.
Oleiro *s* alfarero, ollero.
Óleo *s* óleo, aceite.
Oleoduto *s* oleoducto.
Oleoso *adj* aceitoso, oleoso, grasiento.
Olfato *s* olfato.
Olhada *s* ojeada, mirada.
Olhar *v* mirar, ver, contemplar.
Olheira *s* ojera.
Olho *s* ojo, vista.
Olho d'água *s* mina, nacente de agua.
Oligarquia *s* oligarquía.
Oligofrenia *s* oligofrenía.
Olimpíada *s* olimpíada.
Olímpico *adj* olímpico.
Oliva *s* olivo.
Oliveira *s* olivera, olivo.
Olmeiro *s* olmo.
Olmo *s* árbol ulmáceo.
Olor *s* olor.
Olvidar *v* olvidar.
Olvido *s* olvido.
Ombreira *s* hombrera, umbral, dintel.
Ombro *s* hombro.
Omelete *s* tortilla de huevos.
Omisso *adj* omiso, descuidado, negligente.
Omitir *v* omitir, olvidar, descuidar.
Omoplata *s* omóplato.
Onça *s* onza, medida.
Oncologia *s* oncología.
Onda *s* ola, onda.
Onde *adv* donde, en qué lugar, adonde.

Ondear *v* ondear, ondular, rizar el agua.
Ondulado *adj* ondulado, rizado.
Ondular *v* rizar, ondular.
Onduloso *adj* ondulado.
Oneroso *adj* oneroso, vejatorio, pesado.
Ônibus *s* autobús, ómnibus.
Onipotente *adj* omnipotente.
Onipresença *s* omnipresencia.
Onírico *adj* onírico.
Onisciente *adj* omnisciente.
Onívoro *s* omnívoro.
Onomatopeia *s* onomatopeya.
Ontem *adv* ayer, antiguamente.
Ontologia *s* ontología.
Ônus *s* peso, encargo, tributo.
Onze *num* once, décimo primero.
Opaco *adj* opaco, obscuro.
Opção *s* opción, alternativa.
Ópera *s* ópera.
Operação *s* operación.
Operar *v* operar.
Operário *s* operario, obrero.
Operatório *adj* operatorio.
Opinar *v* opinar, juzgar.
Opinião *s* opinión, parecer.
Ópio *s* opio.
Oponente *adj* oponente.
Opor *v* oponer, contrariar, recusar.
Oportunidade *s* oportunidad, ocasión.
Oportunista *adj* oportunista.
Oportuno *adj* oportuno, favorable.
Oposição *s* oposición, contrariedad.
Oposto *adj* opuesto, adversario.
Opressão *s* opresión, tiranía.
Opressor *adj* opresor, tirano.
Oprimir *v* oprimir, sobrecargar, tiranizar.
Optar *v* optar, escoger.
Optativo *adj* optativo.
Óptica *s* óptica.
Opulento *adj* opulento, abundante, rico.
Opúsculo *s* opúsculo.
Oração *s* oración, discurso.
Orações *s* preces.
Oráculo *s* oráculo.
Orador *s* orador.
Oral *adj* oral.
Orangotango *s* orangután.
Orar *v* rezar, rogar, suplicar.
Orbe *s* orbe, esfera.
Órbita *s* área, órbita.
Orçamento *s* presupuesto.
Orçar *v* presuponer, presupuestar.
Ordeiro *adj* amigo del orden, pacífico.
Ordem *s* orden, régimen.
Ordenado *adj* sueldo; *s* ordenado, mandado.

ORD 276 ordenança — ozônio

Ordenança s ordenanza.
Ordenar v ordenar, prevenir, ordenarse.
Ordenhar v ordeñar.
Ordinal adj ordinal.
Ordinário adj ordinario, regular, habitual.
Orégano s orégano.
Orelha s oreja.
Orfanato s orfanato.
Órfão adj huérfano.
Orfeão s orfeón.
Orgânico adj orgánico.
Organização s organización.
Organizar v organizar, constituir, disponer.
Organograma s organograma.
Órgão s órgano.
Orgasmo s orgasmo.
Orgia s bacanal, orgía.
Orgulhar v ensoberbecer, ufanar.
Orgulho s orgullo, vanidad.
Orientação s orientación, dirección.
Oriental adj oriental.
Orientar v orientar, guiar, dirigir.
Oriente s Oriente, naciente.
Orifício s orifício, agujero.
Origem s origen, principio, procedencia, causa.
Original adj original, primitivo; s original, modelo.
Originar v originar, determinar.
Oriundo adj originario, oriundo.
Orla s orla, tira, orilla.
Orlar v orlar, doblar, rodear.
Ornamentar v ornamentar, adornar.
Ornar v ornar, adornar.
Ornejo s rebuzno.
Orografia s orografía.
Orquestra s orquesta.
Ortodoxo adj ortodoxo.
Ortografia s ortografía.
Ortopedia s ortopedia.
Orvalho s llovizna, rocío.
Oscilar v oscilar, vacilar.
Ósculo s ósculo.
Osmose s ósmosis.
Ossário s osario.
Ósseo adj óseo.

Ossificar v osificar.
Osso s hueso.
Ostentar v ostentar.
Ostra s ostra.
Ostracismo s ostracismo.
Ótico adj ocular.
Otimismo s optimismo.
Ótimo adj óptimo.
Otomano adj otomano, turco.
Otorrino s otorrinolaringólogo.
Ourela s orilla, orla.
Ouriço s erizo.
Ourivesaria s orfebrería.
Ouro s oro.
Ousadia s osadía, arrojo.
Ousado adj osado, audaz.
Ousar v osar, atreverse.
Outeiro s colina, otero.
Outonal adj otoñal.
Outono s otoño.
Outorgar v donar, otorgar.
Outro pron otro.
Outrora adv antiguamente.
Outrossim adv otrosí, además, también.
Outubro s octubre.
Ouvido s oído.
Ouvinte s oyente.
Ouvir v escuchar, oír.
Ovacionar v ovacionar.
Oval adj ovalado, oval; s óvalo, curva.
Ovalado adj ovalado.
Ovário s ovario.
Ovelha s oveja.
Ovino adj ovino.
Ovíparo adj ovíparo.
Ovo s huevo.
Ovular adj ovular.
Óvulo s óvulo.
Oxalá interj ¡ojalá!
Oxidar v oxidar.
Oxigenado adj oxigenado.
Oxigênio s oxígeno.
Ozônio s ozono.

P

ABCDEFGHIJKLMNOPQRSTUVWXYZ

P s décimoquinta letra del alfabeto portugués.
Pá s pala.
Paca s paca.
Pacato adj pacato, sosegado.
Pachorra s pachorra.
Paciência s paciencia.
Paciente adj paciente; s paciente, enfermo.
Pacificar v pacificar, apaciguar, sosegar.
Pacífico adj pacífico, sosegado, quieto.
Pacote s paquete, bulto, fardo.
Pacto s pacto, convenio.
Pactuar v pactar, contratar.
Padaria s panadería.
Padecer v padecer, sufrir.
Padeiro s panadero.
Padiola s parihuela.
Padrão s padrón.
Padrasto s padrastro.
Padre s padre, cura, sacerdote.
Padrinho s padrino, protector.
Padroeiro adj patrón, protector, patrono.
Padronizar v uniformar.
Paga s paga, sueldo.
Pagador adj pagador, habilitado.
Pagamento s paga, pago, estipendio, salario, sueldo, remuneración.
Paganismo s paganismo.
Pagão adj pagano, gentil.
Pagar v pagar, remunerar, indemnizar, saldar.
Pagável adj pagadero.
Página s página.
Pago adj pago, pagado.
Pai s padre, progenitor.
Painel s panel, cuadro.
Paio s salchichón.
Paiol s pañol, polvorín.
Pairar v pairar, parar, sostener.
País s país, nación, territorio.
Paisagem s paisaje.
Paisano adj paisano.
Paixão s pasión, amor ardiente.
Palacete s palacete.
Palácio s palacio, pazo.
Paladar s paladar, gusto, sabor.
Paladino s paladín.
Palafita s palafito.
Palanque s templete, palanque.
Palavra s palabra, verbo, vocablo.
Palavrão s insultos, grosería.
Palavreado s palabrería, arenga.
Palco s escena, tablado.
Paleolítico s paleolítico.
Paleontologia s paleontología.
Palerma adj estúpido, tonto, idiota.
Palestino adj palestino.
Palestra s coloquio, conferencia, conversación.
Paleta s paleta.
Paletó s paletó, sobretodo.
Palha s paja.
Palhaço s payaso, histrión.
Palheiro s henil, pajar.
Palheta s púa, lengüeta.
Palhoça s choza cubierta de paja.
Paliar v paliar, atenuar, disimular.
Paliativo adj paliativo.
Paliçada s palizada, palenque.
Palidez s palidez.
Pálido adj pálido, demacrado, exangüe.
Paliteiro s palillero.
Palito s palillo.
Palma s palma.
Palmada s palmada.
Palmeira s palmera.
Palmilha s palmilla, plantilla del zapato.
Palmito s palmito.
Palpar v palpar.
Pálpebra s párpado, pálpebra.
Palpitar v palpitar, conmoverse.
Palpite s palpitación.
Paludismo s paludismo.
Palustre adj palustre, palúdico.
Pampa s pampero.
Pan-americano adj panamericano.
Pança s panza, vientre.

PAN
pancada — partido

Pancada s golpe, choque.
Pancadaria s paliza.
Pâncreas s páncreas.
Panda s panda.
Pândega s parranda, juerga.
Pandeiro s pandero.
Pandemônio s pandemonium.
Panela s olla, puchero, cacerola.
Panfleto s panfleto, pasquín, volante.
Pânico s pánico, terror, miedo excesivo.
Panificadora s panificadora, panadería.
Pano s paño, tela.
Panorama s panorama, vista, paisaje.
Pantanal s pantanal, atolladero.
Pântano s pantano, charco, lodazal.
Panteão s panteón.
Panteísmo s panteísmo.
Pantera s pantera.
Pantomima s mímica.
Panturrilha s pantorrilla, pantorra.
Pão s pan.
Pãozinho s panecillo.
Papa s papa, papada, pontífice.
Papada s papada.
Papado s pontificado.
Papagaio s loro, papagayo.
Papai s papá.
Papal s papal.
Papão s comilón, tragón, coco, fantasma imaginario.
Papável adj papable, comestible.
Papeira s paperas.
Papel s papel.
Papelada s papelada.
Papelão s cartón, papelón.
Papelaria s papelería.
Papeleira s papelera.
Papila s papila.
Papo s papo, buche.
Papoula s amapola, adormidera.
Par adj igual, semejante; s par, pareja.
Para prep hacia, para, en dirección a, a fin de.
Parabéns s parabién, felicitación.
Para-brisa s parabrisas.
Para-choques s parachoques, tope.
Parada s parada, paradero.
Paradigma s paradigma, norma, ejemplo.
Paradisíaco adj paradisíaco.
Paradoxo s paradoja.
Parafina s parafina.
Parafrasear v parafrasear, amplificar.
Parafusar v atornillar.
Parafuso s tornillo.
Parágrafo s párrafo.
Paraíso s paraíso, edén.

Para-lama s guardabarros.
Paralelepípedo s adoquín, macadán.
Paralelo adj paralelo.
Paralisar v paralizar, entorpecer, impedir.
Paralítico adj paralítico, tullido.
Parâmetro s parámetro.
Páramo s páramo.
Paraninfo s paraninfo, padrino.
Paranoia s paranoia.
Parapeito s antepecho, parapeto, pretil.
Paraquedas s paracaídas.
Paraquedismo s paracaidismo.
Paraquedista s paracaidista.
Parar v parar, permanecer, residir.
Para-raios s pararrayos.
Parasitar v hacer vida de parásito.
Parceiro s parcero, compañero, socio.
Parcela s parcela.
Parcelar v parcelar, dividir en parcelas.
Parcial adj parcial, partidario.
Parcimônia s parsimonia, templanza.
Parco adj parco, económico, frugal.
Pardal s gorrión.
Pardieiro s casa en ruinas, edificio viejo.
Pardo adj pardo.
Parecer s parecer, opinión, laudo, voto; v parecer, asemejar, semejar.
Parecido adj parecido, semejante.
Parede s pared, muro.
Parelha s yunta, casal, pareja.
Parelho adj parejo, parecido.
Parente s pariente.
Parêntese s paréntesis.
Paridade s paridad, igualdad.
Parir v parir.
Parlamento s parlamento.
Parmesão s queso.
Pároco s párroco, abad, cura.
Paródia s parodia.
Paróquia s parroquia, iglesia.
Paroxismo s paroxismo.
Parque s parqué.
Parreira s parra.
Parricídio s parricidio.
Parte s parte, fracción, fragmento, porción, segmento.
Parteira s partera, comadrona.
Partição s partición.
Participar v participar, comunicar, informar.
Partícula s partícula.
Particular adj particular, especial, individual.
Particularizar v particularizar, distinguir.
Partida s partida.
Partidário adj adepto, partidario.
Partido s partido, bando, ventaja.

partilha — pedreira

PED

Partilha s repartición, dote.
Partir v partir, dividir, separar.
Partitura s partitura.
Parto s parto.
Parturiente s parturienta.
Parvo adj parvo, idiota, tonto.
Parvoíce s tontería, necedad, sandez.
Páscoa s Pascua.
Pasmaceira s embobamiento, pasmo.
Pasmado adj pasmado, embobado, espantado.
Pasmo s pasmo, admiración, asombro.
Pasquim s pasquín.
Passa s pasa, uva seca.
Passada s pasada, paso.
Passado s pasado.
Passageiro adj efímero, temporal, transitorio; s pasajero, transeúnte.
Passagem s pasaje, pasada, transición.
Passaporte s pasaporte.
Passar v pasar, andar, correr.
Passarada s pajarería.
Pássaro s pájaro.
Passatempo s pasatiempo, diversión.
Passe s pase, permiso, pasaporte.
Passear v pasear.
Passeio s paseo, acera.
Passional adj pasional.
Passivo adj pasivo, inerte.
Pasta s pasta.
Pastagem s pastaje, pasto.
Pastar v pastar, pacer.
Pastel s pastel, dulce.
Pastelão s pastelón.
Pasteurização s pasteurización.
Pastilha s pastilla, tableta.
Pasto s hierba, pasto.
Pastor s pastor.
Pastoso adj pastoso, viscoso.
Pata s pata, pie, pierna.
Patamar s descanso, rellano, patamar.
Patê s paté, puré.
Patente adj visible, manifiesto, franco.
Paternidade s paternidad.
Paterno adj paterno.
Patético adj patético.
Patíbulo s patíbulo.
Patife s canalla, pícaro, tunante.
Patim s patín, patinillo.
Pátina s pátina, moho.
Patinação s patinaje.
Pátio s patio.
Pato s pato.
Patologia s patología.
Patranha s cuento, patraña.
Patrão s patrón, amo, señor, dueño.

Pátria s patria.
Patriarca s patriarca.
Patrício adj patricio.
Patrimônio s patrimonio.
Pátrio adj patrio.
Patriotismo s patriotismo.
Patrocinar v patrocinar, proteger.
Patrono s patrono, dueño, abogado defensor.
Patrulhar v patrullar.
Pau s palo, bastón.
Pau-brasil s palo brasil.
Paulada s paliza, garrotazo.
Paulatino adj paulatino, lento.
Pausa s pausa, lentitud.
Pausar v pausar, descansar.
Pauta s pauta, tarifa.
Pautar v pautar, rayar.
Pavão s pavón, pavo real.
Pavilhão s pabellón.
Pavimentar v pavimentar, solar.
Pavio s pabilo, mecha.
Pavonear v pavonear.
Pavor s pavor, miedo, terror.
Paz s paz, tranquilidad.
Pé s pie.
Peanha s peana.
Peão s peón.
Peça s pieza, pedazo.
Pecado s pecado, vicio.
Pechinchar v escatimar.
Peçonhento adj ponzoñoso.
Pecuária adj pecuaria.
Peculiar adj peculiar, particular, propio.
Pecúlio s peculio, patrimonio.
Pedaço s pedazo, parte, trozo.
Pedágio s peaje.
Pedagogia s pedagogía.
Pedal s pedal.
Pedalar v pedalar.
Pedante adj pedante, vanidoso.
Pederasta s pederasta.
Pedestal s pedestal, base.
Pedestre adj peatón.
Pé-de-vento s huracán.
Pediatria s pediatría.
Pedicuro s callista, pedicuro.
Pedido s pedido, petición, ruego.
Pedinte adj mendigo, pordiosero.
Pedir v pedir, rogar, solicitar.
Pedra s piedra, granizo, pizarra.
Pedra-pomes s piedra pómez.
Pedra-sabão s piedra de talco.
Pedra-ume s piedra alumbre.
Pedregulho s pedrejón.
Pedreira s cantera, pedrera.

PED 280 — pedreiro — perguntar

Pedreiro s albañil, pedrero.
Pegada s huella del pie en el suelo, pisada, vestigio.
Pegar v pegar, arraigar, encolar, juntar, unir.
Peia s peal.
Peito s pecho, peto.
Peitoral adj pectoral, fortificante.
Peitoril s parapeto, pretil.
Peixaria s pescadería.
Peixe s pez.
Peixeiro s pescadero.
Pejorativo adj peyorativo.
Pelado adj ñudo, pelado, morondo.
Pelagem s pelaje.
Pelanca s piltrafa.
Pelar v despellejar, pelar.
Pele s piel, cuero.
Peleja s lucha, pelea.
Peleteria s peletería.
Pelica s cabritilla.
Pelicano s pelícano.
Película s película, piel muy delgada.
Pelo s pelo, cabello, vello.
Pelota s pelota.
Pelourinho s picota.
Peludo adj peludo.
Pélvis s pelvis.
Pena s pena, pluma.
Penacho s penacho, plumero.
Penal adj penal, punitivo.
Penalidade s penalidad, sanción, castigo.
Penca s racimo.
Pendão s pendón, bandera.
Pendência s pendencia, riña.
Pender v pender, colgar.
Pêndulo s péndulo.
Pendurar v colgar, fijar, suspender.
Penedo s peña, peñasco.
Peneira s cedazo, tamiz.
Peneirar v cerner, tamizar.
Penetração s penetración.
Penhasco s peña grande, peñasco.
Penhor s prenda.
Penhora s embargo.
Penhorar v embargar, empeñar, secuestrar.
Penicilina s penicilina.
Penico s bacín, orinal.
Península s península.
Pênis s pene.
Penitência s penitencia.
Penitenciária s penitenciaría, presidio.
Penoso adj penoso, fatigante.
Pensamento s pensamiento, idea.
Pensão s pensión, casa de huéspedes.
Pensar v pensar, imaginar, discurrir.

Pensativo adj pensativo, meditabundo, preocupado.
Pensionato s pensionado.
Pensionista s pensionista.
Penso s aplicado, curativo.
Pentágono s pentágono.
Pente s peine.
Penteadeira s tocador.
Penteado s peinado.
Pentear v peinar.
Pentecostes s pentecostés.
Penugem s plumón, vello, pelusa de algunas plantas o frutos.
Penúltimo adj penúltimo.
Penumbra s penumbra, media luz.
Penúria s penuria, pobreza.
Pepino s pepino, fruto.
Pequeno adj pequeño, mezquino.
Pera s pera.
Perambular v deambular, vaguear.
Perante prep ante, delante de, en la presencia de.
Percalço s percance, ganancia.
Perceber v percibir, oir, ver, entender.
Percentagem s porcentaje, comisión.
Percepção s percepción, comprensión, intuición.
Percevejo s chincheta, tachuela.
Percorrer v recorrer, discurrir.
Percurso s recorrido, trayecto.
Percutir v percutir, golpear.
Perda s pérdida, perdición.
Perdão s perdón, amnistía, merced.
Perder v perder, destruir.
Perdido adj perdido, extraviado, olvidado.
Perdigão s perdigón.
Perdiz s perdiz.
Perdoar v perdonar, disculpar.
Perdulário adj perdulario, disipador.
Perdurável s perdurable.
Peregrinar v peregrinar.
Peregrino adj peregrino, extranjero.
Perene adj perenne, perpetuo.
Perfeição s perfección, bondad, primor.
Perfeito adj perfecto, acabado, completo, entero.
Perfídia s perfidia, traición.
Perfil s perfil, aspecto.
Perfilar v perfilar, enderezar.
Perfilhar v prohijar, atribuir.
Perfumaria s perfumería.
Perfume s perfume, olor.
Perfuração s perforación.
Perfuradora s perforadora.
Perfurar v perforar, agujerear, pinchar, taladrar.
Pergaminho s pergamino.
Pergunta s pregunta.
Perguntar v preguntar, inquirir.

perícia — picolé 281 PIC

Perícia s pericia, experiencia.
Periferia s periferia, circunferencia.
Perigo s peligro.
Perigoso adj peligroso, arriesgado.
Perímetro s perímetro, ámbito.
Periódico s periódico, gaceta.
Período s período, etapa, temporada, época.
Peripécia s peripecia, accidente.
Periquito s periquito, cotorra.
Perito s perito, técnico, experto, entendido.
Perjúrio s perjurio.
Permanecer v permanecer, quedar.
Permanente adj permanente, duradero.
Permeável adj permeable.
Permissão s permiso, autorización, licencia, libertad.
Permissível adj permisible.
Permitir v permitir, autorizar, consentir, tolerar.
Permuta s permuta, cambio, transferencia.
Perna s pierna.
Pernada s pernada.
Perneta adj cojo.
Pernicioso adj pernicioso, peligroso, nocivo.
Pernil s pernil.
Pernoitar v pernoctar, trasnochar, dormir.
Pernóstico adj presumido, pedante.
Pérola s perla, rocío.
Perônio s peroné.
Perpendicular adj perpendicular.
Perpetrar v perpetrar, realizar.
Perpetuar v perpetuar, inmortilizar.
Perplexo adj perplejo.
Perseguição s persecución.
Perseguir v perseguir, molestar, importunar.
Perseverança s perseverancia, tenacidad.
Perseverar v perseverar, persistir, subsistir.
Persiana s persiana.
Persignar-se v persignarse.
Persistência s persistencia, perseverancia.
Persistir v persistir, perseverar.
Personagem s personaje.
Personalidade s personalidad.
Perspectiva s perspectiva.
Perspicácia s perspicacia, sagacidad.
Persuadir v persuadir, aconsejar.
Pertencer v pertenecer.
Pertinácia s pertinacia, obstinación.
Perto adv cerca, próximo.
Perturbação s perturbación, conmoción.
Perturbar v perturbar, conmover, desordenar.
Peru s pavo.
Peruca s peluca, cabellera postiza.
Perverso adj perverso, vicioso, malvado.
Perverter v pervertir, corromper.
Pesadelo s pesadilla.

Pesado adj pesado, molesto, muy lento, obeso, caro.
Pêsames s pésame.
Pesar s pesar, disgusto, arrepentimiento; v pesar.
Pesca s pesca.
Pescado s pescado.
Pescador s pescador.
Pescar v pescar.
Pescaria s pesca, pesquería.
Pescoço s cuello, garganta, gollete.
Peso s peso, carga.
Pespontar v pespuntar, presumir.
Pesquisa s pesquisa, indagación.
Pesquisador s investigador, pesquisador.
Pesquisar v investigar, pesquisar.
Pêssego s melocotón.
Pessimismo s pesimismo.
Péssimo adj pésimo.
Pessoa s persona.
Pessoal adj personal.
Pestana s pestaña.
Pestanejar v pestañear.
Peste s peste, enfermedad.
Pétala s pétalo.
Petardo s petardo.
Petição s petición, súplica.
Petisco s bocado delicioso, tapas.
Petrechar v pertrechar.
Petrechos s pertrechos.
Petrificar v petrificar, pasmar.
Petroleiro s petrolero.
Petróleo s petróleo.
Petulante adj petulante.
Pia s pila.
Piada s chiste, piada.
Pianista s pianista.
Piano s piano, despacio.
Pião s peón.
Piar v piar.
Picada s picada, picotazo, aguijonazo.
Picadeiro s picadero.
Picadinho s picadillo, gigote.
Picado adj picado, picoso.
Picador s picador.
Picante adj irritante, picante.
Pica-pau s picaposte, pájaro carpintero.
Picar v picar, irritar, pinchar.
Picardia s picardía, bellaquería.
Picareta s pico.
Pícaro adj pícaro, pérfido, malo.
Piçarra s pizarra.
Piche s pez.
Picles s escabeche.
Pico s montaña, pico.
Picolé s helado.

PIE 282 — piedade — pluviosidade

Piedade s piedad, compasión.
Piedoso adj piadoso.
Piegas adj persona dengosa, ridículo.
Pigarro s carraspera, ronquera.
Pigmentação s pigmentación.
Pigmentar v pigmentar.
Pigmeu s pigmeo.
Pijama s pijama.
Pilão s majadero.
Pilar s columna, pilar.
Pilha s pila.
Pilhar v pillar, robar.
Pilotagem s pilotaje.
Pilotar v pilotar.
Piloto s piloto.
Pílula s píldora.
Pimenta s pimienta.
Pimentão s pimentón.
Pimpolho s pimpollo.
Pinça s pinza, tenazuelas.
Pinçar v pinzar, arrancar con pinza.
Pincel s pincel, brocha.
Pinga s trago, vino, gota.
Pingar v pingar, gotear, lloviznar.
Pingente s pinjante.
Pingo s gota.
Pinguim s pingüino.
Pinha s piña, fruto del pino.
Pinhal s pinar.
Pinhão s piñón.
Pinote s respingo, salto.
Pinta s mancha, pinta.
Pintar v pintar.
Pintassilgo s jilguero.
Pinto s pollo, pollito.
Pintor s pintor.
Pintura s pintura.
Pio adj pío, generoso, misericordioso.
Piolho s piojo.
Pioneiro s pionero, explorador.
Pior adj peor.
Piorar v empeorar.
Pipa s pipa, tonel.
Piquenique s merienda.
Piquete s piquete.
Pira s pira, hoguera.
Pirâmide s pirámide.
Piranha s piraña.
Pirata s corsario, pirata.
Pires s platillo.
Pirilampo s luciérnaga.
Piromaníaco s pirómano.
Pirraça s broma, jugarreta.
Pirueta s pirueta, cabriola.
Pirulito s pirulí.

Pisar v pisar, calcar con los pies, machucar, magullar.
Piscadela s guiñada.
Piscar v guiñar, pestañear.
Piscina s piscina.
Piso s pavimento, piso.
Pista s vestigio, pista, rastro.
Pistola s pistola, arma de fuego.
Pistom s pistón.
Piteira s pita.
Pitoresco adj pintoresco.
Pivô s pivote.
Placa s placa, matrícula.
Placenta s placenta.
Plácido adj plácido, tranquilo.
Plágio s plagio, copia, imitación.
Plaina s plana, cepillo.
Planador s planeador.
Planalto s altiplanicie, planalto.
Planejar v planear, planificar, proyectar.
Planeta s planeta, astro.
Planetário s planetario.
Planície s planicie, llanura, rellano.
Planificar v planificar, planear.
Planisfério s planisferio.
Plano adj plano, liso, proyecto.
Planta s planta, vegetal, parte inferior del pie.
Plantação s plantación.
Plantão s plantón.
Plasma s plasma.
Plasmar v plasmar.
Plasticidade s plasticidad.
Plástico adj plástico.
Plataforma s plataforma.
Plátano s plátano.
Plateia s platea, patio de butacas.
Platina s platino.
Platônico adj platónico.
Plebe s plebe, gentuza.
Plebeu adj plebeyo.
Plebiscito s plebiscito.
Pleitear v pleitear, litigar.
Pleito s pleito, disputa.
Plenário adj plenario.
Plenitude s plenitud.
Pleno adj pleno, lleno, completo.
Pleonasmo s pleonasmo.
Pletórico adj pletórico.
Pleura s pleura.
Plissado s plisado.
Pluma s pluma.
Plural adj plural.
Pluvial adj pluvial.
Pluviômetro s pluviómetro.
Pluviosidade s pluviosidad.

pneu — porta

Pneu s neumático.
Pneumático s neumático.
Pneumonia s neumonía, pulmonía.
Pó s polvo.
Pobre adj pobre.
Pobreza s pobreza, necesidad.
Poça s poza, charco.
Poção s poción, pozo.
Pocilga s pocilga, establo.
Poço s pozo.
Podar v podar, desbastar.
Poder v poder, recurso.
Poderio s poderío, autoridad.
Poderoso adj poderoso, prepotente.
Podre adj podrido, putrefacto, corrupto.
Podridão s podredumbre.
Poeira s polvo.
Poeirada s polvareda.
Poema s poema.
Poente s poniente, occidente.
Poesia s poesía.
Poeta s poeta.
Pois conj pues, puesto que.
Polar adj polar.
Polarizar v polarizar.
Polegada s pulgada.
Polegar s pulgar.
Polêmico adj polémico, discutible.
Polemizar v polemizar, discutir.
Pólen s polen.
Polia s polea.
Policial s policía.
Policiar v vigilar.
Policlínica s policlínica.
Polido adj pulido, lamido, cortés.
Poliéster s poliéster.
Polifonia s polifonía.
Polígamo s polígamo.
Poliglota s políglota.
Polígono s polígono.
Polígrafo s polígrafo.
Polimento s pulimento.
Polinização s polinización.
Polinizar v polinizar.
Polinômio s polinomio.
Polir v pulir, barnizar, lustrar.
Polissílabo s polisílabo.
Politécnico adj politécnico.
Politeísmo s politeísmo.
Política s política.
Político adj político.
Polivalente adj polivalente.
Polo s polo.
Polpa s pulpa.
Poltrona s butaca, sillón.

Poluição s contaminación.
Poluir v contaminar, ensuciar, manchar.
Polvilhar v polvorear, empolvar.
Polvo s pulpo.
Pólvora s pólvora.
Pomada s pomada.
Pomar s pomar.
Pomba s paloma.
Pombal s palomar.
Pomo s pomo, manzana.
Pompa s pompa, aparato, lujo.
Pomposo adj pomposo, suntuoso.
Ponche s ponche, bebida.
Poncho s poncho.
Ponderação s ponderación, reflexión.
Ponderar v ponderar, pesar, reflexionar.
Ponderável adj ponderable.
Ponta s punta, extremidad.
Pontada s punzada.
Pontapé s puntapié.
Pontaria s puntería.
Ponte s puente.
Pontear v puntear.
Ponteiro s aguja de reloj, puntero.
Pontiagudo adj puntiagudo.
Pontífice s pontífice, supremo.
Ponto s punto, puntada.
Pontual adj puntual, exacto, brioso.
Pontualidade s puntualidad, exactitud.
Pontuar v puntuar, atildar, tildar.
Popa s popa.
População s población.
Popular adj popular.
Popularidade s popularidad.
Populoso adj populoso, muy poblado.
Por prep por, por causa de, en lugar de.
Pôr v poner, colocar.
Porão s bodega de un barco.
Porção s porción, cantidad.
Porcaria s porquería, chapucería.
Porcelana s porcelana, loza fina.
Porcentagem s porcentaje.
Porco adj marrano, inmundo, guarro; s cerdo, puerco, cochino.
Porém conj sin embargo, pero, empero.
Porfia s porfía, ahinco.
Pormenor s pormenor, detalle, particularidad.
Pornografia s pornografía, obscenidad.
Poroso adj poroso.
Porquanto conj por cuanto, visto que.
Porque conj porque, a fin de que, visto que.
Porquê s por qué, motivo.
Porquinho-da-índia s conejillo de Indias.
Porrete s porra, maza.
Porta s puerta.

POR 284 — porta-aviões — predeterminar

Porta-aviões s porta-aviones.
Porta-bandeira s abanderado, portaestandarte.
Portada s portada, puerta grande.
Portador s, adj portador.
Porta-estandarte s portaestandarte.
Porta-joias s joyero, guardajoyas.
Porta-malas s maletero, portaequipaje.
Porta-moedas s monedero, portamonedas.
Portanto conj portanto, por consiguiente.
Portão s portón, portada.
Portar v portar, comportarse.
Porta-retratos s portarretratos.
Portaria s portería.
Porta-seios s sostén.
Portátil adj portátil.
Porta-voz s portavoz, vocero.
Porte s porte, transporte, franqueo.
Porteiro s portero.
Portentoso adj portentoso.
Pórtico s pórtico, portal.
Porto s puerto, ancladero.
Portuário adj portuario.
Porvir s porvenir, futuro.
Posar v posar.
Pose s pose.
Pós-escrito s posdata.
Posição s posición, postura, situación.
Positivar v realizar, positivar.
Positivo adj positivo, evidente.
Posologia s posología.
Pós-operatório adj postoperatorio.
Posposto adj pospuesto, despreciado.
Possante adj pujante.
Possessão s posesión, dominio.
Possessivo adj posesivo.
Possesso adj poseso, endemoniado.
Possibilidade s posibilidad.
Possível adj posible, practicable.
Possuidor s poseedor.
Possuir v poseer, contener.
Postal s postal.
Postar v apostar, colocarse, disponer.
Poste s poste, columna, o pilar.
Postergar v postergar.
Posterior adj posterior, ulterior, siguiente.
Postiço adj postizo.
Posto s puesto.
Postular v postular, pedir, solicitar.
Póstumo adj póstumo.
Postura s postura, actitud.
Potável adj potable.
Pote s pote.
Potência s potencia.
Potenciação s potenciación.
Potentado s potentado.

Potente adj potente, poderoso, enérgico.
Potestade s poder, potestad.
Potranca s potranca.
Potro s potro.
Pouca-vergonha s desvergüenza, inmoralidad.
Pouco adj poco, no mucho.
Poupado adj economizado, ahorrado.
Poupança s ahorro, economías.
Poupar v ahorrar, economizar.
Pousada s posada, albergue.
Povo s gente, pueblo, plebe.
Povoador s poblador.
Povoar v poblar.
Praça s plaza, mercado.
Prado s prado, hipódromo.
Praga s plaga, calamidad.
Praguejar v maldecir, jurar.
Praia s playa.
Prancheta s plancheta, tablero para dibujo.
Pranto s llanto, lloro.
Prata s plata.
Prateado adj plateado, argénteo.
Pratear v platear.
Prateleira s estante, anaquel, entrepaño, mostrador.
Prática s práctica, experiencia, uso.
Praticar v platicar, ejercer, cometer.
Prato s plato.
Praxe s práctica, costumbre, uso.
Prazer s placer, agrado, goce, gusto.
Prazo s plazo.
Preâmbulo s preámbulo, preliminar, prólogo.
Precário adj precario.
Precaução s precaución, recaudo, resguardo.
Precaver v precaver, prevenir.
Precavido adj precavido.
Prece s oración, rezo, plegaria, súplica.
Precedência s precedencia, anterioridad.
Preceder v preceder, anteceder.
Preceito s precepto, mandamiento.
Preceptor s preceptor.
Precioso adj precioso, primoroso.
Precipício s precipicio, abismo.
Precipitar v precipitar, apresurar, despeñar.
Preciso adj preciso, necesario, exacto, determinado.
Preclaro adj preclaro, ilustre.
Preço s precio, coste, importe, valor.
Precoce adj precoz, prematuro, adelantado.
Preconceber v preconcebir.
Preconceito s prejuieio.
Preconizar v preconizar, alabar.
Precursor adj precursor.
Predestinar v predestinar.
Predeterminar v predeterminar.

predição — prezado 285 **PRE**

Predição s predicción, pronóstico.
Predicar v predicar.
Predileção s predilección.
Predileto adj predilecto.
Prédio s edificio, predio.
Predispor v predisponer.
Predizer v predecir, vaticinar.
Predominante adj predominante.
Predominar v predominar, preponderar, prevalecer.
Preeminente adj preeminente.
Preencher v henchir, cumplir, rellenar.
Preexistir v preexistir.
Prefácio s prefacio, prólogo.
Prefeito s alcalde, intendente.
Prefeitura s prefectura, alcaldía.
Preferência s preferencia, predilección.
Preferir v preferir, anteponer, escoger.
Prefixar v prefijar.
Prefixo adj prefijo.
Prega s pliegue, dobladillo.
Pregador s orador, predicador.
Pregão s pregón.
Pregar v clavar, fijar, predicar, sermonear, aconsejar, preconizar.
Prego s clavo, chillón, punta.
Pregoeiro s pregonero.
Preguear v plegar, plisar, fruncir.
Preguiça s pereza, indolencia, dejadez.
Pré-história s prehistoria.
Prejudicar v perjudicar, atrasar.
Prejudicial adj perjudicial, dañino, nocivo.
Prejuízo s perjuicio, pérdida.
Preleção s disertación, lección.
Preliminar adj preliminar.
Prelúdio s preludio.
Prematuro adj prematuro, temprano.
Premeditar v premeditar.
Premente adj premiativo.
Premiar v premiar, laurear.
Prêmio s premio, recompensa.
Premonição s premonición.
Pré-natal adj prenatal.
Prenda s prenda, dádiva, regalo.
Prender v prender, unir, cautivar.
Prenhada adj preñada, embarazada, llena.
Prenhe adj preñado, grávido.
Prensa s prensa, viga.
Prenunciar v prenunciar.
Preocupar v preocupar.
Preparação s preparación.
Preparar v preparar, disponer, entablar.
Preparativos s preparativos.
Preparo s preparación.

Preponderar v preponderar, predominar, prevalecer.
Preposição s preposición.
Prepotente adj prepotente.
Prepúcio s prepucio.
Prerrogativa s prerrogativa.
Presa s presa, garra, botín.
Presbítero s presbítero, sacerdote.
Prescindir v prescindir, dispensar.
Prescrever v prescribir, recetar.
Presença s presencia.
Presenciar v presenciar, ver.
Presente adj actual; s ofrenda, dádiva, regalo.
Presentear v regalar, obsequiar.
Presépio s belén, presepio.
Preservar v preservar.
Preservativo s preservativo.
Presidente s presidente.
Presidiário s presidiario, penitenciario.
Presidir v presidir.
Preso adj preso, arrestado, detenido, recluso.
Pressa s prisa, urgencia.
Presságio s presagio, agüero, augurio.
Pressão s presión, ahogo.
Pressentimento s presentimiento, intuición, premonición.
Pressupor v presuponer, prever.
Pressuposto s presupuesto.
Prestação s prestación, plazos.
Prestar v prestar, beneficiar.
Prestativo adj servicial, solícito.
Prestes adj presto.
Presteza s presteza, ligereza, prisa.
Prestígio s prestigio, valía.
Préstimo s capacidad, utilidad, valor.
Presumido adj presumido, hinchado.
Presumir v presumir, suponer.
Presunção s presunción, arrogancia, vanagloria.
Presunto s jamón, lacón.
Pretender s pretender, apetecer, solicitar.
Pretenso s pretenso.
Preterir v preterir, ultrapasar.
Pretérito s pretérito, pasado.
Pretexto s pretexto, excusa, subterfugio.
Preto adj negro, obscuro.
Pretor s pretor, magistrado.
Prevalecer v prevalecer, predominar.
Prevaricar v prevaricar.
Prevenção s prevención, precaución, reserva.
Prevenir v prevenir, anticipar, precaver, preparar.
Preventivo adj preventivo, profiláctico.
Prever v prever, presagiar, pronosticar.
Prévio adj previo.
Previsão s previsión, pronóstico.
Prezado adj muy estimado, apreciado.

PRE 286   prezar — propagar

Prezar *v* preciar, apreciar, estimar.
Prima *s* prima.
Primar *v* primar, ser el primero.
Primário *adj* primario.
Primata *s* primate.
Primavera *v* primavera.
Primazia *s* primacía, prioridad, excelencia.
Primeiro *adj, num* primer, primero, uno, anterior.
Primitivo *adj* primitivo.
Primo *s* primo.
Primogênito *adj* primogénito.
Primor *s* primor.
Primoroso *adj* primoroso, bello.
Princesa *s* princesa.
Principado *s* principado.
Principal *adj* principal.
Príncipe *s* príncipe.
Principiante *s* principiante, aprendiz.
Principiar *v* principiar, comenzar, empezar, iniciar.
Prior *s* prior.
Prioridade *s* prioridad, privilegio.
Prisão *s* prisión, apresamiento, reclusión.
Prisioneiro *adj* prisionero, recluso.
Prisma *s* prisma.
Privação *s* privación, abstención, abstinencia.
Privada *s* letrina, retrete.
Privado *adj* privado, personal.
Privar *v* privar, despojar, abstenerse, cohibirse.
Privativo *adj* privativo, exclusivo.
Privilégio *s* privilegio, regalía.
Proa *s* proa.
Probabilidade *s* probabilidad.
Problema *s* problema.
Procedência *s* procedencia.
Proceder *v* proceder, provenir.
Procedimento *s* procedimiento, conducta, práctica.
Processar *v* procesar.
Processo *s* proceso.
Processual *adj* procesal.
Proclamar *v* exaltar, proclamar.
Procriar *v* procrear, poblar.
Procurador *s* procurador, apoderado.
Procurar *v* procurar, buscar, demandar, solicitar.
Prodigalizar *v* prodigar.
Prodígio *s* prodigio, portento.
Prodigioso *adj* prodigioso, espantoso.
Pródigo *adj* pródigo.
Produção *s* producción, obra.
Produtivo *adj* productivo, eficaz.
Produto *s* producto.
Produtor *s* productor.
Produzir *v* producir, crear, engendrar, fabricar, hacer.
Proeminente *adj* proeminente.

Proeza *s* aventura, hazaña.
Profanar *v* profanar.
Profecia *s* profecía, vaticinio.
Proferir *v* proferir, pronunciar.
Professar *v* profesar.
Professor *s* profesor, maestro, pedagogo.
Profeta *s* profeta, adivino.
Profetizar *v* profetizar, adivinar, vaticinar.
Profilaxia *s* profilaxis.
Profissão *s* profesión.
Profissional *adj* profesional.
Prófugo *s* prófugo, desertor.
Profundo *adj* profundo, hondo, penetrante.
Profusão *s* profusión.
Progenitor *s* progenitor.
Prognóstico *s* pronóstico.
Programa *s* programa.
Programação *s* programación.
Programar *v* programar.
Progredir *v* progresar, avanzar, prosperar.
Progresso *s* progreso, avance, desarrollo.
Proibição *s* prohibición, interdicción.
Proibir *v* prohibir, vedar.
Projetar *v* proyectar.
Projétil *s* proyectil.
Projeto *s* proyecto, plan, programa, traza.
Prole *s* prole, descendencia.
Proletário *adj* proletario.
Proliferação *s* proliferación.
Proliferar *v* proliferar.
Prolixo *adj* prolijo.
Prólogo *s* prefacio, prólogo.
Prolongar *v* prolongar, alargar, continuar.
Promessa *s* promesa.
Prometer *v* prometer, afirmar, asegurar.
Prometido *s* prometido, novio.
Promíscuo *adj* promiscuo, mezclado.
Promissor *adj* prometedor, promisorio.
Promoção *s* promoción.
Promotor *s* promotor.
Promover *v* promover, fomentar, suscitar.
Promulgar *v* promulgar.
Pronome *s* pronombre.
Pronominal *adj* pronominal.
Prontidão *s* prontitud, actividad, diligencia, prisa.
Pontificar-se *v* ofrecerse, prestarse, disponerse.
Pronto *adj* pronto, acabado, terminado, listo, presto.
Pronto-socorro *s* hospital para casos de urgencia.
Pronúncia *s* pronunciación.
Pronunciamento *s* pronunciamiento.
Pronunciar *v* pronunciar, proferir, articular.
Propagação *s* propagación, invasión.
Propaganda *s* propaganda.
Propagar *v* propagar, difundir, transmitir.

propalar — pueril   287   **PUE**

Propalar v propalar, alardear.
Proparoxítono adj proparoxítono, esdrújulo.
Propensão s propensión, tendencia, inclinación.
Propenso adj propenso, tendencioso.
Propício s propicio.
Propina s propina.
Proponente adj proponente.
Propor v proponer.
Proporção s proporción, simetría.
Proporcionar v proporcionar, ofrecer.
Proposição s proposición.
Propósito s propósito, intención.
Proposta s propuesta, oferta.
Propriedade s propiedad, virtud, dominio, inmueble.
Proprietário s propietario, amo, dueño.
Próprio adj propio, oportuno.
Propugnar v propugnar.
Propulsão s propulsión.
Propulsar v propulsar.
Prorrogação s prórroga.
Prorrogar v prorrogar, aplazar.
Prorromper v prorrumpir.
Prosa s prosa.
Prosaico adj prosaico.
Proscrever v proscribir.
Proscrito adj proscrito.
Proselitismo s proselitismo.
Prosódia s prosodia.
Prospecto s programa, prospecto.
Prosperar v prosperar, crecer.
Prosperidade s prosperidad.
Prosseguimento s seguimiento.
Prosseguir v proseguir, continuar, insistir.
Próstata s próstata.
Prosternar v prosternar, postrar.
Prostíbulo s prostíbulo, burdel.
Prostituir v prostituir.
Prostituta s prostituta, meretriz, ramera.
Prostração s postración.
Prostrar v postrar, abatir, derrubar.
Protagonista s protagonista.
Proteção s protección, amparo.
Protecionismo s proteccionismo.
Proteger v proteger, amparar, defender, abrigar.
Protegido adj refugiado.
Proteína s proteína.
Protelar v prorrogar, demorar, retardar.
Prótese s prótesis.
Protestante adj protestante.
Protestantismo s protestantismo.
Protestar v protestar.
Protesto s protesta, reclamación.
Protetor s protector, defensor.
Protocolar adj protocolario.

Protoplasma s protoplasma.
Protótipo s prototipo.
Protuberância s protuberancia.
Prova s prueba, comprobación, documento, testimonio.
Provação s prueba, desgracia.
Provar v probar, demonstrar.
Provável adj probable.
Provedor s proveedor.
Proveito s provecho, beneficio.
Proveitoso adj provechoso.
Proveniente adj proveniente, originario, procedente.
Prover v proveer, abastecer, aprovisionar, equipar, habilitar, mantener.
Proverbial adj proverbial.
Provérbio s proverbio, máxima, refrán, adagio.
Proveta s probeta.
Providência s providencia.
Província s provincia.
Provinciano adj provinciano.
Provir v provenir, proceder, derivar.
Provisão s provisión, suministro.
Provisor s provisor.
Provisório adj provisional, transitorio.
Provocação s provocación, desafío.
Provocador s provocador.
Provocar v provocar, incitar.
Proximidade s proximidad, aproximación, inmediación.
Próximo adj próximo, mediato, cercano, vecino.
Prudência s prudencia, moderación.
Prudente adj prudente, juicioso, cauto, precavido.
Prumo s plomo, plomada.
Pseudônimo s seudónimo, seudónimo.
Psicanálise s psicoanálisis, sicoanálisis.
Psicologia s psicología, sicología.
Psicológico adj psicológico.
Psicopata s psicópata, sicópata.
Psicose s psicosis.
Psicoterapia s psicoterapia.
Psique s psique.
Psíquico adj psíquico, síquico.
Pua s púa, puya.
Puberdade s pubertad.
Púbere adj púber.
Púbis s pubis.
Publicação s publicación.
Publicar v publicar, editar, imprimir.
Publicidade s publicidad.
Público adj público.
Pudico adj púdico.
Pudim s pudín.
Pudor s pudor, recato, vergüenza.
Pueril adj pueril, infantil.

PUE

puerilidade — puxa-saco

Puerilidade s puerilidad, niñería.
Pugilismo s boxeo, pugilismo.
Pugilista s boxeador, pugilista.
Pugna s pugna.
Pugnar v pugnar.
Puir v pulir.
Pujança s pujanza.
Pujante adj pujante, robusto, poderoso.
Pular v saltar.
Pulcro adj pulcro.
Pulga s pulga.
Pulha s pulla.
Pulmão s pulmón.
Pulo s salto.
Pulôver s jersey.
Púlpito s púlpito.
Pulsação s pulsación, palpitación, latido.
Pulsar v pulsar, palpitar, latir.
Pulseira s pulsera.
Pulso s pulso, muñeca.
Pulverizar v pulverizar.
Puma s puma.
Punção s punción.
Punçar v punzar.
Pundonor s pundonor, punto de honor.
Pungente adj pungente.
Pungir v pungir, punzar.
Punhal s daga, puñal.
Punhalada s puñalada.
Punho s puño.

Punição s punición, castigo, pena.
Punir v punir, castigar, escarmentar.
Pupila s pupila.
Pupilo s pupilo.
Purê s puré.
Pureza s pureza, inocencia, virgindad.
Purga s purga.
Purgação s purgación.
Purgante adj laxante, purgante.
Purgar v purgar, purificar.
Purgativo adj purga, purgante.
Purgatório adj purgatorio.
Purificar v purificar, expurgar, purgar.
Purismo s purismo.
Puritanismo s puritanismo.
Puro adj puro, limpio, claro.
Púrpura s púrpura.
Purulento adj purulento.
Pus s pus.
Pusilânime adj pusilánime.
Pústula s pústula, llaga.
Putrefação s putrefacción.
Putrefazer v pudrir, corromper.
Pútrido adj pútrido, podrido, fétido.
Puxa interj ¡o!.
Puxador s tirador.
Puxão s tirón.
Puxar v tirar, empujar.
Puxa-saco adj adulador, halagador.

ABCDEFGHIJKLMNOPQRSTUVWXYZ

Q s décimosexta letra del alfabeto portugués.
Quadra s cuadra.
Quadrado s cuadrado.
Quadrante s cuadrante.
Quadricular v cuadricular.
Quadril s cuadril, anca, cadera.
Quadrilátero s cuadrilátero.
Quadrilha s cuadrilla.
Quadrimotor s cuartimotor.
Quadro s cuadro, marco.
Quadro-negro s pizarra, encerado.
Quadrúmano s cuadrúmano.
Quadrúpede s cuadrúpedo.
Quadruplicar v cuadruplicar.
Qual pron cual, cuál; interj ¡ca!
Qualidade s cualidad.
Qualificação s calificación.
Qualificar v calificar.
Qualitativo adj cualitativo.
Qualquer pron cualquier, cualquiera, alguno.
Quando adv cuando.
Quantia s cuantía.
Quantidade s cuantidad, cantidad.
Quanto adv cuánto, cuanto.
Quão adv cuanto.
Quarentena s cuarentena.
Quaresma s cuaresma.
Quarta s cuarta.
Quarta-feira s miércoles.
Quarteirão s cuadra, manzana de casas.
Quartel s cuartel.
Quarteto s cuarteto.
Quarto s cuarto, aposento.
Quartzo s cuarzo.
Quase adv casi, por poco.
Quaternário adj cuaternario.
Que pron que.
Quebra s quiebra.
Quebra-cabeças s rompecabezas.
Quebrado adj quebrado, partido.
Quebra-luz s pantalla para amortiguar la luz.
Quebra-mar s rompeolas, dique.

Quebra-nozes s cascanueces.
Quebrantar v quebrantar, debilitar.
Quebranto s quebrantamiento, postración.
Quebrar v quebrar, romper, partir.
Queda s caída, declive.
Quedar v quedar, detener.
Queijaria s quesería.
Queijeira s quesera.
Queijo s queso.
Queima s quema.
Queimada s quemada.
Queimado adj quemado, tostado.
Queimar v quemar, secar, tostar.
Queima-roupa loc adv a quemarropa, cara a cara.
Queixa s queja, lamento.
Queixada s quejada.
Queixar-se v quejarse.
Queixo s quijada, mentón.
Quem pron quien, el cual, alguien que, uno, cualquier persona.
Quente adj caliente.
Quentura s calor, fiebre.
Querela s querella.
Querência s querencia.
Querer v querer, amarse, desear, opinar.
Querido adj querido, amado.
Quermesse s quermese.
Querosene s querosén.
Querubim s querubín.
Questão s cuestión, pendencia, asunto.
Questionar v cuestionar, discutir.
Questionário s cuestionario.
Quiabo s planta brasileña comestible.
Quiçá adv quizá, talvez.
Quietar v quietar, aquietar, tranquilizar.
Quieto adj quieto, sereno, sosegado.
Quietude s quietud, paz, sosiego.
Quilate s quilate.
Quilha s quilla.
Quilo s kilo.
Quilograma s kilogramo.
Quilombo s quilombo.

QUI

Quilometragem *s* kilometraje.
Quilômetro *s* kilómetro.
Quimera *s* quimera, ilusión.
Química *s* química.
Quimono *s* quimono.
Quina *s* quina, esquina.
Quindim *s* doce brasileño.
Quinhão *s* quiñón.
Quinina *s* quinina.
Quinquenario *adj* quinquenal.
Quinquilharia *s* quincallería.
Quinta *s* quinta, casa de campo, finca rústica.
Quinta-feira *s* jueves.
Quintal *s* quintal, quinta pequeña.
Quinteto *s* quinteto.

Quinzena *s* quincena.
Quiosque *s* quiosco.
Quiproquó *s* equívoco, engaño, confusión de palabras.
Quiromancia *s* quiromancia.
Quisto *adj* quiste, estimado.
Quitanda *s* abacería, tienda donde se venden frutas y verduras.
Quitar *v* quitar, tirar, evitar, dejar.
Quitute *s* manjar exquisito.
Quixotada *s* quijotada, fanfarronada.
Quociente *s* cociente.
Quota *s* cuota, quiñón.
Quotidiano *adj* cotidiano.
Quotizar *v* cotizar.

R

ABCDEFGHIJKLMNOPQRSTUVWXYZ

R s decimoséptima letra del alfabeto portugués.
Rã s rana, batracio.
Rabada s rabada.
Rabanada s torrija, rebanada de pan mojada con leche, azúcar y huevos, y frita.
Rabanete s rabanete.
Rabino s rabino.
Rabiscar v garabatear, garrapatear.
Rabo s cola, rabo.
Rabo-de-cavalo s coleta.
Rabugento adj quisquilloso, regañón.
Raça s raza, etnia.
Ração s ración, pitanza.
Racha s raja, grieta.
Rachadura s hendedura.
Rachar v rajar, resquebrajar, hendir, quebrantar.
Racial adj racial.
Raciocinar v raciocinar, razonar.
Racional adj lógico, racional.
Racionalismo s racionalismo.
Racionalizar v racionalizar.
Racionamento s racionamiento.
Racionar v racionar.
Racismo s racismo.
Radar s radar.
Radiação s radiación.
Radiador s radiador.
Radiante adj radiante, alegre.
Radiatividade s radiactividad.
Radical adj radical.
Radicalização s radicalización.
Radicar v radicar.
Rádio s radio, transistor.
Radiodifusão s radiodifusión.
Radiografia s radiografía.
Radiologia s radiología.
Radioscopia s radioscopia.
Radioso adj radioso.
Radioterapia s radioterapia.
Raia s raya.
Raiar v rayar.
Rainha s reina.
Raio s rayo.
Raiva s rabia, furia, ira.
Raivoso adj rabioso.
Raiz s raíz, origen.
Rajada s racha, ráfaga.
Rajado adj rayado.
Ralador s rallador.
Ralar v rallar.
Ralé s ralea, plebe.
Ralhar v regañar, reprender, reñir.
Ralo adj ralo, poco espeso; s rallador, colador, criba.
Rama s rama, ramaje.
Ramagem s ramaje, follaje.
Ramal s ramal, rama.
Ramalhete s ramillete, ramo.
Rameira s prostituta, ramera.
Ramificar v ramificar.
Ramo s rama, ramo.
Rampa s rampa, pendiente.
Rancheiro s ranchero.
Rancho s rancho.
Rancor s rencor.
Rançoso adj rancioso.
Ranger v crujir, rechinar.
Rangido s rechinamiento.
Ranhento s mocoso.
Ranhura s ranura.
Rapar v raspar, cortar.
Rapaz s rapaz, muchacho.
Rapé s rapé, tabaco en polvo.
Rapidez s rapidez, prisa.
Rápido adj rápido, veloz, pronto.
Rapina s rapiña.
Rapinar v rapiñar.
Raposo s raposo.
Raptar v raptar, robar.
Raquete s pala, raqueta.
Raquítico adj raquítico.
Rarear v enrarecer.
Raro adj raro, contado, escaso, extravagante.
Rasante adj rasante.
Rascunho s borrador, minuta.

RAS 292   rasgado — reclinar

Rasgado adj rasgado, roto.
Rasgar v rasgar, romper, despedazar.
Raso adj llano, raso, plano.
Raspadeira s raspador.
Raspado adj raído, pelón.
Raspador s raedera.
Raspar v raspar, rasar, arañar.
Rasteira s zancadilla.
Rasteiro adj rastrero.
Rastreamento s rastreo.
Rastrear v rastrear.
Rastro s rastro, señal.
Rasurar v borrar, tachar, raspar.
Ratazana s rata grande, ratona.
Ratificar v ratificar, aprobar.
Rato s ratón.
Ratoeira s ratonera.
Razão s razón, causa, motivo.
Razoável adj razonable, justo.
Reabastecer v reabastecer, abastecer.
Reabertura s reapertura.
Reabilitação s rehabilitación.
Reação s reacción.
Reacionário adj reaccionario.
Readaptação s readaptación.
Readaptar v readaptar, reeducar.
Reagir v reaccionar, reactivar.
Reajustar v reajustar.
Reajuste s reajuste.
Real adj real, actual, regio, verdadero.
Realçar v realzar, acentuar.
Realce s realce, relieve.
Realeza s realeza.
Realidade s realidad, verdad.
Realização s realización, ejecución, producción.
Realizar v realizar, efectuar, ejecutar, hacer.
Reanimar v reanimar, vivificar.
Reaparecer v reaparecer, resurgir.
Reaparição s reaparición, resurgimiento.
Reaproveitamento s reciclaje.
Reaquecer v recalentar.
Reassumir v reasumir, recobrar.
Reativo adj reactivo.
Reator s reactor.
Reaver v recuperar, recobrar, restablecer.
Reavivar v reavivar, reanimar.
Rebaixar v rebajar.
Rebanho s rebaño, grei.
Rebater v rebatir, controvertir, rebotar, refutar.
Rebelar v rebelar, insubordinar.
Rebelde adj rebelde, contumaz, incorregible, indócil.
Rebeldia s rebeldía, insubordinación.
Rebelião s rebelión, insurrección, sedición.
Rebentar v reventar.

Rebento s renuevo, vástago.
Rebobinar v rebobinar.
Rebocador adj revocador.
Rebocar v remolcar.
Reboco s revoque.
Reboque s remolque.
Rebuçar v ocultar, embozar.
Rebuço s solapa, disfraz.
Rebuliço s rebullicio, desorden.
Recado s recado, aviso.
Recaída s recaída.
Recair v recaer.
Recalcar v recalcar.
Recalcitrar v recalcitrar, desobedecer.
Recanto s lugar retirado.
Recapacitar v recapacitar.
Recapitulação s recapitulación, repetición.
Recarga s recarga.
Recatar v recatar, encubrir.
Recato s recato, cautela, pudor.
Recear v recelar, sospechar, temer.
Receber v recibir, admitir, cobrar, sufrir.
Recebimento s recibimiento, recibo.
Receio s recelo, temor.
Receita s receta, ingreso.
Receitar v recetar.
Recém adv, adj recién, nuevo.
Recém-chegado adj, s recién llegado.
Recém-nascido adj, s recién nacido.
Recenseamento s padrón, empadronamiento.
Recensear v empadronar, enumerar.
Recente adj reciente, nuevo.
Recentemente adv recientemente.
Receoso adj receloso, tímido, temeroso.
Recepção s recepción.
Receptáculo s receptáculo, recipiente.
Receptivo adj receptivo.
Receptor adj receptor.
Recessão s recesión.
Rechaçar v rechazar, repeler.
Rechaço s rechazo.
Rechear v rellenar.
Recheio s relleno.
Rechonchudo adj rechoncho.
Recibo s recibo, vale.
Reciclar v reciclar.
Reciclável adj reciclable.
Recife s arrecife.
Recinto s recinto.
Recipiente s recipiente.
Recíproco adj recíproco.
Recitar v declamar, recitar.
Reclamação s reclamación, protesto.
Reclamo s reclamo, anuncio, llamada.
Reclinar v reclinar, recostar.

recluso — refrigerar

Recluso *adj* recluso.
Recobrar *v* recobrar, recuperar.
Recobrir *v* recubrir.
Recolher *v* recoger.
Recolhimento *s* recogimiento, recato.
Recomendar *v* recomendar, aconsejar.
Recomendável *adj* recomendable.
Recompensa *s* recompensa, remuneración.
Recompor *v* recomponer.
Recôncavo *s* concavidad, cueva.
Reconcentrar *v* reconcentrar.
Reconciliar *v* reconciliar.
Recôndito *adj* recóndito.
Reconduzir *v* reconducir.
Reconfortar *v* reconfortar.
Reconhecer *v* reconocer.
Reconhecimento *s* reconocimiento.
Reconquista *s* reconquista.
Reconsiderar *v* reconsiderar.
Reconstituir *v* reconstituir.
Reconstrução *s* reconstrucción.
Reconstruir *v* reconstruir.
Recontar *v* recontar.
Reconvir *v* reconvenir.
Recopilação *s* recopilación.
Recopilar *v* recopilar.
Recordação *s* recuerdo.
Recordar *v* recordar.
Recordista *s* plusmarquista.
Recorrer *v* apelar, recurrir.
Recortar *v* recortar.
Recorte *s* recorte.
Recostar *v* recostar.
Recreação *s* recreación, diversión.
Recrear *v* recrear, divertir.
Recreativo *adj* recreativo.
Recreio *s* recreo, placer.
Recriar *v* recriar.
Recriminar *v* recriminar, acusar, censurar.
Recrudescer *v* recrudecer.
Recrutamento *s* reclutamiento.
Recrutar *v* reclutar.
Recuar *v* retroceder.
Recuperar *v* recuperar, recobrar.
Recuperável *adj* recuperable.
Recurso *s* recurso.
Recusa *s* negativa.
Recusar *v* recusar, negar, oponerse.
Redação *s* redacción.
Redator *s* escritor, redactor.
Rede *s* ardid, hamaca.
Rédea *s* rienda.
Redemoinho *s* remolino.
Redenção *s* redención.
Redigir *v* redactar.

Redimir *v* redimir.
Redizer *v* redecir.
Redobrar *v* redoblar.
Redoma *s* redoma.
Redondeza *v* redondez.
Redondo *adj* redondo.
Redor *s* alrededor.
Redução *s* reducción, conversión.
Redundância *s* redundancia.
Reduplicar *v* reduplicar, redoblar.
Reduto *s* reducto.
Redutor *s* reductor.
Reduzido *adj* reducido, sumario.
Reduzir *v* reducir.
Reedição *s* reimpresión.
Reeditar *v* reimprimir.
Reeducar *v* reeducar.
Reeleição *s* reelección.
Reembolsar *v* reembolsar.
Reencarnar *v* reencarnar.
Reencontrar *v* reencontrar.
Reentrar *v* entrar nuevamente.
Reerguer *v* reconstruir.
Refazer *v* rehacer.
Refeito *adj* rehecho.
Refeitório *s* refectorio.
Refém *s* rehén.
Referência *s* referencia.
Referendar *v* refrendar.
Referente *s* referente.
Referir *v* referir, citar, narrar.
Refinar *v* refinar.
Refinaria *s* refinería.
Refletido *adj* reflexivo, prudente, reflejado.
Refletir *v* reflejar, reflectar.
Reflexão *s* reflexión, raciocinio.
Reflexo *s* reflejo, viso.
Reflorestar *v* repoblar.
Refluir *v* refluir.
Refluxo *s* reflujo.
Refogado *s* rehogado, guisado.
Refogar *v* guisar, rehogar.
Reforçar *v* reforzar, esforzar, rebatir, remendar.
Reforço *s* refuerzo.
Reforma *s* reforma.
Reformar *v* reformar, renovar, transformar.
Reformatório *s* reformatorio.
Refratário *adj* refractario.
Refrear *v* refrenar, reprimir, frenar.
Refrega *s* refriega.
Refrescante *adj* refrescante.
Refrescar *v* refrescar, refrigerar.
Refrigerado *adj* climatizado.
Refrigerante *s* refrigerante, refresco.
Refrigerar *v* refrescar, refrigerar.

REF

refugar — remodelar

Refugar v rehusar, apartar.
Refugiado *adj* refugiado.
Refugiar-se v refugiarse.
Refúgio s refugio.
Refulgir v refulgir.
Refundir v refundir.
Refutar v refutar, contestar, rebatir.
Rega v riego.
Regaço s regazo.
Regador v regador, regadera.
Regalar v regalar, deleitar.
Regalia s regalía.
Regar v regar.
Regatear v deprimir, regatear.
Regato s regato, arroyo.
Regência s regencia.
Regenerar v regenerar.
Reger v regir, guiar, gobernar.
Região s región, país.
Regime s régimen, dieta.
Regimento s regimiento, estatuto, norma.
Régio *adj* regio, real.
Regional *adj* regional.
Registrar s registrar, inscribir.
Registro s registro.
Rego s reguera, surco.
Regozijar v regocijar.
Regra s regla, ley, orden.
Regrado *adj* reglado, rayado, sensato.
Regrar v reglar, ajustar.
Regras s menstruación.
Regredir v retroceder una enfermedad, mejorar.
Regressão s regresión, regreso.
Regressar v regresar, retroceder.
Regressivo *adj* regresivo, retroactivo.
Regresso s regreso.
Régua s regla.
Regulagem s reglaje.
Regulamentar *adj* reglamentario; v reglamentar, regular.
Regulamento s reglamento, regulación.
Regular v regular, reglar.
Regularizar s regularizar, metodizar.
Regurgitar v regurgitar.
Rei v rey, soberano.
Reimprimir v reimprimir.
Reinar v reinar.
Reincidir v reincidir.
Reiniciar v iniciar de nuevo.
Reino s reino, estado.
Reintegração s reintegración.
Reintegrar v reintegrar, reconstruir.
Reiteração s reiteración.
Reitor s rector.
Reitoria s rectoría.

Reivindicar v reivindicar, reclamar.
Rejuvenescer v rejuvenecer, remozar.
Relação s relación, lista.
Relacionamento s relación.
Relâmpago s relámpago.
Relampejar v relampaguear.
Relançar v mirar.
Relatar v relatar, mencionar.
Relatividade v relatividad.
Relativo *adj* relativo.
Relato s relato, narración.
Relatório v relación, descripción.
Relaxado *adj* relajado, flojo, blando.
Relaxamento s relajamiento.
Relaxar v relajar, aflojar, ablandar, suavizar.
Relegar v relegar.
Relembrar v recordar, rememorar.
Relento s relente, rocío.
Relevante *adj* relevante.
Relevar v relevar.
Relevo s relieve.
Relicário s relicario.
Religião s religión.
Religioso s religioso, pío, devoto.
Relinchar v relinchar.
Relíquia s reliquia.
Relógio s reloj.
Relojoaria s relojería.
Reluzente *adj* reluciente, flamante, lustroso.
Reluzir v relucir, lucir, relumbrar.
Relva s césped, prado.
Remador s remador, remero.
Remanescente *adj* remanente.
Remanescer v remanecer.
Remanso s remanso, quietud.
Remar v remar.
Remarcar v remarcar.
Rematar v rematar, terminar.
Remediar v remediar.
Remédio s remedio, medicamento.
Remela s lagaña.
Rememorar v rememorar.
Remendar s remendar.
Remessa s envío, remesa.
Remetente s remitente.
Remeter s remitir, enviar, mandar.
Remexer v hurgar, revolver, menear.
Reminiscência s reminiscencia.
Remir v redimir.
Remissão s remisión, perdón.
Remissível *adj* remisible.
Remo s remo.
Remoção s remoción.
Remoçar v remozar, rejuvenecerse.
Remodelar v reformar, renovar.

remoer — resina 295 RES

Remoer v remoler.
Remoinho s remolino.
Remontar v remontar.
Remorso s remordimiento.
Remoto adj remoto, distante.
Remover v remover.
Removível adj removible.
Remuneração s remuneración, sueldo.
Remunerar v remunerar, recompensar.
Rena s reno.
Renascentista adj renacentista.
Renda s renta, encaje, renda.
Render v rendir, someter, sujetar, durar.
Rendido adj rendido, entregado, cansado.
Rendimento s rendimiento, renta, lucro.
Rendoso adj rentoso.
Renegado s renegado.
Renegar v renegar.
Renhido adj reñido.
Renhir v pelear, reñir.
Renome s renombre, celebridad.
Renovação s renovación, regeneración.
Renovar v renovar, reparar.
Renovável adj renovable.
Rentável adj rentable.
Renúncia s renuncia, abandono.
Renunciar v renunciar, abandonar, renegar.
Reorganizar v reorganizar.
Reparar v reparar, arreglar, renovar.
Reparo s reparo.
Repartição s repartición, oficial.
Repartir v repartir, dividir.
Repassar v repasar.
Repatriação s repatriación.
Repatriar v repatriar.
Repelente adj repelente, asqueroso.
Repelir v repeler, lanzar, rechazar.
Repentino adj repentino, súbito.
Repercussão s repercusión, eco.
Repercutir v repercutir.
Repertório s repertorio.
Repetição s repetición.
Repetido adj repetido, frecuente.
Repicar v repicar.
Repisar v repisar.
Repleto adj repleto, lleno.
Réplica s réplica, contestación.
Repolho s repollo.
Repor v reponer, rehacer.
Reportagem s reportaje.
Reportar v reportar.
Repórter s reportero.
Reposição s reposición.
Repousar v reposar, descansar, dormir, posar.
Repouso s reposo, descanso, holganza.

Repovoação s repoblación.
Repreender v reprehender, amonestar.
Repreensão s reprehensión, amonestación.
Represa s represa.
Represália s represalia, venganza.
Representação s representación.
Representar v representar.
Repressão s represión.
Repressivo adj represivo.
Reprimir v reprimir, refrenar, contener.
Reprodução s reproducción, copia.
Reproduzir v reproducir, copiar, multiplicarse.
Reprovação s reprobación, repulsión.
Reprovar v reprobar, desaprobar, desechar.
Réptil s reptil.
República s república.
Republicano adj republicano.
Repudiar v repudiar.
Repúdio s repudio.
Repugnância s repugnancia, asco, fastidio.
Repugnar v repugnar.
Repulsa s repulsa, aversión, repugnancia.
Repulsivo adj repulsivo, repugnante.
Requebro s requiebro.
Requeijão s requesón.
Requentar v recalentar.
Requerer v requerir, solicitar.
Requerimento s requerimiento, petición, solicitud.
Requintado adj requintado, refinado.
Requisitar v requisar.
Requisito s requisito.
Rês s res.
Rescaldo s rescoldo.
Rescindir v rescindir.
Rescisão s rescisión.
Resenha s reseña.
Reserva s reserva.
Reservado adj reservado, guardado, oculto, íntimo.
Reservar v reservar.
Reservatório s reservatorio.
Reservista s reservista.
Resfolegar v resollar, respirar.
Resfriado adj constipado, resfriado.
Resfriar v enfriar, resfriar.
Resgatar v rescatar, redimir.
Resguardar v resguardar, ahorrar, preservar.
Resguardo s resguardo, pudor, prudencia.
Residência s residencia, domicilio.
Residir v residir, habitar, morar.
Resíduo s residuo, detrito.
Resignado adj resignado, paciente.
Resignar v resignar, conformarse.
Resina s resina.

RES
resistência — revelação

Resistência s resistencia, oposición.
Resistir v resistir, defenderse.
Resmungar v refunfuñar, murmurar.
Resolução s resolución, decisión.
Resoluto adj resoluto, decidido.
Resolver v resolver, decidir, transformar.
Resolvido adj resuelto, temerario.
Respaldar v respaldar.
Respaldo s respaldo.
Respeitar v respetar, considerar.
Respeitável adj respetable, venerable.
Respeito s respeto, consideración.
Respingar v respingar, cocear.
Respingo s respingo.
Respiração s respiración.
Respirar v respirar.
Resplandecente adj resplandeciente.
Resplandecer v resplandecer, relucir.
Responder v responder, contestar.
Responsabilidade s responsabilidad, obligación.
Responsável adj responsable.
Resposta s respuesta.
Resquício s resquicio.
Ressaca s resaca, flujo y reflujo.
Ressaltar v resaltar, sobresalir.
Ressalva s reserva, cláusula, resguardo, excepción.
Ressalvar v salvar, acautelarse, garantizar.
Ressarcir v resarcir, indemnizar, compensar.
Ressecar v resecar, secar.
Ressentido adj resentido, ofendido.
Ressentir v resentir.
Ressonância s resonancia.
Ressurgimento s resurgimiento, resurrección.
Ressurgir v resurgir.
Ressurreição s resurrección.
Ressuscitar v resucitar, resurgir.
Restabelecer v restablecer, restaurador, renovar, convalecer.
Restabelecimento s restablecimiento, restauración.
Restante adj restante.
Restar v restar, sobrar, quedar.
Restauração s restauración, reparo.
Restaurante s restaurante.
Restaurar v restaurar, restablecer, recuperar.
Réstia s ristra.
Restinga s restinga, albufera, marisma.
Restituição s restitución, entrega, devolución.
Restituir v restituir, reponer, volver.
Resto s resto, restante.
Restrição s restricción.
Restringir v restringir, limitarse, reducir.
Restrito adj restricto, limitado.
Resultado s resultado, consecuencia, secuela.
Resultar v resultar, provenir.

Resumido adj reducido, conciso.
Resumir v reducir, abreviar, sintetizar.
Resumo s resumen, extracto, síntesis.
Resvaladiço adj resbaladizo.
Resvalar v resbalar, patinar.
Reta s recta.
Retábulo s retablo.
Retaguarda s retaguardia.
Retalhar v retazar, retajar, cortar.
Retalho s retazo, jira.
Retângulo s rectángulo.
Retardado adj retrasado.
Retardar v retardar, demorar, atrasar.
Retardatário adj retardatario.
Retenção s retención, detención.
Reter v retener, detener, suspender.
Reticência s reticencia.
Retidão s rectitud.
Retificar v rectificar.
Retina s retina.
Retirada s retirada, evacuación, retiro.
Retirado adj retirado, recogido, solitario.
Retirar v retirar, rehuir, irse.
Reto adj recto, derecho.
Retocar v retocar, perfeccionar.
Retomar v reanudar.
Retoque s retoque.
Retorcer v retorcer, enrollar.
Retórica s retórica.
Retornar v retornar, volver, reaparecer, regresar.
Retorno s retorno.
Retração s retracción.
Retraído adj retraído, recogido.
Retraimento s retraimiento, contracción.
Retransmitir v retransmitir.
Retratar v retractar, retratar.
Retrato s retrato, fotografía.
Retribuir v retribuir, gratificar, pagar.
Retroagir v producir efecto retroactivo.
Retroativo adj retroactivo.
Retroceder v retroceder, regresar.
Retrógrado adj retrógrado.
Retrospectivo adj retrospectivo.
Retrovisor s retrovisor.
Retumbar v retumbar, resonar.
Réu s reo.
Reumatismo s reuma, reúma.
Reunião s reunión.
Reunir v reunir, aglomerar, agrupar, almacenar, incorporar, juntar.
Revalidação s reválida.
Revalidar v confirmar, revalidar.
Revalorizar v revalorizar.
Revanche s revancha.
Revelação s revelación.

revelar — romaria 297 ROM

Revelar v revelar.
Revenda s reventa.
Revender v revender.
Rever v rever, revisar.
Reverberação s reverberación.
Reverdecer v reverdecer.
Reverenciar v reverenciar, venerar.
Reverendo adj reverendo.
Reversão s reversión.
Reversível adj reversible.
Reverso s reverso, revés.
Revés s revés, envés.
Revestir v revestir, solar.
Revezar v revezar, alternar.
Revidar v reenvidar.
Revigorar v robustecer, tonificar.
Revirar v revirar, cambiar, torcer.
Reviravolta s recoveco.
Revisão s revisión.
Revisar v revisar.
Revista s revista.
Revistar v revistar, examinar.
Reviver v revivir, renacer, resucitar.
Revoada s revuelo.
Revogação s revocación.
Revogar v revocar, abolir, abrogar.
Revoltado adj sublevado, revoltoso.
Revoltar v revolucionar, indignar.
Revolto adj revuelto.
Revolução s revolución.
Revolucionar v revolucionar.
Revolucionário adj revolucionario.
Revólver s revólver.
Revolvido adj revuelto.
Reza s rezo.
Rezar v rezar, orar.
Riacho s arroyo, riachuelo.
Ribanceira s ribazo.
Ribeira s ribera.
Ribeirinho adj ribereño.
Ribeiro s riachuelo, arroyo.
Rícino s ricino.
Rico adj rico, acaudalado, adinerado, opulento.
Ricochetear v rebotar.
Ridicularizar v ridicularizar, satirizar.
Ridículo adj ridículo, risible, grotesco.
Rifa s rifa, sorteo.
Rifar v rifar, sortear.
Rifle s rifle.
Rigidez s rigidez.
Rígido adj rígido, tieso, erecto, inflexible.
Rigor s rigor, severidad, crueldad.
Rigoroso adj rigoroso, severo, exacto.
Rijo adj duro, rígido.
Rim s riñón.

Rimar v rimar.
Rímel s rímel.
Rincão s rincón.
Rinoceronte s rinoceronte.
Rio s río.
Ripa s ripia, listón.
Riqueza s riqueza, fortuna.
Rir v reír.
Risada s risada, carcajada.
Risca s lista, trazo.
Riscado adj listado, rayado, tachado.
Riscar v rayar, arañar, surcar, tachar.
Risco s raya, trazo, surco.
Riso s risa, sonrisa.
Risonho adj risueño.
Ritmo s ritmo, cadencia.
Rito s rito.
Ritual s ritual, liturgia.
Rival adj rival, concorrente, competidor.
Rivalizar v rivalizar, competir, emular.
Rixa s riña, bola, escaramuza.
Robalo s róbalo.
Robô s robot, autómata.
Robusto adj vigoroso, recio, fornido.
Roca s roca.
Roçar v rasar, refregar, rozar.
Rocha s peña, roca.
Rochedo s peñasco, roca.
Rocio s rocío.
Roda s rueda.
Rodagem s rodaje, rodamiento.
Rodapé s rodapié.
Rodar v rodar, rodear.
Rodear v rodear, rondar.
Rodeio s rodeo, giro.
Rodela s rodela.
Rodízio s rotación, tanda.
Rodovia s autopista, autovía, carretera.
Roedor adj roedor.
Roer v roer, corroer.
Rogar v rogar, implorar.
Rogo s ruego, plegaria, súplica, oración.
Rol s rol, lista.
Rolar v rodar, girar.
Roldana s polea, roldana.
Roleta s ruleta.
Rolha s corcho, tampón.
Roliço adj rollizo.
Rolo s embrollo, rollo, rulo.
Romã s granada.
Romance s romance.
Romancista s romancista, novelista.
Românico adj románico.
Romântico adj romántico.
Romaria s peregrinación, romería.

ROM

rombo — rutina

Rombo s rombo, obtuso o sin punta.
Romeiro s romero, peregrino.
Romper v romper, rasgar.
Roncar v roncar, resollar.
Ronda s ronda, patrulla.
Rondar v patrullar, rondar, merodear.
Rosa s rosa.
Rosário s rosario.
Rosbife s rosbif.
Rosca s rosca.
Roseira s rosal.
Rosnar v gruñir.
Rosto s rostro, cara, fisonomía.
Rota s ruta, camino, rota.
Rotação s giro, rotación.
Rotativo adj rotativo.
Roteiro s itinerario, ruta, guía.
Rotina s rutina, hábito.
Rotineiro adj rutinario, habitual, ordinario.
Roto adj roto, rasgado.
Rótula s rótula, rodilla.
Rotular v rotular, etiquetar.
Rótulo s etiqueta, letrero.
Roubar v robar, estafar, hurtar, pillar.
Roubo s robo, rapto.
Roupa s ropa, indumentaria, prenda, vestimenta.
Roupão s bata, albornoz.
Rouquidão s ronquera.
Rouxinol s ruiseñor.
Roxo adj violáceo, violeta.
Rua s calle, camino público.

Rubi s rubí.
Ruborizado adj ruborizado, encendido.
Ruborizar v ruborizar, sonrojar.
Rubrica s rúbrica.
Rubro adj rojo, encarnado, bermejo.
Ruço adj rucio, descolorido.
Rude adj rudo, bronco, inculto, intratable.
Rudeza s rudeza, aspereza, grosería, estupidez.
Rudimento s rudimento.
Ruela s calleja, callejuela.
Rufião s rufián, gigolo.
Ruga s arruga, ruga, pliegue.
Rugido s bramido, rugido.
Rugir v rugir, bramar.
Ruído s ruido, son, sonido, rumor.
Ruim adj ruin, vil, malo.
Ruína s ruína, desolación, estrago.
Ruindade s maldad, ruindad.
Ruivo adj pelirrojo.
Rum s ron.
Ruminante adj rumiante.
Rumo s rumbo, ruta, dirección, orientación.
Rumor s rumor, ruido.
Rupestre adj rupestre.
Ruptura s ruptura, fractura, rompimiento.
Rural adj rural, agrario.
Rústico adj rústico, agreste, rural.
Rutilante adj rutilante, brillante.
Rutilar v rutilar, brillar, resplandecer.
Rútilo adj rútilo, rutilante.
Rutina s rutina.

ABCDEFGHIJKLMNOPQRSTUVWXYZ

S s décimoctava letra del alfabeto portugués.
Sábado s sábado.
Sabão s jabón.
Sabático adj sabático.
Sabatina s sabatina.
Sabedoria s sabiduría.
Saber v saber, conocer.
Sabichão s sabihondo.
Sábio s erudito, docto, sabio.
Sabonete s jaboncillo, jabonete, jabón.
Saboneteira s jabonera.
Saborear v saborear, degustar, gustar.
Saboroso adj sabroso, apetitoso, gustoso.
Sabotagem s sabotaje, saboteo.
Sabotar v sabotear, destruir.
Sabre s machete, sable.
Sabugueiro s saúco, sabugo.
Sacada s balcón, saca.
Sacar v sacar, arrancar, girar.
Saca-rolhas s sacacorchos.
Sacerdócio s sacerdocio.
Sacerdote s sacerdote, cura.
Saciado adj saciado, harto.
Saciar v saciar, saturar.
Saco s bolsa, saco.
Sacola s alforja, macuto.
Sacralizar v sacralizar.
Sacramentar v sacramentar.
Sacramento s sacramento.
Sacrário s sagrario.
Sacrificar v sacrificar, inmolar.
Sacrifício s sacrificio, inmolación, privación.
Sacrilégio s sacrilegio.
Sacristão s sacristán.
Sacro adj sacro, sagrado.
Sacrossanto adj sacrosanto.
Sacudir v sacudir, estremecer.
Sádico adj sádico.
Sadio adj sano, saludable.
Sadismo s sadismo.
Safado adj indecente, guarro.
Safar v quitar, extraer, borrar.

Safári s safari.
Safira s zafiro.
Safo adj zafado.
Safra s cosecha.
Saga s saga.
Sagacidade s sagacidad.
Sagrado adj sagrado, santo, inmaculado, sacro.
Sagu s sagú.
Saguão s portal, portería, entrada, hall.
Saia s falda.
Saída s salida.
Sair v salir, partir, irse a la calle.
Sal s sal.
Sala s sala.
Salada s ensalada.
Salamaleque s reverencia, cortesía.
Salamandra s salamandra.
Salame s salchichón, embutido.
Salão s salón, sala grande.
Salário s salario, paga, jornal.
Saldar v saldar.
Saleiro s salero.
Salgado adj salado.
Salgar v salar.
Salientar v sobresalir, destacar, acentuar.
Saliente adj saliente, saledizo, salido.
Salitre s salitre.
Saliva s saliva, baba.
Salivar v salivar, escupir.
Salmão s salmón.
Salmo s salmo, cántico.
Salmoura s salmuera.
Salobre adj salobre.
Salpicão s salpicón.
Salpicar v salpicar.
Salsa s perejil.
Salsaparrilha s zarzaparrilla.
Salsicha s salchicha, embutido.
Salsichão s salchichón.
Salsicharia s salchichería.
Saltador adj saltador.
Saltar v saltar.

SAL 300 · salteador — sedativo

Salteador s salteador, bandido, ladrón.
Saltimbanco s saltimbanqui.
Salto s salto, bote.
Salubridade s salubridad.
Salutar adj saludable, salubre.
Salvação s salvación.
Salvaguarda s salvaguardia, custodia.
Salvaguardar v salvaguardar.
Salvamento s salvación, salvamento.
Salvar v salvar, librar.
Salva-vidas s salvavidas.
Salve interj ¡salve!.
Salvo adj intacto, salvo.
Salvo-conduto s salvoconducto.
Samaritano adj samaritano.
Samba s baile popular brasileño.
Samurai s samurai.
Sanar v curar, sanar.
Sanatório s sanatorio.
Sanção s sanción.
Sancionar v sancionar.
Sandália s sandalia.
Sândalo s sándalo.
Sandice s sandez, disparate.
Sanduíche s bocadillo, emparedado.
Saneamento s saneamiento.
Sangrento adj sangriento, ensangrentado.
Sangria s sangría, bebida de agua, limón y vino tinto.
Sangue s sangre.
Sanguessuga s sanguijuela.
Sanguíneo adj sanguíneo.
Sanha s saña, ira, furia.
Sanidade s sanidad, salud.
Sanitário s sanitario.
Santidade s santidad, pureza.
Santo adj santo, sagrado.
Santuário s santuario, templo.
São adj sano.
Sapa s zapa.
Sapataria s zapatería.
Sapatear v zapatear.
Sapateiro s zapatero.
Sapatilha s zapatilla.
Sapato s calzado, zapato.
Sapiência s sapiencia, sabiduría.
Sapo s sapo.
Saponáceo adj saponáceo, jabonoso.
Saque s saque.
Saquear v saquear, robar.
Saracotear v requebrar, mover con gracia.
Sarampo s sarampión.
Sarar v sanar, curar.
Sarau s sarao.
Sarcasmo s sarcasmo, escarnio, ironía.

Sarda s peca, caballa.
Sardinha s sardina.
Sardônico adj sardónico, sarcástico.
Sargaço s sargazo.
Sargento s sargento.
Sarjeta s sarga fina, arroyo.
Sarmento s sarmiento.
Sarna s sarna.
Sarnento adj sarnoso.
Sarrafo s viga pequeña, listón.
Sarro s sarro.
Satã s satán, espíritu del mal.
Satanás s satanás.
Satélite s satélite.
Satirizar v satirizar, ironizar.
Satisfação s satisfacción, alegría.
Satisfazer v satisfacer, cumplir, pagar, saciar.
Satisfeito adj satisfecho, contento, realizable.
Saturação s saturación.
Saudação s saludo, salutación, felicitación.
Saudade s nostalgia, añoranza.
Saudar v saludar, felicitar.
Saudável adj saludable, sano.
Saúde s salud, sanidad.
Saudoso adj nostálgico.
Sauna s sauna.
Savana s sabana.
Saxofone s saxófono, saxo.
Saxônio adj sajón.
Se pron se, sí, a sí.
Se conj si.
Sé s sede, catedral, seo.
Sebáceo adj sebáceo, ensebado, seboso.
Sebento adj seboso, sebáceo.
Sebo s sebo, carnaza, grasa.
Seca s seca, estiaje.
Seção s sección, parte, corte.
Secar v secar, enjugar, marchitar, mustiar.
Seccionar v seccionar, cortar.
Seco adj seco, enjuto, marchito, árido, áspero, rudo.
Secreção s secreción.
Secretaria s secretaría, oficina.
Secretária s secretaría.
Secreto adj secreto, reservado, solitario.
Sectário s sectario, adepto.
Secular adj secular, laico.
Secularizar v secularizar.
Século s siglo, época.
Secundar v secundar.
Secundário adj secundario, accesorio.
Secura s sequedad, secura.
Seda s seda.
Sedar v sedar, calmar.
Sedativo adj sedante, calmante.

sede — serenar
301
SER

Sede s sed, sede.
Sedentário adj sedentario, inactivo.
Sedição s sedición, levantamiento, motín.
Sedimentar v sedimentar.
Sedoso adj sedoso.
Sedução s seducción.
Seduzir v seducir, sobornar.
Sega s siega.
Segar v segar.
Segmentação s segmentación.
Segmentar v segmentar, cortar.
Segredo s secreto.
Segregação s segregación.
Segregar v separar, segregar.
Seguimento s seguimiento.
Seguinte adj siguiente, inmediato.
Seguir v seguir, proseguir, acosar.
Segunda s segunda.
Segunda-feira s lunes.
Segundo adj secundario, segundo; prep según; num segundo.
Segurança s seguridad, solidez, confianza.
Segurar v aferrar, amparar, agarrar.
Seguro adj seguro, fiel, infalible, sostenido.
Seio s seno, pecho.
Seita s secta, doctrina.
Seiva s savia, jugo.
Seixo s callao, china, guija, guijarro.
Sela s silla.
Selar v sellar.
Selecionar v seleccionar.
Seleto adj selecto.
Seletor s selector.
Selo s sello, estampilla, cuño.
Selva s selva, bosque.
Selvagem adj salvaje, selvático.
Selvageria s salvajismo.
Sem prep sin.
Semáforo s semáforo.
Semana s semana.
Semanal adj semanal.
Semanário s semanario.
Semântica s semántica.
Semblante s semblante.
Semeadura s siembra.
Semear v sembrar, granear, plantar.
Semelhança s semblanza.
Semelhante adj semejante, parecido, prójimo, símil.
Semelhar v semejar, parecer.
Sêmen s semen, esperma.
Semente s semilla, simiente, grano.
Sementeira s sembrado.
Semestral adj semestral.
Semicírculo s semicírculo.

Seminário s seminario.
Seminarista s seminarista.
Semita adj judío, semita.
Sêmola s sémola.
Sempre adv siempre, eternamente.
Sempre-viva s siemprevira.
Sem-vergonha adj sinvergüenza.
Sem-vergonhice s desvergüenza.
Senado s senado.
Senador s senador.
Senda s senda, sendero, camino estrecho.
Senha s seña, señal.
Senhor s señor, amo, dueño.
Senhora s señora.
Senhorio s señorío.
Senhorita s señorita, joven soltera.
Senil adj senil, decrépito, caduco.
Senilidade s senilidad, vejez.
Sensabor s sinsabor.
Sensação s sensación, impresión.
Sensacional adj sensacional, notable.
Sensatez s juicio, sensatez.
Sensato adj sensato, cuerdo.
Sensibilizar v sensibilizar.
Sensitivo adj sensitivo.
Sensível adj sensible, sensitivo, susceptible.
Sensorial adj sensorial.
Sensual adj sensual, erótico.
Sensualidade s sensualidad, lujuria.
Sentado adj sentado.
Sentar v sentar.
Sentença s sentencia, decisión.
Sentenciar v sentenciar, juzgar.
Sentido s sentido, significación, acepción, noción; adj sentido.
Sentimento s sentimiento.
Sentinela s centinela, vigilante.
Sentir v sentir, percibir.
Separação s separación.
Separado adj separado, apartado, distante.
Separar v separar, abstraer.
Septicemia s septicemia.
Sepulcro s sepulcro, sepultura, entierro, mausoleo.
Sepultar v sepultar, enterrar, inhumar.
Sequela s secuela, resultado.
Sequência s secuencia, serie.
Sequestrar v secuestrar, aislar.
Sequestro s secuestro.
Sequioso adj sediento.
Séquito s corte, séquito.
Ser v ser, existir.
Serão s velada, tertulia.
Sereia s sirena.
Serenar v serenar, pacificar.

SER 302   serenata — sincronia

Serenata s serenata.
Serenidade s serenidad, sosiego, paciencia.
Sereno adj sereno, tranquilo.
Série s serial, serie.
Seriedade s seriedad, severidad, formalidad.
Seringa s jeringa, lavativa.
Seringueira s gomero.
Sério adj serio, austero, grave, severo.
Sermão s sermón.
Serpente s serpiente, cobra.
Serpentina s serpentina.
Serra s serranía, sierra.
Serragem s serrín.
Serralheiro s cerrajero, herrero.
Serralho s serrallo.
Serrania s serranía.
Serrar v serrar.
Serrote s serrucho, sierra.
Servente s servidor, sirviente, criado, servo.
Serventia s utilidad.
Serviço s servicio, empleo.
Servidão s esclavitud, servidumbre.
Servidor s servidor.
Servil adj servil, esclavo.
Servir v servir, cuidar.
Servo s siervo.
Sessão s sesión.
Sesta s siesta.
Seta s flecha, saeta.
Setembro s septiembre.
Setentrional adj septentrional.
Setor s sector, ramo.
Setuagenário s septuagenario.
Seu pron suyo, su.
Severidade s severidad.
Severo adj severo, serio, austero.
Sevícias s sevícias, malos tratos, crueldad.
Sexo s sexo.
Sexologia s sexología.
Sexta-feira s viernes.
Sexteto s sexteto.
Sexual adj sexual.
Sexualidade s sexualidad.
Short s short.
Show s show, espectáculo.
Siamês s siamés.
Sibilante adj sibilante.
Sideral adj astral, estelar.
Siderurgia s siderurgia.
Siderúrgico adj siderúrgico.
Sidra s sidra.
Sifão s sifón.
Sífilis s sífilis.
Sigilo s secreto.
Sigiloso adj sigiloso.

Sigla s sigla.
Signatário s signatario.
Significado s significado, significación.
Significar v significar.
Signo s signo.
Sílaba s sílaba.
Silábico adj silábico.
Silêncio s silencio.
Silhueta s silueta.
Silicone s silicona.
Silicose s silicosis.
Silo s silo.
Silogismo s silogismo.
Silva s zarza, zarzal.
Silvar v silbar, pitar.
Silvestre adj silvestre, agreste, bravío.
Silvícola adj silvícola.
Silvicultor s silvicultor.
Silvicultura s silvicultura.
Silvo s silbo, chifla, pitido.
Sim adv sí.
Simbiose s simbiosis.
Simbólico adj simbólico, alegórico.
Simbolismo s simbolismo.
Simbolizar v simbolizar.
Símbolo s símbolo.
Simetria s simetría.
Simétrico adj simétrico.
Similar adj similar, homólogo, paralelo.
Símile s símil.
Símio s macaco, simio.
Simpatia s simpatía, gusto.
Simpático adj simpático.
Simpatizar v simpatizar.
Simples adj simple, sencillo, fácil, modesto, puro.
Simplicidade s simplicidad, sencillez.
Simplificar v simplificar.
Simplório adj simplón.
Simpósio s simposio.
Simulação s simulación, fingimiento.
Simulacro s simulacro.
Simular v simular, fingir, afectar.
Simultâneo adj simultáneo, sincrónico.
Sina s sino, destino.
Sinagoga s sinagoga.
Sinal s seña, estigma, huella, indicio, insignia, lacra, mancha.
Sinalização s señalamiento.
Sinalizar v señalar.
Sinceridade s sinceridad, franqueza.
Sincero adj sincero, leal, natural, honesto.
Sincopar v sincopar.
Síncope s síncope.
Sincretismo s sincretismo.
Sincronia s sincronía.

sincronizar — sopa

SOP

Sincronizar v sincronizar.
Sindical adj sindical.
Sindicalismo s sindicalismo.
Sindicalizar v sindicar.
Sindicância s investigación, averiguación.
Sindicato s sindicato.
Síndico s síndico.
Síndrome s síndrome.
Sineta s esquila.
Sinfonia s sinfonía.
Sinfônico adj sinfónico.
Singelo adj sencillo, simple.
Singular adj singular, extravagante, particular.
Singularizar v singularizar.
Sinistra s siniestra, la mano izquierda.
Sinistro adj siniestro, fatídico.
Sino s campana.
Sínodo s sínodo.
Sinônimo s sinónimo.
Sinopse s sinopsis.
Sintático adj sintáctico.
Sintaxe s sintaxis.
Síntese s síntesis, compendio, concisión, sumario.
Sintetizar v sintetizar.
Sintoma s síntoma, amago.
Sintonia s sintonía.
Sintonizar v sintonizar.
Sinuoso adj sinuoso.
Sinusite s sinusitis.
Sionismo s sionismo.
Sísmico adj sísmico.
Sofisma s sofisma.
Sofisticação s sofisticación.
Sofisticar v sofisticar.
Sofredor adj sufridor.
Sôfrego adj voraz, ávido.
Sofreguidão s voracidad.
Sofrer v sufrir, padecer.
Sofrido adj sufrido.
Sofrimento s dolor, sufrimiento.
Sofrível adj sufrible.
Sogro s suegro.
Soja s soja, soya.
Sol s sol.
Solapar v socavar.
Solar s solar, palacio; adj solar.
Solário s solario.
Solavanco s tumbo, traqueo.
Solda s suelda.
Soldado s soldado.
Soldar v soldar, emplomar.
Soldo s sueldo, estipendio, soldada.
Soleira s solera.
Solenidade s solemnidad, festividad, función.
Soletrar v deletrear, silabear.

Solfejo s solfa.
Solicitar v solicitar, pedir, pretender.
Solícito adj solícito, cuidadoso, hacendoso, oficioso, servicial.
Solidão s soledad.
Solidariedade s solidaridad.
Solidarizar v solidarizar.
Solidez s solidez, dureza, espesura, fuerza.
Solidificar v solidificar, coagular.
Sólido adj sólido, macizo.
Solilóquio s soliloquio.
Solista s solista, concertista.
Solitária s tenia.
Solitário adj solitario, solo.
Solo s piso, suelo, solo.
Solstício s solsticio.
Soltar v soltar, desligar, desatarse.
Solteiro adj soltero, célibe.
Solto adj suelto, libre.
Soltura s soltura.
Solução s solución.
Soluçar v sollozar.
Solucionar v resolver, solucionar.
Soluço s sollozo.
Solúvel adj soluble.
Solvente adj solvente.
Solver v resolver, solver.
Som s son, sonido.
Soma s suma, cantidad.
Somar v sumar, juntar.
Somático adj somático.
Sombra s sombra, espectro, mancha.
Sombrear v obscurecer, sombrear.
Sombrinha s sombrilla.
Sombrio adj sombrío, obscuro.
Sonâmbulo adj sonámbulo.
Sonata s sonata.
Sonda s sonda.
Sondagem s sondeo.
Sondar v sondar.
Soneca s sueño corto.
Sonegar v ocultar, encubrir.
Soneira s somnolencia.
Soneto s soneto.
Sonhador adj soñador, idealista.
Sonhar v soñar.
Sonho s sueño, devaneo.
Sonífero adj somnífero.
Sono s sueño, indolencia.
Sonolência s somnolencia, sueño leve.
Sonolento adj somnoliento.
Sonorizar v sonorizar.
Sonoro adj sonoro.
Sonso adj disimulado.
Sopa s sopa.

SOP

304

sopapo — sufixo

Sopapo s sopapo, puñetazo, puñada.
Sopeira s sopera.
Sopesar v sopesar.
Soporífero adj soporífero.
Soprano s soprano.
Soprar v soplar.
Sopro s soplo.
Sordidez s sordidez.
Soro s suero.
Soror s sor.
Sorrir v sonreír.
Sorriso s sonrisa.
Sorte s suerte, destino.
Sortear v sortear.
Sorteio s sorteo.
Sortido adj surtido.
Sortilégio s maleficio, sortilegio.
Sortir v surtir.
Sorver v sorber.
Sorvete s helado, sorbete.
Sorveteria s heladería.
Sorvo s sorbo, trago.
Soslaio s soslayo.
Sossegar v sosegar, descansar, serenar.
Sossego s sosiego, descanso, quietud, serenidad.
Sótão s sobrado, buhardilla.
Sotaque s acento, pronunciación.
Soterrar v soterrar, enterrar.
Soturno adj soturno, taciturno.
Sova s paliza, solfa.
Sovaco s axila.
Sovar v sobar, amasar, zurrar.
Sovina adj agarrado, mezquino.
Sozinho adj solo, único.
Status s estatus.
Stress s stress, estrés.
Suar v sudar, transpirar.
Suave adj suave, blando, delicado.
Suavidade s suavidad.
Subalterno adj subalterno.
Subconsciente adj subconsciente.
Subcutâneo adj subcutáneo.
Subdesenvolvimento s subdesarrollo.
Subentender v sobrentender.
Subentendido adj subentendido, sobrentendido.
Subestimar v subestimar.
Subida s subida.
Subir v subir.
Súbito adj súbito, impensado, improviso, instantáneo.
Subjacente adj subyacente.
Subjetivo adj subjetivo.
Subjugado adj subyugado, sumiso.
Subjuntivo s subjuntivo.

Sublevação s sublevación, pronunciamiento, rebelión.
Sublime adj sublime.
Submarino adj submarino.
Submergir v submergir, hundir.
Submeter v someter.
Submissão s sumisión.
Subordinação s subordinación, dependencia.
Subordinar v sujetar, subordinar.
Subornar v corromper, sobornar.
Suborno s soborno.
Sub-rogar v subrogar.
Subscrever v subscribir.
Subscrição s subscripción.
Subsequente adj subsiguiente.
Subserviência s servilismo.
Subsidiar v subvencionar.
Subsídio s subsidio, subvención.
Subsistir v subsistir.
Subsolo s subsuelo.
Substância s substancia, sustancia, materia.
Substancioso s substancioso, suculento.
Substantivo s sustantivo, substantivo.
Substituição s substitución, suplencia, sustitución.
Substituir v substituir, suceder.
Substrato s substrato.
Subterfúgio s subterfugio.
Subterrâneo adj subterráneo.
Subtração s substracción.
Subtrair v substraer.
Subúrbio s suburbio.
Subvenção s subvención.
Subversão s subversión.
Sucata s chatarra.
Sucateiro s chatarrero.
Sucção s succión.
Suceder v suceder.
Sucedido adj sucedido.
Sucessão s sucesión.
Sucessivo adj seguido, sucesivo.
Sucesso s suceso, éxito.
Sucessor s sucesor, descendiente, heredero.
Sucinto adj sucinto.
Suco s jugo, zumo.
Suculento adj jugoso, suculento, substancial.
Sucumbir v sucumbir.
Sucursal s sucursal.
Sudário s sudario.
Sudeste s sudeste, sureste.
Súdito s súbdito.
Sudoeste s sudoeste, suroeste.
Suéter s suéter.
Suficiente adj suficiente, bueno.
Sufixo s sufijo.

sufocar — sutura

SUT 305

Sufocar v sufocar, ahogar.
Sufoco s sofoco.
Sufragar v sufragar.
Sufrágio s sufragio, voto.
Sugar v sorber, succionar.
Sugerir v sugerir, insinuar.
Sugestão s sugestión, sugerencia, insinuación.
Suíças s patillas.
Suicidar-se v suicidarse.
Suicídio s suicidio.
Suíno s suíno, guarro.
Suíte s suite.
Sujar v ensuciar, desasear, manchar.
Sujeição s sujeción, vasallaje.
Sujeira s suciedad, basura, imundicia, mugre.
Sujeitar v sujetar, dominar, prender.
Sujeito adj sujeto.
Sujo adj sucio, inmundo, mugriento, puerco.
Sul s sur, sud.
Sul-americano adj sudamericano.
Sulfúrico adj sulfúrico.
Sulino adj sureño.
Sultão s sultán.
Sumário s sumario, compendio.
Sumiço s desaparecimiento.
Sumidade s sumidad.
Sumidouro s sumidero.
Sumir v desaparecer, sumir.
Sumo s jugo, zumo.
Suntuosidade s grandiosidad, suntuosidad.
Suor s sudor.
Superabundância s superabundancia, hartura.
Superação s superación.
Superalimentar v sobrealimentar.
Superar v superar, sobrepasar, sobrepujar, vencer.
Superável adj superable.
Supercílio s ceja.
Superdotado adj superdotado.
Superestimar v sobrestimar.
Superfície s superficie.
Supérfluo adj superfluo.
Super-homem s superhombre.
Superintendência s superintendencia.
Superintender v presidir.
Superior adj superior, máximo, mayor.
Superioridade s superioridad.
Superlativo adj superlativo.
Supermercado s hipermercado, supermercado.
Supersônico adj supersónico.
Superstição s superstición.
Supersticioso adj supersticioso.
Supervisão s supervisión.
Supervisionar v supervisar.

Suplantar v suplantar.
Suplemento s suplemento.
Suplente s substituto, suplente.
Súplica s súplica, petición, plegaria.
Suplicar v suplicar, implorar.
Suplício s suplicio, tortura.
Supor v suponer, creer.
Suportar v soportar, sobrellevar.
Suportável adj soportable, tolerable.
Suporte s pedestal, soporte.
Suposição s suposición.
Supositório s supositorio.
Suposto adj supuesto.
Supremacia s hegemonía, supremacía.
Supremo adj supremo, soberano, sumo.
Supressão s supresión, corte.
Suprimento s provisión.
Suprimir v abolir, suprimir.
Suprir v suplir.
Supurar v supurar.
Surdez s sordera.
Surdina s sordina.
Surdo adj sordo.
Surdo-mudo s sordomudo.
Surfe s surf.
Surgir v surgir.
Surpreendente adj sorprendente.
Surpreender v sobrecoger, sorprender.
Surpresa s sorpresa.
Surra s paliza, solfa, zurra.
Surrar v sobar, pegar.
Surrupiar v hurtar, robar.
Surtir s surtir, original.
Surto adj surto, anclado.
Suscetível adj susceptible.
Suscitar v provocar, suscitar.
Suspeita s sospecha.
Suspeitar v sospechar, desconfiar.
Suspeito adj sospechoso.
Suspensão s suspensión.
Suspenso adj suspenso, colgado.
Suspensório s tirantes.
Suspirar v suspirar.
Sussurrar v murmurar, susurrar.
Sustentação s sustentación, apoyo.
Sustentador s sustentador, patrocinador.
Sustentar v sustentar, mantener, conservar.
Suster v sostener.
Susto s susto, miedo, sobresalto.
Sutiã s sujetador, sostén.
Sutil adj sutil, tenue, delicado.
Sutileza s sutileza.
Sutura s sutura, costura.

ABCDEFGHIJKLMNOPQRSTUVWXYZ

T *s* décimonona letra del alfabeto portugués; T-abreviatura de tonelada.
Taba *s* taba, residencia de indios en América del Sur.
Tabacaria *s* tabaquería, estanco.
Tabaco *s* tabaco.
Tabagismo *s* tabaquismo.
Tabefe *s* bofetón.
Tabela *s* índice, lista.
Tabelar *v* tarifar, tabellar.
Tabelião *s* escribano, notario.
Taberna *s* taberna, casa de bebidas y comidas.
Tabique *s* tabique.
Tablado *s* tablado, estrado.
Tabu *s* tabú.
Tábua *s* tabla.
Tabuada *s* tabla.
Tabuado *s* tablado, porción de tablas.
Tabular *adj* tabular.
Tabuleiro *s* tablero.
Tabuleta *s* tablilla.
Taça *s* copa.
Tacha *s* tachuela, tacha.
Tachar *v* tachar, censurar, notar.
Tacho *s* vasija para cocer los alimentos, cazuela.
Tácito *adj* tácito, silencioso, callado.
Taciturno *adj* taciturno, callado, triste.
Taco *s* tarugo, taco.
Tafetá *s* tafetán, tejido.
Tagarela *adj* hablador, indiscreto, chirlón.
Tagarelar *v* charlar, chismear.
Taifa *s* taifa (conjunto de marineros y soldados que durante el combate guarnecen la cubierta).
Taimado *adj* taimado, astuto.
Taipa *s* tapia.
Tal *pron* éste, ése, aquél, esto, aquello, alguno, cierto; *adv* tal cual, exactamente; *adj* tal, semejante.
Talão *s* talón, calcañar.
Talar *v* talar, arruinar.
Talco *s* talco.
Talento *s* talento, inteligencia.
Talha *s* talla, entalladura.
Talhadeira *s* cortadera, tajadera.
Talhado *adj* tajado, cortado.
Talhar *v* tajar, tallar, cortar.
Talharim *s* tallarín.
Talhe *s* talle.
Talher *s* cubierto, conjunto de tenedor, cuchillo y cuchara.
Talismã *s* talismán, amuleto.
Talo *s* tallo, pecíolo.
Talonário *s* talonario.
Talvez *adv* tal vez, quizá.
Tamanco *s* zueco, galocha.
Tamanho *adj* tamaño, volumen.
Tâmara *s* dátil, támara.
Também *adv* también, igualmente, del mismo modo.
Tambor *s* tambor.
Tampa *s* tapa, papadera.
Tampão *s* tapón grande.
Tampouco *adv* tampoco.
Tanga *s* taparrabo.
Tangente *adj* tangente, tañente.
Tanger *v* tañer, sonar.
Tangerina *s* mandarina.
Tangível *adj* tangible, palpable.
Tango *s* tango.
Tanino *s* tanino.
Tanque *s* tanque, carro de asalto, depósito.
Tantã *adj* tantán, batintín.
Tanto *adj* tanto, tamaño; *adv* de tal modo, con tal fuerza; *s* porción, cuantía.
Tão *adv* tan, tanto.
Tapar *v* tapar, vendar.
Tapear *v* engañar, disimular.
Tapeçaria *s* tapicería, tapiz.
Tapera *s* hacienda abandonada, casa en ruinas.
Tapete *s* tapete, alfombra, alcatifa.
Tapioca *s* tapioca, fécula extraída de la mandioca.
Tapume *s* cercado, sebe, tabique.
Taquicardia *s* taquicardia.
Taquigrafia *s* taquigrafía.

tara — terraplenagem   307   **TER**

Tara s tara.
Tarado adj tarado.
Tardar v tardar, demorarse.
Tarde s tarde, tardíamente.
Tardinha s tardecica, cerca de la tarde.
Tardio adj tardío, tardo.
Tarefa s tarea.
Tarimba s tarima.
Tarrafa s red para pescar.
Tarraxa s tornillo, clavo.
Tártaro s tártaro.
Tartaruga s tortuga.
Tasca s tasca, taberna ordinaria.
Tatear v apalpar.
Tática s táctica.
Tato s tacto.
Tatuagem s tatuaje.
Taverna s taberna.
Taxa s tasa, impuesto.
Taxar v tasar, limitar.
Táxi s taxi.
Taxista s taxista.
Tear s telar.
Teatro s teatro.
Tecelagem s tejeduría.
Tecelão s tejedor.
Tecer v tejer, prepararse, intrigar.
Tecido s tejido.
Tecla s tecla.
Técnica s técnica.
Tecnologia s tecnología.
Tédio s tedio, fastidio, enfado.
Teia s tela, trama, telaraña.
Teimar v obstinarse, porfiar.
Teimosia s obstinación, terquedad.
Teimoso adj obstinado, pertinaz, prolongado, insistente.
Tela s tela, cuadro, tejido.
Telecomunicação s telecomunicación.
Teleférico s teleférico.
Telefonar v telefonear.
Telefone s teléfono.
Telefonia s telefonía.
Telegrafar v telegrafiar.
Telegrafia s telegrafía.
Telegrama s telegrama.
Telejornal s telediario.
Telepatia s telepatía.
Telescópio s telescopio.
Telespectador s telespectador.
Teletipo s teletipo.
Televisão s televisión.
Telex s télex.
Telha s teja.
Telhado s techo, tejado.
Tema s tema, objeto.

Temer v recelar, temer.
Temerário adj temerario.
Temido adj temido, temeroso, tímido.
Temor s temor, miedo.
Têmpera s temple.
Temperado adj temperado, adobado, picante.
Templo s santuario, templo.
Tempo s tiempo, edad, época.
Temporada s temporada.
Temporal s tempestad, vendaval.
Temporão adj prematuro, precoz, temprano.
Tenaz adj férreo, constante; s tenaza, pinza, tenaz.
Tenazes s tenacillas.
Tenda s tienda.
Tendão s tendón, nervio.
Tendência s tendencia.
Tender v tender.
Tenebroso adj tenebroso, lóbrego.
Tenente s teniente.
Tênia s tenia, gusano intestinal.
Tenista s tenista.
Tenor s tenor.
Tenro adj tierno, blando, nuevo.
Tensão s tensión, erección.
Tenso adj tenso, estirado.
Tentador adj tentador.
Tentear v tantear.
Tento s tiento.
Tênue adj tenue, delgado, sutil.
Teologia s teología.
Teorema s teorema.
Teoria s teoría.
Tépido adj templado, tibio.
Tequila s tequila.
Ter v tener, haber, poseer.
Terapêutica s terapéutica.
Terça-feira s martes.
Terceto s terceto.
Terço s tercio, rosario.
Terçol s orzuelo.
Tergiversar v tergiversar.
Termas s termas, caldas.
Térmico adj térmico.
Terminar v terminar, concluir, acabar.
Término s término, límite.
Terminologia s terminología.
Termo s término, límite, mojón.
Termodinâmica s termodinámica.
Termômetro s termómetro.
Termonuclear adj termonuclear.
Termostato s termostato.
Terno s traje, trio.
Ternura s ternura, cariño, mimo.
Terra s tierra, suelo.
Terraço s terraza, azotea.
Terraplenagem s terraplenamiento.

TER
terráqueo — topázio

Terráqueo *adj* terráqueo, terrestre.
Terremoto *s* terremoto, seísmo.
Terreno *adj* terreno; *s* sitio, terreno.
Térreo *adj* térreo, terroso, que queda a ras del suelo.
Terrestre *adj* terrestre.
Terrina *s* sopera.
Território *s* territorio.
Terrível *adj* terrible, grande, tremendo.
Terror *s* terror, miedo, espanto.
Terso *adj* terso, limpio.
Tertúlia *s* tertulia.
Tese *s* tesis.
Teso *adj* tieso, estirado.
Tesoura *s* tijera.
Tesouraria *s* tesorería.
Tesouro *s* tesoro.
Testa *s* frente, testa.
Testa-de-ferro *s* testaferro.
Testamento *s* testamento.
Teste *s* test, prueba.
Testemunha *s* testigo, prueba.
Testemunhar *v* atestiguar, testimoniar.
Testemunho *s* testimonio, prueba, vestigio.
Testículo *s* testículo.
Teta *s* ubre, teta.
Tétano *s* tétano.
Teto *s* techo.
Tétrico *adj* tétrico, fúnebre.
Teu *pron* tu, tuyo, de tí.
Têxtil *adj* textil.
Texto *s* texto.
Textura *s* textura.
Tez *s* tez.
Ti *pron* ti.
Tia *s* tía.
Tiara *s* tiara.
Tíbia *s* tibia.
Tição *s* tizón.
Tifo *s* tifus.
Tigela *s* tazón, cuenco.
Tigre *s* tigre.
Tijolo *s* ladrillo.
Til *s* tilde.
Tília *s* tila.
Timão *s* timón.
Timbre *s* timbre, emblema, sello, señal, marca.
Time *s* equipo.
Timidez *s* timidez, encogimiento, vergüenza.
Tímido *adj* tímido, apagado, modesto.
Tina *s* tina, cuba, palangana.
Tingido *adj* teñido.
Tingir *v* teñir.
Tino *s* tino, juicio, acierto, prudencia.
Tinta *s* tinta.
Tinturaria *s* tintorería.

Tio *s* tío.
Típico *adj* típico.
Tipo *s* tipo.
Tipografia *s* imprenta, tipografía.
Tira *s* tira, venda, hijuela, lista.
Tirada *s* tirada.
Tirania *s* tiranía, despotismo.
Tirano *s* tirano, déspota.
Tirar *v* eliminar, sacar.
Tiritar *v* tiritar.
Tiro *s* tiro, disparo.
Tirotear *v* tirotear.
Tísico *s, adj* tísico, tuberculoso.
Titã *s* titán.
Títere *s* títere.
Titubear *v* titubear, vacilar.
Título *s* título.
Toada *s* canto.
Toalha *s* toalla.
Toalheiro *s* toallero.
Tobogã *s* tobogán.
Toca-discos *s* tocadiscos.
Tocar *v* tocar.
Tocha *s* antorcha, cirio.
Toco *s* tocón, cepa.
Todavia *conj* todavía, aún, sin embargo, empero.
Todo *adj, pron* todo, entero, completo, total.
Todo *s* conjunto, suma, universalidad.
Toga *s* toga.
Toicinho *s* tocino.
Toldar *v* entoldar.
Toldo *s* toldo.
Tolerante *adj* tolerante, indulgente.
Tolerar *v* tolerar, consentir, permitir.
Tolerável *adj* tolerable, soportable.
Tolher *v* tullir, privar.
Tolice *s* tontería, necedad, estupidez.
Tolo *adj* tonto, loco, ridículo.
Tom *s* tono, sonido, acento.
Tomada *s* toma, enchufe.
Tomar *v* tomar, agarrar, conquistar, robar.
Tomate *s* tomate.
Tombar *v* tumbar, inclinar, derribar.
Tombo *s* tumbo, caída.
Tômbola *s* tómbola.
Tomo *s* tomo, parte.
Tonalidade *s* tonalidad.
Tonel *s* tonel.
Tonelada *s* tonelada.
Tônico *adj* tónico.
Tonteira *s* tontería, vértigo.
Tonto *adj* tonto, demente.
Tontura *s* mareo, vértigo.
Topada *s* tropezón.
Topar *v* topar, chocar.
Topázio *s* topacio.

topete — transcurso · 309 · **TRA**

Topete s copete, tupé.
Tópico adj tópico.
Topo s topetada, topetazo, encuentro.
Topografia s topografía.
Toque s toque, contacto, sonido.
Tórax s tórax.
Torção s torsión.
Torcer v torcer, inclinar.
Torcicolo s tortícolis.
Torcida s torcida, mecha.
Torcido adj torcido, ladeado.
Tormenta s tormenta, temporal.
Tormento s tormento, sufrimiento, desgracia.
Tornar v tornar, vuelta, regreso.
Tornear v tornear.
Torneio s torneo.
Torneira s grifo.
Torneiro s tornero.
Torno s torno.
Tornozelo s tobillo.
Torpe adj torpe, indecoroso.
Torpedear v torpedear.
Torpedo s torpedo.
Torpor s torpor.
Torquês s tenaza, alicates.
Torrada s tostada.
Torrão s terrón.
Torrar v torrar, tostar.
Torre s torre.
Torrefação s torrefacción.
Torrencial adj torrencial, impetuoso.
Torrente s torrente.
Torresmo s torrezno, chicharrón.
Tórrido adj tórrido.
Torso s torso.
Torta s tarta, torta.
Torto adj torcido; s ofensa, daño.
Tortuosidade s tortuosidad.
Tortura s tortura, tormento.
Torturar v torturar, atormentar.
Torvelinho s torbellino.
Torvo adj torvo, feo.
Tosar v tonsurar, trasquilar.
Tosco adj tosco, grosero.
Tosquiar v esquilar, trasquilar.
Tosse s tos.
Tossir v toser.
Tostar v quemar, tostar.
Total adj total, completo, entero.
Totalidade s totalidad.
Totalitário adj totalitario.
Totalizar v totalizar.
Touca s toca.
Toucador s tocador.
Toucinho s tocino, carne de grasa de cerdo.
Toupeira s topo.

Tourada s corrida de toros, torada.
Tourear v torear.
Toureiro s torero, matador.
Touro s toro.
Tóxico adj tóxico.
Toxicologia s toxicología.
Toxina s toxina.
Trabalhador s trabajador, obrero, operario.
Trabalhar v trabajar, labrar.
Trabalhista adj laborista.
Trabalho s trabajo, ejercicio.
Traça s polilla.
Traçado s trazado.
Tração s tracción.
Traçar v trazar, delinear, proyectar.
Traço s trazo, raya.
Tracoma s tracoma.
Tradição s tradición.
Tradução s traducción, versión.
Traduzir v traducir, representar.
Trafegar v trafagar, traficar, negociar.
Tráfego s tráfego, tráfico.
Traficar v traficar, comerciar, negociar.
Tráfico s tráfico.
Tragar v tragar.
Tragédia s tragedia.
Trágico adj trágico.
Trago s trago, sorbo.
Traição s traición.
Traidor adj traidor, desleal.
Trair v traicionar.
Trajar v trajear, vestir.
Traje s traje, vestimenta.
Trajeto s trayecto, camino.
Trajetória s trayectoria, órbita.
Trama s trama, tejido.
Trâmite s trámite.
Tramoia s tramoya de teatro.
Trampa s trampa, engaño, excremento.
Trampolim s trampolín.
Tranca s tranca.
Trança s trenza.
Trancar v trancar.
Trançar v entrenzar.
Tranquilizar v tranquilizar, calmar.
Tranquilo adj tranquilo, sereno, sosegado.
Transação s transacción.
Transatlântico adj transatlántico.
Transbordar v transbordar, derramar.
Transcendental s transcendental.
Transcendente adj transcendente.
Transcender v transcender, trascender.
Transcorrer v transcurrir.
Transcrever v transcribir.
Transcrição s transcripción.
Transcurso s transcurso.

TRA 310   transe — trilho

Transe s trance, crisis.
Transeunte adj transeúnte.
Transexual adj transexual.
Transferir v transferir, diferir, mudar.
Transfigurar v transfigurar.
Transformação s transformación.
Transformar v transformar, transfigurar.
Trânsfuga s tránsfuga.
Transfusão s transfusión.
Transigir v transigir, conciliar, contemporizar.
Transistor s transistor.
Transitar v transitar.
Transitável adj transitable.
Transitório adj transitorio, pasajero, breve.
Transladar v trasladar.
Translúcido adj translúcido.
Transmigrar v transmigrar.
Transmissão s transmisión.
Transmissor adj transmisor.
Transmitir s transmitir, transferir, comunicar.
Transmutar v transmudar.
Transmutável adj transmutable.
Transparecer v transparentarse.
Transparente adj transparente.
Transpassar v traspasar.
Transpiração s transpiración, sudor.
Transpirar v transpirar, sudar.
Transplantar v trasplantar.
Transplante s trasplante.
Transpor v transponer, ultrapasar.
Transportador adj transportador.
Transportar v trasladar, traducir, transportar.
Transposição s transposición.
Transtornar v transtornar, desorganizar.
Transtorno s trastorno, alteración.
Transvasar v transvasar, trasegar.
Transversal adj transversal, colateral.
Trapaça s trapaza, burla.
Trapacear v trapacear.
Trapalhada s trapería, embrollo.
Trapeiro s trapero, chamarilero.
Trapézio s trapecio.
Trapo s trapo, harapo.
Traqueia s tráquea.
Traquejo s gran práctica o experiencia en cualquier servicio.
Traquinagem s travesura.
Traquinar s hacer travesuras, jugar.
Traseira s trasera, nalga.
Traseiro adj trasero.
Trasfegar s trasegar.
Trasladar v trasladar.
Traspasse s traspaso.
Traste s trasto.
Tratado s tratado.
Tratamento s tratamiento, trato.

Tratante s tratante, bellaco.
Tratar v tratar.
Trator s tractor.
Trauma s trauma.
Trava s traba.
Travamento s trabamiento.
Travar v trabar, frenar.
Trave s trabe, viga.
Través s través, flanco.
Travessa s travesaño, travesia.
Travessão s broche.
Travesseiro s almohada larga de la cama.
Travessia s travesía.
Travesso adj travieso.
Travesti s travesti.
Travo s amargo.
Trazer v traer.
Trecho s trecho.
Trégua s tregua.
Treinador s entrenador.
Treinamento s entrenamiento.
Treinar v entrenar.
Trejeito s mueca, gesto.
Trem s tren.
Tremedeira v tremielga.
Tremendo s tremendo, horrible.
Tremer v tremer, estremecer, oscilar.
Tremoço s altramuz.
Tremor s tremor, temblor.
Trêmulo adj trépido, tembloroso.
Trenó s trineo.
Trepadeira adj enredadera, trepadora.
Trepanação s trepanación.
Trepanar v trepanar.
Trepar v trepar, subir.
Trepidar v trepidar, temblar.
Tresnoitar v trasnochar.
Trespassar v traspasar.
Treta s treta, astucia.
Treva s obscuridad.
Trevo s trébol.
Triagem s elección.
Triângulo s triángulo.
Tribo s tribu.
Tribulação s tribulación.
Tribuna s tribuna.
Tribunal s tribunal.
Tributar v tributar.
Tricô s punto.
Tricotar v tricotar.
Triênio s trienio.
Trigêmeo s trillizo.
Trigo s trigo.
Trigonometria s trigonometría.
Trilhar v trillar.
Trilho s carril, trillo.

trinado — tutor TUT

Trinado *s* trinado, gorjeo.
Trinar *v* trinar, gorjear.
Trincar *v* trincar.
Trincheira *s* trinchera, barricada.
Trinco *s* pestillo, trinquete.
Trindade *s* trinidad.
Trino *s* trinitario.
Trio *s* trío.
Tripa *s* tripa, intestino.
Tripé *s* trípode.
Triplice *adj* tríplece, triplo.
Triplo *adj* triple, triplo.
Tripulação *s* tripulación.
Tripulante *s* tripulante.
Triste *adj* triste.
Tristonho *adj* tristón, melancólico.
Triturar *v* moler, triturar.
Triunfar *v* triunfar, vencer.
Triunfo *s* triunfo.
Trivial *adj* trivial, vulgar.
Troar *v* tronar.
Troca *s* trueque, cambio, mudanza.
Troça *s* escarnio, mofa, chanza.
Trocadilho *s* juego de palabras.
Trocar *v* trocar, cambiar, permutar.
Troçar *v* escarnecer, burlar, ridiculizar.
Troco *s* cambio, trueque.
Troféu *s* trofeo, honor.
Tróleibus *s* trolebús.
Tromba *s* tromba.
Trombada *s* trompada, encontronazo.
Trombeta *s* trompeta.
Trombone *s* trombón.
Trombose *s* trombosis.
Trompa *s* trompa, trompeta.
Tronco *s* tronco, tallo.
Trono *s* trono.
Tropa *s* tropa.
Tropeçar *v* tropezar.
Tröpego *adj* torpe.
Tropel *s* tropel.
Trópico *s* trópico.
Trotar *v* trotar.
Trote *s* trote.
Trouxa *s* paquete.
Trovador *s* trovador.
Trovão *s* trueno.
Trovejar *v* tronar.
Trovoada *s* tronada.
Trucagem *s* trucaje.
Trucidar *v* degollar, mutilar.

Truculento *adj* truculento, cruel.
Trufa *s* trufa.
Truncado *adj* truncado, mutilado.
Truncar *v* truncar, mutilar.
Trunfo *s* triunfo.
Truque *s* truque, truco.
Truste *s* truste.
Truta *s* trucha.
Tu *pron* tú.
Tubarão *s* tiburón.
Tubérculo *s* tubérculo.
Tuberculose *s* tuberculosis.
Tubo *s* tubo, canuto.
Tubulação *s* tubería.
Tucano *s* tucán.
Tudo *pron* todo.
Tufão *s* tifón.
Tufo *s* porción de plantas o flores, plumas, toba.
Tugir *v* susurrar.
Tugúrio *s* tugurio.
Tule *s* tul.
Tulha *s* granero, silo.
Tulipa *s* tulipán.
Tumba *s* tumba.
Tumefato *adj* tumefacto.
Túmido *s* túmido, hinchado.
Tumor *s* tumor, quiste.
Túmulo *s* túmulo, sepulcro.
Tumulto *s* tumulto, motín, alboroto.
Tumultuar *v* tumultuar.
Tunda *s* tunda, paliza.
Túnel *s* túnel.
Túnica *s* túnica.
Turba *s* turba, multitud.
Turbante *s* turbante.
Turbar *v* turbar.
Turbina *s* turbina.
Turco *adj* otomano, turco.
Túrgido *adj* túrgido.
Turíbulo *s* turíbulo, incensario.
Turismo *s* turismo.
Turma *s* pandilla, bando.
Turno *s* turno, vez.
Turquesa *s* turquesa.
Turvação *s* turbación, confusión.
Turvar *v* turbar.
Turvo *adj* obscuro, turbio.
Tutano *s* tuétano.
Tutela *s* tutela.
Tutor *s* tutor.

U

ABCDEFGHIJKLMNOPQRSTUVWXYZ

U s vigésima letra del alfabeto portugués.
Úbere s ubre, teta.
Ubiquidade s ubicuidad.
Ufanar-se v ufanarse, jactarse.
Ufania s ufanía, ostentación, vanidad.
Ufano adj ufano, jactancioso, contento.
Uivar v aullar.
Uivo s aullido.
Úlcera s úlcera, fístula, plaga, llaga.
Ulterior adj ulterior, posterior.
Ultimar v ultimar, concluir.
Ultimato s ultimátum.
Último adj último, final.
Ultrajar v ultrajar, injuriar, insultar.
Ultraje s ultraje, injuria, insulto.
Ultramar s ultramar.
Ultrapassar v ultrapasar, exceder, sobrar, sobrepasar, transponer.
Umbigo s ombligo.
Umbral s umbral.
Umedecer v humedecer.
Úmero s húmero.
Umidade s humedad.
Úmido adj húmedo.
Unânime adj unánime.
Unção s unción, devoción.
Ungir v ungir.
Unguento s ungüento, emplasto, linimento.
Unha s uña, garra.
Unhar v arañar, rasguñar.
União s unión, enlace, matrimonio.
Unicelular adj unicelular.
Unicidade s unicidad.
Único adj único, solo, incomparable, singular.
Unicórnio s unicornio.
Unidade s unidad.
Unificar v unificar, reunir.
Uniforme adj uniforme.
Uniformizar v uniformar, hermanar.
Unilateral adj unilateral.
Unir v unir, vincular, juntar.

Uníssono adj unísono.
Unitário adj unitario.
Universal adj universal, general.
Universidade v universidad.
Universo s cosmos, orbe, universo.
Unívoco adj unívoco.
Untar v ungir, untar.
Unto s unto, manteca de puerco por derretir.
Urânio s uranio.
Urbanismo s urbanismo.
Urbanístico adj urbanístico.
Urbanizar v urbanizar.
Urbano adj urbano.
Urbe s urbe, ciudad.
Urdidura s urdidura.
Urdimento s urdidura.
Urdir v entretejer, urdir.
Ureia s urea.
Uremia s uremia.
Ureter s uréter.
Uretra s uretra.
Urgente adj urgente.
Urgir v urgir.
Urina s orina.
Urinar v orinar.
Urna s urna, ataúd.
Urologia s urología.
Urrar v rugir, bramar.
Urso s oso.
Urticária s urticaria.
Urtiga s ortiga.
Urubu s urubú, especie de buitre.
Urze s brezo, urce.
Usança s usanza, uso.
Usar v usar, deteriorar.
Usina s usina, factoría.
Uso s uso, empleo, tradición, hábito, usanza.
Usual adj usual, ordinario, corriente.
Usuário s usuario.
Usufruir v usufructuar, gozar.
Usura s usura, agio.

usurpar — uva UVA

Usurpar *v* usurpar, detentar.
Utensilio *s* utensilio, pertrecho.
Útero *s* matriz, útero.
Útil *adj* útil, aprovechable.
Utilidade *s* utilidad, servicio.

Utilizar *v* utilizar, ocupar.
Utopia *s* utopía, fantasía.
Utópico *adj* utópico, fantástico.
Uva *s* uva.

V

ABCDEFGHIJKLMNOPQRSTUVWXYZ

V s vigésima primera letra del alfabeto portugués; V-cinco en la numeracion romana.
Vaca s vaca.
Vacância s vacancia.
Vacaria s vaquería, vacada.
Vacilante adj vacilante, trémulo.
Vacilar v vacilar, oscilar, tambalear.
Vacina s vacuna.
Vacinar v vacunar.
Vacum adj vacuno.
Vácuo adj vacuo, vacío.
Vadear v vadear.
Vadiagem s vagancia, hampa.
Vadiar v vagar, vagabundear.
Vaga s ola, plaza, onda.
Vagabundagem s vagabundeo.
Vagabundear v vagabundear.
Vagalhão s ola muy grande.
Vaga-lume s luciérnaga.
Vagão s vagón.
Vagar v vagar, vaguear; s lentitud, ocio.
Vagaroso adj lento, moroso, paulatino.
Vagem s vaina, baca.
Vagina s vagina.
Vago adj vago, evasivo.
Vaguear v errar, vaguear.
Vaia s abucheo, pitada.
Vaiar v abuchear, silbar.
Vaidade s vanidad, alarde.
Vaidoso adj vanidoso, engolado.
Vaivém s vaivén.
Vala s foso, valla.
Vale s vale, boletín.
Valente adj valeroso, valiente.
Valentia s valentía, valor.
Valer v valer, costar.
Valeriana s valeriana.
Valeta s hijuela, zanja.
Valia s valor, valía.
Validade s validez.
Validar v legalizar, validar.
Válido adj válido, útil.
Valise s maletín.
Valor s valor, valía, virtud.
Valorização s valoración.
Valorizar v evaluar, valorizar.
Valoroso adj valeroso.
Valsa s vals.
Vampiro s vampiro.
Vândalo adj vándalo, selvaje.
Vangloriar-se v vanagloriarse, jactarse, ufanarse.
Vanguarda s vanguardia.
Vantagem s ventaja.
Vantajoso adj ventajoso, lucrativo, útil.
Vão adj vano, fatuo; s mella, nicho.
Vapor s tufo, vapor.
Vaporizar v vaporizar.
Vaqueiro s vaquero.
Vara s vara, bastón.
Varal s colgador, tendedero.
Varanda s balcón, baranda, barandilla.
Varão s hombre, varón.
Varejão s economato.
Varejo loc adv a venta al por menor.
Vareta s varilla, palillo.
Variação s variación, mudanza.
Variado adj variado, vario, múltiple, surtido.
Variar v variar, mudar, cambiar, alternar.
Varicela s varicela.
Variedade s variedad, profusión.
Vário adj vario, variado.
Varíola s viruela.
Varonil adj varonil, viril.
Varredor s barrendero.
Varrer v barrer, escobar.
Varrido adj barrido, limpio.
Várzea s vega, campiña.
Vasilha s vajilla, vasija.
Vasilhame s envase, vasija.
Vaso s florero, urna, ánfora, pote.
Vassalo s súbdito, vasallo.
Vassoura s escoba.
Vastidão s amplitud, inmensidad.
Vasto adj vasto, extenso, amplio.

vatapá — vesgo · VES

Vatapá s iguaria hecha con pescado, aceite y pimienta.
Vaticinar v vaticinar, predecir.
Vau s vado, bajío.
Vazamento s vaciamiento.
Vazar v vaciar, filtrar, verter, derramar.
Vazio adj vacío, hueco.
Veado s venado, corzo.
Vedação s defensa, veda.
Vedar v vedar, estancar, privar.
Vedete s vedette.
Veemente adj vehemente, ardiente, fervoroso.
Vegetação s vegetación.
Vegetal adj vegetal; s planta.
Vegetar v vegetar, germinar.
Veia s vena, vaso.
Veicular v transportar en vehículo, introducir, importar.
Veículo s vehículo.
Veio s filón, vena.
Vela s vela.
Velado adj velado, cubierto, oculto.
Velar v velar, vigilar.
Veleiro s velero.
Velhacaria s bellaquería, picardía.
Velhaco adj bellaco, bribón.
Velharia s vejez.
Velhice s vejez, senilidad.
Velho adj viejo, anciano, abuelo, anticuado; s viejo.
Velocidade s velocidad, marcha.
Velocímetro s velocímetro.
Velocípede s velocípedo.
Velório s velatorio, funeral.
Veloz adj veloz, rápido, ligero.
Veludo s velludo.
Venal adj venal, venoso.
Vencedor adj vencedor.
Vencer v vencer, sujetar, triunfar.
Venda s venda, vender.
Venda s venta, tienda, taberna.
Vendar v vendar, tapar.
Vendaval s vendaval, tempestad.
Vender v vender.
Veneno s veneno.
Venenoso adj venenoso.
Venerar v respetar, venerar.
Venerável adj venerable.
Venéreo adj venéreo.
Vênia s venia.
Venial adj venial.
Venoso adj venoso.
Ventania s ventarrón, viento fuerte.
Ventar v ventear.
Ventilador s ventilador.
Ventilar v ventilar.

Vento s viento.
Ventosa s ventosa.
Ventre s vientre, barriga.
Ventrículo s ventrículo.
Ventríloquo adj ventrílocuo.
Ventura s ventura, buena suerte.
Ver v ver, presenciar.
Veracidade s veracidad, exactitud.
Veranear v veranear.
Verão s verano, estío.
Veraz adj veraz, verdadero, verídico.
Verbal adj verbal, oral.
Verbete s apunte, nota, ficha.
Verbo s verbo.
Verborreia s verborrea.
Verdade s verdad, realidad.
Verde adj verde.
Verdejar v verdea.
Verdura s hortaliza, verdura.
Verdureiro s verdulero.
Vereador s concejal.
Vereda s vereda, camino estrecho.
Veredito s veredicto.
Vergar v cimbrar, curvar, doblar.
Vergel s vergel, jardín.
Vergonha s vergüenza.
Vergonhoso adj vergonzoso, deshonesto, obsceno, tímido.
Verídico adj verídico, verdadero.
Verificação s verificación.
Verificar v verificar, examinar, examinar.
Verme s gusanillo, gusano.
Vermelhão adj bermellón.
Vermelho adj rojo, bermejo, rubro.
Vermicida adj vermicida.
Vermute s vermut.
Vernáculo adj vernáculo, nativo.
Verniz s barniz, charol.
Verossímil adj verosímil, natural.
Verruga s verruga.
Verruma s barrena, taladro.
Verrumar v barrenar.
Versado adj versado, perito.
Versão s versión, traducción.
Versar v versar, volver.
Versátil adj versátil, voluble.
Versículo s versículo.
Versificar v versificar.
Verso s verso.
Vertebrado adj vertebrado.
Verter v verter, derramar, traducir.
Vertical adj vertical.
Vértice s vértice, cúspide.
Vertigem s vértigo.
Vesgo adj bizco, estrábico, bisojo.

VES — 316 — vesícula — visão

Vesícula s vesícula.
Vespa s avispa.
Véspera s víspera.
Vespertino adj vespertino.
Veste s veste, vestido, traje.
Vestiário s ropero, vestuario.
Vestíbulo s vestíbulo.
Vestido s vestido, traje.
Vestígio s vestigio, huella, marca.
Vestimenta s vestimenta, vestidura.
Vestir v vestir, cubrir.
Vestuário s vestuario, traje completo.
Vetar v vetar, prohibir.
Veterano adj veterano, antiguo.
Veterinário s veterinario.
Veto s veto, prohibición, recusa.
Vetusto adj vetusto, viejo, antiguo.
Véu s velo.
Vexar v vejar.
Vexatório adj vejatorio.
Vez s vez.
Via s vía, trayectoria, camino.
Viaduto s viaducto.
Viagem s viaje, jornada.
Viajante s viajante, viajero.
Viário s calzada de la vía férrea.
Viatura s vehículo.
Viável adj viable.
Víbora s víbora.
Vibração s vibración.
Vibrar v vibrar, mover, agitar, conmover.
Vice-rei s virrey.
Vice-versa loc adv viceversa.
Viciar v viciar.
Vicinal adj vecinal.
Vicissitude s vicisitud.
Viço s lozanía.
Viçoso adj lozano, vigoroso.
Vicunha s vicuña.
Vida s vida.
Videira s cepa, vid.
Vidente adj vidente, que ve.
Vidraça s vidriera, vitral.
Vidraceiro s vidriero.
Vidrado adj vidriado.
Vidraria s vidriería, fábrica de vidrios.
Vidrilho s canutillo, lentejuelas.
Vidro s vidrio.
Viela s callejuela.
Viés s biés, sesgo.
Viga s viga.
Vigário s vicario.
Vigência s vigencia.
Vigente adj vigente.
Vigia s vigía.

Vigiar v atalaya, centinela, espía.
Vigilância s vigilancia, precaución.
Vigilar v vigilar.
Vigília s vigilia, insomnio.
Vigor s vigor, energía, fuerza muscular.
Vigorar v vigorar, fortalecer.
Vil adj vil, infame.
Vila s poblado, villa.
Vilania s villanía.
Vilão adj villano.
Vilarejo s aldea, pueblo, lugarejo.
Vileza s vileza, villanía, bajeza.
Vilipêndio s vilipendio.
Vime s mimbre.
Vimeiro s mimbrera.
Vinagre s vinagre.
Vincar v plegar, arrugar.
Vinco s raya, pliegue.
Vincular v vincular, atar.
Vinda s venida, llegada.
Vindima s vendimia.
Vindouro s venidero, futuro.
Vingador s vengador.
Vingança s venganza.
Vingar v vengar.
Vinha s viña.
Vinhedo s viñedo.
Vinheta s viñeta.
Vinho s vino.
Vinícola adj vinícola.
Viola s guitarra, instrumento de cuerda.
Violação s violación.
Violáceo adj violáceo.
Violão s violón, instrumento músico de seis cuerdas.
Violar v violar, ofender, profanar.
Violentar v violentar, desflorar, forzar.
Violento adj violento, intenso, impetuoso.
Violeta s violeta.
Violino s violín.
Viperino adj viperino.
Vir v venir.
Virar v virar, doblar.
Virgem s virgen, doncella.
Virgindade s virginidad.
Vírgula s coma, virgulilla.
Viril adj viril, masculino.
Virilha s ingle.
Virilidade s virilidad, vigor.
Virtual adj virtual, potencial.
Virtude s virtud, bien.
Virulento adj virulento.
Vírus s virus.
Visado s visto.
Visão s visión.

visar — vurmo   317   VUR

Visar v visar, mirar.
Víscera s víscera.
Visconde s vizconde.
Viscoso adj viscoso, pegajoso.
Viseira s visera.
Visionário adj visionario.
Visitar v visita.
Visível adj visible.
Vislumbrar v vislumbrar.
Vislumbre s vislumbre.
Vista s vista, panorama.
Visto adj visto, conocido, notorio, sabido; s visado, visto bueno.
Vistoriar v registrar, inspeccionar.
Vistoso adj vistoso, jarifo.
Visual adj visual.
Vital adj vital.
Vitalidade s vitalidad.
Vitamina s vitamina.
Vitelo s ternero, becerro.
Vítima s víctima, mártir.
Vitimar s sacrificar, damnificar, matar.
Vitória s victoria, triunfo.
Vitral s vitral, vidriera de colores o con pinturas.
Vítreo adj vítreo.
Vitrificar v vitrificar.
Vitrina s vitrina, escaparate.
Vitupério s vituperio, ultraje, insulto.
Viuvez s viudez.
Viúvo v viudo.
Viva s ¡viva!
Vivacidade s vivacidad.
Viveiro s vivero.
Vivenda s vivienda.
Viver v vivir, existir, residir, morar.
Víveres s víveres.
Vívido adj vívido, vivaz.
Vivo adj vivo.
Vizinhança s vecindad, proximidades, cercanías.
Vizinho adj vecino, limítrofe, próximo; s vecino.
Voador adj volador.
Voar v volar.
Vocabulário s vocabulario, diccionario.
Vocábulo s vocablo, voz.
Vocação s tendencia, vocación.
Vocal adj vocal, oral.
Vocálico adj vocálico.

Você pron usted, forma de tratamiento cortesano y familiar.
Vociferar v vociferar.
Vodca s vodka.
Voejar v revolotear, rastrear.
Voga s boga.
Vogal s vocal; adj vocal.
Volátil adj volátil.
Vôlei s balonvolea.
Volta s vuelta.
Voltagem s voltaje.
Voltar v volver, regresar.
Voltear v voltear.
Volume s volumen, tamaño.
Volumoso adj voluminoso.
Voluntário adj instintivo, voluntario.
Volúpia s voluptuosidad.
Volúvel adj voluble, fácil, falso, inconstante.
Volver v volver, pensar.
Vomitar v vomitar, lanzar.
Vômito s vómito.
Vontade s voluntad, deseo, gana, intención.
Voo s vuelo.
Voracidade s glotonería, voracidad.
Voraz adj voraz, ávido, goloso.
Vós pron vos, os, vosotros.
Vosso pron vuestro.
Votação s elección, votación.
Voto s voto, opinión, sufragio.
Vovó s abuela.
Vovô s abuelo.
Voz s voz.
Vozear v vocear.
Vulcânico adj vulcánico.
Vulcão s volcán.
Vulgar adj vulgar, trivial, mediocre.
Vulgarizar s vulgarizar, popularizar.
Vulgo s vulgo.
Vulnerar v vulnerar, herir.
Vulnerável adj vulnerable.
Vulpino adj vulpino.
Vulto s rostro.
Vultoso adj voluminoso.
Vulturno s vulturno.
Vulva s vulva.
Vurmo s pus o sangre purulenta de las heridas.

ABCDEFGHIJKLMNOPQRSTUVWXYZ

X *s* vigésima segunda letra del alfabeto portugués.
Xácara *s* jácara, seguidilla.
Xadrez *s* ajedrez.
Xale *s* chal.
Xampu *s* champú.
Xará *s* tocayo, homónimo.
Xarope *s* jarabe, arrope.
Xenofobia *s* xenofobia.
Xeque *s* jaque, jeque.
Xereta *adj* curioso, intrigante.
Xeretar *v* fisgonear, intrigar, chismear.
Xerez *s* jerez.
Xerife *s* sheriff.
Xerografia *s* xerografía.
Xícara *s* jícara, taza.
Xingar *v* insultar, injuriar.
Xisto *s* pizarra, esquisito.
Xixi *s* pipí, pis.
Xodó *s* amor, pasión.
Xoxota *s* coño.
Xucro *adj* arisco, salvaje.
Xurdir *v* luchar por la vida.
Xuxo *s* pez selacio de la costa de Portugal.

Z

ABCDEFGHIJKLMNOPQRSTUVWXYZ

Z *s* vigésima tercera letra del alfabeto portugués.
Zabumba *s* zambomba, bombo.
Zanga *s* cólera, ira, enfado.
Zangado *adj* enfadado.
Zangão *s* zángano.
Zangar *v* enfadar, atufar.
Zarcão *s* bermejón.
Zarolho *s* tuerto, bizco, estrábico.
Zarpar *v* zarpar, levar anclas.
Zarzuela *s* zarzuela.
Zebra *s* cebra.
Zebrar *v* listar, alistar.
Zebu *s* cebú.
Zelador *s* celador, conserje.
Zelar *v* celar, vigilar.
Zelo *s* celo, desvelo, devoción, escrúpulo, esmero.
Zeloso *adj* celoso, cuidadoso.
Zénite *s* cenit, auge, apogeo.
Zepelim *s* zepelín, globo dirigible.
Zero *s* cero.
Ziguezague *s* zigzag.
Zinco *s* cinc, zinc.
Zíngaro *adj* cíngaro, gitano.

Zíper *s* cremallera.
Zoada *s* zurrido.
Zodíaco *s* zodíaco.
Zombador *adj* zumbón, burlón.
Zombar *v* jugar, burlarse, mofar.
Zombaria *s* escarnio, burla, chacota, ironía.
Zombeteiro *adj* sarcástico.
Zona *s* área, banda.
Zonzo *adj* atolondrado.
Zoologia *s* zoología.
Zoológico *s* zoológico, zoo.
Zopeiro *adj* tonto, zoquete.
Zorro *adj* astuto.
Zuco *adj* tonto, borracho.
Zuído *s* zumbido.
Zumbir *v* zumbar, silbar.
Zunido *s* silbo, zumbido, silbido.
Zunir *v* silbar, zumbar.
Zunzum *s* rumor, zumbido.
Zurrar *v* rebuznar, roznear.
Zurro *s* rebuzno.
Zurzir *v* azotar, castigar, critica áspera.